Möbius, Ster
THAILAND

Michael Möbius, Jahrgang 1955, Volkswirt und Journalist, hat zusammen mit der Fotografin **Annette Ster,** geboren 1964, zahlreiche Publikationen über den asiatischen, europäischen sowie südamerikanischen Raum veröffentlicht. Seit 1990 leben sie, weil auch vom hohen Norden begeistert, zusammen mit ihren beiden Kindern auf den Lofoten in Nord-Norwegen. Im Regenbogen Verlag sind von ihnen erschienen:

· *Südthailand selbst entdecken*
· *Malaysia, Singapore selbst entdecken*
· *Indonesien selbst entdecken*
· *Südostasien selbst entdecken*
· *Südspanien selbst entdecken*
· *Portugal selbst entdecken*
· *Lofoten selbst entdecken*
· *Chile selbst entdecken*
· *Südchile selbst entdecken*
· *Patagonien selbst entdecken*
· *Neuseeland – Die Südinsel selbst entdecken*
· *Neuseeland – Die Nordinsel selbst entdecken*

Michael Möbius, Annette Ster

THAILAND

selbst entdecken

Regenbogen Verlag, Zürich und Konstanz

Autoren und Redaktion dieses Reiseführers haben alle veröffentlichten Angaben nach bestem Wissen erstellt. Obwohl die Redaktion die Fakten mit größtmöglicher Sorgfalt überprüft hat, sind inhaltliche Fehler nicht vollständig auszuschliessen. Ein spezielles Problem ist die Schreibweise von Orts-, Strassen- und anderen Namen, da häufig mehrere Versionen anzutreffen und üblich sind. Daher besteht für die Angaben keinerlei Garantie seitens des Verlages oder der Autoren.

Dieser Umstand gilt besonders auch für die Preise; denn nach dem Recherchieren vor Ort dauert es einige Zeit, bis ein Reiseführer produziert ist und erscheinen kann. Hinzu kommt die schwer berechenbare Inflation.

Wird aber auf die in diesem Buch angegebenen Preise ein Erfahrungswert draufgeschlagen, kommt man auch in den folgenden Jahren noch auf das dann herrschende Preisniveau.

CIP-Kurztitelaufnahme der Deutschen Bibliothek

Möbius, Michael, Ster, Annette:
Thailand selbst entdecken/Michael Möbius, Annette Ster
Zürich, Regenbogen-Verlag 1998
(selbst entdecken)
ISBN 3-85862-038-6
NE: GT

Alle Rechte vorbehalten
© **1998** by Regenbogen Verlag, Zürich

9. vollständig revidierte und erweiterte Neuauflage 1998

Herstellung: Regenbogen Verlag Zürich (Geri Balsiger, Eva Dreja-Vögeli, Rolf Dreja, Heinz Scheidegger, Peter Zimmermann)
© der Fotos: Annette Ster
© der Karten: Regenbogen Verlag, Zürich (Dank an Stéphane Aubert!)
Belichtung: TypoVision, Zürich
Druck: Tipolitografia Petruzzi Corrado & C., Città di Castello, Italia
Verlagsadressen: Regenbogen Verlag, Postfach 472, CH-8027 Zürich, Tel. 01/201 36 76, Fax 01/280 22 02 (Büro Zürich); Münzgasse 3/Marktstätte 12, D-78462 Konstanz, Tel./Fax 0 75 31/2 19 59 (Büro Konstanz)
Auslieferungen: Schweiz AVA (buch 2000), Deutschland Prolit, Österreich Berndt & Freytag

Inhalt

Vorwort
  Im »Land des Lächelns« 11

Vor der Reise 13
Information 13
Diplomatische Vertretungen ... 13
Einreisebestimmungen 13
Klima und Reisezeit 15
Kleidung und Ausrüstung 16
Geld/Budgetplanung 18
Gesundheit 20
Reisen mit Kindern 23
Bücherecke 25

Anreise 27
Billig-Flüge 27
Rundreisen 28
Linienflüge 28
Mit LTU nach Thailand 29

Begegnung mit Thailand .. 31
Thailand im Überblick 31
Lage und Landschaft – Bergland zwischen zwei Meeren 31
Flora und Fauna 33
  Ein tropisches Urbild in Bedrängnis 33
  Der Regenwald – Das »grüne Universum« 35
  Palmen – schön und nützlich . 36
  Lotos – nur eine Blume? 37
  (K)ein Platz für Dickhäuter .. 38
  Leben am Riff 38
Geschichtlicher Überblick 40
  Ins 20. Jahrhundert 40
  Der Weg zur »Demokratie« .. 42
  Der König – mehr als eine Repräsentationsfigur 44
Bevölkerung 45
Buddhismus – Die tragende Kraft 46
Kunst und Kultur 49
  Klöster 50

Kartenverzeichnis

Thailand Norden .... Klappe vorn
Thailand Süden .... Klappe hinten
Thailand
  Strassen + Bahnen 10
Thailand Fluglinien 26
Distanztabelle 30
Bangkok Stadt 86/87
Bangkok Umgebung 120
Ayutthaya Stadt 122
Lopburi Stadt 129
Kanchanaburi Stadt 134
Nordthailand 146
Chiang Mai Stadt 148
Chiang Mai Umgebung 164
Mae Sa Valley 168
Mae Hong Song 180
Chiang Rai Stadt 194
Thailand oberer
  Norden 204
Sukhotai Stadt 214
Thailand Nordosten 218
Ko Samet 234
Thailand Osten 240
Ko Chang 242
Südthailand 248
Südthailand
  Strassen + Bahnen 250
Südthailand Fluglinien 252
Hua Hin Stadt 260
Ko Samui Insel-
  übersicht 270
Ko Samui 272
Ko Phangan 288
Ko Tao 298
Phuket 310
Krabi Town Stadt 326
Krabi Umgebung 330
Krabi Inselübersicht 346
Ko Phee Phee 350
Ko Lanta Yai 356
Penang 372
Georgetown 374

Klimatabelle Bangkok 112
Klimatabelle Chiang Mai 147
Klimatabelle Phuket 314

Inhalt

Die Stilentwicklungen 50
Literatur/Theater/Tanz 51
Thailand, Thailand über alles . 51
Bildung 52
Wirtschaft 52
   Plastik statt Jute 53
   Tourismus – ein Segen? 54
Sextourismus 54

Unterwegs in Thailand 59
Transport 59
   Bus 59
   Bahn 59
   Flugzeug 60
   Autostop 60
   Nahverkehrsmittel 61
   Taxi/Tuk Tuk/Samlor 61
   Leihwagen 61
   Motorrad 62
   Fahrrad 62
Unterkunft 63
Essen und Trinken 64
   Thai-Küche 65
   Trinken 66
   Aus der Speisekarte 66
   Thailändische Früchte 67
Verhaltenstips 68
Festivals 70
Sprache und Verständigung ... 72
   Kleines Vokabular 73
Praktisches A–Z 74
   Diplomatische Vertretungen . 74
   Drogen 74
   Elektrizität 74
   Fotografieren 74
   Frau alleine 75
   Meditation 75
   Medizinische Versorgung ... 75
   Post 76
   Öffnungszeiten 77
   Radio 77
   Shopping 77
   Sicherheit 78
   Sport 78
   Telefon/Telefax 79
   Trinkgelder 80
   Zeit 80
   Zeitungen 80

Bangkok – Schmelztiegel der Nation 81
Ankunft – International 83
Ankunft – National 84
Unterkunft 84
   Für Budgetbewußte 85
   Mittelklasse-Hotels 88
   First Class 90
Essen und Trinken 90
   Thai-Restaurants 91
   Ausländische Restaurants .. 92
   Food Stalls 93
Transport 93
Sehenswertes 96
   Der alte Stadtkern 97
   Außerhalb des Stadtkerns .. 100
   Chinatown 101
   Auf den Klongs 102
   Die Märkte 103
   Weitere Sehenswürdigkeiten 103
Shopping 104
Unterhaltung 106
   Live-Musik 107
   Discos 107
   Thai-Tänze 107
   Thai-Boxing 108
   Sundowners 108
   Kampf der Drachen 108
   Massagen 109
Verschiedenes 109
   Information 109
   Tourist Police 109
   Notrufe 110
   Geld 110
   Post 110
   Telefon/Telefax 110
   Zeitungen/Bücher/Karten .. 111
   Öffnungszeiten 111
   Bei Krankheit 111
   Filme 112
   Meditation 112
   Thai-Sprachkurse 112
   Visa-Verlängerung 112

Inhalt

Weiterreise – Thailand 114
  Bus 114
  Per Bahn 115
  Per Flugzeug 115
Weiterreise – International 116
  Botschaftsadressen/Visa-
    bestimmungen 116
  Airlines 117
  Airport-Tax 118
  Billigflug-Tickets 118
  Die Reisebüros 118

Rings um Bangkok 121
Crocodile Farm 121
Ancient City 121
Ayutthaya – Thailands ehe-
  malige Metropole 121
Bang Pa-In – Ein architekto-
  nisches Kleinod 127
Lopburi – Geschichtsträchtige
  Stadt 128
Floating Markt – Damnoen
  Saduak 131
Nakhon Pathom – Stadt des
  Riesen-Chedi 132
Kanchanaburi – An der
  »Brücke am Kwai« 133
Rings um Kanchanaburi 138
  Erawan-Wasserfall und
  Nationalpark 138
  Sai-Yok-Wasserfall und
  Nationalpark 140
  Death Railway 142
  Drei-Pagoden-Paß 142
  Fluß-Trips 143
Tham-Than-Lot-Nationalpark 143
Khao-Yai-Nationalpark 144

Nordthailand 147
Chiang Mai – Kulturmetropole
  des Nordens 149
  Anreise 149
  Unterkunft 150
  Essen und Trinken 154
  Unterhaltung 155

Transport 156
Sightseeing 158
Shopping 158
Verschiedenes 160
Weiterreise 161
Rings um Chiang Mai 163
  Doi-Suthep-Route 163
  Arbeitselefanten 165
  Mae Klang Wasserfall/Doi
    Inthanon 166
  Mae Sa Valley 167
Hilltribe-Trekking 167
  Für Problembewußte 169
  Organisiert 170
  Individuell 170
  Ausrüstung 170
Der wilde Nordwesten 171
  An-/Rundreise 171
  Die Strecke bis Pai 172
  In und um Pai 172
  Trekking ab Pai 176
  Abenteuer-Trips 176
  Soppong 177
  Tham Lot Cave 178
  Ban Mae Lana 179
  Mae Hong Son 181
  Mae Sariang 185
  Nach Chiang Mai 186
Von Chiang Mai in den oberen
  Norden 186
  Nach Thathon 187
  Ausflüge rings um Thathon . 190
  Flußtrip nach Chiang Rai ... 191
  Nach Mae Solong 193
Mae Solong – China in
  Thailand 193
Chiang Rai – Touristenzentrum
  ohne Grund 196
Mae Sai – Burma hautnah 200
Chiang Saen & »Goldenes
  Dreieck« 203
Entlang der Laos-Grenze 206
  Chiang Khong – Schmuggler
    ort am Mekong 207
  Nach Laos und Yünnan/Süd-
    china 208

Inhalt

Von Chiang Khong nach Nan 210
Nan – Tempelort im Abseits ... 210
Sukhothai – Die »Wiege Thailands« 213
Sightseeing – Old Sukhothai 215
Sightseeing – Si Satchanalai . 217

Nordosten 219
Nakhon Ratchasima (Korat) .. 219
Phimai – Das »Angkor Wat Thailands« 221
Elefantenmeeting in Surin 223
Nong Khai – Grenzstadt am Mekong 223
Nach Laos 224
Entlang dem Mekong nach Loei 225
Si Chiangmai 225
Sangkhom 225
Chiang Khan 226
Loei 228
Phu-Kradung-Nationalpark ... 229

Ostküste 233
Pattaya – Der Welt größtes Bordell 233
Ko Samet – Strand-Refugium nahe Bangkok 235
Zum Saphir-Deal nach Chantaburi 238
Stopover Trat 239
Ko Chang – Inseljuwel bei Kambodscha 243
Anreise/Laem Ngop 244
Transport 244
Die Strände/Bungalows 245
»Malediveninseln« vor Ko Chang 247

Entlang der Südchina-See 249
Allgemeines zu Südthailand ... 249
Der Islam 251
Der Kris 251
Richtung Süden 253

Kaeng-Krachan-Nationalpark – Thailands »urigster« Urwald 254
Phetburi – »Stadt der Diamanten« 257
Ein erster Beach-Stop 258
Hua Hin – Ein königlicher Badeort 259
Khao-Sam-Roi-Yot-Nationalpark 265
Prachuap Khiri Khan – Am Fuße des »Spiegelberges« ... 266
Richtung Chumpon 267
Stopover Chumpon – Tor zum Süden 268
Richtung Surattani 269
Ko Samui – Kokospalmen und Traumstrände 271
Anreise – über Surattani 271
In Surattani 273
Strände/Bungalows 274
Ausflüge 282
Ang-Thon-Marine-Nationalpark 282
Magic Mushrooms – magische Pilze 284
Verschiedenes 285
Weiterreise 286
Ko Phangan – Ein Stück von gestern 289
Anreise 290
Strände/Bungalows 290
Ko Tao – Refugium im Abseits 297
Anreise 299
Strände/Bungalows 299
Tauchen auf Ko Tao 300

Am Indischen Ozean 301
Über den Isthmus von Kra 301
Grenzstadt Ranong 301
Laem-Son-Nationalpark 303
Surin-Islands-Nationalpark ... 304
Khao-Sok-Nationalpark 305
Khao Lak – Einsamkeit und jede Menge Strand 307
Similan-Islands-Nationalpark . 311

Inhalt

Phuket – Superlativ der Andamanen-Küste 311
   Anreise/Ankunft 313
   Strände/Bungalows 314
   Phuket für Wassersportler .. 317
   Weiterreise 319
Phang Nga 320
Phang Nga Bay –
   Eine »amphibische« Landschaft ohnegleichen 321
Auf Seitenwegen nach Thaput . 323
Rings um Ao Luk 323
Krabi – Das Paradies hat einen
   neuen Namen 327
   Krabi Town 327
   Zu den Stränden 329
   Ao-Nang-Strand 331
   Phranang-/Railay-Strand ... 332
   Aktivitäten 334
   Ausflüge 335
Phanom-Benja-Nationalpark .. 339
Khao-Pra-Baang-Kraam
   Nationalpark 339
   Weiterreise 341
Stopover Hat Yai 342
   Visabeschaffung 345

Insel-Hopping in der Andamanen-See 347

Robinson-Inseln vor Krabi 347
   Ko Si Bo-Ya 347
   Ko Bodha, Ko Thab, Ko
   Huan Khwaan 349
   Ko-Hong-Archipel 349
   Ko Jum 349
Ko Phee Phee – Welche Farbe
   hat das Meer? 351
   Anreise 352
   Strände/Bungalows 352
   Ausflüge 355
   Phee Phee Lay 355
Ko Lanta – Ein »Geheimtip« in
   Gefahr 357
   Anreise 359
   Strände/Bungalows 359
   Ausflüge 362

LeserInnentips
Schreiben Sie uns, wenn Sie Korrekturen oder Ergänzungen haben! Michael Möbius und Annette Ster sowie der Verlag freuen sich über Zuschriften. Wird Ihr »Tip« in der nächsten revidierten Ausgabe veröffentlicht, schenken wir Ihnen ein *Freiexemplar*. Achtung: An uns gesandte Bücher mit persönlichen Notizen können wir nicht retournieren. Adresse:
Regenbogen Verlag
Stichwort »Thailand«
Postfach 472
CH-8027 Zürich

   Tauchen vor Ko Lanta 363
Trauminseln vor Trang 363
   Stopover Trang 363
   Ko Ngai 364
   Ko Muk 365
   Ko Kradang 365
Terutao-Nationalpark – Refugium im tiefen Süden 365
   Stopover Ban Pakbara 366
   Ko Bulon Leh 368
   Ko Terutao 369
   Ko Adang 370
   Ko Lipe 370

Abstecher Penang 373
Allgemeines 373
Die schönste Chinatown von
   Südostasien 373
   Ankunft 375
   Unterkunft 375
   Essen und Trinken 377
   Transport 380
   Sightseeing 380
   Rückreise nach Thailand ... 384

Mini-Lexikon 385
Register 387

Vorwort: Im »Land des Lächelns«

Wer auf dem Flughafen von Bangkok oder Phuket landet, wird sie – endlich! – hinter sich haben, die zivilisierte Enge Europas. Nach einer Stunde oder mehr steht man vor dem Flughafengebäude, weit außerhalb der Stadt – auf den folgenden 400 Seiten werden alle nötigen Informationen gegeben, um zum Hotel, ins Zentrum, zur Busstation zu gelangen. Die hier versammelten Hinweise, Tips und Vorschläge sollen Thailand näher bringen, verständlicher machen.

Sie werden aber nicht verhindern, daß das Fremde über einen hereinbricht, als gewaltige Flut exotischer Farben und Formen, als mächtige Woge fremdartiger Gerüche und Geräusche, phantastischer, als man es sich geträumt hat. Sich davon betäuben zu lassen, es zu genießen, ist eine Empfehlung, denn der andere Tag kommt bestimmt.

Man wartet stundenlang auf einen Bus, der nicht kommt. Ein Zimmervermieter verlangt wieder einmal seelenruhig (und lächelnd) einen Preis, der weit über dem liegt, was in diesem Buch als Richtgröße angegeben ist. Man hängt irgendwo rum, bei drückender Hitze oder im strömenden Regen, mitten im städtischen Verkehrsdschungel oder fernab im Gestrüpp.

Und plötzlich überkommt es einen, man hält es nicht mehr aus, das Lächeln in tausendundeiner Variation, die scheinbare Geldgeilheit, das »Woher-kommst-Du?-Wie-heißt-Du?«-Spielchen. Dann spürt man klarer denn je, daß man in Südostasien ein Fremder ist und bleiben wird, Exotik hin, Betäubung her.

Der ungewohnte, oft nervige Umgang mit Zeit und Geld, die maskenhafte Freundlichkeit – das sind nur gerade die auffälligsten Signale: Man weilt in einer anderen Kultur, und Europa läßt einen auch im verborgensten Winkel Thailands nicht los.

Trotzdem, wer seine »Zeitbuchhaltung« von der tropischen Sonne aufweichen läßt, wer das Feilschen nicht zum Reisesport erhebt, wird ab und an einen Blick hinter das ewige Lächeln werfen können. Was auch immer an Exotischem durch die Träume gehuscht sein mag – in Thailand kann man es entdecken. Und noch einiges dazu. Das vorliegende Reisehandbuch wird dabei behilflich sein. Es will aber nicht führen, sondern Leitplanken zur Verfügung stellen, Orientierungshilfen anbieten, auf Gestaltungsmöglichkeiten hinweisen. Das Reisen und Erleben muß man selbst besorgen.

Buddha-Statue im Wat Phra Kheo von Bangkok

Vor der Reise

Information

Allgemeine Broschüren, Fahrpläne, Hotelverzeichnisse etc. können kostenlos unter folgender Adresse bezogen werden:
- **Thailändisches Fremdenverkehrsbüro,** Bethmannstraße 58/IV, 60311 Frankfurt, Tel. 069/29 57 04. Ist zuständig für alle deutschsprachigen Länder.

Diplomatische Vertretungen

In Deutschland
- **Thailändische Botschaft,** Ubierstr. 65, 53173 Bonn-Bad Godesberg, Tel. 0228/95 68 60. Mo–Fr 9–13 Uhr.
- **Thailändisches Honorarkonsulat,** Königsallee 27, 40212 Düsseldorf, Tel. 0211/838 22 47. Mo–Fr 9–12 Uhr.
- **Thailändisches Konsulat,** An der Alster 85, 20099 Hamburg, Tel. 040/248 39 118. Mo–Fr 10–13 Uhr.
- **Thailändisches Konsulat,** Am Roßmarkt 14, 60311 Frankfurt, Tel. 069/201 10. Mo–Fr 9–11.30 und 14–16 Uhr.
- **Thailändisches Konsulat,** Printenstr. 13, 80639 München, Tel. 089/168 97 88. Mo–Fr 9–12 Uhr.
- **Thailändisches Generalkonsulat,** Podbielskiallee 1, 14195 Berlin, Tel. 030/831 27 15. Mo–Fr 9–12.30 und 14–16.30 Uhr.

In der Schweiz
- **Thailändische Botschaft,** Eigerstr. 60, CH-3007 Bern, Tel. 031/372 22 81, Fax 031/372 07 57. Mo–Fr 9–13 und 15–17 Uhr.
- **Thailändisches Konsulat,** Talakker 50, 8001 Zürich, Tel. 01/221 70 60. Mo–Fr 9.30–11.30.
- **Thailändisches Konsulat,** 20 Rue Sénebier, 1205 Genf, Tel. 022/25 73 70. Mo–Fr 9.30–11.30 Uhr.

In Österreich
- **Thailändische Botschaft,** Weimarerstr. 68, A-1180 Wien, Tel. 0222/310 34 23. Mo–Fr 9–13 Uhr.
- **Thailändisches Konsulat,** Formenekgasse 12–14, 1191 Wien, Tel. 0222/36 53 43. Mo–Fr 9–12 Uhr.
- **Thailändisches Konsulat,** Ahrenbergstr. 2, 5020 Salzburg, Tel. 06222/716 69. Mo–Fr 9–12 Uhr.
- **Thailändisches Konsulat,** Bahnhofstr. 26–28, 6850 Dornbirn, Tel. 05572/656 14. Mo–Fr 9–16 Uhr.
- **Thailändisches Konsulat,** Bozner Platz 2, 6021 Innsbruck, Tel. 0512/58 04 61.

Einreisebestimmungen

Für die Einreise nach Thailand ist ein Reisepaß erforderlich, der am Tag der Ankunft noch mindestens sechs Monate lang gültig sein muß; auch Kinder (auch Säuglinge) benötigen einen (mit Lichtbild versehenen) Reisepaß, so sie nicht im Familienpass der Eltern mit eingetragen sind.

Visum
Zur Beantragung eines Visums benötigt man 2 (manchmal auch 3) Antragsformulare, 2 (oder 3) Paßfotos, Reisepaß sowie – aber meist nicht nachgefragt – eine Reisebestätigung oder einen Flugschein; bei schriftli-

chem Antrag (per Eingeschrieben) steckt man das Geld der Einfachheit halber mit in den Umschlag oder legt die Quittung (Kopie) der Geldüberweisung bei; dazu einen frankierten Rückumschlag.

Antragsformulare gibt es bei den diplomatischen Vertretungen. Bei persönlichem Erscheinen ist die Visaausstellung sofort möglich; bei schriftlichem Antrag ist mit etwa 7 Tagen zu rechnen.

■ Westeuropäer benötigen für einen Aufenthalt von maximal 30 Tagen **kein Visum,** sofern sie bei der Einreise ein bestätigtes Rückflug- oder Weiterreiseticket vorweisen können; verlangt werden diese Nachweise vor Ort zumeist nicht, aber die Airline, mit der man fliegt, kann Schwierigkeiten beim Einchecken machen, so man kein »Raus-aus-Thailand-Ticket« vorlegen kann.

■ Das **Touristenvisum** ist 60 Tage gültig und kostet 30 DM.

■ Die Erteilung des **Non-immigrant-Visums** mit 90 Tagen Gültigkeit (50 DM) ist von der Vorlage eines der nachstehend aufgeführten Nachweise abhängig:

– **Heiratsurkunde,** wenn mit einer oder einer thailändischen Staatsangehörigen verheiratet,

– **Rentenbescheid** über monatlich mindestens 1400–1500 DM,

– **Bankauszug** einer thailändischen Bank über ein Guthaben von umgerechnet mindestens ca. 15 000 DM.

■ **Double/Triple-Entry-Visum:** Alle o.g. Visa können auf Wunsch für zwei oder auch drei Einreisen ausgestellt werden, wobei sich der Preis dann verdoppelt bzw. verdreifacht. Mit so einem Visum kann man nach Ablauf der ersten 60 oder 90 Tage aus Thailand aus- und sofort wieder einreisen und erhält dann erneut 60 oder 90 Tage (je nach Visum).

■ Langzeitreisende, die sich insgesamt mehr als 90 Tage innerhalb eines Jahres in Thailand aufgehalten haben, müssen eine pauschale **Ausreisesteuer** in Höhe von 500 $ entrichten; das früher erforderliche *Tax Clearance Certificate* ist nicht mehr nötig.

Visumverlängerung

Die für Visumverlängerungen zuständige Behörde ist das *Immigration Office,* das außer der Zentrale in Bangkok in vielen weiteren Städten im Land Abteilungen unterhält (siehe jeweils unter »Verschiedenes«).

Erforderlich sind etwa 1 Stunde Zeit, 3 Paßfotos, Paß sowie Kopien der wichtigen Seiten des Reisepasses (Bildseite, Visa- und Stempelseite).

Die ohne Visum erteilte Aufenthaltsgenehmigung von 30 Tagen ist offiziell nicht verlängerbar; doch hat die Praxis gezeigt, daß zumeist, aber eben nicht unbedingt, 2 Wochen an Verlängerung gewährt werden; die Gebühr beträgt 500 Bt.

Das Touristenvisum kann um 30 Tage und dann zumeist, aber nicht unbedingt, noch einmal um 15 Tage verlängert werden, das Non-immigrant-Visum hingegen nur um 15 plus weitere 7 Tage. Die Gebühr für jede Visumverlängerung beträgt 500 Bt.

Wer sein Visum überzieht, wird bei der Ausreise mit einer Geldstrafe von 100 Bt/Tag belegt, wobei der erste Tag der Überziehung kostenlos ist und auch Kinder unter 12 Jahren von der Strafe ausgenommen sind. Diese Gebührensätze hängen am Airport von Bangkok und Phuket aus, man geht ganz normal zur Paßkontrolle und wird dann zum Immigration Office geleitet, wo die Gebühr zu entrichten, ein paar Formulare zu unterschreiben sind. – Wer freilich um »übergebührlich viele Tage« überzieht, wobei dieser Zeitraum nicht klar festgelegt ist, muß mit höheren Geldstrafen rechnen.

Devisen- und Zollvorschriften

Neben den persönlichen Gebrauchsgegenständen dürfen nach Thailand 1 l Spirituosen, 1 l Wein, 200 Zigaretten oder 250 g Tabak, 1 Fotoapparat und 5 Filme oder 1 Filmkamera (Video) und 3 Filme eingeführt werden. Diese Bestimmungen werden aber nicht restriktiv ausgelegt. Nicht eingeführt werden dürfen Drogen jeglicher Art, pornografische Literatur und Waffen.

An Landeswährung darf man maximal 50 000 Bt ein- und ausführen; Ein- und Ausfuhr ausländischer Währungen in jeder Form in unbegrenzter Höhe. Wer aber mehr als umgerechnet 10 000 US$ einführt oder aber voraussichtlich mehr als umgerechnet 2000 US$ wieder ausführen wird, muß sein Geld bei der Einreise deklarieren.

Impfungen

Impfungen werden keine verlangt, Schutzimpfungen gegen Cholera und Gelbfieber sind nur Reisenden aus Epidemie- oder Infektionsgebieten vorgeschrieben. Sie müssen im Internationalen Impfpaß eingetragen sein. Da diese Bestimmungen häufigen Änderungen unterworfen sind, ist es ratsam, sich vor der Einreise zu informieren, etwa bei den Gesundheitsämtern und Tropeninstituten, Fremdenverkehrsbüros, Botschaften etc.

Klima und Reisezeit

Thailand liegt (vom äußeren Norden abgesehen) im Tropengürtel und damit im Einflußbereich der Monsunwinde. Im Sommerhalbjahr, etwa von Mitte Mai bis Mitte Oktober, weht der Monsun aus Südwest, im Winterhalbjahr, etwa von Mitte Oktober bis Mitte Mai, weht er aus Nordost. Da der größte Teil Thailands in dieser Winterzeit im Windschatten hoher Berge liegt, erhält eigentlich nur der südliche Osten der Halbinsel von Malakka regelmäßige Regenschauer; der Rest des Landes ist dann eher trocken. Im Sommerhalbjahr regnet es in ganz Thailand – außer an der südlichen Ostküste der Halbinsel von Malakka, die dann im Windschatten liegt und demzufolge trockener ist. Doch auch während der Regenzeit gießt es nicht pausenlos wie aus Eimern: Meist kommen die Niederschläge in den Nachmittagsstunden: Für zwei Stunden oder so regnet es Bindfäden – dann lacht wieder die Sonne.

So hat also Thailand ganzjährig Reisezeit. Anders als in Europa unterscheidet man drei Jahreszeiten:

■ **Ende November bis März:** beste Reisezeit, außer für die Südchina-See-Seite (z.B. Ko Samui, das erst ab Januar/Februar wieder ideale Bedingungen bietet), da die Temperaturen am niedrigsten sind, der geringste Niederschlag fällt. In den frühen Morgenstunden und insbesondere nachts kann es in nördlichen Regionen sogar empfindlich kühl werden, im Süden angenehm. Auch tagsüber wird es nie extrem heiß; die Luftfeuchtigkeit läßt sich gut ertragen.

■ **April/Mai:** Will man mehr als einen Beach-Aufenthalt machen, dann würden wir diese Zeit nicht unbedingt empfehlen: kaum Regen, brütende Hitze, auch nachts keine Abkühlung. Temperaturen bis über 40 Grad im Schatten sind keine Seltenheit. Dies aufgrund des kontinentalen Klimas insbesondere im Norden und Nordosten.

✎ »Man kann sicher nicht genug betonen, daß die Monate April/Mai für einen angenehmen Urlaub absolut ungeeignet sind. Selbst ein Beach-Aufenthalt macht dann auch auf Ko Samui keinen Spaß mehr, länger als 10 Min. halten es auch Hartgesottene zu dieser Jahreszeit nicht in der Sonne aus; Wanderungen sind nicht durchführbar, Bangkok wird zur kochenden Hölle« (Dr. B. Bötticher & I. Ferraraccio, D-Eppelheim).

■ **Juni bis Oktober:** Etwa Mitte bis Ende Mai setzt die Regenzeit ein, sie bringt in den ersten Tagen meist unglaubliche Niederschlagsmengen und viel Überschwemmungen, mäßigt sich dann. Die Luftfeuchtigkeit ist hoch, und die gesamte Westküste der Halbinsel von Malakka (z.B. Phuket, Krabi, Ko Pee Pee) sollte man meiden: Hier regnet und stürmt es mitunter tagelang. Die Südchinasee-Seite (z.B. Ko Samui) hat in der Regel gutes Wetter, und der Norden und Nordosten sind stets gut zu bereisen; in den Höhenlagen (z.B. beim Trekken) ist auch die Luftfeuchtigkeit gut zu ertragen.

Kleidung und Ausrüstung

Je weniger man von zu Hause mitnimmt, desto mehr kann man aus Thailand mitbringen. Dieser Hinweis ist ernstzunehmen, denn die meisten Reisenden stehen am Ende ihres Urlaubs am Flughafen und versuchen verzweifelt, ihr überschweres Handgepäck durch die Kontrollen zu schleusen. Die Temperaturen sind hoch, dünne Kleidung aus möglichst reiner Baumwollfaser ist Trumpf, und für schmutzige Wäsche gibt es in den meisten Unterkünften – den billigen wie den teuren – einen Waschservice.

Kleidung

■ Nicht nur auf Ämtern gilt die orthodoxe **Kleiderordnung:** Kleid bzw. lange Hose, Hemd und Schuhe. Wer – außerhalb der Touristenzentren – in Badesachen herumläuft, verscherzt sich jegliche Sympathien.

■ Neben der üblichen Sommerkleidung sollte man für die Winterabende (Mitte November bis Mitte Februar) stets auch einen wärmeren **Pullover** mitnehmen. Ebenso empfiehlt sich die Mitnahme einer (möglichst dünnen) **Regenjacke** und – falls man in Billigst-Hotels und Billigst-Bungalowanlagen zu nächtigen gedenkt – eines eigenen Bettlakens zum Drauflegen (die Bettwäsche ist nicht immer makellos) oder Zudecken (Decken werden nicht generell zur Verfügung gestellt). Ein Schlafsack hingegen ist überflüssig.

Nacktbaden sollte man in Thailand überhaupt nicht. »Oben ohne« höchstens an den reinen Touristenstränden. – Also entsprechende **Badebekleidung** nicht vergessen.

Rucksack, Reisetasche oder Koffer?

Letzteres Behältnis bringt einem von Seiten der »Traveller« ironische Blicke ein, ist mit Imageverlust verbunden und – so man mit öffentli-

Kleidung und Ausrüstung

chen Verkehrsmitteln reisen will, aber auch nur dann – ziemlich unpraktisch. Die Reisetasche bietet die Vorteile des Koffers ohne dessen Nachteile, läßt sich z.B. im Bus sogar wesentlich besser verstauen als ein Rucksack, ist aber freilich nur bedingt zum längeren Tragen geeignet. Was dem Yuppie seine Rolex ist dem »Traveller« sein Rucksack. – Um »in« zu sein, muß man ihn einfach haben, und um »off the beaten track« überhaupt durchzukommen, kann man in der Tat nicht auf ihn verzichten.

Will man für jede Situation gewappnet sein, empfiehlt sich ein »Reisetaschen-Koffer-Rucksack«, also ein solches Behältnis, das mit wenigen Handgriffen von einem Zustand in den anderen transformiert werden kann.

Campingausrüstung

■ Wer einfach mobil sein will, benötigt eine Campingausrüstung, die unbedingt bestehen muß aus **Unterlegematte** (Isomatte), **Unterlegeplane** (oft dorniger Boden), einem Bettlaken als Schlafsack-Ersatz und vielleicht auch einem **Kocher:** Campinggas-Kocher sind untauglich (die Gaskartuschen sind schwer zu entsorgen sowie zu bekommen), auch Spiritus-Kocher können kaum empfohlen werden (der Brennstoff ist kaum zu finden), so daß sich insbesondere Benzinkocher sowie Petroleum-Kocher anbieten bzw. solche, die mit beiden Brennstoffen arbeiten (z.B. *MSR*-Kocher, zu beziehen über Ausrüstungsläden).

■ Bleibt das **Zelt,** das vor allem anderen absolut wasserdicht und, für Beach-Camping, möglichst ebenfalls sturmsicher sowie – ganz wichtig – sehr gut ventiliert sein muß. Wir persönlich reisen seit mehr als einem Jahrzehnt mit einem **Hilleberg-Zelt**, und Schleichwerbung hin oder her: ein solches Zelt können wir nur jedem wärmstens empfehlen.

Die Zelte dieses schwedischen Herstellers gibt es in Tunnel- und Kuppelform, alle Modelle sind extrem windstabil und wasserdicht, sind mit sowohl für Mücken als auch die winzigen Sandflies undurchdringlichen Moskitonetzen versehen, sind optimal ventiliert, trocknen schnell und gelten mit als die leichtesten Zelte überhaupt (ab 1,6 kg; unser 4-Personenzelt wiegt 4 kg). Alle sind sowohl für Sommer- wie auch Wintereinsatz konzipiert, in arktischen Regionen ebenso optimal einsetzbar wie in Wüstenzonen oder eben in den Tropen und haben – da handverarbeitet – eine extrem lange Lebensdauer (unser *Keron* war während der vergangenen 5 Jahre rund 3 Jahre im Einsatz, zeigt noch nicht den geringsten Verschleiß).

Zu beziehen sind Hilleberg-Zelte über gute Ausrüstungsläden, obwohl es mit Abstand am günstigsten ist, sie direkt beim Hersteller zu kaufen:
■ **Hilleberg A/S,** Box 144, S-84043 Hackås/Schweden, Tel. (0046-)63-770400, Fax (0046-)63-770516 (hier kann man auch einen umfangreichen Informationsprospekt abrufen).

Und sonst

■ **Fotografie:** Alles, was benötigt wird, sollte man möglichst von zu Hause mitbringen. In Sachen Filme ist Sparsamkeit äußerst unangebracht, denn Thailand ist ein einziges großartiges Motiv, und wer vor Ort nachkaufen muß, hat tiefer in die Tasche zu greifen als zu Hause.

Vor der Reise

■ **Anti-Mückenmittel** sind immer zweckmäßig, ebenso **Sonnenschutzmittel** und **Sonnenbrille**, und viele Situationen lassen sich mit **Taschenlampe, Taschenmesser, Reisewecker, Vorhängeschloß, Steckdosen-Adapter** besser meistern.

Geld

Zahlungsmittel

■ Für die Reisekasse bietet sich die Mitnahme von **Travellerschecks** (Reiseschecks) an. Sie sind viel sicherer als Bargeld, da gestohlene oder verlorene Schecks von der Bank zurückerstattet werden. Zwar kassiert die Bank beim Verkauf generell 1% des Scheckbetrages als Gebühr, doch dafür erzielen die Schecks auch stets einen um gut 1% höheren Wechselkurs.

Ausstellen lassen kann man sich die Schecks in US$, aber auch in DM oder Franken. Reisende aus Deutschland sollten DM-Reiseschecks bevorzugen; Bürger der Schweiz können statt DM- oder Dollar-Schecks auch solche in Schweizer Franken mit sich führen; Österreicher und Niederländer wechseln ihre Landeswährung besser in DM- oder Dollar-Schecks, da sich sonst außerhalb der Touristenzentren Probleme ergeben können.

■ Für Notfälle bietet es sich an, einen Teil des Reisebudgets in Form von **Bargeld** mitzuführen (möglichst US-Dollar oder DM in kleinen Scheinen).

■ Mit **Kreditkarten** ist das Bezahlen in allen Touristenorten problemlos. In den besseren Hotels und Restaurants sowie in den meisten Souvenirgeschäften werden die gängigen Karten anstandslos akzeptiert. Die größte Akzeptanz besitzt die *Visa Card*, gefolgt von *Mastercard* und *American Express*.

Barauszahlungen sind möglich an unzähligen Geldautomaten überall im Land sowie in allen Filialen der größeren Bankhäuser wie *Thai Farmers Bank* und *Bangkok Bank*.

■ **Euroschecks** kann man in allen Zweigstellen der *Thai Farmer's Bank* (in nahezu jedem Ort) problemlos tauschen: maximal 5 Stück je Monat, auszustellen sind sie auf DM (max. 400 DM).

■ **Geld nachschicken:** von Europa aus nach Thailand kein Problem, sofern man eine Bankadresse in Thailand hat: Empfehlenswert ist die *Bangkok Bank* (333 Silom Rd, Bangkok/Thailand), die größte Bank im Land. Der Telex-Transfer (Bank zu Bank) dauert 3 Tage, ausgezahlt wird auch in der überwiesenen Währung (aber nur in DM oder US$), ebenso in Travellerschecks (DM und US$). Die Überweisung auf eine Zweigstelle ist möglich (etwa nach Ko Samui, Phuket, Krabi), dauert aber 2 Tage länger und ist nur in Baht auszahlbar.

Währung

Die thailändische Währung heißt *Baht*, im folgenden stets mit »Bt« abgekürzt. Ein Baht ist unterteilt in 100 *Satang* (sprich: stang), abgekürzt »stg«.

■ **Geldscheine** gibt es zu 10 Bt (hellbraun), 20 Bt (grün), 50 Bt (hellblau), 100 Bt (rot) und 500 Bt (violett) und 1000 Bt.

Die älteren Ausgaben der Noten (außer 50er und 500er) sind nur noch selten zu sehen, sind aber gültig.

■ **Münzen:** Die gängigen alten

Geld/Budgetplanung

Münzen weisen keine westlichen Zahlen auf; erst auf den neuesten 1-, 2-, 5- und 10-Bt-Münzen ist auch die arabische Zahl aufgedruckt.

Von den 1-Bt-Münzen sind mindestens zwei verschiedene Sorten im Umlauf:
– neuere, kleinere mit dem Bug eines Prunkbootes und der thailändischen Eins (spiralförmig); auf der Kehrseite ein Portrait des Königs
– ältere, größere mit einem Wappen auf der einen Seite; auf der anderen wieder ein Königsportrait

Zweier sind etwa groschengroß, silbern und haben einen braunen Kupferrand.

Fünfer sind die größten Münzen; die alten haben einen braunen Kupferrand, die neuen auch die Fünf als Zahl.

Die Zehner, die 1990 im Umlauf kamen, sind etwa von der Größe eines deutschen 2-DM-Stückes, silberfarben und haben in der Mitte einen golden-kupfernen Einsatz.

Münzen zu 25 und 50 Satang haben eine messingfarbene Legierung.

Wechselkurse

- Für **1 US$** gibt's ca. **25 Bt.**
- Für **1 DM** gibt's ca. **17 Bt.**
- Für **1 SFr** gibt's ca. **19 Bt.**
- Für **1 ÖS** gibt's ca. **2,5 Bt.**

Dies beim Stand von 1 US$ = 1,60 DM.

Der Baht ist an den US-Dollar gebunden. Das heißt: Steigt der US$ z.B. um 10% zur DM, bekommt man für den US$ 10% mehr Baht, oder 10% weniger für die DM; Baht-Auf- oder Abwertungen gibt es kaum. Dies als ungefähre Faustregel, die hilft, das Budget zu planen: Die Bt-Preise im Land sind nämlich recht konstant; nur die Wechselkurse sind einem ständigen Wandel unterworfen.

Budgetplanung

Damit man weiß, was das Geld wert ist: Der Mindest-Tageslohn beträgt in Bangkok 135 Bt, auf dem Land etwa 80 Bt; eine Putzfrau verdient in Bangkok um 1500 Bt, ein Lehrer 3000 Bt, ein promovierter Jungakademiker ca. 5000 Bt, ein Rechtsanwalt um 6000 Bt; in der Provinz aber arbeiten z.B. Putzfrauen, Kellner, Köche oder Gärtner auch für 300–500 Bt im Monat.

Vor diesem Hintergrund wird verständlich, daß Touristen, selbst die allerärmsten, nach Thai-Standard außerordentlich vermögend sind. Zur Veranschaulichung: Ein Billigst-Reisender gibt innerhalb von 3 Tagen immerhin die Summe aus, die ein Arbeiter (und Ernährer einer Familie) in einem Monat verdient. Noch drastischer wird die Kluft, wenn man weiß, daß sich die statistisch errechneten durchschnittlichen Tagesausgaben eines Touristen auf über 2900 Bt belaufen ...

Wieviel Geld geben Reisende in etwa pro Tag aus, mit welchem Reisebudget ist zu rechnen?

- **Billigst-Reisende** wohnen in denkbar einfachen Unterkünften, womöglich im Schlafsaal, verpflegen sich selbst mit Lebensmitteln vom Markt oder essen ausschließlich an den Ständen der Eßmärkte, verzichten auf Soft Drinks und Bier. Budget etwa 10 DM/SFr pro Tag; zu zweit kommt man mit ca. 13 DM/SFr gut hin.

- **Budgetreisende** wohnen in einfachen Guesthouses und Strandbungalows, gönnen sich morgens ein gutes Frühstück, mittags z.B. einen

Vor der Reise

Fruchtsalat, speisen abends wieder üppig, verzichten auf Bier, stellen sich auf Säfte und Shakes um. – Anzusetzen sind etwa 15 DM/SFr pro Tag; zu zweit ist man mit etwa 20 DM/SFr gut dabei.

■ **Komfortreisende** nächtigen in Städten in Aircon-Zimmern, nehmen am Strand die besseren Bungalows, bevorzugen Restaurants der gehobenen Kategorie. – Tagesbudget mindestens 30 DM/SFr pro Person; zu zweit sollte man mit 40 DM/SFr durchkommen.

■ **Luxusreisende** gönnen sich die besten Guesthouses, gute Mittelklassehotels, feine Restaurants, genießen auch mal Cocktails – und benötigen mindestens 60 bis 70 DM/SFr pro Tag, bei 2 Personen etwa 70 bis 80 DM/SFr.

■ Und was braucht ein **Robinson?** Der Bewohner einsamer Inseln und Strände, mit eigenem Zelt oder selbst errichteter Palmdach-Hütte, der sich selbst verköstigt und so lebt wie die einfache Landbevölkerung – kann mit etwa 5 DM/SFr pro Tag auskommen, wie wir selbst erprobt haben.

Preisniveau

Um eine ungefähre Vorstellung zu geben, was man im Durchschnitt in Thailand ausgibt, hier ein paar reelle Preise, gecheckt für das kleine bis mittlere Budget:

■ **Beach-Bungalow:** von 60 Bt einfachst, über 100 Bt mit Bad/WC bis ...
■ **Guesthouse/Bangkok:** um 80 bis 150 Bt
■ **Hotelzimmer/Provinz:** um 100 bis 250 Bt
■ **Frühstück** mit Ei, Toast, Kaffee: 25 Bt
■ **Fruchtsalat:** ca. 20 Bt
■ **Soft Drinks:** 10–15 Bt
■ **Bier:** große Flasche zu 75 Bt
■ **Reisgerichte:** um 20–30 Bt
■ **Essensmärkte:** gute Portion um 10–15 Bt
■ **Thai-Suppen,** z.B. Tom Yam: um 40 Bt
■ **Europäisierte Thai-Gerichte:** von etwa 25 bis 70 Bt, Schwerpunkt 50 Bt
■ **Transport:** Überlandbusse mit Ventilator (Fan) etwa 150 Bt je 500 km, in Aircon-Bussen 250 Bt je 500 km, in V.I.P.-Bussen 350 Bt je 500 km
■ **Schnorchelmiete:** von 20 Bt bis 80 Bt/Tag komplett
■ **Tauchkurs:** 1 Tag zum Schnuppern 1200 Bt, einwöchiger Lehrgang mit Schein 5200 Bt
■ **Windsurfen:** 80 bis 200 Bt/Stunde
■ **Mopedmiete:** 120 bis 250 Bt/Tag
■ **Jeepmiete:** ab 600 Bt/Tag

Gesundheit

■ **Impfungen** werden nicht verlangt, es sei denn, man kommt aus einem Seuchengebiet. Trotzdem empfehlenswert sind Impfungen gegen **Cholera** (2 Injektionen innerhalb 7 Tagen), **Typhus** (mit Choleraspritze als *Chol-TAB* kombiniert oder als Schluckimpfung) sowie **Hepatitis** (teure Gammaglobulin-Spritzen, die für 3 Monate Schutz bieten). Die Gesundheitsämter und Tropeninstitute der Universitäten informieren detailliert. Mit dem Impfprogramm sollte spätestens 3 Wochen vor Reiseantritt begonnen werden; alle Impfungen in den gelben Internationalen Impfausweis eintragen lassen.

Umstritten ist die Vorbeugung gegen die lebensgefährliche Fieberschubkrankheit **Malaria,** die durch bestimmte Mücken (etwa. 50 Arten der Gattung Anopheles) übertragen

Gesundheit

wird. Gegen *Resochin* sind die meisten Malaria-Erreger heute immun, und *Fansidar* (obwohl noch immer von manchen Ärzten empfohlen) wird von der Weltgesundheitsbehörde mittlerweile als außerordentlich gefährlich eingestuft. Dennoch sollte dieses Mittel bzw. das soeben neu auf den Markt gekommene *Halofantrine* in keinem Gepäck fehlen: Es hilft, eine einmal ausgebrochene Malaria zu überleben.

■ Eine spezielle **Reisekrankenversicherung** oder **Unfallversicherung** braucht dann nicht abgeschlossen zu werden, wenn die Leistungen der Krankenkassen auch für Thailand gelten. Zeitlich befristete Reiseversicherungen gegen Krankheit und Unfall können in den meisten Reisebüros sowie bei den üblichen Versicherern abgeschloßen werden; dabei empfiehlt sich die Koppelung mit einer Reisegepäckversicherung.

»It's hard to live in paradise!«

■ In die **Reiseapotheke** gehören als Grundausstattung die üblichen Bestandteile wie Verbandszeug, Desinfektionstinktur, Fieberthermometer.

Herkömmliche Medikamente besser erst kaufen, wenn sie gebraucht werden: Selbst auf dem Land finden sich überall gut geführte Apotheken mit der gesamten Pharma-Palette. Bei uns verschreibungspflichtige Medikamente sind meist rezeptfrei. Die medizinische Versorgung ist durchweg gut und – wie die Medikamente auch – spottbillig.

Nachfolgend eine kleine Auflistung (nicht nur) »alternativer« Mittel:

Insektenstiche:
■ **Wilmas Nordic-Summer:** sehr gut wirkende Insektenschutzpaste auf natürlicher Basis (Holzteer); Nachteil: intensiver Teergeruch. Erhältlich in guten Ausrüstungsshops.
■ **Autan:** Dieses bekannteste Gegenmittel ist äußerst schädlich für Haut und Schleimhäute, ätzt u.a. auch Farben und Lacke weg, beschädigt Kunstfasertextilien, hilft aber als Vorbeugung gegen alle Krabbeltierchen.
■ **Moskito-Coils:** Räucherspiralen, meist von Bayer-Leverkusen, deren chemische Substanz (Pyrethrum) in geschlossenen Räumen einen gewissen Schutz vor Mücken bietet. Ist überall in Südostasien erhältlich.
■ **Tiger Balm:** überall für wenig Geld. Paste aus Kampfer und Eukalyptus, Linderungsmittel bei Juckreiz.
■ **Nelkenöl:** zur Vorbeugung sehr gut gegen Mücken und Strandflöhe (außerdem starkes Mittel gegen Zahnschmerzen). Erhältlich in Europa in den Apotheken.
■ **Citronella:** starkes Zitronenöl (in der heimatlichen Apotheke erhältlich), das nahezu alle Plagegeister verjagt, allerdings eine Art Zwischending zwischen Biene und Fliege anlockt (ist harmlos).
■ **Sketolene:** thailändisches Produkt, kostet 25 Bt, kühlt, lindert den Schmerz, riecht gut, vertreibt hauptsächlich Mücken.
■ **Mongleya Skin Lotion:** Linderungsmittel (Flasche zu 12 Bt), kühlt und nimmt den Schweiß auf – optimal vor dem Zu-Bette-gehen; auch für Kinder problemlos.

Gegen Schmerzen:
■ **Tiger Balm:** wirkt auch hier. Auf die Stirn gerieben, lindert es Kopfschmerzen, auf der Brust ist's gut ge-

Vor der Reise

gen Erkältungen. Und in flüssiger Form genügt ein Tropfen im Tee gegen Magendruck und ähnliches. In flüssiger Form in minimaler Menge auf die Zigarette getupft, befreit es Hals und Rachen von Schmerz und Hustenreiz.

■ **Nelkenöl:** Bei Zahnschmerzen (z.B. freiliegender Nerv) hilft schon ein Tropfen, sofern der Schmerzherd von außen zu erreichen ist.

■ **Knoblauch:** Zehe abgepellt, auf die Zahnhöhle gelegt, zugebissen und reingedrückt. Hat mich (Michael) schmerzfrei gemacht, als ein ganzes Paket Chemie kläglich versagte.

Gegen Unwohlsein, Durchfall etc.:

■ Kopfschmerzen im unteren Hinterkopf an heißen Tagen bekämpft man am besten mit einem guten **Currie**-Gericht mit extrem **viel Chili**. Es hilft wirklich!

■ **Tiger Balm:** wirkt befreiend und kühlend. Als Riechfläschchen optimal gegen schlimme Verkehrsdämpfe, gegen Gestank jeder Art.

■ **Mongleya Skin Lotion:** Nimmt den Schweiß auf, kühlt und gibt angenehm trockene Haut; optimal vor dem Einschlafen; auch bei stressigen Busfahrten.

■ **Prickle Heat:** Puder mit gleicher Wirkung wie Mongleya.

■ **Ananas plus ungesüßter Lemon-Juice:** auf nüchternen Magen kann es Wunder wirken gegen Verstopfung.

■ **Papaya-Kerne:** ein Teelöffel pro Tag hilft gegen Dünnpfiff. Gut zerkauen, auch wenn's schrecklich bitter schmeckt.

■ **Knoblauch** ist ein natürliches Antibiotikum, das bei leichten Infektionskrankheiten wahre Wunder vollbringen kann, sofern es in ausreichender (sehr großer) Menge genommen wird. Wir nehmen im Bedarfsfall die Zehen von 2 Knollen, hacken sie klein und bereiten daraus eine Suppe.

■ Wird der Dünnpfiff zum schwächenden Durchfall, sollte man eventuell auf das Pharma-Präparat **Immodium** zurückgreifen. Hat stark stopfende, aber keine therapeutische Wirkung. Deshalb möglicherweise ein zusätzliches

■ **Antibiotikum:** insbesondere **Cortrim Forte** deckt den gesamten Bereich zwischen Gastroenteritis und Cholera ab; einmal damit begonnen, muß man die Einnahme 7 Tage fortsetzen; mannigfache Nebenwirkungen!

■ Die WHO propagiert gegen den Durchfall **Zucker-Salz-Wasser:** mindestens 40 g Rohrzucker (1 Eßlöffel) und eine gute Prise Kochsalz auf einen Liter *sauberes* Wasser.

■ **Sodawasser:** ein Glas davon mit einem halben Teelöffel Salz und dem Saft von 2 ausgedrückten Limonen – Magendrücken und Übelkeit schwinden. Schmeckt widerlich, aber hilft ausgezeichnet.

■ Das wirksamste Antibiotikum bei starker Ohrenentzündung (etwa durchs Tauchen) ist **Tarivid**; gleichzeitig die Ohrhöhle mit **Castellani** einpinseln.

■ Schwäche und Schlappheit, auch Kopfschmerzen und sogar Fieber können Folge von Salz- und Mineralmangel sein. Dagegen helfen Salztabletten und **Elektrolyte**-Pulver; letzteres enthält alle wichtigen Mineralstoffe. Nach starkem Schwitzen, nach anstrengenden Treks.

Wundbehandlung/Desinfektion:

■ Schnitte, hervorgerufen durch

Gesundheit/Reisen mit Kindern

Korallen, lindern und desinfizieren Fischer durch Aufschmieren von **Kokosnußöl**; überall an der Küste erhältlich.

■ Bestes uns bekanntes Mittel zur Wunddesinfektion ist **Calendula**, eine aus Pflanzenextrakten gewonnene Salbe/Tinktur; in Deutschland in jeder Apotheke erhältlich.

■ Für eitrige Wunden haben wir stets die »Wundersalbe« **Betaisodona** dabei: tötet Pilze, Bakterien, diverse Viren, befreit in kürzester Zeit auch von großflächigen Eiterflechten.

■ Ist der Entzündung so nicht beizukommen, sollte man zusätzlich ein **Breitband-Antibiotikum** einnehmen; für mindestens 5 Tage.

Warnung:

■ **Tripper** ist die am weitesten verbreitete Geschlechtskrankheit in Thailand (bei Prostituierten liegt die Rate zwischen 41 und 60%). Seit dem Vietnam-Krieg breitet sich immer mehr die *Saigon Rose* aus, ein Tripper, der auf Penizillin nicht reagiert. Vorbeugung durch Verwendung von Präservativen ist somit dringend empfohlen.

■ Aber Präservative sollten noch aus einem anderen Grund verwendet werden: Auch in Thailand hat die Immunschwächekrankheit **Aids** mittlerweile problematische Dimensionen angenommen. Zur Zeit soll rund 1% der Bevölkerung infiziert sein, und im Jahre 2000 rechnet man (offiziell) mit 5%; bei Prostituierten, so die Schätzungen, liegt die Rate jetzt schon bei über 70%!

Reisen mit Kindern

Zuallererst einmal möchten wir ans Herz legen, die Vorurteile über Bord zu werfen, die ein »schmutziges Asien« prophezeien, und den üblichen Antisepsis-Wahn auf ein normales Maß zu reduzieren. Gelingt das, steht einer Familienreise nach Thailand bereits nicht mehr viel im Weg. Kinder bis zu 2 Jahren ohne eigenen Sitzplatz fliegen in der Regel für 10% des offiziellen IATA-Tarifs, obwohl es auch Fluggesellschaften gibt, bei denen sich die 10% auf den Billig-Preis beziehen. Für ältere Kinder wird ein Rabatt von 30–50% gewährt, teils auf den IATA-, teils auf den Billig-Tarif – Vergleiche helfen also, Geld zu sparen. Für die Kleinsten stehen in allen Großraumflugzeugen Babybetten zur Verfügung, zumindest eine Toilette ist stets mit Wickeltisch ausgestattet, und auch Pampers und Babynahrung sind erhältlich.

Unter dem Klimawechsel nach der Ankunft haben die »Oldies« meist mehr zu leiden als die »Youngsters«, für die aber die Zeitverschiebung ein Problem darstellt. Es folgen ein paar halb durchwachte Nächte, aber die gehen vorüber. Wesentlich ist, die Bedürfnisse der Kinder bei der Routenplanung zu berücksichtigen! Lange Bewegungsunfreiheit mögen sie gar nicht, Ruhe und Natur am Meer bekommen am besten. Die Betten in den Unterkünften sind in aller Regel breit genug, auch eine drei- bis vierköpfige Familie aufzunehmen. Geeignetes Essen in den Restaurants zu bekommen, ist kein Problem; ansonsten wird für Kinder gerne eine »Extrawurst« gebraten.

Die medizinische Versorgung ist

Vor der Reise

bestens, in allen größeren Ortschaften etwa sind die üblichen Babypflegeartikel erhältlich, zudem auch Babynahrung, meist von Nestlé und Milupa, sowie Pampers. Apropos Pampers: Für die reinen Reisezeiten sind sie gut – aber auch nur dafür. Sonst gibt's fürchterlich wunde Hinterteile, mithin auch schnell Infektionen. Wir benutzten stets die nostalgischen Stoffwindeln, aber ohne Plastikhose (!), oder ließen unser Kind, wie es die Einheimischen auch tun, ohne Hosen herumlaufen. Das erregte auch im »Ernstfall« nie Ärgernis.

Gegen das Problem starker UV-Strahlung helfen ein Sonnenhut, ein Baumwollhemdchen sowie natürlich Schatten und Sonnenschutzmittel, das es in Thailand mit dem Schutzfaktor 20 speziell für Babys gibt (von der US-Firma *Coppertone*). Zu achten ist unbedingt auf sauberes Badewasser. Für Reisen in abgelegene Regionen empfiehlt sich ein *Katadyn*-Taschenfilter. Der kostet zwar ca. 350 DM, verwandelt aber dafür selbst Kloake in absolut sauberes Trinkwasser, ohne chemische Stoffe zuzusetzen. Daß selbst kleinste Schrammen und Kratzer sofort desinfiziert werden müssen, sollte klar sein. Vorsicht bei der Wahl eines Anti-Mückenmittels: Autan, das bekannteste auf dem Markt, ist definitiv nichts für Kinderhaut! Pflanzliche Mittel wirken oft genauso gut, doch das Beste ist die Vorbeugung durch ein Moskitonetz (am billigsten vor Ort: leicht aufzubauen und auch in aufspannbarer Regenschirm-Version erhältlich): Die Plagegeister betätigen sich meist nur nach Sonnenuntergang sowie direkt vor und nach Sonnenaufgang.

Weil thailändische Ärzte bei Krankheiten jeder Art üblicherweise sofort zu Antibiotika greifen, ist die Mitnahme folgender Medikamente zu erwägen:

■ Einen Set mit den wichtigsten **homöopathischen Medikamenten** für Kinder kann man in Europa in jeder Apotheke erstehen; inklusive einem ausführlichen Handbuch.

■ **Erysidoron I + II** ist ein (auch bei Erwachsenen) außerordentlich wirksames Naturmittel zur Fiebersenkung und Therapie bei Infektionen. Wird oral verabreicht, hilft aber auch bei äußerlicher Anwendung, etwa Ohrenentzündung. Von *Weleda* (in allen Apotheken).

■ **Mercurialis**, für äußere Anwendung. Etwa bei Halsschmerzen, Mandelentzündung, Bronchitis, aber auch Brustdrüsenentzündung (Umschlag).

■ **Eukalyptus-Paste:** zum Auftragen auf die Haut (Umschläge) bei inneren Infektionen.

■ **Arnika-Salbe:** bei Gelenk- und Muskelschmerzen, Prellungen etc.

■ **Ferrumphosphoricum D4:** gegen Durchfall und Fiebererkrankungen auch bei Säuglingen.

■ **Oralpädon:** zur oralen Elektrolyttherapie bei Durchfall und Erbrechen; auch/gerade für Säuglinge geeignet.

■ **Aconitum comp.:** gegen Ohrenentzündungen bei Säuglingen und Kleinkindern.

■ **Lavendelöl:** ein paar Tropfen auf ein Tuch, Umschlag auf die Brust (über Nacht); lindert enorm bei Reizhusten, starker Erkältung.

■ Mit den hinlänglich bekannten **Tees** haben wir außerordentlich gute Erfahrungen gemacht (etwa Kamillentee bei Magenproblemen, Lindenblütentee bei Fieber); im Kräuterhaus beraten lassen.

Bücherecke

Schmöker für die Reise sollte man von zu Hause mitbringen. Wer auch englische Bücher liest, bekommt unterwegs alles Erdenkliche.

Für die Lust auf mehr Hintergrund-Informationen hier eine kleine Liste empfehlenswerter, weiterführender Literatur in deutscher Sprache:

■ **APA-Guide Thailand:** wunderschöner Reiseführer mit vielen Farbfotos und guten Landschafts- und Situationsbeschreibungen; erhältlich in Englisch auch in Bangkok.

■ **Boisselier, Jean/Beurdeley, Jean-Michel:** Kunst in Thailand.

■ **Boisselier, Jean/Beurdeley, Jean-Michel:** Malerei in Thailand.

■ **Cooper, Robert und Nanthapa:** Kultur-Knigge Thailand. Wissenswertes über alle Verhaltensfragen.

■ **Dittmar, Johanna:** Thailand und Burma. Kunstreiseführer.

■ **Hohnholz, Jürgen (Hg.):** Thailand – Natur, Geschichte, Gesellschaft, Politik. *Das* Standardwerk.

■ **Lipka, Susanne:** Das käufliche Glück in Südost-Asien. Sextourismus und Heiratshandel; Schwerpunkt Thailand.

■ **Möbius, M./Ster, A.:** Dschunke, Jeep und Bambusfloß. Reihe »Reisen, Menschen, Abenteuer«. Unserer Feder entstammender Abenteuer-Report, in dem wir über unsere nicht alltäglichen Erlebnisse in Burma und Thailand berichten.

■ **Nelles Guide Thailand:** bunter Reiseführer à la Apa-Guide im Taschenformat; gute Karten, schöne Fotos, Hintergrundberichte, aber kaum praktische Informationen.

■ **O'Grady, Ron:** Zwischenlandung Dritte Welt. Ein Beitrag zur Tourismuskritik; auch für Südostasien.

■ **Velder, Christian:** Märchen aus Thailand.

■ **Thailand:** Kohlhammer. Einer der besten (und teuersten) Kunst-Reiseführer in deutscher Sprache.

An der Ao Mai Phai im Süden von Ko Lanta

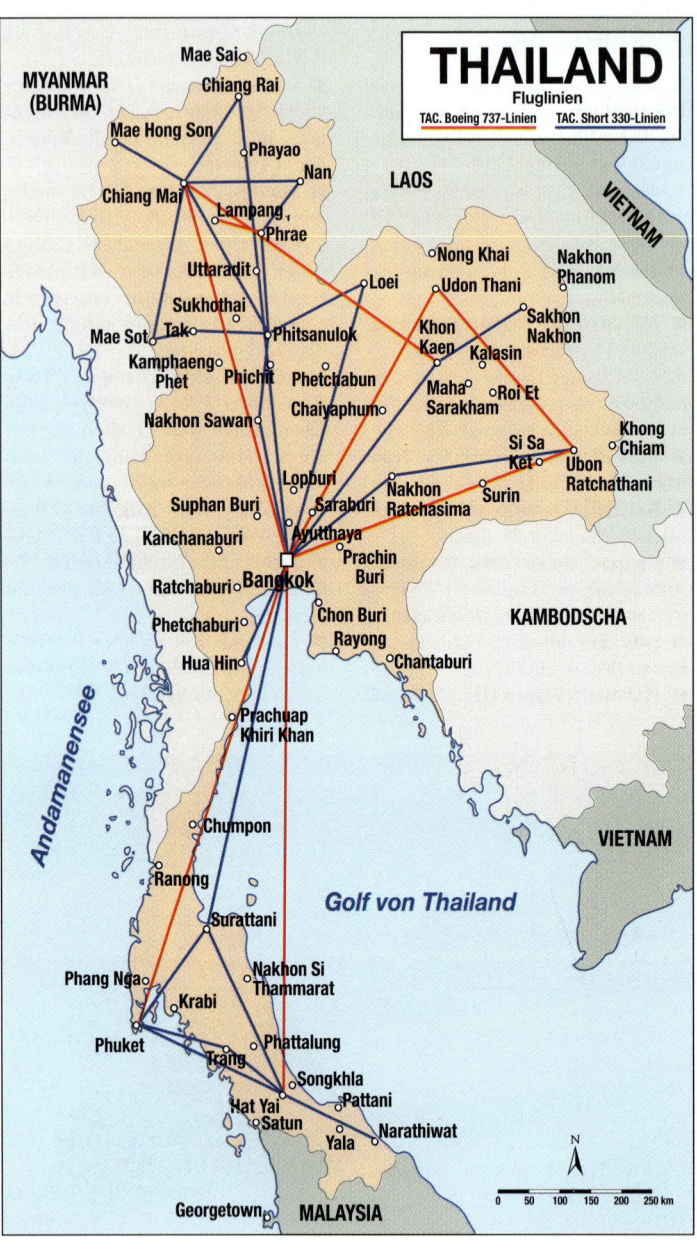

Anreise

Billig-Flüge

Mit Billig-Flugtickets (meist sogenannten »Graumarkttickets«) reist es sich ganz normal nach Thailand, nämlich mit Linienflügen. Erhältlich sind diese Tickets jedoch nicht direkt bei den Airlines, sondern nur bei spezialisierten Billig-Reisebüros.

■ Da sich in **Deutschland** weit über 100 solcher Billig-Reisebüros etabliert haben und diese »Szene« laufend in Bewegung ist, muß hier auf Adressangaben verzichtet werden. Die sogenannten Stadtzeitungen bzw. Szenemagazine der verschiedenen Landstriche bieten diesbezügliche Informationen; aber auch in den regionalen oder überregionalen Tageszeitungen sowie in den Reisemagazinen finden sich (oft klitzekleine) Inserate. Als billig und zuverlässig haben sich auch die Schüler- und Studenten-Reisebüros erwiesen, die in Universitätsstädten meist dem Campus angegliedert sind und in der Regel auch für Nicht-Studiosi gute Angebote haben.

Wer nahe der niederländischen Grenze beheimatet ist und nichts gegen den Abflug ab Amsterdam einzuwenden hat, sollte sich im Nachbarland umtun. Hier bekommt man oftmals Tickets, die allein schon dank der Währungsdifferenz bis zu 10% billiger sind als in Deutschland. Nach unserer Erfahrung bietet das in jeder größeren Stadt vertretene *NBBS* stets die günstigsten Tarife an: etwa das in Arnheim direkt an der deutschen Grenze, Tel. Holland 071/22 14 14. Man kann auch aus dem Ausland telefonisch reservieren und buchen.

Norddeutsche können nach Kopenhagen ausweichen. Auch ab Berlin fliegt es sich billig, allerdings nur mit osteuropäischen Gesellschaften.

Generell – und nicht nur bei Abflug von Berlin – sind die osteuropäischen Airlines die günstigsten. Doch auch die asiatischen Fluggesellschaften mit dem besseren Service verlangen nicht so viel mehr, und für ein paar Noten Aufschlag gibt's sogar Direktflüge (ohne Umsteigen) mit Top-Airlines.

Der Billigflug-Dschungel wird fortlaufend dichter und entwickelt sich in der Tendenz zu einer Börse mit aktuellen Sonderangeboten und »Tagespreisen«. Wir verzichten daher auf exakte Tarifangaben, die morgen schon überholt sind. So soll das nachfolgende Beispiel lediglich Anhaltspunkte für einen »marktgerechten« Preis geben: Bangkok einfach ab 700 DM, retour ab 1100 DM; Ticketgültigkeit 1 Jahr, Abflug ab Frankfurt am Main.

■ In der **Schweiz** (Abflug in Zürich oder Genf) gilt der *Globetrotter Travel Service* als Marktleader und bietet sowohl umfassende Beratung als auch günstige Flugtickets:
– in Baden, Bahnhofstrasse 14, Tel. 056/221 52 16, Fax 056/221 53 93,
– in Basel, Falknerstrasse 4, Tel. 061/261 77 66, Fax 061/261 77 12,
– in Bern, Neuengasse 23, Tel. 031/312 11 21, Fax 031/312 08 88,
– in Luzern, unter der Egg 10, Tel. 041/410 88 44,
– in St. Gallen, Merkurstr. 4, Tel. 071/222 82 22, Fax 071/227 39 75,
– in Thun, Bälliz 61, Tel. 033/227 37 37, Fax 033/227 37 38,

– in Winterthur, Stadthausstr. 65, Tel. 052/212 14 26, Fax 052/212 94 59, – in Zürich, Rennweg 35, Tel. 01/211 77 80, Fax 01/212 12 59.

Was über Billigflüge in Deutschland geschrieben wurde, gilt auch für die schweizerischen sowie die österreichischen Tarife.

■ **Ab Österreich:** Abflug in Wien. Auch Abflüge in Graz, Klagenfurt, Linz, Salzburg sind möglich, aber teurer. Die Tickets sind generell ein Jahr gültig.

Rundreisen durch verschiedene Länder

Rundreisen durch Südostasien und Trips im Anschluß an Thailand kommen wesentlich günstiger mit einem bereits zu Hause erstandenen Gesamtticket. Da die meisten Billig-Flugtickets auf dem *Mileage-System* basieren, sind etliche attraktive Stops zwischen Europa und dem weitesten Punkt der Reise (*turn-around point* im Airline-Jargon) quasi gratis im Flugpreis enthalten. Natürlich ist auf den ersten Blick ein Retourticket etwa nach Bangkok um einiges billiger als ein Rundreiseticket durch mehrere Länder. Doch dem vermeintlich Klugen kommt es letztlich unverhältnismäßig teuer zu stehen, wenn er die einzelnen Zusatzdestinationen erst später dazukauft. Als Faustregel gilt: je weniger einzelne Tickets, desto günstiger die Rundreise.

Zu beachten: Die Flugscheine lassen sich nicht über ihre ursprüngliche Gültigkeitsdauer hinaus verlängern.

Linienflüge

Man fliegt mit *IATA*-Gesellschaften wie »Thai International«, »Singapore Airline«, »Lufthansa« und kann die Ticktes kurzfristig buchen, auch kurzfristig und kostenlos wieder vom Flug zurücktreten (was bei Billig-Tickets extra kostet). Man kann nicht benutzte Flugscheine retournieren (nicht möglich bei Billig-Tickets) und sich die IATA-Gesellschaft, mit der man fliegen will, frei aussuchen, braucht also kaum je Angst davor zu haben, nicht rechtzeitig wegzukommen. Dieser Service kostet, nämlich für ein Retourticket von Deutschland nach Bangkok nahezu 6000 DM – gut das Vierfache eines Billig-Tickets.

Sind Linienflüge also für normal betuchte Reisende ohne Spesenkonto uninteressant? Nicht unbedingt, denn die Linie bietet zwei Alternativen, die vor allem während der Hochsaison interessant werden, wenn in vielen Billig-Reisebüros mit kräftigen Zuschlägen gearbeitet wird und die »Super-Sonderpreise« schnell mal an die 2000 DM-Grenze heranreichen: den **Excursion-** sowie den **Flieg & Spar-Tarif.**

Mit ersterem kostet der Flug mit *Thai Airways International* von Frankfurt oder Düsseldorf nach Bangkok zwischen 1599 DM und 1799 DM (der Mindestaufenthalt beträgt 15 Tage, maximal 3 Monate). Wer länger als 3 Monate bleiben will, muß zwischen 1799 und 1999 DM bezahlen, und die Flugdaten müssen fixiert sein, Umbuchung vor Reiseantritt kostet 100 DM, nach Reiseantritt hingegen kommt der nächsthöhere Tarif zur Anwendung (Aufschlag von 310 DM während der ersten 3 Monate, 478 DM danach).

Diese Preise sind absolut konkurrenzfähig, umso mehr, als man in modernen Maschinen (ab Frankfurt am

Main, Düsseldorf, München, Hamburg, Zürich, Genf) fliegt, jeden nur denkbaren Komfort genießt und obendrein nonstop in 12 Stunden ans Ziel gelangt. Zusätzlich gibt's noch Sonderangebote für den Weiterflug nach Phuket, Chiang Mai etc. sowie für Hotelübernachtungen in Top-Hotels: bis über 50% Ermäßigung bei Anreise mit »Thai«.

Auskünfte und Reservierungen zum Beispiel über:

■ **Thai Airways International,** Kennedyallee 93, D-60596 Frankfurt, Tel. (Reservierung/Information) 069/630 004 10, Fax 069/631 20 61.

Mit LTU nach Thailand

Die – neben dem Linienflug – vielleicht angenehmste Art, nach Thailand zu gelangen, bietet die deutsche LTU International Airways, die ab Düsseldorf sowie München sowohl Bangkok als auch Phuket direkt anfliegt und eben nicht nur mit extrem günstigen Preisen, sondern auch einem außerordentlichen Service besticht:

■ Der **Tarif** für den Hin- und Rückflug beträgt 1599–1899 DM (je nach Saison); Kinder unter 2 Jahren bezahlen nur 10% und haben – weltweit einzigartig – dennoch 20 kg Freigepäck; Kinder von 2–11 Jahren fliegen für 50%, und Jugendliche zwischen 12 und 21 Jahren bekommen 25% Ermäßigung, was ebenfalls keine andere Airline bietet.

■ Das **Freigepäck** darf bei einer Reisedauer über 28 Tage 30 kg betragen – das genießt man sonst nur als First-Class-Passagier. Zusätzlich darf man pro Person noch einmal Sportgeräte (wie Fahrräder, Windsurfbretter) bis zu einem Gewicht von 30 kg mitnehmen, so daß man de facto auf 50 bzw. 60 kg Freigepäck kommt; normal sind 20 kg. Außerdem haben Motorradfahrer für einen sehr günstigen Tarif die Möglichkeit, ihre Maschine (egal, was für ein »Kaliber«) mit in den Urlaub zu nehmen.

■ **Anreise:** Hin kommt man nach Düsseldorf und München zu spottbilligen Sondertarifen mit der Bahn (Berlin–München z.B. 79 DM hin und zurück) oder für 99 DM mit einem »LTU Drive & Fly«-Mietwagen (alles inkl., Abgabe am Flughafen). Und wer sich vor dem Abflug oder nach der Rückkehr eine Nacht in einem Luxushotel gönnen will, zahlt unter dem Motto »LTU Sleep & Fly« nur zwischen 70 und 80 DM pro Person in Häusern von internationalem Standard.

■ **Sicherheit** und **Flugkomfort** werden groß geschrieben, wofür stehen mag, daß die LTU z.B. vom Flugzeughersteller »McDonnell Douglas« für die weltweit beste Wartung des neuen Großraumflugzeuges MD-11 ausgezeichnet wurde. Bei einer von der Stiftung Warentest in Auftrag gegebenen Umfrage ging LTU als führende deutsche Fluggesellschaft auf der Langstrecke hervor; darüber hinaus wählten die Leser des Reisemagazins »Globo« die LTU zur besten deutschen Chartergesellschaft.

■ **Buchen** kann man Flüge mit der LTU in nahezu jedem Reisebüro; allgemeine Informationen können zusätzlich abgerufen werden unter Tel. 0211/941 8888. Täglich 5–22 Uhr.

Entfernungen in Kilometern

	AYUTTHAYA	BANGKOK	CHIANG MAI	HAT YAI	KHON KAEN	NAKHON RATCHASIMA	NAKHON SAWAN	PATTAYA	PHITSANULOK	RAYONG	SONGKHLA	TRAT	UBON RATCHATHANI	UDON THANI	YALA
AYUTTHAYA		76	620	1010	405	215	170	225	300	255	1025	390	580	520	1160
BANGKOK	76		695	935	450	262	240	145	375	180	950	315	630	565	1085
BURI RAM	365	410	930	1345	200	150	480	560	610	590	1360	725	270	315	1495
CHANTABURI	320	245	940	1180	695	505	485	170	620	105	1195	70	875	810	1330
CHIANG MAI	625	695		1630	650	775	450	845	335	875	1645	1010	935	400	1780
CHIANG RAI	715	785	180	1720	730	1015	540	930	415	965	1735	1100	1015	845	2970
CHUMPON	540	465	1160	485	910	720	705	610	840	645	485	780	1090	1025	635
HAT YAI	1010	935	1630		1380	1190	1175	1080	1310	1115	25	1250	1560	1500	130
HUA HIN	315	240	935	695	690	500	480	385	615	420	710	555	870	805	845
KANCHANABURI	130	130	755	945	575	390	300	275	430	310	1080	445	755	690	1100
KHON KAEN	525	450	650	1380		190	495	595	320	630	1400	765	280	115	1535
LAMPANG	530	600	90	1530	565	685	360	745	310	780	1550	915	845	680	1685
LAMPHUN	600	670	20	1605	630	755	430	815	310	850	1620	985	915	745	1755
LOPBURI	100	155	580	1085	390	200	130	300	260	335	1105	470	570	505	1235
MAE HONG SON	856	925	350	1855	955	1010	685	1070	635	1105	1875	1240	1240	1070	2010
MUKDAHAN	600	640	900	1575	245	385	710	785	560	820	1590	957	165	280	1725
NAKHON PATHOM	130	55	640	910	395	315	295	200	435	235	1005	370	685	620	1140
NAKHON PHANOM	695	740	950	1675	300	270	745	885	615	920	1690	1055	270	250	1825
NAKHON RATCHASIMA	215	260	775	1345	190		325	405	455	345	1210	400	370	305	1345
NAKHON SAWAN	170	240	450	1175	495	325		385	130	420	1190	555	695	565	1325
NAN	595	670	320	1600	615	635	425	815	295	850	1620	985	895	730	1750
NARATHIWAT	1225	1150	1845	195	1600	1410	1390	1295	1525	1330	195	1465	1780	1715	140
PATTAYA	225	145	845	1080	595	405	385		520	60	1095	240	775	620	1230
PHETCHABURI	200	125	820	810	570	380	365	270	500	305	825	440	750	685	960
PHITSANULOK	300	375	335	1310	320	455	130	520		555	1325	690	600	435	1460
PHUKET	940	860	1560	465	1310	1120	1100	1005	1240	1040	495	1175	1120	1425	605
RAYONG	255	180	875	1115	630	345	420	60	555		1130	180	835	745	1265
SAKHON NAKHON	605	645	855	1580	205	390	655	790	525	825	1595	960	285	170	1730
SONGKHLA	1025	950	1645	25	1400	1210	1190	1095	1325	1130		1265	1580	1515	130
SUKHOTHAI	360	425	300	1360	380	515	190	570	60	605	1375	740	660	495	1510
SURATTANI	720	645	1340	330	1095	905	885	790	1020	825	305	960	1275	1210	435
TRAT	390	315	1010	1250	765	400	555	240	690	180	1265		895	880	1400
UBON RATCHATHANI	580	630	935	1560	280	370	695	775	600	835	1580	895		400	1715
UDON THANI	520	565	400	1500	115	305	565	620	435	745	1515	880	400		1650
YALA	1160	1085	1780	130	1535	1345	1325	1230	1460	1265	130	1400	1715	1650	

Begegnung mit Thailand

Thailand im Überblick

Land und Bevölkerung
- **Fläche:** 513 115 qkm (Vergleich BRD: 365 945 qkm)
- **Höchste Erhebung:** Doi Inthanon, 2595 m (Norden)
- **Ausdehnungen (max.):** Nord-Süd 1620 km, Ost-West 800 km
- **Küstenlinie:** über 2600 km
- **Nachbarländer:** Malaysia (Süden), Burma (Westen/Norden), Laos (Norden/Osten), Kambodscha (Osten)
- **Bevölkerung:** ca. 60 Mio.
- **Bevölkerungszuwachs:** ca. 1,4% pro Jahr
- **Bevölkerungsdichte:** ca. 115 Einwohner/qkm (BRD: 212/qkm)
- **Landbevölkerung:** ca. 80%
- **Minderheiten:** Chinesen (6%), Malaien (3%), Hilltribes (1%)
- **Lebenserwartung:** 65 Jahre (BRD 75 Jahre)
- **Durchschnittliche Familiengröße:** ca. 5,6
- **Analphabetenrate:** zwischen 6% und 10%
- **Religion:** 94% Buddhisten
- **Hauptstadt:** Bangkok (um 8 Mio. Einw.)
- **Sonstige Städte:** Chiang Mai (Norden; 160 000 Einw.), Hat Yai (Süden; 130 000 Einw.), Korat/Nordosten; 200 000 Einw.)

Wirtschaft und Handel
- **Bruttosozialprodukt / Kopf:** um 240 US$ (BRD: etwa das Zehnfache)
- **Durchschnittseinkommen pro Haushalt/Monat:** ca. 100 US$
- **Mindesttageslohn in Bangkok:** 135 Bt (ca. 8 DM)
- **Inflationsrate:** ca. 5%
- **Wirtschaftswachstum:** um 10%
- **Arbeitslosigkeit:** um 10%
- **Anteil der Beschäftigten:** in der Landwirtschaft 58%, in der Industrie 15%
- **Anteil der Landwirtschaft am Bruttoinlandsprodukt:** ca. 15%
- **Anteil der Industrie am Bruttoinlandsprodukt:** um 20%
- **Landwirtschaftliche Nutzfläche:** ca. 37%, davon Reisfelder 63%
- **Waldfläche:** um 15%
- **Hauptsächliche Exportgüter:** Textilien, Reis, Kautschuk, Edelsteine, Zinn, Tapioka, integrierte Schaltungen, Plastikartikel, Teakholz, Jute
- **Gesamteinnahmen aus dem Export:** ca. 500 Mrd. Baht (rund 31 Mrd. DM)
- **Außenhandelsdefizit:** jährlich ca. 100 Mrd. Baht

Tourismus
- **Touristeneinreisen:** ca. 7 Mio.
- **Einnahmen aus dem Tourismus:** über 110 Mrd. Baht (über 6,5 Mrd. DM)
- **Durchschnittliche Tagesausgaben der Touristen:** ca. 3000 Bt (176 DM)
- **Durchschnittliche Aufenthaltsdauer der Touristen:** 7 Tage, Deutsche führen mit 14 Tagen die Rangliste an.

Lage und Landschaft

Thailand liegt im westlichen Teil der Indochina-Halbinsel. Im Norden und Nordwesten bildet das Tenasserim-Gebirge die Grenze nach Burma, im Nordosten stellt der Mekong, mit 4500 km der drittlängste Strom Asiens, die natürliche Grenze zu Laos, im Osten grenzt es das Dangrek-Gebirge nach Kambodscha ab. Nur im Süden, auf der Malaiischen Halbinsel, besteht eine »offene« Grenze zu Malaysia.

Mit rund 514 000 qkm ist das thailändische Königreich mehr als doppelt so groß wie die »alte« Bundesrepublik Deutschland. Als das Herzstück des 1620 km langen und an der schmalsten Stelle nur etwas mehr als 10 km breiten Landes gilt die durch den Menam Chao Phraya (den größten Fluß des Landes) geprägte **Zentralebene**, die sich mit einer Fläche von über 100 000 qkm von Bangkok bzw. dem Golf von Siam aus nach Norden erstreckt. Hier befindet sich die Reiskammer des Landes, leben über 20 Mio. Menschen, sind mehr als 90% der Industrie konzentriert und befindet sich auch der kulturelle Mittelpunkt des Königreiches mit entsprechend vielen sehenswerten Stätten.

Im **Nordosten**, mit rund 170 000 qkm Fläche die größte Region des Landes, breitet sich – wie eine überdimensional große, flache Schüssel – das aus rotem Sandstein aufgebaute, um 200 m hohe Khorat-Plateau aus, das von unfruchtbaren Böden, Wasserknappheit zur Trockenzeit, verheerenden Überschwemmungen während der Regenzeit und der Armut seiner 12 Mio. Bewohner geprägt wird. In touristischer Hinsicht liegt die Region im »Schatten« des Nordens, gar so viel zu sehen gibt es nicht, und würde man eine Präferenzliste über die besuchenswertesten Landschaften Thailands aufstellen, würde der Nordosten sicherlich das Schlußlicht bilden.

Im Gegensatz dazu steht der waldreiche und etwa 168 000 qkm große **Norden**, der von bis über 2500 m hohen Ausläufern des Himalaja durchzogen wird, zwischen die sich fruchtbare Stromtäler spannen. Hier entspringen alle wichtigen Flüsse des Landes, hier gibt es noch große zusammenhängende Monsunwälder, und die 21 Mio. Menschen, die hier leben, sind noch zum allergrößten Teil in der Landwirtschaft tätig. Chiang Mai, die zweitgrößte Stadt Thailands, ist Zentrum und Tourismusmetropole der Region, und neben dem Kulturtourismus ist es insbesondere der Trekking-Tourismus, der hier gewaltige Dimensionen angenommen hat. Schwerpunkt der organisierten Mehrtages-Walks sind Besuche der sogenannten Hilltribes, der sinotibetischen Bergstämme, die im höchsten Norden, im Opium-Dreieck, ihr Leben fristen; ansonsten sind es Floßtouren und Pistenfahrten, Urwald-Exkursionen sowie natürlich auch Kultur-Erlebnisse, die in diesem von Burma und Laos umschlossenen Landesteil locken.

Bleibt der **Süden**, der sich von Bangkok aus als ein schmaler, aber nahezu 1000 km langer und 70 000 qkm großer Landstreifen auf der Malaiischen Halbinsel erstreckt. Im Westen steigt er aus der zum Indischen Ozean gehörenden Andamanen-See auf, im Osten aus dem dem Pazifik zuzurechnenden Südchinesischen Meer. Sein Rückgrat wird, wie der Norden auch, von einem aus dem Himalaja stammenden Gebirgszug gebildet, der schroff aus dem hügeligen und mit Karstbergen durchsetzten Land aufragt und im Südwesten in bizarre Kalksteinformationen übergeht, die mit zu den landschaftlichen Höhepunkten gehören. Die Böden sind ausgesprochen fruchtbar, Südwest- wie auch Nordost-Monsun (siehe unter »Vor der Reise/Reisezeit«) sorgen für ausreichend Niederschläge, und die Flora bietet ein Urbild tropischer Vegetation. Weit über 2000 km Küstenlinie mit palmen- oder dschungelgesäumten Bilderbuchstränden sowie gleich mehrere Dutzend Trauminseln sind maßgeblich dafür verantwortlich, daß Thailand heute einen derart hohen Stellenwert bei Touristen innehat.

Die thailändische Flagge

Ein Blick auf die Nationalflaggen der Welt verrät, daß sich solche mit verschiedenfarbigen Streifen globaler Beliebtheit erfreuen. Insbesondere in Europa findet sich die größte Anhäufung derartiger Staatssymbole, und abendländische Flaggen waren es wohl auch, die Rama VI. mit Inspiration erfüllten, als er daran ging, für sein Königreich ein neues, vor allem auch zeitgemäßes und allseits interpretierbares Emblem zu entwerfen. Das alte, das von blutroter Farbe war, trug nämlich im Zentrum einen kleinen weißen Elefanten. Und dieses Sinnbild, Amulett der Nation, war soeben in Versailles während der Siegerfeier der Alliierten des I. Weltkrieges (wozu auch Thailand zählte) Anlaß von Gelächter und Gespött geworden: Die unwissenden Ausländer hielten das königliche Wappentier für eine Maus oder – wie andere Chronisten berichten – gar für ein Schwein. Die ganze thailändische Nation hatte an Gesicht verloren, und Glücksbringer hin, Glücksbringer her: Der Stein des Anstoßes mußte weichen, eine ganz neue Flagge mußte her.

Der königliche Designer entschied sich für ein »modernes« Streifenmuster. Das obere sowie das untere rote Feld stehen symbolisch für die Einheit der Nation, während die beiden weißen die Reinheit der Religion versinnbildlichen. Das breite blaue, nicht ohne Grund in der Mitte befindliche Band aber soll die Monarchie allegorisieren.

Flora und Fauna

Ein tropisches Urbild in Bedrängnis

Während die Eiszeiten auf der nördlichen Erdhalbkugel weitreichende Veränderungen der Vegetation hervorriefen, blieb die äquatornahe Malaiische Halbinsel, auf der Thailand liegt, über einen Zeitraum von rund 130 Millionen Jahren von Klimawechseln unberührt, so daß sich die Natur seit dem frühen Tertiär ungestört entwickeln konnte. Diese Stabilität und die durch die beiden Monsune ganzjährig präsente Feuchtigkeit hat, in Verbindung mit den tropisch-thermischen Bedingungen, eine üppige Pflanzenformation geschaffen: den (meist als »immergrün« bezeichneten) tropischen **Regenwald**. Er weist den typischen, mehrgliedrigen Stockwerkbau des Kronendaches auf, das so dicht ist, daß nur 10% des Sonnenlichts den Boden erreichen, wodurch eine relativ konstante Temperatur und auch Luftfeuchtigkeit gewährleistet bleiben sowie ein Boden, der, eben weil er kaum Licht abbekommt, nur spärlich mit Moosen und Farnen bewachsen ist. Dennoch gedeihen nirgends sonst so viele Blütenpflanzen wie hier, wo auf einem einzigen Hektar oft bis zu tausend unterschiedliche Arten wachsen, jedoch nicht auf dem Boden, sondern auf Baumstämmen und Ästen als Parasiten (Schmarotzerpflanzen) und Epiphyten (Pflanzen, die auf anderen wachsen, aber ihre eigene Nahrung produzieren). Insbesondere letztere, zu denen allein über 20 000 Orchideenarten zählen, tragen enorm zum vielfältigen Erscheinungsbild des Regenwaldes bei. Mehr als die Hälfte der Bäume gehören als Hartholzgewächse zur Familie der Dipterocarpaceen, die nicht selten über 3 m dicke, mächtige Stämme haben, sich erst ab etwa 30 m Höhe verzweigen und bis zu 60 m hoch aufragen können.

Den größten Artenreichtum weist der Tiefland-Regenwald auf. Mit zunehmender Höhe verliert die Vegetation dann ihre Vielfalt und Undurchdringlichkeit, ebenso den charakteristischen stockwerkartigen Aufbau. Ab 800 m Höhe spricht man vom Gebirgs-Regenwald, geprägt durch das Auftreten verschiedener Eichenarten und Baumfarne, die nicht selten bis über 10 m hoch werden. Oberhalb 1500 m etwa geht der Gebirgs-Regenwald schließlich in den Nebelwald mit krüppelwüchsigen Bäumen sowie Moosen, Kleinfarnen und Flechten über.

Im Gezeitenbereich der Küstensäume sowie im Ufer- und Mündungsbereich der Flüsse wuchern die auf Stelzen im Brackwasser heimischen, salzwassertoleranten **Mangrovenbäume**. Sie tragen dicke, immergrüne Lederblätter, können bis zu 20 m Höhe erreichen und schützen als Pufferzone das Land vor dem Meer.

Soviel zur Vegetation in ihrer ursprünglichen Ausprägung, die durch menschliche Einflüsse innerhalb der letzten Jahre allerdings derart drastischen Veränderungen unterworfen war, daß der Begriff **Ökozid** zutrifft: Noch vor 50 Jahren waren nahezu 90% der Landfläche Thailands mit Wald bedeckt. 1985 betrug der Anteil des Waldmantels nur noch 29%, 1989 waren es um die 15%, und heute geht man von maximal 10% aus. Hauptursache ist die intensive holzwirtschaftliche Nutzung sowie die Rodung, um neue Anbauflächen für Kulturpflanzen zu gewinnen. Mittlerweile ist der Primärwald so rar geworden, daß der Raubbau nicht einmal mehr die Nationalparks ausspart. Sollte das Massaker an den tropischen Wäldern im bisherigen Umfang weitergehen, wird sich der südthailändische Primärurwald bis zum Ende unseres Jahrhunderts auf winzige Parkenklaven beschränken.

Ein gesunder Waldbestand aber ist entscheidend für das Klima, den Wasserhaushalt, die Bodenfruchtbarkeit und natürlich auch für das Fortbestehen der bislang so artenreichen **Tierwelt**, die auf dem Papier noch über 200 Säugetierarten, rund ebenso viele Reptilien-, ca. 700 Vogel- und über 150 000 Insektenarten kennt. Vor allem die Großsäuger wurden ausgerottet oder sind direkt zum Aussterben verurteilt. Wild lebende Elefanten, einst hunderttausendfach im Süden vorhanden, gibt es, wenn überhaupt, nur noch in geringen Populationen in den unzugänglichen Regionen des Tenasserim-Gebirges an der Burma-Grenze. Für Nashörner dürfen Zoologen bereits den Nachruf verfassen. Leoparden, Tiger, Wildbüffel und Bären gibt es ebenfalls nur noch in verschwindend geringer Anzahl. Relativ häufig

Flora und Fauna

anzutreffen (bzw. zu hören) sind noch Affen, vornehmlich Gibbons und Makaken, wohingegen die Zahl der Schlangen ebenfalls drastisch reduziert ist. Als größte Exemplare gelten die bis 9 m lange Würgeschlange Python und die giftige, bis etwa 6 m lange Königskobra; 15 weitere giftige Arten, insbesondere Vipern, sind vorhanden. Vielfältig und reich zeigt sich eigentlich nur noch das Insektenleben. Durch Formenschönheit und Farbenpracht bestechen vor allem über 500 Schmetterlings- und Falterarten, als dessen größter Vertreter, mit bis über 25 cm Flügelspannweite, Atlas- und Herkulesspinner gelten. Am häufigsten begegnet man allerdings noch der gemeinen Mücke, dem wohl meistverfluchten Insekt überhaupt. An zweiter Stelle stehen die winzigen Strandflöhe, die heftig juckende Schatten auf so manchen Paradiesstrand werfen, gefolgt von den Ameisen, von denen die rote Baumameise die aggressivste und die Riesenameise mit bis zu 3 cm Länge die größte ist.

Der Regenwald – Das »grüne« Universum

Blaugrün schimmerndes Licht, die Luft ist von zäher Feuchtigkeit erfüllt. Es riecht nach Moder und einem in Jahrmillionen gewachsenen Kompostboden aus toten Blättern und faulendem Holz. Aus umgestürzten Stämmen wuchern weiße und rosafarbene Giftpilze. An den Rinden der bis 5 m dicken Baumriesen sprießen büscheldicke Parasitengewächse mit aufreizend gelben und violetten Blüten. Dunkelgrüne, armdicke Lianen ranken wie eine zweite Haut zum 50 m entfernten Licht empor und verwickeln sich zu monströsen Strängen, die in der Höhe diese grünen Kathedralen zu tragen scheinen ... Das »grüne Universum« des tropischen Regenwaldes dient seit über 130 Millionen Jahren der Evolution als unerschöpfliches Experimentierfeld. Rund 5 Millionen der insgesamt ca. 10 Millionen auf der Erde vorkommende Spielarten des Pflanzenreichs wachsen hier, wo allein über 3500 verschiedene Baumarten bekannt sind, von denen manche wiederum bis zu 1700 Insektenarten als Lebensraum dienen.

Charakteristisches Kennzeichen des Regenwaldes ist seine stockwerkartige Gliederung. Bis 60 m hohe Holzgiganten überragen Bäume von 30 oder 40 m Höhe, deren dichtes Kronendach Licht und Regen filtert, das Klima bis hinab zum Boden bestimmt. Dazwischen siedeln Parasiten und Epiphyten (etwa Lianen, Orchideen, Farne, Rhododendren: Pflanzen, die zwar auf anderen wachsen, sich aber im Gegensatz zu den Parasiten selbständig ernähren). Eine Strauch- sowie Moos- und Krautschicht fehlen nahezu völlig. Der Boden selbst ist meist lehmig, nur mit einer dünnen Humusschicht bedeckt und nicht etwa fruchtbar, sondern sogar außerordentlich nährstoffarm. Das steht aber nicht im Widerspruch zu der offenbaren Fruchtbarkeit des Regenwaldes, denn dieser bildet ein in sich geschlossenes System, dessen nahezu ausschließliche Nahrungsquelle seine eigene verwesende organische Substanz ist.

Und diese üppigste und älteste Pflanzenformation der Erde nun, gleichzeitig ihr größtes genetisches Reservoir, wird laut Berechnungen des *World Wildlife Fund* bereits in spätestens 30 Jahren vom Planeten verschwunden sein! Es herrscht Krieg; Krieg des Menschen gegen die Natur, Krieg des Menschen gegen sich selbst und seine Kinder! Weltweit fallen jährlich mehr als 200 000 qkm (entspricht etwa der Größe Deutschlands ohne Niedersachsen) den Bulldozern, Flammenwerfern und Sägen der multinationalen Holzkonzerne zum Opfer. In Thailand, wo noch vor rund 50 Jahren etwa 80% der Landfläche mit Wald bedeckt waren, vor 13 Jahren noch gut 50%, sind es heute nicht mal mehr 15%. Und es geht munter weiter, wie überall in Südostasien, »wo sich Mitglieder und Günstlinge der repressiven Regimes oft selbst an der Ausbeutung der Waldreserven bereichern« (*Der Spiegel*, Nr. 9/1989).

Eine Ursache für das Verschwinden der Regenwälder ist sicherlich die Bevölkerungsexplosion, die die Erschließung neuer landwirtschaftlicher Anbauflächen erfordert. Lebten im Bereich des heutigen Staates Thailand noch vor 30 Jahren 20 Millionen Menschen, sind es heute fast 60 Millionen. Aber – »für das Massaker an den tropischen Wäldern sind vor allem die holzverarbeitenden Industrienationen verantwortlich, die USA, Japan und die europäischen Länder – also wir alle. Für uns ist der Organismus Regenwald in der Ferne genau wie Erdöl oder Eisenerz in der Tiefe nichts weiter als ein Rohstoff, den es kostengünstig und gewinnbringend auszubeuten gilt. Japan nimmt mehr als 50%, Europa 32% und die USA 15% aller Tropenholzexporte auf ... 97% aller Tropenholzexporte gehen also in Länder, in denen nur 20% der Menschheit lebt« (*Geo*, Nr.10/85).

Wir sind es, die im von Prestigedenken geleiteten Konsumrausch Schränke, Tische und Stühle, Frühstücksbrettchen und Regale, ja noch Särge am liebsten aus Edelholz erstehen. Damit graben wir uns, insbesondere aber dem großen Rest der Menschheit, ein monumentales Grab. Hier und jetzt, zu jeder Sekunde, geschieht das größte je von Menschenhand praktizierte Ökozid: Sind erst die Regenwälder verschwunden, beschleunigt sich die Erwärmung der Erdatmosphäre in noch viel schnellerem Tempo als bisher, und die Folge, die wir schon jetzt langsam zu spüren bekommen, wird eine Klimakatastrophe von nicht abzuschätzendem Ausmaß sein. »›Nur eine atomare Katastrophe könnte die globalen Auswirkungen des Abholzens der tropischen Wälder übertreffen‹, urteilte auch die UNO-Entwicklungshilfe-Organisation UNDP« (*Der Spiegel*, Nr.9/89).

Palmen – schön und nützlich

■ Einer der wertvollsten Nutzbäume der Erde, in Thailand am weitesten verbreitet und in Plantagen kultiviert, ist die **Kokospalme**. Sie wächst bis zu 30 m hoch. Aus ihren Blättern werden die Dächer der Hütten gefertigt. Die Schößlinge der Palmblätter geben ein gutes Gemüse ab, und die Milch junger Kokosnüsse ist erfrischend, extrem nahrhaft und wohlschmeckend. Kein Curriegericht ist ohne das weiße Fruchtfleisch der älteren Nuß denkbar, und aus dem Fleisch der alten Nuß (Kopra) wird Fett, Seife sowie Kerzenwachs gewonnen, während der Preßrückstand der Kopra als Viehfutter Verwendung findet. Der aus dem Blütenschaft tropfende Saft wird zu

Palmwein vergoren oder zu einem scharfen Schnaps destilliert. Aus den Nußfasern lassen sich Seile und Teppiche fertigen. Kokosschalen-Feuer vertreibt Mücken und andere Plagegeister, und die Stämme eignen sich als Bauholz. Bleiben das Kokosöl, das u.a. als Sonnenschutzmittel Verwendung findet, und natürlich der Halbschatten, den die Haine bilden, innerhalb deren sich häufig kleine Dörfer erstrecken.

■ Ebenfalls vielseitig genutzt wird die **Nipapalme**, die an den Mündungsarmen der Flüsse oft galerieartige Baumstreifen bildet. Ihre Blattwedel dienen zum Dachdecken und als Flechtmaterial für Körbe und Matten. Aus dem Blütensaft läßt sich ein wohlschmeckender Zuckerersatz gewinnen.

■ Eine hohe, schlanke Palme mit feingliedrigen Blättern ist die **Arecapalme**. Ihre Frucht ist ein weit verbreitetes Genußmittel und wirkt, mit Betelblättern und ungelöschtem Kalk vermischt, speichelbildend, stimulierend wie auch hungerstillend und hinterläßt die häufig anzutreffenden roten Münder und Zähne.

■ Aus dem Mark der **Sagopalme** wird ein wichtiges Stärkemehl gewonnen.

■ Die dornenbesetzten Lianenstränge der **Rotangpalme** sind als Baumaterial begehrt, bei uns als Rattan bekannt.

■ Aus den Früchten der im 19. Jh. aus Westafrika eingeführten **Ölpalme** schließlich, ebenfalls in Plantagen kultiviert, wird der Grundstoff zur Herstellung von Margarine, Speiseöl und Seife gewonnen.

Lotos – Nur eine Blume?

Wo immer man zwischen Indien und Bali, Burma und Japan auch reisen mag – dem Lotos begegnet man in jedem Land. Sei es nun in der Natur oder in der Kunst, in Holz geschnitzt, auf Teppichen oder Münzen, in Stein oder Gold, auf Tempelfresken, Reispapier, Leinwand, oder in Form von Lyrik, ja selbst im Kochtopf.

So auch in Thailand, wo Lotos (*Nelumbo nucifera*, zur Familie der Wasserlilien gehörend) für die verschiedensten Zwecke Verwendung findet. In der heißen Jahreszeit werden die Lotoswurzeln in Wasser gekocht, mit Zucker gesüßt und als traditionelles Heilmittel gegen Magenleiden verabreicht; sehr empfehlenswert auch nach übermäßigem Genuß von Durian- oder Longanfrüchten.

Genußreicher ist es da schon, sich am Lotossamen zu laben. In der Blüte befindet sich die kegelförmige Lotosfrucht: darin wiederum ovale Kapseln, die – geschält – ein köstliches milchig-weißes Fleisch freigeben. Bei Thais als Reiseproviant beliebt und somit an Busstationen und Bahnhöfen stets wohlfeil. Wie bei den meisten Wasserlilien ist auch beim Lotos der Stamm eßbar. Die Thaiküche kennt über 20 Zubereitungsarten: roh mit *nam-prik*, der Shrimp-Paste, oder – am populärsten – als Suppe mit Makrelen, Shrimps, Kokosmilch und Tamarinde – bekannt als *sai bua tom krati*, erhältlich in allen besseren Thairestaurants. Oder die Blätter finden als dekorative »Gemüseteller« Verwendung, als »Kochtasche« für Reis, damit er das köstliche Lotosaroma annimmt.

Doch nicht nur im profanen Bereich stößt man auf die Wasserpflanze. Auch ein so bekannter Poet wie *Sunthomphu* ließ sich in einem Gedicht vor 200 Jahren über die Lotosblume aus und verblieb damit durchaus in guter alter Tradition: kaum ein Tempel, kaum ein Heiligtum oder religiös inspiriertes Gemälde, keine Mönchsweihe oder Hochzeit ohne eine stilisierte Lotosdarstellung.

Seit nunmehr über 2500 Jahren, seit Buddhas Geburt, gilt die Pflanze als heilig. Wie die Legende berichtet, war Buddha schon vom ersten Tag an des Gehens mächtig. Und nach seinen ersten sieben Schritten auf der Erde öffneten sich überall unter ihm Lotosblüten, um seine Füße zu schützen. In späteren Jahren dann war der Lotos ein von Buddha bevorzugtes Symbol für seine Lehre vom Sein: Obwohl die Lotoswurzeln nämlich im tiefsten stinkenden Morast stecken, erhebt sich die eigentliche Blüte hoch über den »Schmutz« und wächst zu einem lieblichen Gewächs heran.

(K)ein Platz für Dickhäuter

Anfang des 18. Jh. kämpften in Thailand allein über 20 000 Elefanten in der königlichen Armee, sechs- bis siebenmal mehr tummelten sich in freier Wildbahn. 1950 beliefen sich die Gesamtschätzungen nur noch auf rund 13 400 Tierre, 1972 auf 8400. Selbst Optimisten halten heutzutage Zahlen von über 5000 für reines Wunschdenken. Vertraut man den Erhebungen des Forstamtes, soll davon noch rund die Hälfte in freier Natur leben.

Doch der eigentliche Wohnraum der Dickhäuter, die großen zusammenhängenden Flachland-Regenwälder, ist der Motorsäge zum Opfer gefallen. So zogen sich die tonnenschweren Ungetüme in die relativ unzugänglichen Wälder des Tenasserim-Gebirges zurück und fristen hier, meist im Bambusdickicht, ein eher klägliches Dasein.

Wohl auch ein gefährliches, denn in den letzten 30 Jahren wurden allein über 1500 Stück eingefangen und verkauft (meist an Zoos; Deviseneinnahme rund 1,4 Mio. US$). Schlimmer noch: Die Schaufensterauslagen in Bangkok halten noch immer Elfenbein in rauhen Mengen wohlfeil. Die Touristen kaufen, die letzten und größten Landsäuger (bzw. deren edelste Körperteile) wandern so einer nach dem anderen in die Wohnzimmervitrinen. Elefanten sind jetzt endgültig auch in Thailand vom Aussterben bedroht.

So gaben Tierschützer die dringende Empfehlung, Elefantenparks in natürlicher Umgebung im Land einzurichten: einen etwa 4000 qkm großen um Petchabun und einen gut 12 000 qkm großen entlang des Tenasserim-Gebirges an der westlichen Grenze zu Burma. Diese Stimmen fanden Gehör, und wie es aussieht, sollen die zwei Parks wirklich Realität werden. Doch wie im Look-East-Magazin zu lesen war, ist die Absicht nicht so rein: viele Elefanten locken viele Touristen an, produzieren obendrein viel Elfenbein ...

Leben am Riff

»Wir sind erstaunt, wenn Reisende uns von den ungeheuren Ausmaßen der Pyramiden und ähnlicher Bauwerke berichten, doch die größten unter ihnen sind ohne Bedeutung, vergleicht man sie mit diesen Gebirgen aus Stein« – so notierte *Charles Darwin* in seinem 1842 erschienenen Buch (*The Structure and Distribution of Coral Reefs: Being the First Part of the Geology of the Voyage of the 'Beagle', 1832 to 1836*), als er zum ersten

Flora und Fauna

Mal in seinem Forscherleben ein Korallenriff erblickte.

So ergeht es den meisten Menschen, wenn sie, der Schwerkraft entronnen, Fischen gleich in diese geheimnisvolle Welt hinabgleiten. Vermittelt schon das Schnorcheln oder Tauchen in »normalen« Gewässern einen fast euphorischen Zustand, so wird es über einem Korallenriff zu einer ästhetischen Erfahrung. *Hans Hass* (*Geo 4./1980*) schwärmt: »Starr greifen biegsame Korallen mit gewundenen Armen über das von ihren Polypen geschaffene Netzwerk. Aus Spalten lugen Fangfäden und Fächer hervor. Röhrenwürmer entfalten ihre gefiederte Tentakelspirale ... Heerscharen unter leuchtend gefärbten Fahnen kämpfen gegeneinander: purpurrote Kalkalgen, gelbe Bohrschwämme, rasenbildende Grünalgen, kolonienbildende Blumentiere ... Eine Welt der Kontraste. Erlesene, bizarre Schönheit im Winzigen.« Gebilde wie Teller, Blumen, Pilze, wie Geweihe oder Spitzenfächer oder wie menschliche Gehirne werden belebt von Seesternen und Seeigeln, Krabben, Garnelen, Langusten und Hummern, Muscheln, Seeschlangen, Schnappern, Kaiserfischen und Millionen anderer Meerestiere. Myriaden von Geschöpfen schießen und kreuzen am Korallenriff umher. Sie alle zu katalogisieren und zu klassifizieren würde selbst die größten Computer der Welt überlasten – was bleibt, ist das Staunen.

Dabei fängt alles so winzig und unscheinbar mit den mikroskopisch kleinen Larven der *Korallenpolypen* an. Auf dem geschlechtlichen Weg gezeugt, treiben sie so lange im Meer dahin, bis sie sich an einen passenden Ort, wo das Wasser warm genug (zwischen 20 und 30 Grad), und nicht zu tief ist (max. 50 m), anheften. Langsam entwickeln sie Tentakel, wachsen zu echten, 2,5 bis 10 mm großen Korallenpolypen heran, bilden gleichzeitig ihr Kalksteingehäuse, ihr »Skelett« und vermehren sich sodann auf zweierlei Weise: einerseits durch die (langsame) geschlechtliche Befruchtung, bei der die Larven davontreiben, andererseits, indem sie Äste oder Knospen hervorbringen, die zu Tochterpolypen werden, selbst Knospen treiben usw. Der Vorgang wiederholt sich in ständig wachsendem Tempo, und bald ist eine Kolonie von tausenden, eng verbundenen Korallenpolypen entstanden – der Grundstock des Riffs. Alte Polypen sterben ab, die abgesonderten Kalkskelette bleiben, neue Polypen »bauen« weiter und auf diese Weise wächst das Riff jährlich um durchschnittlich 1 cm in die Höhe.

Tagsüber erscheint das Riff, von den Fischen abgesehen, relativ farblos, nur die Formen faszinieren. Nachts aber, wenn die Nahrungsaufnahme der Korallenpolypen erfolgt, wird das Riff zu einer einzigen bunten, wogenden Tentakelmasse, mit deren Hilfe die Polypen den mikroskopisch kleinen *Plankton* fangen und dann verzehren. Millionen winziger Fische, die in den Höhlungen des Riffs leben, ernähren sich ebenfalls von Plankton, werden ihrerseits Fischfutter für größere, die wiederum von noch größeren gefressen werden. Zur Veranschaulichung: ein Hering z.B. frißt täglich tausende winziger Fische, eine Makrele vertilgt täglich bis 30 Heringe, ein Schnapper benötigt bis zu zehn Makrelen, ein Hai wieder soundsoviele Schnapper usw.

Dich als Schnorchler oder Taucher wird in Thailand wohl kaum irgend etwas fressen. Dennoch: Vorsicht! Nicht zu nahe an Korallenwänden tauchen, nicht in Höhlen herumprockeln: Hier hält sich tagsüber die bis zu 3 m lange *Muräne* auf, deren messerscharfe Zähne riesige Fleischwunden reißen, was wieder Haie anlocken könnte. Die Korallen überhaupt am besten gar nicht erst berühren: Die Gefahr, sich an den scharfen Kanten eine schwer heilende Wunde zuzuziehen, ist groß. Genauso gefährlich wie die Muräne ist der *Steinfisch*: Ein kurzer, stumpfer, im Aussehen wie ein Stein wirkender Fisch, bedeckt mit Auswüchsen und Warzen. Er liegt auf dem Boden, perfekt getarnt, und durchsticht mit seinen Stacheln selbst Gummisohlen. Sein Gift kann tödlich sein.

Für die Korallen aber ist es tödlich, werden sie abgebrochen oder mit Stangen und Messern verletzt. Was du in Sekunden vernichten kannst, braucht Jahrzehnte des Wachstums. Deshalb tauche »sanft«, behandle das Riff als etwas Wunderbares, Einzigartiges.

Geschichtlicher Überblick

Ins 20. Jahrhundert

Mit der Thai-Geschichtsforschung haben die Historiker ihre liebe Last, denn mit der vollständigen Zerstörung der alten Hauptstadt Ayutthaya durch die Burmesen im Jahre 1767 gingen sämtliche Dokumente verloren, die möglicherweise Aufschluß über die ältere Geschichte der Thais hätten geben können. Was bleibt, sind die Aufzeichnungen der Nachbarvölker, insbesondere der Chinesen, doch diese Quellen sind wissenschaftlich umstritten und scheinen es zumindest mit der Chronologie nicht allzu genau zu nehmen.

Mit einiger Wahrscheinlichkeit ist davon auszugehen, daß die Thais **vor etwa 4500** Jahren in der Nähe der heutigen Stadt Szechuan in China lebten, von wo aus sie das Jangtsekiang-Tal hinunter wanderten und um **600 n.Chr.** in Yünnan ihr erstes Reich gründeten. **Um 900** herum wurde der Expansionsdrang der chinesischen Nachbarn übermächtig, und während der folgenden 400 Jahre, bis zur Zerstörung dieses als *Nan Chao* bekannten Königreiches durch die Mongolen, wanderten zahlreiche Thaistämme in den nördlichen Bereich des heutigen Hoheitsgebietes von Thailand ein. Dort stießen sie, wie oben erläutert, auf die Mon sowie auf die von Angkor aus regierenden Khmer, deren Reich damals den größten Teil des heutigen Nordost-Thailands mit umfaßte. Von diesen beiden Völkern, die hoch entwickelte Kulturen geschaffen hatten, übernahmen die Thais innerhalb eines Assimilierungsprozesses vielfältige Kulturelemente in den Bereichen Religion, Staatsverwaltung, Kriegskunst etc.

Aber der Kulminationspunkt der Mon- und Khmer-Macht war längst überschritten, und dieses Vakuum machten sich die Thais im Jahre **1238** zunutze. Sie brachen das Gebiet um Sukhothai aus dem Staatenbund der Khmer heraus und gründeten ihr erstes Königreich auf »Thai«-Boden. Unter ihrem dritten König schließlich, *Ram Kamhaeng* (1277 bis 1317),

Geschichtlicher Überblick

eroberten die Thais die gesamte Zentralebene sowie Südthailand bis zur heutigen Stadt Nakhon Si Thammarat; Freundschaftspakte mit anderen Thai-Fürstentümern wurden geschlossen, Khmer und Mon weit zurückgedrängt. **1283** kreierte der findige König das aus den indischen Dewanagari-Schriftzeichen abgeleitete Thai-Alphabet – und Sukhothai wurde zur Wiege der Thai-Kultur, Thailand ist seither unabhängiges Königreich.

Mitte des **14. Jh.** eroberte ein aufständischer Prinz die Stadt, ernannte sich zum neuen König und bestieg in Ayutthaya, der von ihm ausgewählten Hauptstadt, als König *Rama Thibodi* den Thron. Bis 1767 entwickelte sich das *Reich von Siam*, wie es damals noch hieß, zum mächtigsten Staat in ganz Südostasien, und zeitweise war ihm Laos und auch Kambodscha tributpflichtig.

1511 kamen die ersten Europäer ins Land: die Portugiesen, die den Thais die Kunst lehrten, Feuerwaffen herzustellen und sie zu benutzen. Gegen Mitte des **17. Jh.** folgten Engländer und Franzosen sowie Dänen und Holländer, die sich aber aufgrund der militärischen Stärke Thailands damit begnügten, Handelsniederlassungen zu errichten.

Doch die benachbarten Burmesen ließen, im Gegensatz zu den Europäern, dem Staat keine Ruhe. Sie fielen im Verlauf der Jahrhunderte immer wieder ein, besetzten mal den ganzen Norden, einmal sogar Ayutthaya, und starteten **1767** zum großen vernichtenden Feldzug. Ayutthaya wurde eingenommen und dem Erdboden gleichgemacht; alle Archive verbrannten. Die Stadt wurde nie wieder aufgebaut, die Armee war vernichtet, und lediglich ein Unterbefehlshaber namens *Tak Sin* konnte dem Gemetzel entkommen. Schon ein Jahr später ließ er sich in Thonburi, der heutigen Schwesterstadt von Bangkok, zum König ausrufen, und nach weiteren 14 Jahren unablässigen Kampfes gegen die Burmesen sowie die erstarkten Kambodschaner war das Reich wiedererstanden.

Doch König Tak Sin verfiel dem Größenwahn und wurde 1782 von seinem wichtigsten Heerführer *Chao Phraya Chakri* abgesetzt und umgebracht. Dieser General, Begründer der noch heute herrschenden Dynastie, bestieg als *Rama I.* den Thron, und ließ diesen nach Bangkok verlegen.

Unter dem als *Rama IV.* regierenden König *Mongkut* (1851 bis 1868) wurde die seit 1700 befolgte Politik der Isolation beendet. Der Gelehrte, der vor seiner Thronbesteigung 27 Jahre lang als Mönch gelebt hatte, erkannte mit Weitblick, daß nur ein geschickter Balanceakt die westlichen Großmächte daran hindern könne, sich auch Thailand (wie schon zuvor Burma, Laos, Kambodscha, Vietnam und Malaysia) einzuverleiben. Durch seine Initiative schloß das Land zahlreiche Freundschafts- und Handelsverträge, hauptsächlich mit England und den USA, und die Geschichte hat ihm Recht gegeben: Siam kam als einziges Land in Südostasien ohne Kolonialherren über die Runde.

Mongkuts Sohn *Chulalongkorn*, der **1868** als *Rama V.* den Thron bestieg, setzte den Balancekurs fort und ergänzte ihn durch ein umfassendes innenpolitisches Reformprogramm, mit dem er den Grundstein zu einem modernen Staatswesen legte. Der König, der während seiner 42 Jahre dauernden Regentschaft zweimal Europa besuchte, schaffte die Sklaverei ab, reformierte das gesamte Verwaltungssystem, baute das Schul- und Bildungswesen nach europäischen Maßstäben aus und versuchte, die technischen Errungenschaften des Westens für sein Land fruchtbar zu machen.

Der Weg zur »Demokratie«

Unter König Chulalongkorn, Großvater des heutigen Regenten, war es in besser gestellten thailändischen Kreisen in Mode gekommen, die Söhne in Europa studieren zu lassen. Als im Jahre **1925** der als konservativ verschrieene König *Prajadhipok*, Rama VII., den Thron bestieg, stand ihm eine von westeuropäischen Geistesströmungen geprägte, intellektuelle Offiziers- und Beamtenschicht gegenüber. Die Unzufriedenheit mit dem neuen Herrscher erfaßte bald auch große Teile des Bürgertums und führte **1930** zur Gründung einer demokratischen Volkspartei unter Vorstand des in Frankreich ausgebildeten *Pridi Banomjong*.

1932 geriet das Land durch die Auswirkungen der Weltwirtschaftskrise in die Bredouille, der der König mit Steuererhöhungen und Gehaltskürzungen zu begegnen versuchte. Das Faß lief über, und am **10.12.1932** kam es zum unblutigen Staatsstreich: Die absolute Monarchie wurde abgeschafft, und der König selbst verkündete eine neue Verfassung, die eine konstitutionelle Monarchie festschrieb.

Die Volkspartei war am Ruder und versuchte, ein sozialistisches Regierungsprogramm durchzusetzen. Dieses Vorhaben scheiterte an den konservativen Kräften um *Pibul Songgram*, der das Militär, die Mönche und Großteile des Bürgertums hinter sich wußte und **1935** den König stürzte. *Ananda Mahidol*, der unmündige Sohn des entmachteten Herrschers, wurde zu dessen Nachfolger designiert. Pibul Songgram ernannte sich zum neuen Ministerpräsidenten, schaltete im Verlauf der kommenden Jahre die liberalen Kräfte aus, schwang weiter nach rechts und errichtete im Jahre **1938** unter Mithilfe des Militärs eine Diktatur. Der Despot träumte von einem Groß-Siam, das von China bis Indien reichen sollte, und gab dem Land deshalb den nationalistischeren Namen Thailand – »Land der Freien«.

Dieser erklärte Expansionsdrang führte im Verlauf des II. Weltkrieges zu einem Pakt mit Japan. **1942** erklärte Thailand den Alliierten den Krieg und marschierte in Richtung Kambodscha, Laos, Burma und Malaysia. Doch zwischenzeitlich hatte sich der des Landes vertriebene Volksparteiler Pridi Banomjong insgeheim nicht nur mit den Alliierten verbündet, sondern auch in Thailand eine antijapanische Widerstandsbewegung aufgebaut. Im Jahre **1944** wurde Pibul Songgram gestürzt, sein Gegner zum Ministerpräsidenten ernannt. Gerade noch rechtzeitig, muß man sagen, denn unter Pridis Herrschaft erklärte Thailand jetzt seinerseits den Japanern den Krieg, verzichtete auf alle eroberten Gebiete und konnte sich so seine volle Souveränität auch nach Ende des Krieges bewahren.

Der mittlerweile mündig gewordene König Ananda Mahidol wurde unter recht mysteriösen Umständen im Palast ermordet, und sein Bruder, der noch heute residierende König *Bhumipol*, bestieg **1946** den Thron.

Im folgenden Jahr endete das kurze parlamentarische Zwischenspiel aufs Neue, als sich Pibul Songgram mit Hilfe des Militärs ein weiteres Mal zum Diktator aufschwang. Böse Stimmen behaupten, mit Hilfe der Amerikaner, denn er, der den Alliierten zuvor den Krieg erklärt und auch bereitet hatte, erhielt jetzt plötzlich vollste Unterstützung von den Vereinigten Staaten. Thailand dankte, lehnte sich außenpolitisch stark an den »Großen Bruder« an und beteiligte sich auf dessen Seite am Korea-Krieg.

1957 ging des Diktators Stern endgültig am Abendhimmel unter: Er wurde vom politisch ebenfalls stramm rechts stehenden Marschall *Sarit Thanarat* gestürzt, der bis zu seinem Tod im Jahre **1963** das thailändische Ruder fest in seiner Hand hielt. Unter dem Nachfolger Marschall *Thanom Kittichakorn* nahm die ungebrochene außenpolitische Orientierung Thailands an den USA fast schon manische Züge an. Die militärische und wirtschaftliche Zusammenarbeit wurde intensiviert, Milliardenkredite flossen nach Bangkok, und Thailand bewies dem mächtigen Partner seine Treue, indem es auf dessen Seite auch am Vietnamkrieg teilnahm, quasi als Flugzeugträger für die amerikanischen Bomber diente.

Diese uneingeschränkte Anlehnung an die USA stieß innenpolitisch auf zunehmenden Widerstand und gipfelte **1973** in einer Demonstration von noch nie da gewesenem Ausmaß. Hunderttausende forderten den Rücktritt Kittichakorns, der jetzt mit brutalster Gewalt die liberalen Kräfte zu zerstören versuchte, das Militär aufforderte, wahllos in die Menge zu feuern. Doch dem aufgestauten Volkszorn war so nicht mehr beizukommen. König Bhumipol persönlich stellte sich auf die Seite der Demonstrierenden, forderte Kittichakorn und seine Clique auf, das Land zu verlassen, und ernannte gleichzeitig den liberal gesinnten Juraprofessor *Sanya Dharmasak* zum neuen Ministerpräsidenten. Doch Dharmasak hatte schweres Spiel: Streikwellen erschütterten das Land, das wirtschaftlich auf den Ruin zustrebte; in mehr als der Hälfte aller Provinzen kam es zu bewaffneten Auseinandersetzungen zwischen dem Militär und kommunistischen Guerillas, und im Süden versuchten sich militante Muslime in der Revolution. Als es **1976** zu massiven Demonstrationen in Bangkok kam, faßte das Militär die Gelegenheit beim Schopf und griff erneut zur Staatsmacht. General *Kriangsak* wurde als Premier eingesetzt, 1980 wieder abgesetzt und durch General *Prem* ersetzt, der sich im Juli **1988** aus dem aktiven politischen Leben zurückzog und dem ehemaligen Militär *Chatichai* das Ruder überließ. Dieser führte die von Prem eingeleitete Politik fort, deren Schwerpunkte auf der Wirtschaftspolitik lagen und außenpolitisch von dem (erfolgreichen) Versuch geprägt wurden, das Verhältnis zu den Nachbarstaaten (insbesondere Laos, Kambodscha, Vietnam) zu entspannen.

So ging es bis zum **23. Februar 1991**, als das Militär in einem unblutigen Putsch wieder einmal das Regierungsruder in die Hand nahm. Angeblich – dies die offizielle Verlautbarung – weil sich das Kabinett Chatichais der Korruption gigantischen Ausmaßes schuldig gemacht habe. Die öffentliche Meinung aber war eine andere, nämlich die, daß Chatichai nicht die richtigen (hohen) Militärs ausreichend geschmiert habe. Wie auch immer: Die Putschisten setzten einen neuen Interimspräsidenten ein, *Anand Panyarachun*, versprachen Neuwahlen und das Übliche, also bessere soziale Versorgung, weniger Arbeitslosigkeit, ein höheres Wirtschaftswachstum und so weiter. – Lippenbekenntnisse allemal; weder kam es zu Neuwahlen noch wurde irgend etwas besser, ja die Lage verschlechterte sich sogar zusehends. Gleichzeitig wurde der Druck auf die Oppositionsparteien im Land im stärker, und im Frühsommer **1992** schließlich entlud sich der aufgestaute Volkszorn in Bangkok in Form von Massendemonstrationen.

Und wieder einmal versuchte das Militär mit brutalster Gewalt gegen die liberalen Kräfte vorzugehen: Es wurde wahllos in die Menge geschossen, Hunderte von Demonstranten kamen ums Leben, die wichtigsten Oppositionellen wurden kurzerhand inhaftiert. – Das Land stand an der Schwelle zur Diktatur und wurde, wie schon 1973, von König Bhumipol allein vor der Katastrophe bewahrt. Er stellte sich auf die Seite des Volkes, setzte den Präsidenten ab und den Oppositionsführer als solchen ein. So konnte sich die Lage wieder beruhigen.

Daran hat sich bis dato nichts geändert. Geprägt waren die letzten Jahre von innenpolitischer Stabilität, vom Aufbau freundschaftlicher Beziehungen zu Laos, Kambodscha sowie Vietnam und von einem enormen Wirtschaftswachstum, das nicht zuletzt daraus resultiert, daß sich Thailand in seinen drei bislang verschlossenen Nachbarstaaten neue Märkte für seine Produkte erobern konnte.

Der König – mehr als eine Repräsentationsfigur

Beruferaten: Wer kann das sein?
Von eher zierlicher Gestalt, Brillenträger. Geboren am 5.12.1925 in den USA. Arbeitet seit über 35 Jahren gut 18 Stunden pro Tag, reist jährlich rund 40 000 km in ca. 7 Monaten, ist obendrein oder nebenbei Forscher, Saxophonspieler, Komponist. Sein Konterfei hängt in nahezu jeder Wohnung Thailands.

Es ist Seine Majestät, König *Bhumipol Adulyadej* von Thailand, neunter König der Chakri-Dynastie, Vater der Nation.

Obwohl in Thailand seit 1932 die Monarchie nur noch in ihrer konstitutionellen Spielart existiert, dürfte König Bhumipol zweifellos der mächtigste Mann im Lande sein. Geliebt – und das ist wörtlich zu verstehen – von gut 50 Millionen Menschen. Die Chakri-Dynastie sitzt heute weitaus fester im königlichen Sattel als unter Vor-Vorgänger König Chulalongkorn (Rama V.). Keine Spur von geldverschlingender Repräsentationspuppe, sondern ein klarer Kopf, der in seiner bisherigen Regentschaft bereits mehr fürs Volk getan hat, als nahezu alle seine Vorgänger zusammen. So hat er in Eigeninitiative in den letzten 35 Jahren sage und schreibe über 1500 Entwicklungsprojekte ins Leben gerufen, z.T. auch selbst finanziert. Und das nicht nur für seine Glaubensanhänger (er ist strenger Buddhist), sondern auch für Christen und Muslime – für letztere »sponserte« er eine Koranübersetzung ins Thai. Kaum ein Dorf, das er nicht selbst besucht hat. Bittsteller sollen selten abgewiesen worden sein.

Zwar kann auch er nicht vermeiden, daß die modernen Zivilisationseinflüsse auf dem besten Weg sind, das Sozialgefüge der traditionellen Gemeinschaft zu sprengen. Aber er ist – und auch das kann man nicht von jedem Regenten sagen – Psychologe und Philosoph genug, um die Entwicklungen menschenwürdig zu halten, soweit es in seiner Macht steht.

In seiner knapp bemessenen Freizeit schließlich experimentiert er mit ertragreicheren Reissorten, mit Agrarentwicklung schlechthin; segelt, gewann in dieser Disziplin 1967 eine Goldmedaille auf den Asean-Peninsular-Games; leidenschaftlich hat er als Saxophonist über 40 Stücke komponiert und wurde in seiner Eigenschaft als Komponist 1964 als erster Asiate Ehrenmitglied des Wiener Institutes für Musik und Kunst.

Long live the King. – Dies auch, weil die Chakri-Dynastie gemäß einer alten Weissagung nur 9 Könige haben wird: Bhumipol ist der neunte ...

Bevölkerung

Die Thai stellen sich selbst gerne als ein homogenes Volk dar und weisen darauf hin, daß sich 94% der Bevölkerung zum Buddhismus der Theravada-Schule bekennen. Ethnologen sehen das anders und wollen wissen, daß nur rund 54% ethnische Thai sind und sich der Rest auf Lao (27%), Chinesen (6%), Malaien (4%), Khmer (3%) und andere Minderheiten (meist im Norden ansässige Bergvölker) verteilt. Thailand ist de facto ein Vielvölkerstaat, doch die ethnischen Probleme halten sich in Grenzen, weil die Lao, die größte Minderheit, direkt mit den Thai verwandt sind, und weil die Chinesen, Meister der Assimilation, eine gewisse »Thaiisierung« vollzogen haben: Sie übernehmen zum Großteil die Lebensweise und Religion der Thai, teilweise sogar deren Namen, und sind traditionell für Handel und Geschäft zuständig, die Thai dagegen für Landwirtschaft und Verwaltung.

Die Aufgaben sind verteilt, man kommt sich nicht in die Quere, und nur die Malaien, die sich in Südthailand in den Provinzen Pattani, Yala, Narathiwat und Satul konzentrieren, forderten in der Vergangenheit mehrmals Unabhängigkeit bzw. Anschluß an Malaysia, was für die in der *ASEAN*-Gemeinschaft verbündeten Länder Thailand und Malaysia immer wieder ein delikates Problem darstellte.

Heute ist die Situation entschärft, aber ein gewisser Unmut besteht noch immer, denn innerhalb ihres Lebensbereiches stellen die Muslime – die einen örtlichen malaiischen Dialekt sprechen, auch ihre traditionelle malaysische Kleidung tragen – 70–80% der lokalen Bevölkerung, haben aber in der lokalen Verwaltung wenig zu melden. Auch in ökonomischer Hinsicht stehen sie relativ schlecht da, denn die wirtschaftliche Struktur wird von Thai-Buddhisten als Staatsbeamten und Thai-Chinesen als Kapitaleigentümer beherrscht. Die Muslim-Führer fordern dementsprechend, daß der Reichtum ihrer Provinzen gerechter aufgeteilt werden müsse.

Die Forderung scheint legitim, auch der Zentralregierung in Bangkok, die versucht, den Mißstand u.a. durch Zuschüsse und eine adäquate Bildungspolitik aufzuheben. Denn die ethnischen Malaien gelten, als Nachfahren der zwischen 2500 v.Chr. und der Zeitenwende aus Yünnan (Süd-China) eingewanderten Deutero-Malaien, immerhin als die »Ersten« im Lande. Die ethnischen Thai wanderten erst wesentlich später, nämlich etwa im 11. Jh., aus Norden ins heutige Staatsgebiet ein und drangen erst um das 13. Jh. herum auch in den Bereich des heutigen Südthailand vor. Woher sie kamen, vermögen weder Völkerkunde noch Linguistik, weder die detaillierte Erforschung chinesischer Quellen noch kulturvergleichende Studien zu erklären. Nach der einen Theorie kamen sie ebenfalls aus der Gegend von Yünnan, nach einer anderen aus den chinesischen Provinzen Kwangsi und Kwantung, nach einer dritten aus dem Bereich des Altai-Gebietes, und eine vierte schließlich sieht den Ursprung im heutigen Nordosten Thailands, von wo aus die Thai dann nach China aus- und später wieder eingewandert sein sollen.

Nach offiziellen Angaben hat Thailand derzeit 60 Millionen Einwohner, und wie viele andere Länder Asiens, ist (bzw. war) auch Thailand mit dem rapiden Wachstum seiner Bevölkerung konfrontiert. Betrug die jährliche Wachstumsrate noch in den 60er Jahren zwischen 3 und 4%, so waren es, dank einer groß angelegten nationalen Familienplanung, nur noch 2,6% im Jahre 1976 und 2% in den späten 80er Jahren. Heute beläuft sich der Bevölkerungszuwachs mal gerade noch auf 1,4% pro Jahr, und eine weitere Reduzierung auf 1,2% ist realistisch. Dennoch würde es demgemäß in rund 40 Jahren doppelt so viele Thailänder geben wie heute, wo schon elfmal mehr Menschen im Königreich leben als beispielsweise 1859 und immerhin rund doppelt so viele wie 1965. Die Bevölkerungsdichte ist regional sehr unterschiedlich; nicht überall teilen sich rund 115 Einwohner einen Quadratkilometer (im Durchschnitt). In Bangkok beispielsweise, wo rund 8 Millionen Menschen wohnen – andere Schätzungen sprechen bereits von 12 Millionen –, leben immerhin 13,5% der Gesamtbevölkerung auf nur 1600 Quadratkilometern, was einer Dichte von etwa 5000 Einw./qkm entspricht. Im Süden Thailands leben dagegen lediglich 13% der Gesamtbevölkerung auf rund 16% der Staatsfläche.

Buddhismus

Die tragende Kraft

Nirgendwo werden die geistigen Beziehungen Thailands mit Indien offensichtlicher als im Buddhismus, dessen Geschichte um 560 v.Chr. beginnt. Zu dieser Zeit wurde in Kapilavastu, im Süden des heutigen Nepal, Prinz *Siddharta Gautama* aus dem Geschlecht Shakya geboren, was ihm später den Namen *Shakyamuni* (»Der Weise der Shakyas«) einbrachte. In der Überzeugung, daß das Leben unbefriedigend sei und es den Menschen darum gehen müsse, dieses Leiden zu beenden, sehnte er sich danach, die Befreiung von der Welt zu finden. So verließ er im Alter von 29 Jahren seine Frau, seinen soeben geborenen Sohn und das väterliche Reich. Er zog sieben Jahre lang auf der Suche nach religiöser Einsicht umher, bevor er in einer Vision, einer plötzlichen inneren Einkehr, den ewigen Kreislauf erblickte, in dem alle Wesen geboren werden, sterben und von neuem geboren werden.

Er entdeckte die Vergänglichkeit und Verflochtenheit aller Erscheinungen, entdeckte, daß Welt und Mensch Kombinationen von Empfindungen, von Vorstellungen und Wahrnehmungen, von Triebkräften und Bewußtseinsakten seien, daß also keine beharrenden Substanzen existierten: keine Materie, keine persönlichen Weltregierer (wie der christliche Gott oder der muslimische Allah), kein unpersönlicher geistiger Urgrund des Alls (wie ihn die Hinduisten kennen). Nach Buddha gibt es nur ein Wechselspiel von in funktioneller Abhängigkeit zueinander stehenden Einzelfaktoren, die nicht zufällig sind, sondern dem ewigen Weltgesetz *Dharma* unterliegen. Dharma manifestiert sich in der natürlichen Ordnung, im Lauf der Flüsse, der Bahn der Sterne, ist aber auch wirksam in der sittlichen Ordnung, ist nach Auffassung Buddhas schlichtweg alles, was wirkt.

Das Leben des Menschen ist ein ständig dahinfließender, sich erneuernder Strom von Daseinsfaktoren, den auch der Tod nicht unterbricht, weil die geistigen, moralischen und natürlichen Kräfte weiterwirken und sich in einem neuen Individuum sammeln, dessen Leben nach dem Karma (Gesetz von Ursache und Wirkung), nach den guten und bösen Taten und Gedanken des Dahingeschiedenen ausgerichtet wird. So ist der Mensch, was er war, und wird sein, was er ist, wobei Leben stets mit Leid verbunden ist. Dies aber nicht, weil es Schmerzen bringt, sondern weil es vergänglich ist. Ziel der buddhistischen Erlösungsidee nun ist die Überwindung des Leidens, das seine Ursache in der Begierde hat, in dem Wunsch, alles, was man hat, festzuhalten; die Aufhebung dieser Begierde führt zur Aufhebung des Leidens, zur Unterbrechung der Kette der Wiedergeburten. Der Weg zu dieser Befreiung, der Aufhebung des Leidens, ist der *Edle Achtfache Pfad*. Er wird charakterisiert durch rechtes Sehen, rechte Gesinnung, rechtes Reden, rechte Tat, rechtes Leben, rechtes Streben, rechtes Überdenken und rechtes Sich-Versenken. Nur dieser Weg befreit vom Zwang der Wiedergeburten und führt ins Nirwana, ins Nicht-mehr-Wiedergeboren-werden-müssen, wo es kein Ich oder Es gibt, kein Sein oder Nicht-Sein, sondern nur das Absolute.

Diese Lehre des Buddhas nun, hier in aller Kürze grob skizziert, erfuhr im Laufe der Jahrhunderte und Jahrtausende durch die kulturellen und historisch bedingten Prägungen jener Länder, die sich dem Dharma öffneten, spezifische Ausformungen. In Thailand – wie auch in Sri Lanka, Burma, Laos und Kambodscha – wird die ältere, die traditionelle Richtung des Buddhismus befolgt: der *Theravada-* oder *Hinayana-Buddhismus*, auch »Kleines Fahrzeug« genannt. Das »Große Fahrzeug«, der *Mahayana-Buddhismus*, ist in China, Korea, Vietnam, Japan und den Himalaja-Staaten verbreitet. Gemäß

Buddha-Figur im Wat Po

Kleinem Fahrzeug kann der Einzelne nur durch eigene Anstrengung zur Erlösung gelangen, das Individuum ist selbst für sein individuelles Heil verantwortlich, während laut Mahayana-Buddhismus die Erlösung auch durch Erlöser, sogenannte Bodhisattvas, stattfinden kann.

Ein rein thailändisches Phänomen ist die innige Verquickung des (Volks-)Buddhismus mit dem Geisterglauben aus früheren, vorbuddhistischen Zeiten. Kommen konnte es zu diesem Synkretismus, da es im Buddhismus kein »Du sollst« oder »Du sollst nicht« gibt, keinen Platz für Sünde oder Verdammnis, nichts also, was nicht von jedem Menschen und jeder Religion angenommen werden könnte. Auch sprach sich der Erleuchtete nie über das Sein oder Nicht-Sein von Geistern aus. Und da die präbuddhistischen Thai einen wahren Geister-Pantheon kannten, kam es wie von selbst zu einer Verschmelzung von Altem mit Neuem.

Wird beispielsweise ein neues Haus gebaut, muß vor allem der Platz fürs *chao thi,* fürs Geisterhäuschen, ausgesucht werden. Ein der Astrologie mächtiger Mönch nennt den für das Aufstellen günstigsten Tag. Im Inneren eines solchen Häuschens – es gibt sie von winzig und spottbillig bis zu mehreren Metern Seitenlänge in Luxusausführung – lebt üblicherweise der Hausgeist, symbolisiert durch eine kleine Figur, die in der Rechten ein Schwert und in der Linken ein Buch trägt. Auch Amulette erfreuen sich größter Beliebtheit: Es gibt Amulette für die Fruchtbarkeit, für viel Glück, gegen Messerstiche, Schlangenbisse, Autounfälle – eigentlich für alle Bereiche der menschlichen Nöte und Hoffnungen. Andere wieder tragen den auf die indische Mythologie zurückgehenden *nop-pa-kao,* den Prinzessinnenring, der – besetzt mit neun verschiedenen Edelsteinen – ebenfalls dem menschlichen Glück förderlich sein soll. Ferner gibt es das Tigerauge: Garant für Sieg; den Mondstein: Schlangenschutz; Rubin: verhindert Krankheit; Zirkon und Saphir: viel Glück; Diamant: Stärke; Smaragd: bannt alle bösen Tiere, heute wohl auch Autos ...

Trotz dieses Synkretismus aber, trotz des modernen Lebensstils auch, ist der Buddhismus so tief wie eh und je verankert, und von einer Säkularisierung kann keine Rede sein. So ist es weiterhin üblich, daß sich jeder männliche Thai einmal in seinem Leben für mindestens 3 Monate in einem der rund 25 000 Klöster, wo ständig rund 200 000 Mönche leben, den Regeln zum rechten Leben unterwirft.

Kunst und Kultur

Der thailändischen Kunst und Kultur liegt der Buddhismus zugrunde – er allein gibt den Rahmen. Das war schon bei den Mon in der Dvaravati-Periode (7. bis 13. Jh.) so, das hat sich bis in die Neuzeit hinein bei den Thais nicht geändert. Die Stile wandelten sich, die Ikonographie der religiös verstandenen Kunst und Kultur aber blieb sich im wesentlichen gleich. Einheitlich wirkt das der Lehre Buddhas zugrunde liegende Streben nach Harmonie, Vergeistigung und Friede.

Die geografische Lage auf dem Boden jahrhundertealter Mon- und Khmer-Reiche gab der Kunstentfaltung Nahrung. Diese Reiche waren vom Buddhismus und Hinduismus beeinflußt, und nur so ist es zu verstehen, daß die gesamte Kultur Thailands von etwa 600 n.Chr. bis heute eine derart auffällige Homogenität aufweist.

Kristallisationspunkte aller Kultur waren – ähnlich wie im mittelalterlichen Europa – stets die Klöster (*Wats*):

Klöster

Die Klosteranlage ist sozusagen der Archetyp thailändischer Architektur. Zentrum eines jeden Klosters und stets auch das höchste Bauwerk ist der *Chedi*. Er birgt Reliquien und wurde in seiner früher halbkugel-, dann glockenförmigen, heute spitz zulaufenden Turmform vom indisch-buddhistischen *Stupa* abgeleitet. Der *Viharn,* die große rechteckige Halle, darf in keinem Kloster fehlen. Er ist Andachts- und Versammlungsraum von Mönchen und Gläubigen. Der *Bot* dann gleicht äußerlich dem Viharn, nur ist er etwas kleiner; in dieser heiligsten Kultstätte im Tempel werden die Mönche geweiht. Der *Mondhop* bildet eine Art Verschmelzung von Viharn und Chedi zu einem einzigen Gebäude: In der kleinen Halle mit Türmchen werden meist heilige Schriften aufbewahrt. Der *Prang* schließlich ist ein oben stumpf zulaufender Turmbau, dessen Form sich von den Turmheiligtümern der Khmer ableitet.

Die Stilentwicklungen

Die älteste Stilepoche ist die der *Srivichai*-Reiche im Süden der Halbinsel von *Malakka* (4. bis 13. Jh.). In ihr lassen sich sowohl indische als auch javanische Einflüsse nachweisen. Ihr folgt die Stilepoche der *Dvaravati*-Periode (6. bis 13. Jh.), die die Kunst der in losen Staatenverbunden lebenden Mon spiegelt. Auch aus dieser Zeit ist so gut wie nichts erhalten geblieben. Gleiches gilt für die *Khmer*-Periode (6. bis 13. Jh.). Lediglich *Phimai* im Nordosten des Landes zeugt noch von den architektonischen Höchstleistungen dieses Volkes. Ihr künstlerisches Erbe fand Eingang in nahezu alle neueren Stilentwicklungen; der bei kaum einem Tempel fehlende *Prang* erinnert auffallend an die monumentalen Turmheiligtümer dieser untergegangenen Kultur.

Als die Thais thailändischen Boden betraten und ihr erstes Königreich in Sukhothai errichteten, nahm die *Sukhothai*-Periode (13. bis 15. Jh.) ihren Anfang. Neue, bisher gänzlich unbekannte Stilelemente tauchten auf, glockenförmige Chedis, säulenreiche Versammlungshallen (Viharn) wurden überall im Land errichtet, Bronzegießerei und Darstellungen Buddhas in Stein kamen zu höchster Blüte.

Neue Hauptstadt, neuer Kunststil: *Ayutthaya*-Periode (15. bis 18. Jh.). In dieser Zeit nahmen die auffallenden Staffeldachkonstruktionen ihre heutige, in ganz Thailand verbreitete Form an; die Turmheiligtümer der Khmer wurden mit den Chedis zu sogenannten *Prasats* verbunden; Tempelmalerei und Literatur erlebten einen einzigartigen Aufschwung. In der Skulptur konzentrierte man sich mehr auf dekorative Elemente als auf genaue Porträtierung, die Plastiken aus jener Zeit wirken sehr routiniert.

Mit der Zerstörung der Stadt durch die Burmesen gingen die bedeutendsten Zeugnisse thailändischer Kunst und Kultur verloren.

In der seit 1800 andauernden *Bangkok*-Periode stagnierte die Inspiration der Künstler – rokokoartiges Übermaß an dekorativem Beiwerk kündigte im 19. Jh. den vorläufigen Stillstand des Stilwandels an: Die Moderne bietet kaum mehr als mittelmäßige Betonartefakte. Einer sich nur zögernd bildenden modernen, säkularisierten Kunst ist es bisher noch nicht geglückt, dem großen kulturellen Erbe neue Formen zu verleihen.

Literatur/Theater/Tanz

Erst mit dem Thai-Alphabet aus dem Jahre 1283 entwickelte sich in Thailand ein literarisches Schaffen. Wie in Indien beschränkte sich die Thematik nahezu ausschließlich auf Interpretationen religiöser Werke, später kamen Niederschriften der großen indischen Nationalepen hinzu. Die meisten wurden übernommen und übersetzt, das berühmteste (hinduistische) Epos aber, das *Ramayana*, wurde auf thailändische Verhältnisse »umgedichtet« und auf beachtliche 70 000 Verse erweitert – jetzt *Ramakien* genannt.

Die Mythen des Ramakien wurden zum beliebtesten Thema des Theaters und klassischen Tanzes. Beide hängen untrennbar zusammen: Texte des Ramakien werden rezitiert, Tänzer stellen (unterstützt von einem Orchester) das Geschehen mimisch dar. Die Kostüme sind auch heute noch strikt traditionell, und beim Tanz kommt, wie in Indien auch, jeder Handstellung, Augenbewegung und Position eine ganz bestimmte Bedeutung zu. So beherrscht ein guter Tänzer oder eine gute Tänzerin etwa 400 bis 500 verschiedene Hand- sowie die klassischen 84 Augenstellungen.

Thailand, Thailand über alles

Es ist punkt acht Uhr in irgendeiner Provinzstadt. Plötzlich bringt laute, blechern tönende Lautsprechermusik jede Geschäftigkeit zum Stillstand: Privatautos, Busse, Taxis bleiben wie angewurzelt auf der Straße stehen, Passanten erstarren. Männer legen die Hände an die Hosennaht. Die Brust, mit und ohne Orden, nimmt ein gewölbtes Aussehen an, wer sitzt, springt auf, selbst die Kinder stehen stocksteif.

Eine Szene wie im Wachsfigurenkabinett von Madame Tussaut.

Und auch der Tourist sollte zumindest stehenbleiben, denn um 8 Uhr ist Flaggenparade überall im Land. Jeder TV- und Radiosender spielt jetzt für eine knappe Minute den zackig, aber auch ein bißchen einschmeichelnd tönenden Marsch – komponiert vom Österreicher *Jacob Veit*. Das gleiche Prozedere, inklusive Wachsfigurenkabinett, gibt's jeden Abend um 18 Uhr – wenn die Flagge wieder eingezogen wird.

Nach Kino- und Theatervorstellungen hingegen wird die Königshymne gespielt, komponiert von Jacob Veits Sohn *Peter Veit* – stehende Ovation wird auch hier von Ausländern erwartet.

Und damit man weiß, worauf über 50 Millionen Menschen zweimal täglich hören, sei hier eine annäherungsweise Übersetzung der Nationalhymne gewagt:

»Thailand umarmt an seinem Busen alle Menschen mit thailändischem Blut. Jedes kleine Fleckchen Thailands gehört den Thais. Es hat sich seine Eigenständigkeit erhalten, weil die Thais stets eine Einheit bildeten. Die Thais lieben den Frieden, sind aber auch vor dem Krieg nicht feige. Sie werden niemandem erlauben, ihnen ihre Unabhängigkeit zu stehlen. Noch werden sie jemals Tyrannei erdulden. Alle Thais sind bereit, auch ihren letzten Blutstropfen für Sicherheit, Freiheit und Fortschritt der Nation zu opfern.«

Bildung

Bis zu Beginn des 20. Jh. gab es für die Mehrheit der Bevölkerung keine Bildungsmöglichkeit. 1916 wurde in Bangkok die erste Universität eröffnet (Chulalongkorn-Uni), 1921 wurde eine allgemeine, 4jährige Schulpflicht eingeführt, die 1934 auf das gesamte Land ausgedehnt wurde.

Aufgrund fehlender Transportwege und löchriger Infrastruktur fristete bis in die sechziger Jahre gut ein Drittel aller Thailänder ein analphabetisches Dasein. Heute liegt diese Rate weit unter 10%, laut Statistik besuchen 99,4% aller Kinder für 7 Jahre die kostenlosen staatlichen Grundschulen. Fast die Hälfte dieser jungen Absolventen tritt ein in eine der *Secondary-Schools*, die in zwei (je 3 Jahre dauernde) Stufen unterteilt sind. Wer die erste Hürde schafft, kommt auf die zweite Stufe; wer diese bewältigt, kann an einer der 14 Universitäten des Landes studieren.

Das freilich schaffen dann nur wenige, denn Ausbildungsförderung gibt's keine, und die meisten Schüler müssen nach der Schule den Eltern auf dem Feld oder im Laden helfen.

Für eine akademische Laufbahn oder Karriere braucht man Protektion oder Geld: Es geht in Studentenkreisen das Gerücht um, daß gutdotierte Jobs in der freien Wirtschaft ab etwa 100 000 Bt erhältlich sind.

Wirtschaft

Obwohl Thailand in erster Linie noch immer ein Agrarland ist, wird es von Wirtschaftsexperten mittlerweile zu den *Newly Industrialized Countrys (NICs)* gerechnet, also zu denjenigen Ländern, denen es gelungen ist, den Schwellensprung vom Agrar- zum Industriestaat zu vollziehen. Und die ökonomische Entwicklung der jüngeren Vergangenheit läßt auch für die Zukunft auf tiefgreifende Strukturveränderungen schließen, denn waren beispielsweise vor fünf Jahren rund 80% der arbeitenden Bevölkerung in der Landwirtschaft tätig, sind es heute nicht mal mehr 60% (Anteil am Bruttoinlandprodukt gleich 15%). Auf der anderen Seite arbeiten heute ca. 15% in der Industrie (1986 waren es 8%), aber deren Anteil am Bruttoinlandprodukt beträgt bereits über 20%, und die Tendenz ist steigend. Noch beeindruckender aber ist das Wirtschaftswachstum, das in den letzten Jahren stets bei etwa 10% lag, während die Inflationsrate 4–7% betrug (je nach Quelle).

Motor dieser rasanten Entwicklung waren/sind ausländische Investitionen gigantischen Ausmaßes sowie der Tourismus (siehe dort), der längst zur wichtigsten Devisenquelle des Landes geworden ist. An zweiter Stelle rangiert der Export von Tex-

Wirtschaft

tilien, während dem Reis, einst Hauptexportgut, nur noch der dritte Platz gebührt. Wie lange noch, bleibt abzuwarten, denn die Edelsteinindustrie verzeichnet zweistellige Zuwachsraten. Erhebliche Devisen bringt auch der Export von Plastikartikeln und integrierten Schaltungen sowie von Kleidung und Schuhen, Kautschuk und Tapioka, um nur die wichtigsten Güter zu nennen.

Doch dürfen all diese Zahlen nicht darüber hinwegtäuschen, daß den Export-Einnahmen Ausgaben für Importe (insbesondere für kapitalintensive Technologien) gegenüberstehen, die längst den Rahmen gesprengt haben, der von einer Volkswirtschaft verkraftet werden kann: Das jährliche Außenhandelsdefizit beläuft sich auf nahezu 100 Mrd. Baht! Anlaß zu Bedenken gibt auch die ständig steigende Zahl der Arbeitslosen, und betrug die offizielle Quote vor 10 Jahren nicht mal 1%, so heute schon rund 10%, was hauptsächlich Folge der zunehmenden Mechanisierung der Landwirtschaft und Automatisierung der Industrie ist. Längst leben mehr als 10% der Bevölkerung unterhalb des Existenzminimums, und auch die Zahl derer, die das durchschnittliche Pro-Kopf-Einkommen von umgerechnet etwa 100 US$ pro Monat nicht erreichen, wird von Jahr zu Jahr größer.

Plastik statt Jute

Wer sensibilisiert ist, gewahrt Plastik in fast jedem Garten, Fluß, See und Wald, selbst in den Nationalparks.

Das Problem dabei heißt mangelnde Aufklärung der Endverbraucher, die den für sie noch neuen Begriff der Wegwerfgesellschaft offensichtlich zu wörtlich nehmen. Fanden noch vor wenigen Jahren hauptsächlich biologisch abbaubare Papiertüten Verwendung, produzieren heute schon mehr als 1500 Plastikfabriken jährlich über 500 000 Tonnen des vielseitigen Materials. Und wie Schätzungen ergeben haben, benötigt heute eine durchschnittliche Thai-Familie etwa mindestens 20 Plastiktüten – pro Tag!

Doch die Tüte ist nicht der einzige Anwendungsbereich. Speisen auf Plastik-Tellern zu Getränken aus Plastikbechern; Plastikstuhl am Plastiktisch im Plastikrestaurant. – Die Fastfood-Center à la Wimpy und MacDonald's haben den Trend nur eingeführt. – Kopiert wird er millionenfach.

Im Land der Orchidee ist man natürlich auch an Plastikblumen interessiert. Und Plastik-Geisterhäuschen. Nicht zu vergessen Plastik-Spielzeug: Vor sechs Jahren noch nicht vorhanden, beträgt jetzt der Jahresumsatz bereits über 1 Mrd. Baht. Und weil's so schön schwimmt, sieht man heute beim *Loy Krathong Festival* im November im Vollmondlicht Millionen von Plastik- oder Styropor-Schiffchen schwimmen. Bestückt mit Räucherstäbchen und Geschenken an die Götter. Eher seltener die traditionell in Lotosform gefalteten Bötchen aus Bananenblättern.

»Es ist eine Tragödie, daß Entwicklungsländer die warnenden Beispiele industrialisierter Nationen nicht beachten«, schrieb *Dr. Wolf Donner* in seiner »Ökonomischen Geographie Thailands« und zitierte eine Warnung des französischen Stadtplaners *Les Frazin*: Bangkok – und danach Thailand – treibe unkontrolliert auf jenen Punkt zu, von dem es kein Zurück mehr gebe.

Tourismus – ein Segen?

Im Jahr 1983 wurden 2,2 Millionen Besucher registriert; 1985 waren es 2,5 Millionen, 1987 3,5 Millionen, 1989 dann 4,5 Millionen, 1990 wurden mit über 5,3 Millionen Besuchern (davon etwa 300 000 Deutsche) sogar die optimistischsten Prognosen der *Tourist Authority of Thailand (TAT)* übertroffen, und 1995 waren es nicht weniger als rund 7 Millionen Touristen, die das Land besuchten.

Tourismus als Chance? – Auf diese Hoffnung haben längst alle gesetzt, egal welcher Gesellschaftsschicht und egal welcher politischen Couleur. Und »Tourismus – ein Segen!« heißt heute das Glaubensbekenntnis eines Volkes, das eigentlich wissen müßte, wie heikel die komplette Abhängigkeit von den Konjunkturschwankungen anderer Länder werden kann.

»Da bleibt doch nichts hängen«, lauten immer wieder kritische (westliche) Stimmen zum Thema Tourismus. »Die Devisen fließen doch so schnell wieder ab, wie sie gekommen sind. Was bleibt, sind Abhängigkeiten, kulturelle Überfremdung ...« Die offiziellen Stellen sehen das genau anders herum und argumentieren, daß der Tourismus eine ganz hervorragende Devisenquelle sei, Arbeitsplätze schaffe, der Aufklärung diene ...

Wer hat recht? Vielleicht beide: der Kritiker und der Befürworter. Wer nur Einzelaspekte des Tourismus betrachtet, kann in der Tat kein gutes Haar an ihm lassen. Nimmt man ihn hingegen in seiner Gesamtheit und schminkt sich die postindustrielle Schwärmerei vom »durch und durch exotischen Reiseland« ab, sieht die Realität anders aus. Sicher, von den Devisen bleibt wirklich kaum etwas hängen. Aber dem steht der Beschäftigungseffekt gegenüber. Und die Kultur ist spätestens seit der massenhaften Verbreitung des Fernsehens ohnehin überfremdet.

Die Einflüsse des Tourismus sind recht komplexer Natur. Außerdem ist Thailand in die Weltwirtschaft eingebunden und unterliegt damit auch ihren (nicht unbedingt fairen) Spielregeln. Und reisen wollen wir schließlich alle, nur in seiner Gesamtheit empfinden wir den Tourismus als schädlich. Aber wir können etwas machen; jeder einzelne für sich, denn jeder trägt einen Teil der Verantwortung. Wir können versuchen, »sanft« zu reisen, das Gastland, seine Sitten und Gebräuche zu respektieren. Nur so können die negativen Auswirkungen des Tourismus vermieden werden. Es liegt in unserer Hand.

Sextourismus

Der Tourismus, von Ländern der Dritten Welt gern als Zauberstab für die wirtschaftliche Entwicklung gepriesen, hat Thailand nicht nur die erhofften Devisen beschert, sondern auch den Sex-, besser Prostitutions-Tourismus.

Ernstzunehmenden Schätzungen zufolge gibt es zur Zeit wahrscheinlich weit über 1 Mio. Prostituierte in Thailand. Das aber entspricht nicht weniger als 10% bis 20% aller im Land lebenden Frauen zwischen 14 und 24 Jahren, und wenn gleichzeitig

Sextourismus

über 70% aller Besucher Thailands männlichen Geschlechts sind und in Pattaya (zusammen mit Bangkok wohl das größte Bordell der Welt) der Männeranteil der Besucher nahezu 90% beträgt, dann muß auch dem naivsten Beobachter der innige Zusammenhang zwischen Tourismus und Prostitution ins Auge springen.

Eine Grundvoraussetzung dafür ist zweifellos die soziale Kluft zwischen den reichen Industrienationen (hauptsächlich Japan und BRD) und Thailand. Doch das allein genügt als Erklärung nicht, gibt es doch auch andere Dritte-Welt-Länder mit Tourismus ohne solche Begleiterscheinungen (etwa Indonesien). Für Prostitution in derartigem Umfang bedarf es darüber hinaus einer konzentrierten Vermarktung, einer Klischeebildung. Beides übernehmen heutzutage, von älteren Stereotypen kolonialen Ursprungs abgesehen (»die lockenden, geheimnisvollen Reize der Asiatin...«), die Werbeprospekte der Touristikveranstalter sowie die Presse.

So schrieb einst schon der STERN: »Den Mann aus Deutschland erwartet in Bangkok das Paradies. Bereits im Lächeln der Mädchen findet er die Antwort auf all seine Wünsche.« Im Quick-Magazin war mal zu lesen: »Das Lächeln der Mädchen, so beständig, die Mädchen so willig und billig als wär's ein Stückchen Paradies«, und in den Werbeprospekten der Reiseveranstalter scheut man sich zwar vor klaren Aussagen, umschreibt dafür aber umso besser mit Formulierungen wie »besonders empfehlenswert für Junggesellen« oder »nicht für Familien geeignetes Hotel...« – Alles Eindeutigkeiten, die den Männerstrom nach Thailand schon zuhause stimulieren.

Daß Prostitution von derartigem Umfang wie in Thailand nur dann möglich ist, wenn sie von offizieller Seite her stillschweigende Duldung erfährt, bedarf wohl keiner Erläuterung. Von dieser Duldung ist auszugehen, auch wenn laut Gesetz von 1960 die Prostitution verboten ist.

Wie solche Gesetze von der herrschenden Doppelmoral der Politiker ausgelegt werden, mag folgender Ausspruch des ehemaligen Vizepremierministers *Boonchu Rajnasthien* belegen; wörtlich sagte er schon 1980: »Innerhalb der nächsten 2 Jahre brauchen wir Geld. Deshalb sollen die Gouverneure die natürlichen Attraktionen in ihren Provinzen zusammen mit einigen Arten der Unterhaltung in Erwägung ziehen. Einige von ihnen mögen diese Arten der Unterhaltung abstoßend und beschämend finden, denn es sind vor allem die sexuellen Arten der Unterhaltung, die die Touristen anziehen. Diese Arten der Unterhaltung sollten nicht verboten werden, nur weil wir hohe Moralvorstellungen haben.« Vor dem Hintergrund solcher Vorschläge könnte man dann auch folgendes Zitat aus der Frankfurter Allgemeine Zeitung vom 22. März 1984 verstehen: »Deutsche und andere Ausländer, vor allem Touristen und amerikanische Soldaten, für das blühende Sexgeschäft verantwortlich zu machen, was in Thailand immer wieder einmal versucht wird, wäre denn auch höchst ungerecht.«

Wenn aber direkt im Anschluß daran geschrieben wird: »Denn Massage und Prostitution florierten in Siam schon lange, bevor die ersten

Farang (Ausländer) auftauchten«, so zeugt dies zumindest von Unkenntnis der thailändischen Geschichte. Denn bis etwa Mitte der fünfziger Jahre dieses Jahrhunderts gab es zwar in Thailand, wie wohl in jedem Land der Welt, eine gewisse Zahl an Prostituierten (hauptsächlich Chinesinnen für Chinesen), eine entsprechende Tradition läßt sich indessen nicht einmal der Spur nach ausmachen. Zumal – dies zur Verdeutlichung – der sexuellen Enthaltsamkeit im Buddhismus eine äußerst wichtige Rolle zukommt: Sexualität wird (auch beim Volk) als ein leidiges Übel verstanden, das es zu überwinden gilt. Der Frau, erdverbunden, wird die Fähigkeit, dieses Bedürfnis zu überwinden, allerdings weitgehend abgesprochen, und so bauten die (männlichen) Religionsstifter Verhaltensregeln auf, die den Männern als Schutz gegen die weibliche Lust dienen sollten. Nur auf diesem Hintergrund wird auch verständlich, warum jegliche Körperkontakte (selbst Händchenhalten) zwischen Mann und Frau in der Öffentlichkeit verpönt sind. Interessant in diesem Zusammenhang ist auch, daß im Fall der Prostitution stets die Frau als die Übeltäterin angesehen wird. Der beteiligte Mann ist lediglich schwach geworden, vermochte halt der weiblichen Verführung nicht zu widerstehen.

Offiziellen Schätzungen zufolge soll es um 1930 etwa 2000 Prostituierte gegeben haben. »Erotik als Kultur« blieb, wenn es sie denn gab, auf die heimischen Wände begrenzt.

Mit Errichtung der amerikanischen Militärbasen in Thailand und dem anschließenden Vietnamkrieg hingegen änderte sich dieses Bild. Von den stationierten Soldaten einmal abgesehen, wurden in ständigem Pendelverkehr vom Kampf Erholung suchende GIs nach Bangkok geflogen. *Rest and Reaction* war der Name des Programms. Und plötzlich bestand in der Landeshauptstadt eine schier unersättliche Nachfrage nach Mädchen.

Gleichzeitige Dürreperioden im ärmsten Teil des Landes, im Nordosten, ließen insgesamt über 3 Millionen Menschen nach Bangkok migrieren. Arbeit gab es keine, und einer der Hauptgründe der Prostitution ist die Armut. Nach einer 1982 veröffentlichten Studie der ILO (*International Labour Organisation*) in Genf sendeten alle in einer Repräsentativumfrage befragten Prostituierten regelmäßig Geld an ihre Eltern und Kinder draußen auf dem Land. Nicht einmal ein Drittel aller Bauern verfügt heute noch über eigenen Grund und Boden (1950 waren es noch 80%), und mehr als die Hälfte der landbesitzenden Bauern sind mit bis zu drei Jahreseinkommen bei skrupellosen Geldverleihern verschuldet. Laut Weltbank lebt mittlerweile mehr als die Hälfte der Landbevölkerung in absoluter Armut.

Nach Beendigung des Vietnamkrieges kam es zu einer kurzen Flaute, doch die Lücke in der Männerschar wurde bald schon durch japanische und westeuropäische Touristen mehr als gefüllt. In der Folge entstanden regelrechte Prostituierten-Schulen, in denen Mädchen – für 100 bis 1000 US$ den darbenden Eltern abgekauft – schon im Kindesalter »eingeritten« werden, all das lernen, was der Kunde später mag. Gehalten wie Sklavinnen müssen sie jahrelang wil-

Sextourismus

lig sein, um ihre »Schuld« beim Bordellbesitzer abzubauen; sie können beliebig verkauft oder vermietet werden, sind völlig rechtlos, Prostitution ist ja illegal. Entsprechend schadlos hält sich auch die Polizei, erwartet Schweigegeld in cash und in »Naturalien«. – So hat der internationale Sextourismus einer neuen Form von »Sklavenhandel« Vorschub geleistet; von einem Ausbreiten der Immunschwächekrankheit AIDS gar nicht zu reden: wie es heißt, sollen heutzutage nämlich über 70% aller Prostituierten des Landes mit HIV infiziert sein ...

Sexarbeiterinnen in Bangkok

Bangkok, auf den Klongs von Thonburi

Unterwegs in Thailand

Transport

Das Transportsystem für öffentliche Verkehrsmittel ist in Thailand dichter, pünktlicher und effizienter als in allen anderen Ländern Südostasien. Es könnte auch einzelnen Regionen Europas als Vorbild dienen.

Bus

Zur Budgetplanung: Stadtbusse kosten um 5 Bt; Überlandbusse mit Ventilator (Fan) kosten etwa 150 Bt je 500 km, Aircon-Busse ca. 250 Bt je 500 km, und für die höchst komfortablen V.I.P.-Busse sind um 350 Bt je 500 km zu bezahlen.

Auf allen wichtigen Überlandstrecken verkehren sowohl Normalbusse (mit Ventilator) als auch Aircon-Busse (mit Toilette). Beide sind schneller und auch billiger als die Bahn. Nachteil: Es passieren viele Unfälle, die Fahrer sind mitunter wahre Speed-Artisten, und Straßenunfälle sind in Thailand Todesursache Nr. 1 – noch vor Krebs.

■ **Aircon-Bus:** Hier serviert eine Hosteß die im Preis inbegriffenen Getränke und kleine Snacks. Viel Beinfreiheit, auch viel Video, und die Klimaanlage produziert eine grauenhafte Luft.

■ Eine Spielart des Aircon-Busses ist der **VIP-Bus**, der sich durch mehr Komfort, eine wesentlich bessere Luft und insbesondere noch mehr Beinfreiheit auszeichnet; die Sitze in diesen höchst modernen Überlandbussen können sogar nahezu ganz zurückgeklappt werden, so daß man beinahe liegend schlafen kann.

■ **Normalbus:** Essen und Trinken im Preis nicht enthalten. Dafür warten an jedem Busstop Soft-Drink- und Hühnerschenkel-Verkäuferinnen; viele Stops vor guten Restaurants.

Großes Gepäck wird generell in die unteren Stauräume verpackt.

Bahn

Die *State Railways of Thailand* bedient alle wichtigen Städte im Norden, Nordosten und auch Süden mit einem etwa 4500 km langen Schienennetz. Auch die Züge brauchen keinen Vergleich mit mitteleuropäischen Maßstäben zu scheuen, verkehren ungemein häufig, sind überaus pünktlich, sauber und komfortabel, bieten zudem bequeme Schlafwagen sowie Speisewagen nebst Speise- und Getränke-Service auf den längeren Expreßstrecken.

■ Im Einsatz sind **Ordinary Trains** (Bummelzüge), **Rapid Trains** (Eilzüge; Preisaufschlag von 20 Bt), **Express Trains** (Schnellzüge; Preisaufschlag von 30 Bt), **Special Express Trains** (schnelle Schnellzüge auf der Strecke nach Malaysia; klimatisiert, Preisaufschlag von 50 Bt) sowie sogenannte **Sprinters** (Hochgeschwindigkeitszüge), die mit den deutschen Intercity-Zügen zu vergleichen sind und auch durchwegs klimatisierte Großraumwaggons bieten.

Angeboten werden drei Reiseklassen:

■ **III. Klasse:** auf kurzen Strecken Holzbänke, sonst solche mit Plastik überzogen, mäßig gepolstert; mit Ventilator (Fan) ausgestattete Wagen.

■ **II. Klasse:** Komfortwagen mit je

Unterwegs in Thailand

einer Sitzreihe auf jeder Seite, 32 Fahrgäste, zwei WC, Waschbecken, Trinkwasser.

Schlafplätze kosten oben 70 Bt (upper berth), unten 100 Bt (lower berth); unten bevorzugen, da oben stickig, kein Fenster und zu hell zum Schlafen. Für die Nacht gibt's frische Bettwäsche.

■ **I. Klasse:** rund doppelt so teuer wie die zweite. Schlafabteil 250 Bt in der Doppelkabine, 350 Bt Einzelkabine.

■ **Bahntickets** kann man in Bangkoks Hua Lumpong-Hauptbahnhof bis zu 90 Tage im voraus kaufen. Das *Advanced Booking Office* hat von 8.30 bis 16 Uhr geöffnet, Sa/So bis 12 Uhr, Tel. 223 37 62. Außer an Feiertagen und in der Ferienzeit sind Fahrkarten meist noch am Reisetag erhältlich; lediglich die Schlafwagen II. Klasse sind oft ausgebucht.

■ **Zug verpaßt?** Wenn man das Ticket spätestens 3 Stunden nach Abfahrt des Zuges auf einen späteren Zug umschreiben läßt, bezahlt man eine Gebühr von 10% bis 40% des Fahrpreises.

Flugzeug

■ **Thai Airways International**, bekannt für Pünktlichkeit und guten Service, bedient die Inlandrouten und fliegt insgesamt rund zwei Dutzend Ziele im ganzen Land an. Die Flugtarife sind außerordentlich günstig (Bangkok–Phuket z.B. kostet nur rund 100 DM), und man kann problemlos auch schon zu Hause reservieren; auch telefonisch (bei allen Niederlassungen von Thai Airways International; siehe unter »Anreise/Linienflüge«). Die *Airport Tax* beträgt 30 Bt.

Falls man einen Abflug verpaßt hat, verfällt das Ticket nicht, doch muß man 25% des Einfachtarifs draufzahlen. Refund für nicht genutzte Flugscheine ist möglich (nur in Thailand) und kostet 100 Bt Gebühr je Ticket.

■ Außer der staatlichen Thai gibt es noch die private **Bangkok Air**, die die Routen von Bangkok nach Korat, Hua Hin, Ko Samui, Phuket sowie Hat Yai mit modernen 2-Propeller-Maschinen bedient. Pünktlichkeit ist allerdings nicht ihre starke Seite; häufig werden Flüge einfach kurz vor Start gestrichen (z.B. dann, wenn nicht genügend Passagiere beisammen sind), und spätestens seit 1990, als eine voll besetzte Maschine über Ko Samui abstürzte (keine Überlebenden), ist sie ziemlich in Verruf gekommen.

Theoretisch besteht die Möglichkeit, bereits in Deutschland einen Flug zu buchen (über *Bangkok Air*, Frankfurt, Tel. 069/597 13 04), aber empfehlen können wir das nur für die Strecke von Bangkok nach Ko Samui (rund 2100 Bt), da die Airline nur auf dieser Strecke wirklich zuverlässig und mindestens ein halbes Dutzend Mal täglich verkehrt.

Autostop

Der Autostop hat in Thailand zwar keinerlei Tradition, aber als Ausländer hat man dennoch recht gute Chancen, einen kostenlosen Lift zu bekommen – LKW-Fahrer erwarten allerdings eine gewisse Summe –, einfach weil die Neugierde auf Fremde überwiegt.

Weit draußen, weg vom Stadtverkehr starten, die geöffnete Hand heben und senken.

Transport

Nahverkehrsmittel

■ Auf kurzen Strecken bis etwa 30 km sowie auf dem weiten Land verkehren als Busersatz **Mini-Busse**, in Thai *Songthaew* genannt (sprich: Songtäo). Der vom Transportministerium festgelegte Preis pro Person beträgt in etwa 5 Bt für 7 km.

Taxi/Tuk Tuk/Samlor

■ **Taxis** gibt es nur in den großen Städten. Da sie (außer in Bangkok) meist ohne Taxameter fahren, muß der Preis vorher ausgehandelt werden. Richtlinie etwa 50 Bt für 3 km. Die meisten Taxis haben heutzutage Aircon.

■ Billiger sind die **Tuk Tuks**: Dreiradmoped-Vehikel mit einer Sitzbank für 3 Personen, die ebenfalls meist nur in den größeren Städten verkehren und 30 Bt für 3 km kosten.

■ Ein **Samlor** ist eine Rikscha, also eine Fahrradkutsche; Platz haben max. 2 Personen, je nach Gepäck, Preise wie bei Tuk Tuk.

Leihwagen

Thailand per Mietfahrzeug zu bereisen, erfreut sich zunehmender Beliebtheit; Verleihstationen gibt es dementsprechend in allen Städten mit einer größeren Touristendichte, und am günstigsten sind die Fahrzeuge in Bangkok (das Tourist Office hält eine Adressliste bereit), wo die Konkurrenz am größten ist.

■ Die **lokalen Vermieter** haben stets die günstigsten Preise, aber ihre Fahrzeuge befinden sich oft in einem desolaten Zustand.

■ Anders bei den **internationalen Firmen** (etwa Avis, Hertz, National Car etc.), die ihre (durchweg gepflegten) Autos inkl. Versicherung offerieren, teilweise *One Way Rental Service* bieten (z.B. in Bangkok mieten, in Phuket abgeben) und dementsprechend teuer sind. Aber selbst bei diesen Firmen kann man handeln, vor allem dann, wenn man das Auto für mehr als nur ein oder zwei Tage zu mieten gedenkt. Bei ihnen kostet ein Mittelklassewagen pro Tag rund 1000 Bt; ein Wochenpreis von 5000 Bt ist durchaus realistisch.

■ Mit Linksverkehr und rechtsgelenktem Fahrzeug klarzukommen ist zwar gewöhnungsbedürftig, aber einfacher, als man im allgemeinen annimmt. Schwerer schon fällt es, sich als Europäer damit zu arrangieren, daß die **Verkehrsregeln**, die in etwa den unseren entsprechen, von kaum jemandem eingehalten werden. So kann es also durchaus sein, daß eine Einbahnstraße Gegenverkehr kennt, daß das Ampelrot mißachtet wird, daß nachts nicht jeder mit Licht, aber manch einer mit Fernlicht fährt, einem Blinken nach links durchaus das Abbiegen nach rechts folgen kann und so weiter. Tiere bilden einen weiteren Unsicherheitsfaktor, mit auf der Straße spielenden Kindern ist stets zu rechnen, und all diesen Risiken kann nur gerecht werden, wer umsichtig und vorsichtig, insbesondere langsam fährt und sich die thailändische Gewohnheit zu eigen macht, sowohl beim Überholen von Fahrzeugen wie Fußgängern stets und ohne Unterlaß die Hupe zu betätigen bzw. – nachts – zusätzlich die Lichthupe zu aktivieren.

Die Verkehrsregeln sind schnell erklärt: Vorfahrt hat stets, was größer ist, und die maximal erlaubte Geschwindigkeit beträgt 90 km/h. Benzin ist günstig (max. 10 Bt/Liter), das Straßennetz im großen und ganzen von ausgezeichneter Qualität, und die wichtigsten Hinweisschilder sind auch mit lateinischen Buchstaben beschriftet.

■ Für das Mieten eines Autos benötigt man übrigens – anders als bei Motorrädern – unbedingt einen **Internationalen Führerschein**.

Motorrad

Vermieter von Motorrädern finden sich in den touristischen Zentren sozusagen an jeder Ecke. In der Regel reicht die Vorlage eines nationalen Führerscheins, so überhaupt eine Lizenz verlangt wird. Das Zweirad gilt bei Thailand-Reisenden mittlerweile als das beliebteste Transportmittel für Entdeckungstrips; auch für ausgedehnte Überlandtouren bietet es sich an.

Der Mietpreis pro Tag liegt etwa zwischen 150 Bt (Honda-Custom; Halbautomatik), 250 Bt (Honda-MTX, 125 ccm) und 500 Bt (Suzuki/Honda Shopper, 500 ccm); bei Wochenmiete gibt's Riesenrabatte. Im Preis inbegriffen sollten stets eine Versicherung sowie ein Sturzhelm sein, den zu tragen Vorschrift ist, auch wenn sich niemand darum kümmert.

Als Depositum wird in aller Regel der Reisepaß verlangt, aber von dessen Hinterlegung müssen wir dringend abraten! Hat man eine gute Ausrede parat (etwa: »Der liegt in Bangkok im Safe« etc.), tut's meist auch ein Personalausweis oder eine Kopie des Reisepasses.

Da die Maschinen nicht immer in allerbestem Zustand sind, empfiehlt sich eine gründliche Inspektion vor der Fahrt. Besonders zu achten ist auf die Kettenspannung (1 cm Spiel ist genug), auf das Reifenprofil, auf Gas-, Kupplungs- und Bremszüge; man prüfe die Bremsen, den Motorölstand, Hupe, Licht, das Nummernschild – wir haben zwei verloren. Der Zündkerzenstecker sollte keine Risse haben, das Zündkabel nicht mit Plastik befestigt sein. Die Karre muß sich »normal« abschließen lassen und sollte zusätzlich unbedingt mit einem dicken Kettenschloß zu sichern sein.

Fahrrad

■ **Thailand mit dem Fahrrad** – warum nicht! Die Räder werden von den (meisten) Fluggesellschaften wie ganz normale Gepäckstücke ohne Aufpreis transportiert, die Straßen sind in recht gutem Zustand, und Radeln hat Tradition im Land; es gibt dementsprechend gut ausgestattete Werkstätten. Wer die Asphaltbahnen verlassen will, und damit fängt der Spaß ja erst an, ist mit einem normalen Velo allerdings chancenlos. Dann muß ein Mountainbike bzw. ein Tourenbike her. Wir haben einen Teil dieses Buches per MTB recherchiert – Sohn Aaron bei Michael auf dem Tandem, Tochter Alea im Anhänger und im Körbchen – und fanden es toll, auch ins letzte Pistenabseits vorstoßen zu können. Wir haben in jeder Hinsicht gute Erfahrungen gemacht! Das Gelingen solcher Touren hängt allerdings sehr von der Qualität des Fahrrads ab. Mittlerweile gibt es sogar crosstaugliche Tandems *(Burley)*, an denen spezielle Kinder-Tretlager angebracht werden können, so daß schon Kinder ab etwa 3 Jahren als Stoker Platz nehmen können.

Für die ganz Kleinen, die nicht selbst radeln können, empfiehlt sich ein leichtgewichtiger Anhänger, der auf kleinstes Maß zusammengeklappt werden kann. Gute Exemplare sind mit Leichtlaufrädern, Sonnen-, Regen- und Moskitoverdeck ausgestattet. Und lieber 40 kg im Hänger (Maximallast 50 kg) als 20 kg in den Packtaschen.

Die Fahrradtaschen sollten wasserdicht und einzeln aufhängbar sein. Von zusätzlichem Vorteil ist es, wenn sie auch als Rucksäcke und/oder Reise-/Schultertaschen eingesetzt werden können.

MTB-Ersatzteile in Thailand zu bekommen, ist heutzutage kein Problem mehr, denn bei der Thai-Jugend haben sich Mountainbikes längst durchgesetzt, und in den größeren Ortschaften sowie den Touristenzentren finden sich auch überall Werkstätten, in denen jedwede Reparatur gut und günstig durchgeführt wird.

Unterkunft

Von der romantischen Palmwedelhütte am Strand mitsamt Hängematte bis hin zum Traumhaus in klassisch thailändischer Teakholzarchitektur, aber mit allen Finessen einer Suite im Hilton: Thailand-Reisende können aus einem breit gefächerten Angebot an Unterkünften wählen. Wie bei so vielen Dingen in diesem Land, so bietet auch das gewählte Quartier in aller Regel einen ausgezeichneten Gegenwert für den bezahlten Preis, der zwischen 3 Mark und weit über 1000 Mark pro Nacht liegen kann.

Eines aber ist allen Unterkünften gemeinsam, den billigsten wie den allerteuersten: Kein Zimmerpreis ist fix, und wer nicht handelt, verschenkt Geld: Gerade außerhalb der Hauptreisezeiten werden nicht selten 30 Prozent Rabatt und mehr gewährt. Beachten Sie, daß in den besseren Unterkünften 26,5% Aufschlag für Steuern und Service erhoben werden können und daß es während der Saison stets sinnvoll ist, ein Zimmer 1–2 Tage zuvor zu reservieren (auch telefonisch möglich).

■ **Zimmer**, sauber und akzeptabel, gibt es, wie gesagt, schon ab etwa 3 DM (ca. 50 Bt). **Betten** im Schlafsaal kosten um 25 Bt. Bessere **Guesthouses** und kleine **Hotels** nehmen um 70 bis 100 Bt für ein Zimmer mit Bad und Ventilator (Fan). Für etwa 120 Bt kriegt man schon **Mittelklasse-Standard** in der Provinz, in Bangkok und den anderen größeren Städten ab etwa 200 Bt. **Aircon-Zimmer** kosten ab 200 Bt die Nacht. An den Stränden wohnt man – außer in Phuket, wo alles doppelt bis dreimal so teuer wie üblich ist – in oft maßlos romantischen und durchweg sauberen **Bambushütten** ohne Bad (meist mit Moskitonetz) für etwa 50 bis 80 Bt, mit Bad ab 80 Bt. Bessere **Bungalows** mit Ventilator, Kachelbad und ansprechendem Mobiliar kann man am Strand ab etwa 150 Bt bekommen, Mittelklasse-Bungalows (ähnlich solchen, in denen die Pauschalurlauber nächtigen) mit Telefon, Teppichboden etc. ab 350. Selbst edle Strandhäuschen der gehobenen Kategorie (mit Klimaanlage, Telefon, TV/Video, Hausbar) kosten selten mehr als 800 Bt.

Der Zimmer-/Bungalowpreis richtet sich (außer in den internationalen Hotels) in der Regel nicht nach der Anzahl der Personen, die darin schlafen, sondern nach der Anzahl der Betten, die darin stehen.

Selbst in 1-Bett-Zimmern ist dieses Bett grundsätzlich breit genug für zwei, so daß ein Single (1 Bett) zum Double wird. Double-Rooms dann haben meist 2 Betten, so daß 4 Personen Platz finden können; nur in wenigen Unterkünften bietet ein Single lediglich Platz für eine Person. Die Bungalows an den Stränden sind für 2 Personen gedacht; aber Familien mit ein bis zwei Kindern finden darin meist ausreichend Platz.

Essen und Trinken

Ob man nun auf dem Zabuton-Kissen in einem japanischen Teehaus sitzen will, wo die Hosteß am niedrigen Tisch dünnscheibige Steakstreifen wie Sukiyaki bereitet, ob es uralte Eier im Schlamm oder Schwalbennestsuppen sind, die man unter den gewölbten Zinnen eines chinesischen Restaurants einnehmen möchte, ob indische Curries oder australische T-bone-steaks, bayrische Leberknödel oder was wissen wir nicht alles: Bangkok und Hua Hin, Phuket und Ko Samui machen's möglich, und dort, aber auch in allen anderen Touristenzentren des Südens ist die Zahl der Restaurants Legion.

Doch vor allem anderen ist es die thailändische Küche, die uns hier angeht, zumal der Weg zum Verstehen eines Landes ja auch durch den Magen geht. Und in Thailand, dessen Küche als eine der feinsten und raffiniertesten der Welt gilt, kann man sich, wie Experten festgestellt haben wollen, an über 2000 spezifisch einheimischen Gerichten versuchen. Nicht alle werden überall erhältlich sein, aber für eine kulinarische Entdeckungsreise, während deren man jeden Tag neue Gaumenfreuden kennenlernen kann, reicht es allemal.

Von der Thai-Küche abgesehen, finden sich in jeder größeren Stadt und an allen gängigen Stränden europäische oder internationale Gerichte mit thailändischer Geschmacksnote sowie Thai-Gerichte mit europäischem Touch: etwa Spaghetti oder Bratkartoffeln mit Sojasauce oder Thai-Currie mit Ketchup. Derlei fade, in ganz Südostasien verbreitete Gerichte, im folgenden manchmal als »Traveller-Food« bezeichnet, erfreuen sich bei Rucksackreisenden großer Beliebtheit: wahrscheinlich aus Unkenntnis der Geschmacksvielfalt der Thai-Küche. Wer auf Toast und Spiegelei, Kaffee und Tee oder Schokolade zum Frühstück nicht verzichten kann, sei beruhigt: Auch das wird mittlerweile nahezu überall angeboten. In den touristischen Gebieten führen obendrein viele europäische Restaurants »authentische« Gerichte.

■ **Chinesen-Restaurants** gibt's selbst im kleinsten Städtchen, überall auch »fliegende« **Garküchen**, fahrbare Mini-Restaurants, die nicht selten zu einem riesigen **Eßmarkt** zusammenstehen. Ferner gibt es die einfachen **Thai-Restaurants** am Straßenrand, stets mit einem köstlichen Buffet ausgestattet – in die Töpfe gucken, auswählen. Die **klassischen Thai-Restaurants** bieten eine Auswahl, die das Wasser im Mund zusammenfließen läßt.

■ **Preise:** Ein europäisches Frühstück kostet etwa 30 bis 40 Bt, das Thai-Frühstück (z.B. Reissuppe) um 15 Bt. Auf den Eßmärkten kostet ein Gericht inklusive Reis zwischen 10 und 15 Bt, in den kleinen Restaurants um 15 Bt, Traveller Food etwa

Essen und Trinken

um 25 bis 30 Bt. Beste Thai-Gerichte in guten und auch noblen Restaurants liegen um 60 bis 150 Bt, selten höher.

Auf Thai-konformem Niveau kann man gut und gerne mit 50 Bt pro Tag satt werden; das sind rund 3 DM!

Thai-Küche

Die Thai-Küche gehört, wie bereits erwähnt, dank ihrer Vielfalt und raffinierten Würzkunst mit zu den besten überhaupt – aber auch zu den schärfsten! Chilischoten, diese kleinen Gaumenterroristen, lauern fast in jeder Speise. Doch was am ersten und zweiten Tag vielleicht sehr scharf erscheint, empfindet man bald schon als angenehm. Der Gaumen stellt sich um, gibt man ihm die Chance.

Von den Chilischoten abgesehen (es gibt sie in vielen Schärfegraden), finden sich in einem normalen Gericht meist Koriander, Bergamot, Knoblauch, Pfeffer, Ingwer, Kardamom, Zitrone, Zitronengras, Minze und vieles andere mehr.

■ Diese Gewürzorgie mit Öl und den Chilischoten in einem Mörser zerrieben und stehengelassen, gibt die Basis für das wohl beliebteste Thai-Gericht: **Currie** – die Gewürzmischung, die wir »Curry« nennen, hat nichts damit zu tun. Dazu kommt viel Kokosnußmilch, Fleisch und/oder Gemüse – es gibt weit über 50 Sorten –, und vor dir steht eines der köstlichsten Gerichte Asiens.

■ Doch Thailänder essen fast nie nur ein Gericht; eine Suppe gehört stets dazu. Nicht irgendeine, sondern eine leicht säuerliche, nur mäßig scharfe Brühe mit Fleisch- und Gemüseeinlage, mit viel Gewürzen angerichtet, meist auch mit Fisch und vor allem mit Meeresfrüchten als Einlage. Sie heißt **Tom Yam** und kommt in unzähligen Variationen auf den Tisch. Gegessen werden Suppen nicht vor dem Hauptgericht, sondern gleichzeitig, wobei Reis nie fehlen darf.

■ **Tom Klong Plah Krob** setzte für uns ganz neue Suppenakzente: geröstete Frühlingszwiebeln mit getrocknetem und geräuchertem Süßwasserfisch, dazu Zitronengras, Tamarinden-Saft, gebratene Chilischoten und Pilze.

■ Oder **Gai Tom Kah**, eine sämige Suppe, bestehend aus Hühnerbrust in angedickter Kokosmilch plus Kokosnußwasser, gewürzt mit Korianderwurzeln, weißem Pfeffer, viel Ingwer sowie einem Hauch von Zitronengras.

■ Mehr einem Eintopfgericht denn einer Suppe gleicht **Kaeng Keau Whan:** Ein grünes, mildes Currie mit Hühnerfleisch wird »veredelt« durch die Zugabe von Gelbwurz (Turmerik), grünem Chili, etwas säuerlicher Fischsauce, Knoblauch, Zwiebeln und Basilikum. Sehr scharf.

■ Ein Muß ist das unübertroffene **Gai Yang**, ein Huhngericht, das von Kennern für delikater als selbst das berühmte indische Tandoori gehalten wird: Hühnerfleisch wird mit einer Gewürzmischung aus Turmerik, Knoblauch, Koriander und verschiedenen Pfeffersorten eingerieben, über Holzkohle gegrillt, mit Kokosnußöl ständig übergossen. Serviert wird die Delikatesse mit einer süßsauren Sauce aus Chili, Knoblauch, Zucker, Pflaumensirup und Essig.

■ **Tod Man:** Fischplätzchen! Am besten bereitet aus *Phla Krai*, einem ganz bestimmten Fisch, der zusammen mit Curriepaste und wenigen

Chilischoten sowie diversen Bohnensorten püriert zu Plätzchen geformt und gebraten wird. Aufgetragen werden die köstlichen Häppchen mit einer Mixtur aus Gurken, Essig, Chili, Zucker, zerstoßenen Nüssen und Knoblauch.

Trinken

Das stark gechlorte Leitungswasser ist kaum trinkbar; ausweichen auf Soda (mit Kohlensäure) zu 5–8 Bt der halbe Liter oder auf Trinkwasser in Flaschen zu 6–10 Bt der Liter.

Auch im winzigsten Dorf gibt es an jeder Ecke Soft Drinks: Coke, Pepsi, Fanta, Sprite, 7up etc. Die 3-dl-Flasche kostet etwa 10 Bt. Wo sich Touristen aufhalten, gibt's außerdem zig Sorten Milkshakes und Juices, meist auch Yoghurt und Eiscreme sowie pasteurisierte Milch, Schokomilch, Erdbeermilch etc. – alles ziemlich unbedenklich: Die Fertigprodukte unterliegen einer ständigen Qualitätskontrolle; dasselbe gilt für die Eis produzierenden Fabriken.

■ **Thailändisches Bier** wird von deutschen Brauern hergestellt, ist relativ teuer, aber geschmackvoll und auch leidlich stark. Im Angebot stehen die Marken »Singha«, »Amarit« oder »Kloster«; die kleine Flasche kostet rund 25 Bt, die große (halber Liter) 60 Bt im Restaurant; im Laden nur unwesentlich billiger.

■ **Mekong Whisky** ist ein Reisschnaps von seltener Reinheit, wie Analysen in einem Schweizer Labor ergaben. Nur thailändisch angeschrieben, »määkong« ausgesprochen, überall erhältlich. Etwa 30 Bt kostet die 3,75-dl-Flasche (*pan yai*), rund 50 bis 75 Bt die runde 7,5-dl-Flasche (*yai tisut*). »Richtig« trinkt man Mekong mit viel Soda, Lime (Citrusart) und Eis. Thailänder genießen den Whisky zum Essen.

Daneben existieren zwei weitere thailändische Whisky-Sorten, eine Art Brandy, eine Art Rum; schmeckt alles ziemlich gleich und kostet etwa gleich viel wie Mekong.

Aus der Speisekarte

Zuerst einige wichtige Redewendungen, die man auswendig lernen sollte:
mae sai prie – kein Chili
ped ni noi – bitte nur wenig scharf
ped aloi dii – bitte scharf
ped ped aloi dii – bitte sehr scharf (authentisch).

Curries

kaeng mat sa man: weniger scharfes Fleischcurrie mit Nüssen
kaeng ka ri: mildes indisches Currie mit Kartoffeln und Huhn
kaeng kai: Hühnerragout
kaeng som: Fisch- und Gemüsecurrie, recht scharf

Suppen

kaeng chut: milde Gemüsesuppe mit viel Fleischeinlage
kaeng liang: süß-saure, scharfe Gemüsesuppe
tom yam: siehe oben
khao tom mu: milde Reissuppe mit Schweinefleisch
khao tom pla: Reissuppe mit Fisch
tom khlong: Salzfischsuppe

Eiergerichte

khai luak: weichgekochtes Ei
khai tim: hartgekochtes Ei
khai dao: Spiegelei
khai chi ao, khai fu, khao tot: Omelett
khai tot sai mu: gefülltes Omelett mit Fleisch
khai yat sai: opulentes Omelett mit Fleisch, Gemüse, Zwiebeln

Essen und Trinken

Gebratene Gerichte

khao phat: gebratener Reis (fried rice)
priao wan: süß-saures Gemüse
phak bung phat: Gemüsemischung
mi klob: Fadennudeln mit Fleisch, Shrimps, Eiern, süßsaurer Sauce
po pia: Eierkuchen mit Fleisch und Sojabohnenkeimen
nua phat nam man hoi: gebratenes Rindfleisch in Sauce
dok kalam phat mu: Schweinefleisch mit Blumenkohl
pla prieo wan: süß-saurer Fisch
kam pu tot: Krabbenfleisch
gai prat phrik: sehr scharfes Hühnergericht
gai yang: geröstetes Hähnchen (siehe oben)
gai tot: Brathähnchen
pla tot: gebratener Fisch

Reis/Fleisch

khao man gai: Reis und Hühnerklein
khao na pet: Reis mit Entenfleisch
khao na gai: Reis, Hühnerklein, Bambussprossen und Zwiebeln
khao mu daeng: Reis mit Ei und gekochtem Schweinefleisch
khao rat na nua: fried vegetable mit Fleisch und Reis

Nudelgerichte

kuai tiao lat na: weiße, fast durchsichtige Reisnudeln mit Fleisch und Gemüse
kuai tiao phat thai: selbige Nudeln in Öl gebraten, mit diversen Gemüsen
ba mi nam: gekochte gelbe Nudeln (wie Spaghetti) mit Fleisch
ba mi na phak: gekochte gelbe Nudeln mit Gemüse
kieo haeng: Nudelbrühe mit Gemüsen, leidlich scharf gewürzt

Getränke

nam plao: Glas Wasser
nam khaeng plao: Glas Wasser mit Eis
nam khaeng sai nam cha: Tee mit Eis
nam ron: heißes Wasser
cha chin ron: heißer chinesischer Tee
cha dam ron: Tee mit Zucker
cha ron: Tee mit Milch
ka fae dam: Kaffee mit Zucker
ka fae ron: Kaffee mit Milch
o wan tin: Ovomaltine
ko ko: Kakao
nom: Milch

Früchte

kluai: Banane
malako: Papaya
mamuang: Mango
ngo: Rambutan
sappalot: Ananas
som: Orange
som oh: Pampelmuse
taeng mo: Melone
thurian: Durian
farang: Guave
chom phu: Rosenapfel
khanun: Jackfruit
lamyai: Longan

Thailändische Früchte

■ **Durian (Durio zibethinus):** sieht aus wie eine grüne, stachelige Handgranate, stinkt nach altem Käse, hat angeblich aphrodisische Wirkung. Reicher Gehalt an Vitaminen C, B1 und B2. Das helle cremige Fruchtfleisch schmeckt extrem süß und fruchtig, irgendwie nach Vanille. Saison: April bis August.

■ **Guave (Psidium guajava):** eine große, grüne, quittenförmige Baumfrucht, deren Fleisch mit Salz und Zucker gegessen wird; Kerne ungenießbar. Saison: September bis Januar.

Unterwegs in Thailand

- **Jackfruit (Artocarpus integrifolia):** direkt am Stamm wachsende Monster-Baumfrucht, angeblich bis 40 kg schwer, bis 60 cm lang, mit goldgelber, rauher Schale. Das saftige, gelbe Fruchtfleisch wird am liebsten eiskalt genossen; der Geschmack ist undefinierbar. Saison: ganzjährig.
- **Longan (Euphoria longana):** blaßbraune, kirschgroße Frucht mit weißem Fleisch. Saison: Juli bis September.
- **Litschi (Nephelium litchi):** pflaumengroß, rotbraune, rauhe Schale mit weißem, saftigem Fruchtfleisch. Saison: März bis Juni.
- **Mango (Mangifera indica):** nierenförmige, bis 15 cm lange Frucht mit gelber oder grüner Schale und großem Kern. Gelb ist sie köstlich süß und saftig, erinnert an einen reifen Pfirsich; grün schmeckt sie irgendwie nach Nuß, dann meist im Salat verwendet. Saison: März bis Juni/Juli.
- **Mangosteen (Garcinia mangostana):** tomatengroße, violette Frucht mit weißen, süßen Fruchtsegmenten – einzigartig. Saison Juni bis November.
- **Papaya (Carica papaya):** bis 40 cm lange, melonenartige Frucht von grüner oder gelboranger Farbe. Der Länge nach aufschneiden, Kerne entfernen. Saftiges Fleisch, Geschmack sehr zurückhaltend, kann aber durch Zugabe von Zitronen- oder Limonensaft »veredelt« werden. Saison: ganzjährig.
- **Rambutan (Nephelium lappaceum):** pflaumengroße, rötliche Frucht im »Haarlook«. Innen glitschig und weiß mit großem Kern, Litschi-ähnlich. Saison: Juni bis Oktober.

Verhaltenstips

Abends noch in Europa, morgens schon in Thailand – physisch, nicht aber psychisch. Denn fest eingefahrene Verhaltensmuster lassen sich nur schwer innerhalb weniger Stunden ändern. Man lebt nach Uhr und Stundenplan, will in möglichst kurzer Zeit möglichst viel für denkbar wenig Geld sehen, glaubt zu wissen, daß die Einheimischen nur auf die Barschaft aus sind, stets und überall »betrügen« wollen. So beginnt das erbarmungslose Feilschen um Bruchteile eines Pfennigs, man wohnt in miesesten Absteigen, rechnet täglich das Ersparte nach, sieht vielleicht viel, aber kaum etwas richtig, ist ein paar Wochen später wieder zu Hause – und hat, außer Frust, nichts als Fotos.

Andere Länder, andere Sitten – der vielzitierte Spruch hat seine Gültigkeit noch nicht verloren. Darum verstehen auch nur jene Reisenden wirklich etwas von einem fremden Land, die offen sind für fremde Denkweisen, sie zumindest tolerieren und die westliche Lebensanschauung nicht in den Mittelpunkt der Welt stellen.

So läßt man am besten seine Vorurteile zurück, legt die Uhr beiseite, macht keine minuziösen Pläne, läßt sich vom Leben treiben, ist nicht übertrieben sparsam, will nicht mehr alles Mögliche sehen, sondern nur Bestimmtes – das aber richtig. Auf diese Weise hat man später vielleicht nicht ganz so viele Fotos, dafür aber Eindrücke, die die Zeit überdauern.

Man fragt einen Einheimischen nach dem Weg. Er wendet sich mit verlegenem Lächeln ab, dreht sich nach

Verhaltenstips

anderen Einheimischen um, die vielleicht die Frage mitgehört haben, denn der Angesprochene kann kein Englisch. Um nicht das **Gesicht zu verlieren**, muß er jemandem beibringen, der die Frage versteht und vielleicht beantworten kann. Im schlimmsten Fall gibt er irgendeine Antwort, gibt irgendeine Richtung an. Auch wenn sie sich später als als falsch herausstellen sollte: Der Auskunftgeber hat das Gesicht nicht verloren.

Jemandem das Gesicht wahren zu lassen, aber auch das eigene nicht zu verlieren – das ist der wichtigste Leitgedanke bei allen Verhaltensregeln, außer den religiösen. Denn nichts ist schlimmer als ein Gesichtsverlust, also der Verlust von Würde. Wer sie antastet, begeht eine schwere Beleidigung, die auch einem Fremden nicht so leicht verziehen wird. Der gesamte zwischenmenschliche Bereich wird dadurch geprägt, daß man **Rücksicht** auf die Gefühle anderer nimmt. Die verletzt etwa auch, wer mit dem Finger auf einen Menschen zeigt oder jemanden durch das Krümmen des Fingers herbeirufen will; wer beim Gespräch gestikulierend herumwirbelt, die Hände in die Hüften stemmt oder vor der Brust verschränkt. Kritik von Angesicht zu Angesicht und insbesondere im Beisein von Dritten wird fast schon als eine mindere Form der Gewaltanwendung betrachtet. Und einen Konflikt offen auszutragen, etwa die Beherrschung zu verlieren, jemanden anzuschreien, ausfällig zu werden, das heißt nicht nur, das stärkste Tabu zu brechen, sondern sich auch in unkalkulierbare Gefahr zu begeben. Sehr leicht kann dann der kritische Punkt erreicht sein, bei dem das Lächeln des Gegenübers der schieren Gewalt weicht.

Lächeln ist das Stichwort. Es erfüllt im »Land des Lächelns« (wie in ganz Südostasien) eine wichtige soziale Funktion, indem es als eine Art Schutzwall vor Konflikten dient, Gefühlsregungen kaschiert, aber auch Unsicherheit oder Verlegenheit zu überspielen hilft. Man lächelt aus allen möglichen Gründen, doch im Gegensatz zu unseren Bräuchen wird nicht »über« etwas gelächelt.

Der **Wai**, das Falten der Handflächen zwischen Brust- und Stirnhöhe (je höher, je respektvoller), entspricht unserem, in Thailand unbekannten Händeschütteln, hat aber nichts mit einem »Hallo« zu tun; das macht man mit einem *sawaddee*, sprich: sawadie. Richtlinie: Der sozial Tieferstehende grüßt zuerst; der hoch angesetzte Wai wird mit einem niedrigeren beantwortet. Der Wai wird zwar von Ausländern in der Regel nicht erwartet, kann aber z.B. bei Einladungen helfen, die ersten Barrieren zu überwinden.

Dem äußeren **Erscheinungsbild** wird in Thailand größte Bedeutung beigemessen. In den Großstädten und an den Stränden herrscht Laissez-faire-Stimmung, aber in der Provinz gilt es als absolut unschicklich, wenn Frauen kurze Röcke, ärmellose T-Shirts, durchsichtige Blusen oder keinen BH tragen. Hautenge Hosen, ärmellose T-Shirts und knappe Shorts sind bei beiderlei Geschlecht verpönt. Ordentliche und den allgemeinen Spielregeln entsprechende Kleidung ist darüber hinaus die unabdingbare Voraussetzung, um im Umgang mit Behörden überhaupt ernst genommen zu werden.

Als **Mann und Frau** händchenhaltend oder Arm in Arm herumzulaufen ist verpönt. Sich in der Öffentlichkeit gar zu küssen oder zu streicheln ist absolut unverzeihlich. Zarte Gesten sind reine Privatsache, wogegen es unter Menschen gleichen Geschlechts üblich ist, sich zu umarmen, Händchen zu halten, dem oder der anderen die Hand aufs Knie zu legen. Das hat dann rein gar nichts mit Homosexualität zu tun.

Bei einer **Einladung** pünktlich zu sein, ist zwar keine Beleidigung, zeugt aber von den barbarischen Sitten des Gastes. Eine halbe Stunde sollte man schon zu spät kommen, wie ja in Thailand Zeitangaben generell nie als fixe Termine angesehen werden, sondern lediglich als grobe Anhaltspunkte. In schwarzer Kleidung aufzutreten ist denkbar ungünstig, denn diese wird grundsätzlich mit dem Tod in Verbindung gebracht. Vor Betreten der Zimmer unbedingt die Schuhe auszuziehen, sonst beleidigt man aufs gröbste. Und wer dazu noch über die Türschwelle steigt, anstatt den Fuß darauf zu setzen, hat beim Gastgeber schon enorm an Achtung gewonnen, kann im Haus eigentlich kaum noch etwas falsch machen.

Mögen die Thai bei Fremden mittlerweile schon viel tolerieren – ungebührliches **Verhalten im Tempel** sowie gegenüber allen religiösen Objekten verletzt ein Tabu, das laut Gesetz sogar mit Gefängnis bestraft werden kann. Auch frau kann sich in buddhistischen Tempeln frei bewegen, zieht allerdings (wie mann auch) vor Betreten des Tempelraumes die Schuhe aus (wie ja auch in Moscheen; lediglich in chinesischen Tempeln dürfen die Schuhe anbehalten werden). Den Regeln entsprechende Kleidung versteht sich von selbst: also weder Singlet oder T-Shirt noch kurze (oder »unanständig« enge) Hosen, kurze Röcke u.ä.!

Der **Mönch** gilt als heilig. Wer von ihm angesprochen wird, kann zwar zwanglos mit ihm plaudern, sollte aber zum Abschied mit einem *Wai* grüßen. Als Frau ist's schwieriger, denn Frauen sind für Mönche tabu. Berührungen sind zu vermeiden, auch sollte man sich nicht neben einen Mönch setzen.

Heilige Symbole müssen mit höchstem Respekt behandelt werden. Unter diese Kategorie fallen alle Buddha-Statuen und -Bildnisse, auch solche in Ruinenanlagen. Heilig ist außerdem der König, den man im Gespräch mit einem Thai niemals kritisieren oder gar beleidigen sollte.

Die **Füße** gelten als niedrig. Mit ihnen auf einen Menschen zu zeigen, z.B. beim Sitzen mit überschlagenen Beinen, ist ebenso eine grobe Beleidigung, wie die Füße auf den Tisch zu legen.

✍ »Wir haben in eurem Reiseführer nichts darüber entdecken können, das man nicht im Gehen essen oder trinken soll. Uns beiden ist nämlich ziemlich nachdrücklich gesagt worden, dass dies nicht gut sei für Geist und Seele.« (Gaby und Eric Thaidiomaak)

Festivals

Thais feiern mindestens dreimal Neujahr. Am 1. Januar beginnt das offizielle Kalenderjahr. Am ersten Neumond nach dem 21. Januar ist chinesisches Neujahr. Und am 13. April startet mit dem *Songkran-Festival* das buddhistische neue Jahr: April 1996 = 2539, 1997 = 2540 usw.;

Festivals

so lang ist's schon her seit Buddhas Geburt in Kapilavathu, im heutigen Nepal.

Ein komplettes Festival-Verzeichnis kann im Tourist Office in Bangkok bezogen werden (viele Daten wechseln ständig, da vom Vollmond abhängig).

Januar
Neujahr (Feiertag); von den Thais aber so gut wie gar nicht gefeiert.

Januar/Februar
Chinesisches Neujahr: Drei (für Chinesen arbeitsfreie) Tage. Die alten traditionellen Feuerwerke und bunten Umzüge gibt es nicht mehr; du bekommst von dem Fest kaum etwas mit.

Februar
Pra Buddhabaht-Festival: In der ersten Februarhälfte großes Volksfest mit Prozessionen und Opfergaben am Buddhabaht-Schrein bei Saraburi.

Flower Carnival: In Chiang Mai, in der zweiten Februar-Woche; Blumenfest, Umzüge, Orchideenschau.

Februar–April
Drachenflugsaison in ganz Thailand; hauptsächlich in Bangkok auf dem Sanam Luang-Platz vor dem Königspalast Drachenwettkämpfe (siehe spezielles Kapitel).

Februar/März
Makha Bucha: Feiertag zur Erinnerung an eine wichtige und wundersame Predigt Buddhas: schöne Kerzenprozessionen zu den Tempeln des Landes – stets in einer Vollmondnacht.

April
Chakri-Tag (Feiertag) am 6. April zu Ehren des Begründers der jetzigen Dynastie, Rama I.; Festlichkeiten (auch für die Öffentlichkeit) im Wat Phra Keo.

Songkran, 13. April (Feiertag): Buddhistischer Neujahrstag. Wurden früher nur Buddha-Statuen im Land mit Wasser besprengt, liefert man sich heute in Stadt und Land wahre Wasserschlachten. Auch der Tourist wird kaum trockenen Fußes eine Straße überqueren können. Besonders schlimm in Bangkok, wo mit Kalkwasser gespritzt wird. In Chiang Mai sehr schöne Prozessionen und Festlichkeiten.

Mai
Tag der Arbeit am 1. Mai (Banken und Behörden geschlossen).

Coronation Day am 5. Mai: Krönungstag (Feiertag) zur Erinnerung an die Krönung König Bhumiphols 1946.

Visakha Bucha: Feiertag zur Vollmondnacht; eines der wichtigsten buddhistischen Feste – zur Erinnerung an die Geburt, die Erleuchtung und das Eingehen Buddhas ins Nirwana. Festlichkeiten hauptsächlich in Bangkok am Wat Po, in kleinerem Umfang aber auch in allen anderen Tempeln des Landes.

Royal Ploughin Ceremony: Feiertag für die Pflügezeremonie vor dem Grand Palace in Bangkok – der König gibt den Bauern im Land das Zeichen für die Aussaat.

Juli
Asanha Bucha: Am Vollmondtag; zur Erinnerung an Buddhas erste Predigt (Feiertag).

Khao Pansa: Nach Asanha Bucha

(Feiertag) Auftakt zur dreimonatigen buddhistischen Fastenzeit in den Klöstern.

August
Königin-Geburtstag: Dank Sirikit Feiertag am 12. August.

Oktober
Thot Kathin: Bootsrennen und prunkvolle Umzüge zum Abschluß der dreimonatigen buddhistischen Fastenzeit. Im ganzen Land, aber am allerprächtigsten und traditionellsten in Nan (siehe dort; Nordthailand).
Chulalongkorn-Tag: 23. Oktober (Feiertag); Todestag von König Bhumipols Großvater.

Oktober/November
»Kirchweih« bei den Tempeln Paknam (südlich Bangkok), in Nakhon Pathom (siehe dort) und am Golden Mount in Bangkok: hier dann eines der größten Tempelfeste der Stadt überhaupt!

November
Loi Krathong, Vollmondnacht: Zum Ende der Regenzeit werden auf allen Flüssen, Kanälen, Teichen etc. Millionen von kleinen Bötchen ausgesetzt: mit Kerzen, Räucherstäbchen und Nahrung für die Götter.
Elephant Round-up (siehe auch Khorat); am dritten November-Wochenende in Surin (Nordosten). Eine Art Elefanten-Rodeo, aufgezogen vom Tourist Office.

Dezember
Königs-Geburtstag am 5. Dezember; National-Feiertag.
Weihnachten wird nur von einer kleinen christlichen Minderheit gefeiert.
Silvester – feiern nur die Ausländer; lediglich vor dem Grand Palace ein bißchen Festlichkeiten.

Sprache und Verständigung

Khun pud pasa thai dai mai? (Sprechen Sie Thai?) – so wird der Tourist im Lande immer wieder mit Interesse gefragt. *Mai-schay* (nein), wenn nicht *no* lautet zumeist die Antwort, und was bleibt, ist ein freundlicher Gegenüber, ein lächelndes Gesicht, das sich mangels Konversationsmöglichkeiten aber schnell abwenden wird. Ein *nid noi* (ein wenig) als Antwort ist schon eine echte Chance, neue Welten zu entdecken, und mit einem schlichten *schay*, einem »Ja«, eröffnen sich diese Welten, wird zugänglich, was Durchschnitts-Reisenden stets verborgen bleibt.

Das »Nein« ist ein Negativum und eine Last, die auf Dauer wesentlich schwerer zu tragen ist als die »Bürde«, sich vor und während der Reise ein bißchen mit dem Thailändischen zu beschäftigen. Denn ein bißchen reicht schon, um vor Ort täglich ein bißchen mehr zu lernen, um für Thailänder als Mensch faßbar zu werden, mehr zu sein als nur ein gesichtsloser Devisenbringer.

Es folgt eine kleine Auflistung wichtiger Vokabeln, die vielleicht das Interesse am Thailändischen zu wecken vermögen, aber noch kein *nid noi* gewährleisten, denn das Thailändische ist recht schwierig, gehört es doch zur sino-tibetischen Sprachfamilie und ist – wie das Chinesische oder Burmesische – eine tonale Sprache. Das bedeutet, daß einsil-

Sprache und Verständigung

bige Wörter durch verschiedene Tonlagen eine andere Bedeutung bekommen. Diese Tonlagen sind normal, hoch, tief, aufsteigend und fallend; ein Wort kann somit fünf Bedeutungen haben. Ein Beispiel: *maa* in normalem Ton heißt »kommen«, hoch ausgesprochen aber »Pferd« und ansteigend betont »Hund«. Oder das Wort *may:* je nach Stimmlage heißt es »neu« oder »nicht« oder »Seide« oder »(ver) brennen«.

Ein Bauer spricht anders zu einer Autorität als zu seinesgleichen. Der Schüler parliert mit dem Lehrer anders als mit seinen Eltern. Ja, Normal-Sterbliche kennen nicht einmal das Vokabular, das für eine Konversation mit dem König unbedingt notwendig wäre. Auch gibt es viele verschiedene Dialekte. Die Thai-Schrift kennt 44 Konsonanten und 32 Vokale; die Schriftzeichen sind von unseren lateinischen vollkommen verschieden.

Komplizierter wird Thai noch dadurch, daß sich gewisse Formen mit dem Geschlecht des Sprechenden ändern »Ein Ei bitte« tönt aus Frauenmund *Khoo khai khaa*, aus Männermund *Khoo khai krap*.

Englisch, die Lingua franca in Asien, wird zwar in den Touristenzentren sehr gut verstanden, aber auf dem Lande ist es nicht allzu verbreitet. Sehr hilfreich für die tägliche Konversation ist das im deutschsprachigen Buchhandel erhältliche Sprachbuch »Kauderwelsch – Thai« (Band 19). In Thailand sind nur englische Sprachbücher erhältlich.

Kleines Vokabular

Zwar wird man die folgenden Vokabeln garantiert in der falschen Tonlage sprechen, falsch betonen, aber im Umgang mit Ausländern geben sich die Thai große Mühe, dem Gestammel einen Sinn zu geben.

Guten Tag: Savadee (Savadii)
ja: chai
nein: mai
keins, no have: mai-mee (mai-mii)
bitte (ein Mann spricht): khoo...krap
bitte (eine Frau spricht): khoo...khaa
danke (ein Mann spricht): khop-khun-krap
danke (eine Frau spricht): khop-khun-khaa
schön, gut: dii
sehr gut: dii maak
okay: tog long, okhee
Wo ist...?:...yoo-thee-nhai?
Toilette: hong-nam oder suam
Hotel: roong-rääm
Strand: chaay haat
Geschäft: raan
Postamt: praysanii
Polizei: sathaanii tamruat
Busbahnhof: sathaanii rot mee
Bahnhof: sathaanii rot fay
Restaurant: phattakhaan
hier: thee-nhee (thii-nii)
wann?: mueh-rai
jetzt: diownee (diaunii)
gestern: mhue-waan-nee (mjuä-waa-nii)
heute: wan-nee
morgen: proong-nee (prung-nii)
Uhrzeit (2 Uhr): (song) moang
Stunde (2 Std.): (song) chuah-moang
rechts: kwah
links: sai
Stop: yud
Geld: ngern (ngörn)
Wieviel (kostet es): tao-rai?
teuer: paeng (phääng)
ich: chan
Deutsch: yereman
du: khun

Freund: puen (phüen)
Haus: bahn
Kellner(in): khon-serb
never mind, macht nichts: mai-pen-rai
Auf Wiedersehen: lah-ghon

Zahlen

0	๐	*soon* (suun)
1	๑	*nhung* (nüng)
2	๒	*song*
3	๓	*sarm* (sahm)
4	๔	*see* (sii)
5	๕	*hah*
6	๖	*hok*
7	๗	*jed* (dsched)
8	๘	*paed* (päd)
9	๙	*gao*
10	๑๐	*sip*
11	๑๑	*sip-ed*
12	๑๒	*sip-song*
13	๑๓	*sip-sarm*
20	๒๐	*yee-sip*
21	๒๑	*yee-sip-ed*
30	๓๐	*sarm-sip*
40	๔๐	*see-sip*
100	๑๐๐	*nhung roy* (nüng roy)
365	๓๖๕	*sarm-roy-hok-sip-hah*
1000	๑๐๐๐	*nhung pan* (nüng pan)

Praktisches A–Z

Diplomatische Vertretungen

■ **Embassy of Switzerland,** 35 North Wireless Rd, Tel. 253 01 56. Mo–Fr 9–12 Uhr.
■ **Embassy of the Federal Republic of Germany,** 9 Sathorn Rd, Tel. 213 23 31. Mo–Fr 8.30–12 Uhr.
■ **Embassy of Austria,** 14 Soi Nantha, Sathorn Tai Rd, Tel. 287 39 70. Mo–Fr 8.30–12 Uhr.
■ **Embassy of the Netherlands,** 106 Wireless Road, Tel. 254 77 01. Mo–Fr 9–12 Uhr.

Drogen

Gerade in den Touristenzentren wird vieles angeboten, doch so manch vermeintlicher Händler entpuppt sich als Polizist. Die thailändischen Antidrogengesetze sind drastisch: Für den bloßen Konsum von Gras liegt das maximale Strafmaß bei 1 Jahr Gefängnis, für Besitz bereits bei 5, für Schmuggel bei 2–15 Jahren. Auf Opiumkonsum oder Heroinbesitz stehen 1–10 Jahre Gefängnis, für Heroinschmuggel heißt die Maximalstrafe bereits Lebenslänglich, und bei Heroinschmuggel zu Handelszwecken sieht die thailändische Rechtsprechung die Todesstrafe vor.

So kann gar nicht dringlich genug davor gewarnt werden, die gesetzlichen Bestimmungen zu mißachten. Auch der Verzehr der einst in zahlreichen Restaurants offen angebotenen *Magic Mushrooms* (halluzinogene Pilze) ist streng verboten!

Elektrizität

Generell 220 Volt, Frequenz 50 Hertz; 110 Volt lediglich in wenigen Bungalowanlagen, die mit Stromgenerator arbeiten. Adapter sind mitunter erforderlich.

Fotografieren

Thailand ist voller traumhafter und exotischer Motive, so daß man sich in bezug auf Kamera und Zusatzausrüstung nicht einschränken sollte. Zwar reicht im Prinzip auch eine gute Sucherkamera, aber die Spiegelreflex-Kameras sind eben vielseitiger verwendbar. Man sollte sich eine robuste, tropengetestete, der Luftfeuchtigkeit widerstehende Kamera aussuchen, dazu ein, zwei Wechselobjektive, unbedingt einen Polfilter zur Konturenverstärkung (sehr wichtig in den Tropen) sowie einen schützenden UV- oder Skylight-Filter. Stativ und Fernauslöser können ebenfalls hilfreich sein, z.B. für Sonnenuntergänge.

Welche Filme? Farbdias geben die tropische Farbenpracht am naturgetreuesten wieder und sind obendrein preiswerter, denn bei Papierbildern muß man hinterher noch das Entwickeln mit bis zu 1 DM je Bild teuer bezahlen. Genug Filme mitnehmen: In Thailand kosten sie bis zu 30% meh.

Das Aufnahmematerial gehört ins Handgepäck, denn das aufgegebene wird durchleuchtet. Auch das Handgepäck muß einer Röntgenkontrolle unterzogen werden, die – so ist zumindest zu lesen – *filmsafe* sein soll. Sie ist es aber nicht, ja, die Prüfgeräte in Thailand gelten als wahre »Film-Killer«, und so sollte man darum bitten, das Filmmaterial manuell kontrollieren zu lassen, was in aller Regel unproblematisch ist.

Frau alleine

Auch für solo reisende Frauen stellt sich Thailand als ein kleines Paradies dar, denn die lästige Anmache seitens einheimischer »Mannesmänner«, die die Urlaubsfreude in so manchem Reiseland drastisch schmälern kann, ist hier die absolute Ausnahme. Die Würde auch der Frau gilt als unantastbar, schon ein Hinterherpfeifen käme dem Brechen eines Tabus gleich. Wem nicht jegliche Sensibilität für das Gastland abgeht – wer also nicht nackt badet, keine aufreizende Kleidung trägt –, wird kaum einen Anlaß zur Klage finden.

Meditation

Meditationsübungen, englischsprachige Vorträge mit einheimischen und ausländischen buddhistischen Mönchen, jeden Mittwochabend von 19 bis 20 Uhr im Hauptsitz der *World Fellowships of Buddhist* in Bangkok, 33 Sukhumvit Rd, zwischen Soi 1 und Soi 3. Hier gibt es auch viele günstige Publikationen über Buddhismus schlechthin, darunter ein Heftchen über Meditationsklöster in Thailand.

Die von Touristen meistbesuchten Meditationsklöster des Südens finden sich nördlich Surattani bei Chaja (s.u. »Nach Surattani«) sowie aus Ko Phangan (siehe dort unter »Verschiedenes«).

Medizinische Versorgung

Das Gesundheitswesen in Thailand ist außerordentlich hoch entwickelt, und in allen größeren Ortschaften finden sich heute Krankenhäuser, die natürlich um so besser ausgestattet sind, je größer die Stadt ist. In den Dörfern sind überall kleine Gesundheitszentren eingerichtet sowie Erste-Hilfe-Stationen, das Personal ist geschult, und irgend einer der Ärzte oder Krankenschwestern spricht zumeist auch Englisch. Ansonsten finden sich überall auch niedergelassene Ärzte sowie Zahnärzte, und die Gebühren für eine normale Konsultation werden außerhalb von Bangkok kaum je 100 Bt überschreiten, sind also äußerst günstig.

Auch an Apotheken herrscht kein Mangel, die Medikamente kosten zumeist nur einen Bruchteil von dem, was in Mitteleuropa dafür verlangt wird, und alles in allem herrschen somit auch im Hinblick auf die medizinische Versorgung nahezu paradiesische Zustände.

Bei ernsteren Problemen freilich, etwa anstehenden Operationen etc., können wir nur dringend davon abraten, sich im erstbesten Krankenhaus behandeln zu lassen, denn für solche Eingriffe fehlen dort oft ganz einfach die Apparaturen. Dann empfiehlt es sich, die Botschaft zu Rate zu ziehen, sich nach Bangkok transportieren zu lassen (wo zahlreiche internationale Krankenhäuser zu finden sind; siehe dort unter »Verschiedenes«) bzw., so im Süden unterwegs, nach Phuket, wo eines der besten Krankenhäuser Südostasiens eingerichtet wurde: Das *Phuket International Hospital* nämlich, das in jeder Hinsicht mit guten deutschen Krankenhäusern konkurrieren kann, aber wesentlich komfortabler ausgestattet, dabei günstiger ist und mit Ärzten aufwartet, die als absolute Spitzenkräfte landesweit bekannt sind. Auch ein Dolmetscher (ein Schweizer) steht zur Verfügung, das Foyer entspricht dem eines Top-Hotels, und als Ausländer wird man hier in luxuriösen Einzelzimmern einquartiert, die mit TV, Video, Aircon, Bad/WC, Balkon, Sitzgruppe etc. ausgestattet sind. Die Operationsräume entsprechen modernsten Anforderungen, und daß es sich bei den Ärzten um wirkliche Fachkräfte handelt, haben wir sozusagen selbst »recherchiert«: Ich, Michael, wurde anläßlich unseres letzten Thailand-Aufenthaltes mit einer hochgradig entzündeten Zellulitis eingeliefert, und Alea, unsere Tochter, mußte sich hier eine komplizierte Ellenbogen-Fraktur behandeln lassen. Später nach Deutschland zurückgekehrt, ließen wir uns dort gründlich durchchecken, und siehe da: Der Arzt konnte kaum glauben, daß die operativen Eingriffe in Thailand durchgeführt worden waren, und meinte gar zu der Fraktur von Alea: »Besser kann man es einfach nicht machen; perfekt!«

Wer man eine Reisekranken-Versicherung abgeschlossen hat, braucht sich hier auch um die Kosten keine Sorgen zu machen, denn das Krankenhaus setzt sich direkt mit dem Versicherer zu Hause in Verbindung, so daß man die Summe nicht, wie sonst stets und überall üblich, erst einmal vorstrecken muß. Und wenn doch, ist's auch nicht gar so schlimm, denn das Einzelzimmer kostet hier nur rund 100 DM pro Tag inkl. allem, und für eine rund 1,5 Stunden dauernde Operation (wie bei besagter Fraktur) sind rund 1000 DM zu bezahlen.

Hier jetzt die Adresse dieses Krankenhauses, wobei noch wichtig ist zu erwähnen, daß man, so transportunfähig, auch per Helikopter abgeholt wird:

■ **Phuket International Hospital,** 44 Chalermprakiat Road 9, Phuket 83000, Tel. Phuket (076) 24 94 00, Fax 21 09 36. Angeschlossen ist dem Krankenhaus übrigens auch eine Zahnklinik, die auf dem modernsten Stand der Technik ist und sich u.a. auch auf Zahnersatz spezialisiert hat (was hier wesentlich günstiger kommt als in Deutschland).

Post

Die thailändische Post arbeitet zuverlässig. Postämter gibt's in jeder Stadt, dazu in aller Regel Telefon (z.T. Radio-Telefon) für internationale Gespräche, Telegrammamt und Paketschalter.

■ Normale **Briefe** nach Europa brauchen etwa 7 Tage; umgekehrt gleich lang. Das Porto bei Airmail beträgt 15 Bt für den Brief, 9 Bt für die Postkarte. Einschreiben (*registered*

mail) kosten 15 Bt extra, und Kurierpost der *EMS*-Postgesellschaft kostet 210 Bt bis 250 g.
- **Telegramme** kosten 13 Bt je Wort (Adresse wird mitgerechnet), Blitztelegramme das Doppelte; Zustelldauer etwa 24 bzw. 12 Stunden.
- **Luftpostpakete** kosten rund 420 Bt für 1 kg, 810 Bt für 3 kg, 2170 Bt für 10 kg und 4050 Bt für 20 kg (Maximum).

Per **Seamail** bis 3 kg 270 Bt, bis 10 kg 590 Bt, bis 20 kg (Maximum) 920 Bt. Airmail-Pakete benötigen etwa 1 Woche, Seamail 8 bis 10 Wochen. – Keine Zollkontrollen am Postamt.
- **Poste Restante:** Wer keine feste Adresse hat, kann sich sämtliche Postsendungen postlagernd zuschicken lassen. Theoretisch geht das in jeder thailändischen Stadt, sicher ist es allerdings nur in den größeren touristischen Orten, so z.B. in Bangkok, Kanchanaburi, Ko Samui, Phuket, Krabi, Hat Yai.

Der Standardbriefkopf sieht dann so aus:
Name ...
General Post Office (GPO)
Poste Restante
Stadt ...
Thailand.
Vorname in der Anschrift besser nicht ausschreiben, da der Brief sonst evtl. unter dem Anfangsbuchstaben des Vornamens eingereiht wird.

Solche Post wird in den GPOs 2 Monate aufbewahrt und geht dann kostenlos zurück an den Absender. Dauer von Europa nach Thailand: etwa 3 Tage bis Bangkok, bis 1 Woche in den Süden.

Öffnungszeiten
- **Banken:** Mo bis Fr 8.30/9–15.30/16 Uhr.
- **Post:** Mo bis Fr 8.30–12 und 13–16.30 Uhr, Sa meist 9–11/12 Uhr.
- **Regierungsstellen:** Mo bis Fr 8.30–16.30 Uhr, meist mit Mittagspause von 12 bis 13 Uhr.
- **Warenhäuser:** Mo bis Fr 10–19/20 Uhr; viele auch an den Samstagen.
- **Normale Büros:** Mo bis Fr 8/9–17 Uhr.
- **Geschäfte:** Mo bis Fr meist 8–20/21 Uhr; die Mehrzahl auch an den Wochenenden.

Radio
Die Deutsche Welle strahlt jeden Tag Nachrichten in verschiedenen Sprachen nach Südostasien aus. Wer wissen will, was wann läuft, kann unter folgender Adresse ein kostenloses Programmheft abrufen: Deutsche Welle, Abt. Hörerpost, 50588 Köln.

Shopping
Auch in Sachen Shopping ist Thailand ein Paradies, denn die Bandbreite des Kunsthandwerks ist unvorstellbar groß. Obendrein ist das Land eines *der* Groß- und Einzelhandelszentren von Südostasien, und das Angebot an einheimischen wie importierten Waren zu oft lächerlichen Preisen ist einfach umwerfend.

Beliebteste Mitbringsel sind Thai-Seide, Edelsteine, Keramikartikel, Antiquitäten und »Antiquitäten«, Kleidung und Imitationen (meist von Uhren). In Bangkok sowie den Touristenzentren kann man in unzähligen Shops all das erstehen, was das Herz begehrt.

Wer jedoch den vom Verkäufer erstgenannten Preis bezahlt, zahlt stets zu viel. Nur die großen Kaufhäuser haben Festpreise, und von jedem Käufer wird erwartet, daß er handelt. Zurückhaltung ist hier fehl am Platz, und wer einen geforderten Preis nicht um mindestens 30% herunterhandelt, zahlt garantiert zu viel.

Sicherheit

Produzieren Großstädte schon in Europa ein Klima von Gewalttätigkeit, so erst recht in Südostasien: Traditionen zerfallen unter dem Einfluß der Moderne, Sozialgefüge zerbrechen, die Landflucht hat beängstigende Ausmaße angenommen, und die Metropolen schwellen unkontrolliert an.

Dementsprechend hat auch die Kriminalität in den Großstädten überproportional zugenommen. In den reinen Touristen-Metropolen legt die sichtbare Kluft zwischen reichen, vergnügungssüchtigen Ausländern und armen, arbeitenden Einheimischen den Grundstein.

Trotzdem steht Thailand im Vergleich mit anderen Urlaubszielen aller Kontinente in puncto Sicherheit relativ gut da, will sagen: Delikte kommen zwar vor, aber Gewalttätigkeiten gegenüber Touristen sind die absolute Ausnahme. Häufiger sind Diebstähle, aber die sind vorwiegend auf allzu sorglose Zurschaustellung von Wertsachen zurückzuführen.

Was man nun von der Kriminalität mitbekommt oder auch nicht, hängt gerade vom eigenen Verhalten bzw. der Vorbeugung ab:

■ **Wenig Bargeld** mit sich herumtragen. Wenn's trotzdem sein muß, dann im Geldgurt oder in einer Geheimtasche.

■ **Kameras, Uhren** oder **Schmuck** nicht provokativ zur Schau stellen. Einigen zu eifrigen Hobby-Fotografen ist schon aus der achtlos beiseite gestellten Fototasche ein Wechselobjektiv gestohlen worden.

■ Es gibt Leute, die **im Hotelzimmer** sogar Geld, Paß, Walkman, Kamera und Uhr herumliegen lassen – eine Einladung an jeden unterbezahlten Hotelangestellten oder dessen Komplizen.

■ Es nützt schon, **Wertgegenstände** ins Gepäck einzuschließen oder in den Rucksack zu stopfen (noch besser: Rucksack mit Kette und Vorhängeschloß in einen Schrank einschließen).

■ Fenster und Balkontüren schließen, wenn man die Unterkunft verläßt. **Einschleichdiebstähle** sind weitaus häufiger als Aufbrechen von Türen und Schlössern.

■ Schultertaschen quer tragen (Riemen schräg über die Brust) und auf der straßenabgewandten Seite gehen, damit **Entreißdiebe** weniger Chancen haben; sie kommen oft per Motorrad.

■ **Wenn etwas passiert**, so raten Polizei und Reisebrancheleute: keinen Widerstand leisten, sondern die Wertsachen hergeben, besonders wenn die Gauner bewaffnet sind. Nicht vergessen: Räuber sind meist nervös und müssen stets Angst haben, in flagranti entdeckt zu werden.

■ **Sofort Polizei,** Tourist Police, Tourist Office, Hotelmanager, Botschaft, Konsulat oder Rechtsanwalt verständigen, je nach Schwere des Falles. Die Versicherungen zu Hause zahlen nur, wenn ein Polizeirapport vorliegt oder zumindest eine andere offizielle Bestätigung des Delikts.

Sport

■ **Tauchen:** Der Tauchsport hat in Thailand innerhalb der letzten zwei, drei Jahre einen unerhörten Aufschwung erlebt. Kein Strand, an dem nicht eine Tauchschule zu finden ist, keine bessere Bungalowanlage, in der nicht entsprechende Broschüren ausliegen. Die Reviere stehen in ihrer marinen Vielfalt den berühmten Tauchgründen z.B. der Malediven um nichts nach.

Die schönsten Tauchmöglichkeiten bieten sich an der Westküste (nur November bis April) vor Phuket, den Similan-Inseln, Krabi, Ko Phee Phee, Ko Lanta Yai und dem Terutao-Archipel; an der Ostküste (ca. ab März bis September) vor Ko Samui und Ko Tao sowie dem Ang Thong-Nationalpark. Kurse (Abschluß mit international anerkanntem Zertifikat) und tägliche Tauchexkursionen; mehr darüber im Reiseteil.

■ **Schnorcheln:** Direkt vor der Küste tun sich im Süden die herrlichsten Reviere auf. Schnorchelausrüstungen sind in nahezu allen Bungalowanlagen für ein Spottgeld zu mieten.

■ **Windsurfen:** Südthailand ist ein einziges Traumrevier für Windsurfer. Das »Mekka« der Brettpilger ist unbestritten Ko Samui und Phuket, wo auch allerbeste Ausrüstung ausgeliehen werden kann.

■ **Wandern:** Wanderungen bieten sich vor allem im Bereich der Nationalparks an, die stets in landschaftlich einzigartigen Regionen angelegt wurden und größtenteils über eine gute Infrastruktur verfügen (Wanderwege, Unterkünfte). Genauere Tips werden im Reiseteil gegeben: siehe unter »Nationalparks«.

Ansonsten bleibt das »Hilltribe Trekking« im sogenannten Opium-Dreieck von Nordthailand, über das im Reiseteil (siehe »Norden«) alles Wesentliche gesagt wird.

Telefon/Telefax

■ Reichlich Geduld und 1-Baht-Münzen benötigt man für **Inlandgespräche** von öffentlichen Telefonen aus; denn selbst wenn das Gerät funktioniert, ist es fraglich, ob es auch die eingeworfene Münze akzeptiert. Fazit: möglichst nur vom Hotel aus telefonieren bzw. telefonieren lassen. Und auch nicht verzweifeln, wenn sich die in diesem Buch angegebenen Nummern mal als falsch erweisen sollten: sie ändern schnell in Thailand.

■ **Vorwahlnummer** Thailand: 0066 ab Deutschland und der Schweiz, dann die Ortsvorwahl ohne »0« plus die Teilnehmernummer.

■ **Internationale Gespräche** funktionieren – weil über Satellit geleitet – im Gegensatz zu den nationalen recht gut. Von den Telefonen der meisten Hotels und Bungalowanlagen aus kann direkt durchgewählt werden (00149 für Deutschland, 00141 für die Schweiz, 00143 für Österreich). In den Touristenzentren bieten unzählige Läden einen Telefonservice an (auch Telefax), werden mehr und mehr ultramoderne Kartentelefone errichtet, wie mittlerweile auch in jeder größeren Ortschaft und sogar auf dem Land.

Abgerechnet wird im 6-Sekunden-Takt, der 54 Bt kostet, was bedeutet, daß ein ein dreiminütiges Gespräch nach Mitteleuropa weniger als umgerechnet 10 DM kostet.

■ **Telefax:** Telefax-Geräte stehen in nahezu allen Postämtern sowie den Telefonämtern und den meisten Reisebüros zu Verfügung, und man kann nicht nur Sendungen abschicken, sondern auch empfangen. Alle Postämter bieten mittlerweile einen »Fax-Poste-Restante-Dienst«, und solche Faxe werden dann am jeweiligen Postamt für rund 8 Wochen aufbewahrt.

1 DIN-A-4-Seite nach Europa kostet 110 Bt.

Trinkgelder

Trinkgelder sind für viele Erwerbstätige in Thailand die eigentliche Verdienstquelle, denn der reguläre Lohn ist oft so niedrig, daß er nicht einmal das Existenzminimum garantiert. Ein Muß ist es nicht, sich »großzügig« zu erweisen, aber es öffnet viele Türen, macht Unmögliches möglich.

Zeit

Thailand ist der mitteleuropäischen Zeit um fünf Stunden (während der europäischen Sommerzeit) bzw. 6 Stunden voraus.

Die Uhrzeit wird in englischer Schreibweise angegeben: *a.m.* (ante meridiam) steht für »vor Mittag«, *p.m.* (post meridiam) für »nach Mittag«. Beispiel: 10 a.m. entspricht 10 Uhr, 10 p.m. hingegen 22 Uhr.

Zeitungen

Wichtigste englische Tageszeitung sind *Bangkok Post* (liberal) sowie *The Nation* (konservativ). In Bangkok sowie den Touristenzentren sind auch die üblichen im Ausland vertriebenen deutschsprachigen Zeitungen und Magazine erhältlich.

Bangkok, Festumzug auf den Klongs von Thonburi

Bangkok – Schmelztiegel der Nation

Viermal 120 000 Pferde, Äquivalent der Jumbo-Kraft, tragen uns über die Wolken hinaus, und im Rausch, der Erdkraft zu entfliehen, verwinden wir lächelnd den Abschied von Europa, das tief unten zurückbleibt. Bildschirme erhellen sich über den Sitzreihen, und die schwarz-weiße Selbstverständlichkeit der von Elektronenrechnern eingespeisten Daten schaltet unvermittelt die besiegelte Trennung ins Bewußtsein zurück. In Ehrfurcht vor nüchterner Technik verfolgen 450 Augenpaare einen einrollenden Richtungspfeil, der in Sekundenschnelle den vorderen Osten überspannt, auch den Indischen Subkontinent, den Golf von Bengalen. Dann wendet er sich gen Süden und tangiert Burma, um schließlich erneut in Richtung auf die aufgehende Sonne zu schwenken und auf jenem Punkt am Golf von Siam zu verharren, den wir nach Bewältigung von etwa 10 000 Flugkilometern erreichen werden.

»Ladies and Gentlemen ...«: Knappe Kompetenz aus dem Bordlautsprecher holt uns in die Gegenwart zurück. Wir fliegen, rund 17 Stunden schon, und die Stimme des Kapitäns heißt uns, die Uhren der thailändischen Zeit, die der mitteleuropäischen um fünf Stunden (bzw., während der europäischen Sommerzeit, um sechs Stunden) voraus ist, anzupassen. Der Wetterbericht von Bangkok: sonnig, Temperatur 28 Grad Celsius, 79 Prozent Luftfeuchtigkeit. Schon hören wir das Fahrwerk polternd sich entfalten, und voller Vorfreude geben wir Höhe auf und zielen in weitem Bogen auf weite Reisfeldebenen, Wahrzeichen des zentralen Schwemmlandes rings um Bangkok.

Selten ist Fliegen so schön wie in Erwartung jenes Augenblickes, wenn beim Anflug auf ein fernes Ziel tief unten der erste Streifen Land, die ersten Bauwerke auszumachen sind. – Das also ist Thailand. Aller Augen saugen sich fest an smaragdenen Reisfeld- und Kokospalmenfluren. Bald gerät die maßlose Metropole Bangkok ins Blickfeld. Palast- und Tempeldächer zeichnen sich ab, vereinzelte Grünflächen, vor allem aber Wolkenkratzer, die andeuten, daß die gepflegte Geruhsamkeit vergangener Tage längst der Hast des ökonomischen Wettlaufs gewichen ist.

Es war einmal, vor 200 Jahren, da gab es anstelle von Bangkok mit seinen 8–12 Millionen Einwohnern (je nach Schätzung) nur Dörfer, Felder und Wasserwege. Es war einmal, vor 50 Jahren, da umfasste das Stadtgebiet noch 13 qkm anstatt der heutigen 1600, da gab es außer den zahlreichen Klongs oder Kanälen, die der Stadt früher den Übernamen »Venedig des Ostens« eintrugen, nur wenige Straßen sowie Trampelpfade für Lastenelefanten. Heute zählt man über 1000 Straßenkilometer, die von rund 2 Millionen Fahrzeugen zu jeder Tages- und Nachtzeit unsicher gemacht werden und die die Stadt zu einer der engsten des Fernen Ostens machen, ganz abgesehen von der Smogbelastung.

Bangkok präsentiert sich als eine einzige gigantische Boomtown, als ein New York des Ostens, ein monu-

Bangkok

mentales Shoppingcentre, mit mehr Nightlife als in irgendeiner anderen Stadt Asiens. Trotzdem ist *Krung Thep,* »Die Stadt der Engel und höchste Stätte der neun unschätzbaren Edelsteine«, wie die Thais ihre Kapitale bezeichnen, immer noch ein Hort des Alten und Schönen: Mehr als 400 goldblinkende Klöster, Tempel und Paläste erheben sich als Refugien der Ruhe inmitten des hektischen Treibens. Hier öffnet sich ein farbenprächtiger Markt, dort eine autofreie Bilderbuchgasse. Ständig stößt man auf Wasserstraßen gesäumt von Palmen und hölzernen Pfahlbauten, auf denen man sich ins 18. Jahrhundert zurückversetzt fühlen kann, als am 6. April 1782 an dieser Stelle das Dorf *Ban Makok,* aus dem »Bangkok« werden sollte, von König Rama I. zur Hauptstadt erhoben wurde.

Einkurven zum geradlinigen Anflug. Erdenschwere saugt uns an, Pfiff von Reifengummi auf Beton, sichere Landung, holpriges Ausrollen, Halt und Stille. Das disziplinierte Sitzen der Fluggäste weicht nervöser Geschäftigkeit, die druckfesten Türen öffnen sich, und tropisch warme Luft dringt blitzschnell ein, treibt Schweiß auf übernächtigte Stirnen und heißt uns blasse Ankömmlinge, die Pullover nun endgültig auszuziehen. Benommen durchtaumeln wir das Portal zum »Land des Lächelns«, wo große Transparente ein »Herzlich Willkommen« verkünden. Auch freundlich schauende einheimische Augen vermitteln sofort das Gefühl, willkommen zu sein. Sogar die Beamten lächeln, es lächeln die Angestellten am Bankschalter, am Zimmervermittlungscentre und auch am Stand des »Airport Transport Service«, wo die Tarife angeschlagen sind, man sein Ziel nennt und auch bezahlt. Und dieses Lächeln unterscheidet, denn es ist einseitig, schmückt nur thailändische Gesichter. Die meisten Gäste, Vertreter der Alten Welt, schauen hier, vor der Ankunftshalle, meist verdriesslich drein, denn es herrscht gelindes Chaos, weil die Einrichtungen dem Andrang nicht mehr gewachsen sind, es schon mal eine halbe Stunde Schlangestehen bedeuten kann, bis man den Taxicoupon in Händen hält.

Asien hautnah, jetzt zum ersten Mal! Das kann ein kleiner Schock sein, zumal die Gegenüber auch dann noch lächeln, wenn sie von aufgebrachten Fremden mit bösen Worten bedacht werden. »Asien lächelt«: es ist so, das geflügelte Wort beschreibt die Realität, und wer als westlicher Besucher die Absicht hat, sich von den Touristenzentren (wo sich die Thais den Sitten der Gäste angepaßt haben) zu entfernen – und darum geht es in diesem Buch –, der tut gut daran, diese erste, vielleicht wichtigste Lektion entgegenzunehmen und selber zu lächeln. – Natürlich aus Erheiterung, aber auch als Dank, um sich zu entschuldigen, um Unsicherheit oder Verlegenheit zu überspielen und schließlich – doch nicht zuletzt –, um seinen Gegenüber »das Gesicht wahren« zu lassen. Damit ist nicht das Antlitz gemeint, sondern die Würde des einzelnen, und die verletzt, wer, wie in Europa üblich, unmißverständlich sagt oder mittels Körpersprache zeigt, was ihm gerade in den Sinn kommt.

So lächeln wir also, auch wenn es mitunter schwerfallen mag, und finden heraus, daß wir eher als andere, die eigentlich vor uns an der Reihe wären, unser Geld gewechselt, das Zimmer reserviert, den Taxicoupon überreicht bekommen.

Ankunft – International

■ **Don Muang International Airport,** 30 km nördlich von Bangkok. Sehr zügige Abfertigung am Zollschalter, Touristengepäck wird kaum je einer Kontrolle unterzogen.

■ In der **Ankunftshalle** wechseln gleich mehrere Banken zu normalen Wechselkursen; auch Reiseschecks und die gängigsten Kreditkarten werden akzeptiert. Daneben ein durchgehend geöffnetes Postamt mit Telefax- und Telefonservice (auch international), eine Zimmervermittlung (von etwa 300 Bt fürs Double aufwärts), ein Schalter von *Thai Airways International* (Ticketreservierung für Inlandflüge) und der *Airport Transport Service* (siehe unten).

Die Gepäckaufbewahrung (täglich von 6 bis 22 Uhr) kostet pro Tag und Gepäckstück 20 Bt; maximal 90 Tage.

Wie in die Stadt

■ **Bus:** Am billigsten (5 Bt im Fanbus bzw. 16 Bt im Aircon-Bus) mit den öffentlichen Bussen, die an der Straße vor dem Flughafen halten, aber niemanden mitnehmen, der Reisegepäck dabei hat.

■ **Bahn:** Bahnhaltestelle *Don Muang* nahe Flughafen, etwa 5 Gehminuten; über die Fußgängerbrücke. Züge (nur 3. Klasse) kosten 10 Bt, brauchen etwa 50 Minuten bis zum Hauptbahnhof *Hua Lumpong*. Abfahrten etwa alle 10 bis 20 Minuten zwischen 6 Uhr und 20 Uhr.

Wer gar nicht erst nach Bangkok hineinwill, sondern beispielsweise ins nahe Ayutthaya oder hinauf in den Norden will, kann auch hier in den Zug einsteigen – so noch ein Platz frei ist.

■ **Airport Express:** Dieser spezielle Zug verkehrt auf der Route Flughafen–Hauptbahnhof Hua Lumpong, ist dorthin nur 35 Min. unterwegs und kostet 80 Bt (mit Ventilator) oder 100 Bt (Aircon), wobei dieser Preis das Zugticket, eine Versicherung sowie den Shuttlebus vom Airport zur Bahnhaltestelle beinhaltet. – Bequemer und schneller geht's nicht mehr!

Tickets schon im Flughafen kaufen; der Schalter ist ausgeschildert.

■ **Thai-Minibus oder Thai-Limousine:** 150 Bt pro Person für den Sammeltransport, der jeden Passagier zum gewünschten Hotel bringt (erst ab Mittelklasse). Kann leicht Stunden dauern, bis man in seiner Unterkunft ist. Der Limousinen-Service kommt auf 600 Bt zu stehen, Buchungsschalter im Flughafengebäude vor dem Hauptausgang.

■ **Airport Transport Service:** Zwei Möglichkeiten: Taxicoupon für »Non metered Taxi« am Ausgang kaufen (350 Bt in die Stadt) oder nebenan einen Coupon für »Metered Taxi« abholen, das dann, je nach Verkehrsaufkommen, um 200 Bt ins Zentrum kostet plus 50 Bt für die Autobahnbenutzung.

Wer übrigens sperriges Gepäck hat (z.B. Mountainbikes), kann hier problemlos auch einen Minibus mieten, der um 600–800 Bt kostet.

Bangkok

Ankunft – National

Flug – National
■ **Don Muang Domestic Airport**, direkt neben dem International (kostenloser Minibus-Transfer etwa alle 10 Minuten ab Haupteingang). Auch hier gibt's mehrere Wechselschalter, ein Postamt und eine Gepäckaufbewahrung sowie einen Zimmerreservationsdienst.

Taxis in die Stadt (Coupons vor dem Haupteingang) kosten ab hier nur 250 Bt. An der Straße kann man mit Glück auf 150 Bt runterhandeln. Dort auch Haltestelle für die Busse; gleiche Verbindungen wie ab International Airport. Wer mit dem Zug nach Bangkok reinfahren will, benützt am besten den kostenlosen Zubringerdienst zum International Airport (weiter siehe oben).

Bus
Welche Stadtbusse von den Busbahnhöfen aus zur Khao San-, Malaysia Hotel-Gegend etc. fahren, ist jeweils am Informationsschalter des Terminals zu erfragen.

■ **Southern Busstation** (Ankunft aus allen Städten im Süden sowie auch Westen von Bangkok), Thonburi, Nakhon Chaisi Rd (früher an der Charansanitwong Rd). Sehr weit außerhalb gelegen, entsprechend teuer sind Taxen und Tuk Tuks: unter 150 Bt ist eine Fahrt ins Stadtzentrum nicht zu bekommen.

■ Vom **Northern/Northeastern Busterminal** (Ankunft aus allen Städten Nord- und Nordostthailands), Phaholyothin Rd;

Taxi zur Khao San Rd etwa 100 Bt, zur Malaysia-Gegend 150 Bt, zur Sukhumvit 120 Bt, Hua Lumpong 150 Bt.

■ Vom **Eastern Busterminal** (Ostküste), Sukhumvit Rd: Taxi zur Khao San etwa 150 Bt, 100 Bt Malaysia-Gegend, 120 Bt Hua Lumpong.

Bahn
■ Hauptbahnhof **Hua Lumpong**; in der Halle ein Informationsschalter (englischsprachig), eine Wechselstube sowie Gepäckaufbewahrung.

Taxi ab hier 100 Bt zur Malaysia-Gegend, 80 Bt Khao San Rd, 120 Bt Sukhumvit.

Orientierung
Adressen in Bangkok schreiben sich z.B. so: X-Hotel, Soi Bumpen, Soi Ngam Duphli, Rama IV. Das heißt, das X-Hotel liegt an der Bumpenstraße, die von der Ngam-Duphli-Straße abzweigt, die wiederum von der Rama IV Road abzweigt.

Nebenstraßen von langen Straßen (*Roads* und *Avenues*) sind durchnumeriert mit Soi 1, Soi 2, Soi 3, usw., wobei die Soi zusätzlich zur Nummer meist auch noch einen Namen tragen.

Da Bangkok sehr weitläufig ist und kein eigentliches Zentrum hat, kann die Orientierun schon mal schwerfallen. Sehr empfehlenswert, sich gleich nach der Ankunft einen Stadtplan zu kaufen (50 Bt), auf dem auch die Busrouten eingezeichnet sind.

Unterkunft

Alles ist vertreten, angefangen vom spottbilligen Guesthouse bis hin zum Luxushotel mit sechs Sternen, und zwar en masse. Die Unterkünfte einer bestimmten Preisklasse konzentrieren sich in ein und demselben

Unterkunft

Stadtviertel, was die Zimmersuche enorm erleichtert. Ein vakantes Quartier zu bekommen ist nie ein Problem, selbst in der Nacht nicht. Wer nicht schon am Reservierungsschalter des Flughafens ein Zimmer nach Wahl bestellt hat (ab Mittelklasse, keine Pensionen), mag unter nachfolgenden Häusern auswählen:

Für Budgetbewußte

Zwei Stadtviertel haben sich in dieser Kategorie einen Namen gemacht: *Khao San Road/Banglampoo:* Im »Zentrum« Bangkoks (und der Rucksacktouristen-Szene): Alle wichtigen Sehenswürdigkeiten befinden sich in der Nähe, ebenso das Tourist Office, Billigflug-Reisebüros etc; zum Chao Phraya River sind's auch nur ein paar Meter, und näher zu den Busterminals kann man es nicht haben. *Banglampoo* (so heißt der Stadtteil) ist außerdem die ruhigste Wohngegend und die mit dem größten Angebot an Guesthouses (in denen Prostitution weitestgehend verboten ist): über 60 Stück allein in der (etwa 300 m langen) Khao San Rd, weitere 40 in der Umgebung.

Ein freies Zimmer zu bekommen, ist somit zu keinem Zeitpunkt ein Problem, und alle Zimmer sehen im großen und ganzen auch gleich aus. Sie sind in der Regel mit Bett und Fan und sonst nichts eingerichtet, haben meist Wände aus Spanplatten, sind stets klein, niemals fein, sauber bis leidlich sauber und kosten durchwegs um 80–100 Bt fürs Single, 100–170 Bt fürs Double; das Bett im Schlafsaal ist für 50–80 Bt zu bekommen.

Etwas aus dem üblichen Guesthouse-Rahmen heraus fallen folgende Häuser:

■ **In der Khao San Road:** *Hello Guesthouse,* 63 Khao San Rd, Tel. 281 85 79. Auch Aircon-Zimmer, angeschlossen ein beliebtes Restaurant.

Khao San Palace Hotel, 139 Khao San Rd, Tel. 282 05 78. Große Zimmer, angegammelt, aber mit Bad, teils auch Aircon in relativ ruhiger Lage.

Bonny Guesthouse, 132 Khao San Rd, Tel. 281 98 77. Traveller-Treff mit kleinem Garten, Dachterrasse, auch Schlafsaal.

LEK Guesthouse, 125–127 Khao San Rd, Tel. 281 27 75. Großes Zimmerangebot in verschiedenen Preis- und Komfortstufen.

■ **In der Umgebung:** *New Siam Guesthouse,* Soi Chanasongkram 21, Tel. 282 45 54. Große, angenehme und saubere Zimmer, relativ ruhige Lage.

Peachy Guesthouse, Phra Athit Rd 10, Tel. 281 64 71. Saubere Zimmer, teils auch mit Aircon, um einen kleinen Garten herum.

Noi Guesthouse, 52/9 Soi Ban Phan Thom, Tel. 282 2898. In der 4. Etage eines Apartmenthauses, daher ruhig und luftig.

■ Die Guesthouses auf der Chakrapong Rd, in die die Khao San Rd. mündet, sind durchwegs nicht empfehlenswert, weil schmuddelig und mörderisch laut. Auf der anderen Seite der Chakrapong Rd aber beginnt die **Soi Ram Buttri,** und dort, wo der Traveller-Rummel nicht gar so groß ist, haben sich ein paar ganz nette Guesthouses etabliert:

My House (Tel. 282 92 63) und *Merry V. Guesthouse,* Soi Ram Buttri; recht gepflegte Häuser, beide mit Restaurant und hellen Zimmern ab 150 Bt.

Rose Garden Guesthouse, Trok

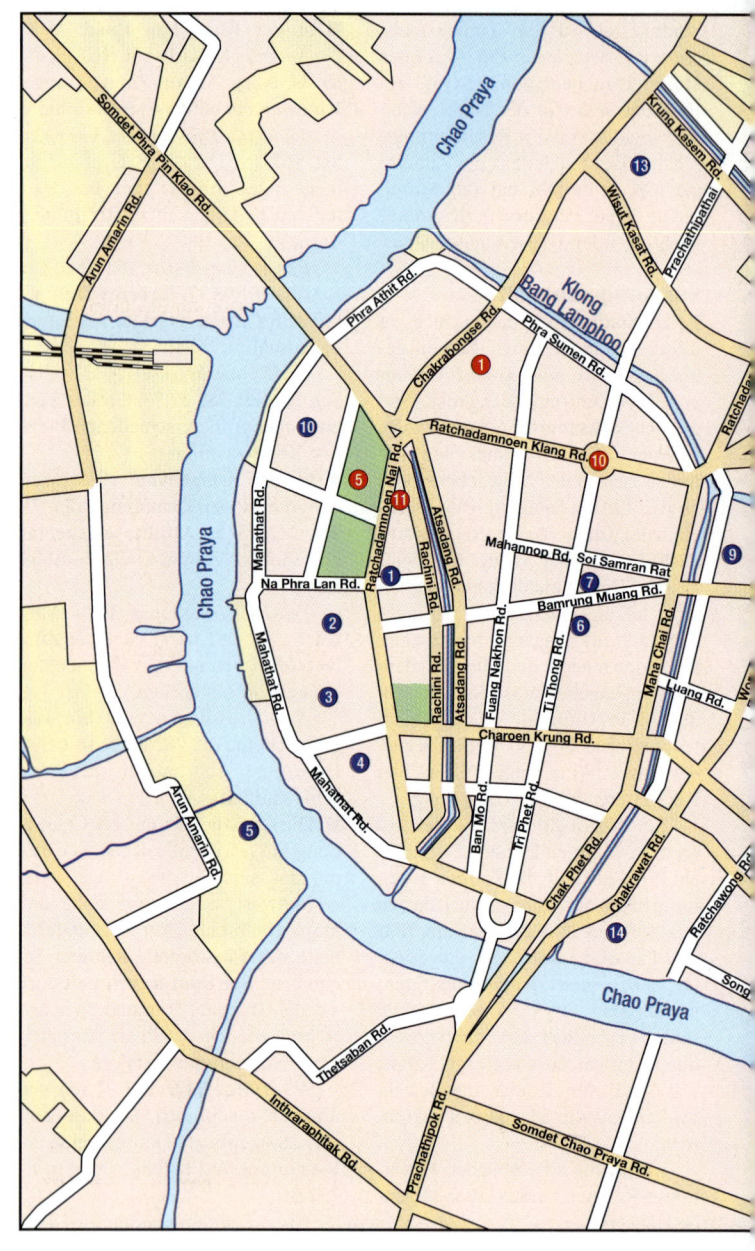

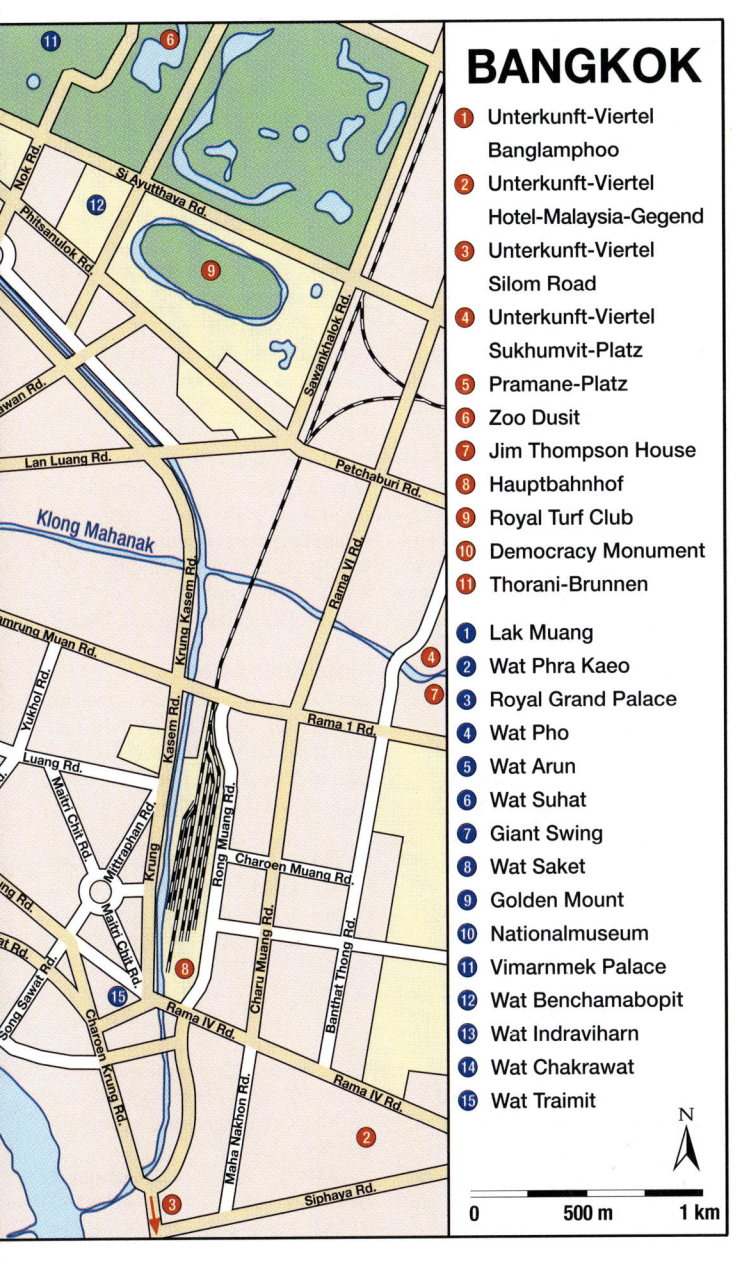

Bangkok

Rong Mai, Tel. 281 83 66; blumengeschmückte Balkone, eine überdachte Restaurant- und Aufenthaltsterrasse, auffallend große und luftige Zimmer zu 150 Bt; den Gästen sieht man an, daß sie zufrieden sind.

Noch ein Stückchen weiter, hinter der Tempelanlage, *Apple Guesthouse,* Trok Rong Mai, Tel. 281 68 38. Altes Holzhaus, durch Spanplatten voneinander getrennte Zimmer zu 60 Bt (winzigst) und 80 Bt; schlafen im Korridor kostet nur 20 Bt – damit wohl die billigste Unterkunft in Bangkok; mit Info-Wand, kleinem Sitzgarten und Restaurant.

✐ »Habe eine Alternative zur Billighotel-Gegend gefunden (unter Deutscher Leitung): *Windy Guesthouse.* Im 11. Stock eines Wohnhauses mit super Blick auf Bangkok. Große und saubere Zimmer mit Fan und Kühlschrank. S. 120 Bt, D. 240 Bt. Die Leute sehr nett und hilfsbereit. 6/103 11th floor, K1 Flat Bongai, Rama IV. Rd. Gruss Peter«

■ **Hotel-Malaysia-Gegend:** Dieses Viertel mit Namen Soi Ngam Duphli ist stadtbekannt, denn z.Zt. des Vietnamkrieges war das Malaysia-Hotel eines der berühmtesten Bordelle Asiens. Später war die Gegend wegen des Drogenhandels berüchtigt, dann kamen viele kleine Guesthouses hinzu, das Viertel avancierte zum Treff für Touristen aller Schattierungen, und heute ist die Entwicklung wieder stark rückläufig: Die Unterkünfte sind arg verwohnt, es ist laut und schmutzig, und alles in allem können wir nicht mehr empfehlen, hier zu wohnen.

Wer sich dennoch für die Gegend entscheidet, findet nachfolgend ein paar ausgesuchte Unterkünfte:

ETC Guesthouse, Soi Ngam Duphli, nahe Ecke Rama IV Rd, Tel. 287 14 77. Von einem empfehlenswerten Billig-Flugreisebüro geleitetes Guesthouse der saubersten und sichersten Art; Zimmer mit/ohne Bad zu 120 und 170 Bt.

Sala Thai Daily Mansion, 15 Soi Si Bamphen, Tel. 287 14 36. Große, saubere und ruhige Zimmer zu 70 und 160 Bt, Dachterrasse.

Lee Guesthouses, 38–39 Soi Ngam Duphli, Tel. 286 20 69. Drei Guesthouses mit verwohnten Budgetzimmern zwischen 100 und 300 Bt.

Das *Malaysia Hotel,* 54 Soi Ngam Duphli, Tel. 679 71 27, ist heute ein normales, wenn auch stark von »Bumstouristen« frequentiertes Hotel mit guter Ausstattung, Bar, Restaurant und Pool; die Aircon-Zimmer mit Bad gibt es von 468–700 Bt.

Mittelklasse-Hotels

Auch diese Unterkünfte konzentrieren sich in zwei Stadtvierteln und bieten das Übliche ihrer Klasse, also klimatisierte Zimmer mit Bad, meist auch TV, Telefon, Balkon.

■ **Silom Road/Suriwongse Road:** Diese beiden Straßen führen durch eines der größten Shopping-Areale von Bangkok, haben die größte Konzentration an Banken und tangieren den Nightlife-Distrikt von Patpong.

Bangkok Christian Guesthouse, 123 Sala Daeng Soi 2, Convent Rd, Tel. 233 63 03. Empfehlenswerte Komfortzimmer für 450–850 Bt, netter kleiner Garten, eine »Oase« in Bangkok.

YMCA Collins International House, 27 Sathon Tai Rd, Tel. 287 19 00. Sehr gut geführtes Haus mit

Unterkunft

Schwimmbad, Fitneß-Zentrum und komfortablen Zimmern inkl. Telefon, TV, Video ab 1550 Bt.

YWCA an der 13 Sathon Road (Tel. 286 19 36) bietet 58 einfach, aber korrekt ausgestattete Zimmer mit Bad/WC, die 487–920 Bt kosten und unbedingt zu empfehlen sind; angeschlossen ein Swimming Pool, ein Restaurant nebst Cafeteria.

■ **Sukhumvit Road:** Das größte Spektrum an Mittelklasse-Hotels steht an dieser geschäftigen Shopping- und Restaurantstraße, die tags wie nachts viel Abwechslung bietet, aber auch weit von den Sehenswürdigkeiten entfernt ist. Hier nächtigen die meisten der pauschal angereisten Touristen, hier kommen auch die meisten Geschäftsleute unter.

Atlanta Hotel, 78 Soi 2, Tel 252 16 50. Oldtimer aus der Traveller-Szene, war zwischendurch arg heruntergekommen, ist jetzt unter neuem Management und – macht man Abstriche in Sachen Sauberkeit – wieder empfehlenswert. Angeschlossen ein kleiner Tropengarten mit (schmutzigem) Swimming Pool und Liegestühlen; außerdem ein Reisebüro, ein Restaurant. Die Zimmer haben mittleren Touristenstandard, sind groß und z.T. ziemlich angegammelt, kosten 320–540 Bt.

Golden Gate Hotel, 22/3 Soi 2, Tel. 252 81 26, Fax 253 94 94. »A lot of pretty girls who serve you …« – so das klare Motto des Hauses, aber wer diese Möglichkeiten nicht nutzen will, wird keineswegs belästigt. Die Zimmer sind außerordentlich groß, sehr gepflegt, sogar richtig tapeziert und mit Bad/WC, Telefon, TV sowie Klimaanlage ausgestattet. Ab 550 Bt.

Nana Hotel, 4 Soi 4 (auch: Soi Nana Tai), Tel. 252 01 21, Fax 255 17 69. Vielgeschossiges Hotel der gehobenen Mittelklasse mit (sauberem) Schwimmbad, (vom Tourist Office ausgezeichnetem) Restaurant, Bar, Disco, Videoraum etc. Komfortzimmer mit Klimaanlage, Bad/WC, Teppich, Kühlschrank, TV, Radio- und Kassettendeck, Telefon; zwischen 960 und 1550 Bt.

Mermaid's Rest, 6 Soi 8 und 39 Soi 8, Tel. 253 34 10 und 253 36 48. Ein »Geheimtip« unter Komfort-Travellern, entsprechend häufig ist das unter dänischer Leitung stehende Haus ausgebucht, was dem Personal anscheinend nicht gut bekommen ist: Wir erhielten zahlreiche negative Leserbriefe. Hinter der ersten Adresse (6 Soi 8) versteckt sich eine tropische Gartenanlage mitsamt Swimming Pool, Gartenrestaurant und 21 Fanzimmern (z.T. mit Balkon/Veranda). Der zweite Ableger bietet ebenfalls einen Swimming Pool in kleinem Garten und dunkel verglaste Komfortzimmer mit Fan oder AC; letztere mit Kühlschrank, TV, Video, Balkon etc. – Zimmer ab 820 Bt.

Thai House Inn, Soi 7, Tel. 255 46 98. Recht komfortable, doch verwohnte Aircon-Zimmer ab 550 Bt.

Ruamchit Mansion, 1–15 Soi 15, Tel. 251 64 41. Beliebt, weil angenehm und günstig mit Preisen von 450 bis 700 Bt.

»Schöner wohnen«

■ Wer sich etwa wirklich Gutes gönnen möchte und nicht im Zentrum der Stadt, sondern in einem Außenbezirk wohnen will, sollte das **Thai House** in Nonthaburi (32/4 Moo 8, Tambol, Reservierung über Tel. 280 07 40, Fax 280 07 41) auswählen, das rund 40-Taximinuten oder 1,5 Bootsstunden vom Stadtkern entfernt liegt und eine wahre Oase der Schönheit und Ruhe ist. Unterkunft hier in einem prächtigen traditionellen Teak-Haus inmitten sattgrüner Gärten. Es wird eine höchst angenehme, familiäre Atmosphäre gepflegt, wer mag, kann auch an einem Kochkurs teilnehmen, und schöner, dabei ähnlich günstig, nämlich ab 1500 Bt fürs Double, wohnt sich's nirgends in Bangkok. Da das Haus nur 19 Zimmer bietet und stark nachgefragt wird, ist eine möglichst frühzeitige Reservierung unbedingt zu empfehlen.

First Class

Allein in dieser Kategorie bietet Bangkok mehr als 9000 Zimmer; und die Preise sind ebenso international wie das Publikum, will sagen: unter 3500 Bt ist nichts zu bekommen. Der Gegenwert ist aber entsprechend; ähnlich luxuriös ausgestattete Zimmer sind in Europa wesentlich teurer. Diese Unterkünfte konzentrieren sich auf die Silom Road und Sukhumvit Road (s.o.) sowie das Ufer des Chao Phraya River.

■ Eine der besten und empfehlenswertesten, dabei noch recht günstigen Luxus-Adressen ist das **Rembrandt Hotel** an der 19 Soi 18, Sukhumvit Road, Tel. 261 71 00, Fax 261 70 14. Dieses Tower-Hotel unter deutscher Leitung befindet sich in einer ruhigen Gasse, ist außerordentlich geschmackvoll eingerichtet, besticht mit mehreren Top-Restaurants (u.a. einem indischen Panorama-Restaurant im 26. Stock), Dach-Swimming Pool, Shopping-Arkaden, Bars, Business Centre, einem ungemein edlen Foyer und bietet wahrhaft großzügig dimensionierte Panorama-Zimmer, die mit viel Holz, Pastell- und Brauntönen so richtig zum Entspannen einladen und natürlich mit TV, Video, Kühlschrank, Safe, Föhn nebst einem eleganten Marmorbad ausgestattet sind. – Für 3000 Bt gibt es nichts Vergleichbares in der Stadt, und da hier nicht weniger als 406 Zimmer zur Verfügung stehen, auch der Reservierungsdienst 100%ig sicher ist, kommt es kaum je zu Engpässen.

■ Das über 100 Jahre alte **Oriental Hotel,** 48 Oriental Avenue, Tel. 236 04 00, Fax 236 19 37, gilt noch immer als eines der besten Hotels überhaupt, und insbesondere in der »Author's Lounge«, wo in den 20er Jahren weltberühmte Schriftsteller wohnten, ist noch der Hauch der Vergangenheit spürbar. 1200 Bedienstete sorgen für 400 Gäste, und die Preise liegen zwischen 6000 und sage und schreibe 88 000 Bt.

■ Das **Shangri-La** (Charoen Krung Rd, 89 Soi Wat Suan Phlu, Tel. 236 77 77, Fax 236 85 79) und das **Royal Orchid** (2 Captain Bush Lane, Tel. 234 55 99, Fax 236 83 20) stehen dem »Oriental« an Luxus um nichts nach. Zimmer ab 4500 Bt.

Essen und Trinken

Bangkok ist ein einziges Schlemmer-Paradies: Über 10 000 Restaurants und wohl ein paar hunderttausend Eßstände sprechen für sich. Bedauerlich, daß die meisten Rucksackreisenden da essen gehen, wo sie auch wohnen – also rings ums Hotel Malaysia und an der Khao San Road. Die (oft schrecklich ungemütlichen) Restaurants sind vollgestopft mit Touristen, das Geplärre aus den

Essen und Trinken

Rekordern oder Videos reißt einem die Ohren ab, und die Gerichte schmecken so fade, wie sie teuer sind.

Hier ein paar Auswege aus den Ghettos.

Thai-Restaurants

■ **The Whole Earth,** 93/3 Soi Lang Suan, Phloenchit Rd, Tel. 252 55 74; Nähe Rama I Rd. Gemütlich und locker bei elegant-moderner Einrichtung und Atmosphäre. Für uns, zusammen mit dem Whole Earth in Chiang Mai, eines der schönsten Restaurants in Thailand – insbesondere in der 2. Etage, wo sich die Gäste am Boden auf weißen Teppichen an niedrige Teak-Tischchen setzen. Zur Auswahl stehen über 80 Gerichte (ab 80 Bt), davon allein 20 rein vegetarische. Getränke sind teuer, aber Eiswasser ist kostenlos.

■ **Bussaracum,** 35 Soi Pipat 2, off Convent Rd. (zwischen Sathorn und Silom Rd), Tel. 235 89 15; an den Wochenenden ist Tischreservierung ein Muß. In Schlemmerkreisen gilt das Bussaracum als *das* Restaurant für klassische königlich thailändische Küche, und auch von der *Chaîne des Rôtisseurs* wird es wärmstens empfohlen. Klassisch die Einrichtung, die Garderobe der Bedienung und auch die (Live-)Musik, die ab 20 Uhr gespielt wird. Die Speisekarte liest wie ein Nachschlagewerk über traditionelle Thaiküche, und die Preise für Hauptgerichte liegen zwischen 80 und 2800 Bt, im Mittel um 150 Bt.

■ **Baitarl,** 3 Sukhumvit, Soi 33, Tel. 258 57 11. Im *Bangkok Restaurant Guide* wurde das Baitarl als eines der besten Thai-Restaurants der Stadt gelobt. Die Einrichtung ist, ganz im Gegensatz zu den Gerichten, allerdings nicht jedermanns Geschmack (Pub-Stil mit Thai-Dekor). Spezialitäten des Hauses sind *Seafood Coconut Soup, Krathong Thong, Green Curry* und *Fried Catfish with Mango Salad.* Ein Menü, bestehend aus drei Gängen, kostet etwa 200 Bt.

■ **Cabbages & Condoms,** 10 Sukhumvit, Soi 12, Tel. 251 55 52. Hinter dem etwas seltsamen Namen verbirgt sich ein Thai-Restaurant, das sich wegen seiner ausgesucht guten Speisen bei günstigen Preisen allergrößter Beliebtheit erfreut. Die Einrichtung ist schlicht-modern, die Gerichte klassisch: Curries und Kokosnußmilch-Suppen, *Thai Hot and Sour Salad* oder der *Sun Tan Cotton Fish* – alles um 50 Bt.

■ **Puang Kaew,** 108 Sukhumvit, Soi 23, Tel. 258 36 63; ist nur auf Thai angeschrieben (direkt links angrenzend ein Laden mit dem Namen *Decoration Co*). Modern eingerichteter, eleganter Speiseraum, ein intimer VIP-Raum mit Stilmöbeln sowie ein paar Tischchen unter freiem Himmel. Ein Geheimtip unter Bangkoks Schlemmern, denn der Küchenchef gilt als eine Art Bocuse Thailands. Berühmt sind sein *Dong Phraya Yen* und *Yam Chawah*. Preise um 150 Bt.

■ **Seafood Market,** Sukhumvit Rd, zwischen Soi 16 und Soi 18; am Leuchtreklame-Turm sofort zu erkennen. Dahinter eine Halle mit dem größten Seafood-Buffet, das wir je gesehen haben. Selber aussuchen, draußen zubereiten lassen, im etwas ungemütlichen Innenraum oder draußen im Garten essen. Die Preise sind abhängig vom Gewicht und können je nach Jahreszeit (Fangsaison) um bis zu 100% variieren.

■ **Lemongrass,** 5/1 Sukhumvit Rd Soi 24, Tel. 258 86 37 (Reservierung empfohlen). Der Diningroom ist mit

Antiquitäten aus ganz Südostasien reich dekoriert und ebenso atmosphärisch wie der üppig grüne Speisegarten. Spezialitäten des Hauses sind *kaeng tai plaa* (Fisch-Currie), *kai yaang paak phanan* (Chicken-Barbecue) und natürlich der namengebende süße Lemongrass-Drink (*nam takrai*).

■ **Sanuknuk,** 411/6 Sukhumvit Rd Soi 55, Tel. 390 01 66 (Reservierung empfohlen). *Der Treffpunkt für Bangkoks (wohlhabende) Maler und Grafiker,* die das (fast an ein Museum erinnernde) Restaurant auch mit Kunstwerken aller Art ausgestattet haben. Die Speisekarte (Gerichte um 100 Bt) ist nur auf Thai beschriftet, aber Englisch wird verstanden, und wer sich gar nicht zu helfen weiß, ist mit einer *tom khaa gai*-Suppe (Hühnchen, Kokosnußcreme, Chili und Lemongrass) bestens bedient.

■ **Tumnak Thai,** Ratchada Pisek Rd, Tel. 276 18 10. Mit über 3000 Plätzen gilt dieses Restaurant als das größte der Welt (ist im Guinness-Buch der Rekorde verzeichnet), und die Kellner bedienen entsprechend auf Rollschuhen. Gigantische Auswahl an Gerichten zwischen 100 und 400 Bt.

■ **Silom Village,** Trade Center, Silom Rd (zwischen Narai Hotel und Mahesak Rd). Silom Village besteht aus einer Gruppe alter Thai-Häuser, die vor dem Betonmoloch gerettet und als idyllisches Alt-Bangkok wieder hergerichtet wurden. Dorfplatz-Atmosphäre mit Läden, Souvenirshops und diversen Freiluftrestaurants, wo abends musikalische Untermalung geboten wird. – Eine Touristenfalle, aber eine der besten der Stadt.

Ausländische Restaurants

■ **Mandalay,** 75/5 Sukhumvit, Soi 11, Tel. 250 12 20. Schweres Teakgebälk, burmesische Wandteppiche, Gemälde, Scherenschnitte, Keramiken, Antiquitäten und Marionetten bilden den trefflichen Rahmen dieses Restaurants.

Von den (nicht wegen ihrer Schärfe) atemberaubenden Curries mal abgesehen, können wir insbesondere die *Pegu Noodles* sowie den *Shan Mixed Rice* wärmstens empfehlen; und die *Arakanese Steamed Banana in Coconut Milk* – ein Traum in Süß. Preise zwischen 90 und 250 Bt.

■ **Otafuku,** 484 Siam Square, Soi 6, Henry Dunant Road, Tel. 252 50 38. Japanischer geht's nicht: in Kimonos gekleidete Bedienung, durch Reispapierwände voneinander getrennte Speiseeckchen mit niedrigen Tischen und Sitzkissen. Und Gerichte, die angeblich auch im Land der aufgehenden Sonne nicht besser sein sollen. *Nigiri Sushi, Tempura Soba* und *Saba Steak* sind allemal einen Versuch wert. Nicht billig allerdings, mit 280 Bt pro Person muß man rechnen.

■ **B.H. Vietnamese Restaurant,** 70/1 Sukhumvit, Soi 1, Tel. 251 89 33. Das älteste vietnamesische Restaurant der Stadt soll nach Dafürhalten vieler Stammgäste auch ihr bestes sein. Schlichte, doch stilvolle Einrichtung, Gerichte zwischen 40 und 120 Bt. Wir aßen ein *Stewed Pork in Coconut Juice* – empfehlenswert. Ausgefallen gibt sich auch die Dessert-Abteilung, z.B. in Sirup eingelegte Schwalbennester.

■ **Lok Wah Hin,** The Novotel Bangkok, Siam Square, Soi 6, Tel. 255 68 88. Laut Bangkoks Restaurantführer das eleganteste Chinarestaurant. Das teuerste ist es wahrscheinlich

Essen und Trinken/Transport

auch, aber wer über 300 Bt für einen durchschlemmten Abend ausgeben kann, sollte es hier tun. Der Küchenchef gilt als Großmeister für Cantonese- und Szechuan-Gerichte.

■ **Mahali Cha Cha,** 1229/11 New Rd, Tel. 235 15 69; ab GPO Richtung Silom Rd, linke Seite; Hinweisschild an der Straße. Etwas kitschig eingerichtet, aber ganz gemütlich zum Sitzen; airconditioned. Der Meister Cha Cha bereitet *pakistanische, bengalische* und *Kaschmir*-Gerichte nach allen Regeln der Kochkunst zu. Er war schon Koch unter Lord Mountbatton in Indien, kochte später für die indischen Botschaften in Südostasien, hat sich hier vor 14 Jahren niedergelassen. Und essen kann man dann z.B. Vegetable Cutlets (2 Stück zu 50 Bt), ein traumhaftes Chicken-Spinat Curry zu 70 Bt, Kofta mit unglaublich würziger Sauce zu 50 Bt, guten Dal zu 35 Bt, etc.; Eiswasser wieder kostenlos, Soft Drinks 15 Bt.

■ **The Tandoor,** 124 Sukhumvit, Soi 49, Tel. 381 14 89. Ein »Touch des Raj«: antike Wandteppiche und Bronzen, schwere Vorhänge, Moghul-Dekor und unschlagbare nordindische Gerichte, insbesondere die Tandoori (mariniert, im Lehmofen gebacken); etwa Chicken, Prawn oder Lobster. Außerdem große Auswahl an vegetarischen Gerichten. Preise etwa um 150 Bt.

■ **Taverne,** Soi 3, Sukhumvit Rd. Zum Teil biederes deutsches Publikum, natürlich Volksverdummer Bild, Bundesligawand. Aber die Gerichte sind so gut wie zu Hause und kosten zwischen 70 und 250 Bt; täglich wechselndes Menü gibt's für 120 Bt, das Glas Bier vom Faß für 40 Bt, und das Frühstück ist mit 80 Bt gut und günstig. (Der Laden ist übrigens kein Aufreißplatz wie viele andere deutsche Restaurants hier in Bangkok).

Food Stalls

Nicht weniger als 200 Eßmärkte laden im Bereich von Bangkok auf einen kulinarischen Entdeckungstrip der billigen Art ein, und wer sie alle kennenlernen will, sollte sich das soeben erschienene Buch *The Thai Hawker Food* zulegen, das es in jedem gut sortierten Buchladen zu kaufen gibt.

Ein paar Markt-Empfehlungen: Auf der **Rama IV Road** nahe Hotel Malaysia, rings um die **Khao San Rd** sowie rechts neben dem **GPO** (nur tagsüber). Entlang der **Silom Rd** in den Nebengassen zur Suriwongse Rd, rings um den **Pratunam Market** auf der Petchaburi Road Ecke Ratchadamri Rd. Kaum von Fremden besucht sind **Klong Toey** (etwa 3 km westlich der Malaysia-Gegend an der Rama IV; hin mit Bus Nr. 4 ab Rama IV). Außerdem in **Bang Rak** an der New Road (besser bekannt als Charoen Krung) zwischen Silom und Sathorn Rd: Von der Silom Rd die New Rd runter bis zum Blumenmarkt, dann rechts (Soi Keson 1); gegenüber der Markthalle ist das Ziel erreicht.

Transport

90% aller Autos Thailands sind in Bangkok registriert, und alle Autos der Stadt aneinandergereiht würden eine Schlange von der mehrfachen Länge von Bangkoks Straßennetz ergeben. Dazu kommen ein paar hunderttausend Mopeds und Motorroller, ebenso viele Tuk Tuks. Wenn

Auf dem Floating Market von Damnoen Saduak bei Bangkok

dann morgens zwischen 8.30 und 11 Uhr, mittags zwischen 12 und 13 Uhr sowie abends zwischen 16.30 und 19 Uhr die *rush hour* geschlagen hat und nahezu alle diese Fahrzeuge unterwegs sind, dann ist ein Fortkommen fast unmöglich. Doch auch in den Stunden dazwischen leidet die Stadt chronisch unter Verstopfung – die Verkehrspolizisten stehen der stinkenden Blech-Lawine machtlos gegenüber.

Für Fußgänger bleibt nicht allzu viel Platz übrig. Es gibt kaum Fußgängerampeln, nur schmale Bürgersteige (wenn überhaupt), die Stadt ist in manchen Bezirken fast so fußgängerfeindlich wie z.B. Los Angeles. Zwar funktioniert das öffentliche Busnetz einwandfrei, aber wegen der Verkehrsdichte kann sich eine Fahrt schnell zu einer langen Odyssee ausdehnen. Wenn an besonders regenreichen Tagen zur Monsunzeit noch der Fluß über die Ufer tritt und die ganze Stadt innerhalb weniger Stunden unter Wasser steht, die Kinder auf den Avenuen fischen gehen, dann herrscht endgültig das große Chaos.

Zwei Ausnahmen nur: Die Sonntage sind relativ verkehrsarm, und als Alternative kommen auch Flußfahrten in Frage.

Stadtbusse

Die weißen Busse mit den blauen Streifen bedienen selbst die abgelegensten Regionen der Stadt, fahren auf den Hauptrouten stellenweise im 5-Minuten-Takt, sind mit 2,5 Bt pro Fahrt bzw. 3,5 Bt (blaue Busse) spottbillig und häufig überfüllt.

Klimatisierte Busse (blau) verkehren auf den wichtigsten Hauptstrecken (10 bis 16 Bt), sind meist nicht so überfüllt.

Um die Busse benutzen zu können, braucht man einen Stadtplan, in dem die Routen verzeichnet sind (siehe unter »Verschiedenes«); allerdings kommen auch hier Ungenauigkeiten vor. Auf gewissen Routen fahren Busse nur in eine Richtung, auch auf Straßen mit Gegenverkehr; auf Einbahnstraßen dafür manchmal in beide Richtungen (z.B. Sukhumvit Rd). Fahrer, Schaffner und auch die Passagiere verstehen nur in den wenigsten Fällen Englisch (am ehesten noch in den Aircon-Bussen).

Die Busse verkehren von 5.30 bis 21 Uhr oder 22 Uhr, einige Linien bis Mitternacht. Längere Intervalle in den Abendstunden.

Warnung: Diebe (auf das Aufschlitzen von Taschen spezialisiert) machen Bangkoks Stadtbusse unsicher. Sie arbeiten zu zweit oder dritt (auch Frauen sind darunter) und meist im Gedränge; in den Guesthouses sind die berüchtigten Linien hinlänglich bekannt.

Taxis

Der enormen Luftverschmutzung wegen ist es angebracht, in Bangkok möglichst nur mit klimatisierten Taxis zu fahren. Über 40 000 Taxis sind ständig im Einsatz, und die meisten dieser Fahrzeuge (nämlich die, die auf dem Dach das Schild »Meter« haben) sind mittlerweile mit Taxameter augestattet, die auch eingeschaltet werden. Die Grundgebühr liegt bei 35 Bt; eine 2-Stunden-Stadtfahrt kostet kaum mehr als 200 Bt.

Motorrad-Taxi

Bei wichtigen Terminen sollte man sehr rechtzeitig aufbrechen oder sich – und das wird immer beliebter – auf den Sozius eines Motorrad-Taxis setzen: Die schnellen Maschinen kommen überall durch, und selbst eine komplette Stadtdurchquerung ist kein Thema. Die Angst freilich fährt immer mit, denn mit 120 Sachen zwischen sich stauenden Autos hindurch – das ist schon etwas ... Die Preise, die unbedingt vor der Fahrt vereinbart werden müssen, sind günstig (um 70 Bt für eine normale Stadtfahrt; erkennbar sind diese Taxis an den roten oder blauen Westen der Fahrer).

Tuk Tuks

Nicht ganz so schnell, aber immer noch recht geschwind für Bangkok-Verhältnisse, erreicht man mit einem Tuk Tuk sein Ziel. Bei diesen Vehikeln handelt es sich um dreirädrige Mopedkutschen, die sich durch tiefblaue Abgaswolken und ohrenbetäubendes Geknatter bemerkbar machen. Als »Wahnsinn auf drei Rädern« wurden sie schon bezeichnet: Tuk-Tuk-Fahren wäre ein einziges Vergnügen, bekäme man nicht in kürzester Frist eine Überdosis Kohlendioxid ab. Die Preise sind etwas höher als beim Moped-Taxi.

Boot

Am schnellsten und billigsten läßt es sich zuweilen zu Wasser fortbewegen. Vorteilhaft, wenn man in der Khao-San-Gegend Quartier genommen hat: Ab da sind es nur wenige Minuten bis zum Anleger am Chao Phraya River – frag nach *Tha Phra Chan Pier* nahe Universität oder nach *Maharay Pier*. Die mit Nummern versehenen Langboote bedienen den Fluß in beide Richtungen. Ab Khao San nach links kann man so folgende Ziele erreichen: Wat Phra Keo (Königspalast), Wat Po (Thai Thien Pier), Wat Arun, Ratchawon (für Chinatown), Wat Muang Kai (für GPO), Oriental Hotel nahe Silom Rd und Sathorn Rd. Nach rechts ab Khao San Pier ist eigentlich nur der Thewait-Pier interessant mit National Library und Blumenmarkt. Die Boote verkehren von 6 bis 18 Uhr, kosten für eine Fahrt zwischen 4 und 10 Bt – je nach Entfernung.

Die recht klobigen breiten Holzboote überqueren nur den Fluß: für 1 Bt/Strecke.

Nicht zu vergessen: die Lärmmacher Nr. 1, die Longtail-Boats mit den außenliegenden Höllenmaschinen (Motoren). Diese schmalen Flitzer kommen weniger auf dem Fluß als vielmehr auf den Klongs, den Kanälen, zum Einsatz; normale Fahrt 5 Bt, längere Distanzen (etwa 40 Minuten) für rund 15 Bt.

Sehenswertes

Grundsätzlich bieten sich zwei Möglichkeiten an, die wichtigsten Sehenswürdigkeiten der Stadt zu besuchen: individuell oder organisiert mittels Sightseeing-Touren, die von unzähligen Reisebüros angeboten werden. Für letzteres spricht, daß man so in kürzester Zeit ohne Streß viel zu sehen bekommt und vom Fremdenführer interessante Informationen erhält. Andererseits wird man in großen Gruppen (um 30–40 Personen) von einem Bauwerk zum anderen gehetzt, hat kaum Zeit zum Genießen, bezahlt zudem ein Vielfaches von dem, was eine individuelle Besichtigung inklusive Taxi-An- und -Abfahrt kostet. Außerdem liegen die meisten der nachfolgend beschriebenen Sehenswürdigkeiten so

Sehenswertes

nah beieinander, daß sie sich problemlos für eine individuelle Besichtigungstour miteinander kombinieren lassen.

Wer alle nachfolgend beschriebenen Highlights von Bangkok besuchen will, muß mindestens zwei bis drei Tage ansetzen.

Noch ein Hinweis zur Kleidung: Da den Thai jeder Tempel ein Ort religiöser Verehrung ist, wird eine angemessene Bekleidung erwartet. Kurze Hosen, T-shirts oder gar Singlets (ärmellose Shirts) sowie Gummilatschen werden nicht geduldet, wie bei Frauen auch durchsichtige oder nur teilweise zugeknöpfte Blusen verpönt sind. Die Schuhe sind vor jedem Tempel auszuziehen und besser in einer Tasche mit hinein zu nehmen, denn sonst kann es schon mal vorkommen, daß jemand die Schuhe »verwechselt«. – Je teurer die Marke, desto größer die Wahrscheinlichkeit …

Der alte Stadtkern

Bangkoks Geschichte als Hauptstadt des Landes begann im Jahre 1782, als sich König Rama I. daran machte, in einer Schleife des mächtigen Chao Phraya River seinen Palast bauen zu lassen. Im Rücken dieses auf der einen Seite durch den Fluß geschützten Terrains wurden in der Folgezeit die drei Kanäle Klong Banglamphu, Klong Lord und Klong Grung Kasem (von über 10 000 kambodschanischen Kriegsgefangenen) ausgehoben: Dieser halbmondförmige Bezirk, gleichzeitig Festung, war die Keimzelle der Stadt.

In diesem geschichtsträchtigen Viertel entfaltet die siamesische Architektur, die uns so exotisch scheint, ihre schönsten Blüten. Auch wer knapp an Zeit ist, darf sich einen Besuch der Palast- und Tempelanlagen nicht nehmen lassen: Sie gelten als die berühmtesten Thailands und können in ihrer unglaublichen Pracht durch keine Beschreibung und kein Foto wirklich wiedergegeben werden. – Man muß sie einfach gesehen haben und sich dafür mindestens einen Tag an Zeit nehmen.

■ Zentrum des historischen Stadtkerns ist der **Pramane-Platz,** auch *Sanam Luang* genannt. Wenn die große Rasenfläche nicht für königliche Zeremonien oder für Drachenflug-Wettkämpfe (Februar bis April) genutzt wird, ist sie ein beliebter Picknick-Treffpunkt.

■ Ein paar Meter südöstlich des Platzes befindet sich ein kleines, tempelartiges Bauwerk, das für sich in Anspruch nehmen kann, den offiziellen Mittelpunkt Bangkoks zu beherbergen: den phallusförmigen **Lak Muang,** den von König Rama I. niedergelegten Grundstein der Stadt, der sie vor Unheil bewahren soll und so ihren Schutzgeistern gewidmet ist. Ihm werden wundersame Kräfte zugeschrieben, und so kommen den ganzen Tag über Gläubige herbei, um Hilfe zu erbitten und Opfergaben abzulegen. Wer erhört wird, engagiert zum Dank eine Tanzgruppe: Auf einer kleinen Bühne neben dem Schrein werden deshalb den ganzen Tag über (7 bis 17 Uhr) klassische Thaitänze aufgeführt.

■ Über den Phramane-Platz hinweg bietet sich eine Aussicht, der Bangkok seine Faszination auf Besucher verdankt und die in keinem Prospekt über das Königreich fehlt: der Blick auf die weiße Mauer des Königspalastes und die dahinter aufsteigende exotische Kulisse von goldfarbenen, grünen und roten Staffeldächern zwischen prunkvollen Giebelfeldern und Hunderten spitz und stumpf zulaufender Türme und Türmchen des **Wat Phra Kaeo.** Diese Tempelanlage, wohl die interessanteste Thailands, ist Standort der legendärsten und heiligsten Buddhastatue des Landes – nämlich des »Emerald Buddha« (Smaragdbuddha), der seinem Namen zum Trotz aus Jade ist und 75 cm Höhe mißt. Die Thai verknüpfen mit ihm das Schicksal ihres Landes, und dreimal jährlich, zum Wechsel der Jahreszeiten, wird die Statue vom König persönlich in einer prunkvollen Zeremonie in prachtvolle Gewänder gekleidet. Der Komplex ist ein einziges atemberaubendes Kunstwerk: Die Klostergänge sind mit herrlichen Wandgemälden verziert, die auf mehreren Quadratmetern Szenen aus dem Leben des Buddha zeigen.

Täglich 8.30–12 Uhr und 13–15 Uhr. Im Eintrittspreis in Höhe von 100 Bt ist eine ausführliche Informationsbroschüre enthalten, ebenso eine freie Eintrittskarte für den Vimarnmek Palace (s.u.) und für den

■ **Grand Palace,** dem Königspalast, der sich direkt südlich dem Wat anschließt, aber heute vom König und seiner Familie nicht mehr bewohnt wird. Die Audienzhalle, *Dusit Maha Prasat*, gilt mit ihrem neuneckigen Chedi auf vierfach gestaffeltem Dach als klassisches Beispiel unverfälschter Thai-Architektur, während die Krönungshalle *Chakri Maha Prasit* in einer eigenwilligen und höchst exotischen Mischung thailändische und europäische Stilformen vereinigt.

Der ausgeschilderte Weg führt zuerst nach rechts, ins Gebiet des Palastes und einiger Verwaltungsgebäude. Dann liegt direkt voraus der von einem englischen Architekten entworfene, 1876 erbaute, neoklassizistische Große Palast (nicht zu besichtigen) mit kitschig wirkender Integration europäischer und thailändischer Stilformen. Rechts davon, hinter einer Mauer, umgeben von kugelrund gestutzten Dekorationsbäumchen, versteckt sich das meistzitierte Beispiel klassisch thailändischer Architektur: die hölzerne Umkleidungshalle des Königs. Von eher zierlicher Größe offenbart sie erst auf den zweiten Blick die Schönheit der minutiös geschnitzten Details, die Harmonie der Proportionen.

Dahinter tut sich mit der Aufbewahrungshalle der Chakri-Dynastie, 1783 erbaut, eines der ältesten Bauwerke der Anlage auf. Auffallend das zentral aus den Teleskopdächern aufragende Türmchen, das an den Ecken von Vogelfiguren mit menschlichem Antlitz gestützt wird: Dargestellt ist *Garuda*, laut hinduistischer Lehre das Reittier des Gottes *Vishnu*. Hier verschmilzt wieder Buddhismus mit Hinduismus, in dessen Mythologie Buddha als die 10. Inkarnation von Vishnu angesehen wird.

■ Etwas westlich vom Phramane-Platz befindet sich im Gebäude des einstigen »Palastprinzen«, des stellvertretenden Königs (dieser Titel wurde 1886 abgeschafft), das **Nationalmuseum** des Landes, das mit über 1000 Exponaten aus allen Stilepochen (auch Mon, Laos und Khmer) eines der größten Asiens ist. Zur Erläuterung der ausgestellten Schätze muß auf die Informationsschrift des Museums verwiesen werden bzw. auf die Erklärungen während der kostenlosen Führungen.

Sehenswertes

Di bis Do sowie Sa, So 9–16 Uhr. Eintritt 20 Bt. Führungen ab 9.30 Uhr, Di und Do auch auf deutsch.

■ Etwa 250 m südlich des Königspalastes und des Wat Phra Kaeo befindet sich Bangkoks größter und gleichzeitig Thailands ältester erhaltener Tempel: der **Wat Po.**

In dem schon mehr als 400 Jahre alten Komplex leben um die 300 Mönche. Zwischen einem phantastischen Gewirr von Einfriedungen, Wandelgängen, Lehrsälen und Gebetshallen erheben sich nicht weniger als 95 Ziertürme sowie 400 Buddha-Figuren aus den verschiedenen Stilepochen. Hier wird die Asche der ersten drei Könige der Chakri-Dynastie (Rama I., II. und III.) aufbewahrt; hier befindet sich der größte und berühmteste »Liegende Buddha« des Landes, gleichzeitig das Haupteiligtum des Tempels: Die gigantische, vergoldete Statue ist 45 m lang, dabei 15 m hoch und zeigt den Erleuchteten im Moment des Eintritts ins Nirwana. Teile des Wat Po, in dem König Rama III. Thailands erste Medizinschule gründete, sind unverändert der Lehre gewidmet, und zahlreiche Mönchs-Ärzte stehen für kostenlose Konsultationen zur Verfügung. 100 Bt Spende sollte man aber mindestens geben. Täglich 8–17 Uhr, 10 Bt Eintritt.

■ Folgt man der südlich des Wat Po verlaufenden Chetuphon Road nach links, zum Chao Phraya, so wird nach etwa 300 m der Tha Thien-Pier erreicht, von wo man sich mit einem Flußboot für ein paar Baht zum gegenüberliegenden Tha Wat Arun-Pier übersetzen lassen kann, hinter dem direkt der »Tempel der Morgenröte« aufragt: **Wat Arun.**

Der eindrucksvolle, 74 m hohe Prang, dekoriert mit zigtausend Stücken farbig lackierten chinesischen Porzellans, gilt als Wahrzeichen von Bangkok. Er kann auf einer schmalen Treppe bis in eine Höhe von 20 m bestiegen werden. Von dort eröffnet sich ein faszinierendes Panorama auf die Tempelanlage, den träge dahinströmenden Fluß, den Wat Po sowie den Königspalast. Täglich 8.30–16.30 Uhr. 5 Bt Eintritt.

■ Rund 2 km (Tuk Tuk um 20 Bt) beträgt die Distanz vom Wat Po zum **Wat Suthat.**

Der relativ selten von Touristen besuchte, aber dennoch auffallend schöne Tempel wurde unter König Rama I. 1807 begonnen, doch erst unter König Rama III. vollendet. Eindrucksvollstes Gebäude ist der 80 m lange *Bot*, dessen 6 m hohe und 15 cm dicke Teakholztüren von König Rama II. selbst geschnitzt wurden. Im Inneren dieser Gebetshalle prunkt der schon im 14. Jh. in Sukothai, Thailands erster Hauptstadt, in Bronze gegossene *Phra Buddha Chakyamuni*. Täglich 8–17 Uhr.

■ Wat Suthat bedeutet übersetzt »Tempel mit der Schaukel«. Der Name spielt auf die vor dem Tempelgelände errichtete Riesenschaukel an, die **Giant Swing**, auf der bis 1935 im Rahmen eines brahmanischen Rituals Schaukelwettbewerbe stattfanden, bei dem drei Mannschaften zu je vier Mann solange schaukelten, bis sie einen an einer 25 m langen Stange aufgehängten Geldsack erreichen und mit dem Mund abnehmen konnten. Wegen der Gefährlichkeit dieses Spiels, bei dem Jahr für Jahr mehrere Teilnehmer starben, wurde es verboten.

■ Etwa 500 m weiter nördlich steht der Wat Saket am Fuße des **Golden**

Bangkok

Mount, dessen goldener Chedi weithin sichtbar ist. Dieser künstlich geschaffene Hügel, von König Rama I. als Sinnbild für den heiligen Götterberg *Meru* in Auftrag gegeben, war bis in die 60er Jahre hinein das höchste Bauwerk von Thailand. Es kann über 318 Stufen erklommen werden. Die erreichte Plattform thront auf 78 m Höce und bietet – insbesondere bei Sonnenauf- und -untergang (freier Zutritt zu jeder Zeit) – eine atemberaubende Sicht auf Bangkok und Umgebung.

Außerhalb des Stadtkerns

■ Nördlich an den alten Stadtkern grenzend, öffnet sich eine nahezu 2 qkm große grüne Lunge, die zur Hälfte zum Chitlada-Palast gehört – der nicht der Öffentlichkeit zugänglichen Residenz des Königs und seiner Familie – und zur anderen Hälfte zum Zoo sowie zu den Parks des »Wohnsitzes in den Wolken«, wie der **Vimarnmek Palace** heißt, den König Chulalongkorn Anfang des 20 Jh. als Sommerresidenz für sich, seine 92 Frauen und 7 Kinder errichten ließ. 81 Zimmer ist er groß, dieser aus dem seltenen goldfarbenen Teakholz errichtete, dreigeschossige Bau im viktorianisch inspirierten »Thai«-Stil, der heute ein Museum beherbergt, in dem ein wundersames Sammelsurium an Objekten zu bewundern ist. Bei den meisten handelt es sich um Souvenirs, die der viel gereiste Herrscher von seinen Auslandsreisen mitbrachte.

Mi bis So 9.30–16 Uhr. Eintritt 50 Bt bzw. gratis, zeigt man das Billet vom Wat Phra Kaeo/Grand Palace vor (muß nicht vom gleichen Tag sein).

■ Angrenzend, wie gesagt, der **Dusit Zoo**, der weniger als Tiergehege gefällt als wegen seines parkähnlichen Gepräges mit zahlreichen Seen. Nach dem Lärm der Stadt erscheint diese Anlage als eine Oase der Ruhe. Täglich 8–18 Uhr.

■ Südlich des Zoos lohnt der Besuch des vielleicht graziösesten und harmonischsten Tempels der Stadt – des **Wat Benchamabopit**. Trotz seines geringen Alters gilt dieser 1899 errichtete »Marmortempel« aus weißem Carrara-Marmor als eines der schönsten und reinsten Beispiele des modernen thailändischen Stiles. Täglich 13–17 Uhr.

■ Ein Stückchen südlich, schon im Bereich des Viertels Banglamphu, erhebt sich im **Wat Indraviharn** ein 41 m hoher, stehender Buddha, der aus 16 mit Stein ummauerten Teakholzstämmen errichtet wurde. 100 Jahre währte die Bauzeit, die 1967 beendet wurde. Seit 1982 erstrahlt die überdimensionale Statue in überirdischem Glanz, denn seinerzeit wurde sie mit reinem Gold überzogen. Täglich 8–17 Uhr.

■ Konnte man die letzten vier Sehenswürdigkeiten noch problemlos zu Fuß erkunden, muß man zum **Wat Chakrawat** schon ein Tuk Tuk oder Taxi nehmen, 40 Bt bzw. 70 Bt. Der Tempel selber ist weniger interessant – am auffälligsten sind ein paar kleine Krokodile, die in einem Teich leben –, liegt aber nur ein paar Meter von der **Sampeng Lane** entfernt, einer autofreien Bilderbuchgasse, die mitten durch das traditionelle **Chinatown** führt (s.u.).

■ Wo die Sampeng Lane endet, beginnt die Songsawat Road, von wo aus es nur ein paar Gehminuten zum **Wat Trimit** sind. In diesem von außen eher unscheinbaren Heiligtum gilt

Sehenswertes

es, rund 5,5 Tonnen reinen Goldes zu bewundern. 1955 sollte eine kolossale Gips-Buddha-Statue aus einem verlassenen Tempel in der Hafengegend zum Wat Trimit transportiert werden; das Drahtseil am Kran riß, die Figur stürzte hinunter, der Gips sprang ab – und hervor kam eine etwa 3 m hohe goldene Buddhafigur, vor Jahrhunderten wahrscheinlich vor angreifenden Burmesen versteckt. Mo bis Sa 9–16 Uhr

■ Mit einem Taxi oder Tuk Tuk geht es nun weiter zur verkehrsgeplagten Rama I. Road (80 Bt bzw. 50 Bt), wo es das umfangreichste und gleichzeitig schönste Privatmuseum Thailands zu bewundern gilt: das **Jim Thompson House**. Jim Thompson war ein US-Geheimdienstoffizier, der sich gegen Ende des Zweiten Weltkrieges in Thailand niederließ, die moderne Thai-Seidenindustrie begründete und eben Kunstschätze aus ganz Asien zusammentrug, ferner sieben, rund 100 Jahre alte Thai-Teak-Häuser aufkaufte, zerlegen und nach Bangkok bringen ließ, um sie originalgetreu wieder aufbauen zu lassen. Umgeben ist die Anlage von einem wahrhaft paradiesischen Garten, von dem Thompson allerdings recht wenig hatte, denn kurz nach seiner Fertigstellung reiste er in die Cameron Highlands von Malaysia – und ward seitdem nie wieder gesehen. Sein Ruf ist heute fast schon legendär. Täglich 9–17 Uhr, 100 Bt Eintritt.

■ Noch einen weiteren Teakhaus-Komplex sollte man in Bangkok besucht haben: den **Suan Pakkard Palace**, die Residenz der Prinzessin *Chumbot Nagara Svarga*, eine der führenden Kunstsammlerinnen Thailands. Der Komplex, bestehend aus 5 traditionellen Thai-Häusern aus der Mitte des vorigen Jahrhunderts, liegt in einem wohlproportionierten japanischen Garten. Sehenswert insbesondere die Waffen-, Münz- und Porzellansammlung aus allen Epochen des Landes.

Mo bis Sa 9–16 Uhr. Eintritt 50 Bt. Die Adresse lautet 353 Sri Ayutthaya Road (nahe Victory Monument). Ein Tuk Tuk bzw. Taxi kostet rund 50 Bt bzw. 80 Bt.

Chinatown

Die Zahl der Chinesen in Thailand wird auf 400 000 bis 4 Millionen geschätzt. Die meisten Chinesen haben die thailändische Staatsbürgerschaft, und ihre genaue Zahl ist daher kaum noch zu bestimmen.

Chinesen und Thais leben seit den Anfängen des Königreiches zusammen, und bis in die Neuzeit hinein förderten die Könige die Einwanderung von Chinesen, die ihres unternehmerischen Talents wegen seit langem geschätzt werden. Das Zusammenleben der beiden Bevölkerungsgruppen war, dank Aufteilung wichtiger Funktionen untereinander, in der Regel recht unproblematisch, und so gab es keine eigentliche Ghettobildung. Die Volksgruppen verschmolzen, und heute soll in den Adern der halben Bevölkerung von Bangkok chinesisches Blut fließen.

Zwar sind im Laufe dieses Jahrhunderts Bedenken gegen die grosse chinesische Population im Land geäußert worden (sie kontrolliert nahezu drei Viertel der gesamten Wirtschaft), aber die Chinesen, in der Anpassung perfekt, vollzogen von selbst eine gewisse »Thaiisierung«, übernahmen zum Großteil die Lebensweise und die Religion der Gastgeber, nahmen sogar deren Namen an.

So findet man Chinesen heute in jeder größeren Stadt, insbesondere in der Metropole. Daß es hier, im Gegensatz zu anderen Städten, eine Chinatown gibt, geht auf das letzte Jahrhundert zurück. Als Dank für finanzielle Unterstützung sprach der damalige König den Chinesen das Areal zu, das sie heute bewohnen.

Chinatown: Durcheinander von unzähligen Geschäften und Geschäftchen, Handwerkerläden, kleinen Maschinenfabriken, Obst- und Gemüsemärkten, fliegenden Händlern. An den Türen und über den Eingängen farbenfrohe chinesische Schriftzeichen, es werden Räucherstäbchen abgebrannt, Schriftkundige bieten ihre Dienste an.

Ganz grob kann man sagen, daß Chinatown etwa 1 km westlich vom Bahnhof Hua Lumpong beginnt, sich dann auf etwa 2 km bis Höhe Memorial Bridge erstreckt, im Süden durch die Songwat Rd begrenzt ist, im etwa 1 km entfernten Norden durch die **Charoen Krung Rd** – die schönste und sehenswerteste Bazarstraße innerhalb dieses Rechteckes. Mittendurch führt die **Sampeng-Lane**, eine autofreie Bilderbuchgasse. Sie beginnt nahe Chao Phraya an der Songwat Rd und endet auf der Chakraphet Rd Höhe Memorial Bridge.

Geht man am Ende der Sampeng-Lane (auch bekannt als Soi Wanit) über die Chakraphet Rd ein kleines Stückchen nach links, dann wieder geradeaus, befindet man sich auf dem **Pahurat-Kleidermarkt**, wo zur Abwechslung einmal keine Chinesen, sondern Inder und Pakistani geschäften.

Kommt man wieder auf die Chakraphet Rd, hält sich dann gen Norden bis zur Jaowaraj Rd (hier rechts), sind's nur noch wenige Gehminuten bis zum rechts der Straße gelegenen **Hehlermarkt**, bekannt als *Nakhon Kasem*. Mag sein, daß hier früher einmal Diebesgut verkauft wurde; heute sollten die Artikel in aller Regel legal erworben sein. Angeboten wird eigentlich alles, von Haushaltsartikeln bis zu »Antiquitäten«.

Entlang der Jaowaraj Rd (auch: Yaowarai) dann unzählige Goldhändler.

Auf den Klongs

Eine kleine Besichtigungstour ganz anderer Art unternimmt man am besten in den frühen Morgenstunden, wenn es noch angenehm kühl ist. Gemeint ist eine Klongfahrt durch den teilweise noch sehr »amphibisch« anmutenden Stadtteil Thonburi, der bis weit in unser Jahrhundert hinein nahezu ausschließlich aus Kanälen bestand. Viele wurden im Rahmen der Modernisierung des Verkehrsnetzes zugeschüttet, aber für einen lohnenden Halbtagesausflug gibt es noch mehr als genug. Da kann man dann, den Verkehrslärm noch im Ohr, durch eine fast schon dörfliche Idylle fahren, wo badende Kinder und waschende Omas das Bild zwischen den hölzernen Pfahlbauten bestimmen. Durch Palmen- und Bananenwälder gleitend, fühlt man sich wie in einem früheren Jahrhundert. Entdeckt werden kann diese konträre Welt problemlos individuell mit öffentlichen Booten, denn die organisierten Klong-Touren sind teuer (ab 500 Bt) und gecharterte Boote noch viel teurer: Oft werden bis 1000 Bt verlangt.

■ Ausgangspunkt sind die Piers am Chao Phraya River, von denen aus

Sehenswertes

etwa alle 30 Minuten »langschwänzige Boote« (*Rua Hang Yao*) über den Strom und in die Kanäle rasen. Einfach einsteigen, bis zur Endstation mitfahren, sitzenbleiben und wieder mit zurückfahren.

Vom *Tha Tien Pier* (hinter Wat Po) etwa verkehren die schnittigen Gefährte nach **Bang Noi** und in Richtung **Klong Mon:** pittoreskes Treiben, viele Orchideenfarmen, viel dörfliches Leben; 4 Bt pro Strecke und Person. – Vom *Tha Chang Pier* aus (beim Grand Palace) werden der **Klong Bang Khoo Wiang** und der **Klong Bang Yai** angefahren: viele Tempel, schöne Thai-Häuser, am frühen Morgen ein kleiner schwimmender Markt; je Strecke 10 Bt.

Die Märkte

■ **Chatuchak Market/New Weekend Market:** Bis 1982 wurde der größte Markt der Stadt und wohl auch des Landes direkt vor dem Königspalast auf dem Sanam Luang-Platz abgehalten. Doch weil es dann montags stets sehr schmutzig war, Bangkok aber eine saubere Stadt sein möchte, wurde der Markt in ein nördlich gelegenes Stadtviertel an der Paholyothin Rd umquartiert.

Hier werden neben Früchten und Gemüse, Fisch, ganzen Kühen oder Schweinen auch Hunde, Katzen, Papageien, Illustrierte, Souvenirs, Opiumpfeifen, Tee, Tabak, Lotosblüten, Kampffische, Videos, Raubkassetten, Blumen etc. angeboten.

Geöffnet an Samstagen und Sonntagen, von morgens bis in die Abendstunden. Problemlos mit Bussen zu erreichen.

■ **Khlong Toey Market:** Der billigste aller Märkte der Stadt, da etwas außerhalb, mehr in der ärmeren Gegend gelegen; kunterbuntes Durcheinander, günstige Preise für Kleidung, Turnschuhe, allgemeine Haushaltsartikel.

Täglich ab 6 Uhr bis 21 Uhr.

■ **Pratunam Market,** Phetburi Rd/Ecke Ratchadamri Rd. Riesiger (wenn auch nicht gerade idyllischer) Tagesmarkt mit dem größten Angebot an Textilien aller Art, das wir in Südostasien zu Gesicht bekommen haben.

■ Der **Tha Thewes Market** (auch: Tha Thewet oder Talaat Thajwait), bei Touristen als Blumenmarkt sehr beliebt, liegt direkt am Chao Phraya River Pier und ist erreichbar mit allen großen Flußbooten. Täglich geöffnet ab 7 Uhr morgens. Orchideen, Jasminkränze, Lotosblüten, Hibiskus; unzählige Dschungelpflanzen, Gartenpflanzen, eigentlich alles, was das Land an Gewächsen zu bieten hat.

■ Der **Pak Klong Talaat** ist Bangkoks größter Obst- und Gemüsemarkt, und zwischen 4 Uhr morgens und den Abendstunden ist hier die »Hölle« los. Hin mit dem Express-Boot, Aussteigen am Anleger der Memorial Bridge.

■ **Bangrak Market:** Am Ende der Sathorn Road/Ecke New Road nahe Chao Phraya (Tha Orientel Pier) gelegener Gemüse- und Früchtemarkt. Täglich ab etwa 5 oder 6 Uhr geöffnet; zu erreichen entweder per Flußboot, mit allen Bussen, die die Silom Road befahren (Ecke New Road aussteigen, nach links gehen) oder mit den auf der New Road verkehrenden Bussen.

Weitere Sehenswürdigkeiten

■ **Oriental Hotel:** Das koloniale Kernstück dieses berühmten Hotels ist sehr wohl eine Sehenswürdigkeit. Die Fassade des »Ur-Oriental« stammt aus dem Jahr 1887. Damals kam *Joseph Conrad* in die sich emanzipierende Matrosenherberge: Er beschrieb das Hotel in seiner Kurzgeschichte »The Shadowline«. Weitere berühmte Gäste waren *Tennessee Williams, James Michener, Rudyard Kipling, Somerset Maugham, Noel Coward*. Die VIP-Dichter wohnten im *Author's Wing* (Autoren-Flügel), dessen Suiten heute deren Namen tragen.

Der Lichthof des Author's Wing ist eine romantische Lounge mit Rattanmöbeln, Bar-Service und nostalgischer Streichmusik, gespielt von einem Thai-Orchester mit Musikern in schwarzem Frack mit »Fliege« (täglich, außer Mi, 17.30 bis 20.30 Uhr).

■ **Snake Farm** des Pasteur Institute, Rama IV Rd, nahe Abzweigung Henri Dunant Rd. Giftentnahme (über 1000 Tiere) täglich um 11 und 14.30 Uhr; geöffnet Mo–Fr von 8.30 bis 16.30 Uhr, Sa, So und an Feiertagen bis 12.30 Uhr; 70 Bt Eintritt.

■ **Royal Barges** (Königliche Prunkboote), in der Werft an der Mündung des Klongs Bangkok Noi in den Chao Phraya. Täglich von 8.30 bis 16.30 Uhr; 10 Bt. Hin am einfachsten mit dem Flußboot ab Wat Mahathat (3 Bt).

Shopping

Daß Bangkok ein einziges Shopping-Paradies ist, wurde eingangs schon gesagt. Einkaufen kann man an Straßenständen, in kleinen Läden, auf Märkten oder in riesigen Einkaufszentren, die von Größe, Angebot und Aufmachung her alles in den Schatten stellen, was man vielleicht von zu Hause gewohnt ist. Handeln kann und sollte man überall; nur in den Kaufhäusern herrschen Fixpreise.

Thai-Seide

Für einfache Qualität einfarbig ist mit etwa 200 bis 300 Bt zu rechnen, für gute Qualität um 500 Bt, für allerbeste Stoffe ab 700 und bis 1400 Bt oder mehr; diese Preise beziehen sich auf 1 Yard (etwa 91,5 cm).

Am günstigsten ist es, die Seide nicht nur hier zu kaufen, sondern auch gleich an Ort und Stelle zu Rock, Kleid, Bluse, Blazer etc. verarbeiten zu lassen. Nahezu alle Seidenshops haben auch einen Schneider zur Hand.

Als die besten Gegenden für Seide gelten die Sukhumvit Road (mittlere und auch billige Preislage), die Silom Rd (z.T. sehr teuer, aber auch entsprechend gut) und die New Rd zwischen GPO und Ecke Silom Rd.

Das Ausgefallene, nicht unbedingt Billige, bietet u.a.:

■ **Jim Thompson Thai Silk,** Suriwongse Rd, Nr. 9; Mo bis Sa, 9–18.30 Uhr. Wahrscheinlich die beste Seidenkollektion in Thailand; verschickt auch per Luft-/Seefracht (versichert) nach Übersee.

Achtung vor Buddhas!

Die Ausfuhr von Buddha-Statuen und -Figuren ist verboten, auch wenn's lediglich ein Buddha-Kopf ist. Die Figuren können bei der Ausreise konfisziert werden, wenn sie im Gepäck entdeckt werden. Das Verbot wird damit begründet, daß »der touristische Buddha-Handel eine demoralisierende Wirkung auf die Bevölkerung« hatte. Das Department of Fine Arts erwähnt einen reichen Amerikaner, der aus einer Buddha-Statue einen Garderobeständer machte. Die kleinen Buddhas, die die Thais als Amulett um den Hals tragen, sind vom Verbot ausgenommen.

Antiquitäten

Verboten ist auch die Ausfuhr von Antiquitäten (über 100 Jahre) bzw. man braucht dazu eine Genehmigung des Dept. of Fine Arts, deren Ausfertigung zwei bis drei Wochen dauern kann und die zudem noch kostet. All das sagt einem der Händler natürlich nicht. Im Gegenteil, er wird die Vorschriften herunterzuspielen versuchen. Aber auch bei Kopien von antiken Stücken kann es vorkommen, daß eine Genehmigung verlangt wird.

Das vielleicht größte Angebot in Südostasien an Antiquitäten jeder Art bietet das

■ **Art & Antique Center** (New Road, Captain Bush Lane) im River City Shopping Complex neben dem Royal Orchid Hotel. In geschätzt 60 Läden auf zwei Etagen kann man sich einen Überblick verschaffen bzw. ihn verlieren.

Auskunft über das Prozedere für die Ausfuhr von Antiquitäten erteilt das
■ **Department of Fine Arts,** 4 Naprathart Rd, nahe Thamasat Uni; Mo bis Fr 9 bis 16 Uhr.

Kleidung

Freizeitkleidung aber auch Anzüge, Smoking, Frack etc. – alles wird günstig angeboten, alles ist auch von guter Qualität!

Auf der Sukhumvit Road reihen sich die Schneiderläden aneinander. Desgleichen auf der New Road Richtung Silom Rd ab GPO, wo die Preise allerdings wesentlich günstiger sind. T-Shirts kosten ab 50 Bt, Jeans schmeißt man einem für 200–400 Bt förmlich hinterher, für Tuchhosen muß man etwa 400 Bt berappen; dies die Preise von *readymade*-Kleidung.

Maßgeschneidert kostet ein Anzug ab 1000 Bt; englische Ware ist gut 400 Bt teurer, Seidenanzüge werden ab 1600 Bt feilgeboten. Für ein Hemd muß man ab 90 Bt hinblättern, soll es aus Seide sein, wird's mindestens doppelt so teuer. Safari-Anzüge wechseln für 500 bis 900 Bt ihre Besitzer, Kimonos sind mit 150 Bt spottbillig, selbst Seidenkimonos sind erschwinglich (ca. ab 400 Bt). Die Dame kommt ab etwa 500 Bt auf ihre Kleider- und 1400 Bt auf ihre Kostümkosten.

Edelsteine

Was immer es auf der Welt für Edelsteine gibt, ob roh, ob geschliffen, ob in Ringe oder Ketten gefaßt: in Bangkok bekommt man sie garantiert. Ohne sehr genaue Kenntnisse wird man allerdings Schwierigkeiten mit dem heiklen Stone-Business haben.

Stein- und Schmuckgeschäfte massenhaft auf der Silom Rd, Sukhumvit Rd sowie auf der Yaowaraj Rd in Chinatown und in den angrenzenden Gassen.

Weitere Einkäufe

■ **Imitationen** von Markenkleidung werden überall auf der Sukhumvit und Silom Rd sowie in Chinatown und an der Khao San Road für ein Spottgeld angeboten.
■ **Turnschuhe:** Joggingschuhe von Adidas über Puma bis Nike kauft man am besten in einem der vielen

Shopping-Centers: im Silom Plaza (Silom Rd Ecke Rama IV), im Silom Center, im Siam Center, Robinson etc. Sind in aller Regel keine Imitationen. Dennoch kosten beispielsweise Nike-Latschen lediglich rund die Hälfte des Preises in Deutschland, andere Fabrikate oft nur einen Drittel.

■ In der früheren Auflage gaben wir an dieser Stelle einen **Einkaufstip für Frauen** (Anti-Baby-Pillen zu 40–60 Bt), aber seit einem Artikel in der Newsweek (Titel: *Pill Pirates*) möchten wir diesbezüglich lieber eine Warnung aussprechen: In der Reportage wurde offengelegt, daß in Thailand nicht nur Uhren, Hemden etc. imitiert werden, sondern eben auch Medikamente jeder Art. Manche enthalten wirklich die Wirkstoffe, die auch darin sein sollten, andere zuwenig davon, wieder andere nur Puderzucker. Wohlan denn: Selbst entdecken ...

■ **Uhren:** Wenn man immer schon mal 'ne »Rolex, Omega, Breitling, Gucci, Cartier, Dunhill« tragen wollte – optisch absolut perfekte Imitationen werden überall da feilgeboten, oft sogar in Bauchläden, wo sich Touristen tummeln. Die Qualität muß gar nicht übel sein, unsere »Omega« zumindest läuft schon seit Jahren auf die Sekunde genau und erwies sich sogar wirklich als wasserfest. Generell gilt, daß diejenigen die besten Laufwerke haben, in denen unten am Rand des Zifferblattes *Japan Movement* zu lesen ist. Die Preise variieren je nach Verhandlungsgeschick des Interessenten bis zu 100%; mehr als 600 Bt sollte man nicht ausgeben.

■ Und sonst bekommt man z.B. **Rattanwaren** jeder Art an der Mahachai Rd nahe Bamrung Muang Rd, und an letzterer werden in mehreren kleinen Geschäften u.a. auch **Devotionalien** (Hausaltäre, Räucherkerzen, Mönchsroben etc.) verkauft. Für **chinesische Medizin** ist natürlich Chinatown zuständig, insbesondere die dort verlaufende Charoen Krung Rd, die auch bei Sammlern von **Münzen** bekannt ist.

Unterhaltung

Bangkoks Nachtleben, häufig als exotisch und vielseitig bezeichnet, steht gleichzeitig in einem üblen Ruf, wird es doch stets mit den rund 700 000 Prostituierten in Verbindung gebracht, die in den Massage-Salons, Go-go-Bars, Coffee Shops und Cocktail Lounges ihrem Gewerbe nachgehen, seit der Sextourismus aus Europa, Amerika und Japan hier eine maßlose Nachfrage nach Frauen, Männern sowie zunehmend auch Kindern, die ihren Körper verkaufen, geschaffen hat. Jede Szene hat sich ein eigenes käufliches Paradies geschaffen, und auch die Tatsache, daß mindestens die Hälfte der Prostituierten an Geschlechtskrankheiten leidet und wahrscheinlich schon mehr als 70% mit HIV infiziert sind, hat dem Geschäft bislang keinen nennenswerten Abbruch getan.

Obwohl der »körperliche« Aspekt des Nightlife in Bangkok bei weitem das Hervorstechendste ist, so gibt es doch auch ein anderes Nachtleben in der Stadt, und Dutzende von Clubs, Pubs und Discos stehen zur Auswahl. Was wann wo los ist, entnimmt man am besten der *Trink Page* in der Samstagsausgabe der *Bangkok Post*, deren Kolumnist, die

Unterhaltung

»Night Owl«, Hunderte von Insidertips bereithält. Eine andere Infobörse ist das monatlich erscheinende und in allen besseren Buchläden erhältliche *Bangkok METRO Magazine*, das auf über 100 Seiten über »In«-Treffs (sowie Restaurants) in der Stadt berichtet.

Live-Musik

Live-Musik gibt's allabendlich z.B. im **Saxophone Pub** (3/8 Victory Monument, Phayathai Rd, links neben Mr. Donnut Restaurant) zu hören, das vom Flair her an eine westliche Alternativkneipe erinnert.

Stadtberühmt ist das **Brown Sugar** (231/20 Sarasin Road, zwischen Rachadamri Rd und Soi Lang Suan), in dem jeden Abend ab 21 Uhr thailändische Jazz- oder Rockgruppen auftreten, die auch dem verwöhnten Ohr ein ehrfürchtiges Staunen abringen.

Andere Pubs mit Live-Jazz-, -Blues- und -Rock-Musik sind z.B. das **Glass** (22/3–5 Soi 11, Sukhumvit Road), der **Round Midnight Pub** (106/2 Soi Lang Suan), **Bobby's Arms** (mitten in der berüchtigten Rotlichtmeile Patpong Road 2) und **Co Bongo** (Din So Road, ein paar Gehminuten nördlich Democracy Monument in Banglamphu), wo ab 21.30 Uhr täglich Hardrock- und Reggae-Gruppen aufspielen.

Discos

Zu den größten Discos zählen u.a. **The Palace** (379 Vibhavadee Rangsit Road) und das an eine Raumschiffstation erinnernde ultramoderne **Nasa Spacedrome** (999 Ramkamhaeng Road), wo sich ab 23 Uhr nicht selten mehr als 5000 Personen bedröhnen lassen.

Videoclips selbst noch auf dem Klo erfreuen im **Freakout** (Silom Plaza, Silom Road), einer relativ kleinen Insider-Disco.

Im **Rome Club** (Patpong 3, odd Silom Road), wo täglich ab Mitternacht ein Transvestiten-Kabarett auftritt, gibt's grundsätzlich zu jedem Musiktitel auch den dazugehörigen Filmstreifen.

Weitere Discos besitzen die internationalen Top-Hotels: **Bubbles** im Dusit Thani, **Hollywood** im Hyatt, **Diana's** im Oriental.

Thai-Tänze

Mit Glück geht's kostenlos nordöstlich des Grand Palace-Komplexes am kleinen **Lak Muan**-Tempelchen: Hier warten meist ein paar Tänzer und Musikanten auf gläubige Spender einer Kunsteinlage.

Ebenso am **Erawan**-Schrein vor dem gleichnamigen Hotel sowie am **indischen Tempel** auf der Silom Rd schräg gegenüber Silom Village (siehe unter »Sightseeing«).

Die besten Tanzvorführungen in der Stadt präsentiert jeden letzten Freitag im Monat das **National Theatre**: Beginn um 17 Uhr, Eintritt 40–300 Bt, je nach Darbietung. Informationen im Kulturteil der Tageszeitungen sowie unter Tel. 224 13 42.

Weitere Adresse für außerordentlich hochstehende Vorführungen ist das komplett renovierte **Chalerm Krung Royal Theatre** am Old Siam Plaza an der 66 Charoen Krung Road (Tel. 222 13 52), wo mehrmals wöchentlich der Ramayana-Epos aufgeführt wird. Ohne ordentliche Kleidung wird man nicht eingelassen in dieses königliche Theater, und der Eintrittspreis beläuft sich auf 420 bis über 1000 Bt.

Bangkok

Thai Boxing

Beliebtester Nationalsport: von einem Thai-Orchester begleiteter Faustkampf, bei dem auch Füße und Ellbogen und Knie gebraucht werden. Die Eintrittspreise reichen von 150 Bt (fast immer ausverkauft) bis hin zu über 1000 Bt (Platz am Ring), und die billigsten Plätze sind vielleicht die besten, denn dort ist am meisten los.

■ **Lumpini Boxing Stadium,** Rama IV Rd, (Nähe Hotel Malaysia), Tel. 252 86 75; jeden Di, Fr und Sa um 18 Uhr, Sa auch um 13.30 Uhr.

■ **Rajadamnoen Stadium,** Rajadamnoen Nok Avenue (nahe Tourist Office, Khao San Rd), Tel. 281 42 05; jeden Mo, Mi und Do ab 18 Uhr sowie Sa ab 17 Uhr.

■ Gratis nur die Kämpfe im Fernsehen: fast jeden Tag.

Sundowners

Wer es sich als Thailänder oder in Bangkok ansässiger Ausländer erlauben kann, der überspringt die Rush Hour zwischen 17 und 19 Uhr bei einem Drink in einer der gepflegten Cocktail-Bars der Stadt.

Zahlreiche Anfragen, auch von eingeschworenen Rucksackreisenden, hießen uns, der Szene mal nachzugehen. Das kostete zwar eine Menge an Überwindung und auch reichlich Bahts, bescherte uns aber relaxte Stunden, interessante Eindrücke und auch Gespräche.

Strandkleidung sollte man nicht gerade tragen in den nachfolgend beschriebenen Lokalen, aber akzeptiert wird eigentlich alles.

■ **Riverside Terrace,** Oriental Hotel, 48 Oriental Avenue, Tel. 236 04 00. *Der* Luxustip für eingefleischte Sunsetter. Liebhaber icecooler Klimaluft werden die Bamboo Bar bevorzugen. Soft Drinks kosten 60 Bt, Long Drinks ab 170 Bt.

■ **Lobby Lounge / Captain's Bar,** Shangri-la Hotel, 89 Soi Wat Suan Plu, Tel. 236 77 77. Sieben Meter hohe Fenster garantieren Chao Phraya River-Panorama. Getränke hier rund 10% teurer als im Oriental.

■ **The Library 1918,** Dusit Thani Hotel, Rama IV Road, Tel. 236 04 50. Kuriose Architektur (die man vielleicht als thaiisierte Gotik bezeichnen könnte), dicke Teppiche, bequeme Sessel. Wie es heißt, gibt's in ganz Thailand keinen besseren *Irish Coffee* (der Hotelmanager ist Dubliner). Preise ab 150 Bt für Alkoholisches.

■ **Tiara Cocktail Bar,** Dusit Thani Hotel, Rama IV Road, Tel. 236 54 50. Zwischen 17.30 und 20 Uhr (So geschlossen) fungiert dieses Penthouse-Restaurant als Bar. Die Panoramafester und natürlich die Höhe von weit über 100 m über Bangkok garantieren eine phantastische Aussicht über den Westen der Stadt. Preise ab 130 Bt.

■ **Renoir Club,** 10/3-4 Sukhumvit Road, Soi 33, Tel. 258 57 20. Schicke Jazzbar mit außerordentlich günstigen Preisen zwischen 16 und 20 Uhr: 70 Bt für jeden Drink; ab 20 Uhr dann 180 Bt.

Kampf der Drachen

Wenn nach Jahresbeginn der Nordostmonsun aus dem chinesischen Meer heranbläst, dann halten selbst Thais im Großvateralter Nase und Finger in den Wind: die Drachensaison beginnt.

Drachen fliegen zu lassen, ist hier kein Zeitvertreib für die Kleinen, sondern ein ernsthafter Wettkampfsport auf nationaler Ebene für die

Großen. Schon zur Zeit des Königs *Ramkamhaeng* von Sukhothai, also vor rund 700 Jahren, war dieser Sport außerordentlich populär und spielte sogar in der damaligen Literatur eine wichtige Rolle. Im späten 17. Jh. nutzte der pfiffige König *Petraja* diese sonst recht friedlichen Gleiter sogar für das wohl erste Luft-Bombardement. Er befestigte kleine Fässer mit Schießpulver auf Tausenden von Drachen, ließ diese über dem aufständischen Nakhon Ratchasima abstürzen und erzwang so die Kapitulation. König *Rama II.* ersann, wohl weil ihm das Flugspiel zu simpel war, einen Geschlechterkampf in luftiger Höhe. Seither heißt der männliche Drache »Chula«, der weibliche »Pakpao«. Ersterer ist 2,60 m lang, hat die Form eines fünfzackigen Sterns, und 10 Männer sind erforderlich, dieses Ungetüm zu manövrieren. Das »Weibchen«, klein und zierlich, mißt nur 88 cm, ist aber extrem beweglich, mit langen Fahnen ausgestattet, und bekommt so die Chance, das Männchen zu würgen, ihm den Wind aus den Segeln zu nehmen.

Auf einem großen zweigeteilten Feld starten die Chula in Luv, die Pakpao in Lee. Jedes Geschlecht bzw. dessen »Bodenpersonal«, muß nun versuchen, das andere in sein Feld zu zerren und es zu zerstören. Auch dafür gibt es genaue Regeln. Der erste Thai-Royal-Gold-Cup startete bereits 1906 von Phramane-Platz vor dem Königspalast.

In Bangkok kann man den Drachenfliegern nahezu jeden windigen Nachmittag zwischen Februar und April auf dem Prahmane-Platz nahe Wat Phra Keo und Königspalast zusehen; weitere Infos im Tourist Office.

Massagen

Die traditionellen Thai-Massagen haben gar nichts mit den Sex-Massagen zu tun, die überall in der Stadt angeboten werden. Bester Platz für eine wirkliche Massage ist der Wat Po, in dem betagte Männer und Frauen darauf warten, einen nach Herzenslust durchzukneten. Das kostet rund 100 Bt für eine halbe Stunde, 180 Bt für 1 Stunde.

Verschiedenes

Information

■ Das Fremdenverkehrsamt heißt **Tourist Authority of Thailand,** abgekürzt *TAT,* und liegt an der 372 Thanon Bamrung Muang/Worachak, Tel. 02/226 00 60. Täglich 8.30–16 Uhr. Recht informativ, Unterlagen und Prospekte über Transportmöglichkeiten, Unterkünfte, Restaurants in Bangkok wie in der Provinz.

Eine Zweigstelle befindet sich an der 4 Rarchadamnoen Nok Avenue.

Tourist Police

Touristenpolizei, 509 Worachak Road (rund 2,5 km vom TAT entfernt), Tel. 221 62 06 (täglich von 8 bis 24 Uhr), mit viel Understatement *Tourist Assistance Center* (TAC) genannt. »Für Auskünfte, Beschwerden und Anzeigenerstattung«, wie es in einem offiziellen Text heißt. Weiter: »Insbesondere ist es Aufgabe des TAC, die gesetzlichen Schritte, angefangen bei der Erstattung einer Anzeige über Diebstähle oder sonstige Gesetzeswidrigkeiten bis zur gerichtlichen Verhandlung, zu beschleunigen.«

Im großen und ganzen sind die (über 500) Polizisten sehr freundlich und zuvorkommend, sprechen ein gutes Englisch.

■ **Zweigstelle** (Tel. 253 95 60) an der Rama IV Rd Ecke Silom Rd, auf der Verkehrsinsel beim Lumpini-Park; ebenfalls täglich von 8 bis 24 Uhr.

Notrufe
■ **Polizei/Feuerwehr:** 191 sowie 123
■ **Touristen Polizei:** 1699
■ **Unfall:** 252 und 21717
■ **Vermißtenstelle:** 292 38 92

Geld
■ **Banken** finden sich überall da, wo auch der Devisen-»Rubel« rollt, also im Bereich der Guesthouses und Hotels. An der Silom Road, der »Wall Street« Bangkoks, sind die Hauptgebäude der meisten Großbanken niedergelassen, und dort, wie auch in den Touristenzonen, sind stets auch ein paar Wechselschalter an den Wochenenden geöffnet.

■ **Überweisungen:** Geld von zu Hause läßt sich am besten an die *Bangkok Bank,* Silom Road 333, schicken. Die Telexüberweisung von einer europäischen Bank zur Bangkok Bank nimmt maximal 3 Tage in Anspruch. Der Betrag wird nach Wunsch auch in der überwiesenen Währung (aber nur US$ oder DM) ausbezahlt; auch in Traveller-Schecks (DM oder US$), wobei allerdings 1% abgezogen wird.

■ Hier kann man sich auch als Ausländer völlig problemlos ein **Konto** einrichten (hohe Zinseinnahmen) und eine ATM-Karte beantragen (etwa 14 Tage Bearbeitungszeit). Damit lassen sich einige tausend Geldautomaten im Land täglich um bis zu 10 000 Bt anzapfen.

■ Bei **Verlust der Kreditkarte** wende man sich an folgende Nummern: *Visa Card,* Tel. 273 11 99; *Mastercard,* Tel. 251 63 33; *American Express,* Tel. 273 00 33; *Diners Club,* Tel. 231 35 00.

Post
■ Das **General Post Office (GPO)** an der New Road (Charoen Krung) ist täglich von 8 bis 20 Uhr geöffnet, an den Wochenenden nur bis 13 Uhr.

Postlagernde Sendungen können am Poste-Restante-Schalter (ganz links) gegen Vorweisen des Passes (mit anderen Ausweisen oft Schwierigkeiten) abgeholt werden; für jeden Brief unterschreiben und 1 Bt bezahlen.

Normale Luftpostbriefe nach Europa: zwischen 3 und 7 Tage.

Andere Postbüros als das GPO haben von 8 bis 18 Uhr geöffnet, an den Wochenenden bis 13 Uhr. Die rot gestrichenen Briefkästen in der Stadt werden regelmäßig geleert.

Pakete
Nur im GPO abgeben. Hier hat's im rechten Gebäudeteil einen sehr praktischen und billigen Packing-Service, der Bücher, Souvenirs oder was auch immer perfekt verpackt (nur 8.30–16.30 Uhr).

Die Kartonschachteln kosten 4 bis 20 Bt, Styropor zum Stopfen rund 10 Bt für die große Platte. Keine Zollkontrolle.

Telegramme
Telegrammschalter rund um die Uhr im GPO an der rechten Seite der Anlage. Von 8 bis 20 Uhr hier auch der Poste Restante-Schalter für Telegramme.

Telefon/Telefax
Stadtgespräche kosten von jedem Apparat und jeder Zelle aus 2 Bt. Für

Ferngespräche, auch im Land selbst, empfiehlt sich das Telefonamt rechts neben GPO: 24 Stunden geöffnet (auch Telex- und Telefax-Service). Die privaten Telefonämter (meist auch mit einem Telafax-Gerät ausgestattet) in den Touristengegenden verlangen nicht selten einen Aufschlag von 50%.

Die Verbindungen nach Europa sind von guter Qualität, kommen etwa 5 bis 15 Minuten nach Anmeldung zustande. R-Gespräche (der Angerufene zahlt) sind nach BRD, Schweiz, Österreich nicht mehr möglich, nur noch nach Holland.

Die minimale Gesprächsdauer beträgt 3 Minuten – im voraus zu bezahlen. Das Gespräch wird nach 3 Minuten geschnitten; deshalb besser gleich für 5 oder 6 Minuten zahlen: Geld für die Zeit über 3 Minuten wird zurückvergütet.

Zeitungen/Bücher/Karten

■ **Bookseller,** 81 Patpong Rd Ecke Silom Rd; täglich 9 bis 20 Uhr. Auch deutschsprachige Zeitungen und Magazine.

■ **Suriyaban Bookstore,** 124/1 Patpong Rd, off Silom Rd; täglich ab 9 Uhr bis 21 Uhr. Top-Auswahl an allerdings meist englischsprachigen Büchern über Thailand.

■ Die beste **Bangkok-Karte** trägt den Namen *Latest Tour's Guide to Bangkok & Thailand* (Thailand auf der Rückseite), in der auch die Buslinien deutlich eingetragen sind; 35 Bt. Gut aber auch die *Bangkok and Thailand* (fünf Fotos auf dem Cover); ebenfalls mit Busrouten und 50 Bt teuer.

Hübsch, hübsch teuer (65 Bt) und nicht sonderlich informativ (außer für Chinatown und den Wochenmarkt) ist die Market Map der US-Bangkokerin Nancy Chandler.

■ **Deutschsprachige Zeitungen** und Magazine in den meisten deutschen Restaurants (fast alle auf der Sukhumvit Rd).

■ Das **German Cultural Institute** (Goethe-Institut) zum Zeitungslesen, Kennenlernen von Thais, die auch Deutsch sprechen: Soi Attakanprasith, off Satorn Tai Road (nahe Hotel Malaysia), Tel. 286 90 02; geöffnet Mo–Do von 8–17 Uhr, Fr bis 14 Uhr, Sa bis 13 Uhr.

Öffnungszeiten

■ **Ämter/Behörden:** nur Mo–Fr von 8.30 bis 16.30 Uhr, häufig Mittagspause von 12 bis 13 Uhr; am besten morgens hingehen, nachmittags herrscht Großandrang, und die Beamten träumen bereits vom Feierabend.

■ **Ladengeschäfte:** von 8 oder 9 Uhr bis 19 oder 20 Uhr, viele auch bis 21 und 22 Uhr. Warenhäuser, Supermärkte: 10 bis 18 Uhr, manche bis 21 Uhr.

■ **Banken:** Mo bis Fr von 8.30 bis 15.30 Uhr.

■ **Post:** Mo bis Fr von 8 bis 18 Uhr (GPO bis 20 Uhr, Paketservice nur bis 16.30 Uhr), Sa und So 8 bis 13 Uhr.

Sonntag gilt als allgemeiner Ruhetag, dennoch haben nahezu alle Lebensmittel- und Souvenirläden geöffnet.

Bei Krankheit

Zahlreiche Krankenhäuser und Tausende von niedergelassenen Ärzten: Bangkok bietet die beste medizinische Versorgung in Südost-Asien (Ausnahme Phuket und Singapore). Apotheken ebenfalls an jeder Straßenecke, oft auch an Sonntagen geöffnet.

Als Krankenhaus für alle Belange (auch für Zahnprobleme, Röntgen, Bluttest, Impfungen) empfehlen wir das:

- **Bangkok Christian Hospital,** 124 Silom Rd, Tel. 233 69 81; Mo bis Fr von 8 bis 16.30 Uhr, Sa 9 bis 15 Uhr, So nur Notdienst. Bluttest kostet 100 Bt, Urintest und Stuhltest je 50 Bt, normale Arztvisite 100 Bt, Hepatitis-Impfung 300 Bt, Cholera 50 Bt, Typhus 45 Bt, Zahn ziehen 150 Bt, normales Plombieren 100 Bt. Apotheke im Haus; Ärzte sprechen auch englisch.
- Ein anderes christliches (katholisches) Krankenhaus ist das **St. Louis Hospital** an der 215 Sathorn Road, Tel. 212 00 33, wo ebenfalls die meisten Ärzte Englisch sprechen und man auf ausländische Patienten eingestellt ist.
- Mißtrauische gegenüber der modernen Schulmedizin gehen in den Wat Po: in den späten Nachmittagsstunden behandeln am Massage-Pavillon viele **Heilkundige** (meist Mönche).

Weitere gute Adressen für die traditionelle Naturheilkunde sind Wat Mahatat und Wat Bovornivet.

Filme

- Fotoladen mit kühl gehaltenen Filmen jeder Art und ausgezeichnetem Labor: Profi-Shop **Sunny,** 1267 New Road (nahe GPO Richtung Silom Rd), Tel. 235 21 23.

Meditation

Meditationsübungen, englische Vorträge mit einheimischen und ausländischen buddhistischen Mönchen, jeden Mittwoch abend von 19 bis 20 Uhr im Hauptsitz der *World Fellowships of Buddhists* (Tel. 251 11 88), 33 Sukhumvit Rd, zwischen Soi 1 und Soi 3. Hier auch viele günstige Publikationen über Buddhismus schlechthin, ein Heftchen über Meditationsklöster in Thailand.

Thai-Sprachkurse

- **A.U.A.,** 179 Ratchadamri Road, Tel. 252 81 70; eine der besten Thai-Schulen der Stadt, Privatstunden sowie Klassen-Unterricht und 6-Wochen-Intensiv-Kurse.
- **Kingswood Language Centre,** 682/4 Sukhumvid Road, zwischen Soi 24 und 26, Tel. 258 69 20; Privatstunden (20 Std. zu 8000 Bt), Gruppenunterricht (30 Std. zu 2650 Bt), Intensiv-Kurse.
- **NISA Thai language School,** Collins House (YMCA Building), South Sathorn Road, Tel. 286 92 23; Gruppen-Unterricht (5 Schüler) für 10 Wochen (2 Std./Tag) zu 9990 Bt bzw. 16 000 Bt bei 4 Std./Tag; Privat-Unterricht zu 6300 Bt für 30 Stunden oder 31 000 Bt für 200 Std.

Visa-Verlängerung

- **Immigration Department,** Soi Suan Plu, off South Sathorn Rd (nahe Malaysia-Gegend), Tel. 287 31 01; Mo bis Fr 8.30 bis 12 Uhr und 13 bis 16 Uhr. Zuständig ist das Zimmer Nr. 1, das sich hinter der ersten Tür auf der linken Seite auftut. Man sollte ordentliche Kleidung tragen und Kopien der wichtigen Paßseiten sowie ein Paßfoto mitbringen.

Buddha-Statue in Ayutthaya

Weiterreise – Thailand

Bus

Kaum ein Ort in Thailand, der von Bangkok aus nicht per Direktbus (Fan sowie Aircon nebst VIP) zu erreichen wäre. Stets pünktliche Abfahrzeiten, guter telefonischer Informationsdienst, übersichtliche Busbahnhöfe. Reservierung für Non Aircon nicht möglich und auch nicht nötig (für große Distanzen etwa 1 Stunde vor Abfahrt das Ticket kaufen), für Aircon hingegen sinnvoll (Langstrecken).

Buchung von Aircon-Bustickets (stets Nachtbus) ist auch in den vielen Reisebüros an der Khao San Rd, Sukhumvit Rd und nahe Malaysia Hotel möglich: die Tickets kommen oft billiger als am Busbahnhof, und der Antransport zum Terminal ist inklusive.

■ **Nordthailand:** Der Busbahnhof ist für Normal- und auch Aircon-Busse in den gesamten Norden sowie zu allen Städten nördlich und nordöstlich von Bangkok zuständig. – *Northern Busterminal* (fürs Taxi etc.: *morchit*), Phaholyothin Rd gegenüber Weekend-Market, Tel. 271 29 61 (Information für AC- sowie VIP-Busse) und Tel. 271 01 01 (Information für Normalbusse).

Folgende Destinationen werden u.a. mehrmals tgl. angefahren (Preise für Normalbus/AC-Bus/VIP-Bus): Ayutthaya (20/38 Bt), Bang Pa In (17 Bt), Chiang Mai (169/304/470 Bt); über die Reisebüros in den Traveller-Gegenden kann man Tickets für den AC-Bus schon für 250 Bt erhalten), Chiang Rai (200/380/530 Bt), Lampang (150/270/460 Bt), Lamphun (170/280 Bt), Lopburi (45/75 Bt), Mae Hong Son (265/458 Bt), Mae Sai (202/380/570 Bt), Phitsanulok (95/195 Bt), Sukothai (106/192 Bt).

■ **Nordost-Thailand:** Für Normal- und auch Airconbusse ist ebenfalls der Northern Busterminal zuständig; gleiche Telefonnummern.

Folgende Destinationen werden u.a. mehrmals täglich angefahren (Preise für Normal-/AC-Bus): Khon Kaen (105/175 Bt), Korat (65/120/185 Bt), Loei (156/241 Bt), Nong Khai (154/270/410 Bt), Surin (110/195 Bt).

■ **Ostküste:** *Eastern Busterminal* (fürs Taxi etc.: *ekamai*), Sukhumvit Road Soi 63, sowohl für AC- als auch für Normalbusse. Fahrplaninformationen unter Tel. 392 92 27 (AC-Busse) und 391 25 04 (Normalbusse).

Folgende Destinationen werden u.a. mehrmals täglich angefahren (Preise für Normal-/AC-/VIP-Busse): Ban Phe (für Ko Samet; 50/95 Bt), Chantaburi (58/109 Bt), Pattaya (37/66 Bt), Trat (98/154 Bt).

■ **Süd-/Westthailand:** *Southern Busterminal,* Phrapinklao Road, Thonburi, Informationen unter Tel. 435 11 90 (AC-Busse) sowie Tel. 434 55 57 (Normalbusse). Sehr weit außerhalb gelegen, Taxi kaum unter 100 Bt.

Folgende Destinationen werden u.a. mehrmals täglich angefahren (Preise für Normal-/AC-/VIP-Busse): Chumpon (115/160/210 Bt), Damnoen Saduak (Floating Market; 30 Bt), Hat Yai (240/440/630 Bt, Hua Hin (55/94/180 Bt), Kanchanaburi (34/65 Bt), Ko Samui (180/330 Bt), Krabi (210/350/540 Bt), Nakhon Pathom (15/26 Bt), Phetburi (43/65 Bt), Prachuap Khirikhan (72/130 Bt), Phang Nga (202/348/525 Bt), Phuket (220/380/570 Bt), Ranong (140/260/390 Bt), Surattani (160/285/410 Bt; siehe auch oben unter »Ko Samui«), Trang (203/376/570 Bt).

Weiterreise – Thailand

Per Bahn

Zuständig für alle Linien ist der Hauptbahnhof Hua Lumpong. Der Infoschalter (englischsprachig) ist auch telefonisch zu erreichen: 223 70 10. Große Timetable, alles auch in Englisch angeschrieben.

Der *Advance Booking Service* (Tel. 223 37 62 und 224 77 88) im Hauptbahnhof ist geöffnet Mo-Fr von 8.30 bis 16 Uhr, das Personal ist englischsprachig, man zieht eine Nummer und wartet, bis man an der Reihe ist.

Interessant sind die Nordroute nach Chiang Mai, die Nordost-Route nach Nong Khai via Korat sowie die Linie in den Süden via Surattani und Hat Yai zur Malaysia-Grenze und weiter nach Singapore.

■ Auf der **Nordroute** verkehren ab Bangkok täglich sechs Züge bis Chiang Mai: 6.40 Uhr (an 19.15 Uhr), 8.10 Uhr (an 19 Uhr), 15 Uhr (an 5.15 Uhr), 18 Uhr (an 7.25 Uhr), 19.40 (an 8.05 Uhr), 22 Uhr (an 11.55 Uhr).

Das kostet (Preise für 3./2./1. Klasse) nach Bang Pa In 12/26/49 Bt, nach Ayutthaya 15/31/60 Bt, nach Lopburi 28/57/111 Bt, nach Phitsanulok 69/143/292 Bt, nach Lamphun 118/247/520 Bt und nach Chiang Mai (121/255/405 Bt).

■ Auf der **Nordost-Route** verkehren ab Bangkok sieben Züge täglich bis Khorat (Nakhon Ratchasima) sowie drei Züge bis Nong Khai.

Nach Khorat um 6.50 Uhr (an 11.36 Uhr), 15.25 Uhr (an 21.28 Uhr), 18.45 Uhr (an 23.56 Uhr), 21 Uhr (an 1.58 Uhr), 22.45 Uhr (an 4.02 Uhr), 23.25 Uhr (an 5.35 Uhr). Das kostet 50 Bt in der 3., 104 Bt in der 2. und 245 Bt in der 1. Klasse.

Nach Nong Khai um 6.15 Uhr (an 16.50 Uhr), 19 Uhr (an 6.15 Uhr) und 20.30 Uhr (an 7.30 Uhr). Das kostet 103 Bt in der 3., 215 Bt in der 2. und 375 Bt in der 1. Klasse.

■ Auf der **Südroute** verkehren ab Bangkok täglich 9 Züge nach Surattani via Nakhon Pathom, Phetburi, Hua Hin, Prachuap Khiri Khan und Chumpon. Um 9.10 Uhr (an 18.10 Uhr), 12.35 (an 23.29), 14 Uhr (an 0.37 Uhr), 15.15 Uhr (an 1.52 Uhr), 16 Uhr (an 3.22 Uhr), 17.30 Uhr (an 4.46 Uhr), um 18.30 Uhr (an 6.03 Uhr), 19.20 Uhr (an 6.34 Uhr), 21.55 (an 6.55 Uhr) und 22.35 Uhr.

Die Züge um 12.35 und 14 Uhr fahren weiter via Hat Yai nach Sungai Golok (Malaysia-Grenze); Ankunft in Hat Yai um 4.32 bzw. 5.47 Uhr, in Sungai Golok um 8.35 bzw. 9.45 Uhr. Das kostet 149 Bt in der 3., 313 Bt in der 2. und 460 Bt in der 1. Klasse nach Hat Yai und 180 Bt bzw. 378 Bt bzw. 505 Bt nach Sungai Golok.

Der Zug um 15.15 Uhr fährt ab Surattani weiter nach Padang Besar (Malaysia-Grenze) via Hat Yai; Ankunft in Hat Yai um 7.04 Uhr, in Padang Besar um 8 Uhr; Anschluß nach Butterworth/Penang (Ankunft um 12.25 Uhr). Das kostet 156 Bt in der 3., 326 Bt in der 2. und 485 Bt in der 1. Klasse bis Padang Besar und 431 Bt in der 2. sowie 595 Bt in der 1. Klasse bis Butterworth.

Per Flugzeug

■ **Thai International Airways** fliegt ab Bangkok mehrmals täglich die Routen nach Chiang Mai (1650 Bt), Chiang Rai (1885 Bt), Hat Yai (2280 Bt), Khorat (555 Bt), Lampang (1395 Bt), Nan (1630 Bt), Phuket (2050 Bt), Surattani (1710 Bt), Trang (2005 Bt).

Billigtickets gibt es nicht; Tickets entweder direkt bei der Airline (6

Larn Luang Rd, Tel. 280 00 90-110, 485 Silom Road, Tel. 233 38 10) oder in einem beliebigen Reisebüro.

Bei telefonischer Reservierung müssen die Tickets mindestens 2 Stunden vor Abflug am Schalter im Flughafen abgeholt werden.

■ **Bangkok Airways,** eine private Miniairline, bietet jetzt wirklich Flüge an, nachdem sie jahrelang nicht über die Gründungsphase hinauskam und keine Lande-/Startgenehmigungen bekam (weil sie in Konkurrenz zu Thai International Airways fliegt). Zur Zeit der Recherchen bediente sie die Strecke Bangkok–Ko Samui achtmal täglich; nur sehr sporadisch die Route Bangkok–Phuket sowie Bangkok–Hat Yai. Geflogen wird mit 2-Propellermaschinen (54-Sitzer). Da der Flugplan andauernden Änderungen unterworfen ist, außerdem alle Nase lang Flüge gestrichen werden, verzichten wir auf Nennung genauer Zeiten. Der 70minütige Flug nach Ko Samui kostet 2080 Bt plus 20 Bt Airport Tax plus 100 Bt *Samui Airport Maintance Fee*.

In Bangkok kann man über die meisten Reisebüros buchen sowie bei der Gesellschaft direkt (Queen Sirikit National Convention Centre, New Ratchadapisek Road, Tel. 229 34 34 und 229 34 56).

Weiterreise – International

Botschaftsadressen/ Visabestimmungen

So ein Visum erforderlich ist, stets drei Paßfotos sowie den Reisepaß mitbringen; außerdem den Nachweis über ein »Raus-aus-dem-Land-Ticket«.

■ **Australien,** 37 Sathorn Tai Rd, Tel. 287 26 80; Mo bis Fr 8.15 bis 11.30 Uhr. Für die Visaerteilung (3 Monate) wird zumeist ein Nachweis über ausreichende Geldmittel verlangt; wesentlich einfacher ist's, das Visum schon in Europa zu beantragen (6 Monate Gültigkeit).

■ **Burma** (*Myanmar*), 132 Sathorn Nua Rd, Tel. 233 22 37; Mo bis Fr 9 bis 12 Uhr. Zur Zeit der Recherchen wurden für Individualtouristen 30-Tage-Visa ausgestellt (keine Wartezeit), die 470 Bt kosten; Zwangsumtausch bei der Einreise (nur Flug) 300 US$.

■ **China,** 57 Ratchadapisek Rd, Tel. 245 70 36; Mo bis Fr 9 bis 11.30 Uhr. Visaerteilung dauert ca. 1–3 Tage (je nach Lust und Laune), normalerweise gibt es 3 Monate, aber mitunter werden auch nur 2 Wochen, 1 Monat oder was auch immer gewährt. Besser schon in Europa beantragen (maximal 3 Monate werden gewährt); am besten jedoch in Hongkong, wo man ebenfalls 3 Monate bekommen kann. – Einreise ist auch über Yünnan/Kunming möglich, wohin u.a. Thai mehrmals wöchentlich fliegt.

■ **Indien,** Sukhumvit 23, Soi 46 (Soi Prasanmit), Tel. 258 03 00; Mo bis Fr 9 bis 12 Uhr. Deutsche und Niederländer müssen sich mitunter vor Visabeantragung eine Unbedenklichkeitserklärung ihrer Botschaft ausstellen lassen, um in den Genuß eines indischen Visas kommen zu können. Morgens um 9 beantragen, mittags abholen; kostet 20 DM. Ausstellung des Visums in einem Tag möglich (morgens beantragen, nachmittags abholen), gewährt werden 3 Monate sowie mitunter auch 6 Monate.

Weiterreise – International

- **Indonesien,** 600 Petchburi Rd, Tel. 252 31 35; Mo bis Fr 8 bis 12 Uhr. Kein Visum erforderlich bei Einreise über die üblichen Einreisehäfen. Ein Sichtvermerk für 2 Monate wird an der Grenze erteilt.
- **Laos,** 193 Sathorn Tai Rd, Tel. 287 39 63; Mo bis Fr 8 bis 12 Uhr. Mal bekommt man auch als Individualtourist ein Visum für die sich langsam aber sicher öffnende Volksrepublik, mal bekommt man keines; mal geht's hier in Bangkok, mal muß man nach Nong Khai und dort sein Glück versuchen; mal geht's ohne, mal nur mit Zwischenschalten eines Reisebüros, und z.Zt. der Recherchen kostete ein 14-Tages-Visa (Wartezeit 1 Woche) 2500 Bt.
- **Malaysia,** 32 Sathorn Tai Rd, Tel. 286 13 90; Mo bis Fr 8.30 bis 12 Uhr. Kein Visum erforderlich, bei der Einreise wird ein Sichtvermerk für 2 Monate erteilt (verlängerbar).
- **Nepal,** 189 Sukhumvit 71, Tel. 391 72 40; Mo bis Fr 8 bis 12 Uhr. 1 Monat wird gewährt.
- **Neuseeland,** 93 Wireless Rd, Tel. 251 81 65; Mo bis Fr 8 bis 12 Uhr. Deutsche können auch ohne Visum einreisen (bei Vorlage ausreichender Geldmittel) und erhalten dann in Auckland 3 Monate, die nochmals um 3 Monate verlängerbar sind.
- **Philippinen,** 760 Sukhumvit Rd, Tel. 259 01 39; Mo bis Fr 9 bis 12 Uhr. Visum für 59 Tage problemlos, ohne Visum darf man nur max. 3 Wochen im Land bleiben.

Airlines

Zur Bestätigung (*reconfirmation*) und Umbuchung der intern. Tickets hier die wichtigsten Fluggesellschaften; sie sind auch für die bereits gekauften Billigtickets zuständig.

- **Aeroflot,** 183 Regent House, Rajdamri Rd, Tel. 251 06 17;
- **Air India,** Amarin Tower, 500 Ploenchit Rd, Tel. 256 96 14;
- **Air Lanka,** 942/51 Charn Issara Tower, Rama IV Rd, Tel. 236 92 92.
- **Alia,** 56 Silom Rd, Tel. 236 86 09
- **Bangladesh Biman,** 56 Surawongse Rd, Tel. 235 76 43;
- **Burma Airways,** 208 Surawongse Rd, Tel. 234 96 92;
- **Cathay Pacific,** Ploenchit Tower, 898 Ploenchit Road, Tel. 263 06 06;
- **China Airlines,** Peninsula Plaza, 153 Rajdamri Rd, Tel. 253 42 42.
- **Egyptair,** 313 Silom Rd, Tel. 231 05 05;
- **Garuda,** Lumpini Tower, 1168 Rama IV Road, Tel. 285 64 70;
- **Lot Polish Airlines,** 485 Silom Rd, Tel. 235 22 23;
- **Lufthansa,** Asoke Building, 66 Sukhumvit, Soi 21 Tel. 264 24 00;
- **Malaysian Airlines System,** Ploenchit Tower, 898 Ploenchit Road, Tel. 263 05 65;
- **Pakistan International,** 52 Surawongse, Tel. 234 29 61;
- **Philippine Airlines,** 1st-3rd Fl., Chongkolnee Building, 56 Surawongse Rd, Tel. 234 24 83;
- **Quantas,** Charn Issara Tower, 942/51 Rama IV Road, Tel. 236 91 93;
- **Royal Nepal Airlines,** 1/4 Convent Rd, Tel. 233 39 21;
- **Scandinavian Airlines,** Glashaus Building, 1 Sukhumvit/Ecke Soi 25, Tel. 260 04 44;
- **Singapore Airline,** 2 Silom, Tel. 236 04 40;
- **Swissair,** 1 Silom Rd, Tel. 233 29 35;
- **Thai International Airways** (Hauptzentrale), 485 Silom Rd, Tel. 234 31 00.

Bangkok

Airport-Tax

Die Airport-Tax für Inlandflüge beträgt 30 Bt, für internationale Flüge 200 Bt.

Diesen Betrag sollte man also in bar behalten; außerdem die Baht für die Taxifahrt zum Airport: ab Bangkok um 200 Bt, in Stoßzeiten 300 Bt. Ab den Billig-Reisebüros fährt stets ein Minibus für 100 Bt zum Airport.

Der Airport Express-Zug vom Hua Lumpong-Bahnhof (Tickets im Bahnhof) kostet 80 Bt (Fan) oder 100 Bt (Aircon), ist 35 Min. unterwegs; Abfahrt: 7.35/10.35/13.35/15.45/17.55 und 20.45 Uhr.

Billigflug-Tickets

Bangkok ist noch immer ein *Billigflug*-Zentrum in Südostasien. Mit Penang liefert es sich stets ein kleines Preisrennen: Mal ist Penang billiger (bei hohem US$-Kurs), mal Bangkok (bei niedrigem US$-Kurs). Die Tarife sind nachfolgend in Baht angegeben und in Baht auch relativ konstant. Da die Preise vom US$ abhängen, kann's bei niedrigem Kurs extrem günstig sein, bei hohem hingegen teurer als in den entsprechenden Billigreisebüros in der Schweiz und in der BRD.

Die Reisebüros

Die günstigen Büros liegen alle in den Billigwohn-Gegenden, also an der **Khao San Rd** und nahe **Hotel Malaysia** sowie auf der **Sukhumvit Road**.

Aus eigener Erfahrung können wir allerdings nur eines absolut bedenkenlos empfehlen; die anderen (über 100 an der Zahl) haben z.T. äußerst unseriöse Geschäftsgebaren:
■ **ETC-Student Travel**, 2/12 Soi Sri Bumphen, nahe Malaysia, Tel. 287 14 77 und 286 94 24. An der Khao San Rd das Büro gegenüber VIP-Guesthouse, Tel. 282 78 23. Mo bis Fr 9–17 Uhr, Sa bis 12 Uhr. Seit Jahren schon hat das ETC die günstigsten Preise weltweit, ist außerdem autorisierte Stelle zum Ausstellen von FIYO-Studentenkarten (Immatrikulationsbescheinigung mitbringen).

■ Vertrauenswürdig soll nach Mitteilung vieler Lesertipschreiber auch das **Student Travel Australia** sein, das nahe der Khao San Rd im Thai Hotel an 78 Prachathipatai Road, Tel. 281 53 14 zu finden ist.

■ An der Sukhumvit 390/10 (zwischen Soi 16 und 18) bietet sich **Thai Overlander Travel** (Tel. 258 47 78) an; hier kann man auch Bus- sowie Zug-Tickets reservieren.

Folgende Preise (für hin und zurück) wurden im ETC z.Zt. der Recherchen (Stand 96) unter anderem angeboten:
■ **Nepal:** 8000 Bt
■ **New Dehli:** 10 000 Bt
■ **Colombo:** 8500 Bt
■ **Penang:** 4700 Bt
■ **Kuala Lumpur:** 5200 Bt
■ **Singapore:** 6000 Bt
■ **Manila:** 7950 Bt
■ **Hongkong:** 8250 Bt
■ **Jakarta:** 9850 Bt
■ **Bali:** 12000 Bt
■ **Australien:** ab 16 000 Bt
■ **Neuseeland:** ab 20 500 Bt retour.
■ **Europa:** 8800 Bt one way mit Ostblockairlines, etwas teurer mit Air India (mit erlaubter Flugunterbrechung in New Delhi), um 12 000 Bt mit Garuda oder China Airlines, ca. 14 500 Bt mit Singapore Airlines oder Thai Airways International.

Wichtig

■ Die in den Tickets eingetragenen

Weiterreise – International

Flugtermine sind in der Regel nicht fix, man kann sie – im Reisebüro oder auch bei der Fluggesellschaft – kostenlos umändern lassen.

■ Nicht beliebig austauschbar hingegen ist der eingetragene Name: Die Tickets sind generell **nicht übertragbar**.

■ Fliegen kann man nur mit der auf dem Ticket aufgedruckten **Airline** – auch wenn es sich um IATA-Gesellschaften handelt.

■ Zuvor genauestens überlegen, wohin man will. Manche Tickets sind **non refundable**, können also nicht wieder umgetauscht werden; der entsprechende Vermerk ist auf den Flugschein gestempelt. Aber auch das Ticket, das **refundable** ist, kann grundsätzlich nur in dem Reisebüro, wo's gekauft wurde, umgetauscht werden. Vom Rückerstattungsbetrag werden 5% bis 30% Bearbeitungsgebühr abgezogen. Ausbezahlt wird grundsätzlich nur in Baht, und erst nach einer Frist von etwa 6 Wochen bis 3 Monaten.

Händlerin auf dem »Schwimmenden Markt« von Damnoen Saduak

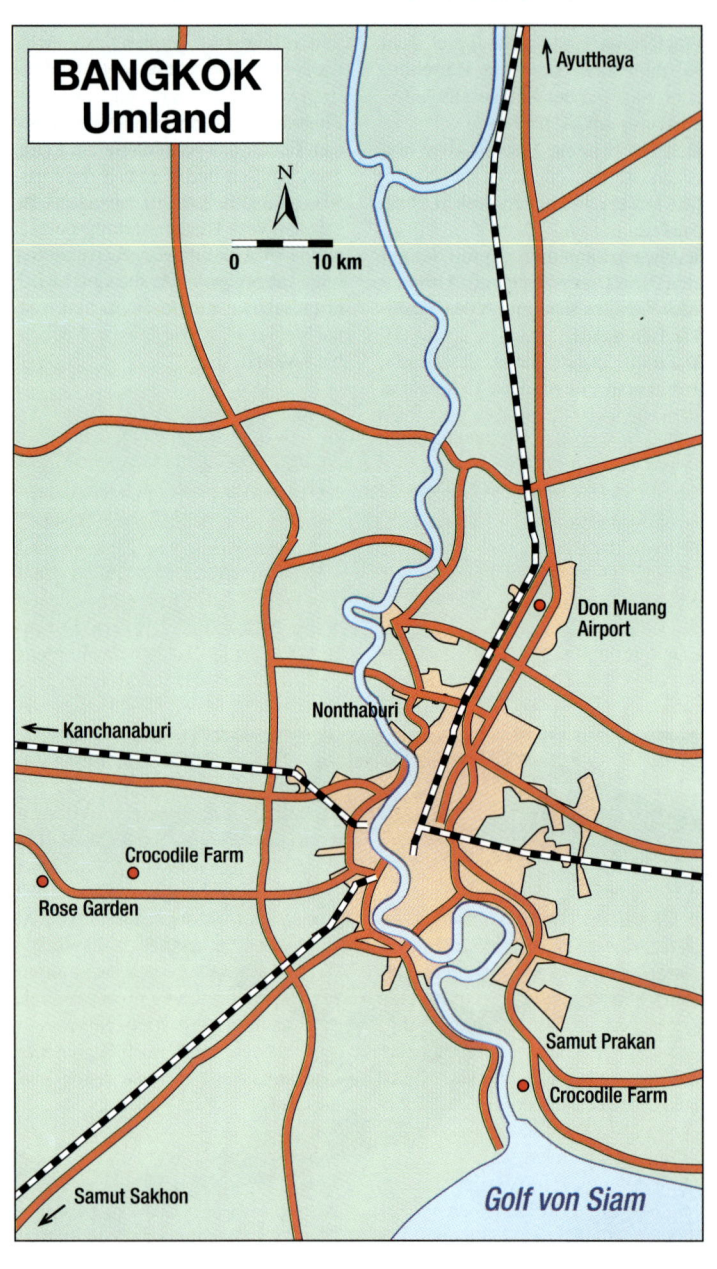

Rings um Bangkok

Crocodile Farm

30 km südlich von Bangkok liegt die Stadt Samut Prakarn mit der nahegelegenen größten und ältesten Crocodile Farm *(Farm Jarakää)* der Welt, in der über 30 000 Reptilien aus aller Herren Länder gehalten werden. Darunter auch das – laut Guinness-Buch – größte Krokodil der Welt, dem vielleicht damit erspart bleibt, was seinen »Kollegen« blüht, nämlich zu Schuhen, Geldbörsen, Taschen oder (der hier angebotenen) Krokosuppe verarbeitet zu werden.

■ **Farm Jarakää:** täglich 8–18 Uhr, Eintritt 300 Bt. Kroko-Shows stündlich ab 9 Uhr.

■ **Anfahrt:** nach Samut Prakarn mit den Stadtbussen Nr. 25, 102 und 119, mit den Aircon-Bussen Nr. 8 und 11, oder per Taxi für 400 Bt. Ab Samut Prakarn Taxi zu 50 Bt.

Ancient City

6 km nahe Samut Prakarn ist das angeblich größte Freilichtmuseum der Welt zu bewundern, mit dem sich der Besitzer der größten Mercedes-Benz-Vertretung in Thailand seinen Traum verwirklicht hat: Ancient City. Bei dieser auf Thai *Chüang Buraan* geheißenen Anlage handelt es sich um einen 200 Hektar großen Park in der exakten Form Thailands, der Reproduktionen aller wichtigen Monumente und Tempel des Landes im Ein-Drittel-Format beherbergt. Schöner als die Bauwerke ist vielleicht der Park, der keineswegs überlaufen ist und von zahlreichen Seen, Wasserfällen und Kanälen durchzogen wird. Der Eintritt beträgt 50 Bt (täglich 8–17 Uhr).

■ **Anfahrt:** ab Samut Prakarn Taxi für 30–40 Bt.

Ayutthaya – Thailands ehemalige Metropole

Für über 400 Jahre und 33 Könige war Ayutthaya Macht- und Kulturzentrum des siamesischen Reiches. Das eigentliche Stadtzentrum, auf drei Seiten von Flüssen gesichert, auf der vierten durch einen künstlichen Kanal, maß etwa 3 x 5 km und reichte schon Mitte des 16 Jh. nicht mehr aus, alle Menschen und Bauwerke unterzubringen. So dehnte sich die Stadt mit dem Beinamen *die goldene* weit über die natürlichen Begrenzungen hinaus. Reisende und europäische Gesandte schwärmten noch vor knapp 200 Jahren von Ayutthaya als der schönsten Stadt der Welt. Geschmückt mit rund 400 Tempeln, 30 Festungen und 3 Palästen gab es zur damaligen Zeit nichts Vergleichbares in der bekannten Welt, und vor den 94 Toren der mit mächtigen Wällen stark befestigten Stadt lagen damals noch Segler und Dschunken aus Europa, Asien und Arabien.

Ein kulturelles Kleinod – bis zur vollständigen Vernichtung durch die Burmesen im Jahre 1767. Die verwüstete Stadt wurde nie wieder aufgebaut. Generationen von Thais holten

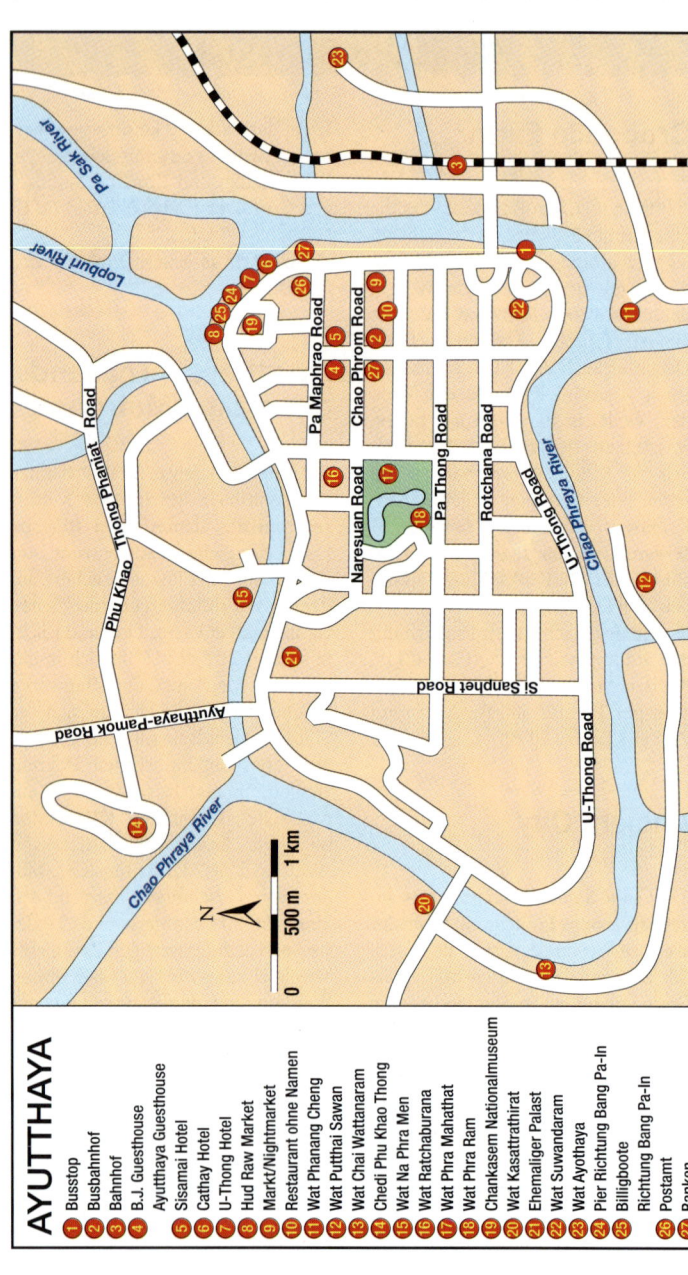

Ayutthaya

sich hier ihr Baumaterial, und erst 1956 begann man zögernd mit den längst fälligen Restaurationsarbeiten.

Noch heute stößt man auf stumme Zeugen vergangener Größe; die zahllosen Ruinen lassen erahnen, von welcher Pracht die Stadt einst gewesen sein muß. Das heutige Ayutthaya mit rund 50 000 Einwohnern ist zwar nicht mehr »golden«, aber dank der flußreichen Umrahmung immer noch recht angenehm.

Anreise

■ **Anfahrt:** Erreichen kann man Ayutthaya mit dem Boot von Bang Pa-In aus (s.u.), von dort auch mit einem Mini-Bus (20 Bt); oder von Bangkok aus per Bus (Northern Busterminal, stündlich bis 19 Uhr im Fanbus zu 20 Bt, AC-Bus zu 38 Bt) und Zug (Hua Lumpong Hauptbahnhof, halbstündlich zu 15 Bt in der 3. Klasse, 31 Bt in der 2. Klasse).

■ Bang Pa-In und Ayutthaya kann man von Bangkok aus auch mit einer **Flußboot-Tour** erreichen. Die Fahrt, teils durch richtiggehend ländliche Idylle entlang dem Chao Phraya River mit all seinen hölzernen Lastkähnen, Longtail-Booten und Kanus, ist außerordentlich eindrucksvoll und kann sowohl individuell als auch organisiert gemacht werden.

Wer's auf »eigene Faust« möchte, läßt sich im Hotel am besten seinen Wunsch auf Thai aufschreiben und fährt sodann zum Tha Phra Artit-Pier (bei Banglamphu) oder zum Tha Tien-Pier (Wat Po), um ein Longtail-Boot zu chartern, was (pro Boot; ca. 10 Personen haben Platz) etwa 2000 Bt für hin und zurück oder rund 1500 Bt für die Hinfahrt kostet. Die Fahrt währt rund 3–4 Stunden bis Bang Pa-In, wo man den Skipper warten läßt, bis man nach Ayutthaya weiter will. Retour dann entweder per Boot oder mit Bus bzw. Zug (s.o.).

Ansonsten verkehrt auf der Strecke die 45 m lange *Oriental Queen,* ein luxuriöses Schiff, das täglich um 8 Uhr am Pier vor dem Oriental Hotel ablegt; die Rückfahrt erfolgt in Bussen. Der Ausflug inklusive Mittagsbuffet kostet 1300 Bt pro Person. Infos und Buchung über *Oriental Hotel,* Tel. 236 04 00, oder in jedem Reisebüro.

Nicht ganz so stilvoll, dafür 100 Bt billiger, ist die Bootsfahrt mit *River Sun Cruise* (Tel. 266 91 25), die morgens um 8 Uhr am River City Pier starten; retour um 16.30 Uhr.

Ankunft

■ **Busse aus Bangkok** stoppen direkt hinter der Brücke an der Rojana Rd/Ecke U-Thong; Minitaxi (meist Dreirad) für 40 Bt bis zur Unterkunft. Billiger kommt's, wenn man bis zur Endstation im Bus bleibt: Ab Busbahnhof an der Chao Phrom kostet das Minitaxi um 5 Bt.

■ **Busse aus Nordthailand** stoppen außerhalb der Stadt am Highway: ab hier Minibuszubringer für 5 Bt; von Ausländern wird meist 15–20 Bt verlangt. Tuk Tuk kostet rund 50 Bt. Endstation ebenfalls der o.g. Busbahnhof.

■ Die **Railway Station** liegt etwa 2 km außerhalb des Zentrums, wohin Minitaxis für 20 Bt verkehren.

Unterkunft

Guesthouses:

■ **Ayutthaya Guesthouse,** 16/7 Naresuan Rd, Tel. 035/25 14 68. Vom Busstopp auf der Chao Phrom Rd geht gegenüber der Siam Commerci-

Tempelruine in Ayutthaya

Ayutthaya

al Bank rechts eine kleine Straße ab; nach etwa 200 m (bezeichnet) links rein. Ab Bahnhof: vor dem Gebäude nach links, über den Fluß, dahinter rechts, dritte Straße links. Nette Leute, gutes Open-Air-Restaurant, angenehmes Wohnen in einfachen und kleinen, äußerst günstigen Fanzimmern zu 100 Bt. Über die hier organisierten Bootsrundfahrten bekamen wir viele positive Leserbriefe. Fahrradverleih.

✎ »Ayutthaya Guesthouse in Ayutthaya: Wenn ich Traveller treffe, die von Thailand enttäuscht sind, weil sie auf den touristischen Trampelpfaden keine Einheimischen mehr kennenlernen, empfehle ich ihnen, ins Ayutthaya Guesthouse zu gehen. Abends kommen oft Verwandte und Freunde der Familie, und es ist nicht selten, daß Thais und Traveller bis in die tiefe Nacht zusammensitzen, Bob Dylan, Leonard Cohen oder Beatles-Lieder singen« (Dr. Elmar Unland, D-Frankfurt/M.).

■ **Old B.J. Guesthouse,** direkt neben Ayutthaya Guesthouse, Tel. 035/25 15 26. Gleiche Preise, gleiche Ausstattung, ebenfalls empfehlenswert.

Hotels:

■ **Cathay Hotel,** 26/5-6 U-Thong Rd, Tel. 25 15 62. Große Zimmer (nach hinten ab 3. Etage freier Blick auf den Fluß) mit Bad und Fan, und die Single (230 Bt) reichen auch für 2 Personen völlig aus. Man spricht Englisch, ist auf Rucksackreisende eingestellt.

■ **U-Thong Hotel,** 86 U-Thong Road, Tel. 25 11 36. Große Fan- und AC-Zimmer, alle mit eigenem Bad, teils ordentlich (neuer Flügel), teils muffig; Preise ab 250 Bt.

■ **U-Thong Inn,** 210 Moo 5, Tambon Rotchana Rd, Tel. 24 22 36; ein paar hundert Meter außerhalb Zentrum Richtung Highway. Das neueste und mit über 100 Aircon-Zimmern (950 Bt) auch größte Hotel der Stadt. Die Zimmer (alle mit Bad) sind gepflegt, aber eher schlicht möbliert, doch mit Teppichen ausgelegt. Das Restaurant gilt als eines der besten der Stadt, serviert werden chinesische und thailändische Gerichte. Angeschlossen auch eine Bar sowie Coffee Lounge.

Essen und Trinken

■ Curries, Nudel- und Reissuppen sowie frittierte und mit Sesam bestreute Bananen duften allmorgendlich ab 7 Uhr auf dem **Zentralmarkt** an der Chao Phrom Road und einer Parallelstraße vor sich hin. Abends dann wird hier der **Nightmarket** abgehalten.

■ Eßstände, hauptsächlich in den Abendstunden, vor dem **Hud-Raw-Markt** an der nördlichen U-Thong Rd, wenige Gehminuten vom Cathay-Hotel entfernt.

■ Direkt rechts neben dem Cathay Hotel ein **Frühstücks-Restaurant** auf einer Holzplattform am Fluß. Kaffee kostet 8 Bt, für Spiegeleier auf Toast werden 15 Bt verlangt.

■ **Namenloses Restaurant:** Am Zentralmarkt vorbei bis zu einem großen Coca-Cola-Schild mit Aufdruck »Restaurant«, hier links abbiegen. Die Speisekarte ist umwerfend: 6 verschiedene Curries ab 50 Bt, 30 Salate um 30 Bt, 15 Fischgerichte von 60 bis 140 Bt, viel Seafood, viel Nudel- und Reisgerichte ab 20 Bt.

■ **Tevaraj Restaurant,** 74 Wat Pa Ko Rd, zwischen Bahnhof und Pa Sak River. Mittlere Preislage, außerordentlich schmackhafte Gerichte, am Abend oft Live-Musik. Der Stolz des Hauses heißt *Kai Dum Toon Yaiin* – mariniertes Hähnchen mit chinesischen Kräutern.

■ **Pae Krung Kao Restaurant,** 4 U-Thong Road, Mae Nam Pa Sak. Dies ist das bessere von zwei *floating* Restaurants, die am Pa Sak River verankert sind: sehr atmosphärisch, die Thai-Gerichte sind etwas zu teuer, aber gut. Tip: vielleicht woanders essen, aber hier den Abend bei einem Bierchen oder so ausklingen lassen.

Sightseeing

Auf dem Stadtplan sind alle sehenswerten Tempel und Ruinen verzeichnet. Da die Stadt extrem weitläufig ist, die attraktivsten Ruinen außerhalb liegen, scheint es am günstigsten, für den Trip einen kleinen Minibus (Dreirad-Tuk-Tuk) oder ein Fahrrad zu mieten. Der Charterpreis für 3 bis 4 Stunden beträgt nicht selten über 1000 Bt, dann 800 Bt, bei Hartnäckigkeit schließlich 500 Bt; bei einer Beschränkung auf drei bis vier Tempel geht's für 300 Bt.

Eine Stadtumrundung per Flußboot kostet um 300 Bt/Boot ohne oder 500 Bt inkl. mehrere Tempelstops; Start und Ankunft am Pier oberhalb U-Thong Hotel.

✎ »Eine ganztägige Besichtigungstour sollte zu folgenden Ruinen führen: 1. Wat Chai Mongkol, 2. Wat Phanan Choeng, 3. Wat Buddhaisawan, 4. Wat Chai Watanaram, 5. Queen Suriyothai Memorial, 6. Golden Mount Chedi, 7. Elefantenkral. – Soviel für den Vormittag, mit einem gecharterten Samlor kostet's etwa max. 200 Bt für 4 Std. (handeln!). Nachmittags dann weiter mit: 8. Wat Phra Ram, 9. Wat Luang, 10. Wat Phra Sri Samphet, 11. Viharn Phra Mongkok Bobitr, 12. Wat Na Phra Meru, 13. Wat Raj Burana, 14. Wat Mahathat. – Diese Ruinen liegen alle im Zentrum der Stadt« (Dr. Ulrich Giebel, Trier, BRD). Anmerkung: Charter-Samlor für die Route kostet rund 500 Bt.

■ **Wat Phanang Cheng:** An der Südseite des Pasak River gelegen, Ziel vieler buddhistischer Pilger, die die größte Buddha-Statue der Stadt (19 m) verehren; errichtet 1324.

■ **Wat Putthai Sawan:** Am Südufer des Chao Phraya gelegene und noch intakte Tempelanlage mit einem eindrucksvollen Turm im Khmer-Stil; außerdem viele uralte Buddha-Statuen; 1971 restauriert.

■ **Wat Chai Wattanaram:** Ruinenanlage aus braunrot-verwitterten Ziegeln am rechten Ufer des Chao Phraya mit hohen Prangs im Khmer-Stil, zahlreichen, spitz zulaufenden Stupas. Insbesondere im Licht der untergehenden Sonne eine der eindrucksvollsten Anlagen; stark vom Zerfall bedroht.

■ **Chedi Phu Kao Thong:** Mit dem rund 80 m hohen Chedi (schief wie der Turm von Pisa) das höchste Gebäude der Stadt; erinnert stark an den Stil von Pagan/Burma. Die Burmesen errichteten ihn denn auch im Jahre 1569, die Thais bauten ihn später um. Aufstieg bis etwa 50 m ist möglich; für uns einer der melancholischsten Tempel der Stadt, insbesondere bei Sonnenuntergang.

Lohnenswert für die Minibus-Rundfahrt ebenfalls noch der

■ **Wat Na Phra Men** am Nordrand des Lopburi-River; von viel Grün umgeben, idyllisch gelegen, bekannt für zwei reich geschmückte Buddha-Statuen, von denen die eine (die schwarze) angeblich aus der Zeit der Dvaravati-Periode stammt, somit also etwa 1300 Jahre alt sein müßte.

Soviel zur Rundfahrt, die vollständig gut 4 Stunden dauert.

■ Im Stadtbereich zu Fuß zu erkunden sind **Wat Ratchaburana, Wat Phra Mahathat** und **Wat Phra Ram**. Ersterer erinnert an ein Trümmerfeld, und nur ein Chedi in reinem Ayutthaya-Stil (Verschmelzung des indischen Stupa mit der Form der Turmheiligtümer der Khmer) hat der Zerstörungswut der Burmesen widerstanden. Der Wat Phra Mahathat, ehemals das imposanteste Bauwerk der Stadt, konnte sich nur gerade in seinen Fundamenten in die Gegenwart herüberretten, und vom Wat Phra Ram ist nicht viel mehr als seine Lage an einem Lotosteich geblieben.

■ **Chankasem National Museum,** U-Thong Rd, täglich 9 bis 12 und 13 bis 16 Uhr; 20 Bt Eintritt. Votivgaben, archäologische Funde aus verschiedenen Epochen (meist Skulpturen) und insbesondere der Goldschatz, der unter dem Prang des Wat Ratchaburana gefunden wurde.

Verschiedenes

■ **Tourist Office** am Eingang zum Nationalmuseum: Stadtplan, Beschreibung einiger Tempel – sonst nichts.

■ **Banken** auf der U-Thong Rd und Chao Phrom Rd; Mo bis Fr, 8.30 bis 15.30 Uhr.

■ **Hauptpost** mit Telegrafen- und internationalem Telefonamt liegt links neben dem Nationalmuseum an der U-Thong Rd; Mo bis Fr von 8.30 bis 16.30 Uhr, Sa bis 12 Uhr. Telefon- und Telegrammamt auch abends und an den Wochenenden geöffnet.

■ Die Tempel im inneren Stadtbereich (s.o.) werden abends angeleuchtet und eignen sich daher für **Nachtaufnahmen**.

Weiterreise

■ Für die Weiterreise mit dem **Bus** Richtung Norden oder Nordosten muß man sich erst vom großen Truck-Songthaew ab Busstopp nach Wang-Noi (15 Bt) bringen lassen, hier an den Highway stellen und hoffen; die meisten durchfahrenden Busse sind bereits voll. Wir haben es versucht, gaben nach 2 Stunden auf und kehrten nach Bangkok zurück: ab Chao Phrom Rd täglich zwischen 5 und 19 Uhr, alle 10 Minuten; ca. 1 1/2 Std., 20 Bt bzw. 38 Bt (AC).

■ **Zugverbindungen** nach Bangkok hat's etwa 20mal täglich; Fahrzeit rund 1 Stunde und 20 Minuten; 15 Bt in der III. Klasse, 31 in der II., 60 in der I.

Alle Züge der Northern und der Northeastern Line halten in Ayutthaya an (Anschluß somit Richtung Chiang Mai sowie Khorat und Nong Khai).

Bang Pa-In – Ein architektonisches Kleinod

In den Norden von Bangkok entführt ein Ausflug nach Bang Pa-In. Hauptattraktion dieser meistfotografierten Stätte Thailands sind die königlichen Palastanlagen, die zu den berühmtesten Sehenswürdigkeiten des Landes zählen und architektonisch einzigartig dastehen. Hier ein Palast im Stil der Renaissance, dort ein Rokoko-Pavillon, da ein Wassertempel im viktorianisch-thailändischen Mischstil neben reinen Beispielen klassisch thailändischer Baukunst. Die ganze Anlage präsentiert sich als ein Märchen von Farb- und Formharmonien. Krönender Abschluß einer Besichtigung ist die Fahrt von hier aus in einem Flußboot zum 15 km entfernten Ayutthaya, um 500 Bt bzw. 700 Bt pro Boot, sofern eine Besichtigungsfahrt in Ayutthaya angeschlossen wird.

Geöffnet ist Bang Pa-In täglich von 8.30–15.30 Uhr, der Eintritt beträgt 50 Bt.

■ **Anfahrt:** ab Bangkok mittels einer organisierten Tour (500–800 Bt) oder mit dem Bus ab Northern Busterminal (alle 20 Minuten, 1,5 Std. Fahrzeit, 17 Bt) bzw. dem Zug (12 Bt/26 Bt) ab Hauptbahnhof (gleiche Fahrzeit, stündlich), wie oben unter »Ayutthaya« beschrieben. Ab Ayutthaya per Songthaew für 10 Bt; 50 Minuten. Ab Anleger an der U-Thong Rd Charterboote für 500 Bt hin und zurück inkl. Die Oriental Queen sowie River Sun Cruise (siehe »Anreise Ayutthaya«) schließen Bang Pa-In auf der Rundfahrt ein. Sonntags verkehrt außerdem ein Flußboot von *Chao Phraya Express* (Tel. 222 53 35) von Bangkok aus nach Bang Pa-In; der Trip kostet 250 Bt, und unterwegs wird u.a. auch bei einem Kunsthandwerks-Zentrum angelegt.

Lopburi – Eine geschichtsträchtige Stadt

Lopburi gilt als eines der ältesten Siedlungsgebiete von Thailand und ist – wie zahlreiche Funde belegen – schon in der Jungsteinzeit bewohnt gewesen. Im 6. Jh., zur Zeit der Dvaravati-Periode, wurde die Stadt befestigt und bildete eines der bedeutendsten Zentren der Mon-Kultur. 500 Jahre später fiel *Lavu*, wie Lopburi damals noch hieß, unter die Herrschaft des Reiches von Angkor, stieg zur Provinzhauptstadt auf, später sogar zur Metropole eines kleinen Königreiches. Gegen Ende des 14. Jh., in der ersten Blütezeit des nur 80 km entfernten Ayutthaya, sank die Stadt zum Provinznest herab; erst unter *König Narai*, gegen Mitte des 17. Jh., erlebte sie einen neuen Aufschwung: Der pro-westliche Regent machte Lopburi (mit Hilfe französischer Architekten) zur zweiten Hauptstadt seines Reiches ein, denn Ayutthaya, damals noch am Meer gelegen, schien ihm nicht mehr sicher genug. Sein Nachfolger, *König Phetracha*, ließ den Gedanken der zweiten Residenz wieder fallen, Lopburi verfiel, und es vergingen 150 Jahre, bis *König Mongkut* die Stadt als alternative Kapitale wiederherstellen ließ.

Zu besichtigen gibt's zahlreiche und z.T. gut erhaltene historische Bauwerke, manche über 1200 Jahre alt. Und weil alles schön nah beieinander liegt, dauert ein Rundgang nicht mehr als einen halben Tag. Die meisten Touristen machen Lopburi als Ausflug von Ayutthaya aus.

Anreise/Ankunft

■ **Bus:** Von 5 bis 17 Uhr alle 15 Minuten für 45 Bt (153 km) ab Bangkok Northern Busterminal. Airconbusse verkehren zwischen 5 und 20.30 Uhr alle 20 Minuten für 75 Bt.

Viele Busse passieren Lopburi

LOPBURI

1. Busstop
2. Bahnhof
3. Lopburi Inn
4. Asia Lopburi Hotel
5. Nett Hotel
6. Eßmarkt
7. Boon Bakery
8. Phra Prang Sam Yot
9. San Phra Kan
10. Wat Phra Si Ratana Mahatat
11. Phra Narai Rajaniwet
12. Chao Phaya Wichayen
13. Wat Sao Thong Thong
14. Wat Ka Vid
15. Alte Stadtmauer
16. Stadttor

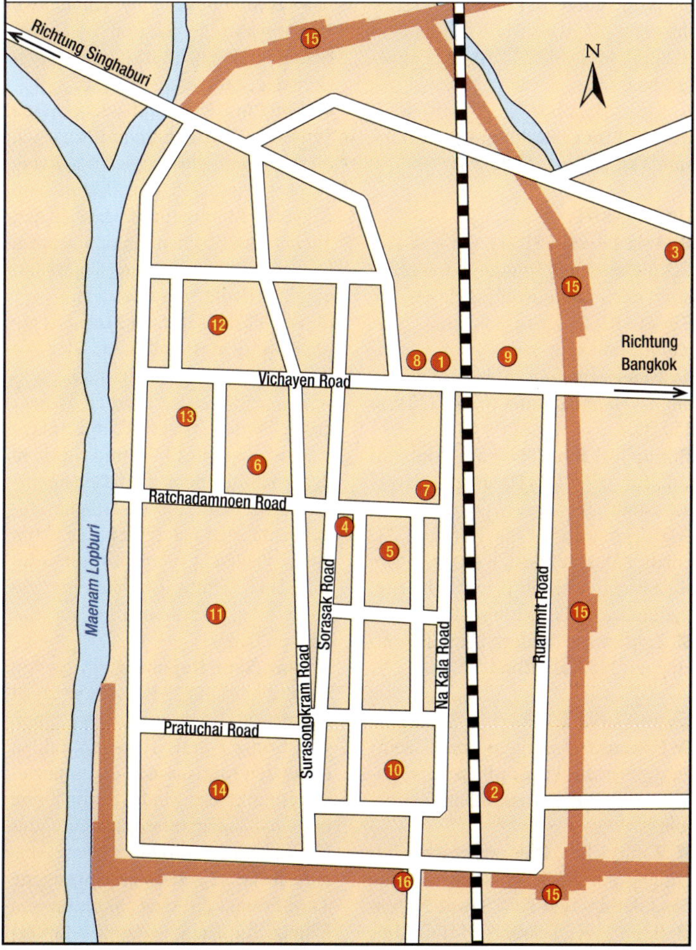

auf ihrem Weg von Nordthailand nach Bangkok. Von Ayutthaya aus: alle 15 Minuten für 22 Bt (rund 1 1/2 Stunden).

Die Busse stoppen auf der nördlichen Durchgangsstraße, von wo alle Sehenswürdigkeiten und Unterkünfte zu Fuß erreicht werden können.

■ **Zug:** Lopburi liegt an der Northern Line und wird sieben Mal täglich von Bangkok (28/57 Bt), Ayutthaya (13/27 Bt) sowie Nordthailand (Chiang Mai: 102/214 Bt) aus angefahren.

Der Bahnhof liegt am Südwestrand der Stadt in Laufdistanz zum Zentrum.

Unterkunft

■ **Asia Lopburi Hotel,** Sorasak Rd. Ecke Phra Yam Jamkat Rd. (gegenüber dem alten Königspalast), Tel. 036/41 18 92. Unansehnliches Gebäude, teilweise laute, aber zumindest einigermaßen saubere Zimmer mit Bad und Fan oder AC zu 220 und 350 Bt.

■ **Lopburi Inn,** 28/9 Narai Maharat Rd, Tel. 036/41 23 00. Bestes Hotel der Stadt, aber das heißt nicht viel. Alle Zimmer sind mit Bad und AC eingerichtet und kosten ab 650 Bt; im Restaurant werden chinesische und thailändische Gerichte serviert.

■ Zahlreiche weitere Hotels entlang der **Na Kala Road.**

Essen und Trinken

■ **Eßmarkt** (morgens bis nachts geöffnet) direkt nördlich des Palastes mit Riesenauswahl an Gerichten.

■ Zahlreiche **Chinesenrestaurants** entlang der Na Kala Road in Nähe des Julathip- und Thai-Sawat-Hotels.

■ Beim Asia Lopburi Hotel gibt's zwei einfache Thai-/China-Restaurants, wo auch europäisches Frühstück serviert wird.

■ **White House Garden Restaurant,** Phraya Kumjud Road. Gute Thai-Küche, angenehmes Sitzen im Garten.

Sightseeing

■ **Phra Prang Sam Yot:** Der dreiteilige Turmkomplex im Khmer-Stil wurde wahrscheinlich im 12. Jh. errichtet und gilt heute als Wahrzeichen der Stadt – sehr fotogen.

■ **San Phra Kan:** Auf der anderen Seite der Eisenbahnlinie findet sich dieser Hinduschrein, der als heilig verehrt wird und ein Bildnis von *Kala*, der Totengöttin, enthält. In den Tamarindenbäumen um den Schrein hausen zahlreiche Affen (die Michael seiner Brille beraubten ...).

■ **Wat Phra Si Ratana Mahatat,** gegenüber dem Bahnhof an der Na Kala Road; 20 Bt Eintritt. Die teilweise restaurierte, rund 3 Hektar große buddhistische Tempelanlage stammt aus dem 12. Jh. und wurde in den nachfolgenden Perioden mehrfach umgebaut; selbst westliche Stilelemente sind zu finden. Zentrum dieser vielleicht interessantesten historischen Stätte Lopburis ist ein imposantes Turmheiligtum aus der Khmer-Zeit.

■ **Phra Narai Rajaniwet,** Mi–So von 9 bis 12 Uhr und 13 bis 16 Uhr, 20 Bt Eintritt (inkl. Museum). Die Ruinen von König Narais Residenz bilden heute den touristischen Hauptanziehungspunkt der Stadt. Europäische und thailändische Stilelemente des 17. Jh. sind in auffälliger Weise vereint: dort eine gotisch geschwungene Türöffnung, da eine Skulptur im Khmer-Stil, ein Spiegelsaal à la Versailles. Das ehemalige Wohngebäude des Königs wurde ebenso restauriert wie ein Pavillon, in dem das Museum untergebracht ist (hauptsächlich Skulpturen aus der Khmer- und Mon-Periode).

■ **Weitere Sehenswürdigkeiten:** Der *Chao Phaya Wichayen* wurde als Palast für den französischen Gesandten errichtet, ist aber eher von historischer denn kunstgeschichtlicher Bedeutung; die Anlage ist nur wenige Gehminuten vom Königspalast entfernt.

Der *Wat Sao Thong Thong* grenzt an den Palastbezirk, ist nahezu vollständig im ursprünglichen Zustand erhalten und gilt als Beispiel reinsten Ayutthaya-Stils.

Im Norden der Stadt, am Lopburi River, finden sich zahlreiche Reste der alten *Stadtmauer*.

■ **Klassische Tänze:** Lopburi gilt als eines der Zentren für klassische Tänze und ebensolche Musik. Die Schule *Withayalai Kalasilpa Lopburi,* die »Schule der Schönen Künste« (Pha Ya Jamkat Road), ist überall in Thailand bekannt; sie kann besucht werden, am besten in den Morgenstunden bis 11 Uhr.

Weiterreise

■ **Bus:** Ab Busstop an der Hauptdurchgangsstraße alle 15 Minuten mit Normalbus (alle 25 Minuten mit Aironbus) nach Bangkok; (35 bzw. 75 Bt.). Außerdem alle 15 Minuten nach Ayutthaya (2 Stunden, 22 Bt) sowie nach vielen Städten Nordthailands (die Busse kommen aus Bangkok).

■ **Zug:** Sechs Verbindungen täglich in Richtung Chiang Mai sowie acht Richtung Bangkok (via Ayutthaya); der Zug ist auf der Route nach Bangkok nahezu doppelt so schnell wie der Bus.

Floating Market – Damnoen Saduak

In der guten alten Zeit, als der Verkehr um Bangkok noch fast ausschließlich über die Klongs (Kanäle) abgewickelt wurde, gab es vorwiegend *schwimmende Märkte*. Ihre Anzahl verkleinerte sich zusehends, nachdem viele Wasserwege zugeschüttet wurden, und in Bangkok/Thonburi gab's vor wenigen Jahren nur noch einen einzigen. Dann kamen die Touristen, und alsbald donnerten große Ausflugs-Speed-Boats durch die engen Wasserstraßen. Ihr Wellenschlag machte den zierlichen Gemüse- und Früchtebooten schnell den Garaus. Heute gibt es dort nur noch Statistinnen, die, angeheuert vom Tourist Office, Marktfrauen imitieren. Die Prospektidylle der Veranstalter entpuppt sich – hier besonders – als Lüge.

Empfohlen wird heutzutage der schwimmende Markt bei *Damnoen Saduak*, rund 109 km westlich von Bangkok.

Inmitten eines Holzdorfes bieten jeden Morgen zwischen 8 und 12 Uhr hunderte alter Frauen in winzigen Kanus ihre Waren an – hauptsächlich Gemüse, Früchte, Fleisch, aber auch allgemeine Haushaltsartikel, Kosmetika; selbst schwimmende Garküchen werden durch die engen Klongs gepaddelt.

■ **Busverbindung** ab Bangkok Southern Busterminal: alle 20 Minuten ab 5 Uhr (30 Bt, 1,5–2 Stunden); am besten einen der frühen Busse bis gegen 7 Uhr nehmen, dann ist es noch ruhig auf dem Markt.

■ Ab Bus-Endstation starten alle paar Minuten die großen Truck-Songthaews, die für 2 Bt die rund 2 km bis zum Markt machen. Außerdem alle 15. Min. ein Bootszubringer zum Markt (10 Bt).

■ **Zu Fuß:** auf die Hauptstraße, links, über die Brücke, nächste Asphaltstraße (ausgeschildert) nach rechts, noch etwa 1 km; insgesamt rund 20 Minuten.

■ Den **Markt** *(Tonkem)* selbst kann man teilweise über schmale Uferstege entdecken – optimal zum Fotografieren. Für ca. 300 Bt pro Stunde kann man sich in einem kleinen Holzboot durch das Gewimmel paddeln lassen. Mietet man ein Boot, lassen sich auch die abgelegenen Märkte *Here Kue* und *Khun Pithak* erreichen, auf die sich Touristen eher selten verlieren; Bootsmiete dafür rund 500 Bt, Fahrzeit insgesamt ca. 2 Std. Da das Treiben frühmorgens am größten ist – ab Mittag ist alles vorbei –, sollte man einen der frühen Busse bis gegen 8 Uhr nehmen. Organisiert ist der Markt ebenfalls erreichbar, der Preis für die Halbtagesfahrt liegt bei rund 500 Bt, zu buchen in einem Reisebüro.

■ **Weiterreise:** Rückkehr per Songthaew; Busse nach Bangkok alle 20 Minuten via Nakhon Pathom. Oder mit dem Bangkok-Bus bzw. Minibus nach Bang Phae (10 Bt) und dort in den Bus nach Kanchanaburi (16 Bt) zusteigen.

Nakhon Pathom – Stadt des Riesen-Chedi

Die 56 km westlich von Bangkok gelegene 50 000-Seelen-Stadt ist berühmt für ihren 127 m hohen goldfarbenen Chedi: das höchste buddhistische Heiligtum der Welt und obendrein das älteste des Landes. Wie die Überlieferung berichtet, soll in Nakhon Pathom vor über 2000 Jahren die buddhistische Geschichte des Landes begonnen haben: Die Stadt war damals eine Hafenstadt mit guten Verbindungen nach Indien und Ceylon.

Besonders sehenswert sind die nördliche und südliche »Kapelle« mit Buddha-Statuen. Ebenfalls auf der Südseite des Chedi liegt das Museum mit zahlreichen Funden aus der Dvaravati-Epoche (etwa 7. bis 13. Jh.).

✎ »Die Stadt ist meines Erachtens absolut unterbewertet, hat sie doch täglich einen großen Markt/Markthalle, einen tollen Nightmarket rund um den beleuchteten Chedi. Dann die Universität mit schönem Campus (Silpakorn-Uni), in der Nähe der Palast, ein fachwerkähnliches Haus. Zudem günstige Möglichkeit nach Damnoen Saduak zu kommen (erspart das frühe Aufstehen)« (David Steinke, D-Grasleben).

Anreise/Ankunft

■ **Bus:** Ab Bangkok Southern Busterminal alle 15 Minuten (Normalbus) von 5.45–21.20 Uhr, 56 km, 15 Bt; Fahrzeit 1 Std. Aircon-Busse (26 Bt) alle halbe Stunde zwischen 7.30 und 22.30 Uhr. Gute Verbindungen auch ab Damnoen Saduak sowie ab

Kanchanaburi (alle Busse Richtung Bangkok fahren via Nakhon; 22 Bt). Viele Fanbusse (aber nicht alle und keine AC-Busse), die von Südthailand nach Bangkok fahren, kommen ebenfalls in Nakhon Pathom vorbei.

Alle Busse stoppen direkt vor dem Chedi im Stadtzentrum.

■ **Zug:** 9 Verbindungen täglich über die Southern Line von Südthailand und Bangkok aus. Ab Bangkok etwa 70 Minuten, 14–54 Bt. Zweimal täglich (8.25 und 15.20 Uhr) auch eine Verbindung ab Kanchanaburi.

Aus dem Bahnhof (hier auch Gepäckaufbewahrung) raus, nach links, nächste rechts und am Markt vorbei zum Chedi.

Unterkunft/Essen und Trinken

■ **Mit Raworn Hotel,** links vor dem Bahnhof an der Thanon Rotfay Rd. Zimmer mit Bad und Fan oder AC, leidlich sauber, ziemlich laut, doch günstig (um 200 Bt).

■ Ein Hauch besser, aber auch nicht wesentlich ruhiger gelegen, ist das **Mit Paisan Hotel** (120/30 Phaya Phan Road) mit ganz ähnlichem Angebot.

■ **Nakhon Inn Hotel,** an der Nordostecke des Chedi gelegenes Mittelklassehotel (55 Ratwithi Road, Tel. 034/25 11 52), nur AC-Zimmer (ab 450 Bt), alle mit TV, Kühlschrank, Bad; wer handelt, kann bis zu 35% Rabatt rausschlagen. Der Versuch, ein Zimmer in den beiden oberen Stockwerken zu erhalten, lohnt sich: Ausblick auf den (nachts angestrahlten) Chedi. Im angeschlossenen Restaurant gibt's ausgezeichnete Gerichte sowie abends Live-Musik.

■ Auf der Straße zwischen Bahnhof, Markt und Chedi finden sich zahlreiche billige Chinarestaurants sowie Unmengen von Garküchen. Spezialität der Stadt ist *khao laam* (im Bambusrohr mit Kokosmilch gekochter Reis) sowie *khai yang* und scharfe Würstchen am Spieß.

Weiterreise

■ **Bus:** Zum Floating Market von Damnoen Saduak (alle paar Minuten für 15 Bt), nach Kanchanaburi (22 Bt), nach Bangkok (15 oder 26 Bt) sowie nach Hua Hin via Phetburi und (mit den von Bangkok kommenden Fanbussen) zu allen Städten Südthailands.

■ **Zug:** Über die Southern Line 9 Verbindungen täglich nach Bangkok (14 bis 54 Bt) sowie in Richtung Süden. Außerdem zweimal täglich nach Kanchanaburi und weiter nach Nam Tok über die berühmte »Brücke am Kwai«.

Kanchanaburi – An der »Brücke am Kwai«

Nur 130 km westlich von Bangkok, ab dort in gut 2 Stunden schnell erreichbar, liegt am Zusammenfluß von Kwai Noi und Kwai Yai das etwa 30 000 Einwohner große Städtchen *Kanchanaburi* – bekannt hauptsächlich durch Pierre Boulles authentischen Roman *Die Brücke am Kwai* und dessen Verfilmung.

Von Kanchanaburi aus versuchten die im II. Weltkrieg mit Thailand verbündeten Japaner den Zugang nach Burma über den Drei-Pagoden-Paß zu erzwingen und ließen in nur einem Jahr von Hunderttausenden von Kriegsgefangenen und Zwangsarbeitern aus Thailand und Malaysia

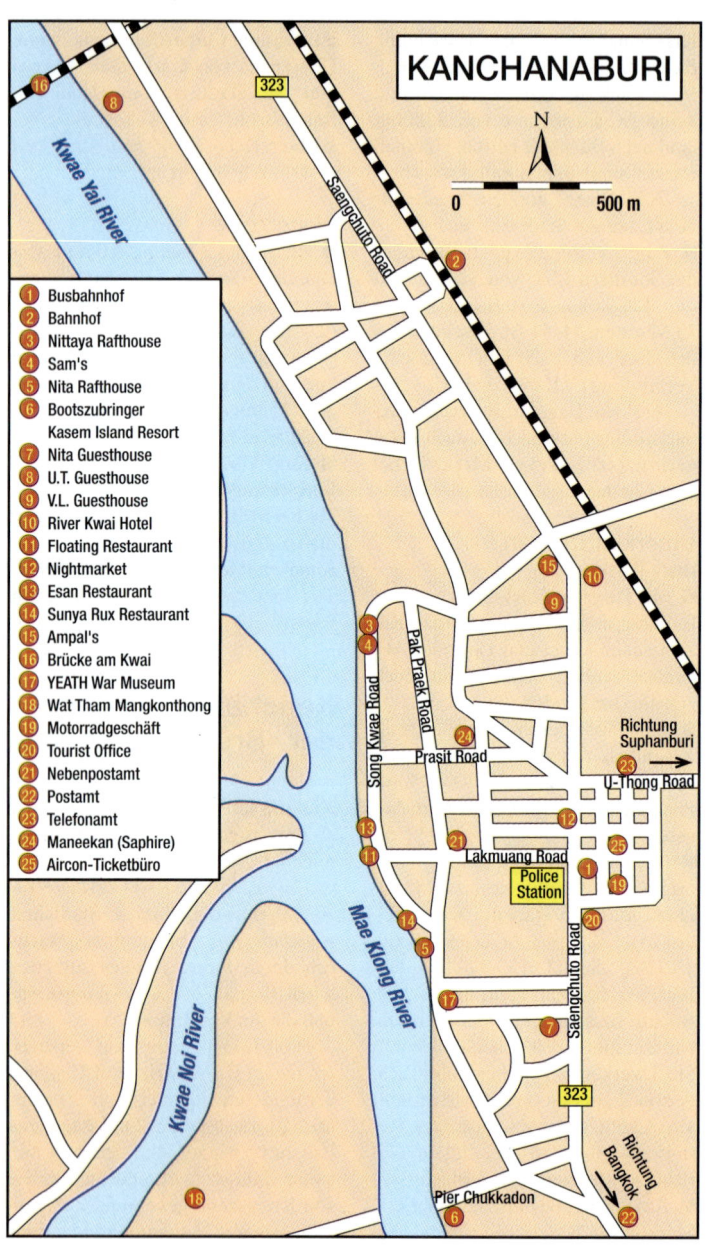

Kanchanaburi

eine rund 411 km lange Trasse durch dichtesten Dschungel und unwegsame Bergwelt dorthin legen.

Offiziell starben an Entbehrungen, Krankheit und auch an den Unmenschlichkeiten der Japaner rund 16 000 Kriegsgefangene (meist Engländer, Amerikaner, Australier, Neuseeländer und Holländer) sowie 49 000 Zwangsarbeiter. Doch realistischere Schätzungen beziffern die Zahl der Toten auf bis zu 150 000 – die riesigen Soldatenfriedhöfe in der Stadt sprechen Bände.

Ein Großteil der Strecke wurde nach dem II. Weltkrieg wieder demontiert, aber die Brücke und 77 km der *Todesbahn* sind noch immer vorhanden. Heute Touristenattraktion. So werfen denn die meisten Besucher nur mal schnell einen Blick auf die nicht gerade sehenswerte, aber historisch bedeutsame Brücke – und verpassen ein besuchenswertes Städtchen mit hervorragender Infrastruktur und eine landschaftlich außerordentlich reizvolle Provinz.

An-/Weiterreise

■ **Busverbindung** ab Bangkok Southern Busterminal alle 15 Minuten (5 bis 19.30 Uhr, 34 Bt, ca. 3 Std.). Aircon-Busse ab Southern Busterminal für 65 Bt (1 1/2 Std.) 18 Mal täglich zwischen 5.30 und 19 Uhr. Zusteigemöglichkeiten (Non Aircon) in Nakhon Pathom.

■ **Zugverbindung** täglich ab Bahnhof Bangkok/Thonburi (Achtung: nicht Hauptbahnhof Hua Lumpong!) um 7.50 Uhr und 13.45 Uhr via Nakhon Pathom, an Kanchanaburi rund 2 1/2 Stunden später (28–111 Bt); der Zug fährt weiter nach Nam Tok (siehe »Entdeckungstrips«).

■ **Von anderen Städten** als Bangkok ist Kanchanaburi nur mit sehr viel Umsteige-Streß zu erreichen.

Ankunft

■ **Busstop** relativ zentral nahe der Hauptstraße. Die meisten Hotels und Guesthouses sind zu Fuß erreichbar (etwa 1 bis 3 km); Samlor um 10 Bt.

■ **Der Bahnhof** liegt am nördlichen Stadtrand, etwa 100 m von der Hauptstraße entfernt. Entweder zu Fuß nach links ins Stadtzentrum (etwa 2 km), mit einem der vorbeifahrenden roten Minibusse für 5 Bt oder per Samlor für rund 10 Bt gleich bis ins Guesthouse.

Unterkunft

Kanchanaburi verfügt nicht nur über eine enorme Anzahl an Hotels in allen Preislagen, sondern auch über budgetgerechte Guesthouses sowie – und dafür ist die Stadt berühmt – *floating rafthouses*, schwimmende Unterkünfte auf dem Mae Klong und Kwai Yai River (Moskitonetze sollte man mitbringen; gibt's überall in der Stadt zu kaufen).

Eine Auswahl (die Rafthouses zuerst) von Nord nach Süd:

■ **Nittaya Rafthouse,** Kwai Yai River, Ecke Song Kwai Rd./Wat Noue, Tel. 034/51 33 41. Sehr hellhörige Bastmatten-Zimmer in Pfahlbauhäuschen am (schlammigen) Flußufer, »Festlandzimmer« mit Fan und Bad/WC in einem Reihenhäuschen. Das Restaurant floatet, die Zimmerpreise liegen bei 200 Bt.

■ **Sam's,** Kwai Yai River, Song Kwai Rd., links neben Nittaya, Tel. 034/51 39 71. Tolles Rattanrestaurant im »Tempel-Stil« mit verschiedenen Sitzebenen. Laufplanken führen übers seichte Uferwasser zu den Pfahlbungalows, die eine Art Innenhof aussparen. Ringsherum überdachte Aufenthaltseckchen, eine Sonnen-Plattform. Die Bungalows mit Fan und Bad/WC kosten 350 Bt, die Zimmer in einem Reihenhäuschen direkt am offenen Fluß gibt's in mehreren Preislagen zwischen 100 und 250 Bt. Nachteil für Ruhesuchende: Abends und nachts dröhnt der Sound aus dem Restaurant, man kann kein Auge schließen.

■ **Nita Rafthouse,** Mae Klong River, unterhalb War Museum, Tel. 034/51 45 21. Zwei Rafthouses mit je 10 Zimmern zu 170 Bt. Kein Komfort, aber sehr beliebt, weil relativ ruhig gelegen und mit guten Bademöglichkeiten direkt von den Zimmern aus; freakiges Restaurant.

■ **Kasem Island Resort,** Kasem Island, Tel. 034/51 33 59; Anmeldung am Chukkadon-Pier (siehe Karte). Sehr komfortable und vor allem auch idyllische Rattan-Bungalow-Anlage auf einer Insel im Mae Klong River. Gediegen ausgestattete Bungalows für 600 Bt sowie Luxushausboote (gedacht für Großfamilien). Angeschlossen sind ein schwimmendes Restaurant, ein Café, eine kleine Bar. Viele Thai-Touristen.

■ **V.L. Guesthouse,** 18/11 Saengchuto Rd., Tel. 034/51 35 46. Neubau mit sehr gepflegten Fan- sowie AC-Zimmern; alle mit Bad/WC, Komfort wie im Mittelklassehotel, allerdings zur Straße raus ziemlich laut; Preise ab 250 Bt.

✎ »V.L. Guesthouse; direkt gegenüber dem River Kwai Hotel ist ein neues, sehr gut geführtes Haus mit freundlicher Atmosphäre. Große, helle, saubere Zimmer mit Doppelbett, Schrank, Tisch und Stuhl, Komfort eines Hotels. Wir waren begeistert.« (Peter Klassen/Andrea Sippel, D-Schwieberdingen)

■ **Jolly Frog Backpackers,** 28 Maenam Kwae Road, Tel. 034/51 45 79. *Der Rucksackler-Treff in Kanchanaburi.* Wohnen in einfachen, aber sauberen Zimmern mit und ohne Bad/WC (zu 150 bzw. 230 Bt); angeschlossen ein gutes Restaurant, eine Liegewiese nebst Badeplattform, Bike- und Kanu-Verleih, und die netten Vermieter organisieren Touren ins Umland, sind für alle Fragen gut. Wer hier unterkommen will, kann auch den Minibus-Zubringer ab/zur Khao San Road in Bangkok für 80 Bt nehmen.

■ **River Kwai Hotel,** 284/4–6 Saengchoto Rd, Tel. 034/51 16 56. Das beste Hotel in der Stadt, mit gehobenem Komfort: alle Zimmer sind mit Bad und AC sowie TV und Kühlschrank ausgestattet; ab 800 Bt.

✎ »V.N. Guesthouse, direkt am Fluß gelegen, vom Bahnhof ca. 5 Gehminuten. Die kleinen, sauberen Bungalows mit Moskitonetz stehen auf Pfählen im Wasser und sind über einen Steg erreichbar. Sehr familiär, freundliche Leute; schönste Sonnenuntergänge, Fahrradverleih, Verleih von Einbaum-Booten (10 Bt/Tag). Preis je Bungalow 40 Bt pro Person« (Andrea Münchow, D-Remscheid). Anmerkung: Der Preis lag z.Zt. unserer Recherchen bei 150 Bt je Bungalow.

✎ »Uns hat es ausgezeichnet gefallen im River Guesthouse von Kun Lert (Sicherheitsbeamter der Bangkok Bank): ein Pfahlbauerdörfli. Saubere Bambus-Bungalows, mit kleinem Restaurant am Kwai Yai, etwa 5 Gehminuten flußaufwärts von den beiden Tempeln. Baden direkt vor der Haustür. 80 Bt für 2 Perso-

Kanchanaburi

nen« (Helmut Haldemann, CH-Oberwil). Anmerkung: Der Preis liegt nun bei 170 Bt, und uns persönlich gefiel es hier nicht ganz so gut.

✎ »Per Zufall bin ich ins PS Guesthouse gekommen (Rhong Heeb Oil Rd. 3), und es war eines der besten meiner Reise. Zwar etwas außerhalb, aber direkt am Fluß, sehr saubere Hütten zu 80 bis 150 Bt (dann mit Bad und Fan), großartiges Bambusrestaurant« (Udo Wings, D-München). Anmerkung: die Bungalows kosten nun 180 Bt.

✎ »Wir verbrachten einige Tage in einem neuen Guesthouse in Kanchanaburi: *Sugar Cane Guest House*, 22 Pakistan Rd, Tel. 01/436 79 70. 8 Hütten (klein), die 100 Bt/Nacht kosten und ca. 5 größere für 250 Bt, alle Zimmer mit Fan, Doppelbett, Dusche, Klo ausgestattet und sehr sauber. Angeschlossen ein Restaurant mit günstigem Essen.« (Claudia Hartmann, D-76726 Germersheim)

Essen und Trinken

Kanchanaburi ist neben Hua Hin der beliebteste Ausflugs- und Urlaubsort für Bangkoks Mittel- und Oberschicht. Das steht für allerbeste Thaiküche. Wirklich schade, hier in den »Traveller«-Restaurants seine Geschmacksnerven zu langweilen.

■ Im Bereich des Song Kwae Road reiht sich am Kwai Yai und Mae Klong River ein **Floating Restaurant** an das andere. Bei Sonnenuntergang sitzt sich's nirgends schöner, und etwa ab 20 Uhr (insbesondere an den Wochenenden) weicht die Romantik bei »Jubel, Trubel, Heiterkeit«. Dann wird es proppenvoll, Live-Musik dröhnt über den Fluß, und bei meist reichlich genossenem Mekong kommt man sich schnell näher.

Speisekarten in Englisch gibt es auf Anfrage; die Gerichte kosten von 80 bis 350 Bt. Eiswasser ist kostenlos, andere Getränke sind recht teuer; manch einer bringt seine Mekong-Flasche (versteckt) mit.

■ **Night-Market** an der Saengchuto Rd zwischen Abzweigung U-Thong Rd und Lakmuang Rd. Weniger Curries, mehr Seafood sowie chinesische Nudel- und Reisgerichte. Größere Currie-Auswahl rings um den Busbahnhof.

Sightseeing

■ Die weltberühmte **Brücke am Kwai**, millionenfach abgelichtet, ist nichts als eine unschöne Stahlkonstruktion im Norden der Stadt, etwa 5 km außerhalb des Zentrums (Samlor 20 Bt).

■ **JEATH War Museum,** Pak Praek Rd, gegenüber Ecke Visutharangsi Rd, am Flußufer neben dem Tempel, 20 Bt Eintritt, Kinder frei. Der Name *JEATH* ist nicht ohne Bedeutung, sondern wurde von den Kriegsgefangenen, den sogenannten *POWs* geprägt. Er ist vom englischen Wort *death* abgeleitet, wobei die Anfangsbuchstaben denen der beteiligten Länder entsprechen: J für Japan, E für England, A für Amerika und Australien, T für Thailand und H für Holland.

Das in originalgetreu nachgebauten Bambus-Wohnhütten der Gefangenen untergebrachte kleine Museum demonstriert sehr beeindruckend Leben und Arbeit dieser Unglücklichen, zeigt auch recht anschaulich, mit welchen Foltermethoden Nicht-Arbeitswillige und Kranke zu rechnen hatten, informiert objektiv über die damaligen Zustände; viel Dokumentationsmaterial: Fotos,

Bilder von Gefangenen, Zeitungsartikel aus aller Welt.

»Das Museum ist mit der Frage nach ›War-‹ oder ›YEATH-Museum‹ nicht immer zu finden, mit der nach ›PIPITTAWAN‹ hingegen sofort« (Bruno Bolliger, D-Baden).

■ **Wat Tham Mangkonthong,** der »Höhlentempel des Goldenen Drachen«, erlangte Berühmtheit in ganz Thailand, weil hier früher eine Nonne in Rückenschwimmlage in einem Pool meditierte. Erklimmt man die von Drachen flankierte Treppe zum *bot* und folgt dann der Glühbirnenkette ins Innere einer Höhle, erreicht man in paar Minuten (teilweise kriechend) einen über dem Tempel gelegenen Ausgang – phantastische Aussicht über das von Kalksteinfelsen bedeckte Land.

Der Komplex liegt rund 4 km von Kanchanaburi entfernt auf der anderen Flußseite; keine öffentlichen Transportmittel. Hin entweder zu Fuß oder per Miet-Fahrrad/-Moped. Zum Chukkadon-Pier am Kwai Yai River (siehe Karte), Fähre für 2 Bt zum anderen Ufer und dann immer geradeaus, bis der Tempel nach rund 4 km auf der linken Seite auftaucht.

Verschiedenes

■ Das **Tourist Office** (täglich 8.30 bis 16.30 Uhr) an der Saengchuto Rd (Tel. 034/51 20 00) gehört zu den wenigen Info-Stellen im Land mit wirklich detaillierten Informationen. Hier auch Beratung für ausgefallene Trips sowie in Sachen Steinkauf und Wert eines Steines.

■ **Banken** entlang der Saengchuto Rd; Mo bis Fr von 8.30 bis 15.30 Uhr.

■ Die **Hauptpost** liegt etwa 2 km außerhalb der Stadt. **Telefonamt** auf der U-Thong Road (Straße Richtung Suphanburi), ein paar Gehminuten vom Zentrum entfernt.

■ **Wirklich echte Saphire** kaufen zu wollen, ist stets ein *va banque*-Spiel. Risikoscheue sollten die Steine da einkaufen, wo sie geschürft werden: in Chanthaburi an der Ostküste (siehe dort) oder in Kanchanaburi, wo man sich im Tourist Office Adressen von vertrauenswürdigen Läden geben lassen kann.

Rings um Kanchanaburi

Busfahrten sind zeitintensiv, weshalb wir empfehlen, ein Motorrad zu mieten. Etwa in dem Motorradgeschäft an der Stichstraße zur Saengchuto Rd oberhalb Tourist Office (täglich ab 8.30 Uhr). Oder besser – weil gepflegtere Maschinen – über Ampai's Beergarden (Saengchuto Rd) oder V.L. Guesthouse (s.o.), wo eine Honda Dream 200 Bt, eine geländegängige MTX 300 Bt kostet. Fahrräder werden in diversen Guesthouses für 30 Bt pro Tag vermietet, Jeeps kosten ab 700 Bt.

Hier jetzt nur eine Auswahl der spektakulärsten Trips; im Tourist Office kann man ein paar umfassende Prospekte bekommen.

Erawan-Wasserfall mit Nationalpark

Eine Hauptattraktion der Kanchanaburi-Provinz sind ihre Wasserfälle, und der Erawan-Fall im gleichnamigen Nationalpark gilt vielen als der spektakulärste.

■ **Anreise:** Mit Bus Nr. 8170, der zwischen 8 und 16.30 Uhr stündlich ab Busbahnhof/Kanchanaburi ver-

Der Erawan-Wasserfall bei Kanchanaburi

Rings um Bangkok

kehrt (2 Stunden, 21 Bt). Außerdem organisieren die meisten Guesthouses Touren hierher, die zwischen 60 und 100 Bt kosten.

Selbstfahrer verlassen die Stadt über die Hauptstraße Saengchuto Rd Richtung Norden. Insgesamt sind es 71 km bis zum (ausgeschilderten) Nationalpark.

■ **Der Wasserfall:** Gerade in der Trockenzeit ist ein Trip zu empfehlen. Der Fluß führt dann kein schlammig-braunes, sondern kristallklares Wasser und schimmert in den von Dschungel umgebenen Bassins in Grün- und Blautönen. Gut zum Baden geeignet.

Direkt am Fluß zahlreiche kleine Bambus-Rondells: originelle Schlafplätze für die Nacht. Am letzten Parkplatz, etwa 10 Gehminuten entfernt, laden einige Restaurants zum Schlemmen ein.

■ **Unterkunft:** Am Parkeingang, etwa 4 km vom eigentlichen Wasserfall entfernt, säumen Bungalowanlagen (ab 250 Bt/Hütte) den Kwai Yai River. Schöner wohnt man 4 km entfernt am Weg im *Erawan Resort* (Tel. 034/51 35 68), wo aber nur die günstigen Hütten zu 220 Bt den Preis wert sind. Wer Komfort sucht, findet ihn ein Stück weiter Richtung Park im *Padang Resort* (Tel. 034/51 33 49), wo man in Bungalows zu bis 1000 Bt wohnen kann.

Sai-Yok-Wasserfall und Nationalpark

Ein Besuch dieses Wasserfalls am Kwai Noi River bietet sich als Tagesabstecher an, läßt sich aber auch mit einer Zugfahrt über die »Todesstrekke« (s.u.) koppeln; desgleichen mit einem Trip zum Drei-Pagoden-Paß.

■ **Anfahrt:** 6.45-Uhr-Bus (Nr. 8203) ab Kanchanaburi (1,5 Std., 28 Bt) bis an die Abzweigung zum Park. Umsteigen aufs Motorrad (3 km, 10 Bt).

Selbstfahrer: Kanchanaburi über die Hauptstraße Richtung Norden verlassen, auf der Straße 323 bleiben, bis nach rund 90 km o.g. Abzweigung kommt. Dem Weg für rund 1,5 km bis zum Kreisverkehr folgen und hier links; Ziel ist ein von Restaurants umgebener Parkplatz.

■ **Wasserfall / Unterkunft / Trips:** Zum Wasserfall sind's ab Parkplatz nochmals etwa 10 Gehminuten, die rund 6 m hohe Kaskade (kleiner Fluß stürzt in den Kwai Noi) ist nur in der Regenzeit und unmittelbar danach spektakulär. Schöner als der eigentliche Fall ist das Flußtal drum herum. Links neben dem Wasserfall schwimmt ein Restaurant, von dem aus Bootstrips von 1/2 Stunde organisiert werden. Der Preis von 200–300 Bt/Pers. läßt sich herunterhandeln.

Die Park-Bungalows kosten ab 700 Bt, sind für 10 Personen angelegt. Atmosphärischer ist's im Raft-Camp (ab Parkplatz wieder 500 m retour, dann links ab zum Fluß). Am Ufer auf Flößen schaukeln denkbar einfache Bambushütten vor sich hin, die um 250 Bt kosten.

■ **Rückfahrt:** Der letzte Bus fährt etwa um 16 Uhr an der Kreuzung vorbei; hier ein kleines Wartehäuschen und ein Restaurant.

✎ »Der Wasserfall ist nicht umwerfend, aber die Höhlen im Park sind interessant. Wenn man Glück hat, trifft man auf einen Führer mit Petroleumlampe« (Andrea Münchow, D-Remscheid).

✎ »Wir unternahmen eine rund halbstündige Flußreise mit einem Boot und sahen mehrere schöne

Reisfeldlandschaft bei Chaya

Wasserfälle. Start bei der Hängebrücke« (Helmut Haldemann, CH-Oberwil).

Death-Railway

Rund 2,5-stündige Fahrt mit der »Todesbahn« auf der *Todesstrecke* mit »Todeskurve« bis Nam Tok, der Endstation, von wo aus gute Anschluß-Verbindungen zum Sai-Yok-Wasserfall sowie zum Drei-Pagoden-Paß bestehen. Sonst kann man in Nam Tok (»Wasserfall«) nicht viel unternehmen; wer »hängenbleibt«, kann im Hotel Suvatana oder in den Sai Yok Noi Bungalows übernachten. An den Wochenenden kann's schwer sein, ein Zimmer zu bekommen, denn dann wimmelt es hier von Ausflüglern aus Bangkok.

■ Am schönsten ist die Fahrt mit dem **Frühzug** um 6 Uhr ab Kanchanaburi: Dann werden hübsche Teak-Waggons eingesetzt, und die diffusen Lichtverhältnisse über dem Flußtal verzaubern die Landschaft.

Auch morgens um 5.30 Uhr fahren schon viele Minibusse für 5 Bt zum Bahnhof; am Bahnsteig ein kleiner Food-Stall mit Gebäck, Kaffee und Tee. Den besten Ausblick auf die River-Kwai-Brücke und die ca. 1 1/2 Stunden entfernte »Todeskurve« genießt, wer in Fahrtrichtung auf der linken Seite Platz genommen hat.

■ Weiter zum **Sai-Yok-Wasserfall**: Ab Bahnhof per Minibus (5 Bt) zum Terminal, wo gegen 9 Uhr der Bus Nr. 8203 anhält.

■ Der gleiche Bus fährt weiter bis Thong Pha Phum mit Anschluß nach Sangklaburi, dem Startpunkt zum **Drei-Pagoden-Paß**.

Drei-Pagoden-Paß

Die im II. Weltkrieg heiß umkämpfte Paßgrenze ist heute ein sehr beliebter Schmuggelpunkt, und viele der in Burma erhältlichen Konsumwaren nehmen diesen Weg, der – wie das Hinterland auch – nämlich nicht in Händen der Zentralregierung ist, sondern vielmehr und schon seit Jahrzehnten in denen eines fast autonomen (und von Rangun bekämpften) Mon-Staates. Jenseits der Grenze das rund 2 km entfernte burmesisches Schmugglerdorf *Payathonsu*, randvoll mit Konterbande und doch ganz eindeutig einer anderen Welt angehörend. Man kann hinüber, darf es aber offiziell nur im Rahmen eines Tagesbesuches (8 bis 18 Uhr), wofür an der Thai-Grenze 150 Bt verlangt werden; wer in Burma übernachtet, kann bei Rückreise nach Thailand durchaus gewaltigen Ärger mit den Grenzsoldaten bekommen.

■ **Anreise:** Man kann den Paß auch als Tagesabstecher von Kanchanaburi aus besuchen, muß dann aber einen etwa 1500–2000 Bt teuren Pickup chartern. Auch die Anreise mit dem Motorrad ist möglich, aber die meisten Touristen nehmen ab Kanchanaburi den stündlich verkehrenden Bus Nr. 8203 nach **Sangklaburi** (6 Stunden, 60 Bt) bzw. den Minibus (über die Guesthouses/Hotels), der wesentlich schneller ist und 100 Bt kostet.

■ **Unterkunft:** In Sangklaburi bieten sich mittlerweile mehrere Guesthouses sowie Hotels an, und am besten gefiel es uns im *Burmese Inn Gueshouse* in Ban Nong Lu, rund 1 km außerhalb Richtung See (Tuk Tuk zu 20 Bt); die Vermieter sind nett, die Zimmer und Bungalows (150 Bt) schlicht, aber korrekt, und hier werden auch Bootstouren organisiert.

Rings um Kanchanaburi

Nett auch das ebenfalls in Ban Nong Lu gelegene *P. Guesthouse* mit einfachen Panorama-Bungalows (zwischen 180 und 250 Bt), nettem Restaurant sowie MTB-Verleih nebst organisierten Touren, darunter auch Rafting-Touren.

Wer mehr Komfort sucht, findet ihn im *Sri Daeng Hotel* (saubere Zimmer mit Fan und Bad oder AC, 230–750 Bt) an der Durchgangsstraße nahe Busbahnhof.

■ **Zum Paß:** Am nächsten Morgen entweder per Truck bzw. regulärem Minibus zum Paß (erstaunlich viel Verkehr), oder aber mit einem gecharterten Fahrzeug, das man aber kaum unter 1000 Bt (inkl. Rückfahrt) bekommt; am besten schon abends über das Hotel regeln. Die drei namengebenden Mini-Pagoden selbst, von einfacher Bauart, lohnen die Fahrt nicht; dafür aber die Aussicht, vielleicht auch der »Nervenkitzel« oder …

Fluß-Trips

■ **Floßtouren:** Für alle, die es lustig mögen. Jedes Guest- und Rafthouse der Stadt organisiert mittlerweile Ausflüge auf bis zu 20 Personen fassenden Hausbootflößen. Wenn sich ein paar Leute zusammentun, ist auch eine mehrtägige Floßtour erschwinglich. Wir trafen hier eine 10 Personen starke Gruppe, die die ganze Strecke vom Sai-Yok-Nationalpark per Floß zurückgelegt hatte: Dauer 3 Tage, Kostenpunkt 6000 Bt; Organisator war eines der Guesthouses von Kanchanaburi. Beratung auch im Tourist Office (s.u.). Generell kosten Tagestouren um 800 Bt/Pers., 2-Tages-Touren liegen bei 1500 Bt, 3 Tage kommen auf rund 2000 Bt.

■ **Bootstouren** organisiert man am besten individuell. Ein Longtailboot kostet rund 1000 Bt pro Tag oder 600–800 Bt für 6 Stunden (an den Wochenenden wesentlich teurer). Am interessantesten eine Fahrt auf dem Kwai Noi River, der durch völlig unberührte Berg- und Dschungelwelt führt und bis hinauf zum Khao-Laem-Stausee unterhalb des Drei-Pagoden-Passes schiffbar ist. Beratung auch hierzu im Tourist Office.

Tham-Than-Lot-Nationalpark

Dieser sehr weit abseits gelegene Nationalpark bietet auf einer Fläche von 59 qkm mehr Höhepunkte als eine ganze Provinz!

■ **Anfahrt:** Am allereinfachsten per Charter-Minibus für 1000 Bt (rund 90 km); Infos darüber im Tourist Office. Mehr Zeit kostet's mit öffentlichen Transportmitteln: Bus Nr. 325 bis Ban Nong Prue/Endstation (ab 7 Uhr alle 1/2 Stunde), etwa 25 km vom Park entfernt; ab hier trampen oder Minibus chartern (200 bis 300 Bt) bzw. mit dem Motorrad-Taxi für dreiste 80 Bt.

✐ »Unbedingt Taschenlampe für den Park mitbringen: Stromgenerator ist oft defekt, und ohne Licht ist der interessanteste Teil des Parks nicht erreichbar« (Gerhard Wolfram, D-Berlin).

✐ »Tam Tan Lot: So traumhaft wie im Führer beschrieben. Wichtig: Taschenlampe mitnehmen, denn die Wächter schalten nur alle Stunde das Licht für 10 Min. ein« (Peter Drexler, D-Neunkirchen a.Br.).

Wer nur einen Tag Zeit hat, nimmt am besten einen Minibus ab Kanchanaburi, zahlt ein bißchen mehr und läßt den Fahrer 4 bis 6 Stunden warten.

■ **Unterkunft/Essen:** Im Hauptquartier des Parks viele Bungalows für 450 bis 900 Bt, die für Großfamilien ausgelegt sind und entsprechend Platz bieten; sind aber ziemlich angegammelt, auch Mücken-verseucht (Moskitonetz mitbringen). Restaurants nur ein paar hundert Meter entfernt.

■ **Ausflüge:** Um die Hauptattraktion des Parks, eine tief eingeschnittene Klamm, zu erreichen, muß man dem ab Headquarter ausgeschilderten Flußuferweg durch eine Höhle folgen; sie ist beleuchtet, aber Stromgeneratoren haben ihre Tücken, und ohne Taschenlampe ist man im Störungsfall auf seinen Tastsinn angewiesen.

Ist die Höhlenhürde genommen, steht dann dem Klamm-Spaziergang nichts mehr im Weg. Nach rund einer Stunde, und vorbei an einem über 500 Jahre alten Riesenbaum (dem ein Gewitter die Krone gekappt hat), endet der Pfad vor einer Steilwand mit Wasserfall. Eine Treppe hilft, das Hindernis zu überwinden. Oberhalb findet der Weg seine Fortsetzung in üppigem Regenwald, der bald schon durch gewaltige Felsbrocken aufgelockert wird. Die »Zyklopensteine« erheben sich, manche müssen überklettert werden, und schließlich ist das Ziel der Wanderung erreicht: eine mit Tropfsteinen bespickte Felswand, die von einer etwa 50 m messenden Grotte durchbrochen wird. Unter dem bizarren Felstor lädt eine Bambusplattform zum Entspannen ein. Zwei Buddhastatuen halten Wache, und die »Camel-Typen« unter den Touristen lassen es sich nicht nehmen, hier eine Vollmondnacht zu verbringen.

Hin und zurück braucht man für diesen Trip etwa mindestens 4 Stunden. Weitere Ausflüge sind möglich; die Park-Ranger wissen Rat.

Khao-Yai-Nationalpark

Der Khao Yai ist mit über 2000 qkm der zweitgrößte Nationalpark des Landes und wird jährlich von fast 700 000 in- und ausländischen Touristen besucht. Entsprechend laut geht es im Bereich des Hauptquartiers zu, und entlang der populären Wanderwege sieht und hört man weniger Wildlife als vielmehr lärmende Besucher. Insgesamt gibt es aber über 500 Pfadkilometer im Park, eine Vielzahl farbig markierter Wege, und im Visitor's Center ist leidlich genaues Kartenmaterial erhältlich; hier werden auch Führer vermittelt, wofür die Parkverwaltung allerdings eine saftige Kommission von 100 Bt einstreicht. Im Primärurwald gibt's zahlreiche Wasserfälle sowie Elefanten, Bären, Tiger, wilde Büffel – insgesamt rund 115 vom Aussterben bedrohte Tierarten – und natürlich Blutegel, ja Millionen von diesen blutsaugenden (jedoch harmlosen) Tierchen. Abenteuerfaule Freunde von Flora und Fauna können hier auf ihre Kosten kommen: Es werden allabendlich Jeeptouren organisiert, während derer man im Licht der Suchscheinwerfer nach Tieren Ausschau hält … (500 Bt).

Anfahrt

Normalbusse (60 Bt) und Airconbusse (85 Bt) ab Northern Busterminal stündlich nach Pak Chong (3 Stunden).

Khao-Yai-Nationalpark

Weiter mit Minibus 1317 (halbstündlich bis stündlich zwischen 6 und 17 Uhr) für 20 Bt ins rund 40 km entfernte Headquarter mit Visitor's Center und Unterkünften nahebei.

Unterkunft

■ Die Bungalowanlagen **im Park** wurden aus Gründen des Umweltschutzes geschlossen, und so bleibt nur das *Phakluai Mai Camp*, eine Ansammlung von Armeezelten, in denen oft aber nur Gruppen übernachten dürfen.

■ Bleiben die Unterkünfte **in Pak Chong**, wo sich insbesondere *Jungle Adventure* (Tel. 044/31 38 36) mit einfachen und billigen Zimmern zu 130 Bt anbietet; Frühstück ist inklusive, und hier werden auch Touren in den Park organisiert.

■ Wesentlich schöner und komfortabler wohnt man **an der Straße zum Park** in der *Khao Yai Garden Lodge* (Tel. 044/31 35 67) bei km 7: große Gartenanlage, alles sehr gepflegt, und Fan- sowie AC-Zimmer, die alle mit Bad/WC ausgestattet sind und zwischen 350 und 750 Bt kosten; Besitzer ist übrigens ein Deutscher, der auch Touren in den Park organisiert.

Morgenstimmung auf dem Kwae Yai River bei Kanchanaburi

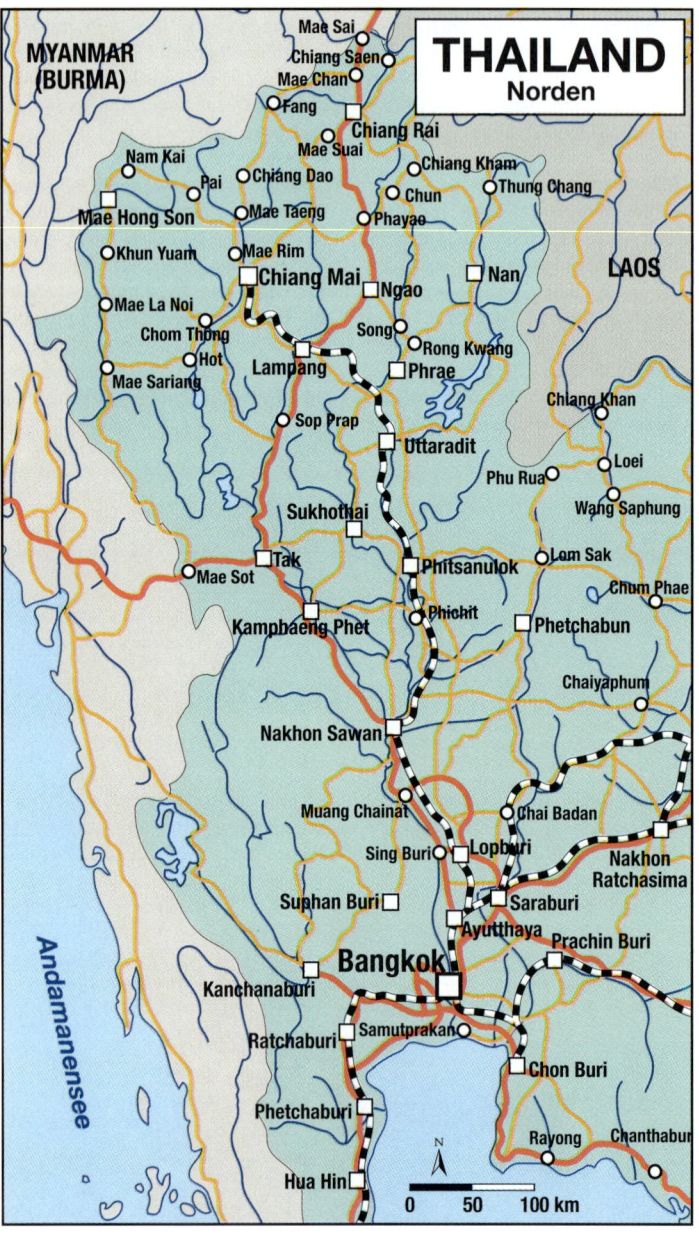

Nordthailand

Der Landzipfel Nordthailand, im Westen und Nordwesten von Burma, im Osten und Nordosten von Laos begrenzt und nur nach Süden hin zum Kernland geöffnet, beansprucht rund ein Drittel der gesamten thailändischen Landmasse. Eingebettet in fünf parallel zueinander verlaufenden Gebirgsketten, bis über 2500 m hoch, entspringen hier fünf der wichtigsten Zuflüsse des Menam Chao Phraya, der Lebensader Thailands.

Gut 93% der Bevölkerung leben auf dem Land, das traditionelle Sozialgefüge der thailändischen Bevölkerung scheint noch in Ordnung, und der *Spirit of Buddha* ist hier stärker als in den meisten anderen Landesteilen.

Doch nicht nur »Buddhas Geist« bestimmt diese Welt. In den schwer zugänglichen Bergregionen entlang der Grenzen zu Burma und Laos leben über eine halbe Million Menschen, Angehörige verschiedener Bergstämme (*hilltribes*), eingewandert in den letzten 100 Jahren aus Tibet, Bangladesh, Burma, Laos, Südchina, Vietnam und Kambodscha. Jeder einzelne dieser Stämme hat einen anderen ethnischen Ursprung, eine andere Kultur und Tradition, andere Kleidung sowie unterschiedliche religiöse Vorstellungen, und so mancher auch baut Opium an, denn Opium bedeutet Geld. Daher hat der höchste Norden seinen Namen – »Opium-Dreieck« –, und immer noch ziehen schwer bewaffnete Schmuggelkarawanen nach Burma hinüber, doch so unsicher, wie noch vor mehreren Jahren, als hier Schießereien zur Tagesordnung gehörten, ist die Region schon längst nicht mehr: *Khun Sa,* der weltberühmt gewordene burmesische »Opium-König«, hat sich unlängst den Behörden gestellt, und durch den Bau von Straßen und Staudämmen werden nun viele Landesteile, die gestern noch ganz und gar im Abseits lagen, vom Tourismus entdeckt.

Überall entstehen touristische Zentren, und längst schon sind es nicht mehr Chiang Mai, Chiang Rai und Mae Hong Son allein, die hier eine gute touristische Infrastruktur bieten. Der Kultur- sowie auch Trekking-Tourismus hat enorme Ausmaße angenommen, hunderttausende Reisende aus aller Herren Länder machen sich hier Jahr für Jahr nun immer mehr auf eigene Faust auf, und sind es nicht gerade Strände, die locken, kann man hier ungeheuer vielfältige Eindrücke und Erlebnisse sammeln.

Die Nordprovinz ist vielleicht die faszinierendste des Königreiches überhaupt, ist mit Kultur so reich gesegnet wie mit möglichen Abenteuern und hat darüber hinaus ein Klima, das als außerordentlich angenehm gilt. Selbst frieren ist hier möglich, zumindest zwischen November und März, denn Nordthailand liegt nicht im Tropengürtel, sondern hat ein kontinentales Klima.

	J	F	M	A	M	J	J	A	S	O	N	D
Temperatur °C	21	23	26	29	28	27	27	27	27	26	23	21
Sonnenstunden	8	8	8	8	8	8	8	5	5	7	8	8
Regen in mm	6	5	13	30	158	131	160	238	227	122	52	19
Regentage	1	1	2	8	15	17	19	21	17	11	6	2

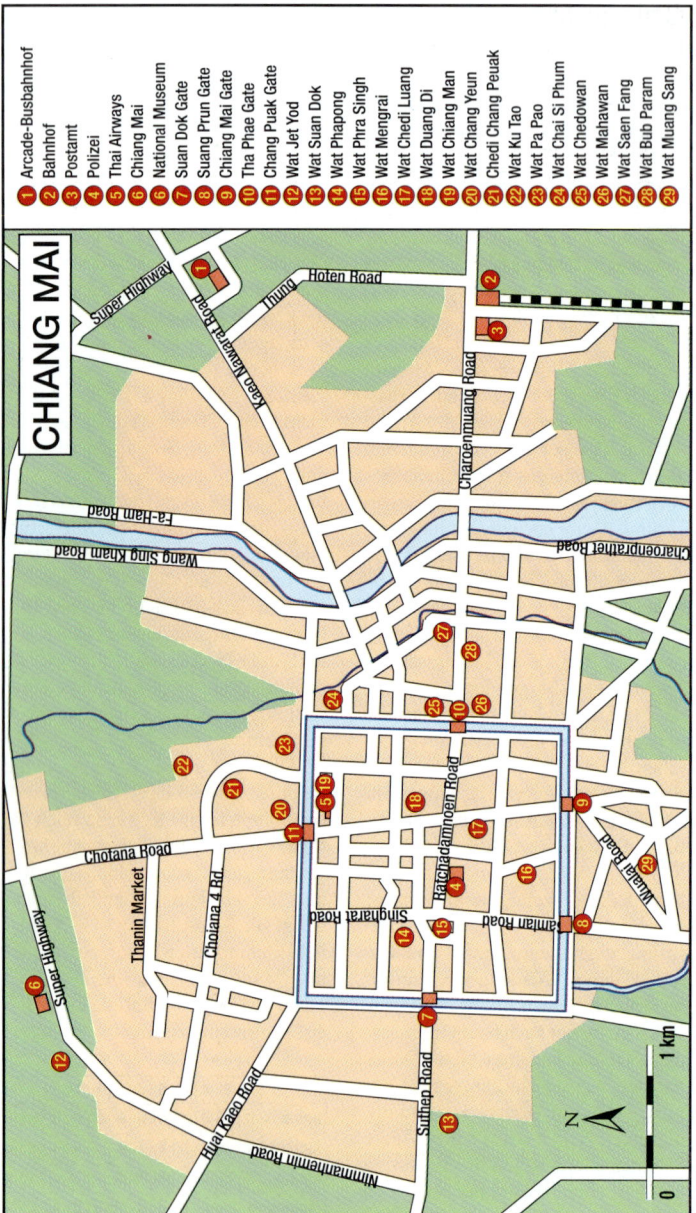

Chiang Mai – Kulturmetropole des Nordens

Etwa 760 km von Bangkok entfernt, im hohen Norden nahe der burmesischen Grenze, liegt in einer fruchtbaren Talsohle Thailands zweitgrößte Stadt und kulturelle Metropole. Wer Städte mag, Städte mit »Easy Living«, wird von Chiang Mai und den 160 000 Einwohnern dieser Prospekt-»Rose des Nordens« sicherlich angetan sein.

Gegründet vor fast 700 Jahren von König *Mengrai*, war Chiang Mai schon im 14. Jh. Hauptstadt eines autonomen Königreiches. Später wurde es von den Burmesen 200 Jahre lang besetzt gehalten, verödete und blühte erst ab Mitte des 18. Jh. unter der Oberherrschaft des siamesischen Königs wieder auf.

Der innere Stadtkern bildet ein Quadrat von 1,6 km Kantenlänge und ist von mächtigen Befestigungswällen hinter Wassergräben umgeben. Mit ihren traditionellen Teak-Häusern, schmalen Gassen, bunten Gärten und zahlreichen Tempelanlagen mutet die »Altstadt« noch verschlafen provinziell an. Außerhalb dieses Gevierts erhebt sich die von der Moderne geprägte Neustadt mit breiten Straßen und vereinzelten Hochhäusern, Verkehrsstaus, Lärm usw., an die sich aber bald das grüne Umland anschließt, das mit kleinen Dörfern im Saum von Reisterrassen und bewaldeten Höhenzügen wieder unbedingt gefallen kann.

In Chiang Mai, *dem* Ausgangspunkt für Trekking-Touren sowie Reisen durch den hohen Norden überhaupt, haben reiche Thailänder und Europäer aus Bangkok ihre »Wochenend«-Villen, hier verbringt der König sowie jeder, der es sich leisten kann, die schwül-heißen Monate. Der Tourismus blüht, die Infrastruktur ist mit die beste des Landes, und weil die Stadt auch Zentrum des thailändischen Kunsthandwerks ist – ein jedes Dorf hat seine entsprechende Tradition: da gibt es das Dorf der Töpfer und Holzschnitzer, der Korbflechter, Seidenweber und der Schirmemacher usw. – kommt auch der, dem der Sinn auf Shopping steht, hier voll und ganz auf seine Kosten.

Anreise

Bus:

■ **Ab Bangkok** Northern Busterminal mehr als ein Dutzend Verbindungen mit dem Normalbus (morgens sowie abends; 169 Bt, 10 bis 12 Stunden) sowie mit dem AC-Bus (morgens sowie abends; 304 Bt, rund 9 Stunden) und dem VIP-Bus (morgens gegen 9 Uhr und abends gegen 21 Uhr; 470 Bt, ca. 9 Stunden).

■ Außerdem bieten die **Reisebüros** in der Malaysia-Gegend und an der Khao San Road Aircon-Verbindungen per Nachtbus für rund 280 Bt an; inkl. Transfer zum Busbahnhof (und langen Wartezeiten).

■ Verbindungen außerdem von Korat im Nordosten, Rayong an der Ostküste sowie von allen Städten des Nordens.

Zug:

In Chiang Mai endet die in Bangkok beginnende Northern Line: sechsmal täglich via Ayutthaya, Lopburi und Phitsanulok (für Sukhothai) für 141 Bt (3. Klasse) bis 817 Bt (1. Klasse); auch Schlafwagen. Die Fahrtdauer beträgt rund 12 Std.

Nordthailand

Flug:
■ Ab **Bangkok** täglich ein bis zwei Dutzend Direktflüge zu 1650 Bt.
■ Außerdem wird Chiang Mai von Phitsanulok, Tak, Mae Sot, Phrae, Chiang Rai, Mae Hong Son und Nan angeflogen, täglich gibt es einen Direktflug nach Phuket, und auch nach Singapore sowie Kunming/Yünnan (Südchina) gibt es Verbindungen.

Ankunft

Ein Haufen Samlor- oder Songthaew-Fahrer stürzt sich auf die Touristen, um für jenes Guesthouse oder Hotel zu werben, das ihnen die höchste Kommission bezahlt. Die Schlepper können hilfreich zur Entscheidungsfindung sein; meist haben sie große Mappen mit Farbfotos über die von ihnen angebotenen Häuser.

Per Bus:
■ Alle Busse aus **Richtung Bangkok** und von außerhalb der Chiang Mai-Provinz stoppen am neuen Busterminal außerhalb der Stadt (*Chiang Mai Arcade*): etwa 3 1/2 km bis ins Zentrum. Minibus-Zubringer um 10 Bt, Tuk Tuk ca. 30 Bt fürs Fahrzeug. Der Gelbe Bus Nr. 3 (2 Bt) fährt direkt zum Tha Phae Gate an der Moon Muang Rd (Billighotel-Gegend).
■ **Fang** und **Thathon:** Busstopp an der *White-Elephant-Station*, Chotana Rd nahe nördlicher Stadtmauer. Der Bus Nr. 4 fährt für 2 Bt zur Moon Muang Rd, Samlor kostet 10 Bt, Tuk Tuk 20 Bt, Minibus (rot) 5 Bt.

Per Zug:
Bahnhof etwa 1 1/2 km östlich des Geschäftszentrums. Minibus (rot) 5 Bt pro Person, Samlor 15 Bt, Tuk Tuk 20–30 Bt. Links an der Längsseite des Bahnhofs fährt der öffentliche (gelbe) Bus Nr. 3 vorbei, z.B. für *Je t'aime Guest House* (vor der Brücke aussteigen). Vorn an der Hauptstraße fährt (nach links) Bus Nr. 4 zum Tha Phae Gate an der Moon Muang Rd: 2 Bt.

Teure Hotels haben Abholdienst, der nicht immer kostenlos ist. Gratis-Abholdienste versehen auch einige Guesthouses.

Per Flug:
Chiang Mai International Airport, 3 km außerhalb Stadtzentrum; wird von öffentlichen Bussen nicht angefahren. Taxi kostet um 100 Bt, Tuk Tuk 60 Bt, doch am besten fährt man mit dem Stadtzubringer von *Thai*, im Flughafen zu buchen, der 50 Bt kostet.

Achtung: Da die meisten Fahrer von diversen Guesthouses »geschmiert« sind, versuchen sie einem oft, »ihr« Guesthouse oder Hotel aufzuschwatzen und bringen einen erst »unter Zwang« zur gewünschten Adresse!

Unterkunft

Fast 200 Guesthouses und fast ebensoviele Hotels in allen Preis- und Komfortstufen zeugen von der aufgeblähten Infrastruktur Chiang Mais. Täglich werden ein paar neue Herbergen aus dem Boden gestampft, täglich verschwinden auch wieder ein paar bzw. wechseln ihre Besitzer und Namen, werden besser oder schlechter, sind »in« oder »out«. – Dies vorweg, damit der Frust nicht gar so groß ist, wenn das Guesthouse, das man sich ausgesucht hat, nicht zu finden ist oder sich ganz anders präsentiert als vorgestellt.

Da der Guesthouse-Konkurrenzkampf in Chiang Mai außerordentlich groß ist, haben sich viele Häuser zusammengeschlossen, um durch Bestechungsgelder die Tuk-Tuk- und Taxi-Fahrer dazu zu verleiten, Gäste bei ihnen abzuliefern anstatt an der angegebenen Adresse; andere wiederum sind äußerst unsicher (häufig verschwinden Bargeld, Schecks und vor allem auch Kreditkarten sowie Pässe aus den Safes), in vielen wird versucht, gerade angekommenen und übermüdeten Reisenden für teures Geld eine billige Trekkingtour aufzuschwatzen; alles in allem kann man hier gar nicht vorsichtig sein!

... für Budgetbewußte
Altstadt/Moon Muang Road:
Vom zentralen *Tha Phae Gate* aus (u.a. mit Bus Nr. 1, 2, 3 und 5 billig anzufahren) sind über 150 Unterkünfte bequem zu Fuß erreichbar. Nahezu alle auch bieten Trekking-Touren an, in vielen werden Fahrräder vermietet, und die Zimmer kosten generell zwischen etwa 100 und 300 Bt, wobei der Schwerpunkt in der unteren Preisklasse bis etwa 150 Bt liegt.

■ **Toy Guesthouse,** 45/1 Moon Muang, Soi 2. Zimmer im 2. und 3 Stock, eher klein, alle mit Bad, Fan und je schöner, je weiter oben man wohnt. Mit Preisen zwischen 80 und 100 Bt eine der günstigsten Herbergen.

■ **Thailand Guesthouse,** 38/1 Moon Muang, Soi 2, Tel. 053/27 45 92. Schlicht weiß getünchte Großraumzimmer mit Bad und Fan zu 180 Bt, mit AC zu 380 Bt.

■ Das benachbarte **North Star Guesthouse** (Tel. 053/27 81 90) hat einen englischen Besitzer, ebenfalls korrekte Zimmer (teils mit Fenster zum Gang) in den gleichen Preislagen sowie ein nettes Rattan-Restaurant.

■ **Chang Puak Chiang Mai Youth Hostel,** Bamrungburi Road, Soi 3, Tel. 053/27 21 69. In der Altstadt nahe Südtor gelegen, umgeben von alten Teak-Häusern. Info-Börse, Trekking-Organisation (sehr empfehlenswert!), hübsches Restaurant mit vernünftigen Preisen, sehr freundliche Vermieter – ein Ort zum Wohlfühlen. Das Bett im Schlafsaal gibt es hier für 50 Bt, ansonsten stehen einfache Fanzimmer für 100 Bt zur Verfügung.

■ **Phathai Guesthouse,** 48/1 Rachaphakina Road (nahe Eingang zum Youth Hostel), Tel. 053/27 80 13. Schicker und vor allem sehr ruhig gelegener Neubau im Thaistil mit überdachter Aufenthalts-/Frühstücksterrasse. Die Zimmer sind mit Parkettboden, Kachelbad (Warmwasser) und Fan oder AC ausgestattet, z.T. nett dekoriert. Sie bieten einen denkbar guten Gegenwert und kosten zwischen 200 und 400 Bt.

■ Im Zentrum der Altstadt nahe dem Wat Chedi Luang lädt das unbedingt empfehlenswerte **Chiang Mai Garden Guesthouse** an der 82 Ratchamanka Road (Tel. 053/81 50 69) ein. Die Besitzerin spricht u.a. auch Deutsch, ist außerordentlich freundlich und hilfsbereit, auch tolle Treks werden hier organisiert und Tickets aller Art gebucht, nach Anruf wird man am Bahnhof oder Busbahnhof abgeholt, und die rund zwei Dutzend Zimmer kosten zwischen 200 (Fan) und 400 Bt (AC).

■ Ein Stückchen vom Tapae Gate entfernt an der 3 Ratchadamnoen Road, Soir 4, Tel. 053/27 81 40, empfiehlt sich das **Gap's House,** ein schönes altes Teakhaus inmitten eines Gartens. Die Zimmer sind nicht billig (um 200 Bt/Person inkl. Frühstück), aber für ein Guesthouse fast schon komfortabel ausgestattet und bieten mit Bad/WC, heiß Wasser sowie AC einen sehr guten Gegenwert.

Neustadt, zwischen Tapae Gate und Wichayanon Road:
Auch in diesem Bereich finden sich etwa 100 Guesthouses, und die meisten liegen hinter der Chayapoom Road, die parallel zur Stadtmauer verläuft.

■ **Daret's House,** 4/5 Chayapoom Road (schräg gegenüber Tha Phae Gate), Tel. 053/23 54 40. Der Alttreff der Rucksackszene ist umgezogen und hat mit dem alten Schmuddelschuppen nichts mehr gemeinsam. Die Zimmer im mehrgeschossigen Neubau sind mit Kachelboden, Fan, Tisch und Bad ausgestattet, haben Fenster nach draußen sowie zum Flur und kosten um 200 Bt, sind allerdings recht laut.

■ **LEK House,** 22 Chayapoom Road, neben Wat Chompoo an einer schmalen Seitengasse (nicht verwechseln mit dem LEK Guesthouse). Inmitten eines großen Bananengartens ruhig, doch zentral gelegen. Die Zimmer sind in einem 2-geschossigen Steinbau untergebracht und kosten zwischen 100 und 150 Bt.

■ Ein Stück weiter nördlich liegt das unbedingt empfehlenswerte **Eagle Guesthouse** an der 16 Chang Moi Kau Road, Tel. 053/23 53 87, das auch ein hübsches Restaurant bietet, eine der besten Trekking-Agenturen der Stadt, des weiteren Sightseeing-Touren und korrekte, wenn auch schlichte Zimmer zu 100 bis 200 Bt. Mitbesitzerin ist übrigens eine Irin, die auch deutsch spricht.

■ Auch das **Duang Dee Guesthouse,** nahe der nördlichen Begrenzung der Altstadt an der 24 Mani Noparat Road, Soi Insoun, Tel. 053/21 93 61, gelegen, gefällt außerordentlich gut. Besitzer ist ein Deutscher, es werden Motorrad-Touren angeboten (aber keine Treks), das angeschlossene Restaurant bietet gute Speisen, und die Zimmer in diesem mehrgeschossigen Bau sind groß, sauber, ihre 200 Bt unbedingt wert.

✐ »Besonders zu empfehlen in Chiang Mai ist das Guest-House *J.B. House,* 7/3 Ratchadamneru Rd/ Soi 1 (Soi3), Muong District, (nähe Tapaebak), Tel. 053/21 33 29, S. 80 Bt, D. 100 Bt, Dusche/WC im Zimmer, die groß und sauber sind.« (Iris Ferrari, CH-8047 Zürich)

Westlich des Ping River:
Die Guesthouses sind von der Nawarat-Brücke aus (Tha Phae Road) zu Fuß erreichbar.

■ **Je t'aime Guesthouse,** 247–249 Charoenrat Road, Tel. 053/24 19 12; Abholdienst, Fahrradverleih. Kleiner Garten, lauschige Sitzgelegenheiten, sehr populär, dabei mit Preisen um 100 Bt günstig.

■ **Hollanda Montri House,** 365 Charoenrat Rd, Tel. 053/24 24 50. Etwas oberhalb von Je t'aime, unter holländischer Leitung. Etwas steril wirkende Fanzimmer mit Bad zu 230 Bt, aber tiptop sauber, teilweise mit Balkon; im Winter fließend Heißwasser.

■ **Pan Pan Guesthouse** (auch: Pun Pun), 321 Charoenrat Rd, Tel. 24 33 62. Die Zimmer (100–200 Bt mit Fan, 350 Bt mit AC) sind teils muffig, teils korrekt.

Mittelklasse

Die Mittelklasse- und Top-Hotels der Stadt sind meist von Pauschalveranstaltern »geblockt«, relativ steril eingerichtet und bieten alles in al-

Chiang Mai

lem einen wesentlich schlechteren Gegenwert als die nachfolgend beschriebenen Guesthouses. Allerhöchster Komfort muß nicht unerschwinglich sein – zumindest nicht in Chiang Mai.

■ **Galere Guesthouse,** 7 Charoenprathet Rd, Tel. 053/27 90 88. Direkt am Ping River auf einem Wiesengrundstück (Sitzgelegenheiten) gelegene Anlage in reizvollem Thaistil. Die Zimmer haben mit Telefon, Sitzecke, Rattan- und Ziegelverkleidung, Dekor, Kachelbad (heiß und kalt Wasser) etc. gehobenen Hotelstandard und sind entweder mit Fan oder Aircon ausgestattet. Vom Restaurant genießt man das Flußpanorama, die Gerichte sind gut, und das Personal war für unseren Geschmack jedoch eine Idee zu übereifrig. Preise je Saison sehr unterschiedlich, zwischen 650 und 900 Bt.

■ **Baan Kaew Guesthouse,** 142 Charoenprathet Road (gegenüber Wat Chaimongkol), Tel. 053/27 16 06. »Stay for a while, love, and you will find out, that people around here do really care« – so das Motto das Hauses. Die alte Besitzerin und ihre Tochter sind außerordentlich zuvorkommend, der Service ist gediegen, aber nicht aufdringlich, die Atmosphäre familiär. Die Anlage ist absolut ruhig, dennoch zentral gelegen, die Komfortzimmer (mit Fan oder Aircon) werden täglich gereinigt und blicken auf ein großes Wiesengrundstück (Sonnenstühle, Gartenmobiliar). Zwei überdachte Aufenthaltsterrassen mit Thai-Mobiliar und eine Sonnenveranda sowie ein kleines, offenes Restaurant runden das Angebot ab, das um 500 Bt kostet.

■ **River View Lodge,** 25 Charoenprathet Rd, Soi 2, Tel. 053/27 11 10. Total ruhig und doch zentral am Ping River gelegenes Komforthotel im Thai-Stil mit nur 36 (AC-)Zimmern. Die teuren haben einen eigenen Balkon mit Flußblick, und alle sind mit Thai-Möbeln eingerichtet; sehr geschmackvoll und für 600 Bt nicht zu überbieten.

■ **Top North Guesthouse,** 15 Moon Muang Road, Soi 2, Tel. 053/27 89 00; in der Altstadt gelegen. Die große Rasenanlage und der Kinderspielplatz sind einem weiteren Beton-Neubau und einem Swimming Pool (nur für Gäste) gewichen. Die (Fan- und AC-)Zimmer (alle mit Bad/WC; Heißwasser) sind ansprechend und modern möbliert, z.T. mit Minibalkonen ausgestattet und bieten durchaus den Komfort eines Mittelklasse-Hotels; Preise zwischen 230 und 750 Bt.

■ Das **Lai-Thai G.H.,** 111/4-5 Kotchasarn Rd, Tel. 053/ 27 17 25, hat Hotelstandard und ist mit 450 Bt für das Double mit Fan, Dusche, Toilette wahrhaftig nicht zu teuer. Es ist im nordthailändischen Stil erbaut, ein kleiner Wasserfall und der auch ansonsten sehr schön angelegte Garten begeistern die meisten Leute ebenso, wie das gute Restaurant.

■ Wer das Besondere sucht, sollte das **Tha Nam Guesthouse** an der 43/3 Chang Klan Road (Tel. 053/27 51 25) bevorzugen. Zwar liegt es etwas außerhalb des Zentrums (rund 1 km südlich), aber schöner als in den Zimmern dieses traditionellen Thai-Hauses wohnt man nirgends, auch der Garten ist ansprechend, und abgerundet wird das Angebot durch ein Restaurant, in dem sehr gute Thai-Gerichte serviert werden. – Je nach Saison zahlt man hier zwischen 450 und 700 Bt.

■ Noch schöner, aber mit Preisen

zwischen 700 und 1100 Bt auch recht teuer, präsentiert sich **Once Upon A Time Guesthouse** an der ebenfalls rund 1 km südlich des Zentrums gelegenen 385 Charoenprathet Road, Tel. 053/27 49 32: Das traditionelle Teakhouse liegt direkt am Ufer des Ping River, ist von innen so prachtvoll möbliert wie das Äußere hoffen läßt und besticht dabei mit moderner Ausstattung (Aircon, Bad/WC).

Essen und Trinken

»Traveller-Restaurants«:
Solche Lokalitäten, in denen üblicherweise die Rucksack-Budget-Reisenden zu essen pflegen, gibt es in Chiang Mai wie Sand am Meer eigentlich überall da, wo sich auch Guesthouses finden. Die Einrichtung ist in aller Regel billig bis häßlich, oft dröhnen Videorekorder oder Stereoanlagen, und das Essen kann gut bis fürchterlich sein, ist in aller Regel ziemlich günstig.

■ »In«-Treff seit Jahren schon ist **Daret's**, 4/5 Chayapoom Road (gegenüber Tha Pae Gate; tgl. von 7 Uhr bis Mitternacht), wo man auf der überdachten Veranda und im »Biergarten« an der Straße sitzt und dem Verkehrslärm lauschen kann.

■ Ist es mal die große Portion Fleisch, die lockt, empfiehlt sich das in der Altstadt an der Wang Kaeo Road beim Wat Chiang Man gelegene **Ban Rai Steak House**, wo für 50 bis 80 Bt vorwiegend Steaks etc. serviert werden.

Thai-Restaurants:
■ **Whole Earth,** 88 Sri Donchai Rd, nahe Night Market; täglich 11.30 bis 14 Uhr, sowie 17.30 bis 22.30 Uhr; Tuk Tuk ab Moon Muang Rd kostet um 20 Bt.

Großer tropischer Garten (mit Lotosteich), darin ein traditionelles Teakhaus im »Tempel«-Stil. Polierter Holzboden (Schuhe ausziehen), bequeme Rattansessel, tropische Grünpflanzen, dezente Beleuchtung aus echten Celadon-Keramiklampen. Im Innern sitzt sich's elegant, auf der Rundum-Balustrade luftig, und in einem Nebenraum kann man sich auf dicken Teppichen an niedrigen Teaktischchen niederlassen. Hier war ein Innenarchitekt mit Geschmack am Werk. Die Getränke sind teuer, Eiswasser gibt's kostenlos. Die Speisekarte verspricht erlesenste Genüsse: vier diverse Curries ab 70 Bt, ausgesuchte Thaigerichte ab 50 Bt, chinesische Gerichte in der gleichen Preislage, viel Vegetarisches sowie indische Gerichte ab 45 Bt.

■ Unsere »No. 2« in Chiang Mai ist **The Gallery** an der Charoenrat Road nördlich der Nawarat Bridge. Hier ißt das Auge mit, die Thai-Gerichte sind schlicht köstlich, und von der Lage her gibt es nichts vergleichbares: man sitzt auf der Terrasse eines traditionellen Thai-Hauses direkt am Ping River. Nicht billig (ab 50 Bt), aber top!

■ Ebenfalls gut, aber eine Klasse niedriger, ist das Essen im etwas südlich gelegenen **Riverside** an der Charoenrat Road. Europäische sowie auch viele Thai-Gerichte um 30–80 Bt, auch hier sitzt man direkt am Fluß.

■ **Nang Nual,** 27/2 Koalklang Road, Nonghoy (Tuk Tuk ab Tha Phae Road 40 Bt); täglich von 10 bis 22 Uhr. Erst trauten wir uns gar nicht einzutreten, denn das Nang Nual erinnert viel mehr an einen Königspalast als an ein Restaurant. Im Foyer wurden wir von Hostessen in Seidensarongs begrüßt und durch die zahlreichen Speiseräume geleitet. Alle schick, und alle öffnen sich zur großen Veranda, die direkt über den Ping River gebaut ist. Es dürfte schwer fallen, ein stilvolleres Lokal in Nordthailand zu finden. Die Karte umfaßt mehr als 200 Thai-Gerichte, ebenso viele chinesische und internationale, und das Preisniveau ist erstaunlich günstig (außer für Getränke): Zwei Personen können hier für 300 Bt durchaus zwei Stunden lang schlemmen.

■ **Aruun Restaurant**, 45 Kotcasan Rd, gegenüber Moon Muang hinter dem Wassergraben. Großes Gartenrestaurant (auch ungemütlicher Innenraum) mit viel Grün, einfachen Tischen und authentischem Thai-Essen zu günstigsten Preisen. Auswählen entweder aus der Karte (Gerichte meist um 30 bis 50 Bt) oder am großen Currie-Buffet, wo über zehn wohlschmeckende Speisen zur Auswahl stehen; die große Portion hier nur 20 Bt, Reis dazu für 8 Bt.

■ **Suan Ahhan Chiang Mai**, Phra Pokklao Rd, Altstadtkern; ab Tha Phae Gate etwa 5 Gehminuten geradeaus bis zur Abzweigung. Täglich von 10.30 bis 23 Uhr. Großes Gartenrestaurant, teilweise überdacht. Unzählige Tische in Reih und Glied, abends sehr viele Thailänder, kaum Ausländer. Hier gibt's ausgezeichnete Seafood, die Gerichte kosten ab 70 Bt.

Essensmärkte:

■ Unzählige **Food-Stalls** (ab 18 Uhr) mit Curries, Suppen, auch chinesischen Gerichten, Seafood etc. im nördlichen Teil der Moon Muang Rd sowie auf der anderen Seite des Wassergrabens an der Chayaphoom Rd.

■ Am südlichen Tor, am Chiang Mai Gate, Bumrungburi Rd, liegt nicht nur der größte Markt der Stadt, sondern auch der größte **Night-Market** (auch tagsüber).

■ Gut, doch ungemütlich, ißt es sich auf dem **Night-Market** des Night-Bazaar nahe Tha Phae Rd (hauptsächlich chinesische Gerichte).

■ Auf dem **Anusarn Market** zwischen Night Market und Charoenprathet Road reiht sich ein Eßstand an den anderen; dazwischen unzählige Open-Air-Restaurants, in denen hauptsächlich Seafood angeboten wird. Viele Touristen zwar, aber dennoch authentische Gerichte.

✎ »Für Nachtschwärmer: Seafood gibt's nachts bis 1.30 Uhr in den zahlreichen Stalls des Anusarn Market« (M. Stierhof & C. Ott, D-Bad Windsheim).

■ Tagsüber finden sich viele **Food-Stalls** auf der Wang Singkham Rd am River.

Unterhaltung

Das Gebiet um den Night Bazar entwickelt sich mit zahlreichen Nightclubs mehr und mehr zu einer Art Mini-Patpong Road, während sich an der Moon Muang Rd beidseitig des Tapae Gate eine regelrechte Kneipenszene etabliert hat. Hier trifft sich auch die Rucksack-Gilde, und daß in den meisten Lokalen neuerdings auch Hostessen beschäftigt werden, läßt auf entsprechende Nachfrage schließen.

Stets gut besucht ist hier die *Bierstube* sowie die benachbarte *Overlander Bar*, in der man auch Dart und Billard spielen kann. Auch die *Big Beer Bar* ist allabendlich gerammelt voll. Um Heavy Metal mitsamt Videoclips geht es im *Hard Rock Café*

(Soi 6, Tapae Gate), während im *Thai Way Corner* Live-Musik zur Aufführung kommt.

Beliebt, nicht nur zum Essen, auch das *Riverside* (Charoenrat Rd 9–11), in dem allabendlich bis 2 Uhr nachts ganz passable Live-Bands auftreten, deren Repertoir von Rock bis Country reicht.

Transport/Stadtbus

Samlor: Normale Stadtfahrt um 15 Bt, für längere Distanzen bis 30 Bt; pro Stunde ca. 60 Bt. Die Fahrer sprechen meist kein Englisch.

■ **Tuk Tuk:** Um 40 Bt für ca. 3 km. Viele Fahrer sprechen ein gutes Englisch. Optimale Fahrzeuge für Ausflüge in und um Chiang Mai. Hier einige Preise für max. 3 Personen, die deshalb so günstig sind, weil der Fahrer unterwegs an diversen Shops anhält, wo er für jeden angekarrten Touristen Kommission erhält:
- **Bo Sang** und **San Kamphaeng**, 4 Std., 200 Bt;
- **Lamphun** und **Pasang**, 4 Std., 250 Bt;
- **Stadtrundfahrt** zu den schönsten Tempeln, 4 Std., 200 Bt;
- **Königspalast, Doi Suthep** und **Meo-Dorf**, 4 Std., 350 Bt;
- **Chiang Dao Cave** und **Elefantencamp**, 8 Std., 750 Bt;
- **Spazierfahrt** durchs städtische Umland: 100 Bt je Stunde.

■ **Songthaew:** Die im Stadtbezirk verkehrenden Minibusse kosten normalerweise 10 Bt und fahren auf festen Routen. Es bieten sich aber stets auch viele freie Fahrzeuge als Taxen an (etwa so teuer wie Tuk Tuks).

■ **Fahrräder:** Es gibt auch Mieträder mit Kindersitz, außerdem kleine Velos für Kinder. Ausleihen in vielen Guesthouses (teuer) sowie an der Moon Muang Rd in den meisten Shops, die auch Motorräder vermieten: um 30 Bt pro Tag (bis 18 Uhr).

■ **Motorräder** (siehe auch zu Motorrad unter »Transport« im allgemeinen Teil des Buches): Beliebtes Transportmittel für Entdeckungstrips. Mieten über die Guesthouses (20–40% Vermittlungskommission) sowie in zig Shops auf der Moon Muang Road; sehr gepflegte Maschinen auch über Daret's House (siehe zu »Unterkunft«). Honda 125er 4-Takter ca. 120 Bt pro Tag, neue Honda-Straßenmaschinen ca. 200 Bt, Honda MTX 180 bis 250 Bt, Customs mit 70 oder 90 ccm 100 bis 150 Bt.

Als Deposit wird in der Regel der Paß verlangt, aber legt man ca. 2000 Bt auf den Tisch und eine Kopie des Passes dazu, ist's meist auch okay. Führerschein verlangt in der Regel niemand, aber wer keinen hat und von der Polizei erwischt wird, muß Strafe zahlen (und darf weiterfahren). Helme bekommt man bei den meisten Vermietern kostenlos.

✎ »Fahrzeug gründlich checken vor der Fahrt! An meinem Bike brach schon nach wenigen hundert Metern der Schalthebel ab, bei der Ersatzmaschine verlor ich das Nummernschild. Mieter können laut Vertrag für solche Schäden haftbar gemacht werden« (Hansjörg Eberle, CH-Wil).

■ **Mietwagen:** Zahlreiche Verleihstationen in und um Chiang Mai, und aufgrund des Überangebotes halten sich die Preise in Grenzen bzw. sind relativ leicht zu drücken. *Avis* (14/14 Huay Kaew Rd, Tel. 22 13 16) und *Hertz* (90 Sri Dornchai Road, Tel. 053/27 94 74) z.B. verlangen für einen Toyota Corolla laut Liste 1500 Bt, doch nach ein bißchen Handeln sind auch 900 Bt (bei unbegrenzter Kilo-

Gemüsemarkt in Chiang Mai

meterzahl) möglich. Wesentlich günstiger aber mietet man bei der größten lokalen Verleihstation (*North Wheels,* 127 Moon Muang Road, Tel. 053/21 61 89), wo man für rund 900–1000 Bt durchaus schon einen Suzuki-Jeep inklusive Vollkasko-Versicherung erhalten kann.

Alle Fahrzeuge können auch mit Fahrer gemietet werden, und wenn es lediglich darum geht, für einen Tag eine Sightseeing-Tour rings um Chiang Mai zu machen, sollte man sich an einen der vor größeren Hotels auf Kundschaft wartenden Chauffeure wenden. Der Preis inklusive Wagen und Fahrer sollte für eine rund 8 Stunden währende Tour nicht über 1000 Bt liegen.

Sightseeing

Von den rund 300 Tempeln und Tempelchen der Stadt sind zumindest drei sehr sehenswert. Alle liegen im von Wällen umgebenen Altstadtkern, sind leicht zu Fuß, besser per Fahrrad erreichbar. Oder per Samlor, wenn nicht Tuk Tuk: gut 2 Std. sollte man aber mindestens einplanen (ca. 150 Bt).

■ **Wat Phra Singh:** An der Ratachdamnoen Rd gelegen, der Verlängerung der Tha Phae Rd durchs Tha Phae Gate. Die vielen reichverzierten Gebäude und die weiten Grünflächen machen diesen über 600 Jahre alten Tempel zu einem der auffallendsten der Stadt. Besonders sehenswert ist das unübersehbare Handschriftengebäude: ganz aus dunklem Teak-Holz errichtet, über und über mit minutiösen Schnitzarbeiten verziert. Es repräsentiert die klassische thailändische Bau- und Handwerkskunst schlechthin und gilt, zusammen mit der königlichen Umkleidehalle im *Grand Palace* von Bangkok und dem königlichen Pavillon in Bang Pa-In, als eines der am besten erhaltenen Beispiele klassisch-thailändischer Architektur.

■ **Wat Chedi Luang:** An der Phra Pokklao Rd, abzweigend ebenfalls von der Ratchadamnoen Rd. Im 15. Jh. errichtet, mit einem 90 m hohen Chedi versehen, der jedoch schon nach wenigen Jahren einem Erdbeben zum Opfer fiel und nie mehr aufgebaut wurde. Aber allein das buddhageschmückte Fundament ist heute noch sehenswert. Ebenso die goldenen Nagas (Schlangen), die den Eingang zum Hauptgebäude bewachen.

■ **Wat Chiang Man:** An der Wiang Kaeo Rd, rechts neben Ban Rai Guesthouse und Restaurant. Vor fast 700 Jahren erbaut und damit ältestes Bauwerk in Chiang Mai. Insbesondere die reichen Teakholzschnitzereien an den Giebelfeldern der großen Tempelgebäude sind sehenswert. Ebenso der große Chedi mit vergoldeter Spitze, der von 15 lebensgroßen Elefanten getragen wird. Und im Innern des größten Gebäudes, im *Viharn,* steht ein rotgoldener burmesischer Altar mit goldenem Buddha davor. Die Heiligtümer dieses Tempels, eine Buddhastatue aus Bergkristall, eine andere aus einem mattglänzenden weißen Stein, werden nur sonntags von 9 bis 17 Uhr gezeigt. Vielleicht schließt aber ein Mönch die Tür zum *bot* auch werktags auf: nach dem *Crystal*-Buddha fragen.

Shopping

Chiang Mai bietet in Thailand die größte Auswahl an Souvenirs und Handicrafts zu außerordentlich gün-

Chiang Mai

stigen Preisen, und entsprechend ist hier Shopping des Touristen (auch des Rucksacktouristen) liebste Beschäftigung – noch vor Sightseeing. Innerhalb der Stadt gibt es zwar auch zahlreiche Läden (insbesondere auf der Thapae Road), aber die meisten finden sich ein paar Kilometer weit draußen an der nach San Kamphaeng Pet führenden Straße (Nr. 1006), die entsprechend den Namen Chiang Mai–San Kamphaeng Pet Rd trägt. Es handelt sich um die Verlängerung der Tha Phae Rd, die am Tha Phae Gate, Moon Muang Rd, beginnt; Minibusse verkehren auf dieser Route ab Busstopp an der Ecke Charoen Muang Rd/Bamrung Rat Rd (10 Bt bis San Kamphaeng).

Celadon-Keramik:
- **Mengrai Kilns,** 79/2 Araks Road, Soil Samlarn 6, Di bis So von 8 bis 17 Uhr; außerhalb gelegen, hin am besten mit Tuk Tuk für rund 40 Bt. Gut sortierter Showroom mit ausgesuchten Stücken: allerfeinste Celadon-Keramik, nach uralten Vorlagen angefertigt. Die Motive sind chinesischer und thailändischer Herkunft. Für die hohe Qualität überaus billig: ca. 40 cm hohe, formschöne Vasen ab 1200 Bt, Schälchen ab 300 Bt. Hier kaufen, verpacken und dann versichert (die Versicherungsprämie beträgt 6 % des Preises) per Seamail abschicken lassen. Das kommt fast immer unbeschädigt an, wie zahlreiche Empfehlungsschreiben belegen.
- **Siam Celadon,** 40 Moo 2, Chiang Mai–San Kamphaeng Pet Rd, km 10; auch ein Riesenangebot an Celadon.

Antiquitäten etc.:
- **Borosoothi Art Gallery,** 200/1-3 Bumrungrat Rd, Chiang Mai, Tel. 053/24 44 97; bei Anruf wird man kostenlos abgeholt. Z.T. sehr schöne, ab und an auch echte Stücke aus verschiedenen chinesischen Dynastien: meist Bronzen und Vasen. Außerdem viele Lackarbeiten aus Burma.
- **Borisooki Antiques,** 15/2 Chiang Mai–San Kamphaeng Pet Rd, Tel. 35 17 77. Große Auswahl an burmesischen und thailändischen Antiquitäten, sowie an (nachgebauten) chinesischen Möbeln aus der Zeit der Ming-Dynastie.
- **Masusook Antiques,** 263/2-3 Tha Phae Rd. Insbesondere burmesische »Bibeln« sowie Teedosen in verschiedenen Größen aus Bronze mit eingelegten Miniaturarbeiten und Opiumgewichte aus Bronze.
- **Chiang Mai Laitong,** 80/1 Moo 3, Chiang Mai–San Kamphaeng Pet Rd, Tel. 33 11 78. Größtes Angebot an *laquerware* in allen Größen zwischen kleinen Schatullen und Tischen. Hier kann man den Künstlern auch bei der Arbeit zuschauen, sich den Herstellungsprozess erklären lassen.
- **Banyen-Museum,** Wua Lai Rd Ecke Superhighway. Das alte Banyen-Museum von Mrs. Banyen war eine Institution in Chiang Mai – im März 1990 brannte es vollkommen nieder. Das neue ist nicht mehr so groß, aber genauso besuchenswert. Man kann die Ausstellungsstücke (Kunstgegenstände, meist Skulpturen, aus dem Norden Thailands, nur Kopien) auch käuflich erwerben.

Kunsthandwerk der Hilltribes:
- **Thai Tribal Crafts,** 208 Bumrungrat Rd, Mo bis Sa von 9 bis 17 Uhr. Der erwirtschaftete Profit fließt direkt in die Kasse einer Selbsthilfeorganisation der Bergstämme. Diverse Musikkassetten mit Tribe-Musik.

■ **Hilltribe and Handicraft Centre,** 172 Moo 2, Bannong Khong, Chiang Mai–San Kamphaeng Pet Rd, Tel. 33 19 77. Kunsthandwerk der Meo, Lao, Lisu, Muser und Karen.

Und sonst:
■ An der Straße Richtung Südwesten (Straße Nr. 108) **Töpferwaren** (4 km von Chiang Mai), **Lackwaren** (in Vichaikul), **Korbwaren** (in Hang Dong, 13 km); hin per Minibus ab Chiang Mai Gate direkt vor dem Markt an der Bumrungburi Rd.
■ An der Straße Richtung Süden **Seidenbrokatweberei** in Lamphun (26 km, s. »Rings um Chiang Mai«).
■ In Chiang Mai selbst an der Wua Lai Rd im nördlichen Drittel unterhalb Stadtwall viele **Silberschmieden.**

Night Market:
Der Night Bazaar (Chang Khlan Rd) ist jetzt auch tagsüber geöffnet und hat längst seine Grenzen gesprengt. Im Prinzip ist die ganze Chang Klang Road nichts anderes als ein einziges Einkaufsparadies. Ob man Raubkassetten sucht, Imitationshemden oder -uhren, Hilltribe-Kleidung, »Antiquitäten« oder Lederwaren – hier wird angeboten, was den Touristen in irgend einer Weise interessieren könnte. Ist das Gedränge tagsüber schon enorm, so in den Abendstunden (zumindest für uns) fast nicht erträglich. Und daß sich bei solcher Nachfrage die (erstgenannten) Preise in luftigen Höhen bewegen, versteht sich. Handeln ist nicht nur möglich, sondern ein Muß!

Verschiedenes
■ **TAT Office,** 105/1 Chiang Mai-Lamphun Rd, Tel. 053/ 24 86 04 und 24 86 07, geöffnet täglich von 8.30 bis 16 Uhr; freundliche Damen, deren Qualifikation sich aber im Austeilen von Stadtplänen erschöpft.
■ **Tourist Police,** Adresse wie TAT-Office, 1. Etage, Tel. 24 81 30 und 24 89 74; telefonisch täglich von 6 bis 24 Uhr zu erreichen, Besuchszeiten wie das Tourist Office.
■ **Visaverlängerung** im Immigration-Office direkt vor dem International Airport von Chiang Mai, Tel. 27 75 10; geöffnet Mo bis Fr von 8.30 bis 12 und 13 bis 16 Uhr. Erreichbar über die am Südwestwall beginnende Straße 108; per Tuk Tuk etwa 30 Bt.
■ **Geld:** Die Geldwechsler auf der Moon Muang Rd bieten meist miese Kurse. Banken auf der Tha Phae Rd; 8.30 bis 15.30 Uhr.
✎ »Vorsicht mit Kreditkarten; auf keinen Fall im Hotelsafe abgeben! Wir haben hier Traveller getroffen, die um horrende Beträge geprellt wurden« (Tom Haab, CH-Birr). Anmerkung: Mittlerweile haben uns zahlreiche Leserbriefe zu diesem Thema erreicht, und immer geht es um das gleiche. Man geht trekken, läßt die Kreditkarte im Hotelsafe und stellt erst viel später, meist schon wieder in Europa, fest, daß irgend jemand gewaltige Summen Geldes auf die Karte erhalten hat, während man auf Trek war. – Also niemals die Karte im Safe lassen, sondern stets mitnehmen!
■ **Drogen:** Jedes Kind und schon längst jeder Polizist weiß, daß es im Gebiet der Bergstämme, wohin alle Treks führen, jede Menge Drogen gibt – ob nun »leichte« Sachen wie Gras oder »schwere« wie Opium. Wer's probieren will, setzt auf dem Trek wohl nur seine Gesundheit aufs Spiel, aber wer obendrein dumm ge-

nug ist, aus den Bergen etwas mitzubringen, riskiert Gefängnis oder – je nach Ware – auch Kopf und Kragen: Auf den Ausfallstraßen (nicht nur) von Chiang Mai sind immer wieder Polizeikommandos im Einsatz, die schwerpunktmäßig des Trekkers Ausrüstung filzen.

Auch Heroin wird »natürlich« angeboten, in den Bergen ebenso wie in Chiang Mai. Zu diesem Thema hängt im Daret's Restaurant ein Warnschild: *Halt, nachdenken!* Wer glaubt, er hätte reines Heroin gekauft, könnte sich irren. Das könnte dich dein Leben kosten! Sechs Leute haben sich in diesem Jahr schon geirrt, sie sind tot.

■ **Post:** Charoenmuang Rd (nahe Bahnhof); 8.30 Uhr bis 12 Uhr und 13 bis 16.30 Uhr, Sa von 9 bis 12 Uhr. Das angeschlossene Telegramm-, Telefax- und Telefonamt für internationale Verbindungen hat rund um die Uhr geöffnet. In der Nähe der Post finden sich Shops, die Packing Service anbieten.

■ **Gesundheit:** Die Krankenhäuser von Chiang Mai stehen denen von Bangkok um nichts nach; die meisten Ärzte haben ihre Ausbildung im Ausland erhalten und sprechen ein fließendes Englisch. Im Notfall wende man sich an das *Rhuam Path Hospital* (21 Nantaram Road, Tel. 053/27 35 76), das z.Zt. als das beste und modernste des Nordens gilt.

■ **Massage:** Wo man eine traditionelle Thai-Massage bekommen kann, weiß jeder Guesthousebesitzer. Wo aber kann man einen Massage-Kurs belegen? – Im *Chiang Mai Center for Traditional Thai Massage,* 33/30 Sirimungklajan Road (Seitenstraße der Suthep Road). Lehrer ist einer der berühmtesten Masseure Thailands (im Wat Po/Bangkok ausgebildet), der außerdem die sogenannte schwedische wie auch japanische Massage beherrscht und nebenbei an der medizinischen Fakultät als Dozent für Psychologie und Psychotherapie amtet.

■ **D.K. Bookshop,** 243 Tha Phae Rd, gegenüber Wat Buppharum, täglich 9 bis 18 Uhr (oder länger). Ausgezeichnet sortiert, Riesenangebot. Auch viele deutschsprachige Bücher, nur etwa 20% teurer als bei uns; viele Bildbände oft zu Discountpreisen. Außerdem gute Karten über Chiang Mai, am besten die schön aufgemachte von Nancy Chandler für 65 Bt.

■ **Trekking-Ausrüstung:** Springerstiefel (bis Größe 44) zu 350 Bt, gesteppte Fliegerjacken zu 500 Bt, leichte US-Kakihosen (Army) zu 150 Bt, Wasserflaschen zu 50 Bt, Regenponchos zu 90 Bt – und vieles mehr: in den Läden am nordöstlichen Stadtwall, auf der Manee Noparat Rd gegenüber Stadtmauer.

Weiterreise

■ **Thai Airways International,** 240 Prapokklao Rd, Tel. 053/21 15 41 und 053/21 00 43 (Reservation). Das Büro ist täglich von 8 bis 17 Uhr geöffnet. Beim Ticketkauf am besten gleich den Zubringerdienst zum Flughafen mit buchen: der kostet 50 Bt, man wird rund 1,5 Std. vor Abflug in seinem Hotel abgeholt. Sonst bleiben Tuk Tuks (um 60 Bt, und Taxis, die zwischen 80 und 100 Bt verlangen.

■ **Arcade Bus Station,** Superhighway, Tel. 053/24 26 64 (englischsprachig).

■ **Chang Puak Bus Station,** Tel. 053/21 15 84 (englischsprachig).

Nordthailand

■ **Bahnhof,** Charoenmuang Rd, Tel. 24 20 94 (englischsprachig); im *Advanced Booking Centre* kann man Tickets reservieren, was dank Computerbuchung hervorragend klappt und zuverlässig ist.

Nordthailand:
■ **Chiang Rai:** ab Chiang Mai Arcade Bus Station. Täglich alle 30 Min. zwischen 6 und 17.30 Uhr ein Fanbus (3 1/2 Stunden, 57 Bt) sowie 12 Airconbusse (3 Stunden, 79 bzw. 102 Bt für den VIP-Bus).

Täglich 3 Flüge nach Chiang Rai; 50 Minuten, 420 Bt.

■ **Nan:** ab Arcade Bus Station um 8/11/15 und 17 Uhr im Normalbus (7 Stunden, 71 Bt), um 8.30 und 10 Uhr im Aircon (99 Bt).

Täglich 1 Flug zu 510 Bt.

■ **Mae Hong Son via Mae Sariang (Südroute):** ab Arcade Bus Station um 6.30/8/9/11/20 und 21 Uhr, 115 Bt, 9 Stunden. Aircon um 9 und 21 Uhr, 8 Stunden, 206 Bt.

Mae Hong Son via Pai (Nordroute): täglich ab Arcade Bus Station um 7 und 8.30 sowie 12.30 Uhr (50 Bt 5 Stunden bis Pai; 100 Bt, 10 Stunden bis Mae Hong Son); außerdem ein AC-Bus um 8 Uhr für 75 Bt bis Pai.

Täglich 3 Flüge nach Mae Hong Son (345 Bt).

■ **Fang:** ab Chang Puak Busstation (White Elephant Station), am nördlichen Stadttor. Normalbus via **Mae Rim, Mae Tang, Chaing Dao** alle 30 Minuten zwischen 6 und 17.30 Uhr, 43 Bt, 3 Stunden; Aircon stündlich zwischen 8 und 18 Uhr zu 70 Bt. Ab Fang Minibus-Anschluß alle 10 Minuten für 10 Bt nach **Thathon,** wohin es ab Chiang Mai aber auch Direktbusse gibt: um 6/7.20/9 und 11.30 und 15.30 Uhr, 51 Bt (wer die Flußfahrt machen will, sollte den ersten Bus nehmen).

■ **Phitsanulok** (via **Tak** und **Sukhothai**): ab Arcade Bus Station um 8.30 und 16 Uhr im Normalbus (6 Stunden, 86 Bt bzw. 4 Stunden bis Tak und 5 bis Sukhothai). Aircon um 8/10/12 und 18.10 Uhr zu 137 Bt (gleiche Fahrzeit).

Viermal wöchentlich je 2 Flüge nach Phitsanulok (590 Bt) **via Mae Sot** und **Tak**.

■ **Chiang Saen,** fünfmal täglich per Fanbus zu 73 Bt, im AC-Bus zu 97 Bt, zweimal täglich im VIP-Bus zu 130 Bt.

■ **Mae Sai:** zahlreiche Verbindungen tgl. im Fanbus (77 Bt) sowie viermal tgl. (nachmittags) im VIP-Bus zu 127 Bt; außerdem ab Chiang Rai: ab dort alle 30 Minuten Direktanschluß nach Mae Sai via Chinag Saen.

■ Das **Goldene-Dreieck** wird nun auch direkt angefahren, und zwar um 6.30 sowie um 12.10 Uhr im Normalbus für 73 Bt, im VIP-Bus um 9 und 14.30 Uhr zu 130 Bt.

Nordost-Thailand:
■ **Khon Kaen** via **Sukhothai** und Chum Phae (Stop für **Phu Kradung Nationalpark**) sowie Weiterreise nach **Loei** und **Nong Khai**) rund ein dutzend Mal tgl. im Normalbus (12 Stunden, 192 Bt), um 8 und 18.10 Uhr im Airconbus (268 Bt), um 20 Uhr im VIP-Bus für 307 Bt. Thai fliegt mehrmals wöchentlich für 1115 Bt.

■ **Korat** (Nakhon Ratchasima): ab Arcade Bus Station um 4.30/6.30 und 15.30 Uhr im Normalbus (12 Stunden, 180 Bt) und um 8/9.45/17/19 und 20 Uhr im Aircon (11 Stunden, 325 Bt) sowie um 20.30 Uhr für 400 Bt im VIP-Bus.

■ **Loei:** Normalbus ab Arcade Bus

Station um 7.30/17.30 und 19 Uhr (11 Stunden, 138 Bt), Aircon um 20.30 Uhr (242 Bt), VIP-Bus zu 400 Bt.

Bangkok/Ayutthaya:
■ **Per Bus:** ab Arcade Bus Station elfmal täglich mit dem Normalbus zwischen 6 und 21 Uhr (169 Bt, gut 10 Stunden). Per Aircon-Bus 18mal täglich zwischen 6.30 und 20.30 Uhr (242 Bt, rund 9 Std), außerdem mehr als ein Dutzend VIP-Busse zu 304–470 Bt. Die meisten Busse fahren via Ayutthaya.
■ **Per Bahn:** täglich sechsmal via Phitsanulok, Lopburi und Ayutthaya zu 141–817 Bt
■ **Per Flugzeug:** acht bis zwölf Direktflüge für 1650 Bt; Flugzeit 1 Stunde.

Südthailand:
So schnell wie möglich an den Strand? *Thai Airways* fliegt mindestens einmal täglich die Direktroute nach Phuket für 3455 Bt. Mit Umsteigen in Bangkok kann man außerdem Surattani erreichen (2970 Bt) sowie Hat Yai (3850 Bt).

Weitere Destinationen:
■ Mindestens zweimal wöchentlich fliegt *Thai International* auf der Strecke hin/nach **Kunming/Yünnan/China**, was je Weg um 3700 Bt kostet, hin und zurück (45-Tages-Ticket) hingegen nur 5000 Bt.

Das erforderliche China-Visum kann man nun direkt in Chiang Mai bekommen: *Chinese Consulate General,* 111 Changlo Rd, Tel. 053/27 21 97; Mo–Fr von 9–11.30 Uhr, Ausstellung dauert einen Tag.
■ *Silk Air* (153 Sri Dornchai Rd, Tel. 053/27 64 95) fliegt Di und Fr direkt nach **Singapore** für rund 7000 Bt.

■ Für die Zukunft sind ab Chiang Mai Direktflüge nach **Vientiane/Laos** sowie **Burma** geplant; Informationen über das Tourist Office.

Rings um Chiang Mai

Alle nachfolgend beschriebenen Ausflüge (Ausnahme Mae Sa Valley) lassen sich problemlos, wenn auch zeitaufwendig, mit öffentlichen Verkehrsmitteln machen. Günstige Mietmopeds und Leihwagen gestatten, Chiang Mais Umgebung (und den gesamten Norden) motorisiert zu entdecken.

Doi-Suthep-Route
Die Sehenswürdigkeiten liegen nahe beieinander am Fuß und am Hang des Suthep-Berges im Nordwesten der Stadt (16 km ab Zentrum). Anfahrt per Motorrad entlang der Huai Kaeo Rd (Straße Nr. 1004, beginnend am nördlichen Westrand der Stadtmauer), per Tuk Tuk, Taxi (um 200 Bt) oder Minibus (Songthaew) ab Chang Puak Gate (*White Elephant Gate*) für 30 Bt hin (Endstation), 20 Bt retour; von 6 bis 15.30 Uhr, alle 30 Minuten.

■ **Tribal Research Center,** University Campus, 5 km westlich der Stadt an der Suthep Rd, Mo bis Fr von 8.30 bis 12 Uhr und 13 bis 16 Uhr (Tuk Tuk 40 Bt, Minibus 10 Bt). Kleines Museum mit Fotos, allgemeinen Handarbeiten und Musikinstrumenten. In der rechts danebenliegenden Bibliothek Hunderte von Büchern über die Kultur der Hilltribes (auch viel englischsprachiges Material).
■ **Arboretum** (Botanischer Garten), einige hundert Meter weiter

Rings um Chiang Mai

Richtung Suthep; täglich von 8.30 bis 16.30 Uhr geöffnet.

■ **Zoo,** direkt nördlich ans Arboretum angrenzend; täglich geöffnet von 8 bis 17 Uhr, Eintritt 10 Bt. Relativ weitläufige und (für asiatische Verhältnisse) gepflegte Anlage.

■ Der goldene Chedi des vor über 600 Jahren errichteten **Doi Suthep-Tempels** enthält Buddha-Reliquien und gilt als eines der wichtigsten Pilgerziele des Nordens. Für Touristen ist das auf rund 1000 m Höhe gelegene Heiligtum hauptsächlich wegen der Aussicht auf Chiang Mai interessant, und zwischen 10 und 15 Uhr (der Ausflugs-Stoßzeit) wird die ab Minibus-Endstation zum Tempel führende Treppe zum Nadelöhr. Hinauf dann zu Fuß über 290 Treppenstufen oder die Zahnradbahn, die 5 Bt kostet.

✎ »Doi Suthep: nicht mehr zu empfehlen! Viel zu viel Hektik und Touristen, die unter angemessener Bekleidung durchsichtige Blusen und Hot Pants verstehen.« (Siegfried Vogl, D-Lauf).

■ 6 km weiter, entlang gut ausgebauter Serpentinenstraße (Minibus 15 Bt, nur an den Wochenenden): der **Königspalast Phuping Ratchaniwet** (erbaut 1962). Besichtigung nur freitags sowie an den Wochenenden – vorausgesetzt, der Palast ist weder vom König noch von seiner großen Familie belegt.

■ Nochmal 3 km weiter ein völlig touristisiertes **Meo-Dorf:** jedes zweite Haus ist ein Souvenirshop, jedes Foto muß mit 10 Bt bezahlt werden...

Bo Sang und San Kamphaeng

Zwei ebenfalls völlig touristisierte »Handwerksdörfer« östlich von Chiang Mai. *Bo Sang* (auch: Borsang) ist 9 km entfernt, bekannt für seine Schirmproduktion. Viel Hektik, viele große Touristenbusse, aber trotzdem interessant, hier mal bei der Arbeit zuzuschauen. Natürlich dürfen auch Schirme gekauft werden. Es gibt sie von kleiner Ausführung für etwa 20 Bt bis riesengroße für etwa 4000 Bt. 4 km weiter in *San Kamphaeng* ist das Zentrum der Baumwoll- und Seidenweberei.

Anfahrt über die Straße Nr. 1006 (Verlängerung der Tha Phae Rd, die am Tha Phae Gate, Moon Muang Rd beginnt). Oder per Tuk Tuk (alle Fahrer bekommen aber Provision, alle paar Meter wird man in einen Shop »gezerrt«), am besten aber im Rahmen einer über die Guesthouses organisierten Fahrt (rund 50 Bt).

Arbeitselefanten

Für die Freunde touristischer Vorführungen mit all ihren Künstlichkeiten:

■ **Dickhäuter-Show** täglich von 9.30 bis 11 Uhr in Mae Sa Mai, knapp 30 km nördlich Chiang Mai (siehe zu »Mae Sa Valley«). Minibus ab Busstop am Chang Puak Gate für 10 Bt. Eintritt für die Show 40 Bt. Elefantenreiten kostet 500 Bt für rund 1 Stunde (für 2 Personen).

■ Ebenfalls nahe der Straße nach Fang, bei km 56, liegt das staatliche **Young Elephants Training Center** nahe dem Dorf Ban Ta Yak. Gleicher Preis, gleiche Zeiten und gleiche Qualität. Bus Richtung Fang ab Busbahnhof an der Chotana Rd (nahe Chang Puak Gate) bis km 56 (25 Bt).

Lamphun und Pasang

Lamphun (auch: Lamphoon), 26 km südlich von Chiang Mai. Ein Provinzstädtchen mit 40 000 Einwohnern, das einst Hauptort eines kleinen Königreiches war, welches immerhin sechs Jahrhunderte überdauerte. Zeuge früherer Größe ist der *Wat Haripunchai*, eines der heiligsten Klöster Nordthailands. Gegenüber an der Straße ein kleines Museum, geöffnet 9–12 Uhr und 13–16 Uhr.

✐ »Sehr schön und vor allem alt und unrestauriert in schöner Umgebung Wat Phra Yun, am Flußufer, ausgeschildert. Und Wat Chama Tevi (Wat Kukut), Mon-Architektur« (David Steinke, D-Grasleben).

Hin mit dem Motorrad über die Straße Nr. 106, die Lamphun Rd, die direkt hinter der Brücke der Tha Phae Rd über den Ping River nach Süden abbiegt; 26 km. Bus oder Minibus (7 oder 15 Bt) ab Chang Puak-Busstation; man kann auch auf der Lamphun Rd, südlich der Brücke über den Ping River, zusteigen.

10 km weiter südwestlich von Lamphun liegt das Dorf Pasang, das Baumwollweberdorf mit Shoppingmöglichkeiten für Hemden, Hosen, Anzüge, Sarongs etc. Mit Bus (gleicher wie nach Lamphun) für 12 Bt ab Chiang Mai.

✐ »Tourist Office/Police an der Hauptstraße; dort Umgebungskarte und Hinweis auf das "Weaving Village« Nong Nguak. Trampen hin und zurück ohne Probleme und Wartezeiten (ca. 10 km). Hat noch eine dörflich-bäuerliche Atmosphäre, in den Hauswebereien interessante Auswahl (Handeln erfordert Zähigkeit). Auch wenn man nichts kaufen möchte, lohnt es sich viel mehr, gleich hierhin zu fahren, statt ins Straßendorf Pasang« (David Steinke, D-Grasleben).

Mae Klang Wasserfall/Doi Inthanon

Doi Inthanon – Nationalpark und gleichzeitig der mit 2595 m höchste Berg Thailands. Mae Klang – ein Wasserfall am Fuße des Berges, ebenfalls zum Park gehörig. Wasser hat er stets, Unmengen von Touristen ebenfalls, überall stehen Souvenirbuden und Restaurants, Motorrad-Parken kostet gleich 10 Bt.

■ **Transport:** Hin kommt man auch mit öffentlichen Verkehrsmitteln: Bus ab Chiang Mai Gate nach Chom Thong (15 Bt) und weiter mit einem Songthaew für 25 Bt.

Der »Hausberg« Thailands ist durch eine Straße erschlossen, die abwechslungsreiche Landschaft (viele Wasserfälle, Urwald) kann man aber kaum von den (stets übervollen) Songthaews aus genießen, die die Strecke für 50 Bt ebenfalls befahren (auf Charterbasis kosten die Songthaews gut 500–600 Bt, so daß es dann fast schon billiger kommt, in Chiang Mai ein Auto zu mieten).

Selbstfahrer verlassen Chiang Mai auf der Straße Nr. 108 (Wua Lai Rd), die am südwestlichen Stadtwall beginnt: nach rund 55 km, kurz vor Chom Thong, zweigt rechts der ausgeschilderte Weg zum Mae Klang-Wasserfall ab; dort hinein. Nach 9 km ist eine »Maut-Station« erreicht (5 Bt pro Motorrad, 20 Bt/Auto), nach weiteren 50 km der mit den wilden Orchideen, Rhododendron und bemoosten Bäumen bestandene Gipfel.

Er ist als militärisches Sperrgebiet ausgewiesen, aber die freundlichen Soldaten nehmen es meist nicht so genau. Uns zumindest führten sie gut 2 Stunden durch die Flechten- und Mooswelt, ließen uns hier sogar kostenlos übernachten. Beste Zeit für diesen Gipfeltrip sind die Monate zwischen November und Februar: dann kann es zwar eisig kalt werden (nimm was ganz Warmes mit!), aber dafür hast du mit großer Wahrscheinlichkeit klare Sicht.

✎ »Freundlich sind sie, die Soldaten auf dem Gipfel, zum Übernachten haben sie uns auch eingeladen, aber abends dann wurden sie aufdringlich, rückten uns zu Leibe – wir haben die ganze Nacht draußen irgendwo in der nebligen Kälte verbracht.« (Christa und Yvonne Bergmann).

Mae Sa Valley

Von einem Urlaub in diesem nur wenige Kilometer nördlich Chiang Mai gelegenen Tal träumt halb Thailand. Aber nur die wenigsten – die mit Rang, Namen und vor allen Dingen viel, viel Geld – können sich diesen Wunsch erfüllen, denn die z.T. ausgesucht stilvollen Resorts mit Orchideen- und Rosenfeldern, künstlichen Wasserfällen, Bächen und Seen gehören zu den edelsten des Landes. Auch wer mit marktgerechten »Paradiesgärten« nichts am Hut hat, kann von einem Besuch im Mae Sa Valley begeistert sein: Das Klima ist mild, die Landschaft reizvoll, und der Ausflugsmöglichkeiten gibt es viele.

■ **Transport:** Mit öffentlichen Verkehrsmitteln ist nur der untere Teil des Tales erreichbar (Anfahrt wie unter »Arbeitselefanten« beschrieben). Selbstfahrer können eine Rundfahrt von/nach Chiang Mai beschreiben: über die Straße Nr. 107 Richtung Fang, dann hinter Mae Rim links ab auf die Straße Nr. 1096 ins Mae-Sa-Tal, und via Sa Moeng über die Straße 1269 nach Hang Dong, ein paar Kilometer südlich Chiang Mai. Die reine Fahrzeit beträgt etwa 3 Std. Ansonsten werden in Chiang Mai auch Touren in das Tal angeboten, und Minitaxen kosten rund 500 Bt für einen Halbtagestrip ab/bis Chiang Mai.

■ **Sightseeing:** Besuchenswert sind unter anderem mehrere Orchideenfarmen (10 Bt Eintritt), eine Schmetterlingsfarm, Schlangenfarm (mehrere 100 Arten; 100 Bt Eintritt), der Mae-Sa-Wasserfall (10 Bt), der Mae Sa Valley sowie Erawan und Chiang Mai Resort (Eintritt in die Parkanlagen 20 Bt), der Mae Yim-Wasserfall sowie zwei Elefantencamps. Im Pong-Yang-Elefantenlager (km 10) finden allmorgendlich um 9.30 und 11 Uhr Vorführungen statt (40 Bt) und man kann auch Elefanten für einen Ausritt ausleihen: das kostet 500 Bt für eine Stunde und 2 Personen.

■ **Unterkunft:** Im Tal stehen rund 12 Resorts zur Verfügung, und alle finden sich in teils außerordentlich ansprechenden, auf exotisch getrimmten Parkanlagen. Die Bungalows sind aber eher einfach eingerichtet und bieten zwischen 2 und 10 Personen Platz, da sie hauptsächlich von Thais frequentiert werden. Unter 500 Bt ist kein Bungalow zu bekommen, im Durchschnitt zahlt man um 750–900 Bt, und als beste Adressen gelten das *Mae Sa Resort* (Tel. 053/29 80 95), das *Mae Sa Valley Resort* (Tel. 053/29 79 81) sowie das *Krisda Doi Resort* (Tel. 053/24 84 19).

Hilltribe-Trekking

In den Bergen und Monsunwäldern des oberen Nordens sind die Thais als Ethnie eine Minorität. Hier dominieren die sogenannten *Hilltribes* –

MAE SA VALLEY

- Pang Thong Daeng Tribal Village
- Richtung Samerng/Chiang Mai
- Mae Yim Wasserfall (20 km)
- Chiang Mai Resort (19 km)
- Kangsadam Resort (18 km)
- Elephant Camp (22 km)
- Mong Mae Sa Mai (35 km)
- Erawan Resort (15 km)
- Mae Sa Valley (11 km)
- Highway No. 1096
- Elephant Camp (10 km)
- Suan Rintr (9 km)
- Ton Thong Country Home (8 km)
- Rose Garden (6 km)
- Mae Sa Wasserfall (7 km)
- Butterfly Farm (4,5 km)
- Mae Ram Orchids Nursery (4 km)
- Sai Nam Phung Orchids Nursery (2 km)
- Mountain Orchids
- Adisara Farm (1 km)
- Richtung Fang
- Richtung Chiang Mai, 16 km
- Highway No. 107

Hilltribe-Trekking

Bergstämme, meist tibeto-burmesischer oder sino-tibetischer Herkunft. Ihre Population wird heute auf etwa 500 000 Menschen geschätzt, die mehrheitlich in den letzten 100 Jahren eingewandert sind.

Diese halbnomadischen Bergvölker, von denen, in einer groben Einteilung, mindestens 10 unterschieden werden können, haben sich in den z.T. völlig unzugänglichen Regionen ihre kulturelle Eigenständigkeit bewahren können. Sie leben in etwa 3000 Dorfgemeinschaften und ernähren sich vom Reis- und Maisanbau für den Eigenbedarf sowie teilweise vom Opiumanbau.

Obwohl von der thailändischen Regierung nicht geliebt, werden die Stammesgruppen schon seit über einem Jahrzehnt als *die* touristische Attraktion des Nordens gepriesen – und vermarktet: In Chiang Mai haben sich rund 100 Organisationen darauf spezialisiert, die Bewunderung der Touristen für solch exotische Lebewesen in klingende Münze umzusetzen. – Sie veranstalten Trekkingtouren: von eintägigen Schnuppertreks bis hin zu zehn- oder vierzehntägigen Spezial-Unternehmen.

Nachfrager sind in aller Regel die Rucksackreisenden. Interessiert am Angebot von authentischen Erlebnissen, trägt so der Traveller-Tourismus dazu bei, daß immer wieder neue Dörfer erschlossen werden. Im schlimmsten Fall ist es dann so: 10 Mann bzw. Frau starke Gruppen fallen mit Kameras und Video über die Dorfeinwohner her, es werden Taschenrechner, Quarzuhren, Plastiktüten und Bonbons verteilt. Das sogenannte einfache Leben wird bestaunt. Man kommt als Gast und benimmt sich wie ein Zoobesucher.

Für Problembewußte

»Menschen-Sightseeing« trägt dazu bei, die bestaunten Traditionen Stück für Stück zu untergraben. Dies, wenn nicht zu vermeiden, so doch zu beschränken, bedingt schon eine gehörige Portion »sanften Tourismus«. Wer nur sekundär an den Tribes interessiert ist, in erster Linie das Trekken sucht, das körperliche Abenteuer, der wird wahrscheinlich ohnehin enttäuscht werden: Der relativ lichte Monsunwald ist kein eigentlicher Dschungel, die Fauna macht sich sehr rar, und die meisten Treks erinnern heute mehr an ausgedehnte Spaziergänge denn an wirkliche »Adventure Trips«, als die sie in den Prospekten gepriesen werden.

✎ »Ich wundere mich, warum sich so viele über die vielen anderen Touristen beschweren. Man ist doch selbst einer. Wir wanderten in ein Dorf, wo selten Touristen hinkommen, mit dem Erfolg, daß einige Kinder heulend vor uns Riesen davonwetzten. Da kam ich mir auch fehl am Platz vor. Vielleicht sollte man die Hilltribes ganz in Ruhe lassen« (Horst Kurz, D-Pliezhausen-Gniebel).

✎ »Wir wollten erst auch einen Trek durch die Dörfer machen, weil uns viele Leute erzählten, wie toll das sei. Aber schon bei der Ankunft in Chiang Mai haben wir fast das Kotzen gekriegt, ob der total vermarkteten Ursprünglichkeit. Überall hingen Prospekte, jeder laberte uns auf Trekken an. Wir hatten dann auch keine Lust mehr, alleine, bloß mit 'nem Führer etc. zu gehen, weil das letztendlich auch nicht besser ist« (Ina Gerber, NL-Es Vaals).

✎ »Trekking-Tours: ein recht zwiespältiges Erlebnis. Uns kam es nicht so vor, als wären wir willkommene Besucher bei den Lisu, Akha und Meo. Nicht gut finden wir das Aufstöbern bisher vom Tourismus verschont gebliebener Stämme, da man dort nicht immer erwünscht ist, und diese Menschen auf diese Weise ihre Ursprünglichkeit verlieren« (Sylvia Dorn, D-München).

Organisiert

Das einschlägige Angebot der Trekking-Tour-Organisationen ist in der Stadt nicht zu übersehen: auf Schritt und Tritt Hinweistafeln, Handzettel, Broschüren und Prospekte; das Tourist Office verteilt kostenlos Tour-Auflistungen. Die Preise liegen zwischen etwa 1700 Bt pro Person für den 3-Tages-Trek und 2500–3500 Bt für sechs bis sieben Tage; sind ein paar Stunden Elefantenwandern integriert, kostet's für den 3-Tages-Trek etwa 2300 Bt. In diesen Preisen inbegriffen sind Führer, Essen, An- und Abfahrt, Versicherung; die Gruppenstärke beträgt etwa 10 Personen. Gewandert wird täglich zwischen 3 und 6 Stunden, Übernachtung in den Dörfern unter Ausnutzung der Gastfreundschaft: Je Gruppe und Nacht bekommt das Dorf von den Veranstaltern etwa 10 bis 20 Bt!

Individuell

Offizielle Stellen warnen ausdrücklich davor, die Stämme »auf eigene Faust« zu besuchen. Einschlägige Klischees vom Opium anbauenden, schwer bewaffneten und aggressiven »Wilden« werden systematisch aufgebaut.

Der gesunde Menschenverstand ließ uns an diesem Bild zweifeln, die Eindrücke vor Ort entlarvten es. Ohne auf Allgemeingültigkeit Anspruch erheben zu wollen, zeigten unsere Erlebnisse stets, daß die Dorfbewohner nicht selten aggressiv reagieren, fast feindlich, wenn eine Gruppe ins Dorf »einfällt«. Kommt man hingegen alleine, oder – wegen Schwierigkeiten mit dem Weg und Verständigungsproblemen – mit einem Führer, dann reagieren die Menschen zwar scheu und zurückhaltend, doch freundlich, bieten stets ihre Gastfreundschaft an.

Ganz alleine in den unwegsamen Wäldern herumzulaufen, ist nicht jedermanns Geschmack, auch nicht empfehlenswert; die Gefahr, sich zu verirren, ist äußerst groß, und die ehemals erhältlichen Trekkingkarten wurden nicht wieder aufgelegt, sind zudem völlig überholt. So bietet es sich an, mit einem orts- und sprachkundigen Führer loszuziehen. In Chiang Mai kostet der satte 500–800 Bt pro Tag; auf dem Land aber, etwa in Pai, Thathon, Mae Hong Son, läßt sich auch für max. 300–400 Bt pro Tag schnell ein kompetenter Guide finden.

Doch sollte man sich genügend Spielraum lassen, selbst die Aufenthaltsdauer bestimmen, sich nicht von Dorf zu Dorf hetzen lassen; das verhindert auch gute Begegnungen. Und neben dem Führer sollte man höchstens eine weitere Begleitperson akzeptieren, denn bei zu vielen Gästen verkümmert die Gastfreundschaft ...

Was mitnehmen?

■ Vor allem gutes **Schuhwerk;** Trekkingschuhe sind optimal, eignen sich für die vielen Flußdurchquerungen aber weniger gut als Turnschuhe.

■ **Schlafsack** ist nicht übel: nicht nur im Winter wird es hier nachts empfindlich kalt; zur Not wird man dir aber in den Dörfern auch mit einer Decke aushelfen.

■ **Kleidung:** Als Ersatz genügen 1 Hemd, 1 Hose, 1 Paar Socken.

■ **Kleinkram** kann wichtig sein: etwa Anti-Mückenmittel, ausgesuchte Medikamente, Wasserdesinfektions-Tabletten, Verbandszeug, Wasserflasche, Waschpulver, Seife, Klopapier, Sarong (Wickelrock) für das tägliche Bad, Taschenlampe, Feuerzeug, Streichhölzer.

■ **Wertsachen** lieber in Chiang Mai deponieren (z.B. im Safe Deposit der Siam City Bank, Tha Phae Rd), aber **nicht im Safe irgendeiner Herberge,** denn nicht selten ist nach Rückkehr alles verschwunden, niemand hat was gesehen, die Polizisten gucken dumm, können aber auch nicht helfen. Paß oder besser Kopie davon mitnehmen (manchmal Kontrollen). Bares in Kleingeld und in kleinen Scheinen kann nützlich sein.

■ Als **Gastgeschenk** eignet sich Tabak sehr gut, aber auch Nähnadeln, Scheren, Tee, Zucker, Salz, Streichhölzer. Nicht wahllos verteilen, nur dem Dorf-Oberen überreichen und/oder dem Familienoberhaupt des Unterkunft bietenden Hauses.

■ Den **Fotoapparat** muß man nicht zu Hause lassen, sollte ihn aber nur äußerst vorsichtig und zurückhaltend in den Dörfern einsetzen: lieber kein einziges Foto als ein einziges zu viel. **Walkman** und ähnliche elektronische Spielzeuge sind fehl am Platz.

Der wilde Nordwesten

Im Norden und Westen von Burma begrenzt, im Süden durch undurchdringliche Dschungelwälder, ist dem Einzug zivilisatorischer Einrichtungen allein schon durch die geografische Lage ein Riegel gesetzt. Hier rücken die Berge enger zusammen, sind die Hänge steiler, die Täler oft nur meterbreite Schluchten; Teak- und Föhrenwälder wechseln sich ab mit Dschungel und Gras-Savannen.

Die Bevölkerungsdichte ist die geringste des Landes, die Menschen gehören verschiedenen ethnischen Gruppierungen an; Thais sind in der Minderheit. Das Leben in den Dörfern scheint seit Jahrhunderten unverändert, und angesichts von Fremden lassen die Bauern oft noch die Arbeit liegen, winken oder jubeln dem Vorbeifahrenden zu. Die Vergangenheit ist noch allgegenwärtig, zeigt sich von ihrer romantischen Seite.

Anreise/Rundreise

Nachfolgend die Beschreibung der rund 600 km langen Rundfahrt Chiang Mai–Pai–Mae Hong Son–Mae Sariang–Chiang Mai, die man auf zweierlei Weise entdecken kann: mit öffentlichen Verkehrsmitteln oder mit gemietetem Motorrad/Leihwagen.

Wer vor allem Landschaftserlebnisse mit kühlem Fahrtwind verbinden will, sollte dem eigenen Gefährt den Vorzug geben. Plant man aber Dschungelgänge, Aufenthalte in Tribe-Dörfern oder möchte in Pai und Mae Hong Son ein bißchen verweilen, dann bietet sich der Bus an, der ab Arcade Bus Station in Chiang Mai mehrmals täglich nach Pai verkehrt (siehe zu Chiang Mai unter »Weiterreise«). Ab dort ebenfalls mehrmals täglich Anschluß nach Mae Hong Son, von wo wiederum Busse nach Chiang Mai und Bangkok (via Mae Sariang) fahren.

Per Motorrad: Die Stadt via Chotana Rd (vom Elephant Gate nördlich) in Richtung Fang (Nationalstraße 107) verlassen und nach rund 35 km kurz vor Mae Taeng in Huai Som links ab auf die Nationalstraße 1095 (ausgeschildert nach Pai und Mae Hong Son) einbiegen.

Achtung: Auf den rund 100 km bis Pai hat's nur wenige Tankstellen.

Die Strecke bis Pai

Der Bus braucht für die rund 140 km bis Pai etwa 3-4 Stunden, mit dem Motorrad ist's ähnlich. Die Straße ist durchgehend asphaltiert, in ausgezeichnetem Zustand und fordert dem Fahrer keinerlei besondere Fähigkeiten ab.

Die ersten 40 km auf der Nationalstraße 107 bis Mae Taeng führen durch eine relativ dicht besiedelte und ziemlich ausdruckslose Reisfeldebene. Schon kurz nach der Abzweigung auf die Nationalstraße 1095 ändert sich das Bild. Die Landschaft wird zunehmend hügeliger, die kultivierten Flächen treten hinter dem Regenwald zurück, und die einzelnen Dörfer am Wegesrand sind zum Großteil von thaiisierten Hilltribes bewohnt.

Nach etwa 20 km auf dieser Straße weist ein großes Holzschild nach links zum rund 2 km entfernten *Mokfa Waterfall*. Die ersten 1,5 km sind steil und können nach Niederschlag arg glitschig werden; dann wird ein kleiner Parkplatz am Fluß erreicht, und nach ein paar Gehminuten (der weitere Weg ist nicht Motorrad-tauglich!) erreicht man einen idyllisch inmitten des Waldes gelegenen Pool, in den das Wasser aus etwa 20 m Höhe herabstürzt.

Bald beginnt eine Paßstraße mit unzähligen Serpentinen, die nach etwa einer Stunde auf rund 1300 m ansteigt: kühler, frischer Wind und eine grandiose Aussicht auf 2000 m hohe Bergketten bis nach Burma – am besten in den Morgenstunden bis etwa 9 Uhr (später Wolkenbildung). Die Talfahrt, ebenfalls sehr reich an Serpentinen, nimmt etwa eine Stunde in Anspruch, führt erst durch Teak- und Föhrenwälder, später durch Dschungel. Dann ist das langgestreckte Pai Valley erreicht, und vorbei an Reisfeldern und Gras-Savannen geht's nach Pai, dem Hauptdorf der ganzen Region.

In und um Pai

»Welcome tourists: We are proud to serve you!« – So verkündet ein Hinweisschild, und im Zentrum dieses netten Holzhausstädtchens kann man sich des Eindrucks nicht erwehren, daß hier fast jede Familie irgendwie am (Rucksack-)Tourismus partizipiert. Gab es noch vor vier Jahren lediglich zwei bescheidene Herbergen, vor zwei Jahren rund zehn, so sind es jetzt schon mehr als zwei Dutzend. Ein Ende des Guesthouse-Booms ist nicht abzusehen, denn mehr und mehr Reisende zieht es hierher, um die irgendwie unwirkliche Atmosphäre von angenehmen Bungalows aus zu genießen, die Talsohle und nahe Bergwelt zu durchwandern, Abenteuer-Trips oder mehrtägige Treks sowie Wanderungen zu den zahlreichen Hilltribe-

Der wilde Nordwesten

Dörfern der Umgebung zu unternehmen.

Unterkunft
Im Ort:
■ **Shan Guesthouse** (Tel. 053/69 91 62): kurz vor Pai rechts der Hauptstraße am Reisfeldrand gelegene Bungalowanlage mit einem kleinen umzäunten Gärtchen vor jedem Rattanhäuschen, einem Teich in der Mitte und einem dort auf einem Inselchen gelegenen Restaurant. Saubere sanitäre Anlagen, heiße Duschen, Preise von 100–230 Bt (letztere Hütten haben Bad/WC).
■ **Charlies** (Tel. 053/69 90 39) liegt unübersehbar an der Hauptstraße. Relativ große Anlage, saubere Zimmer, alle mit Fan ausgestattet; etwas hellhörig. Sehr freundliche Leute, gute Atmosphäre, und in der kalten Jahreszeit wird man die heißen Duschen sowie die Sauna (!) schätzen lernen. Auch ein Schlafsaal steht zur Verfügung (50 Bt), die Zimmer kosten zwischen 150 und 230 Bt.
■ **Duang Guesthouse** (Tel. 053/69 91 01): direkt gegenüber dem Bus-»Bahnhof« gelegene Anlage mit Zimmern in einem Holz- sowie Steinbau; auch Schlafsaal. Die teureren Rooms haben ein eigenes Bad/WC, sogar heiß Wasser ist vorhanden, und die Preise liegen zwischen 40 und 220 Bt.

Am Pai River:
Hier, am Wiesenufer des Flusses, wohnt man fraglos am romantischsten, weshalb die Anlagen auch häufig ausgebucht sind:
■ **Pai River Lodge,** etwa 400 m vom Ortskern entfernt (an der ersten Kreuzung ausgeschildert). Großes Wiesenareal direkt am Pai River mit hübschen, aber teils angegammelten Pfahlbau-Hütten, von denen jede den Namen eines Bergstammes trägt. Sanitäre Gemeinschaftseinrichtungen (arg angegammelt) mit Heißwasser. Zentrum der Anlage ist ein pittoreskes Stelzenrestaurant mit Matten, Sitzkissen und niedrigen Tischchen. Die jungen flippigen Besitzer haben einen westlichen Musikgeschmack und eine entsprechende Anlage; abends geht der Sound ab. Die Preise liegen um 100 Bt.
■ **Rimpae Cottage** (Tel. 053/69 91 33): ebenfalls direkt am Fluß gelegen (ab Busbahnhof dem Weg zum Fluß folgen, ca. 500 m, dann hinter dem Kloster links ab). Großes Grundstück, schöne Aussicht und propere Bungalows in verschiedenen Komfortstufen zwischen 350 und 750 Bt. – Mit das Beste, was Ort und Umgebung an Unterkunft zu bieten haben.
■ **Pin's Huts,** direkt am Fluß nahe Rimpae Cottages, gefiel uns mit seinen Palmwedelhütten am besten. Die Atmosphäre ist höchst angenehm, die Besitzer sind freundlich, und weil auch die Preise korrekt sind (100 Bt), kann man sich hier wirklich wohl fühlen.

Außerhalb Pai:
An der Straße von Pai Richtung Mae Hong Son (s.u.) sind mehrere Komfort-Bungalowanlagen für durchreisende Pauschaltouristen entstanden, und wer ruhig und komfortabel wohnen will, findet dort den vielleicht besten Gegenwert.

Sehr empfehlenswert sind u.a. das 4 km außerhalb ausgeschilderte **Pai Cabana** (Reihenhäuser und Bungalows, ganz einsam gelegen, mit/ohne Bad/WC zwischen 350 und 500 Bt), das wenig später ausgeschilderte

Skandia Resort (Tel. 053/69 91 89; einfache Hangbungalows zu 250 Bt, höchst komfortable und u.a. mit AC ausgestattete Luxusbungalows zu 800 Bt) sowie die 4 km weiter bei einem *Shan*-Dorf gelegene **Pai Mountain Lodge**, die sich um einen kleinen Teich gruppiert, ein sehr gutes Restaurant bietet sowie nette Häuschen, die, wohl je nach Saison, zwischen 250 und 500 Bt kosten (inkl. Bad/WC).

Essen und Trinken:
■ Zu jeder Bungalowanlage bzw. jedem Guesthouse gehört ein Restaurant, und am gemütlichsten fanden wir die **Pai River Lodge** sowie das **Shan Guesthouse**, wo noch nicht ausschließlich fades Touristenessen serviert wird.
■ **Duang Restaurant,** am Ende der Hauptstraße vor dem Busstop. Das Restaurant wird auch von Einheimischen frequentiert – was eine Empfehlung ist: authentisches Thai-Essen, auch täglich frische Curries, für wenig Geld.
■ Bestes Restaurant der Stadt ist fraglos das **Chez Swan,** das von dem französischen Rafting-Freak *Guy Gorias* (s.u.) gemanagt wird und neben französischen Spezialitäten auch Top-Gerichte der Thai-Küche serviert; die Preise sind korrekt, wenn auch höher als anderswo, aber dafür kann man hier auch mit Stil essen.
■ Tagsüber, insbesondere aber in den Abendstunden, gibt's am Markt stets ein paar **Eßstände** mit gebackenen Bananen, Hühnchenkeulen und Curries. Vor dem Markt dann kann man sich abends an einem Pfannkuchen-Stand laben, wo man für wenig Geld dicke und gut schmeckende Pancakes bekommt.

Verschiedenes:
■ Ein regelrechtes Tourist Office gibt es nicht, aber **Informationen** zu Pai und Umgebung sind im *Traveller Shop* an der Hauptstraße zu bekommen; hier auch Kartenmaterial.
■ **Bank** mit Wechselservice auf der Hauptstraße neben dem Markt. Für **Telefonate** (auch international) ist ein kleiner Shop an der Hauptstraße zuständig, aber günstiger kommen die Gespräche vom Postamt aus.

Weiterreise:
■ Die Busse von Pai in Richtung **Mae Hong Son** (via Soppong) fahren um 7/8.30/11/14.30 und 16.30 Uhr am Busstop weg; 4 Stunden, 50 Bt bis Mae Hong Son bzw. 1 1/2 Stunden, 25 Bt, bis Soppong. Morgens außerdem ein AC-Bus zu 95 Bt.
■ Busse nach **Chiang Mai** um 7.00/8.30//11/12.30/14 und 16 Uhr; 50 Bt, 4 Stunden; außerdem morgens ein AC-Bus zu 90 Bt.
■ **Motorrad-Werkstatt:** An der Hauptstraße (schräg gegenüber Markt). Für Vergaser-Reinigung, Zündung einstellen, Schalthebel erneuern zahlten wir 100 Bt.
■ **Volltanken,** denn auf der Strecke nach Mae Hong Son gibt's nur eine Tankstelle (in Soppong).

Rings um Pai

Alle Abstecher ab Pai kann man anstatt zu Fuß auch per Fahrrad machen: Verleih in den meisten Guesthouses, um 30 Bt pro Tag. Die Miete für Motorräder (Honda Dream oder MTX) liegt bei 180 bis 200 Bt pro Tag, und mehrere Guesthouses sowie Restaurants bieten Maschinen an.

Wer aber auf Wanderung, Bike- oder Motorrad-Tour geht, sollte sich im o.g. *Traveller Shop* unbedingt eine

Im Nordosten von Thailand: Tempel in Phimai

Karte holen, in der alle Natursehenswürdigkeiten, Dörfer und auch Straßen sowie Wege verzeichnet sind.

■ Daß Angehörige verschiedener Rassen und Ethnien durchaus in Harmonie miteinander leben können – das kann man in und um Pai erfahren, wo sich in direkter Dorfnähe mehrere Stämme niedergelassen haben.

■ **Arbeitselefanten:** Man folge der Straße Richtung Chiang Mai für rund 8 km bis zur Brücke über den Pai River. Im Uferbereich tummeln sich morgens zwischen 7 und 10 Uhr mehrere Dickhäuter. Aber nur von etwa April bis September; in den restlichen Monaten sind die Tiere in den Teakwäldern an der Arbeit.

■ Ein Halbtagesausflug führt ab Pai zum etwa 3 km außerhalb gelegenen **Bergtempel** – toller Ausblick auf das Flußtal, am besten bei Sonnenaufgang. An dem anderen Tempel unterhalb der Busstation in Pai trifft sich abends oft viel betendes Volk; stimmungsvoll.

■ **Hot Springs:** Über die Brücke über den Pai River hinüber, dann den Hinweisschildern folgen; rund 10 km. Vom Ende des befahrbaren Weges sind es noch etwa 50 m zu den heiß aus dem Boden sprudelnden Quellen; Eierkochen ist möglich. Unterhalb finden sich ein paar Betonbassins fürs Bad, aber uns war die Wassertemperatur bei weitem zu heiß. Anstatt die gleiche Straße wieder zurückzufahren, kann man auch dem Hauptweg folgen, der bald oberhalb von Pai bei der Brücke über den Pai River in die Nationalstraße mündet; ab dort noch etwa 8 km.

■ Eine wunderschöne Wanderung führt zur **Pai Mountain Lodge** (s.o.), wohin es einen Fußweg gibt, der rund 7–8 km lang ist und in gut 2–3 Stunden bewältigt werden kann. Dann dort evtl. übernachten, am nächsten Morgen retour.

Trekking ab Pai

Das Gebiet zwischen Pai und Mae Hong Son sowie Burmagrenze und Chiang Mai hat den Wanderern viel unzerstörte Natur zu bieten und gilt, weil von zahlreichen Bergstämmen besiedelt, als eines der schönsten Trekking-Reviere Thailands. Entsprechend verstehen sich die Guesthouses und Restaurants der Stadt auch als Trekking-Agenturen. Angeboten werden hauptsächlich Touren von 3 bis 4 Tagen nördlich von Pai, meist mit einer Floßfahrt sowie einem kurzen Elefantenritt gekoppelt. Die Gruppen sind um 5 Personen stark, und die Preise liegen um 300 Bt je Person und Tag.

Führer zu finden, ist kein Problem in Pai (über nahezu jedes Guesthouse), und organisierte Treks bieten u.a. an: *Thai Adventure* (über Guy Gorias vom Chez Swan-Restaurant; s.o.) sowie das ebenfalls an der Hauptstraße gelegene *Karen Trekking*.

Abenteuer-Trips rings um Pai

■ **Thai Adventure Center,** Hauptstraße, Tel. 053/69 91 11; Ansprechpartner ist *Guy Gorias,* ein Alt-Traveller und Abenteuer-Freak aus Frankreich, der landesweit durch seine tollkühnen Rafting-Touren auf dem Pai River bekannt wurde.

Im Angebot dieses in ganz Südostasien bislang einzigartigen Rafting-Veranstalters stehen verschiedene Touren: etwa Paddeltrips im 2er

Der wilde Nordwesten

Kanadier den Pai River hinunter: 500 Bt für den Halbtagestrip oder 900 Bt für eine Ganztagestour, 1600 Bt für eine Zweitagestour (rund 45 km); Preise inkl. kompletter Ausrüstung und Abholung mit dem Pick up.

Mountain Bikes (mit modernster Shimano-Ausrüstung) stehen zur Verfügung für Crosstreks: Gorias kennt (bis 2 Wochen lange) Strecken in jedem Schwierigkeitsgrad und für jedes Können, vermietet auch gleich Zelte und Kochausrüstung mit.

Das ist schon echtes Abenteuer, aber noch nichts im Vergleich zur *White-Water-Rafting-Tour* den Pai River hinab durch eine Landschaft, die zu den unberührtesten Urwaldregionen von Nord-Thailand zählt. Mindestens 4 Personen sind erforderlich, um das moderne Schlauchboot durch die Schnellen zu manövrieren (Dauer: 2 Tage). Der Preis beläuft sich auf 1600 Bt pro Person bei 4 Personen. Möglich ist der Trip zwischen Juni/Juli und Januar/Februar.

✏ »Eine Paddeltour im 2er Kanadier auf dem Pai River ist wirklich empfehlenswert. Mit den Stromschnellen (bei der Ganztagestour) ist aber nicht zu spaßen, und ein Kentern ist für Anfänger oft unumgänglich« (Anke Deh & Stephan Reiß, CH-Zürich).

Von Pai nach Soppong

Im Flußtal hinter Pai erst schnurgerade Berg- und Talstrecken. Weiter über Serpentinen zum über 1200 m hoch gelegenen Paß mit Aussicht auf waldbewachsene Bergketten. Beste Zeit früh morgens, wenn die Täler meist noch in dichten Nebelbänken liegen, man sich auf der Paßhöhe wie auf einer Insel im Wolkenmeer fühlen kann. Die Straße ist durchgehend asphaltiert und in gutem Zustand.

Auf der kurvenreichen Talfahrt: Nadel- und Mischwälder, dazwischen vereinzelte bis 50 m hohe Teakbäume; skurrile Kalksteinfelsen, kleine Flüsse, lila, gelbe und rote Blütenfelder.

Soppong

Soppong, der größte Marktflecken zwischen Pai und Mae Hong Son, liegt nach insgesamt 45 km an der Strecke. Der Bus legt einen kleinen Zwischenstop ein, und immer mehr Rucksackreisende unterbrechen hier ihre Fahrt, ist doch diese Shan-Siedlung auf dem besten Weg, ein zweites Pai zu werden: Die Umgebung gilt als schönster Teil der gesamten Mae-Hong-Son-Provinz, auch zahlreiche Wanderwege sowie Treks laden ein, und die phantastische Tham-Lot-Höhle (s.u.) ist nur ein paar Kilometer entfernt.

■ **Unterkunft:** Am Busstop befindet sich ein kleines privates Tourist Office, wo man sich über den neuesten Stand der Unterkünfte etc. in Soppong informieren kann. Z.Zt. der Recherchen gab es nur einfache Anlagen, in denen die Bungalows/Zimmer zwischen 80 und 200 Bt kosteten:

Billigst und gut ist *Jungle House* mit Bambushütten am Hang, auch einem Schlafsaal, gutem Restaurant; die Anlage ist ein paar Gehminuten vom Busstop entfernt.

Gegenüber dem Busstop bietet sich das *Lemon Hill* an mit schlichten Hütten mit Bad (180 Bt) sowie ohne Bad (100 Bt).

Bleibt ansonsten noch die *Kemarin Garden & Rest Lodge,* die ein rundes Dutzend angenehmer Hütten bietet, die teils mit Bad (200 Bt) ausgestattet sind (sonst 120 Bt).

Wem diese Unterkünfte nicht zusagen, findet bei der rund 10 km entfernten Tham-Lot-Höhle zwei weitere Anlagen, und auch an der Strecke nach Mae Hong Son sind weitere Unterkünfte zu finden.

■ **Treks:** Auch Soppong, ja mitten im Hilltribe-Gebiet gelegen, bietet sich natürlich für Trekkingtouren an, und in allen Guesthouses werden Führer vermittelt, teils auch, wie im Jungle House, Touren organisiert. Die Preise belaufen sich hier auf etwa 300 Bt pro Tag und Person, auch Elefantenreiten ist möglich.

Tham Lot Cave

Diese gewaltige Höhle, inmitten einer wahrhaft atemberaubenden, mit Kalksteinfelsen bespickten Dschungellandschaft gelegen, gilt als eine der am längsten bewohnten Höhlen in Südostasien, und wie mit der Radiacarbon-Methode herausgefunden wurde, haben hier aller Wahrscheinlichkeit nach schon vor über 10 000 Jahren Menschen gelebt. Überreste von Holzsärgen wurden gefunden, die sind um 2000 Jahre, und da nicht auszuschließen ist, daß es sich um eine der großen Kultur-»Wiegen« Südostasiens handelt, wird die Höhle nun in zunehmendem Maße auch von Archäologen aufgesucht.

Ansonsten ist die Tham Lot, zumindest für uns, die schönste und beeindruckendste Höhle, die wir, außerhalb von Borneo (Niah-Höhle und Höhlen im Gunung-Mulu-Nationalpark) je in Asien zu Gesicht bekommen haben, und da sie nun touristisch ziemlich erschlossen ist, steht einer Exkursion nichts mehr im Wege. Am Eingang sind 100 Bt für einen mit Gaslaterne ausgestatteten Guide zu bezahlen (ein Großteil des Geldes kommt dem angrenzenden Dorf zugute), und wer knauserig ist, also nicht noch ein paar Baht zusätzlich »lockermacht«, wird die schönsten Teile des ausgedehnten Höhlenlabyrinthes vielleicht nicht zu sehen bekommen. Alles in allem sollte man sich schon wenigstens 2–3 Stunden Zeit lassen und möglichst den Nachmittag für einen Besuch auswählen, denn mit das Schönste, was man hier erleben kann, ist, wenn kurz vor Sonnenuntergang die Millionen Mauersegler zurückkehren, die in der Höhle ihre Nester haben; nach Sonnenuntergang dann fliegen riesige Fledermaus-Schwärme in den Urwald hinaus, was insbesondere zu Vollmond ein unvergeßliches Erlebnis ist.

■ **Anreise:** Von Soppong aus sind es rund 9–10 km über eine Piste, und zu Fuß benötigt man für die Distanz gut 3 Stunden. Ansonsten geht's mit dem Motorrad-Taxi (ca. 50 Bt) oder einem Charter-Pickup (mind. 150 Bt).

■ **Unterkunft:** *Die* Unterkunft ist hier die von einem australischen Höhlenforscher und seiner Frau geleitete *Cave Lodge*, in der man in einem Matratzen-Schlafsaal, sehr simplen Bambushütten und auch besseren Bungalows unterkommen kann. Die Preise sind sehr moderat (50–200 Bt), im angeschlossenen Restaurant werden außerordentlich leckere und günstige Speisen serviert, *John,* der Besitzer, kennt die ganze Gegend (mit -zig Höhlen) wie seine Westentasche, hat unzählige Tips auf Lager, vermittelt auch qualifizierte Trekkingführer.

Ein Stück weiter zur Höhle hin lädt noch die *River Lodge* ein, die ein

Der wilde Nordwesten

paar Zimmer sowie Bungalows zu 150 Bt bietet.

✐ »Die Tham Lot Cave war für uns die gewaltigste und beeindruckendste Höhle Thailands. Ein mit Lampe ausgerüsteter Guide kostet jetzt 100 Bt. Um aus der Höhle wieder herauszukommen, kann man sich hinausflößen lassen, was 10 Bt extra kostet« (Anke Deh & Stephan Reiß, CH-Zürich).

Ban Mae Lana

Rund 8 km hinter Soppong wird die Ma Lana Junction erreicht, wo die mit »Mae Lana« ausgeschilderte Lehmpiste nach rechts abzweigt. Steil und kurvig zieht sich die (gut befahrbare) Piste durchs stark gebirgige Urwald-Land, und an einem bald passierten Lahu-Dorf vorbei geht es ins rund 6 km entfernte Shan-Dorf Mae Lana, das sich in einem von Kalksteinfelsen flankierten Reisfeldtal ausbreitet. Die Optik ist ungeheuer idyllisch, und wer eine abenteuerliche Ader hat, kann hier zu zahlreichen Urwald- und Höhlentrips aufbrechen, der Piste auch weiter bis nahe an die Burma-Grenze heran folgen, und ansonsten im Rahmen einer rund 5 Stunden währenden Tour auch die Tham-Lot-Höhle per Pedes erreichen. – Möglichkeiten gibt es genug für viele Tage oder auch Wochen, und im einzigen Guesthouse am Ort kann man sich Karten aufzeichnen und ausführlich beraten lassen sowie ev. auch Führer mieten:

■ **Mae Lana Guest House**, einfachste Zimmer (80 Bt) in einem Blattdach-Bambushaus, auch Schlafsaal (40 Bt), ansonsten sehr gutes Essen, eine höchst angenehme Atmosphäre und ein sehr freundlicher und hilfsbereiter Vermieter.

Ein Stückchen weiter wurde eine weitere Anlage eröffnet: das **Top Hill Guest House**, das sich im großen und ganzen kaum von dem o.g. unterscheidet.

■ **Anfahrt:** Wer ein eigenes Fahrzeug hat, kann der Piste folgen; ansonsten zu Fuss gehen (ca. 1,5 Std.), so man nicht wartet, um einen Platz auf einem vorbeifahrenden Pickup zu ergattern (20 Bt).

Nach Mae Hong Son

Hinter der Mae Lana Junction wird die Straßenführung extrem, und in hunderten Kurven und Serpentinen geht es in tief eingeschnittene Urwaldtäler hinab, auf mit Dschungel bewachsene Bergkämme hinauf, und alles in allem kann man wohl sagen, daß diese Stecke eine der eindrucksvollsten von ganz Nord-Thailand ist.

Ein erster Höhepunkt im Sinne des Wortes wird schon rund 6 km hinter Mae Lana Junction erreicht: dort nämlich, von der Höhe eines nahezu 1000 m messenden Passes, genießt man ein schlicht umwerfendes Panorama über einen Großteil des Norwestens bis weit nach Myanmar, also Burma, hinein.

Dann geht es wieder konstant bergab, nach weiteren 7 km wird ein Fluß gequert (hier starten die Rafting-Topuren von *Thai Adventure* nach Mae Hong Son; siehe unter »Pai«), und nahebei auch zweigt eine ausgeschilderte Piste zur **Wilderness Lodge** ab, die rund 2 km von der Hauptstraße entfernt eine Waldlichtung schmückt und mit einfachen Bungalows sowie einem Schlafsaal erfreut (50–100 Bt); hier gibt es auch gutes Essen und vor allem Informationen über das an Höhlen und Was-

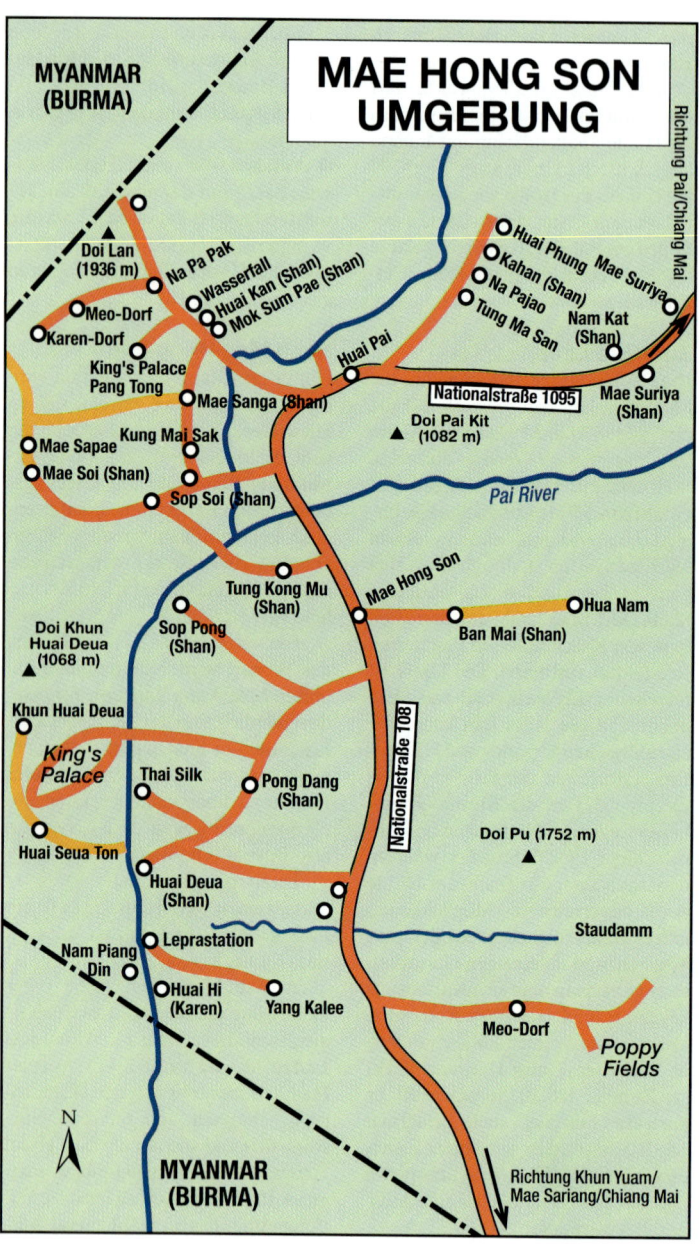

Der wilde Nordwesten

serfällen außerordentlich reiche Umland.

18 km vor Mae Hong Son liegt die (ausgeschilderte) **Tham-Pla-Grotte** am Weg, in der – entsprechend ihrem Namen »Fischhöhle« – halbzahme Fische leben.

Weitere 10 km sind es bis zu einer nach links abzweigenden Piste, die mit **Nam Tok Mae Surin Nationalpark** ausgeschildert ist. Dort hinein, nächste Piste nach links (geradeaus geht's zu einem Stausee), und direkt zum (rund 3 km entfernten) Hauptquartier des Parks am Pai River mit ein paar Steinbungalows am Hang über dem Fluß. Der namengebende Wasserfall (der höchste Thailands) kann aber von hier aus nicht erreicht werden (siehe »Von Mae Hong Son nach Mae Sariang«).

Mae Hong Son

Mae Hong Son, die »Stadt des Nebels«, wurde um 1840 herum als Elefanten- und Holzfällercamp gegründet und fand erst vor wenigen Jahren den Anschluß ans 20. Jh. Nur 16 km sind es von hier bis zur (»grünen«) Grenze nach Burma, und diese Nähe macht sich überall in der Stadt bemerkbar. Die Tempel sind durchwegs im burmesischen Stil errichtet, in den Auslagen der Geschäfte liegen etwa auch burmesische Zigarren, und von den rund 6000 Einwohnern sollen nur knapp 200 ethnische Thais sein – der große Rest verteilt sich auf Shan, Mon, Karen und Lahu.

Das vielleicht bemerkenswerteste an Mae Hong Son aber ist der Kontrast zwischen dem lieblichen Talgrund und den wild zerklüfteten Bergmassiven. Und eine schier unendliche Ruhe, das Gefühl, aus der Zeit herausgefallen zu sein. Daran hat sich in den vergangenen Jahren noch nichts geändert, auch wenn der Ort seither bei Touristen in Mode gekommen und drauf und dran ist, sich zu einem regelrechten Trekking-Zentrum zu mausern: Nicht weniger als 100 000 ausländische Besucher sollen es 1995 gewesen sein, die den Weg hierher fanden, und sie nahmen Unterkunft in den mittlerweile schon über sechs Dutzend Herbergen jeder Komfort- und Preisstufe.

Guesthouses:
Im Ort gibt es zwei große Guesthouse, und zwar einerseits rings um den mitten in Mae Hong Son gelegenen und von malerischen burmesischen »Märchen«-Tempeln gesäumten Jongkam-See sowie zum anderen etwas außerhalb am Nordrand nahe dem Busbahnhof.

■ **Am Seeufer,** entlang dem sich eine Straße zieht, laden nun mittlerweile schon über 10 Guesthouses ein, doch bis auf wenige Ausnahmen handelt es sich bei den hier vermieteten Zimmern um unansehnliche Bretterverschläge, die zudem von Mücken oft übel heimgesucht werden.

Die Preise für solche Verschläge liegen um 100 Bt, den meisten Häusern ist auch ein Schlafsaal (Matratzenlager) angeschlossen, und wer ein paar Mindestanforderungen an Komfort stellt, sollte das *Piyah Guesthouse* (Tel. 053/61 22 60) bevorzugen, von dessen Restaurant aus man einen herrlichen See- und Tempelblick genießt; Zimmer in einem modernen Beton-Flachbau rings um einen Innenhof mit Fan oder Aircon zwischen 200 und 450 Bt.

Schön, doch günstig wohnt man im *Prince House* (Tel. 053/61 11 37), wo ein halbes Dutzend Seeblick-

Zimmer der einfachen, aber sauberen Art vermietet werden (180 Bt) sowie auch Matratzen im Schlafsaal.

■ **Am Nordrand** der Stadt (am Busbahnhof vorbei, nach ca. 200 m links in die Prachachon Uthit Road), ca. 10–15 Gehminuten vom Zentrum entfernt, wohnt man ruhiger, mückenfreier und genießt teilweise schöne Ausblicke auf die Reisfelder und das bewaldete Umland.

Nahe der Hauptstraße finden sich hier gleich mehrere Unterkünfte an der Prachachon Uthit Road (u.a. **Om Khao, Jean's** und **Niran**), die alle denkbar einfache Zimmer zu 80–120 Bt bieten).

Soll's was Besseres sein, folgt man der Prachachon Uthit Road in die Maksanthi Road (Verlängerung), wo ein halbes Dutzend weiterer Anlagen einlädt: Sehr gut gefiel uns hier das **Sang Tong Guesthouse** auf einer mit Wiese bestandenen und reiche Panoramen bietenden Hügelkuppe; die Bungalows sind gepflegt, teils mit Bad ausgestattet und kosten von 160 Bt an aufwärts.

Golden Hut, rechts neben Sang Tong, bietet gepflegte, aber sehr eng stehende Ganzdachbungalows ohne Aussicht für 180 Bt, und ansonsten empfiehlt sich das **Mae Hong Son Guesthouse** (Tel. 053/61 25 10) mit Reihenhaus-Zimmern und Bungalows (gute Ausstattung mit Fan und Moskito-Netz) in einer großen Gartenanlage am Hang; hier gibt's auch Thai-Massage, außerdem steht eine Kräutersauna (40 Bt) zur Verfügung, und die Unterkünfte sind mit 100–170 Bt recht günstig.

Mittel-/Komfortklasse:

■ Die rund 15 **Hotels** der Stadt finden sich alle entlang der Haupt- und Durchgangsstraße, sind laut, recht teuer, dabei steril und nur sehr bedingt zu empfehlen. Ganz nett ist noch das **Siam Hotel** (Tel. 053/61 21 48) mit korrekten Zimmern, die alle ein eigenes Bad haben und teils mit Fan (250 Bt), teils mit AC (400 Bt) ausgestattet sind.

Erträglich ist auch das **Baiyoke** (Tel. 053/61 14 86), wo die AC-Zimmer aber schon über 600 Bt kosten.

Wer das Besondere sucht, wird hier im **Holiday Inn** (Tel. 053/61 22 12) absteigen, einem modernen Luxushotel mit internationaler Ausstattung, wo die Zimmer aber nicht unter 2000 Bt zu haben sind.

■ **Luxusresorts** haben sich ebenfalls schon mehr als ein Dutzend im Umland von Mae Hong Son etabliert, alle bieten kostenlose Abholung von der Stadt bzw. vom Airport an, und wenn Geld keine Rolle spielt, empfehlen wir das 6 km außerhalb von Mae Hong Son (Richtung Chiang Mai) gelegene **Mae Hong Son Resort** (Tel. 053/61 14 06), das als eine der besten Bungalowanlagen im Nordwesten gilt. Ihren Beinamen, »Die Juwele am Pai«, trägt sie zu Recht, denn selten nur sahen wir in Thailand einen derart weitläufig konzipierten Resort. Wohnen in komfortabelsten Bungalows direkt am Fluß ab 1500 Bt.

■ In der Nähe dieses Resort noch ein paar weitere Komfortherbergen, alle in toller Wiesen-, Wald- und Flußlage, alle auch toll teuer. Ausnahme nur das **Rim Nam Glang** (Tel. 053/61 11 42), das rund 2 km nördlich des Mae Hong Son liegt, auch über ein Camping-Areal verfügt sowie Bungalows in verschiedenen Kategorien ab 450 Bt.

Der wilde Nordwesten

Essen und Trinken:

■ Am Markt sowohl morgens als auch abends zahlreiche **Eßstände;** direkt gegenüber des großen Holztempels im Burma-Stil.

■ **Good Luck Restaurant,** Hauptstraße/Ecke Prachachon Uthit Road. Sitzkissen und niedrige Tischchen prägen dieses neueste Traveller-Restaurant der Stadt, in dem sich auch Vegetarier sattessen können. Auf der Speisekarte finden sich so köstliche Gerichte wie *Hummous, Falafel, Burekas* oder *Vegetable moussaka, Vegetable lasagne.* Das Preisniveau ist niedrig (ab 25 Bt).

■ **Ban Buatong,** Hauptstraße gegenüber Siam Hotel. Teakhaus-Restaurant mit *western-style food* wie »Gegrilltes Schweinefleisch in Honigsauce« oder »Hähnchen mit gebratenen Cashew-Nüssen«. Preise zwischen 20 und 70 Bt.

Verschiedenes:

■ Für **Informationen** sind hier die Guesthouses zuständig, die ja eigentlich alle auch Trekkingtouren und Ausflüge organisieren. Ein offizielles Informationsbüro gibt es nicht.

■ Sehr wohl aber eine **Tourist Police** mit freundlichen Beamten, die einem im Fall der Fälle mit Rat und Tat zur Seite stehen können. Zu finden ist die Polizei an der Ecke Bamrung Road/Ratchatampituk Road nördlich des Stadtsees.

■ **Banken** entlang der Hauptstraße; Mo bis Fr von 9 bis 15.30 Uhr.

■ Dort auch die **Post;** Mo bis Fr von 8.30 bis 16.30 Uhr, Sa bis 12 Uhr; internationale Telefonate per Funktelefon.

■ **Motorrad-** und **Fahrrad-Verleih** über die meisten Guesthouses; außerdem mehrere Verleihstellen an der Hauptstraße, und Maschinen kosten hier zwischen 150 und 350 Bt.

Weiterreise:

■ **Bus:** Ab Busstop an der Hauptstraße täglich Fanbus-Verbindung nach Pai (6-mal tgl. zwischen 7 und 16 Uhr, 4 Stunden, 50 Bt) via Soppong sowie 1- bis 2-mal täglich per AC-Bus. Die AC-Busse sowie die um die Mittagszeit nach Pai verkehrenden Fanbusse fahren weiter nach Chiang Mai (100/175 Bt), wohin man 6-mal tgl. auch via Mae Sariang (61 Bt) für 115 Bt fahren kann; AC-Busse auf dieser Strecke verkehren um 8 und 21 Uhr und kosten 206 Bt.

Die Busse nach Bangkok starten nicht am Busbahnhof, sondern südlich der Stadt bei der Tankstelle, brauchen 12–14 Std. für die fast 1000 km lange Strecke und kosten 245 Bt (Fanbus; morgens, mittags, abends) bzw. 442 Bt (AC-Bus; abends).

■ **Flug:** Fünfmal tgl. nach Chiang Mai für 345 Bt mit Anschluß nach Bangkok, was dann 1850 Bt kostet.

Tickets bei *Thai International Airways,* 71 Singhanat Bamrung Road, Tel. 053/61 12 97.

Ausflüge rings um Mae Hong Son

■ Ein Abstecher für die frühen Morgen- oder späten Nachmittagsstunden: der **Stadtberg** *Doi Kong Mhu* mit dem burmesischen Tempel *Wat Phra Tat Doi Kong Mhu* – weiter Ausblick auf das Tal und die umliegenden Berge. Dem Weg folgen, der gegenüber des Mai Tee Hotels beginnt, für etwa 10 Minuten (stets links halten), bis der Bergtempel rechts oberhalb auftaucht; ab hier über die steile Treppe oder aber den Fahrweg hinauf (rund 20 Minuten).

■ Die erste und die letzte Tagesstunde sind auch die empfehlenswerteste Zeit, um den **Jong Kum Lake** zu besuchen. Dieser Frischwassersee im Parksaum wird einerseits von den verspielten Türmen und Pagoden der beiden burmesischen Klöster *Wat Chong Klang* und *Wat Chong Kam* beherrscht, andererseits vom angrenzenden Dschungelberg. Er nimmt im Zwielicht recht mystische Züge an.

■ **Bootstrips** auf dem Pai-River werden von fast allen Guesthouses und den meisten Reisebüros organisiert. Eine typische Package-Tour dauert einen Tag, kostet um 600–800 Bt pro Person und beinhaltet eine zwei- bis dreistündige Longtailboot-Fahrt nach *Nam Phlang Din* zur und über die Burma-Grenze, den Besuch des Dorfes *Padong* und die Rückfahrt. Im Preis inbegriffen ist Bestechungsgeld für die *Karenni-Guerilla-Armee,* die dieses Gebiet kontrolliert. Zusätzlich 300 Bt sind zu zahlen für die »Besichtigung« zweier »Langhalsfrauen« (mit durch Messing-Halsschmuck in die Länge gestreckten Hälsen) von der Karengruppe der *Padaung,* die wie Tiere im Zoo gehalten werden, seit in mehreren Reisemagazinen (darunter auch in führenden deutschen) von ihnen berichtet wurde: Die Touristen strömen in Scharen herbei, die armen Frauen wie im Zoo zu begaffen und vor allem zu fotografieren – und wenn es Momente gibt, in denen man für seine eigene Gattung nichts mehr als Ekel empfinden kann, dann hier!

■ **Pa-Seua-Wasserfall:** 27 km nördlich Mae Hong Son stürzen die (von Juli bis November recht ansehnlichen) Wassermassen des *Sa-Nga-Klang-River* über mehrere Fallstufen in ein Bassin. Gute Bademöglichkeiten, malerische Lage; an den Wochenenden ist's ein beliebter Picknickplatz. Man folgt der Straße Richtung Pai und biegt kurz vor Huai Pa und der Fish Cave (siehe »Von Pai nach Mae Hong Son«) links ab Richtung Huai Khan. Durch das Dorf hindurch (rund 6 km) und geradeaus weiter zum Wasserfall (weitere 4 km).

Von hier sind's noch rund 25 km auf extrem steiler Piste bis **Mae Aw,** einem Meo- bzw. Kuomintang-Dorf auf einem Hügel direkt oberhalb der Burma-Grenze mit atemberaubendem Panorama.

■ **Trekking:** Die meisten Guesthouses und auch Reisebüros in Mae Hong Son organisieren Trekkingtouren, die rund 400 Bt kosten und 3 bis 4 Tage dauern. Wie uns aber zahlreiche Lesertipschreiber mitteilten, lohnen die Treks allesamt nicht, da keine interessanten Rundtouren möglich sind.

Von den über die Burma-Grenze hinüberführenden Treks ist unbedingt abzuraten, da das Gebiet teils vermint ist!

Mae Hong Son nach Mae Sariang

Die Zahl der Kurven auf dieser rund 140 km langen, nun neu ausgebauten Strecke dürfte in die Tausende gehen. Deswegen benötigt der Bus dafür gut 5,5 Stunden. Mit dem Motorrad kann man bis Mae Sariang den ganzen Tag unterwegs sein, denn die Landschaft ist derart eindrucksvoll, daß es eine Schande wäre, einfach mit Vollgas durchzubrausen. Temporeduktion empfiehlt sich auch aus einem anderen Grund: Arbeitselefanten und Wasserbüffel kreuzen

Der wilde Nordwesten

nicht nur häufig die Straße, sondern hinterlassen auch riesige, glitschige Kothaufen, die dem Motorradfahrer recht gefährlich werden können.

■ In **Khun Yuam**, der ersten größeren Siedlung (rund 56 km ab Mae Hong Son), liegt rechts der Hauptstraße das empfehlenswerte *Ban Farang Guesthouse* mit Matratzenlager und Zimmer (180 Bt) in einem Reihenhaus; ansonsten bieten sich noch 5 weitere Unterkünfte an.

■ Ein Aufenthalt kann sich lohnen, denn per Charter-Pickup (700 Bt) sowie auch Motorrad (gut 1 Stunde) kann man von hier aus den rund 36 km entfernten **Nam Tok Mae Surin** erreichen. Dieser Wasserfall ist mit einer Fallhöhe von rund 200 m der höchste von ganz Thailand.

Mae Sariang

Traditionelle Holzhäuser und Tempel im burmesischen Stil prägen dieses am *Maenam Yuam* gelegene Großdorf, das sich für Wanderungen anbietet und Ausgangspunkt für einen spektakulären Ausflug an die Burmagrenze ist, die hier vom *Maenam Salween*, dem 27längsten Fluß der Erde gebildet wird.

Wer per Bus kommt, ist bereits im Zentrum: auf die Straße, links halten, noch rund 300 m bis zum Hotel oder Guesthouse. Mit dem Motorrad ist's etwas verwirrend: an der Ortschaft vorbeifahren, bis zur großen Kreuzung; hier rechts den Schildern nach *Sariang* folgen, den Hügel hinab ins Zentrum.

Unterkunft:

■ **Riverside Guesthouse** (Tel. 053/68 11 88), ab Busstop ausgeschildert. Direkt am Fluß gelegenes traditionelles Haus mit (hellhörigen) Holzzimmern zu 170 Bt. Im Winter gibt's heißes Wasser zum Duschen. Der Besitzer organisiert Treks sowie Ausflüge zum Salween-River; hier auch Motorrad-, Fahrrad- und Jeepverleih.

■ Das an der gleichen Straße gelegene **Mae Sariang Guesthouse** ist ein Stundenhotel.

■ **Mitaree Guesthouse** (Tel. 053/68 12 80), Wiang Mai Road (Hauptstraße), oberhalb Postamt. Langgestreckter, recht häßlicher Steinbau mit großen und recht komfortabel ausgestatteten Fan- und auch AC-Zimmern zwischen 200 und 400 Bt.

■ **Mitaree Hotel** (Tel. 053/68 11 10), Mae Sariang Road, nahe Busstop. Alle Zimmer mit Balkon, Bad und Fan (ab 220 Bt) oder Aircon (450 Bt). Die Zimmer im rechts danebenliegenden Altbau sind aber total runtergekommen.

Essen und Trinken:

■ **Nightmarket** auf der Mae Sariang Road nahe Ecke Wiang Mai Road. Hier mehrere kleine Currierestaurants.

■ Weitere **Restaurants** direkt um die Ecke auf der Wiang Mai Road beim Mitaree Hotel. Hauptsächlich chinesische Gerichte sowie die Spezialitäten der Region: Kaninchen, Wildschwein und Lizard (ähnlich Eidechse) – als Currie oder gebraten zu 40 Bt.

■ Treff für die Abendstunden ist das **Black & White** auf der Wiang Mai Road nahe Mitaree Hotel; Coffee-Shop-Atmosphäre.

Ausflüge um Mae Sariang

■ Nach **Mae Sot:** Es besteht die Möglichkeit, von Mae Sariang der neuen Nationalstraße 1085 für rund

230 km bis Mae Sot im Süden zu folgen. Die Strecke ist nun durchgehend asphaltiert und problemlos auch mit dem Motorrad (oder Mountain Bike) zu befahren. Auch öffentliche Verkehrsmittel sind nun auf dieser oft nahe entlang der Burma-Grenze verlaufenden Straße unterwegs, und wer ohnehin nach Süden weiter will, sollte diese, alles in allem immer noch recht abenteuerliche Alternative wählen: tgl. 4–6 Minibusse in den Morgenstunden bis gegen 13 Uhr, die für die Strecke 5–6 Stunden benötigen und 150 Bt kosten.

■ **Maenam Salween** (*Salavin* auf Thai): Jenseits der Brücke über den Yuam-River beginnt die Nationalstraße 1194, die in *Ban Mae Sam Laep*, direkt am Salween-Fluß endet. Die ersten 20 km sind problemlos zu befahren, aber dann wird's eng, steil und rutschig: 34 km Piste, empfehlenswert nur für versierte Cross-Fahrer. Sicherer ist's in jedem Fall mit dem zweimal täglich verkehrenden Truck (150 Bt); Information über Abfahrtzeiten im Riverside Guesthouse, wo der Trip auch organisiert angeboten wird.

Am Ufer des insgesamt über 2800 km langen Stromes liegen zahlreiche Speedboats, die für 500–700 Bt die Stunde gemietet werden können. Sehr empfehlenswert ein Bootstrip in den rund 4 Stunden stromaufwärts gelegenen Ort *Joh Ta*. Dort wimmelt es von Schmugglern, entsprechend groß ist das Angebot an Jade, Rubinen und Saphiren. Retour braucht das Boot weniger als 2 Stunden, und chartert man in Ban Mae Sam Laep bereits ein Boot für beide Wege, kann der Preis auf 2000 Bt gedrückt werden.

Von Mae Sariang nach Chiang Mai

Die erste Hälfte der rund 200 km langen, sehr gut ausgebauten Strecke führt durch liebliches Hügelgebiet mit Ausblicken auf das umliegende, meist stark kultivierte Land. Überall zweigen kleine Wege von der Hauptstraße ab, die meist nach ein paar km zu einem Tribe-Dorf führen.

Die zweite Hälfte bis an die Kreuzung bei Hot ist eher langweilig. Die am Weg liegende *Lang-Luang*-Schlucht, eine nur etwa 10 m enge Klamm, ist wirklich nichts Besonderes. Ab Hot (hier auf die Hauptstraße abbiegen) viel Verkehr, viele Städte, viele Reisfelder.

Hinter Chom Thom führt links die Straße ab zum Mae-Klang-Wasserfall sowie zum höchsten Berg Thailands, zum *Doi Inthanon* (siehe Abschnitt »Rings um Chiang Mai«).

Von Chiang Mai in den oberen Norden

Rund 170 km von Chiang Mai entfernt liegt knapp unterhalb der Burma-Grenze das Dörfchen *Thathon*. Hier beginnt der touristisch interessante Abschnitt des Dschungelstromes *Maekok*. Über 80 Flußkilometer sind's bis nach Chiang Rai – über 80 km urwüchsige Landschaft, die man zu Fuß, im Speedboat, im Einbaum oder auf dem Bambusfloß entdecken kann. Das ist wie in der Camel-Reklame, aber eben wirklich. Nicht weniger spektakulär ist die Befahrung der Nationalstraße 107, die sich ab Thathon atemberaubend in wüster Berg- und Talfahrt nach Mae Solong windet, schließlich nördlich von Chi-

Von Chiang Mai in den oberen Norden

ang Rai in die Hauptstraße nach Mae Sai bzw. Chiang Saen mündet.

Da die Flußboote auch Motorräder mitnehmen und auf der Piste auch Pickups verkehren, kann man – ob nun motorisiert oder nicht – auch eine Rundschleife von und nach Thathon beschreiben.

Von Chiang Mai nach Thathon

Ab Chiang Mai jede halbe Stunde mit dem Normal- und zu jeder vollen Stunde mit dem Airconbus nach Fang, (25 km südlich Thathon; rund 3 Stunden, 43 bzw. 70 Bt) und weiter per Minibus für 10 Bt (alle 10 Minuten; 40 Min.) nach Thathon, oder einen der Direktbusse nehmen (6/7.20/9/11.30/15.30 Uhr, 51 Bt). Wer noch am gleichen Tag das Speedboat nach Chiang Rai nehmen will, muß ab Chiang Mai den Frühbus um 6 Uhr nehmen (der um 7.20 Uhr kommt oft ein paar Minuten zu spät an); die Speedboats verlassen Thathon-Pier zwischen 12 und 13 Uhr. Vorherige Reservierung ist unnötig.

Die meisten Touristen reisen mit öffentlichen Verkehrsmitteln an, haben dann aber keine Möglichkeit, das an Entdeckungstrips überaus reiche Land zwischen Chiang Mai und Thathon zu erkunden. Wir haben das Motorrad bevorzugt, sind dann auf dem Floß nach Chiang Rai gefahren, per Speedboat nach Thathon zurückgekehrt und haben die Traumfahrt nach Mae Solong angeschlossen. Von dort ging es weiter nach Mae Sai, Chiang Saen, Chiang Khong und Nan, schließlich wieder zurück nach Chiang Mai.

Hier in aller Kürze ein paar Hinweise auf Abstecher zwischen Chiang Mai und Thathon:

■ **Mae Sa Valley** (siehe unter »Rings um Chiang Mai«): in Mae Rim nach links ins Tal abbiegen; ausgeschildert mit »Samoeng«.

■ **Mae Taeng Dam:** Nach rund 35 km (1,5 km vor dem Ort *Mae Taeng*) führt eine ausgeschilderte Asphaltstraße zum rund 12 km entfernten Stausee.

■ **Chiang Dao Elephantcamp** (siehe unter »Rings um Chiang Mai«); nach 52 km rechts ab (ausgeschildert).

■ **Hilltribe Center:** Bei km 58 links ab (ausgeschildert). Das Zentrum selbst ist nicht sonderlich sehenswert (Projekt zur Hebung des Lebensstandards), aber die 7 km lange Schlammpiste dort hinauf kann Crossbike-Freaks Tränen der Freude in die Augen treiben. Nur für versierte Fahrer!

■ **Chiang Dao Cave:** Der Chiang Dao ist mit 2180 m der dritthöchste Berg Thailands und präsentiert sich von der Straße aus unheimlich fotogen. Das gewaltige Kalksteinmassiv ist von zahlreichen Höhlen durchbohrt, von denen die Chiang Dao Cave die berühmteste und auch längste ist. Die Abfahrt ist kurz hinter dem Ortszentrum von Chiang Dao nach links ausgeschildert: 5 km; Eintritt in die Höhle 5 Bt.

■ **Ban Na La Mai:** Die Straße endet nicht etwa bei der Chiang Dao Cave, sondern schlängelt sich ab hier für weitere 33 km durch die urwüchsige Berg- und Dschungellandschaft. Am spektakulärsten sind die ersten 14 km bis zum Lisudorf Ban Na La Mai, von wo aus man eine phantastische Aussicht auf den Chiang Dao genießen kann. Diese Piste stellt hohe Anforderungen, sollte nur von Könnern befahren werden. Ab Ban Na La Mai (Zeitaufwand etwa 1 Stunde)

Oben: Mönchs-Weihe in Mae Hong Son
Unten: Sunset-Stimmung in Mae Hong Son

Von Chiang Mai in den oberen Norden

lassen sich weitere 20 km bis zum Karendorf Muang Khong anschließen.

■ Insgesamt rund 80 km nördlich Chiang Mai beginnt der landschaftlich eindrucksvollste Abschnitt: Kalksteinmassive und Dschungel säumen die Straße. 18 km weiter und in ebensolcher Landschaft liegt der **Chiang Dao Hill Resort** (Tel. 053/25 11 91). Da war ein Architekt mit Geschmack am Werk, und wer in der Lage ist, mal ab 1500 Bt für eine Bungalownacht auszugeben, der sollte es hier tun!

■ Bei km 142 zweigt die Nationalstraße 109 nach rechts ab: 65 km sind es von hier bis **Mae Suai**, einem Ort an der Hauptstraße nach Chiang Rai (noch 16 km). Die Piste ist aber in einem fürchterlichen Zustand, nach Niederschlägen ist ein Durchkommen unmöglich, und in der Trockenzeit heißt es Staub schlucken.

■ Rund 10 km vor Fang, im kleinen Dorf **Ban Nong Yao,** bietet sich für alle, die Lust auf extreme Trekking-, Motorrad- oder Jeep-Touren haben (eigenes Fahrzeug erforderlich), ein Stop an: Hier findet sich nämlich das *Fang Garden Guesthouse* (Tel. 053/45 32 20), das nicht nur die besten Unterkünfte bietet (Zimmer und Bungalows zwischen 120 und 230 Bt), sondern eben auch Trekking-Guides vermittelt (500 Bt/Tag) sowie Motorrad-Guides, die einen über die vielleicht extremsten Pisten des Nordens führen.

■ Rund 150 km nördlich von Chiang Mai liegt **Fang**, der größte Ort in der Region. Bestimmt ist er nicht ihr schönster, und da auch die nah gelegenen heißen Quellen nichts hermachen, wird man kaum Lust verspüren, in einem der hier zu findenden Guesthouses zu übernachten.

■ **Doi Larng:** Rund 8 km vor Thathon zweigt nach links eine Lehmpiste ab (gegenüber die Schule von Mae Ai). Der Doi Larng war bis vor wenigen Jahren Wohnsitz von *Khun Sa*, dem »Opiumkönig« der burmesischen *Shan United Army*, bevor ihn die thailändischen Streitkräfte aus dieser Region vertrieben. 1995 stellte er sich den Burma-Behörden, erkaufte sich Straffreiheit (u.a. durch Verrat seiner langjährigen Mitstreiter) und ist nun Besitzer der größten Busgesellschaft in Myanmar; wie lange er es sich freilich so unverschämt gut gehen lassen kann, bleibt abzuwarten, denn die USA haben Auslieferungsantrag an Myanmar gestellt, da Khun Sa für einen Großteil der Heroin-Schmuggelgeschäfte in die Staaten zuständig war.

Die Aussicht von Khun Sas ehemaligem Schlupfwinkel aus auf das Fang- und Thathon-Tal entschädigt jedenfalls reichlich für die Strapaze der rund 17 km langen Anfahrt. – Nur für versierte Fahrer.

Thathon

Der Ort liegt idyllisch am Ufer des breiten Maekok inmitten einer malerischen Hügellandschaft, bietet gute Infrastruktur und ist allein schon einen Aufenthalt wert. Dies um so mehr, als sich in der nahen Umgebung zahlreiche Hilltribe-Dörfer befinden, die schon längst ihre Konfrontation mit dem Tourismus hinter sich haben und nun auch von ihm profitieren wollen.

Unterkunft/Essen und Trinken:
Die Budget-Unterkünfte und günstigen Restaurants liegen direkt am diesseitigen Ufer des Maekok rechts und links der Brücke:

■ **Thip's Traveller House** (Tel. 053/45 93 12), an der Brücke nach links. Besitzerin ist die innovative *Mrs. Tarbthip,* die vor Jahren als erste daran ging, Floßtrips nach Chiang Rai sowie Treks zu organisieren. Aber sie ist nicht nur (eine äußerst gerissene) Geschäftsfrau, sondern auch eine interessante Gesprächspartnerin und vor allem eine wahre Infoquelle Thathon und Umgebung betreffend. Die Gerichte im kleinen Restaurant (serviert auch auf einer überdachten Veranda über dem Fluß) sind schmackhaft, die Zimmer im Rattan-Reihenbau (100 Bt) sind spartanisch eingerichtet und ihr Geld nicht wert; die im neueren Anbau haben Bad und WC und bieten einen besseren Gegenwert (200 Bt).

■ Biegt man am Fluß nach rechts ein, sind es nur ein paar Meter bis zum schönen **Apple Guesthouse,** dem ebenfalls ein gutes Restaurant angeschlossen ist; die Bungalows sind neu, tiptop und für 120–270 Bt zu haben.

■ Am Ende des Weges vor dem Bootsanleger nach Chiang Rai liegt das **Chankasem Guesthouse.** Das auf Pfählen über dem Fluß errichtete Restaurant offeriert neben Traveller-Food auch Thai-Gerichte. Die Zimmer im Steinbau sind alle mit Bad und WC ausgestattet; in paar Bungalows werden ebenfalls vermietet – aber die Leute sind aufdringlich, die Zimmer angegammelt.

■ **Maekok Lodge** (Tel. 053/21 53 66): Unübersehbar jenseits der Brücke und direkt am Maekok gelegene Luxusherberge im klassischen Thai-Tempel-Stil. Die vielgliedrige Anlage mit Gartenrestaurant und Ufercafé, Bar, Videoraum, Lesezimmer, Swimming-Pool etc. bietet den Komfort eines 6-Sterne-Hotels zu Preisen ab 750 Bt bzw. in der Neben- und Nachsaison zu 300–450 Bt (je nach Verhandlungsgeschick).

■ Ein Stückchen weiter, ebenfalls auf dieser Flußseite, lädt das schöne und denkbar ruhig gelegene **Garden Home** mit romantischen Hütten zum Übernachten ein (180 Bt), und rund 5 km weiter, an der Straße nach Mae Solong (s.u.), befindet sich der »Ableger« von **Thip's Traveller House** (gleicher Name) in schöner, ruhiger Lage; die Bungalows gibt es in mehreren Preisklassen zwischen 100 und 350 Bt, angeschlossen ist auch ein Restaurant.

Ausflüge rings um Thathon

■ Für **Treks** sowie Aufenthalte in Stammesdörfern kann man sich hier einen **Führer** mieten: z.B. über *Mrs. Tarbthip* in Thip's Traveller House (oder die anderen Guesthouses). Der kostet um 400 Bt pro Tag und Person. Die Führer sprechen allerdings wenig Englisch, Mrs. Tarbthip dolmetscht beim Routen-Festlegen. Für Unterkunft in den Dörfern muß man 30 Bt einplanen, je Mahlzeit nochmal 15 Bt.

■ **Ban Mai** ist ein weiteres Tribedorf, in dem man auf Touristenbesuch eingestellt ist. In der Umgebung zahlreiche weitere Dörfer. Anfahrt mit Flußboot für rund 30 Bt oder per Pickup ab Brücke in Thathon für 20 Bt; wer bleiben will, kann im denkbar einfachen *Ban Mai Guesthouse* ein Matratzenlager bekommen, das inkl. Abendessen nur 50 Bt kostet.

■ **Motorradverleih:** An der Flußuferstraße werden zahlreiche Maschinen vermietet; die Preise liegen zwischen 180 und 250 Bt.

■ Vom **Wat Thathon** aus, einem di-

Von Chiang Mai in den oberen Norden

rekt oberhalb Maekok auf einem Hügel gelegenen Kloster, kann man eine phantastische Aussicht über die üppig grüne Landschaft und den Fluß genießen. Es gibt zwei Wege hinauf: Der eine beginnt direkt hinter Thip's Traveller House, der andere auf der Hauptstraße neben der Tourist Police.

Flußtrip nach Chiang Rai

■ **Flußboot:** Täglich zwischen 12 und 13 Uhr verlassen meist gleich vier oder fünf Speedboats den Pier vor dem Chankasem Guesthouse. Der Trip kostet 170 Bt/Person und dauert rund 4 bis 5 Stunden; ganzjährig machbar. Da aber die Bootsmotoren unglaublich laut sind, die Geschwindigkeit beachtlich ist, kriegt man in Wirklichkeit gar nichts mit, hängt nur vibrierend im Boot rum.

Für einen Aufpreis kann man das Motorrad auf das Flußboot mitnehmen!

■ **Zu Fuß:** Da sich dem nördlichen Flußufer entlang viele Stammesdörfer finden, die alle durch kleine Wege miteinander verbunden sind, kann man die 80 km bis Chiang Rai größtenteils genausogut zu Fuß bewältigen. Für Unterkunft in den Dörfern (meist *Karen* und *Lisu*) sollte man sich mit etwa 40 Bt/Nacht revanchieren, 15 Bt für eine Mahlzeit.

Und wenn man keine Lust mehr hat, stellt man sich einfach an den Fluß und stoppt das täglich in beide Richtungen verkehrende Flußboot.

✎ »Tolle Wanderung am Fluß entlang, wo eigentlich nur wenige Boote fuhren. Schlechte Erfahrungen hatten wir mit dem mitgenommen werden; Speedboote wollten den vollen Fahrpreis wie ab Thathon haben, andere wollten horrende Preise, etwa 100 Bt für 5 km. Also zu Fuß weiter. Die ganze Sache ist enorm zeitaufwendig. Will man sich nicht verkalkulieren, sollten folgende Wanderrouten bevorzugt werden: Mae Suai–Huai Krai–Wawi–Mae Saluk (am Maekok), dann entweder Richtung Thaton (viele Tribedörfer) oder nach Chiang Rai« (David Steinke, D-Grasleben).

■ **Mit dem Einbaum-Kanu:** Der Einbaum, das etwa 5 m lange und 40 cm breite Holzkanu – extrem beweglich, extrem schnell, auch alleine steuerbar. Im flachen Wasser ist es problemlos, aber in den Stromschnellen schwappt stellenweise so viel Wasser an Bord, daß man in der Trockenzeit bei niedrigem Wasserstand schnell auf Grund sitzt. In oder nach der Regenzeit ist der Wellenschlag weniger hoch.

Gekauft werden kann ein solches Boot in Thathon (etwa über *Mrs. Tarbthip*). Hier muß man aber mit 1500 Bt und mehr rechnen; außerdem macht die Polizei Schwierigkeiten, gibt einem keine Starterlaubnis. Billiger (und ohne Bürokratie) geht es in den Dörfern am Fluß. Ein gebrauchtes Kanu kostet für Einheimische rund 600 Bt, Touristen werden es aber kaum unter 1000 Bt kriegen. Aber das ist ein guter Gegenwert.

Empfehlenswert ist es, ein paar große Plastiktüten mitzunehmen, in die man seine gesamte Habe verstaut. Sonst kann's einem wie dem Franzosen und dem Kanadier ergehen, die wir auf einer Sandbank mit unserem Floß aufgelesen haben: Das Kanu schluckte in den Stromschnellen Wasser, sank auf Grund, und die Kameras gingen flöten, viel Kleidung ebenfalls.

Einzige empfehlenswerte Zeit ist also die Regenzeit und die folgenden 3 Monate (etwa Juli bis Januar).

■ **Auf dem Bambusfloß – organisiert:** Mrs. Tarbthip (sowie die Besitzer der anderen Guesthouses und Restaurants) organisiert Raft-Trips von Thathon bis Chiang Rai: Dauer 3 Tage; mit Verpflegung, Minitrek zu Akha-Dörfern (dafür wird oft Extrageld verlangt), 2 Flößern, 1 Führer. Der Inklusivpreis beträgt rund 3000 Bt je Floß bei zwei Teilnehmern, 3300 Bt bei drei, 3600 Bt bei vier, 4000 Bt bei fünf und mehr Teilnehmern. Gekocht und auch geschlafen wird auf dem etwa 10 m langen und 2 m breiten Bambusfloß (mitsamt Dach und kleiner Klo-Ecke). Ein solches Gefährt liegt ständig bereit. Start üblicherweise morgens gegen 8 Uhr, vorher muß man sich bei der Tourist Police (direkt vor der Brücke) registrieren lassen.

Achtung: Negative Leserbriefe zu den von Mrs. Tarbthip organisierten Floßtouren häufen sich, und es scheint empfehlenswert, alle Leistungen schriftlich zu fixieren, Stoppunkte auf einer Karte einzutragen etc., damit man im Fall der Fälle hinterher bei der Tourist Police in Chiang Rai Beschwerde führen kann.

■ **Auf dem eigenen Floß:** Seit ein Tourist mit schweren Verletzungen aus dem Maekok gezogen wurde (sein Floß kenterte in den Schnellen), ist es offiziell nicht mehr erlaubt, ohne erfahrene Flößer zu starten. Wer sich über dieses Verbot hinwegsetzen will, sollte Folgendes bedenken: Das Floß sollte etwa 7 m lang sein, 2 m breit, mit Dach versehen und aus dreifachen Bambuslagen errichtet sein; am Bug und Heck muß je eine Rudervorrichtung mit langer Ruderpinne aus festem Teakholz befestigt sein. Beste Zeit in oder nach der Regenzeit, wenn Hochwasser ist, kaum noch Steine aus dem Wasser ragen. Aber auch in der Trockenzeit (außer April/Mai vielleicht) ist der Trip machbar. Wir haben es in dieser Zeit gewagt, hatten vorher keinerlei Floßerfahrung, sind gut und ohne Probleme durchgekommen – obwohl's zweimal sehr haarig war.

Bis Ban Mai, etwa 4 Floßstunden von Thathon entfernt (zu erkennen an einem Funkmast und einem Militärposten oberhalb Uferböschung), ist der Maekok breit und ruhig, völlig problemlos zu befahren. Ca. 1 Stunde hinter Ban Mai beginnt das Gebiet der Stromschnellen (hauptsächlich in der trockenen Jahreszeit). Erblickt man nach vielleicht 4 Stunden auf der linken Seite plötzlich kultiviertes Land mit hübschen Cottages (*Forest Development Center*), dann darf man sich auf Anstrengung gefaßt machen und sollte eventuell den Rucksack aufsetzen (scharfe Doppelkurve). Die zweite Gefahrenstelle kommt gleich 15 bis 20 Minuten später – man muß einem in der Strömung liegenden Stein ausweichen. Sonst einfach immer geradeaus, immer den Weg mit der stärksten Strömung nehmen, niemals die kleinen, oft tot endenden Nebenarme – da kommt man kaum wieder raus.

Unterhalb der Stromschnellen geht's durch flaches Land, in der Trockenzeit muß man mit Bambusstangen die Geschwindigkeit ein bißchen aufbessern. Rund 2 Stunden vor Chiang Rai liegt voraus ein großer Felsen mit einem Kloster. Hier muß man auf der rechten Seite unter der Bambusbrücke durchfahren: der linke Arm ist tot. Vor Chiang Rai ebenfalls stets ganz rechts halten: der Fluß hat hier 3 Arme, nur der rechte führt in die Stadt. Und wenn man am rechten Ufer plötzlich viele Bambusflöße liegen sieht, dann ist die Stadt erreicht.

⌲ »Die Flußbeschreibung der Floßtour stimmt noch, aber vor Chiang Rai hat sich der Verlauf geändert (Uferbegradigungen), und so kann man die Bambusbrücke, nach der man sich orientieren sollte, nicht mehr finden« (Anke Deh & Stephan Reiß, CH-Zürich).

Nach Mae Solong

Noch 1988 gab es von Thathon aus keine Möglichkeit, landfest zum Nordzipfel Thailands vorzustoßen. Der gesamte Transport wurde über den Maekok abgewickelt. Dann wurde der H1089 sowie H1234 vom Militär angelegt, die bis 1993 noch zwei der extremsten Schlammpisten darstellten, die wir jemals befahren haben. Heute sind sie asphaltiert, es gibt keinerlei Probleme mehr, und mittlerweile verkehren auch reguläre Pickups auf der 48 km langen Strecke (alle 30–60 Minuten etwa ab Busstop jenseits der Brücke in Thathon); die Fahrzeit beträgt rund 2 Stunden, und kosten tut der Spaß 50 Bt pro Person.

Doch auch, wenn die Streckenführung nun weitestgehend entschärft ist, können wir nur jedem empfehlen, hier einmal entlang zu fahren, denn zum einen liegen unzählige Hilltribe-Dörfer am Wegesrand, die Augenblicke auf die vom Brandrodungsbau geprägten Landschaften sind immer wieder umwerfend, wie auch Mae Solong, das Ziel, unbedingt gefallen kann.

Mae Solong – China in Thailand

Die auf Thai *Santi Khiri* geheißene Stadt Mae Solong wurde in den 60er Jahren von den Soldaten des 93. Kuomintang-Regimentes gegründet, die 1949 vor *Mao Tse Tung* aus China geflohen waren. Von den thailändischen Militärs wurden sie als antikommunistische Grenzwächter willkommen geheißen. Doch man setzte sich ein Kuckucksei ins Nest, denn die Kuomintang-Chinesen begannen alsbald, Opium anzupflanzen, und kontrollierten schon wenig später den gesamten Opium-Anbau im Goldenen Dreieck. So blieb es bis Anfang der 90er Jahre (wie manche meinen, hat sich bis heute nicht viel geändert), und noch im März 1989 lieferte man sich ganz in der Nähe eine regelrechte Schlacht mit Verbänden der burmesischen *Shan United Army,* die im Opium- und Heroingeschäft ebenfalls mächtig mitmischte. Ein Akha-Dorf mußte evakuiert werden, und die Thai-Armee wurde in Alarmbereitschaft versetzt, aber nicht eingesetzt.

Dann kam der Umschwung in Südostasien, Burma öffnete sich mehr und mehr, ebenso China, von hier nur knapp 150 km entfernt, und heute, so heißt es, kommt der Ort nur noch durch Handel zu Wohlstand. Und natürlich durch den Tourismus. Insbesondere Chinesen reisen jährlich zu zigtausenden an, um hier ein chinesisches Dorf zu sehen, wie man es heute in ganz China kaum noch finden wird.

Hier ist alles anders als sonstwo: Umgangssprache ist Mandarin, Schutzgottheiten bewachen die mit

Nordthailand

chinesischen Spezialitäten vollgestopften Läden, chinesische Tempel schmücken sorgsam gepflegte Gärten, langbärtige Veteranen sitzen in einer Teestube beisammen, und in den Morgenstunden kommen Angehörige der Bergstämme aus ihren nahegelegenen Dörfern herauf: Dann mischen sich traditionell gekleidete Akhas und Karen, Shan, Lahu, Lisu und Meo unter die Chinesen, und den Touristen im Ort bleibt wieder einmal nur das Staunen.

Für uns zumindest ist Mae Solong einer der faszinierendsten Orte Thailands, und neben den unterschiedlichen Ethnien zog uns allein schon die Lage auf einem langgestreckten Rücken hoch über dem wild zerfurchten Bergland in seinen Bann. Das Klima schließlich ist genau so, wie man es auf einer Höhe von über 1400 m erwarten kann: mild bis kühl, zwischen Dezember und Februar sogar durchschnittlich 10 Grad kalt.

Anfahrt

■ Der Weg **von Thathon** nach Mae Solong wurde im vorigen Abschnitt beschrieben.

■ **Von Chiang Rai** oder **Mae Sai** aus nimmt man den Bus nach Ban Pha Sang, 3 km nördlich Mae Chan an der Hauptstraße gelegen. Von hier verkehren etwa stündlich (hauptsächlich in den Morgenstunden) Songthaews über eine extreme Berg-und-Tal-Straße nach Mae Solong (50 Bt).

Unterkunft/Essen und Trinken

Auch in dieser Hinsicht kann Mae Solong angenehm überraschen:

■ **Mae Solong Villa** (Tel. 053/76 51 14), ca. 1 km vor dem Ortszentrum in Richtung Ban Pha Sang/Mae Chan. Das Restaurant mit großer Speiseterrasse gilt vielen in Nordthailand lebenden Chinesen als das beste der Region. Und die gepflegten Rattan-, Stein- und Holzbungalows, die vom Parkhang oberhalb der Straße ins Tal (und bis Burma) blicken, sind überaus komfortabel eingerichtet, haben Hotelstandard und sind mit Preisen ab 700 Bt wahrhaftig nicht zu teuer.

■ **Mae Solong Resort** (Tel. 053/76 50 14), ab Songthaew-Stop an der Ortseinfahrt aus Richtung Ban Pha Sang ausgeschildert; noch etwa 500 m steilst bergauf. Kirschbäume und Teesträucher zwischen Aussichtskanzeln, Pavillons und Edelbungalows, die wie Adlerhorste am Hang des Dorfberges kleben. Höher hinaus geht es wirklich nicht mehr. Die großen Stein- oder Rattanhäuser kosten bis 2000 Bt, Zimmer in einem Reihenhaus gibt's ab 700 Bt, und im chinesischen Restaurant werden ausgezeichnete Gerichte zwischen 50 und 250 Bt serviert.

■ **Mae Solong Guesthouse:** Unterhalb Mae Solong Resort am Dorfrand gelegener Flachbau mit schlichten Budgetzimmern, die ziemlich runtergekommen sind und um 100 Bt kosten.

■ **Shin Sane Guesthouse,** an der Durchgangsstraße gelegen, etwa 100 m vom Mae Solong Guesthouse entfernt. Kleine Zimmer (120 Bt), z.T. mit Minibalkon, in einem traditionellen Holzhaus; außerdem ein paar bessere Bungalows zu 220 Bt. Im Erdgeschoß ein einfaches chinesisches Restaurant, das Essen ist gut, die Vermieter sind nett, auch Trekking-Infos sind hier zu bekommen, und alles in allem ist diese Bleibe beste Empfehlung fürs kleine Budget.

Mae Solong

■ Billigstes Essen natürlich in den zahlreichen kleinen **Straßenrestaurants**. Spezialität ist hier khanom jin nam ngiaw, ein Reisnudelgericht aus Yünnan, das für 10 Bt den größten Hunger stillt.

Sightseeing/Ausflüge

■ Der **Markt** von Mae Solong ist zweifellos einer der interessantesten und buntesten des Landes. Allmorgendlich kommen Hunderte (meist traditionell gekleidete) Hilltribeleute aus ihren Dörfern mit Kiepen voller Gemüse.

■ Abgesehen vom Panorama und dem chinesischen Flair ist Mae Solong ein äußerst attraktives Städtchen, das zu ausgedehnten **Wanderungen** in die liebliche Hügelwelt des Umlandes einlädt.

■ **Sam Yaek** ist ein kleines Akha-Dorf an der Straße nach Ban Pha Sang, 16 km östlich von Mae Solong (viele Songthaews in den Morgenstunden). Hier allmorgendlich ein kleiner Markt und in der Regel auch ein paar Tanzvorführungen für die Touristengruppen, die aus Chiang Rai angekarrt werden.

Weiterreise

Richtung Thathon etwa halbstündlich bis stündlich per Pickup für 50 Bt (2 Stunden). Außerdem stündlich ein Songthaew für 40 Bt nach Pa Sang mit Anschluß in Richtung Chiang Rai sowie Mae Sai.

Die Straße ab Mae Solong ist durchgehend asphaltiert und allein schon wegen der herrlichen Ausblicke zu empfehlen.

■ Rund 2 km vor Ban Pha Sang liegt rechterhand am Hang die **Winnipa Lodge** (Tel. 053/71 22 25) und wartet auf Gäste, die nur an den Wochenenden reichlich kommen (Thai-Ausflügler); alltags herrscht gähnende Leere. Man wohnt in urigen Ganzdachhütten (200 Bt) oder Holzbungalows (350 Bt), die mit Bad/WC ausgestattet und – anders als die billigeren Ganzdachhütten – einen guten Gegenwert bieten. Im kleinen Rattanrestaurant kann man ganz vorzüglich essen, das Panorama auf den gegenüberliegenden Doi Thung genießen und natürlich zu Wanderungen in die teilweise noch von Hilltribes bewohnte Gegend starten.

■ **Laan Tong Lodge** (Tel. 053/77 20 49): Eine Wiesenkuppe am Ufer des Chan-River, darauf viele pittoreske Bambushäuschen, von denen jedes im Stil eines anderen Bergstammes errichtet ist. Im Restaurant werden beste Thai- und Traveller-Gerichte serviert, und auch Vegetarier finden alles nach ihrem Geschmack. In der nahen Umgebung liegen zahlreiche Hilltribe-Dörfer, den Fluß kann man auf Autoschläuchen hinabflößen, auch Wanderungen bieten sich an (u.a. von/nach Mae Solong) – wen wundert es da, daß sich diese Anlage innerhalb kürzester Zeit zu einem regelrechten Traveller-Treff in diesem Teil Thailands mauserte. Doch der Erfolg stieg den Besitzern wohl zu Kopf, denn viele Lesertip-Schreiber beschwerten sich über überzogene Preise und höchst unfreundliches Personal.

Die Anlage liegt am H-1089 (der ebenfalls nach Thathon führt) 13 km westlich von Mae Chan, das wiederum ein Stückchen südlich Pa Sang an der Hauptstraße gelegen ist.

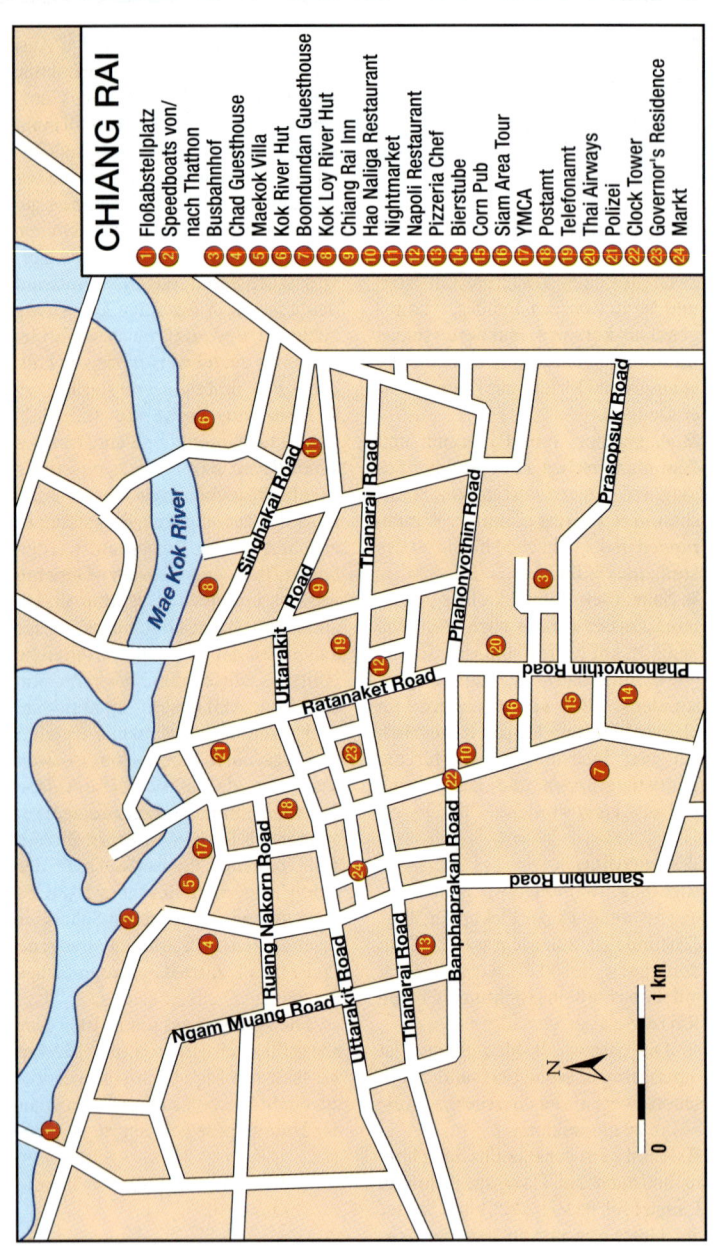

Chiang Rai – Touristenzentrum ohne Grund

Chiang Rai, gestern noch ein verschlafenes Provinzstädtchen abseits des Touristenstromes, ist drauf und dran, Chiang Mai ernsthafte Konkurrenz zu machen. Die Schatten der ersten internationalen Hotelkästen sind längst gefallen, das Guesthouse-Fieber geht um, ein internationaler Flughafen wurde eröffnet, und nicht mehr lange, so heißt es, dann sollen auch von hier aus Flüge ins nahe China angeboten werden.

So recht verstehen können wir diese Entwicklung aber nicht, denn Chiang Rai, knapp 52 000 Einwohner groß, hat in kultureller Hinsicht eigentlich gar nichts zu bieten. Die in nahezu allen Guesthouses angebotenen Treks starten nicht hier, sondern weiter nördlich bei Mae Sai, das landschaftliche Umfeld ist zudem flach und relativ ausdruckslos, und was hier noch vor kurzem lockte – eine angenehme Kleinstadt-Atmosphäre –, gehört nun auch der Vergangenheit an. So gibt es eigentlich keinen Grund, hier seine Zeit zu vertun!

Anreise

■ Die Anreise von Chiang Mai **via Thathon** nach Chiang Rai wurde im letzten Kapitel beschrieben.

■ **Von Chiang Mai** aus täglich über 30 direkte Busverbindungen; mit Normalbus oder mit Aircon, über die neue Straße oder die alte Straße via Lampang und Ngao. Außerdem mindestens zweimal täglich mit dem Flugzeug.

■ **Von Bangkok** ab Northern Busterminal täglich über ein Dutzend Verbindungen im Fan-, AC- sowie VIP-Bus. Direktflug ab Bangkok 2- bis 4-mal täglich, weitere via Chiang Mai.

■ **Ab Chiang Saen, Mae Sai** und **Mae Chan** (für Mae Solong) etwa halbstündlich mit dem Fanbus.

■ Ansonsten bestehen Verbindungen mit nahezu allen Orten in Nordthailand, im Nordosten sowie auch nach Pattaya (von wo jährlich tausende Japaner anreisen, um die nach hunderten zu zählenden Bordells der Stadt zu besuchen).

Unterkunft

■ **Chad Guesthouse:** In einer kleinen Gasse off Trairatt Road nahe *Over Brooke Hospital* und direkt neben *Wat Prakaew* gelegen. Schon seit Jahren *der* Treff der Rucksackgilde. Entsprechend gut sind Müsli, Shakes und allgemeine Traveller-Speisen, die in einem kleinen Open-Air-Restaurant serviert werden. Die Zimmer sind aber mittlerweile ziemlich runtergekommen, und empfehlen kann man hier lediglich noch die relativ neuen Bungalows, die um 250 Bt kosten.

■ Sehr gut gefiel uns das zentrumsnah, doch sehr ruhig gelegene **Ben Guesthouse** an der 351/10 Ratyota Road Soi 1, Tel. 053/71 67 75, wo man in einem hübschen Holzhaus bei außerordentlich liebenswerten Thais in tiptoppen Zimmern ohne/mit Bad zu 110–180 Bt unterkommt. Bei Anruf wird man vom Busbahnhof, Airport etc. abgeholt, auch Motorräder können ausgeliehen werden, die angebotenen Treks sind empfehlenswert, und die Atmosphäre könnte angenehmer nicht sein.

■ **Maekok Villa,** 445 Singhakai Rd,

Tel. 053/71 17 86. Restauriertes Teakhaus mit großem Garten, ruhige Lage. Die Zimmer (350 Bt) sind mit Teppichen ausgelegt, haben Schreibtisch, Holztruhe, gekacheltes Bad mit Badewanne und auch wirklich heißem Wasser. Außerdem Steinbungalows (450 Bt), modern, nicht so atmosphärisch; die Schlafsäle kann man vergessen.

■ **Boondundan Guesthouse,** Jedyod Road, Tel. 053/71 70 40. Vielgliedrige Anlage mit zweigeschossigen Steinhäuschen rings um einen kleinen Garten. Jedes Häuschen ist in einer anderen Farbe gestrichen, trägt den Namen eines Bergstammes. Zimmer entweder mit Fan, mit Fan und Bad/WC oder – in einem dunkel verglasten Neubau – mit Aircon zwischen 250 und 650 Bt.

■ **Maleena Ville,** 863 Wat Pranorn Road, Tel. 053/ 71 34 27. Mehrere Reihen recht eleganter Steinbungalows mit Fan oder Aircon, Bad/Dusche, heiß Wasser) in einer ruhigen aber zentral gelegenen Eigenheimsiedlung; ab 450 Bt.

■ An **Hotels,** auch von internationalem Standard, herrscht hier mittlerweile wirklich kein Mangel mehr, und in der Mittelklasse empfiehlt sich das *Wiang Inn* (893 Paholyotin Rd, Tel. 053/71 15 33), wo man um 1000 Bt ein komfortables AC-Zimmer erhält.

✎ »In Chiang Rai können wir das Guesthouse Pintamorn empfehlen: es liegt auf einer Insel im Maekok, der Besitzer stammt aus Hawai, Double mit Dusche kostet 120 Bt, und es gab sogar richtig heißes Wasser. Adresse: 199/I3 Mu 21 Singhaklai Rd, Tel. 053/71 41 61 (kostenlose Abholung vom Flughafen, Busbahnhof, Bootshafen)« (Karl Heinz Kern, D-Hamburg). Anmerkung: Das Guesthouse ist wirklich zu empfehlen, Unterkunft in Reihenhaus-Zimmern, teils nun auch mit AC, ab 170 Bt.

Essen und Trinken

■ **Hao Naliga Restaurant:** Direkt gegenüber dem Uhrturm im Stadtzentrum gelegen (Schild nur in Thai). Was auf dem Buffet aus den etwa 20 Töpfen herausduftet, ist superlecker. Nur ein paar Gerichte sind scharf, der Besitzer weist extra darauf hin. Am besten nimmt man nicht eine normale Portion mit Reis (20 bis 30 Bt), sondern läßt sich verschiedene Curries in kleine Schälchen füllen. Wir haben uns hier für 60 Bt viele verschiedene Curries zusammengestellt.

■ **Nightmarket** auf der Singhakrai Road beim *King Mengrai Monument.*

■ **Bierstube – German Restaurant,** Paholyothin Road, schräg gegenüber Wiang Inn Hotel. »Wir bringen Ihre Geschmacksknospen zum Blühen«, war auf einem Schild zu lesen. Die unsrigen blieben zwar verschlossen, aber das will nichts besagen, denn viele Lesertipschreiber schwärmten von den Kreationen des deutschen Besitzers Karl-Heinz. Gutbürgerliche Küche, Gerichte um 60 Bt, natürlich auch Bier, frisch gezapft.

Sightseeing/Entdeckungstrips

■ Die paar netten Tempel vermögen das Gepräge von Chiang Rai als »Infrastruktur-Ort« auch nicht aufzumöbeln. Es bleibt die Umgebung: Angenehm ist es draußen vor der Stadt **am Fluß** mit viel ländlichem Leben und Bademöglichkeiten.

Chiang Rai

Fahrradverleih in den meisten Guesthouses zu 30 Bt/Tag. Schön ist's, etwa ab Chad-Guesthouse die Uferstraße entlang des Maekok zu befahren, die nach ein paar Kilometern in Feldwege übergeht, nach rund 5 km zum Kloster mit Berg und Bambusbrücke am Maekok führt (Brückenbenutzung 2 Bt/Person).

■ **Organisierte Treks** über die Guesthouses der Stadt sowie zahlreiche Reisebüros, von denen gleich ein paar in der Pamavipak Road beim Wiang Come Hotel gegenüber Busbahnhof niedergelassen sind. Ziemlich identische Angebote, alles sehr touristisch.

■ **Floßtrip:** Die meisten Guesthouses bieten recht interessant klingende Floßfahrten auf dem Maekok River an. Bei einer Dauer von 3 Tagen und 2 Nächten kostet das alles inkl. rund 2000 Bt.

Verschiedenes

■ **Info-Stelle:** Das Tourist Office befindet sich rechts neben der Mae Kok Villa an der Singhakai Road (Tel. 053/71 74 33) und bietet gute Informationen und Prospektmaterial über die Provinz sowie auch über Touren, die von Mae Sai aus nach Burma hineinführen, von Chiang Saen nach Nan, von Chiang Khong nach Laos und Südchina.

■ Die **Tourist Police** ist im Büro des Tourist Office untergebracht.

■ **Banken** auf der Tanalai Rd, geöffnet Mo bis Fr von 8.30 bis 15.30 Uhr.

■ **Postamt,** Utrakit Road, Mo bis Fr von 8.30 bis 12 und 13 bis 16.30 Uhr, Sa bis 11 Uhr.

■ **Motorrad-, Fahrrad-, Autoverleih** über die Herbergen der Stadt; Fahrrad zu 30 Bt pro Tag, Motorrad um 200 Bt, Jeep ab 700 Bt.

Weiterreise

■ **Nach Thathon:** Die Speedboat-Fahrt auf dem Maekok River kann man natürlich auch in entgegengesetzte Richtung machen, also von Chiang Rai nach Thathon. Das Boot verläßt den Pier täglich um 10 Uhr, fährt rund 5 Stunden und kostet 170 Bt.

■ **Nach Chiang Mai:** Ab Busbahnhof an der Phaholyothin Rd täglich alle halbe Stunde per Fanbus über die neue Straße für (57 Bt, 4 Stunden) sowie halbstündlich über die alte Straße (7 Stunden, 69 Bt). Aircon-Busse fahren ab 7.30 Uhr alle 2 Stunden bis 15 Uhr, 83 Bt, 3 Stunden.

Flug zweimal täglich zu 420 Bt. Tickets im Office von *Thai Airways International* an der 870 Phaholyothin Rd (links neben der Einfahrt zum Busbahnhof), Tel. 053/71 11 79.

■ **Nach Bangkok:** Ab Busbahnhof stündlich Fanbusse für 189 Bt, 2-stündlich Airconbusse zu 364 Bt sowie VIP-Busse zwischen 19 und 21 Uhr zu 525 Bt.

Täglich mindestens vier Flüge mit *Thai* nach Bangkok für 1855 Bt; manche gehen via Chiang Mai.

■ **Nach Nan:** Ab Busbahnhof alle 2 Stunden (erster um 9.30 Uhr) für 74 Bt, 5 Stunden.

■ **Nach Sukhothai:** Ab Busbahnhof dreimal täglich via Phitsanulok für 142 Bt (morgens zwischen 7.30 und 10.30 Uhr).

■ **Nach Chiang Saen:** Ab Busstation alle 15 Minuten zu 17 Bt.

■ **Nach Mae Sai** ebenfalls alle 15 Minuten, 15 Bt.

■ **Nach Mae Chan:** Bus ab Terminal alle 30 Minuten, 10 Bt.

■ Außerdem bestehen mehrere Male täglich Busverbindungen (Fan- sowie AC, meist auch VIP) nach **Chi-**

ang Khong (39 Bt; nur Fanbus), **Mae Sot** (147/264 Bt), **Udon Thani** (für Nong Khai; 175/337 Bt), **Khorat** (198/365/450 Bt) sowie auch **Pattaya** an der Ostküste (230/420/590 Bt).

Mae Sai – Burma hautnah

Über 900 km von Bangkok, und damit gut 2000 km von Thailands Südgrenze entfernt, liegt im nördlichsten Zipfel des Landes, direkt vor Burma und nahe China sowie Laos das kleine Städtchen Mae Sai. Für Thais ist es schon seit vielen Jahren ein offizieller Grenzübergang, seit 1992 dürfen auch Touristen zumindest auf eine Stipvisite hinüber, und ansonsten ist es insbesondere das angenehme Flair dieses nur durch einen Fluß vom Nachbarland getrennten Ortes, das hier gefällt. Die Infrastruktur ist bestens, der Ausflugsmöglichkeiten gibt es viele, nicht zuletzt ins berühmte »Goldene Dreieck« (Dreiländereck), und alles in allem kann ein Aufenthalt wärmstens ans Herz gelegt werden.

Anreise/Ankunft

■ **Ab Chiang Mai** täglich zahlreiche Fan-, AC- und VIP-Busse, die zwischen 5 und 7 Std unterwegs sind.

■ Von **Bangkok** aus brauchen die Busse zwischen 12 und 14 Stunden, Fan-Busse verkehren nachmittags, AC- und VIP-Busse am Abend.

■ **Direktbusse** verkehren ansonsten von Korat, Pattaya und Mae Sot; alle anderen Wege führen über Chiang Rai oder Chiang Mai.

■ Von **Chiang Saen** verkehrt mindestens stündlich ein Pickup bis 15 Uhr, und vom **Goldenen Dreieck** aus fahren Minibusse von 7 bis 14 Uhr.

■ **Ankunft:** Mae Sai besteht eigentlich nur aus einer an den Grenzfluß führenden Hauptstraße und ein paar seitlich abzweigenden Wegen. Busstop etwa in der Mitte der Hauptstraße, ab 1997 ist damit zu rechnen, daß der außerhalb geplante Busbahnhof fertiggestellt ist (dann Songthaews ins »Zentrum«).

Zu den River-Guesthouses sind's rund 1 1/2 km ab dem Busstop: bis zum Fluß, dann links am Ufer entlang, immer geradeaus; Samlor kostet etwa 20 Bt bei 2 Personen, wohl 15 Bt/Person.

Unterkunft
Guesthouses:

■ **Mae Sai Plaza** (Tel. 053/73 22 30): erste Anlage am Grenzfluß. Die vielgliedrige und viele Stockwerke hohe Holzkonstruktion schmiegt sich an einen senkrechten Hang und ähnelt mehr einem Pueblo als einer Bungalowanlage. Die einzelnen Häuschen mit Fan oder Fan/Bad/WC stehen nicht separat, sondern sind durch Laufplanken, Dächer und Balkone miteinander verbunden und von innen (Rattan- und Holzverkleidung) wesentlich hübscher, als es von außen den Anschein hat; Preise von 120–350 Bt.

■ **Northern Guesthouse** (Tel. 053/73 15 37), zweite Anlage am Grenzfluß. Die Holzbungalows sind groß und sehr sauber, haben Fan (80–250 Bt) oder AC (450 Bt), teils auch eigenes Bad, kriegen viel Schatten ab, liegen jedoch nicht direkt am Fluß, sondern hinter dem breiten Wiesenufer-Streifen. Vom Restaurant aus Panoramablick.

■ Ein Stück weiter schmiegt sich das

Mae Sai

aussichtsreiche **Riverside Guesthouse** (Tel. 053/73 25 54) mit korrekten Unterkünften zu 180 Bt an den Hang.

■ **Mae Sai Guesthouse** (Tel. 053/73 14 62), vierte und letzte Anlage am Mae-Sai-Grenzfluß, auch die älteste. Viele verschiedene Bungalowtypen zwischen 100 und 550 Bt, von einfach bis komfortabel, am Hang oder Fluß. Kleine Liegeplattformen und Aufenthalts-Pavillons sowie ein Bambusrestaurant mit Motorrad-Verleih, Trekking- und Ausflugs-Organisation, auch Busse-Reservation, runden das Angebot ab.

Hotels:
An der Hauptstraße haben sich mittlerweile mehrere Hotels etabliert, in denen vorzugsweise Thais, Chinesen und Pauschaltouristen unterkommen.

■ In der unteren Preisklasse bietet sich das **Mae Sai Hotel** (Tel. 053/73 14 62) mit korrekten Fanzimmern (250 Bt) und auch AC-Zimmern (450 Bt) an.

■ Soll's was Besseres sein, empfiehlt sich das **Thai Thong** (Tel. 053/73 19 75) mit Komfortzimmern von etwa 400 bis 950 Bt.

■ Bestes Hotel des Stadt ist das mehrstöckige **Wang Thong** (Tel. 053/73 33 88) mit dem Komfort eines internationalen Hauses (u.a. auch Swimming Pool) und ebensolchen Preisen.

Essen und Trinken

■ Direkt neben dem Busstop auf der Hauptstraße hinter dem kleinen Polizeihäuschen liegt das **Jojo-Restaurant:** modern aufgemacht, beliebt bei der Stadtjugend. – Eis, Kuchen und Curries.

■ **Essensstände** rings um den Markt sowie in der Gasse neben dem Jojo-Restaurant.

■ Direkt unterhalb der Brücke nach Burma liegen mehrere **River-Restaurants** am Fluß; alle bieten Speiseterrassen und leidlich gutes, dabei übertreuertes Essen, alle auch sind äußerst beliebt bei Touristen.

■ **Rabing Keaw Restaurant,** Hauptstraße, rechts neben der Polizeistation. Das ganze Gebäude ist von außen mit lackierten Holzschindeln verkleidet und erinnert an ein schickes Hexenhäuschen. Sehr gute und authentische Thai-Küche bei Preisen ab 50 Bt.

Verschiedenes

■ **Banken** an der Hauptstraße; Mo bis Fr von 8.30 bis 15.30 Uhr.

■ **Postamt** ebenfalls an der Hauptstraße (Höhe Busstop); Mo bis Fr von 9 bis 15.30 Uhr, Sa von 9 bis 11 Uhr.

■ **Shopping:** Im Brückenbereich reihen sich die Souvenirshops aneinander. Das Angebot umfaßt relativ günstige Hilltribe- und Burma-Handicrafts sowie Kleidung, Schmuck und Edelsteine; letztere sind meist gefälscht. Die größte Jadefabrik und -schleiferei (*Thong Tavee,* Mo geschlossen) liegt links neben der unübersehbaren Bangkok Bank.

■ **Geld** zu wechseln ist hier kein Problem (mehrere Banken an der Hauptstraße), und auch abends sowie an den Wochenenden hat irgendein Wechselkiosk stets geöffnet.

Da man im nahen Burma mit US$ bezahlen muß und die Kurse hier in Mae Sai recht schlecht sind, tut man gut daran, US$ schon in Chiang Mai oder Chiang Rai einzutauschen.

Weiterreise

■ Bis der neue Busterminal südlich der Stadt fertig ist, fahren alle Busse auf der Hauptstraße ab: nach **Chiang Rai** alle 15 Minuten, 18 Bt; nach **Chiang Mai** tgl. dutzende Fanbusse zu 77 Bt, AC-Busse sowie auch VIP-Busse (129 Bt); nach **Bangkok** per Fanbus zu 202 Bt am späten Nachmittag, außerdem mit AC-Bussen in den frühen Abendstunden zu 365 Bt und VIP-Bussen zu 565 Bt. Ansonsten gibt es Direktbusse nach **Khorat** (212/382/450 Bt), **Pattaya** (245/445 Bt) sowie **Mae Sot** (161/290 Bt).

■ Nach **Chiang Saen** verkehren stündlich Pickups bis 15 Uhr via Bang Mo Buang (evtl. umsteigen) für 25 Bt ab der von der Hauptstraße nach Osten abzweigenden Mang Daeng Road, und das **Goldene Dreieck** wird mit Minibussen bedient, die an der Hauptstraße vor der Polizeiwache starten, stündlich zwischen 7 und 10 (oder 12 Uhr) verkehren (40 Bt).

Ausflüge rings um Mae Sai

■ Direkt hinter Mae Sai Guesthouse beginnt ein bergauf führender Trampelpfad: wer ihm folgt, kann stundenlang durch schönes **Hügelland** laufen und die Ausblicke auf das benachbarte Burma genießen; kommt nach ein paar Stunden in ein Meo-Dorf; Tagesausflug.

■ Ebenfalls als **Tagestrip** kann man ab Mae Sai mit Motorrad oder Fahrrad einen Abstecher zum Opium-Dreiländer-Eck (rund 35 km) oder nach Chiang Saen (40 km) machen (siehe dort): entlang der Muang Daeng Road, die von der Hauptstraße in Mae Sai links neben der Bangkok Bank gen Osten abzweigt. Motorräder werden in den Guesthouses für 200 Bt/Tag vermietet, Fahrräder für 30 Bt, auf der Hauptstraße finden sich weitere Verleihstationen für Motoräder.

■ **Doi Thung:** Der direkt an der Burmagrenze gelegene Felsgigant ist mit rund 1500 m der höchste Berg in der Chiang Rai-Provinz und – so das Wetter gut ist – unbedingt einen Ausflug wert. Per Minibus ab Hauptstraße Mae Sai (zwischen Thai Farmer und Bangkok Bank) nach Ban Huai Khrai (20 km, 10 Bt); hier umsteigen in den Minibus zum Doi Thung (30 Bt). Schöner ist es allerdings mit dem eigenen Motorrad, denn aus dem zum Bersten vollen Minibus heraus wird man von der spektakulären Gebirgsstrecke kaum viel mitkriegen: Ab Mae Sai Richtung Chiang Rai (rund 19 km), dann rechts ab auf die Straße 1149; bald beginnt eine exreme steile Strecke, aber die ist nichts im Vergleich zu der, die am Ende der Straße (rund 7 km nach Ban Pakha) auf einen wartet. Auf 300 m Länge werden schätzungsweise 100 m Höhe überwunden; wer kein versierter Fahrer ist oder ein altersschwaches Motorrad fährt, verläßt sich besser auf seine Füße!

An der Endstation dann ein vor über 1000 Jahren errichteter (aber nicht sonderlich sehenswerter) Tempel. Die Aussicht von hier über den ganzen Norden und bis weit nach Burma hinein ist schlicht phänomenal. Und doch gibt es eine Steigerung: dann nämlich, wenn man etwa 50 m unterhalb des Tempeleingangs einem (kaum auszumachenden) Pfad folgt, über den man nach rund 45 Minuten recht anstrengenden Kletterns einen Felsgipfel erreicht. Von dort kann man sogar den Mekong klar erkennen.

Angeblich soll ein (Crossbike-tauglicher) Weg existieren, der unterhalb der letzten Steigungsstrecke nach links abzweigt (wenn man aus Richtung Ban Pakha kommt) und nach rund 19 km via Ban Pa Mee (Akha-Dorf) kurz vor Mae Sai auf die Hauptstraße mündet. Wir haben ihn nicht gefunden.

■ »**Royal Caves:** Die schönsten, die ich in Thailand besucht habe. Von der Hauptstraße Mae Sai nach Mae Chan zweigt es 5 km nach Mae Sai rechts ab (ausgeschildert); dann über eine Naturstraße 2,4 km bis an den Fuß des Doi Tung Gebirges. Der Höhleneingang befindet sich in einem Taleingang mit dschungelbewachsenen Felswänden. Öllampe kostet 10 Bt, Führer 30 Bt. Der Einstieg in die Höhle führt durch einen unterirdischen See, in dem Thai-Frauen ihr Bad nehmen. Nach 200 m Waten in knietiefem Wasser beginnt der Aufstieg entlang eines reißenden unterirdischen Baches; Seitenhöhle mit Fledermäusen. Schließlich geht's zu einem Felsentor, durch das man in der Trockenzeit in eine weitere, 7 km lange Höhle mit Wasserfall gelangt« (Francois Braun, Luxembourg).

Stipvisite nach Burma (Myanmar)

Mae Sai ist ein offizieller Grenzübergang von Thailand aus ins Nachbarland Burma, das sich nun *Union of Myanmar* nennt. In früheren Jahren war es nur Thais und Burmesen gestattet, von Mae Sai aus in die gegenüberliegende Stadt Tachilek zu reisen, doch seit 1992 ist es auch ausländischen Touristen erlaubt, im Rahmen eines Tagesausflugs (alltags bis 18 Uhr, an den Wochenenden bis 21 Uhr) über die Grenze zu gehen. Dann erst zum Thai Immigration, dort zwei Paßkopien vorlegen (Namenseite und Visa-Seite), sodann den Paß abgeben, für den man nun einen sogenannten Border-Pass erhält, mit dem man die Grenze queren darf; auf der burmesischen Seite sind dann 5 US$ (nur US$ werden akzeptiert) zu bezahlen, und kehrt man schließlich zurück, erhält man gegen Vorlegung des Border-Pass seinen Reisepaß zurück.

Doch gar so viel, wie sich die meisten Besucher von dem Abstecher versprechen, bringt er nicht: Außer ein paar Tempeln und vielen Läden gibt es in Tachilek eigentlich nichts zu sehen, wie auch die 2–3stündigen geführten Autotouren, die in Mae Sai in mehreren Reisebüros angeboten werden (ab 30 US$), kaum ihr Geld wert sind.

Anders ist es schon mit den Mehrtagestouren, die teils tief nach Burma hineinführen, aber auch arg teuer sind: unter 200 US$ ist keine 3-Tagestour zu bekommen (inkl. Fahrt, Unterkunft, Essen, Visagebühr), und wir trafen Reisende, die hatten für eine Fahrt von 5 Tagen Dauer sage und schreibe 400 US$ pro Person bezahlt!

Chiang Saen & Goldenes Dreieck

Hübsches Zweistraßenstädtchen mit relaxter Atmosphäre, Guesthouses und zahlreichen verfallenen Tempeln. Direkt am Mekong gelegen; gegenüber das laotische Ufer.

Nur ein paar Kilometer weiter westlich das Zentrum des berühmtberüchtigten Opium-Dreieck *(Sob*

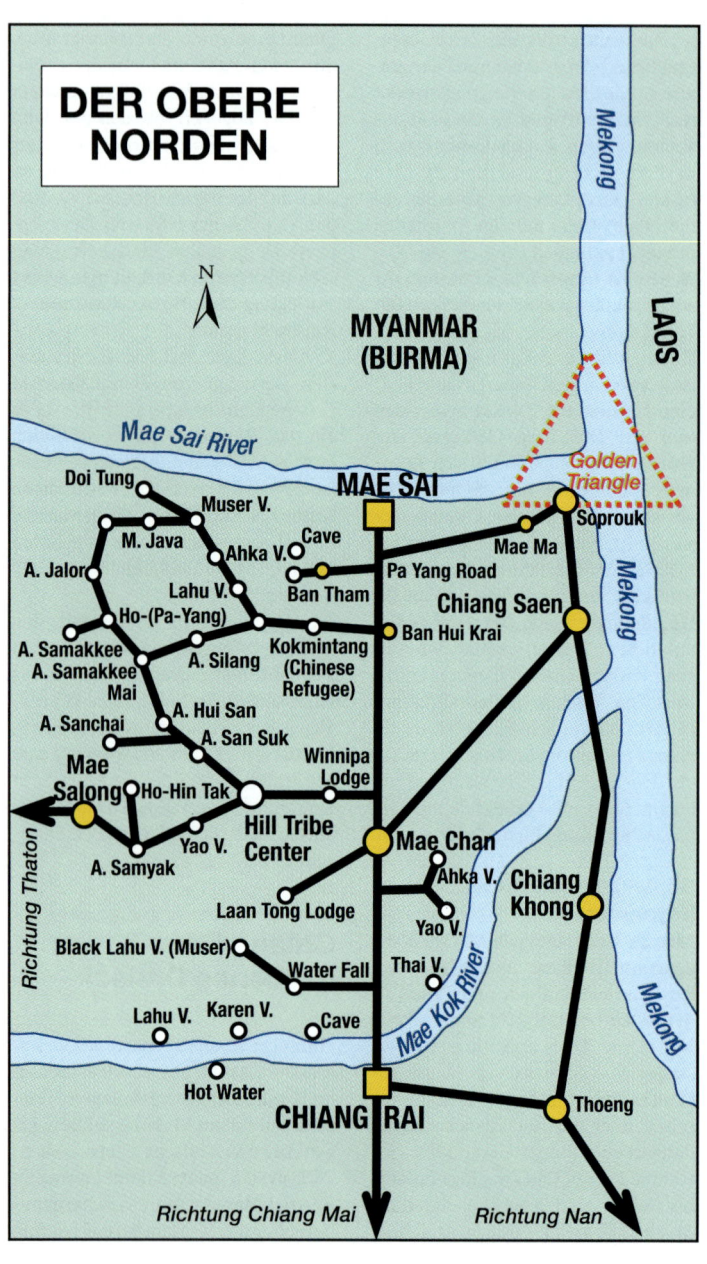

Chiang Saen & Goldenes Dreieck

Ruak), wo die Länder Laos, Burma und Thailand zusammenstoßen bzw. durch Mekong und einen kleinen Nebenfluß voneinander getrennt werden. Einen Abstecher ist's wohl wert, aber mit herber Enttäuschung ist zu rechnen: -zig Reisebusse, tausende Gruppentouristen, viele Souvenirshops und Hilltribes, die sich für 20 Bt je Bild mit 'nem Touri im Arm ablichten lassen.

Anreise/Ankunft

■ Anreise nach **Chiang Saen** ab Chiang Rai (alle 20 Min.), Chiang Mai (Fan-, AC- und VIP-Bus), Chiang Khong sowie Mae Sai (stündlich per Pickup).

Busstop direkt auf der Hauptstraße in Chiang Saen; mit Samlor für 10 Bt in die Unterkunft nach Wahl.

■ **Ins Opium-Dreieck:** Ab Chiang Mai verkehren tgl. mindestens 3 Fanbusse sowie 2 AC- und VIP-Busse, die zwischen 5 und 7 Stunden unterwegs sind. Auch ab Chiang Rai soll es demnächst tgl. mehrere Direktbusse geben.

Ansonsten bleiben die Minibusse, die stündlich von 7–10 Uhr (oder 12 Uhr) von Mae Sai herüberfahren.

Von Chiang Saen aus sind's rund 10 km, die man auch gut per Fahrrad (zu mieten über die Guesthouses) machen kann. Ansonsten bleiben die Minibusse, die ab dem Fluß (vom Busstop zum Fluß per Samlor für 10 Bt) ständig hin und her pendeln und 10 Bt kosten.

Bleiben schließlich die Longtail-Boote, die sich in Saen auf dem Fluß anbieten und auf Charterbasis für rund 300–500 Bt (je Verhandlungsgeschick) zum Goldenen Dreieck hinüberfahren und rund 5–6 Personen fassen.

Unterkunft

Im Goldenen Dreieck:
In den ersten Auflagen dieses Buches konnten wir nur jedem wärmstens empfehlen, am Goldenen Dreieck zu wohnen, Chiang Saen auf einem Astecher zu besuchen. Heute hat sich die Lage umgedreht: zum einen, weil das Dreiländereck jetzt völlig vertouristisiert ist, zum anderen, weil dort die Billigunterkünfte total heruntergekommen sind. Kommt's auf rund 2200 Bt (bis 13000 Bt!) die Nacht nicht an, empfehlen sich das *Golden Triangle Resort Hotel* (Tel. 053/78 40 01) oder das *Le Meridien* (Tel. 053/78 40 78) direkt hinter dem Dreieck mit Mekongsicht; hier übernachten die Gruppentouristen.

Weitere Nobelresorts bieten sich an, andere waren in Bau.

In Chiang Saen:
■ **Siam Guesthouse,** der Uferstraße nach links folgen. Eingezäunte Anlage mit spartanischen Bungalows und ein paar Zimmern in einem hellhörigen Rattan-Reihenhaus für rund 100 Bt.

■ **Chiang Saen Guesthouse,** Uferstraße, nahe Siam Guesthouse. Schönes Terrassenrestaurant mit Mekongsicht, ein Aufenthaltsraum; schlichte Zimmer, gepflegte Steinbungalows mit Bad und Fan, doch alles sehr eng gesetzt; ab 100 Bt.

■ **Gin's Guesthouse,** an der Straße nach Sop Ruak, etwa 1,5 km ab dem Flußrestaurant nach links; mit Minibus 5 Bt, mit Samlor 10 Bt. Idyllisch über Fluß und Schilfgürtel gelegenes Haus mit jungen Vermietern, familiärer Atmosphäre, sogar einem kleinen Badestrand (nur bei Niedrigwasser), Fahrrad-Verleih (30 Bt), Motorrad-Verleih (200 Bt), Info-Wand und Terrasse, Aufenthaltsraum, Restaurant. Einfache Zimmer mit Moskitonetz (200 Bt), Bungalows (350 Bt); das Bett im Dormitory kostet 45 Bt.

Essen und Trinken – Chiang Saen

■ **Sala Thai Restaurant,** direkt am Ende der Hauptstraße. Bestes und eigentlich auch einziges Restaurant. Sitzen über dem Mekong mit freier Sicht auf das etwa 1 km entfernte Laos-Ufer.

■ Sowohl tagsüber als auch abends finden sich entlang der Uferstraße zahlreiche **Eßstände**.

■ An der Straße zum Goldenen Dreieck finden sich weitere Panorama-Restaurants nahe dem Fluß; das Preisniveau ist recht hoch.

Weiterreise

■ Vom **Goldenen Dreieck** aus pendeln ständig Songthaews nach Chiang Saen für 10 Bt; außerdem zwischen 7 und 10 Uhr stündlich Minibusse nach Mae Sai für 40 Bt sowie morgens und mittags Direktbusse (Fan) nach Chiang Mai für 73 Bt, des weiteren AC- und VIP-Busse, die morgens und nachmittags nach Chiang Mai fahren und 130 Bt kosten.

Bleibt das Longtail-Boot nach Chiang Saen, das auf Charterbasis zwischen 300 und 500 Bt kostet und 5–6 Personen befördert.

■ **Von Chiang Saen** aus geht's per Songthaew zum Goldenen Dreieck (10 Bt), per Pickup nach Mae Sai (stündlich; 25 Bt, evtl. mit Umsteigen), per Fan-Bus nach Chiang Khong (morgens; 25 Bt), außerdem alle 20 Min. mit dem Fanbus nach Chiang Rai (rund 1,5 Std., 17 Bt) und mehrmals täglich nach Chiang Mai (166 Bt), wohin auch AC-Busse (97 Bt) und VIP-Busse (130 Bt) verkehren.

Bangkok wird nachmittags per Fanbus angefahren (216 Bt) sowie abends vom AC- und VIP-Bus (600 Bt).

Bleiben ansonsten die Longtail-Boote, die zwischen Oktober/November–April auf dem Mekong bis hinunter nach Chiang Khong verkehren und für diese Strecke gechartert werden können (etwa 1300–1500 Bt, Platz für 5–6 Personen).

Entlang der Laos-Grenze

Für die meisten Reisenden ist Chiang Saen, wenn nicht Mae Sai, Endstation im hohen Norden, bevor es via Chiang Rai oder Chiang Mai wieder in südlichere Gefilde hintergeht. Das ist schade, denn gerade der äußere Nordosten von Thailand, der von Laos begrenzt wird, ist für einzigartige Berg-, Fluß- und Hügellandschaften gut, die man mit öffentlichen Verkehrsmitteln, besser aber mit einem eigenen Fahrzeug (etwa Motorrad oder Mountain Bike) entdecken kann. Seit sich Laos zumindest mehr oder weniger geöffnet hat, gibt es auch eine relativ gute Infrastruktur, auch Abstecher nach Laos sowie eventuell gar nach Yünnan/Südchina sind von dieser einsamen Landesecke aus möglich, und eine ideale Tour führt von Chiang Saen entlang dem Mekong nach Chiang Khong (53 km), dem Ausgangspunkt für Trips ins Nachbarland sowie nach China; von Chiang Khong aus führt eine wahre Traumroute durch die Grenzberge ins 180 km entfernte

Chiang Kham hinunter (keine öffentlichen Verkehrsmittel), von wo aus man Anschluß (auch per Bus) nach Nan hat.

Chiang Khong – Schmugglerort am Mekong

Der »Weg ist das Ziel«, denn die dem H-1129 folgende und rund 50 km lange Fluß- und Bergstrecke ist für herrliche Landschaftseindrücke gut und führt auch an zahlreichen Hilltribe-Dörfern vorbei. Unterwegs werden immer wieder eindrucksvolle Panoramapunkte passiert, und wer kein eigenes Fahrzeug hat, kann diese Strecke auch im Fanbus (mehrere Busse in den Morgenstunden) ab Chiang Saen für 25 Bt erleben.

Chiang Khong selber bietet in der Umgebung viele Tribedörfer sowie Wasserfälle, lohnt wegen seiner farbenprächtigen Märkte (insbesondere freitags), der angenehmen Stimmung und ist ansonsten einer der Haupt-Schmuggelorte des Nordens. Entsprechend viele Waren aus Laos und China stehen zum Verkauf, und von hier aus nehmen auch täglich unzählige Luxuslimousinen ihren Weg nach Yünnan, wo sie den reich gewordenen Chinesen zur Freude gereichen sollen: Während unseres Aufenthaltes standen hier nicht weniger als drei Dutzend Mercedes-600 der komfortabelsten Version, die in China dann für umgerechnet 500 000 DM abgesetzt werden ...

✐ »Ein Kuomintang-Dorf in der Nähe: Ab Chiang Khong Straße nach Thoeng. In Ban Sathan rechts ab Richtung Diu Hao, nach 20 km bei einem Steinbruch nach rechts abbiegen. Von hier aus 2 km über einen Feldweg nach Wiang Hmong. Am Dorfeingang eine Meo-Siedlung. Die Häuser sind im Yünnan-Stil aus Stroh und Lehm« (Francois Braun, Luxembourg).

Unterkunft/Essen und Trinken:
Die Auswahl ist begrenzt, aber die Unterkünfte sind gut und alle ihr Geld wert:

■ Direkt am Ufer des Mekong bieten sich die Bungalows vom **Tam Milah Guesthouse** (Tel. 053/79 12 34) an, die zwischen 100 und 230 Bt kosten, von exotischen Blumen umgeben sind und gemanagt werden von einem sehr zuvorkommenden Thai, der viele Infos auf Lager hat, alle Fragen beantworten und einem auch Laos-Visa beschaffen kann.

■ Wer mehr Komfort sucht, eine tolle Aussicht sowie angenehme Bungalows genießen will, sollte das **Mekong River Resort** (Tel. 053/79 10 23) bevorzugen (Einfahrt 500 m rechts von der Polizeistation), wo Unterkunft zwischen 230 und 480 Bt kostet.

■ Bleiben ansonsten noch mehrere Unterkünfte, die in der Hauptsache von Geschäftsleuten frequentiert werden: u.a. das **Chiang Khong Hotel** an der Hauptstraße (ab 200 Bt) sowie der auch AC-Zimmer bietende **Prabuk Resort** (zwischen 350 und 650 Bt).

■ **Essen und Trinken:** An Foodstalls herrscht kein Mangel, und ansonsten bieten sich insbesondere die direkt am Fluß gelegenen Restaurants an, wo man gute Thai-Gerichte (sowie Laos-Gerichte) nebst Panoramen genießen kann.

Verschiedenes:

■ **Information:** Ein Tourist Office gibt es nicht, aber die Guesthouses, insbesondere das Tam Milah, verstehen sich auch als Info-Quellen; hier kann man sich Karten aufzeichnen lassen und erhält auch Informationen über den neuesten Stand der Laos-Visa-Dinge.

■ Für **Geldwechsel:** *Thai Farmers Bank* an der Hauptstraße.

■ **Motorräder** und auch Jeeps kann man ausleihen über *Anntour* (Tel. 053/79 12 18), im Norden der Stadt am Fluß beim Laos-Pier gelegen. Dieses Reisebüro organisiert auch Laos- sowie China-Touren (s.u.).

■ **Bootstouren auf dem Mekong** organisiert zwischen November und März/April das Tam Milah Guesthouse; ansonsten kann man auch Longtailboote chartern, die einen nach Chiang Saen zurückbringen (1300–1500 Bt, Platz für 5–6 Pers.).

Weiterreise

In den Morgenstunden fahren zahlreiche Fanbusse nach Chiang Saen (25 Bt), außerdem gibt es etwa stündlich Fanbusse nach Chiang Rai (39 Bt) sowie ein halbes Dutzend Fanbusse nach Chiang Mai (91 Bt), wohin mehrmals täglich auch AC-Busse (128 Bt) und VIP-Busse (165 Bt) verkehren.

Bangkok wird ein rundes dutzend Mal täglich angefahren, und zwar von Fanbussen (206 Bt) und AC-Bussen (371 Bt).

Nach Chiang Kham sowie weiter nach Nan hinunter verkehren keine öffentlichen Verkehrsmittel. Man muß schon ein eigenes Fahrzeug haben oder nach Chiang Rai zurückkehren, von wo aus es täglich zahlreiche Busse nach Chiang Kham sowie auch Nan gibt. – Aber das Schönste, nämlich die Landschaft zwischen Chiang Khong und Chiang Kham, verpaßt man dann natürlich.

Nach Laos und Yünnan/Südchina

Chiang Khong ist Ausgangspunkt für außerordentlich interessante Touren nach Laos sowie auch nach Yünnan/China, doch da die Visabestimmungen beider Länder zur Zeit ständigen Veränderungen unterworfen sind, ist es ratsam, bereits in Bangkok genaue Informationen einzuholen und dort oder (für China) in Chiang Mai auch bereits die erforderlichen Visa zu besorgen.

In Chiang Khong selbst kann man höchstens Laos-Visa bekommen (2 Wochen; z.Zt. der Rercherchen kosteten sie 2500 Bt und waren schon nach 1 Tag ausgestellt), und zuständig ist das *Tam Milah Guesthouse* (s.o.), das auch selbst Touren ins Nachbarland organisiert. Eine andere Adresse für Visa und Laos-Touren ist *Anntour* (s.o.), die z.Zt. der Recherchen sowohl Bootsfahrten auf dem Mekong nach Luang Prabang im Programm hatte als auch nach Vientiane sowie solche, die nach Yünnan in Südchina führen und 1 Woche dauern. – Die Preise für diese Touren sind aber recht hoch, und war der China-Trip nicht unter 18 000 Bt zu haben, so kostete die Bootsfahrt nach Luang Prabang, die ja nur knapp einen halben Tag währt, um 7000 Bt (für 4 Personen).

Billiger sind auf jeden Fall die Touren vom Tam Milah Guesthouse, und dort kann man auch Informationen bekommen, wie man von hier aus auf eigene Faust den Mekong hinauf nach Luang Prabang sowie Vientiane kommt, wie man zur chinesischen Grenze kommt und ob dieser Übergang auch für Individualreisende offen ist.

Floßfahrt auf dem Maekok zwischen Thathon und Chiang Rai

Nach Nan

Öffentliche Verkehrsmittel gibt es, wie gesagt, keine auf der rund 180 km langen Schotterstrecke zwischen Chiang Khong und Chiang Kham, doch besteht für flexible Reisende natürlich immer die Möglichkeit, mit Markt-Pickups mitzufahren. Informationen darüber kann man im Tham Milah Guesthouse in Chiang Khong abrufen, und auch wer diese Traumstraße für Crossbike-Fahrer auf eigene Faust befahren will, sollte zuvor das Guesthouse kontaktieren, um sich eine Wegbeschreibung geben, eine ungefähre Karte aufzeichnen zu lassen.

Zwischen **Chiang Khong und Chiang Kham** werden zahlreiche Tribe-Dörfer passiert (wo man stets auch Unterkunft erhalten kann; beste Kontaktadressen sind die Lehrer der Dorfschulen, die zumindest ein rudimentäres Englisch sprechen), und nahezu stets kann man, so das Wetter mitspielt, außerordentlich schöne Landschaftseindrücke genießen sowie Panoramen oft weit, weit ins teilweise menschenleer scheinende Nachbarland hinein.

Auch ein paar denkbar einfache Guesthouses haben sich mittlerweile am (teilweise sehr desolaten) Weg etabliert, und in **Chiang Kham,** einem nicht gerade ansprechenden Markt- und Schmugglerstädtchen, stehen ebenfalls mehrere Guesthouses zur Verfügung. Treff der wenigen Touristen ist hier das *Chiang Kham Guesthouse* an der Straße nach Phayao, wo man zwischen 150 und 280 Bt ein korrektes Zimmer bekommen kann.

Von hier aus verkehren täglich in den Morgenstunden Busse nach Chiang Rai sowie nach **Nan,** das von hier aus noch rund 150 km entfernt ist. Die Straße, der H1148, ist teils in recht desolatem Zustand, führt mitunter durch äußerst einsames Bergland, das aber mit zuvor schon gesehenen Regionen nicht konkurrieren kann.

Nan – Tempelort im Abseits

Weit abseits von allen Touristenrouten liegt in einem grünen Tal, umgeben von bis über 2000 m hohen Bergen, das rund 25 000 Einwohner kleine Provinzstädtchen Nan am Nan River. Von 1368 bis immerhin 1931 war es Kapitale eines halbautonomen Königreiches. Heute ist Nan eine moderne Fertigbeton-Stadt, und lediglich die zahlreichen Tempel zeugen von der einstigen Bedeutung.

Die Anreise nach Nan ist beeindruckend (Savannen, Teakwälder, Paßhöhen), und die Umgebung der Stadt hat Berg- und Waldgebiete zu bieten, die mit zu den unerforschtesten des Landes gehören. In dieser abgeschiedenen Region leben die 150 letzten *Yellow Leaves,* die vorgeschichtlichen Ureinwohner Thailands. Kleine Schleichwege führen entlang der extrem gebirgigen Laos-Grenze, und im Süden der Provinz, von wo aus man Anschluß nach Loei in den Nordosten hat, finden sich skurrile Felsformationen mit Canyons und Felsnadeln.

Anreise/Ankunft

■ **Bus:** Wie man von Chiang Saen aus via Chiang Khong und Chiang Kham nach Nan reist, wurde oben bereits beschrieben. Ansonsten be-

stehen sehr gute Busverbindungen mit Chiang Mai und Chiang Rai, Sukhothai und Phitsanulok, und auch von Bangkok aus fahren täglich mehrere Fan-, AC- und VIP-Busse hierher.
■ **Flug:** *Thai Airways International* bedient täglich die Strecken ab Bangkok sowie Chiang Mai und Phitsanulok.
■ **Ankunft:** Es gibt 3 Busbahnhöfe, eine für staatliche Busse, eine für Lokalbusse, eine für private Busse; alle liegen zentrumsnah, Samlor für 10–20 Bt zu den Unterkünften.
■ **Orientierung** kann hier ein Problem sein, denn die Straßenschilder sind meist nur auf Thai angeschrieben.

Unterkunft

Guesthouses:
In diesen Budgetunterkünften ist man auf ausländische Touristen eingestellt, bekommt außerdem gute Infos über das Umland, kann teils auch Trekking-Touren buchen und Motorräder ausleihen. Alle bieten in etwa das gleiche, also einfache, aber zumeist saubere Zimmer, die zwischen 80 und 120 Bt kosten.
■ Empfehlenswert ist u.a. das **Nan Youth Hostel** (3/1 Robmang Road, Tel. 054/71 03 22), wo die Zimmer am angenehmsten sind, auch ein Schlafsaal zur Verfügung steht sowie sehr empfehlenswerte Trekking-Touren organisiert werden (Unterkunft für jedermann, auch ohne Jugendherbergsausweis).
■ Das **Doi Phukha Guesthouse** (94/5 Sumon Devaraj Road, Tel. 054/77 14 22), bietet ebenfalls einen Schlafsaal sowie auch ein Restaurant.
■ Das **Nan Guesthouse** (57/16 Mahaprom Road, Tel. 054/77 11 48) bietet zwar nur denkbar einfache Zimmer, aber dafür Top-Infos zur ganzen Region.

Hotels:
■ **Sukkasem Hotel,** 29 Anantavolaritdej Rd, Tel. 045/71 01 41. Sauber, zumindest einigermaßen; sehr karg und eher unschön, aber günstig (Zimmer um 200–320 Bt).
■ **Dhevaraj Hotel,** 466 Dhevaraj Rd, Tel. 054/71 00 94. Am Sukkasem Hotel vorbei, über die erste Ampelkreuzung; hier rechts ab, an der Bangkok Bank und Thai Farmer Bank vorbei bis zum Hotel auf der rechten Straßenseite. Bestes Haus der Stadt mit elegantem Foyer, Aircon-Restaurant, Aufenthaltsraum. Zimmer mit Fan und Bad (ab 380 Bt) oder Aircon und Bad (650 Bt); handeln kann sich lohnen.

Essen und Trinken

■ Direkt im Stadtzentrum erstreckt sich der ausgedehnte Markt der Stadt; hier tagsüber und abends viele **Foodstalls**.
■ Etwas unterhalb Markt, Hauptstraße, beidseitig viele kleine **Restaurants** mit Curriegerichten (um 15 Bt).
■ Vom Dhevaraj Hotel nach rechts zur Kreuzung; danach links halten (rechts ein Honda-Geschäft), etwa 100 m: **Bäckerei mit Restaurant** (leckeres Eis).
■ An Bäckerei vorbei, bis an eine Brücke; drunter her, direkt auf ein **Gartenrestaurant** am Nan-River zu: Klappstühle, viel Grün, Lampions. Luftig und romantisch. Soft Drinks sind teuer (15 Bt), Hauptgerichte um 60 Bt.

Nordthailand

Sightseeing/Ausflüge

Neben den nachfolgend kurz skizzierten Möglichkeiten bieten sich im Umland noch viele weitere Ausflüge sowie auch Treks an, und umfassende Informationen darüber halten die Guesthouses der Stadt bereit.

■ Für Tempel-Enthusiasten: **Wat Phumin** ist der älteste Tempel der Stadt (16. Jh.), wird von einer *Naga*-Terrasse gesäumt und enthält einen reich verzierten Reliquienschrein mit vier Buddhas, die in die verschiedenen Himmelsrichtungen blicken; außerdem gut erhaltene Wandgemälde.

Wat Suantan fällt durch seinen rund 40 m hohen weißen *Prang* auf und beherbergt eine Buddha-Statue in reinstem Sukhothai-Stil.

Wat Hua Wiengtai weckt mit seinem Stufenpyramiden-Chedi Erinnerungen an Mittelamerika, und der etwa 2 km außerhalb gelegene **Wat Phra That Chae Haeng** prunkt mit dem wohl einzigen Chedi Thailands, das ganz mit Kupfer verkleidet ist.

■ Zwischen Oktober und November wird das **Nan-Festival** abgehalten, und größte Attraktion dieses mehrtägigen Festes ist das *Lanna Boat Race* – ein traditionelles Rennen mit alten Holz-Langbooten auf dem Nan River. Genaue Daten in den Tourist Offices von Chiang Mai und Bangkok.

■ Südlich von Nan, bei **Na Noi,** eine landschaftliche Kuriosität: Gesteinsnadeln, kleine Canyons, Felsbrücken, der Schwerkraft spottende Felsüberhänge. Hin per Minibus ab Busbahnhof: erst mal bis *Wiang Sa* (8 Bt), hier umsteigen bis Na Noi (10 Bt); noch etwa 4 km laufen oder sich mit dem Minibus für 50 Bt hinbringen lassen (nach *Sao Din* fragen). Die letzte Retourverbindung ab Na Noi nach Nan gegen 15 Uhr; Fahrzeit je Weg insgesamt ungefähr 3 Stunden.

Verschiedenes

■ **Banken** beim Dhevaraj Hotel: Mo bis Fr von 8.30 bis 15.30 Uhr.

■ **Postamt/Telefonamt:** Zum Dhevaraj Hotel, daran vorbei, nächste Kreuzung rechts rein; noch 100 m, linke Seite. Mo bis Fr von 8.30 bis 12 und 13 bis 16.30 Uhr, Sa von 9 bis 12 Uhr.

■ **Motorräder** vermietet u.a. das Nan Guesthouse, im Doi Phukha Guesthouse werden auch **Fahrräder** vermietet, und **organisierte Touren** nebst Mottorrad-Verleih bietet das *Fhu Travel* in der Dhevaraj Road nahe dem Dhevaraj Hotel.

Weiterreise

Welcher Busbahnhof für welche Destination in Frage kommt, kann man über die Guesthouses sowie Hotels abrufen, wo man auch bei der Ticket-Reservierung behilflich ist.

■ Nach **Bangkok** verkehren täglich rund 12 Fanbusse für 177 Bt sowie zahlreiche AC-Busse (319 Bt) nebst VIP-Bussen (445 Bt).

Täglich ein Flug nach Bangkok zu 1530 Bt

Ticketbüro von *Thai Airways International,* 34 Mahaprom Road, Tel. 054/71 03 77.

■ Nach **Chiang Mai** tgl. mehr als ein Dutzend Fanbusse (83 Bt) sowie viele AC-Busse (115 Bt) sowie VIP-Busse (145 Bt).

Außerdem täglich ein Flug nach Chiang Mai zu 510 Bt.

■ Nach **Chiang Rai** etwa alle 2 Stunden ein Direktbus zu 60 Bt, außerdem zig weitere Verbindungen im Fan-, AC- und VIP-Bus via Phrae.

Sukhothai

■ Nach **Sukhothai / Phitsanulok:** Täglich zwei bis drei Direktbusse zu beiden Destinationen für 75 Bt.

Sukhothai – Die »Wiege Thailands«

Hier begann vor rund 700 Jahren die eigentliche Geschichte des heutigen Thailand, denn hier wurden die erste Hauptstadt des Landes gegründet, das thailändische Alphabet kreiert, und hier residierten die ersten Thai-Könige – bis 1350 der Prinz von U-Thong die Stadt annektierte und *Ayutthaya* zur neuen Hauptstadt ernannte.

Übriggeblieben sind aus jener Zeit zahlreiche Ruinen, ganze Ruinenfelder, die in den letzten Jahrzehnten in mühsamer Kleinarbeit von der Thai-Regierung und auch von der UNESCO restauriert wurden.

Das rund 12 km von den Ruinen und der ehemaligen alten Stadt entfernte *neue* Sukhothai ist eine moderne Metropole mit rund 25 000 Einwohnern.

60 km nördlich Sukhothai dann liegen die Ruinenfelder von *Si Satchanalai,* der ehemaligen Schwesterstadt. Hier wurde eher wenig restauriert, die zahlreichen und z.T. gut erhaltenen Überreste liegen verstreut zwischen Reisfeldern.

Anreise/Ankunft

■ Nur mit Bus möglich. Die nächste Bahnstation ist Phitsanulok, rund 60 km westlich gelegen (von Bangkok oder Chiang Mai aus je dreimal täglich): stündlicher Buszubringer ab dort nach Sukhothai für 16 Bt.

Ansonsten bestehen Busverbindungen mit Nan, Chiang Rai, Chiang Mai, Korat sowie Ayutthaya und natürlich Bangkok.

■ Alle Busse stoppen nahe Zentrum, und kaum ist man ausgestiegen, sieht man sich von zahlreichen Guesthouse- und Hotel-Schleppern umgeben, die einen »ihre« Unterkunft aufschwatzen wollen; die Anfahrt ist dann inklusive, was aber wiederum auf den Zimmerpreis aufgeschlagen wird.

Unterkunft

In Old Sukhothai:
Hin mit Songthaew für 10 Bt oder per Tuk Tuk für 50 Bt ab New Sukhothai (wo die Busse stoppen).

■ **Vitoon Guesthouse** direkt um die Ecke beim Busstop in Alt-Sukhothai. Schöner Ausblick auf die Ruinen, spartanische Zimmerchen ab 80 Bt.

■ Das **Swan Guesthouse,** ebenfalls bei der Kreuzung gelegen, bietet ähnliche, aber hellere und auch sauberere Zimmer in der gleichen Kategorie.

■ **Thai Village House,** 1 Jarod Vithi Tong Rd, Muang Kao, Old Sukhothai, Tel. 055/61 10 49. Im Cultural Center untergebrachte Anlage mit sehr dicht stehenden, aber optisch wunderschönen und auch schön gelegenen sowie eingerichteten Holzbungalows im Thai-Stil; mit Fan (350 Bt) oder Aircon (650 Bt), Bad und WC.

In New Sukhothai:
■ Beste Adressen sind hier die zahlreichen **Guesthouses,** die sich insbesondere am Ufer des die Stadt teilenden Yom River finden, in aller Regel auch Fahrräder vermieten (teils auch

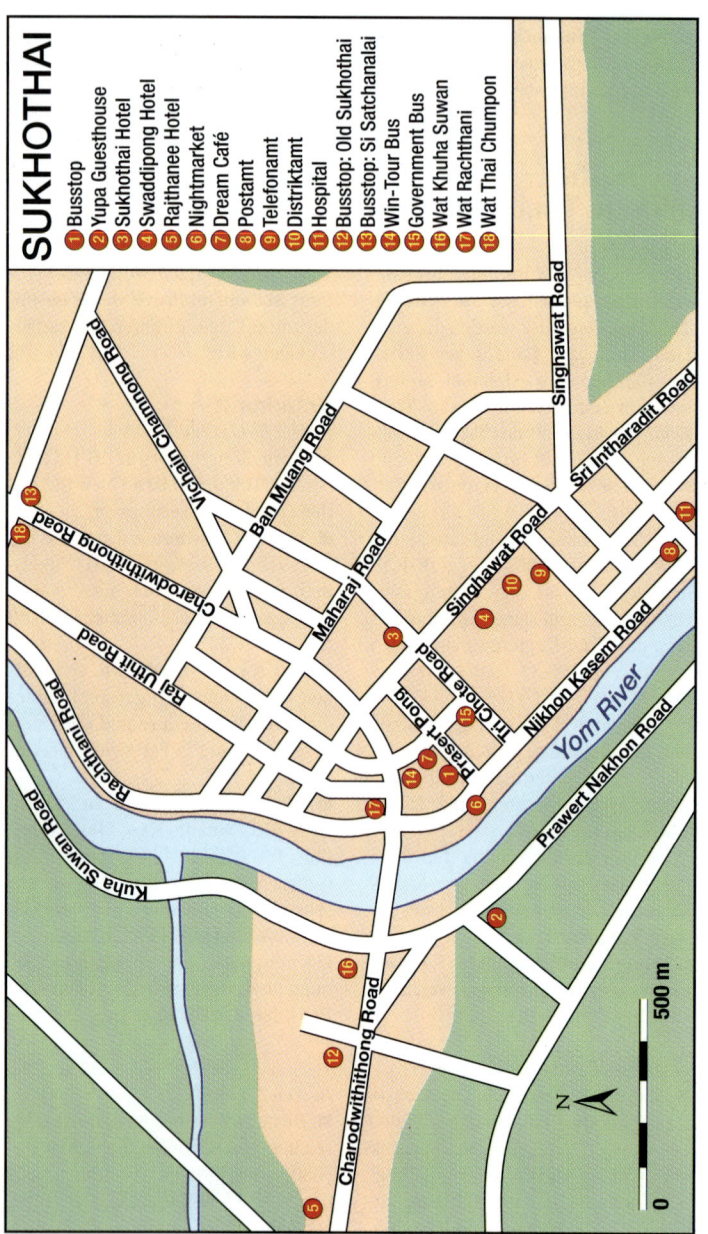

Sukhothai

Motorräder), sich als Infoquellen anbieten und auch Touren organisieren. Mehr als ein Dutzend solcher Häuser haben sich hier mittlerweile schon etabliert. Eine Auswahl:

Yupa Guesthouse (Tel. 055/61 25 78), über die Brücke in Neu-Sukhothai, hinter der Thai Farmers Bank nächste Straße links rein. Von der großen Terrasse des Neubaus Aussicht auf den Yom River. Schlichte Fan-Zimmer um 100 Bt.

No. 4 Guesthouse, 234/6 Jarodvithi Tong Road, Soi Panitsan, Tel. 05/61 13 15. Dieses Guesthouse, direkt beim Rajthanee Hotel (s.u.) gelegen, wird von einer ehemaligen Englisch-Lehrerin gemanagt, bietet Fan-Zimmer und familiäre Atmosphäre – ganz ähnlich wie das Yupa, und auch ebenso beliebt; Schlafsaal kostet 60 Bt, Zimmer gibt's ab 130 Bt. – Falls voll, kann man sich von hier aus zu einem »Ableger« des No. 4 Guesthouse bringen lassen; gleiche Preise.

■ **Hotels:** *Sukhothai Hotel*, 15/5 Singhawat Rd, nahe Kreisverkehr, Tel. 055/61 11 33. Etwas unpersönlich groß, und die Zimmer, mit Bad/WC sowie Fan oder AC ausgestattet, sind teilweise etwas schmuddelig und kosten von 240 Bt an aufwärts.

Swaddipong Hotel, 56/2 Singhawat Road, Tel. 055/61 15 67. Standard wie das Sukhothai Hotel, aber wesentlich gepflegtere Fan-/AC-Zimmer zwischen 250 und 480 Bt.

Rajthanee Hotel, 229 Jaodvithi Tong Rd, Tel. 055/61 10 31. An der Straße nach Old Sukhothai, etwa 500 m außerhalb Zentrum; Samlor zu 10 Bt ab Busstop. Bestes Hotel der Stadt. Große Fan- sowie AC-Zimmer mit Mittelklassekomfort ab 450 Bt.

Essen und Trinken

Neben den Guesthouses, denen zumeist ebenfalls Restaurants angeschlossen sind, bieten sich u.a. folgende Alternativen:

■ **Nightmarket:** Ab Nikronkasem Rd rechts neben Chinawat Hotel zu erreichen. Offene Betonhalle mit vielen Essensständen. Curries, Suppen, Reis- und Nudelgerichten sowie Muschelomeletten mit Bambussprossen zu 10 Bt die große Portion.

■ **Dream Café,** direkt neben Nightmarket, gegenüber Win-Tours. Musik-Café mit pinkfarbener Tapete, Flickenbildern, Postern, Wanduhren, Grammophonen und kleinen runden Tischen. Treff der Stadtjugend; geöffnet von 9/10 bis 23 Uhr.

Sightseeing – Old Sukhothai

Old Sukhothai liegt rund 12 km außerhalb der Neu-Stadt. Minibus 10 Bt, alle 5 Minuten, Fahrtdauer 20 Minuten; ab Minibus-Station hinter der Brücke über den Yom-River.

An der Endstation das *Ramkamhaeng National Museum,* gegenüber Moped- und Fahrradverleih. Moped ist unnötig, Velo (20 Bt/Tag) empfehlenswert: Die Tempel liegen ziemlich weit auseinander. Wer's touristisch mag, kann für 20 Bt in einer alten Straßenbahn durchs Ruinenfeld rumpeln. Eintritt in den Komplex kostet 20 Bt pro Person und Fahrrad, für die Mitnahme eines Motorrads werden 50 Bt verlangt.

■ **Wat Mahatat:** Gehörte früher zum Königspalast, war später Vorbild für den Wat Sri Samphet in Ayutthaya und den Wat Phra Keo in Bangkok. Bestes Beispiel für den Sukhothai-Baustil.

■ **Wat Sri Chum:** Etwa 1 km außerhalb der eigentlichen Anlage gele-

Buddha-Statue in Sukhothai

gen. Hier mit rund 14 m Höhe einer der größten sitzenden Buddhas des Landes.

■ **Wat Traphang Ngon:** Weniger eine kulturhistorische Attraktion als vielmehr ein hübscher Rastplatz am künstlich angelegten See – der Tempelname bedeutet übersetzt denn auch »Wat am silbernen See«.

■ **Wat Srasri:** Von der ehemals riesigen Bethalle blieben nur die tragenden sechs Säulenreihen erhalten, die zu einem großen sitzenden Buddha und einem Chedi im ceylonesischen Stil führen; sehr fotogen.

■ Insgesamt gibt es in Old Sukhothai über 70 Tempel. Die meisten von ihnen liegen etwa 4 km außerhalb in den Hügeln von **Saphan Hin.**

■ **Ramkamhaeng National Museum:** Geöffnet nur von Mi bis So, täglich 9 bis 12 und 13 bis 16 Uhr; Eintritt (2 Bt) nur an den Wochenenden. Skulpturen sowie eine Sammlung der einst in ganz Asien berühmten *Sawankhalok*-Keramik, die ebenfalls in Sukhothai ihren Ursprung hat.

Sightseeing – Si Satchanalai

Si Satchanalai, die alte Schwesterstadt von Old Sukhothai, mit ihr zusammen auch »untergegangen«, liegt rund 60 km nördlich von Sukhothai an der Straße nach Uttardit. Bus ab Sukhothai-Zentrum (16 Bt) zur Abzweigung zum Ruinenpark, wohin man auch mittels einer organisierten Tour kommen kann, die von den meisten Guesthouses in Sukhothai angeboten wird (500 Bt, 4–6 Personen).

Nahe dem Busstop, rund 2 km vom Parkeingang (20 Bt Eintritt, 20 Bt für das Mitbringen eines Fahrrads) entfernt, kann man Fahrräder ausleihen, um das weit auseinander gezogene Ruinenfeld zu besichtigen.

Zu sehen gibt es in diesem Areal vor allem Tempel, Tempel, Tempel, viele nur noch in Fragmenten erhalten, doch die Atmosphäre ist schön.

Verschiedenes

■ **Banken** auf der Singhawat Rd; Mo bis Fr von 8.30 bis 15.30 Uhr.

■ **Postamt:** etwas außerhalb, am Yom-River an der Nikronkasem Rd; Mo–Fr 8.30–16.30 Uhr, Sa 9–12 Uhr.

■ **The Sukhothai International Friendship Center,** Kontaktadresse ist das neben dem Dream Café (s.o.) gelegene District Office. Diese Institution, von der Gemeinde gegründet und finanziert, hat es sich zur Aufgabe gemacht, der Völkerverständigung zu dienen. Mehrmals pro Woche werden Treffen zwischen Thailändern und Touristen organisiert.

■ **Organisierte Ausflüge** bieten die Guesthouses der Stadt. U.a. geht es zu den Ruinen von Si Satchanalai (s.o.), aber auch in den Ramkamhaeng-Nationalpark sowie zu anderen naturschönen Ecken werden Fahrten angeboten. Sie kosten in der Regel um 500 Bt pro Gruppe (4 Personen) und wurden von zahlreichen Lesertip-Schreibenden sehr gelobt.

Weiterreise

Es gibt verschiedene Busterminals, die aber recht nah beieinander im Zentrum liegen. Tickets organisieren auch die Guesthouses.

Verbindungen (nur per Bus) bestehen u.a. und zig Mal täglich nach Bangkok (106/191/240 Bt), Ayutthaya (90/106/191 Bt), Chiang Mai (127/190/240 Bt), Chiang Rai (102/142 Bt) sowie nach Nan (75) und mehreren Städten im Nordosten (u.a. Khorat, 102/184 Bt; Khon Khaen 125/194 Bt).

Nordosten

Verbranntes Land, ausgetrocknete Flüsse, verödete Felder. Die Dörfer am Straßenrand liegen unter einer dicken Staubschicht, die Gesichter der Menschen spiegeln Resignation. Vereinzelte Städte, erbaut nach Plan im Schnellverfahren. Graue Betonhäuser reihen sich aneinander, Farbtupfer nur durch Reklametafeln.

Im Nordosten ist Thailand alles andere als ein tropischer Paradiesgarten. Zwischen Februar und Oktober sind auch 45 Grad im Schatten keine Seltenheit. Der Monsun fällt häufig aus, und wenn er kommt, dann mit viel zu geringen Niederschlägen. Es gibt Regionen, in denen seit mehr als vier Jahren nicht ein einziger Millimeter Regen verzeichnet wurde, wo aber im Winter die kältesten Temperaturen von ganz Thailand gemessen werden (Kontinental-Klima).

Das karge Sandsteinland des diese Region bildenden 200 m hohen *Korat-Plateaus* läßt kaum Bebauung zu – lediglich Baumwolle, Hanf und Maulbeerbäume sind genügsam genug. Talsperren anzulegen lohnt sich nicht – es kein Wasser. Und da, wo Wasser fließt, also an der Grenze nach Laos, drohen jedes Jahr Überschwemmungskatastrophen. Seit Jahren schon versuchen sich im Nordosten die besten Wissenschaftler des Landes im Regenmachen; sie schießen Trockeneis und sonstige Chemikalien in den dunstigen Himmel, sogar der König opfert einen Großteil seiner Zeit solchen Experimenten. – Aber bisher vergeblich: Das hier kostbare, in den anderen Landesteilen so verschwenderisch niedergehende Naß will nicht fallen.

Der Nordosten verarmt von Jahr zu Jahr mehr. Die meisten Bauern sind nur noch Pächter auf dem ehemals ihnen gehörenden Land und um mehrere Jahreseinkommen verschuldet. Mehr und mehr von ihnen resignieren, wandern ab in die Städte, insbesondere nach Bangkok, finden auch dort keine Arbeit und verelenden total. Die Zahl der in den letzten 20 Jahren aus dem Nordosten abgewanderten Menschen beläuft sich bereits auf über 5 Millionen, was immerhin fast einem Zehntel der thailändischen Bevölkerung entspricht. Noch immer ist hier die Bevölkerungsdichte die größte des Landes, jeder zweite ohne Arbeit. Über 90% aller Prostituierten in Bangkok und Pattaya sind einstmals aus dem Nordosten eingewandert.

Nakhon Ratchasima (Korat)

Nakhon Ratchasima, auch bekannt als *Korat*, liegt rund 250 km nordöstlich von Bangkok und zählt mittlerweile schon über 200 000 Einwohner, was immerhin gut doppelt so viel ist wie noch vor 5 Jahren. Sonst ist nichts zum Lobe dieser recht tristen Metropole zu sagen, die hier nur vorgestellt wird, weil sie Ausgangspunkt zur Besichtigung der nahe gelegenen Ruinenstadt Phimai ist.

Anreise/Ankunft

■ **Busverbindungen** bestehen eigentlich von allen Städten Nord-Thailands aus, außerdem natürlich von Bangkok sowie der Ostküste (Rayong sowie Chantaburi).

■ **Per Zug** ist Korat mehrmals täglich über die North-Eastern Line zu erreichen, die die Verbindung Bangkok – Nong Khai und Bangkok – Surin aufrecht erhält.

■ **Flug:** *Thai Airways International* fliegt Korat mehrmals täglich ab Bangkok an, und auch *Bangkok Air* will eine Flugverbindung einrichten.

■ Der **Busbahnhof** für Busse von außerhalb der Nordost-Provinz (sowie Phimai) liegt direkt im Zentrum der Stadt an der Burin Road (Samlor 10 Bt zur Unterkunft), der Terminal für Busse innerhalb der Provinz hingegen ist außerhalb am Highway.

■ **Bahnhof:** ebenfalls zentral gelegen; Samlor max. 10 Bt.

■ Wer gleich nach Ankunft weiter nach **Phimai** will, kann sein Gepäck auch am Busbahnhof deponieren. Ab dort Busse alle 30 Minuten (in Phimai hat's auch ein Hotel, viel angenehmer und ruhiger als in Korat).

Unterkunft

Da Korat während des Vietnam-Krieges ein wichtiger Stützpunkt der *US-Air-Force* war, gibt's massenhaft Hotels in der Stadt. Ebenfalls aus dieser Zeit stammen die *Coffee Shops* (Umschreibung für »Bordell«), die fast jedem Hotel angeschlossen sind. Stundenhotels sind sie auch heute noch.

Hier eine Auswahl einigermaßen erträglicher Unterkünfte:

■ **Korat Doctor's Guesthouse,** 78 Sueb Siri Rd, Soi 4, Tel. 044/25 58 46. Ruhige Lage, große Zimmer, nette englischsprachige Besitzerin. Aber etwas außerhalb, nahe TAT, gelegen, nicht leicht zu finden: hin am besten per Samlor oder Tuk Tuk.

■ **Korat Hotel,** 191 Asdang Rd, Tel. 044/24 22 60; zentrale Lage. Mittelklasse-Hotel mit Aircon-Foyer, Restaurant, kleiner Disco, freundlichen Leuten. Große und saubere AC-Zimmer ab 380 Bt.

■ **Srippatana-Hotel,** 3551/5 Suranaree Rd, Tel. 044/25 53 49. Mittelhohes Hochhaus, eines der besten Hotels der Stadt; mit Restaurant, Bar, Swimming Pool und Zimmern in mehreren Preislagen ab 650 Bt.

Essen und Trinken

■ Rings um den großen Markt unzählige **Food Stalls;** das Angebot reicht von Donuts über Curries, Seafood und chinesischen Gerichten bis hin zu Darm-Suppen (Spezialität der Stadt).

■ Rechts neben dem Markt, auf der **Thanon Chumphon,** oberhalb Ecke Thanon Suranari, viele kleine Restaurants etwas oberhalb der Straße. Nicht allzu sauber, aber Top-Curries; und von hier aus kann man dem abendlichen Marktgewimmel zuschauen und dabei entspannen.

■ **VFW Restaurant,** rechts neben Siri Hotel, Thanon Phoklang. Grelles Neonlicht, eisige Kälte, Rauchschwaden, Rock aus der Music-Box – das VFW könnte eine stinknormale Kneipe irgendwo im mittleren Westen der USA sein. An den Wänden Bilder von US-Kampfjägern über Vietnam, unter den Gästen oft alternde GIs, die hier wahrscheinlich die Stätten ihrer Lust aufsuchen wollen. Außer einem Dart-Spiel und viel Bier gibt's hier hauptsächlich *American Food.* VFW heißt übrigens *Veterans of Foreign Wars.*

Verschiedenes

■ **Tourist Office,** 2102–2104 Mittra-

phap Rd, Tel. 044/21 36 66. Etwa 3 km außerhalb; Samlor ab Zentrum 10 Bt. Viele Infos über den gesamten Nordosten.
■ **Banken:** siehe Stadtplan; Mo bis Fr, 9 bis 15.30 Uhr.
■ **Postamt** an der Thanon Chom Surang, ab Markt in wenigen Minuten zu erreichen; Mo bis Fr von 8.30 bis 16.30 Uhr.

Weiterreise

■ **Busse nach Bangkok** sowie nach **Phimai** und den Städten **außerhalb des Nordostens** starten am zentral gelegenen Busstop an der Burin Rd; mit Samlor für 10 Bt erreichbar.

Nahezu alle Städte des Nordens, der Zentralebene sowie der Ostküste werden angefahren, meist viele Male täglich, und nach Bangkok verkehren gar alle 20 Min. Fanbusse (64 Bt) sowie -zig AC-Busse (180 Bt) und VIP-Busse (245 Bt).

Außerdem u.a. nach Chiang Mai (82/146/400 Bt), Chiang Rai (198/325/450 Bt), Mae Sai (212/382/485 Bt), Rayong (100/175 Bt), Chantaburi (86/156 Bt).
■ **Busse innerhalb des Nordostens** starten vom Busterminal beim am Stadtrand gelegenen Highway-2, wohin man per Songthaew sowie Samlor gelangt.

Verbindungen bestehen u.a. nach Udon Thani (48/87 Bt), nach Nong Khai (98/157 Bt) sowie Surin (50/85 Bt), Phak Thong Chai (11 Bt) sowie Pak Chong (für Khao Yai-Nationalpark; 24/43 Bt).
■ **Züge** bedienen mehrmals täglich die Strecke nach Bangkok (50/104/245 Bt), Richtung Nong Khai (103/215/365 Bt) sowie Ubon Ratchathani (95/198/340 Bt).
■ **Flug:** *Thai Airways International* fliegt die Route Khorat–Bangkok mehrmals täglich (540 Bt).

Tickets im Büro von *Thai*, 14 Manat Road, Tel. 044/25 72 11.

Phimai – Das »Angkor Wat Thailands«

Phimai gilt als das besterhaltene Beispiel der alten Khmer-Architektur, das außer Angkor Wat in Kambodscha heute noch zu besichtigen ist. Gleichzeitig ist es eines der ältesten Bauwerke in Thailand. Die Khmer-Kultur erreichte zwischen dem 6. und 13. Jh. n.Chr. ihre Vollendung.

Phimai wird aufgrund zahlreicher Funde etwa auf das 11. Jh. datiert, errichtet zur Zeit der größten Ausdehnung dieses Reiches. Baumeister war Gottkönig *Suryavarman II.*, Herrscher im sagenhaften Angkor. Er plante Phimai als Schwesterstadt und ließ sie mit Angkor durch eine befestigte und bewachte Steinstraße verbinden.

Zwar ist Phimai heute kaum noch mit Angkor zu vergleichen, aber die charakteristischen Merkmale der Khmer-Baukunst treten deutlich hervor; hier wie dort wurden die minutiösen alten indischen Bauvorschriften für Tempel strengstens befolgt. Die Anlage wurde genau nach den vier Himmelsrichtungen ausgerichtet, das Grundriß-Rechteck mißt 515 x 1030 m, alle Innenmauern verlaufen parallel zu den Außenwällen, und die Gebäude gruppieren sich symmetrisch um das in der Mitte befindliche Turmheiligtum – *Prang* genannt.

Dieser noch heute sehr gut erhaltene (und restaurierte) 22 m hohe

Turm, mit einem nach oben stumpf zulaufenden Abschluß, erinnert in seiner Monumentalität an vergleichbare Bauwerke der alten Kulturen Zentral- und Südamerikas.

Uns beeindruckten insbesondere die von *Naga*-Darstellungen (Schlangengott) begrenzten 4 Tore des Prang, mit reichem Dekorationsschmuck versehen: Die Türstürze zeigen z.B. Szenen aus dem Mahayana-Buddhismus, der gekrönte Buddha und andere Erleuchtete sind in den verschiedensten Stellungen in Stein gehauen. Andere Reliefs im Turminnern sowie im Vorraum zeigen Kampfszenen, Schlachtgetümmel – selbst feinste Nuancen sind festgehalten.

Aufgrund ihrer Einzigartigkeit kommt der Anlage das »Privileg« zu, als einzige archäologische Stätte in Thailand bewacht und nur zu bestimmten Zeiten geöffnet zu werden, nämlich täglich von 7.30 bis 17 Uhr. Thais zahlen keinen Eintritt, Ausländer generell 20 Bt pro Person.

An-/Weiterreise

Hin nur mit dem Bus (Busbahnhof im Stadtzentrum von Korat); von 6 bis 16 Uhr fahren Normalbusse alle 30 Minuten; Fahrpreis 16 Bt, Dauer etwa 90 Minuten.

Unterkunft:

■ Lohnenswerte Alternative zur Übernachtung in Korat ist das rechts an den Busstop angrenzende **Phimai Hotel** (Tel. 044/47 13 06): Fan- sowie AC-Zimmer mit und ohne Bad, sauber, ordentlich und ruhig 200–470 Bt.

■ **Phimai Youth Hostel** (Tel. 044/47 14 46): einfache Bleibe, meist von Thais überfüllt, im Ort neben der Bank zu finden.

✎ »Es gibt jetzt endlich eine Alternative zum teuren Phimai-Hotel: Das **Old Phimai Guesthouse,** wo die Single 80 Bt, die Double 100 Bt kosten« (Anke Deh & Stephan Reiß, CH-Zürich). Anmerkung: das empfehlenswerte Haus ist direkt bei den Ruinen und dem Busstop gelegen, kostet nun bis 230 Bt (AC), bietet Dachgarten, viele Infos sowie Fahrrad-Verleih.

Prasat Phanomwan

Ebenfalls eine verfallene Khmer-Anlage, sogar noch um etwa 200 Jahre älter als jene von Phimai.

Vom Bus nach oder von Phimai etwa auf halber Strecke absetzen lassen (8 Bt ab Korat); der Ticket-Collector weiß Bescheid. Ab hier rund 5 km zu Fuß.

Pak Thong Chai

Für Seidenshopping (Meterware) ist dieses kleine Städtchen 34 km südlich Korat der richtige Ort. Tip: hier einkaufen, später dann in Bangkok schneidern lassen.

Überall in der Stadt kann man den Weberinnen bei ihrer anstrengenden Arbeit zusehen. Viele Webereien sind heute schon mechanisiert, andere erst teilweise; es finden sich aber auch noch solche in der traditionellen Bauweise.

Hin mit einem alle 30 Minuten verkehrenden Bus ab Busbahnhof/Korat für 11 Bt; gut 1 Stunde Fahrzeit. Der Bus hält direkt auf der Hauptstraße, entlang der man auf kleinstem Raum ein gewaltiges Seiden-Angebot hat.

Elefantenmeeting in Surin

Um den armen Nordosten auch für den Touristen attraktiver zu machen, hat sich das Thai Tourist Office etwas ganz Besonderes einfallen lassen: ein alljährliches Elefantenmeeting, ein *Elephant Roundup*, in Surin, einer sonst völlig uninteressanten Stadt zwischen Nakhon Ratchasima und Ubon Ratchathani.

Dann boomt die Stadt, dann werden sogar Sonderzüge aus Bangkok eingesetzt und Unterkünfte werden knapp, das Preisniveau steigt gewaltig. Für 2 Tage, so lange dauert das Roundup – dann ist die Stadt wieder farblos.

Zum Spektakel mit viel Karneval-Atmosphäre versammeln sich auf einem großen Platz vor der Stadt rund 200 Dickhäuter, z.T. festlich geschmückt. Die Elefantentreiber lassen sich mit dem Rüssel hochheben, legen sich vor das Tier hin, das sie überschreiten muß etc. – Kunststückchen wie im Zirkus. Außerdem wird eine Art Elefanten-Polo gespielt.

Die genauen Festdaten können beim Tourist Office in Bangkok abgerufen werden. Dort auch die unbedingt wichtige Hotel-Reservation vornehmen lassen.

Nong Khai – Grenzstadt am Mekong

Wie die meisten Städte in der Nordost-Provinz, so hat auch das etwa 25 000 Einwohner große Nong Khai selbst nichts Sehenswertes zu bieten und empfiehlt sich eigentlich nur als Absprungbrett: nach Laos, das direkt auf der anderen Seite des die Grenze bildenden Mekong liegt (über den sich seit 1994 die 1774 m lange *Friendship Bridge* spannt), sowie nach Chiang Khan, einem schönen Grenzort weiter westlich, wohin eine eindrucksvolle Busfahrt geleitet: über 100 km entlang dem Mekong in seinem schönsten Abschnitt.

Anreise/Ankunft

■ **Per Bus** ist Nong Khai u.a. verbunden mit Bangkok, Pattaya, Rayong sowie Korat, Surin, Nakhon Phanom und Khon Khaen nebst Loei und Chiang Khan, und der Busbahnhof liegt ein paar hundert Meter östlich vom Stadtzentrum an der Hauptstraße; weiter zu Fuß (links) oder per Samlor zu etwa 10 Bt.

■ **Zug:** Täglich mehrere Züge von Bangkok via Korat; der Bahnhof liegt rund 5 km außerhalb; per Samlor 20 Bt/Person.

Unterkunft

Guesthouses:

■ Mit Abstand die beste Adresse ist das **Mut Mee Guesthouse** an der 111/4 Kaeworawut Road nahe dem Wat Haisoke am Mekong. Die Zimmer sind blitzblank, ansonsten stehen mehrere Hüttchen zur Verfügung, und die Preise sind mit 80–200 Bt sehr moderat. Angeschlossen ein tolles Restaurant am River, hier gibt es das beste Essen in der Stadt, und ansonsten werden Mountain Bikes vermietet sowie verschiedene Kurse abgehalten (u.a. Yoga, Tai Chi sowie Kochkurse).

■ Ganz nett ist's ansonsten im **Mekong Guesthouse** am Pier (wo die schlichten Zimmer 80 Bt kosten) und im **Sawasdee Guesthouse** nahe Wat Sri Kunmuang an der 402 Meechai Road, wo Zimmer zwischen 100 und 300 Bt (Aircon) vermietet werden.

Hotels:
- **Prajak Bungalow,** 1178 Prajak Rd, Tel. 042/41 11 16; auch spät nachts noch geöffnet. Korrekte Zimmer mit Teak-Boden, großem Bett, Schrank und Schreibtisch, Bad, Handtuch und Seife sowie Fan (230 Bt) bzw. Aircon (380 Bt).
- **Poonsup Hotel,** 843 Meechai Rd, Tel. 042/41 10 31. Das Haus sieht von außen schlechter aus als es von innen ist. Saubere Zimmer mit Bad und Fan (250 Bt) und kleinem Straßenbalkon; etwas laut allerdings.
- Wem der Sinn nach Luxus steht, sollte hier im **Holiday Inn Royal Hotel** (Tel. 042/42 00 24) an der 222 Chaom Mani Road bei der Flußbrücke nahe dem Bahnhof absteigen: Das Haus hat internationalen Standard und ist entsprechend teuer.

Essen und Trinken
- **Udomrot** Restaurant: direkt über dem Mekong (links neben dem Pier), Blick auf das gegenüberliegende Laos. Hier auch europäisches Frühstück komplett mit Spiegelei, Toast, Marmelade, Schinken und Kaffee zu 50 Bt. Spezialität des Hauses: Fisch aus dem Mekong (kann bis 2 1/2 m lang werden), der auf 6 verschiedene Arten bereitet wird (ab 65 Bt).
- Am besten schmeckte es uns im River-Restaurant des o.g. *Mut Mee Guesthouse,* wo u.a. auch selbst gemachter Yoghurt sowie leckere vegetarische Gerichte für wenig Geld serviert werden, man zudem eine schöne Aussicht und gute Atmosphäre genießen kann.
- Ansonsten bieten sich in der Stadt zahlreiche Bäckereien an, die eine üppige Auswahl an Patisserie bieten – wohl der französische Einfluß aus dem ehemals französischen Laos.

Verschiedenes
- **Banken** an der Meechai Rd, Mo bis Fr 9 bis 15.30 Uhr.
- **Post-/Telefonamt** ebenfalls an der Meechai Rd, schräg gegenüber Poonsup Hotel. Mo bis Fr, 8.30 bis 16.30 Uhr, Sa bis 12 Uhr.
- **Visumsverlängerung** im *Immigration Office* an der Friendship-Brücke über den Mekong. Täglich geöffnet von 8.30 bis 12 Uhr und 13 bis 16 Uhr; freundliche Beamte (englischsprechend).

Nach Laos
Laos-Visa kriegt man hier meist (aber nicht immer) günstiger und schneller als in Bangkok, und z.Zt. der Recherchen, als man in Bangkok an der Laos-Botschaft nur 14 Tage bewilligt bekam, war es hier problemlos, sogar 4 Wochen zu erhalten. Aber die Bestimmungen ändern sich häufig, und Informationen über Visa und ihre Beschaffung haben das Mut Mee Guesthouse, das Immigration Office an der Brücke sowie die Reisebüros der Stadt, insbesondere das gegenüber vom Pier zu findende *Nong Khai Travel* (Tel. 042/41 11 72), das, wie andere auch, u.a. geführte Touren nach Laos anbietet sowie Kurzbesuche im von hier nur rund 25 km entfernten Vientiane, der Hauptstadt von Laos.

Weiterreise (ohne Loei)
- **Busverbindungen** ab Busbahnhof auf der Prajak Rd (etwa 2 km außerhalb): stündlich nach Bangkok zu

146/243/405 Bt sowie ein rundes dutzend Mal nach Pattaya und Rayong (182/328 Bt), außerdem zu den meisten Städten innerhalb des Nordostens.

Alle Busse gehen via Udon Thani, Khon Kaen und Korat.

■ **Zugverbindung** ab Bahnhof nach Bangkok via Udon Thani, Khon Kaen und Korat sowie Ayutthaya mindestens täglich (siehe Timetable im Anhang) zu 103/215/365 Bt.

Entlang dem Mekong nach Loei

Ab Busbahnhof Nong Khai starten täglich etwa 12 Busse zur rund 6 Stunden währenden Fahrt nach Loei (60 Bt), und die schönste Aussicht genießt man von den Sitzplätzen auf der Fahrerseite aus. Aircon-Busse verkehren keine auf dieser Strecke.

Das erste Stück bis Tha Bo führt durch ausdrucksloses Flachland. Danach wird's üppig grün, auch in der Trockenzeit – man fährt durch eines der größten Gemüse-Anbaugebiete des Landes, die Straßenränder sind in der Saison mit Tomaten übersät.

Si Chiangmai

Rund 15 km jenseits Tha Bo wird der Ort Si Chiangmai erreicht, und sicher hat man – freilich ohne es zu wissen – schon mal von dem gegessen, was hier hergestellt wird: Si Chiang Mai gilt als der Welt größter Produzent von Frühlingsrollen. Der laotische Einfluß ist hier recht stark, was nicht verwundert, denn direkt gegenüber, auf der anderen Seite des mächtigen Mekong, breitet sich die Hauptstadt von Laos, Vientiane, aus, worauf man einen guten Ausblick genießen kann.

An Unterkünften steht nur das **Tim Guesthouse** zur Verfügung, das von einem Schweizer und seiner Thai-Frau geleitet wird. Es liegt an der Uferstraße (Rim Khong Rd), bietet einladende, teils recht große Zimmer, eine Dachterrasse; hier werden auch Fahrräder vermietet, Bootsausflüge auf dem Mekong organisiert. – Die Adresse, um die Busfahrt nach Loei zu unterbrechen.

Sangkhom

Nach etwa 2 Std. ab Nong Khai wird die Landschaft hügelig. Die Straße führt von jetzt an direkt am Mekong entlang und besticht mit Ausblick auf das im Durchschnitt gut 1 bis 2 km breite Flußbett, aus dem Abertausende von kleinen Inseln aufragen. Z.T. sind die Eilande grün bewachsen, z.T. weiß und sandig oder aus Stein und skurril zerfressen (so sahen wir's in der Trockenzeit). Auf der Laos-Seite ist das Land von Dschungel bedeckt, hügelig bis gebirgig und anscheinend nur sehr spärlich besiedelt. Auf der Thaiseite das Kontrastprogramm: die Landschaftsform ist die gleiche, aber wo einst Dschungel wucherte, reiht sich heute ein kahlgeschlagener und von Erosion zerfressener Hügel an den anderen.

Bei km 65 dann passiert der Bus das Dörfchen Sangkhom, und wer einen weiteren Zwischenstop einlegen will, sollte es hier tun: in der nahen Umgebung gibt es mehrere Wasserfälle, Höhlen und Aussichtspunkte zu entdecken, und ein paar Kilometer retour entlang der Hauptstraße liegt eines der berühmtesten Klöster des Nordostens – der *Wat Hin Maak Peng*, dessen Abt den Ruf genießt, einer der weisesten und auf dem Weg zum Nirvana am weitesten fortgeschrittenen Männer des Landes zu sein.

Die beiden einzigen Herbergen von Sangkhom liegen nebeneinander und über dem Mekong (hier auch Bademöglichkeiten), bieten einfache, aber korrekte Bungalows mit Veranda, teils Flußblick; gutes Essen ist ebenfalls erhältlich, Fahrräder und Motorräder stehen zum Verleih, und Bootstouren können organisiert werden: **Bouy Guesthouse** und **DD Guesthouse**.

Chiang Khan

Nach etwa 5 Stunden liegt das Holzhausstädtchen Chiang Khan voraus. Falls der Bus nicht mehr genügend Gäste hat, ist hier bereits Endstation; wer gleich weiter will nach Loei, was schade wäre, kann sich noch bis zur Kreuzung ans Dorfende bringen lassen: Von einem Platz auf der rechten Straßenseite starten alle 30 Minuten Songthaews nach Loei – 50 km, 1 1/2 Stunden, 18 Bt.

Unterkunft:
In letzter Zeit hat sich die Zahl der Unterkünfte in Chiang Khan vervielfacht, und man kann zwischen zahlreichen Guesthouses und mehreren Hotels auswählen. Erstere liegen allesamt an der Uferstraße (Chai Khong Rd), die parallel zur Durchgangsstraße verläuft und vom Busterminal (der gegenüberliegenden Stichstraße folgen) nur rund 100 m entfernt ist. – Eine kleine Auswahl:

■ Folgt man der Chai Khong Rd nach rechts, sind es ca. 300 m bis zum **Chiang Khan Guesthouse,** aber die Zimmer sind schlicht siffig, das Personal eklig.

■ Nach links sind es 100 m bis zum **Nong Sam Guesthouse** (100 Bt), das einem Engländer gehört und sehr zu empfehlen ist. Hier werden auch Fahr- und Motorräder vermietet, Bootstrips organisiert; außerdem gehört zum Haus eine nette Bungalowanlage am Mekong außerhalb der Stadt, wo man prächtig relaxen kann.

Rings um Chiang Khan:
✐ »Eine Übernachtung in Chiang Khan ist sehr lohnend, da man besser als in Nong Khai das Leben (mit Fernglas) in Laos beobachten kann. Dann mit Bus retour Richtung Nong Khai nach Pak Chom. Kurz vor Ortseingang herrliche Wandermöglichkeiten am Ufer und im Fluß. Man kann auf den Sandbänken und Felsen schon fast bis nach Laos reingehen – bestimmt einer der besten Abschnitte für eine Tagestour zum Wandern. Ein Guesthouse gibt's auch, Richtung Fluß, wo das Zimmer 50 Bt kostet.

Von Pak Chom dann mit Songthaew für 5 Bt auf Staubstraße zum Flüchtlingscamp Ban Yinai, mit über 4000 Bewohnern, hauptsächlich Hmong aus Laos. Es wird von mehreren Dutzend von Hilfsorganisationen geleitet. Es werden z.B. Werkzeuge selber hergestellt, traditionelle Taschen und Kleidung zusammengenäht. Der Besuch gibt gute Einblicke, aber um Schaden und Komplikationen zu vermeiden, sollte man folgendes unbedingt beachten: nicht ohne Genehmigung das Camp betreten. Zuvor also eine der Organisationen (z.B. COOR, ca. 2 km vor dem Camp; Hinweisschild) besuchen und bitten, mitgenommen/mitgeführt zu werden. Nicht in größeren Gruppen

Oben: Shan-Frau nördlich von Mae Hong Son, nahe der Burma-Grenze
Unten: Mädchen mit Reispapier-Regenschirmen bei Mae Sai auf dem Weg zur Arbeit auf dem Reisfeld

ankommen, keine lässige Kleidung, keine Fotos, äußerste Zurückhaltung. Zeitaufwand für den Trip von Chiang Khan aus und retour etwa einen Tag.« Vielen Dank für diese Tips an David Steinke, D-Grasleben.

Loei

Die Provinz von Loei gilt zusammen mit der von Petchabun und Nan als die unterentwickeltste im ganzen Land. Das etwa 20 000 Einwohner große Hauptstädtchen ist dagegen überentwickelt: Shoppingarkaden im Fertigbaustil, uniformer Betonlook, viele Fastfood-Restaurants – steingewordene westliche Klischees auf Schritt und Tritt.

Aber die Stadt ist Ausgangspunkt für den *Phu-Kradung-Nationalpark,* außerdem Endpunkt der Mekong-Flußreise.

Anreise/Ankunft

■ **Verbindungen:** Ab Nong Khai wie im dortigen Weiterreise-Kapitel beschrieben.

Ansonsten bestehen Busverbindungen mit Bangkok sowie den meisten Städten des Nordostens nebst Chiang Mai und Phitsanulok.

Von Bangkok aus verkehrt außerdem einmal täglich ein Flugzeug von *Thai Airways International.*

■ **Busterminal** etwa 1 1/2 km außerhalb Zentrum mit den Hotels: aus dem Terminal raus, nach links; Samlor 5 Bt, Motorrad-Kutsche 10 Bt zu den Hotels.

Unterkunft

■ **Muang Loei Guesthouse,** nahe Busbahnhof, neben Thai Military Bank (aus dem Busbahnhof raus, links halten, zweite Straße links). Denkbar schlichte Zimmer mit Basiskomfort zu 80 Bt, gute Infoquelle für die Umgebung von Loei, außerdem Verleih von Fahrrad und Motorrad. – **Achtung:** Es gibt einen »Namensvetter« in der Stadt, wo ganz und gar miese Zimmer vermietet werden.

■ Empfehlenswert ist ansonsten das **Friendship Guesthouse** südlich der Stadt und dem Postamt an der Charoen Rat Road; einfache, aber sehr saubere Zimmer zu 120–210 Bt.

■ **Thai Udom Hotel,** Charoen Rat Rd, Tel. 042/81 17 63. Helle und saubere Zimmer mit Kommode und Schreibtisch, Fan und Bad, kaltem und heißem Wasser (im Winter kann es hier extrem kalt werden); außerdem Seife, Handtuch, Toilettenpapier und sogar eine Thermobox mit Eiswasser. Und das kostet dann 260 Bt (Fan) oder 450 Bt (Aircon).

■ **Phu Luang Hotel,** 55 Charoen Rat Rd, Tel. 042/81 15 32. Bestes Hotel der Stadt, sehr gepflegt. Ansprechende Fan- und AC-Zimmer mit Mittelklasse-Komfort, aber ohne die netten Extras des Thai Udom Hotels zwischen 480 und 830 Bt.

Essen und Trinken

■ **Markt/Nightmarket** (auch tagsüber geöffnet) an der Charoen Rat Rd. Am hinteren Marktende die Curriestände.

■ Ein weiterer **Nightmarket** (chinesische Gerichte 10 bis 15 Bt) auf der Straße ohne Namensschild, die links neben dem Thai Udom Hotel abgeht.

Verschiedenes

■ **Banken** auf der Charoen Rat Rd; Mo bis Fr, 8.30 bis 15.30 Uhr.

■ **Post** mit **Telefonamt** ebenfalls auf der Charoen Rat Rd.

Weiterreise

Der Busbahnhof liegt etwa 1 1/2 km südlich vom Zentrum an der Ruamjai Rd; Samlor 10 Bt. Hier Restaurants für ein frühes Frühstück.

■ Verbindungen bestehen rund ein dutzend Mal täglich mit Bangkok (134/279(365 Bt) sowie Chiang Mai (138/245/400 Bt), Phitsanulok (58/104 Bt), Nong Khai (60 Bt).

Außerdem mit *Thai* (191 Charoen Rat Road, Tel. 042/81 23 44) täglich nach Bangkok.

■ Den Phu Kradung National Park (s.u.) erreicht man mit dem ab 7 Uhr alle 45 Minuten verkehrenden Bus Richtung Chum Phae: 20 Bt, rund 2 Stunden. Der Bus fährt direkt bis ins Dorf Phu Kradung.

✎ »Wir haben ab Loei einen Tagesabstecher nach **Tha Li** nahe der Laos-Grenze gemacht, sind dann mit ein paar recht abenteuerlich aussehenden Schmugglern direkt in ein winziges Dorf an der Grenze gefahren, die hier durch einen Mini-Fluß gebildet wird. Absolut irre Typen, irre Landschaft. – Für uns noch spektakulärer als entlang des Mekong.« (Stefan Akkermann, Wilfried Jeroslav, D-Oberhausen).

Anmerkung: die zuständigen Minibusse (Songthaews) fahren ebenfalls ab Busbahnhof; etwa alle 1 1/2 Stunden, kosten 15 Bt/Person.

Phu-Kradung-Nationalpark

Wer hätte das vermutet, mitten im Nordosten: Morgentau auf grünen Wiesen, Pinien-, Eichen- und Ahornwälder zwischen Blumenmeeren und Rhododendronhainen, Azaleen-Feldern und weiten Steppen. Die Hauptattraktion des Phu-Kradung-Nationalparks – ein 1350 m hoch gelegenes Plateau – steht diametral gegen das von Kargheit geprägte Tiefland. Während der heißen Jahreszeit, wenn »unten« das Thermometer schon mal die 45 Grad-Marke überschreitet, ist es hier um 25 Grad kühl, und im »Winter« erinnern Rauhreif und entlaubte Bäume durchaus an mitteleuropäische Breiten. Richtig angenehm ist dann ein dicker Pullover, und ein steifer Mekong-Grok ist keineswegs übertrieben.

Das 62 qkm große Hochplateau bricht an seinen Rändern steil zum Tiefland ab und wird von einem sehr guten, auch in Englisch beschilderten Wegnetz durchzogen; selbst Kilometerangaben fehlen nicht. Die beliebtesten Wanderrouten führen zu den acht Wasserfällen und zwei Seen des Parks sowie zu den zahlreichen Aussichtsklippen, von denen das *Sunset Cliff* und die zwei *Surise Cliffs* die populärsten sind. Die Tierwelt ist eher spärlich vertreten. Recht häufig sieht man noch Rehe und hört man Affen, doch Languren, Bären oder Elefanten, von denen der Prospekt berichtet, wird man kaum je zu Gesicht bekommen. An den Wochenenden übrigens ist der Phu Kradung um eine »Attraktion« reicher: Hunderte Studenten reisen von Bangkok her an und sorgen für Hochstimmung.

Im März und April verfärbt sich das Laub und erblühen die Blumen zu größter Pracht. Der Mai setzt spätherbstliche Akzente, und von Juni bis Oktober schüttet es z.T. wie aus Eimern, ist der Park die meiste

Nordosten

Zeit über geschlossen. November und Dezember sind von sattem Grün geprägt, gegen Ende des Jahres wird es schon mal empfindlich kalt, und im Januar und Februar kann man sich vom »Winter« einholen lassen.

Anreise

■ **Ab Loei** siehe dort.

■ **Ab Korat** mit dem Bus Richtung Loei, dann aber an der Kreuzung nach Phu Kradung aussteigen.

■ **Ab Bangkok** ist's etwas problematisch, da jetzt viele Busse über die neu gebaute Nationalstraße 21 via Petchabun nach Loei fahren; mit einem solchen Bus dann also bis Loei, ab dort wie oben beschrieben weiter.

■ **Ab Chiang Mai** fahren täglich ein paar Busse nach Khon Kaen via Phitsanulok (nahe Sukhothai) und Chum Phae. In Chum Phae aussteigen und einen der alle 2 Stunden nach Loei verkehrenden Busse nehmen, die direkt bis ins Dorf Phu Kradung fahren (20 Bt).

Ankunft

■ Das Dorf Phu Kradung mit **Busstop** liegt etwa 7 km vom Park entfernt. Bei Busankunft stets Minibusse/Motorräder, die einen für 20 Bt bis zum Park-Eingang fahren.

■ **Am Headquarter** (rechts neben Ticketschalter: 20 Bt Eintritt) kann man überflüssiges Gepäck sicher deponieren.

■ Der **Aufstieg** (gut beschilderter Weg) nimmt etwa 3 Stunden in Anspruch, führt zuerst durch kleine Dschungel-»Reservate«, dann durch laubabwerfenden Monsunwald. Mobile Softdrink-Ladies sind mit Eisboxen unterwegs (Soft Drinks zu 15 Bt), auch ein paar Restaurant-Shops liegen am Wegesrand.

■ Und dann ist das **Plateau** erreicht. Rechterhand ein Restaurant. Zum Plateau-Headquarter sind es jetzt nochmals rund 3 1/2 km auf einem ausgeschilderten Weg.

■ Hier **Anmeldung** und Unterkunfts-Buchung. Die Zelte kosten 60 Bt, Zimmer gibt's zu 250 Bt, außerdem stehen noch mehrere Bungalows ab 800 Bt zur Verfügung.

Wer ein eigenes Zelt hat – um so besser: Die Zelte im Camp (es hat etwa 1500 Stück) stehen in Reih und Glied, haben Holzfußboden und sind aus Plastikplane gefertigt – nicht gerade komfortabel, zudem meist undicht.

✎ »Es gibt ein neues Camp ca. 3 km davor mit kleinen Holzhütten, Matratze, dicker Decke drin. Dazu ein Restaurant mit kleiner aber guter Auswahl an Gerichten.« (Hanspeter & Gabi Ineichen, CH-Aettenschwil).

300 m entfernt ein paar Restaurants neben dem Camp; hier Verleih von Decken (10 Bt), Unterlegematratzen (10 Bt) und Kopfkissen (kostenlos). Gerichte zwischen 25 und 50 Bt.

Waschzellen (mit eiskaltem Wasser) und Toiletten nahe Camp.

✎ »Es sollte darauf hingewiesen werden, keine Essensvorräte in die Zelte zu nehmen, weil des abends supergroße Rehe auftauchen, die sich erst füttern lassen und dann in Abwesenheit der Bewohner die Zelte ausräubern, wobei dann nicht nur Essen und Zahnpasta weg sind, sondern auch die anderen Sachen schön verstreut sind« (David Steinke, D-Grasleben).

Weiterreise

■ Der **Rückmarsch** ist ab Camp in gut 2 Stunden machbar.

Phu Kradung-Nationalpark

■ Ab Dorf Phu Kradung dann wieder Anschluß nach **Loei** (alle 2 Stunden) oder **Chum Phae** (alle 2 Stunden). Wer zu spät dran ist, kann auch im kleinen Guesthouse gegenüber Busstop für 80 Bt übernachten.

Weiterreise ab Loei siehe dort.

■ **Ab Chum Phae** Direktanschluß nach Bangkok ein dutzend Mal täglich zu 104/188 Bt.

Außerdem Anschluß nach Khon Kaen, Korat und Phitsanulok sowie Chiang Mai.

Trawler in Ranong

Oben: Im Doi Suthep
Unten: Floßfahrt auf dem Maekok zwischen Thathon und Chiang Rai

Ostküste

Vor wenigen Jahren noch wurde die Ostküste Thailands, die sich von Bangkok bis hin zur Kambodscha-Grenze erstreckt, mit Pattaya gleichgesetzt. Doch dann machte das Eiland Ko Samet von sich reden, und auffallend viele Reisende zog es plötzlich in Richtung des berüchtigten Touristenzentrums. Das Inselchen im Golf von Siam, der Bewohner Bangkoks liebstes Wochenendziel, ist heute zwar immer noch »in«, aber längst schon wurde ihr von Ko Chang der Rang abgelaufen. Diese Trauminsel im Golf von Siam und ganz nahe der Kambodscha-Grenze gelegen, lockt mit Dschungelstränden und Wasserfällen, kleinen Dörfern nebst langen Wanderungen über schmale Pfade und hat sich innerhalb der letzten Jahre vom »Geheimtip« zum Tourismuszentrum in diesem Teil Thailands gemausert. Da aber Ko Chang nichts anderes als die zweitgrößte Insel des Königreiches ist, außerdem nur eine von vielen weiteren Inseln im gleichnamigen Archipel, findet auch der an der »großen Strandeinsamkeit« interessierte Reisende alles, was sein Herz begehrt.

Pattaya – Der Welt größtes Bordell

Pattaya, zur Zeit des Vietnamkrieges zusammen mit dem nur rund 135 km westlich gelegenen Bangkok zum größten »Bordell« der Welt erblüht, versucht schon seit Jahren, sein Image als »Sexparadies« loszuwerden und sich auch »Normalurlaubern« als Ferienzentrum anzubieten. Doch vergeblich, denn zu schlecht ist der Ruf bei letzteren, zu eindeutig jedoch in gewissen Männerkreisen, und so handelt es sich bei den jährlich mittlerweile über 1,5 Mio. Touristen, die diese 250–300 000 Einwohner große Stadt besuchen, nahezu ausschließlich um Männer. Doch kamen sie früher hauptsächlich aus westlichen Landen, so heutzutage auch aus Japan, Korea, Taiwan, China sowie der ehemaligen Sowjetunion. Discos, Nightbars, Cabarets, »Saunas« und Massagesalons bestimmen entsprechend das Bild dieser häßlichen Strandstadt, und auch die rund 250 Hotels, 80 Guesthouses nebst 50 Bungalowanlagen profitieren am Geschäft mit der »Liebe«.

Wer dies sucht, wird hier keinerlei Probleme haben, muß aber ziemlich solvent sein, denn von »gewissen Arrangements« einmal abgesehen, muß man ja auch irgendwo wohnen. Möglichkeiten gibt es in Hülle und Fülle, doch unter 800–1000 Bt pro Nacht wird man kein erträgliches Zimmer finden. Selbst die letzten Löcher noch, oft fensterlose Bruchbuden der versautesten Art, werden nicht unter 600 Bt abgegeben, und auch in den Restaurants, Bars etc. muß man mindestens so tief wie in mitteleuropäischen Urlaubszentren in die Tasche greifen.

Da das Meer zudem verschmutzt und nicht gerade ideal zum Baden ist, auch der Strand, schmal und häßlich, nicht viel her macht, gibt es alles in allem eigentlich keinen Grund (bzw. nur den bekannten einen Grund), sich hierher zu verirren.

✐ »Ich bin mit den hier arbeitenden Barmädchen nicht in die Koje gestiegen, habe mich aber einige Nächte lang gut unterhalten, und auch über Sorgen und Ängste der Mädchen erfahren. In erster Linie ist es die fast brutale Kegelbruder-Mentalität mancher Deutscher, Schweizer etc., die die Mädchen verunsichert und ein negatives Bild schafft. Es war fast nicht möglich, einmal mit solchen Typen ins Gespräch zu kommen. Die meisten waren stinkbesoffen und prahlten, wie viele ›Thai-Schnecken‹ sie heute nacht wieder vernaschen. Diese Art der Prostitution dient eigentlich nur zum Überleben, auch zum Überleben der Familien dieser Mädchen« (Helmut Schäfer, D-Rheinmünster).

✐ »Ich war die letzten drei Tage in Pattaya. Ist ein totales Touristeneldorado, etwa drei- bis viermal so teuer wie im übrigen Thailand, hat den dreckigsten Strand, ist eigentlich überhaupt nicht Thailand« (Matthias Reintjes, D-Bochum).

Ko Samet – Strand-Refugium nahe Bangkok

Dieses T-förmige und nur knapp 2,5 qkm große Hügeleiland ist berühmt für seine malerischen Strände und hat einen entsprechend starken *Beach-Boom* erlebt. Insbesondere an den Wochenenden geht's hoch her, denn Bangkok ist nur knapp 4 Busstunden entfernt. Die Infrastruktur steht jener der anderen Badeinseln Thailands um nichts nach, Schnorchler und Windsurfer finden gute Bedingungen.

Anopheles-Mücken anscheinend auch: Malaria-Prophylaxe ist zu empfehlen. Ebenso Tabletten zur Wasserentkeimung, denn die Besucher verbrauchen mehr, als die Brunnen an gutem Naß hergeben können; in manchen Bungalowanlagen ist man dazu übergegangen, Trinkwasser vom Festland herbeizuschippern. Schön wär's, wenn demnächst auch so etwas wie Müllschiffe eingesetzt würden. Die Insel hat ein gewaltiges Entsorgungsproblem, und an viel zu vielen Stellen im Inselinnern (aber auch oft genug direkt hinter den Bungalows) stinkt es zum Himmel und wimmelt es von Ratten.

✐ »Ich war im Oktober auf Ko Samet, und in diesem Monat zumindest gab es dort eine regelrechte Mückenseuche. Ich werde sonst nicht besonders von Moskitos gemocht, doch hier kassierte ich über 50 Stiche an einem Tag. Nichts wie weg, zumal gleichzeitig Quallenplage herrschte« (Peter Scherbening, D-Münster).

Anreise

■ Fährhafen nach Ko Samet ist das Fischerstädtchen **Ban Phe:** Ab Eastern Busterminal in Bangkok täglich zig Verbindungen direkt bis an den Pier; 50 Bt im Normalbus, 95 Bt im Aircon, Fahrzeit rund 3 Stunden. Oder den Bus nach Rayong nehmen (stündlich), dort in den Minibus nach Ban Phe umsteigen (15 Bt, 30 Minuten).

■ Busse aus dem **Osten** fahren direkt bis Rayong (alle 45 Minuten). An der Kreuzung nach Ban Phe absetzen lassen, dort per Minibus oder Motorrad (15 Bt) bis zum Pier (5 km).

■ Die kleinen **Fährboote** nach Ko Samet verkehren nach keinem festen

Fahrplan, legen generell erst ab, wenn genug Personen zusammen sind – aber das ist nie ein Problem. Fährverkehr etwa zwischen 8 und 18 Uhr, Dauer 45 Minuten, 40 Bt/Person.

Angefahren wird in aller Regel der Hauptort der Insel *Samet Village* (auch: *Ban Na Dan*) sowie der Strand *Ao Wong Duan*. Wer an einer der nördlichen Buchten Quartier nehmen will, steigt besser schon in Samet Village aus und reist dann mit einem Pick Up zum Strand nach Wahl weiter (10–30 Bt, je nach Ziel).

Die Strände

Von Nord nach Süd entlang der Ostküste, schließlich den (einzigen) Weststrand.

Achtung: je nach Saison können die Preise gewaltig differieren, und Aufschläge von bis über 200% kommen dann vor (weshalb die nachfolgend aufgeführten Preise mit Vorsicht zu genießen sind).

Ao Hat Sai Keaw

Der mit knapp 1 km längste Strand der Insel besticht mit schneeweißem Puderzuckersand, der sich weit landeinwärts erstreckt und mit Palmen bestanden ist. An den Wochenenden, wenn viele tausend Thais vom Festland herüberkommen, wird's hier proppevoll von überall am Strand picknickenden und zeltenden Ausflüglern.

Reichlich Anlagen, Bungalows von ca. 250 bis 2500 Bt. Sehr beliebt ist *Diamond* (Tel. 01/321 08 14) mit Rattan-Häuschen sowie Komfort-Huts zu 400–750 Bt; am Nordrand. Das *White Sand* bietet große Steinbungalows ab 800 Bt im Palmenhain.

Am Südrand wird der Strand schmaler und zusehends ruhiger, ist teilweise von Wiese begrenzt. Hier bietet *Naga* (Tel. 01/321 07 32) romantische Hangbungalows mit Blick aufs Meer, die schon seit Jahren die billigsten am Strand sind und unter 150 Bt kosten. Gleiche Preise im angrenzenden *Little House* (Tel. 01/323 02 64), wo auch Hütten mit Bad/WC vermietet werden (200 Bt).

Ao Phai

Der »Paradiesstrand« macht seinem Namen alle Ehre, bietet ebenfalls schneeweißen Feinsand, einen Palmengürtel am Meer, ist aber nur etwa halb so lang wie Ao Hat Sai Keaw und wird hauptsächlich von ausländischen Touristen frequentiert.

Inseleinwärts führt ein breiter Weg zur *Ao Phrao,* dem einzigen auf der Westseite gelegenen Strand. Dazwischen (und unüberriechbar) eine der zahlreichen Müllhalden von Ko Samet; es wimmelt von Ratten.

Auch hier ist das Preisniveau relativ hoch, Rucksackreisende bevorzugen die *Ao Phai Huts* (Tel. 01/211 29 67), eine Anlage mit hübsch-freakigen Hangbungalows zu 180 und 350 Bt; Meersicht von den drei Terrassen des Restaurants aus. Einiger Beliebtheit erfreut sich auch das *Silver Sand* (Tel. 01/211 09 74) mit einem Strandrestaurant im Thaistil und Steinbungalows ab 250 Bt (mit Bad/WC und Fan).

Ao Tibtum

Klein und fein, vor allen Dingen relativ ruhig, ideal für Kinder. Die Hütten von *Ao Pudsa* sind mit Preisen ab 90 Bt sehr günstig, doch schöner wohnt es sich in den Flechtwerk-Hütten von *Tibtum Bungalow* (Tel.

01/321 14 25), die's in allen Abstufungen zwischen 120 und 470 Bt gibt.

Ao Wong Duan

Ein Traum von einem Strand. »Traumhaft« auch die Preise in den 6 Bungalowanlagen, wo man unter 300–500 Bt kaum unterkommt. Am schönsten und komfortabelsten wohnt man hier im *Malibu Garden Resort* (Tel. 01/321 03 45) und *Wong Duan Resort* (Tel. 01/321 07 31), den beiden empfehlenswertesten Anlagen an dieser rund 600 m langen Bucht: ab 800 Bt. Aber der Gegenwert stimmt, komfortabler wohnt sich's nirgends auf der Insel. Das Yuppie-Volk bleibt unter sich, man diniert schon mal in der Badehose – freilich am elegant gedeckten Rattantischchen – und labt sich an Hummer und Cocktails.

Ao Thian

Weniger eine Bucht als vielmehr eine Ansammlung schmaler Ministrände, die durch Felsbrocken voneinander getrennt sind und inseleinwärts in einen relativ steilen Hang übergehen. Zur Auswahl stehen drei Anlagen.

Candlelight, die nördlichste, bietet Gammelhütten zu dreisten 150–350 Bt, die teils nicht mal mit Fan ausgestattet sind. Nebenan kleben spartanisch eingerichtete Häuschen am Hang, für die man beim besten Willen keine 250 Bt bezahlen möchte, und auch in der günstigsten Anlage am Ort (*Lung Dum Huts*) werden noch 150 Bt für denkbar einfache Flechtwerk-Katen verlangt.

Die Ruhe hat ihren Preis. Dies auch in bezug aufs Wasser, das entweder aus den hiesigen Brunnen kommt, stinkt und brackig ist, oder vom Festland herübergebracht wird und dann limitiert ist.

Ao Wai

Ab 750 Bt für einen Bungalow sind nicht wenig, aber hier wird fürs Geld wenigstens etwas geboten. Die ca. 300 m lange Halbmond-Bucht besticht mit einem herrlichen Breitstrand und ist – wie auch die angrenzenden Felsrücken – im Privatbesitz von *Samet Ville Bungalow* (Reservierung über Tel. 02/246 31 96). Man wohnt am Hang, im Palmenwald oder direkt am Meer, kann zwischen einsam und einsam sowie zwischen Komfortbungalows in vielen verschiedenen Stilen auswählen. Die Atmosphäre ist locker und ungezwungen, und im Restaurant wird ausgesucht gute Thai-Küche serviert – eine Rarität auf Ko Samet.

Ao Kiu Na Nok

Auch an diesem Bilderbuchstrand, etwa 10 Gehminuten südlich Ao Wai, gibt's nur eine einzige Anlage: *Kiu Coral Bungalow.* Sie bietet schlichte Bungalows ohne Bad zu 150 Bt sowie Komfort-Bungalows bis 750 Bt, ist sauber, gut und unbedingt zu empfehlen.

Vorteil für Romantiker: über einen Pfad ist in wenigen Minuten auch ein kleiner Kiesstrand auf der Westküste erreichbar (*Ao Kiu Na Noi*): gut zum Schnorcheln, eher aber für das abendliche Sunset-Sitting.

Ao Karang

Ao Karang, manchmal auch *Ao Toei* genannt, ist die südlichste Bucht der Insel, ebenfalls sandig usw., bietet einfache Hütten (die mit 220 Bt wesentlich zu teuer sind: *Pakarang Lod-*

Ao Phrao

Einzige Bungalow-Bucht auf der Westseite der Insel; erreichbar ab *Ao Phai* in rund 15 Minuten. Hohe Felswände säumen die etwa 300 m lange Bucht auf drei Seiten. Der Strand ist von Steinen und Korallen durchsetzt, bei Flut nur etwa 5 m, bei Ebbe ca. 50 m breit, und in Sachen Optik und auch Badelust nicht die idealste Beach der Insel. Dennoch gibt es mehrere Anlagen, und alle haben zwar auch noch ein paar Billighütten ab 150 Bt, aber mehr und mehr werden sie in Komfortbungalows umgebaut, die dann ab 300 Bt kosten. Fürs leibliche Wohl muß man an diesem Strand etwas tiefer als inselüblich in die Tasche greifen, und das beste Restaurant am Strand ist des *Ao Phrao Resort,* wo man auch gut und komfortabel in Bungalows und Reihenhäusern ab 350 Bt wohnen kann.

Verschiedenes

■ Ein Tourist Office existiert nicht. Kostenlose **Inselkarten** im Info-Center des Nationalparks (zwischen Ao Hat Sai Keaw und Ban Samet).

Hier ist zu lesen, daß Ko Samet **Malaria-**Gebiet ist. Bei Malaria-Anzeichen (heftige Fieberschübe) kann man im *Samet Health Center* einen kostenlosen Bluttest machen lassen: Es liegt ab Info-Center auf dem Weg ins Inseldorf.

■ Auch **Banken** gibt es keine auf der Insel. Die nächste ab Samet erreichbare liegt auf der Uferstraße in *Ban Phe*, links vom Anleger.

✎ »Traveller-Schecks wird man heute problemlos in den besseren Bungalow-Anlagen zu einem nur etwas schlechteren Kurs los. Die Fährboote nehmen die Post mit, die zuverlässig weitergeleitet wird. Per Funktelefon von den besseren Anlagen aus auch Auslandsgespräche zu normalen Preisen« (Manfred Hey, D-Gehrden).

Weiterreise

■ Von Ao Wong Duan aus verkehrt das erste Boot oft erst um 10 oder 11 Uhr, ab Samet Village hingegen schon um 7 Uhr und ab dann regelmäßig etwa jede Stunde bis 16 oder 17 Uhr. Von den anderen Stränden aus besteht (nicht täglich) die Möglichkeit, auf dem »Marktboot« nach Ban Phe mitzufahren.

Fahrpreis 40 Bt, rund 45 Minuten.

■ Ab **Ban Phe** (direkt hinter dem Anleger) täglich zig Normalbusse nach Bangkok zu 50 Bt; Aircon-Busse alle 1 bis 2 Stunden zu 95 Bt.

■ In den **Osten:** Minibus für 15 Bt ab Pier nach Rayong, dort wieder umsteigen in den Bus nach Trat-Stadt etc. Oder per Motorrad-Taxi zur Hauptstraße (15 Bt) und dort zusteigen.

■ In den **Nordosten/Norden:** Man braucht nicht erst nach Bangkok zurück, denn vom nahen Rayong aus bestehen täglich mehrere Verbindungen mit Khorat (100/175 Bt), mit Nong Khai (182/328 Bt) sowie auch mit Chiang Mai (232/418 Bt).

Zum Saphir Deal nach Chanthaburi

Neben Kanchanaburi ist insbesondere *Chanthaburi*, etwa 300 km östlich Bangkok, *der* Ort in Thailand, um echte Saphire und Rubine zu kaufen.

Chanthaburi/Trat

Die kostbaren Steine kommen in der Regel aus *Bo Rai*, wo sie, im Übertagebau gefördert, auf dem täglichen Juwelen-Markt gleich verkauft werden – in Rohform. Geschliffen werden sie dann in Chanthaburi, nahezu jede dritte Familie in der Stadt ist irgendwie am Edelstein-Geschäft beteiligt. Generell gilt, daß hier die Steine bis 50% billiger sind als in Bangkok.

■ **Anreise:** Ab Bangkok stündlich Fan- sowie AC-Busse, außerdem täglich viele Verbindungen ab Rayong und Ban Phe (Ko Samet), Trat (für Ko Chang) und auch Korat (Nordosten).

■ **Ankunft:** Die Fanbusse stoppen am außerhalb gelegenen Busbahnhof; Minitaxi ins Zentrum für 10 Bt. Die Aircon-Busse stoppen im Zentrum nahe der Srirongmuong Rd, wo es die meisten Juweliere gibt.

■ **Unterkunft:** *Kasemsarn Hotel,* 23 Srirongmuong Rd, Tel. 039/31 11 73; saubere Fan- und AC-Zimmer mit Bad ab 250 Bt.

Komfortzimmer bietet die *Travel Lodge* an der 14 Raksak Chamun Rd, Tel. 039/31 15 31; etwas außerhalb nahe Busstop gelegen, sauber und gut; Zimmer zwischen 200 und 480 Bt.

■ **Juwelenkauf:** Die meisten Läden liegen an der Srirongmuong Rd und den Stichstraßen. Nicht mit einem Schlepper hingehen – der kassiert gut 20% Kommission, treibt den Preis hoch! Wichtig: Die hier angebotenen hellblauen und goldfarbenen Saphire kommen (wenn sie echt sind) aus Sri Lanka; aus Bo Rai kommen hauptsächlich dunkelblaue und grüne Saphire und die roten Rubine.

Uns wurde von einem Thaifreund und Steinekenner folgender Laden empfohlen: *Karnchanasilp,* 1–3 Srirongmuong Rd; hier z.T. geschmackvolles, nicht so protziges Design, dunkelblaue Saphire der ersten Wahl.

■ **Weiterreise:** Busse nach Trat alle 40 Minuten (22 Bt), außerdem Sammeltaxis, die im Zentrum starten, wenn 5 Passagiere beisammen sind, und 50 Bt kosten.

Nach Ban Phe und Rayong alle 45 Minuten für 40 Bt, nach Bangkok stündlich ein Fanbus (76 Bt) sowie ein AC-Bus (108 Bt).

Außerdem stündlich Fanbusse (86 Bt) sowie 2-stündlich AC-Busse (155 Bt) nach Khorat.

Stopover Trat

Die 14 000 Einwohner große Hauptstadt der östlichsten Thai-Provinz ist Ausgangsbasis für Ko Chang sowie Entdeckungstrips entlang des rund 100 km langen und nur 5 bis 10 km breiten Thai-Zipfels an der Südostgrenze des Landes. Gründe für einen längeren Aufenthalt gibt es keine, und so kommen die meisten Reisenden am Busbahnhof an – und fahren gleich weiter nach Laem Ngop, dem »Absprungbrett« für einen Besuch von Ko Chang.

Anreise/Ankunft

■ **Bus:** Ab Bangkok Eastern Busterminal verkehren stündlich Fansowie AC-Busse; Anschlußmöglichkeiten außerdem ab Rayong, Ko Samet (Ban Phe) sowie Chanthaburi, von wo aus auch Sammeltaxen verkehren.

Busstop für alle Aircon-Busse sowie Busse und Sammeltaxen aus

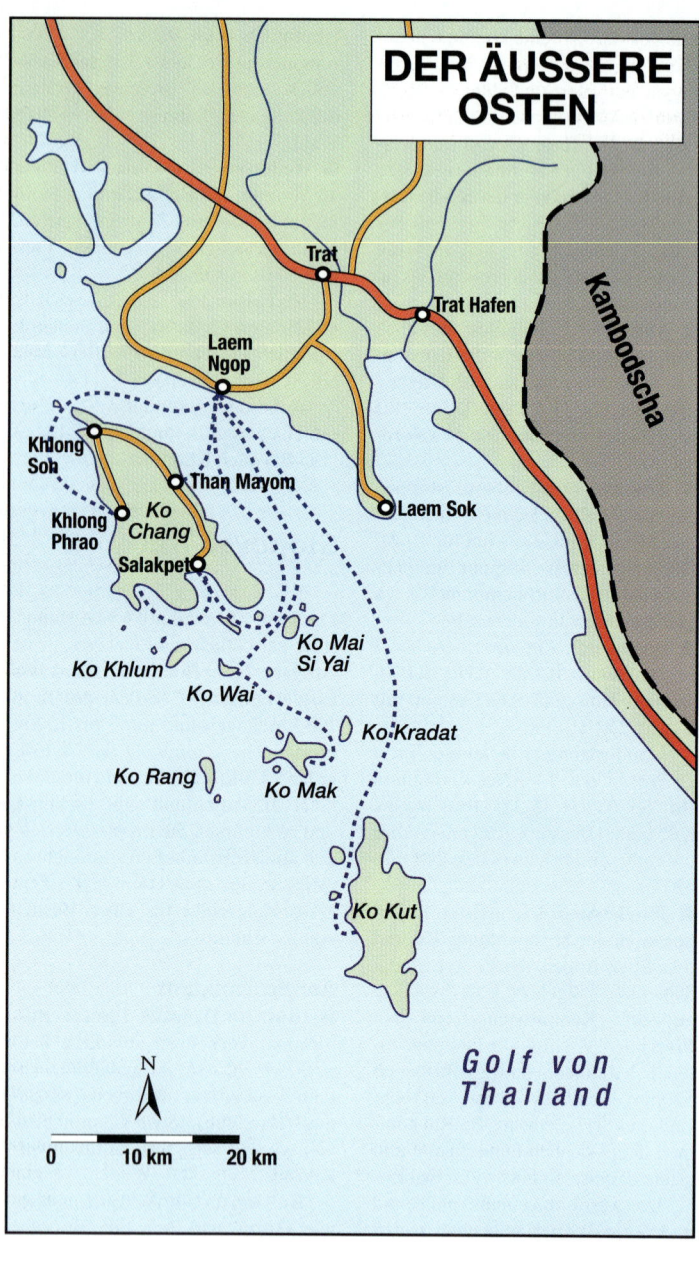

Richtung Chanthaburi an der Sukhumvit Road im Zentrum, und nur die Fanbusse von Bangkok stoppen am Terminal bei der That Mai Road, die rund 500 m von der Sukhumvit Road entfernt ist.

Der Terminal für die Pickups nach Laem Ngop (für Ko Chang) befindet sich ebenfalls an der Sukhumvit Road direkt hinter dem Markt.

Unterkunft/Essen

■ **Guesthouses:** Neben dem *Foresmost Guesthouse* (s.u.) und dem *Max & Tick Guesthouse* (s.u.), das z.Zt. unserer Recherchen aber geschlossen war, bieten sich noch zwei weitere Häuser dieser Kategorie in Trat an: Das *Windy Guesthouse* (Thoncharoen Road, beim Foremost; schöne Lage, nette Leute, empfehlenswert, Preise zwischen 75 und 120 Bt) sowie das allerdings arg weit außerhalb gelegene *NP Guesthouse* an der 952 Noentamoen Road (hin per Samlor für 10 Bt), wo ein paar Zimmer zu 180 Bt vermietet werden.

■ **Thai Roong Roj Hotel,** 296 Sukhumvit Rd, Tel. 039/51 11 41; ab Busstop etwa 100 m zurück auf der gleichen Seite, dann hinter der Esso-Tankstelle rechts rein. Bestes Hotel der Stadt. Sehr große Single (für 2 Pers.) sowie Double Rooms mit Bad und Fan (250 Bt) oder Aircon (415 Bt).

■ **Trat Hotel,** direkt ab Busstop die nächste Gasse links rein, Tel. 039/51 10 91; ist bei gleichen Preisen wie das o.g. Hotel etwas angegammelt und laut: gegenüber liegt der Markt.

✎ »In Trat gibt es jetzt ein Guesthouse, das **Foremost Guesthouse**. Durch das Besitzer-Ehepaar lernte ich viel von der Umgebung kennen, ein Thailand, was Touristen sonst kaum zugänglich ist. Das Gästehaus liegt im alten Kern von Trat, nahe Fluß in der Thoncharoen Rd 49 (Tel. 039/51 19 23), 5 Min. vom Busbahnhof. Dormitory kostet 30 Bt, Single 50, Double 70 Bt, alle Zimmer mit Fan. Der Gemeinschaftsraum hat Aircon. Fahrräder kann man zu 15 Bt/Tag ausleihen, Motorräder zu 180 Bt. Im Guesthouse liegen außerdem 2 Infobücher aus, wo reichlich was gesagt wird über den neuesten Stand der Dinge auf Ko Chang, Ko Maak, Ko Kud etc.« (Erika Mönius, A-Höchstadt). Anmerkung: Der Weg ist ab den Busterminals an der Sukhumvit Road ausgeschildert, die Preise sind nun 30 Bt höher als angegeben.

✎ »In Trat Übernachtung im **Guesthouse Max & Tick** (Tel. 039/51 14 49), nicht weit vom Busstop. Nettes Thai-Paar, saubere Fan-Zimmer zu 120 und 150 Bt; viele Infos zu Ko Chang« (Michael Klein, D-Merzig).

■ **Night Market** (viele Food Stalls auch tagsüber): direkt hinter dem Busstop.

Verschiedenes

■ Eventuell noch mal **Geld tauschen** sowie große Noten in 10-er und 20-er und 50-er wechseln lassen: Banken auf der Hauptstraße (Mo bis Fr, 9 bis 15.30 Uhr). – Auf Ko Chang gibt es noch keine offizielle Wechselstelle, und die Kurse in den Bungalowanlagen etc. sind miserabel.

✎ »Etwa 30 km nördlich Trat, direkt an der Kampuchea-Grenze, liegt das **Minendorf Bo Rai**, berühmt für seine Saphire: hier jeden Morgen zwischen 6 und 10 Uhr der *Hua Thung Gems-Market*, der Juwelenmarkt; recht interessant. Wir hatten einen Thaifreund dabei, konnten sehr gute Käufe tätigen. Wer aber alleine an-

reist, obendrein keine Ahnung hat, wird garantiert übers Ohr gehauen. Wie hin? – Am besten mit einem der ersten Minibusse ab Trat-Busstop um etwa 6.30 Uhr für 20 Bt, 50 Minuten.« (Gert und Eva Schorle, D-Nürnberg).

Weiterreise
Nur per Bus möglich.

■ **Nach Ko Chang** mit Pickup ab Busstop rechts hinter dem Markt für 10 Bt bis Laem Ngop, von wo aus der Bootszubringer verkehrt (siehe zu »Anreise/Ko Chang«)

■ **Nach Bangkok** stündlich Fanbusse zu 87 Bt sowie AC-Busse zu 140 Bt.

■ **Nach Chanthaburi:** Alle Bangkok-Busse fahren via Chanthaburi; außerdem etwa alle 40 Minuten von 7 Uhr bis 16 Uhr ein Lokalbus. 1 1/2 Stunden Fahrzeit, im Lokalbus auch mal 2 bis 2 1/2 Stunden; 40 Bt im Aircon, 22 Bt im Normalbus. Bleiben die Sammeltaxen, die losfahren, wenn 5 Passagiere beisammen sind, und 50 Bt kosten.

■ **Nach Ko Samet:** erst bis Chanthaburi, dort in den Bus nach Rayong umsteigen (von 5.15 bis 16 Uhr alle 45 Minuten); dann entweder bis Rayong (26 Bt) fahren, ab dort im Minibus zurück nach Ban Phe, der Fährstation, für 10 Bt; oder an der Kreuzung nach Ban Phe aussteigen (25 Bt), weiter per Songthaew für 10 Bt oder per Motorrad für 15 Bt für die 5 km lange Strecke bis zum Pier.

Ko Chang – Inseljuwel bei Kambodscha

Ko Chang, rund 32 km lang und durchschnittlich 10 km breit, dabei bis nahe 750 m hoch, ist die zweitgrößte Insel des ganzen Landes und wird dabei lediglich von etwa 2800 Menschen bewohnt. Die Affen, die das völlig unwegsame und mit dichtem Regenwald bestandene Inselinnere bevölkern, sind also eindeutig in der Mehrheit, und selbst heute noch, wo das Eiland an der Kamboscha-Grenze systematisch zu einem zweiten Phuket oder Ko Samui ausgebaut wird, findet hier der an Ruhe, Einsamkeit und herrlicher Natur interessierte Reisende alles, was er sucht. Natürlich auch traumhafte Strände, gerade die, von Palmen oder Urwald gesäumt, kilometerlang und sanft geschwungen oder klein und romantisch in Felsen gefaßt. Auch an dazugehörigen Bungalowanlagen fehlt es nicht, es bieten sich Unterkünfte in allen Kategorien zwischen etwa 100 und weit über 1000 Bt an, doch gilt generell, daß hier die Preise für vergleichbare Leistungen stets gut 20–30% höher sind als etwa auf den »In«-Inseln in der Andamanen- oder Südchinasee von Südthailand.

Und die Preise werden steigen, denn erklärtes Ziel der *Tourist Authority of Thailand* ist, diese erst ab etwa 1990 ins Gerede gekommene Insel zu einem Ferienziel für eher betuchte Touristen auszubauen, weshalb auch mehr und mehr der billigen Unterkünfte durch teure Anlagen ersetzt werden. Noch aber ist es ein weiter Weg dorthin, und gerade erst wurde die langjährig geplante Straße entlang der strandreichen Süd- und Westküste fertiggestellt. – Die Mühlen mahlen langsam in Thailand, und alles in allem wird man hier auch als Budgetreisender wohl noch für viele Jahre sein kleines Paradies finden können. Schatten freilich gibt

Ostküste

es auch, und zwar werden sie insbesondere durch Sandflies geworfen sowie durch zunehmend Resochinresistente und Malaria übertragende Mückenstämme.

Die beste Reisezeit für die »Elefanten-Insel« (Ko Chang) übrigens fällt auf die Monate zwischen Februar und April/Mai, als zweitbeste Zeit gelten Oktober bis Februar, und Regenzeit herrscht hier zwischen Mai/Juni und September/Oktober.

Anreise/Ankunft

■ **Nach Laem Ngop:** Ab Trat etwa alle 15 bis 20 Minuten Pickup-Zubringer für 10 Bt nach Laem Ngop (30 Minuten), einem kleinen Muslimdorf, von wo aus täglich um die Mittagszeit herum (etwa zwischen 10 und 15 Uhr) die Boote zu den verschiedenen Stränden von Ko Chang verkehren.

Außerdem starten allmorgendlich an der Khao San Road in Bangkok AC-Minibusse direkt nach Laem Ngop, die hier um 13 Uhr ankommen und, je nach Gesellschaft, zwischen 250 und 300 Bt kosten.

■ **In Laem Ngop:** Am Pier ein gutes Seafood-Restaurant sowie ein Tourist Office, wo man sich über den Stand der (Bungalow-)Dinge auf Ko Chang und den Nachbarinseln informieren kann. Hier gibt es auch die sehr empfehlenswerte Karte »Ko Chang Information«, die sich jeder, der mehr als Beachen im Sinn hat, kaufen sollte.

Wer in Laem Ngop »hängenbleibt«, kann mittlerweile zwischen rund 12 Herbergen wählen, und *der* Tip hier lautet *Chut Kaew Guesthouse* an der Hauptstraße beim Pier neben der Bank (letzte Möglichkeit zum Geldwechsel), Tel. 039/59 70 88, wo saubere Zimmer für 100 Bt vermietet werden, man zudem die besten Inselinfos abrufen kann. Ein paar hundert Meter weiter nördlich bietet sich *Paradise* (Tel. 039/59 70 31) mit tiptoppen Bungalows an, die zwischen 220 Bt (Fan) und 380 Bt (AC) kosten.

■ Die **Boote nach Ko Chang** starten zwischen 10 und 15 Uhr, und zusätzlich zu den nicht ausgeschriebenen, daher schwer zu findenden Marktbooten, die die einzelnen Strände anfahren, verkehren die deutlich ausgeschilderten Touristenboote, die alle in Frage kommenden Hauptstrände anfahren und generell 70 Bt kosten; lediglich in der Regenzeit wird nur Ao Sapparot angefahren (50 Bt), von wo es dann mit Motorrädern oder Pickups zum Strand nach Wahl geht (30–50 Bt).

■ Laem Ngop ist aber auch Ausgangspunkt für **Boote zu den anderen Inseln** des Archipels, und um die Mittagszeit herum angefahren werden u.a. Ko Mak, Ko Kham, Ko Wai, Ko Kut, was zwischen 100 und 180 Bt kostet. Weitere Informationen und genaue Abfahrzeiten im Tourist Office am Pier.

Transport auf Ko Chang

Die neue Inselstraße verbindet die touristisch bedeutsamen Strände an der Westküste mit Ao Sapparot, wo die Zubringerboote von Laem Ngop auch während der Regenzeit anlegen können. Weiter geht es von hier mit Pickups oder Motorrädern, die nun auch die Verbindung zwischen den einzelnen Stränden aufrechterhalten. Durch das wilde Landesinnere führt keine Straße, hier gibt es lediglich Pfade, und wer an einem nicht alltäglichen Abenteuer interessiert ist, kann solchen Pfaden folgen, um die Insel zu queren oder auch zu umrunden, wofür allerdings rund 10 Tage an Zeit erforderlich sind. Außerdem eine Karte (s.o. unter »Laem Ngop«) und weitere Informationen, die man über das Tourist Office oder das Guesthouse in Laem Ngop bekommen kann.

Klong Son

Kleines Pfahlbaudorf am Nordende der Insel, die hier eine tief eingeschnittene, durch eine Halbinsel gebildete Bucht aussparrt. Schöne Optik, auch alles recht idyllisch, aber nichts im Vergleich zu den nachfolgend beschriebenen Stränden an der Westküste, wohin man von hier per Pickup oder Motorrad gelangen kann bzw. im Rahmen einer Wanderung zum White Sand Beach (s.u.), die rund 1 Stunde in Anspruch nimmt und teils durch schönen Urwald führt.

Klong Son dient somit entsprechend vielen Touristen als Anlaufpunkt (ein Stück entfernt liegt der Pier von Ao Sapparto) und kann seit neuestem auch mit mehreren Unterkünften aufwarten:

Direkt im Dorf findet sich **Manee Guesthouse,** wo man billigst (um 100 Bt) übernachten und Infos zur o.g. Wanderung sowie auch zu anderen Fußtouren erhalten kann.

Wer Komfort sucht, findet ihn im nahe gelegenen **Premvadee Resort** (Tel. 039/59 70 32), wo man ab 750 Bt für ein Zimmer bezahlen muß.

White Sand Beach

Ein kilometerlanger und schneeweißer Feinsandstreifen, hier und da von Felsen aufgelockert – optimal zum Baden und Schwimmen. Hellblaues Meer, schmaler Palmengürtel, an den sich ein bewaldeter Höhenrücken anschließt. Dahinter Ausblick auf bis 800 m hohe Berggipfel. Und an Geräuschkulisse nur das leichte Anschlagen der Wellen, ab und an das Kreischen eines Seeadlers, lautes Affengeheul in den Wäldern.

Wohnen kann man hier auch, doch gab es bis etwa 1990 nur eine Anlage, so sind es nun schon rund zwei Dutzend, und dummerweise wurde die Inselstraße so nahe an den Strand gelegt, daß es nun teilweise mit der Idylle vorbei ist.

Am nördlichen Strandrand bietet sich der **White Sand Beach Resort** an, was ein recht hochtrabender Name für diese Anlage ist, die eigentlich nur aus allereinfachsten, freilich überaus romantischen Hütten besteht, die mit Preisen bis 230 Bt allerdings arg teuer sind.

Weitere empfehlenswerte Anlagen sind u.a. **Rang Rong Resort** (korrekte Bungalows der einfachen Art, sauber, zu 100–380 Bt), **White Sand Beach Bungalow** (viele Bungalows, romantisch und gut zwischen 80 und 200 Bt) sowie der recht komfortable **Sansai Resort** (schicke Häuschen, sehr empfehlenswert, bis 500 Bt) nebst dem unter schweizer Management stehenden **Paloma Cliff Resort** (Tel. 01/323 01 64), wo komfortable Fan- und AC-Bungalows ab 550 Bt vermietet werden.

Klong Phrao

Ein toller Strand, mit einem kleinen Pfahlbaudorf hintendran, vielleicht noch schöner als der White Sand, auf alle Fälle noch länger, geschätzt 5 oder 6 km, und durch zwei Bachmündungen in drei Teile gespalten. Hier kann man sich noch ein wenig wie

Robinson fühlen, doch die Betonung liegt auf »noch«, denn jeder hier will am Tourismus partizipieren, und längst ist das Bungalow-Fieber ausgebrochen. Drum kann auch alles, was hier steht, längst schon wieder überholt sein – sprich: es ist möglich, daß zu den z.Zt. rund 10 Anlagen mittlerweile schon viele weitere hinzugekommen sind.

Am Nordende liegen die **Coconut Bungalows.** Der Name ist passend, die Bungalows sind teils arg klein (200 Bt), teils groß, doch dann zu teuer (ab 550 Bt), und die früher so nette Atmosphäre ist der Geldgier gewichen.

Komfortabler wohnt man im **Ko Chang Resort,** wo aber Phantasiepreise für die (teils aus Wellblech bestehenden) Hütten/Bungalows verlangt werden: 800 Bt wollte man uns abknöpfen.

Wenn schon Geld ausgeben, dann lieber im **Klong Phrao Resort** (Tel. 039/59 72 16), wo in Zimmern sowie Bungalows wenigstens ein Gegenwert für die hohen Preise (ab 500 und bis über 1000 Bt) geboten wird.

Recht gut gefiel es uns in der Strandmitte bei den **PS Bungalows,** wo man gut und günstig (120 Bt) unter Palmen wohnt, eine schöne Optik genießt; Nachteil: baden ist hier nicht optimal.

✐ »Am Klong Phrao Beach gibt's in dem flachen Wasser mitunter viele Quallen, Schwimmen daher oft völlig unmöglich. Außerdem viel Müll, Treibgut, ich fand's gar nicht paradiesisch hier, zumal die Moskitos zum Wahnsinnigwerden sind« (Peter Scherbening, D-Münster).

Kai Kae

Die Optik dieses südlich an den Klong Phrao angrenzenden Palmenstrandes ist herrlich, südlich grenzt, nur zu Fuß erreichbar, ein trefflich *Lonely Beach* geheißener Strand an, doch baden ist hier nur suboptimal (viele Muschel- und Korallenbänke; stark gezeitenabhängig), und z.Zt. der Recherchen war das ganze Hinterland mehr oder weniger eine einzige Bungalow-Baustelle.

So richtig zugesagt hat uns wegen der regen Bautätigkeit eigentlich keine einzige Anlage, und am angenehmsten noch schien uns **Kae Bae**, wo Bungalows in allen Preisklassen zwischen 80 und nahezu 900 Bt zur Verfügung stehen, man auch Tauchausrüstungen ausleihen kann.

Bang Bao

Südlich Kai Kae endet z.Zt. die Inselstraße, und von hier aus geht es zu Fuß innerhalb einer rund 3-stündigen Strandtour zur Südküste hinunter, die mit dem Bang Bao Beach erreicht wird. Wer nicht laufen will, muß außerhalb der Saison (dann zumindest jeden zweiten Tag ein Direktboot ab Laem Ngop) von Ao Sapparot aus ein Motorrad/Pickup entlang der Ostküste nach Ban Salakpet nehmen (50 Bt) und dort ein Boot chartern, was kaum unter 400 Bt zu haben ist. Ob sich dieser Aufwand allerdings lohnt, sei dahingestellt, denn Baden ist hier nur sehr bedingt und das nur bei Flut möglich. Der kleine Fischerort am Strand freilich, ein Pfahlbaudorf, präsentiert sich höchst exotisch, und auch die drei Bungalowanlagen können gefallen.

Am besten gefiel uns **Bang Bao Blue Wave** mit sehr freundlichen Vermietern, gutem Essen und schattigen Bungalows zu 100–450 Bt.

»Malediveninsel« vor Ko Chang

Nicht weniger als 80 kleine, mittlere und große Inseln sind es, die sich südöstlich an Ko Chang anschließen und die alle parallel zu Kambodscha liegen. Diese Inselwelt am Ende der »westlichen« Welt gäbe es noch zu entdecken – war in den ersten Auflagen dieses Buches zu lesen. Auch daß angeblich noch nie zuvor ein Tourist den Weg hierher gefunden habe …

Sechs Jahre sind eine lange Zeit im boomenden Thailand. Die Wirklichkeit ist schneller als die kühnsten Träume. Kurz und gut: Auch in diesem abgelegenen Archipel wird gesägt und gezimmert, gemauert und gestrichen, sind Bautrupps überall am Werk. Wie's aussieht, rechnet man mit einem Massenansturm von hauptsächlich solventen Gästen:

■ **Ko Ngam:** Mini-Insel, tolle Optik, wenig badetauglich.

Luxus-Beachbungalows ab 800 Bt (*Twin Island Beach Resort,* Tel. 039/52 04 20).

■ **Ko Mak:** Rund 40 qkm großes flaches Eiland, intensiv bewirtschaftet, von Pfaden durchzogen, von Mücken verseucht, aber mit herrlichen Stränden.

Ein halbes Dutzend Anlagen, davon zwei, die völlig heruntergekommen sind. Bleiben u.a. *Ko Mak Resort* (Tel. 01/327 02 20; beste Anlage, tolle Bungalows, schöne Lage, unter ausländischem Management stehend, mit Tauchschule; ab 600 Bt), *Ao Khao Resort* (unter deutscher Leitung stehende Komfortanlage mit tiptoppen Bungalows zu 750 Bt in der besseren Kategorie).

■ **Ko Kradat:** Flache Kokospalmen-Inselscheibe à la Malediven, in Privatbesitz.

Nur 1 Bungalowanlage: *Ko Kradat Resort* (Tel. 01/354 00 16), sehr luxuriös, sehr teuer, sehr exklusiv.

■ **Ko Lao Yai:** Trauminsel, klein und fein und voller toller Strände, aber nur eine Anlage, die auf die Bedürfnisse der meist aus Bangkok kommenden Thai-Touristen eingestellt und sehr teuer ist: *Paradise Resort* (Tel. 039/51 25 52).

Pflügen eines Reisfeldes auf althergebrachte Art in der Zentralebene bei Bangkok

Entlang der Südchina-See

Südthailand – Ein Tropentraum

Da sind die Ausläufer des Himalaja, deren bis 1500 m hohe Gipfel auf die größten zusammenhängenden Regenwälder Thailands blicken. Darin treiben sich wild lebende Elefanten, Tiger und Bären sowie Affen herum. An der über 2000 km langen Küstenlinie tun das die Badetouristen an palmen- oder dschungelgesäumten Bilderbuchstränden. Eine der (laut »Inselexperten-Jury«) exotischsten Inseln dieser Welt gibt's ebenso, wie noch viele hundert andere Inseln – menschenleer oder auch mit allerbester Infrastruktur. Werbeklischee und Wahrheit sind ausnahmsweise mal durch keine Kluft getrennt.

Topographisch zur Halbinsel von Malakka gehörig, ist dieser Landesteil (der südlich von Bangkok beginnt, an der Grenze nach Malaysia endet) über 1000 km lang (Luftlinie) und zwischen 10 und 150 km breit. Im Osten wird er von der Südchina-See begrenzt, im Westen von der Andamanen-See. Reisezeit ist auf der einen Seite ist, wenn's auf der anderen regnet. Es ist also stets Saison. Und wenn in der heißen Jahreszeit das Reisen wirklich keinen Spaß mehr macht, dann kühlt hier stets ein laues Lüftchen.

Rund 1500 km beträgt die Straßendistanz von Bangkok zur südlichsten Landesprovinz, nach *Narathiwat* – eine Entfernung, die sich nicht nur räumlich und klimatisch auswirkt, sondern sich auch in einer anderen Kultur, einem anderen Selbstverständnis der Bewohner bemerkbar macht. Je weiter man nach Süden kommt, desto dunkler wird die Hautfarbe der Thailänder, desto schneller wird die Sprache gesprochen, desto schärfer wird das Essen. Schließlich lösen schlichte islamische Moscheen die buddhistischen Tempel ab, sprechen die Menschen mitunter eine völlig andere Sprache (nämlich Malaiisch) neben der Landessprache Thai, dominieren nicht mehr die ethnischen Thais, sondern Malaien das Bild. Die Reisfelder weichen ausgedehnten Kautschuk-, Kokospalmen- und Ananaspflanzungen; die küstennahe Bevölkerung lebt nahezu ausschließlich vom Fischfang, ihr durchschnittliches Pro-Kopf-Einkommen ist das zweitniedrigste des Landes und liegt nur knapp über dem des Armenhauses der Nation, des Nordostens.

Der Süden, lange Zeit von der Zentralregierung in Bangkok weitgehend unabhängig, wurde erst in diesem Jahrhundert fest ins Königreich integriert. Die vorherigen Landesherren wurden entmachtet, die Andersartigkeit der Menschen und ihre Belange übersehen. Nur die Hautfarbe und den Glauben übersah man nicht: Süd-Thailänder wurden zu Thailändern zweiter Klasse. Die Folge waren bewaffnete Aufstände, passiver Widerstand gegen die Obrigkeit und eine ständig stärker werdende Annäherung an Malaysia. Erst seit wenigen Jahren bemüht sich Bangkok um Verständigung, ist die Lage entspannter, hat der König, als Zeichen seines guten Willens, im tief-

sten Süden einen Sommerpalast errichtet, sogar eine Koran-Übersetzung ins Thai finanziert. Unverändert lediglich die unterschwellige Geringschätzung der »Nordländer« für ihre südlichen »Brüder«: Hohe Verwaltungspositionen sind ihnen praktisch verwehrt, die Mischehe zwischen einem Muslim und einer Buddhistin ist in den Augen der sonst so toleranten Buddhisten fast schon ein Tabu und wird nur dann als gültig betrachtet, wenn nach buddhistischem Zeremoniell geschlossen.

Der Islam

Islam bedeutet »Hingabe« und geht auf die Offenbarungen zurück, die der Prophet Mohammed zu Beginn des 7. Jh. vom Erzengel Gabriel empfing und die kurz nach seinem Tode schriftlich aufgezeichnet wurden. Der *Koran* (gleich: »Das zu rezitierende«), der aus 114 Abschnitten oder *Suren* besteht und u.a. alle Vorschriften, Verhaltensregeln und Gesetze des Islam enthält (Verbot von Alkohol und Schweinefleisch, Wucher, Glücksspiel und Anbetung von Bildnissen), gilt den Gläubigen als »Gottes geschriebenes Wort«. Fünf Hauptgebote – die Fundamente (*Arkan*) des Islams – regeln das Leben der Gläubigen:
– das Bekenntnis (*Shahada*), daß es keinen Gott außer Allah gibt und Mohammed sein Prophet ist: *La illah illah la we Mohammed rasul la,* wie es der Muezzin vom Minarett ruft;
– die Pflicht der Verrichtung von täglichen Ritualgebeten (*Salat*), in der Morgendämmerung, zur Mittagszeit, am Spätnachmittag, nach Sonnenuntergang und vor dem Schlafen;
– die Pflicht der Almosenspende (*Zakat*) an Bedürftige;
– die Wallfahrt nach Mekka (*Hadsch*) zur Kaaba;
– das Einhalten des Ramadan-Fasten (*Saum*) mit absoluter Enthaltsamkeit im 9. Monat des islamischen Kalenders von Sonnenaufgang bis Sonnenuntergang.

Religiöses Zentrum ist die Moschee (*Masjid*), von deren Minarett aus der Muezzin (*Bilal*) in Form eines melodiösen Sprechgesangs (*Azan*) die Gläubigen zum Gebet ruft.

Der Islam ist in der westlichen Welt ziemlich in Verruf geraten. Ein vorurteilsfreier Betrachter der reinen Lehre wird aber nicht umhin kommen, seine humanitäre Botschaft anzuerkennen.

Der Kris

Noch fast jede malaiische Thai-Familie besitzt einen Kris und hält ihn als Erbstück in Ehren. Aber eine kulturtragende Rolle spielt er nicht mehr, der traditionelle Dolch der Malaien (und Javaner), der noch Anfang unseres Jahrhunderts von fast jedem Mann getragen wurde und auf eine magische Art mit seinem Besitzer identisch war, ja seinen Besitzer sogar bei wichtigen Anlässen vetreten konnte. Doch Kris konnte früher noch mehr. Etwa die Verbindung zu den Ahnen herstellen, zaubern, reden, fliegen, schwimmen, Dämonen und Unglück fernhalten, gebärende Frauen vom Schmerz befreien. Doch nicht jeder Kris konnte solches vollbringen. Seine Macht wuchs zwar mit Anzahl der Gelegenheiten, bei denen er mit Blut in Berührung kam, aber ob er zum Guten oder Bösen wuchs, und wie stark er wuchs, dafür war der Charakter und Glaube seines Trägers verantwortlich: Stets war

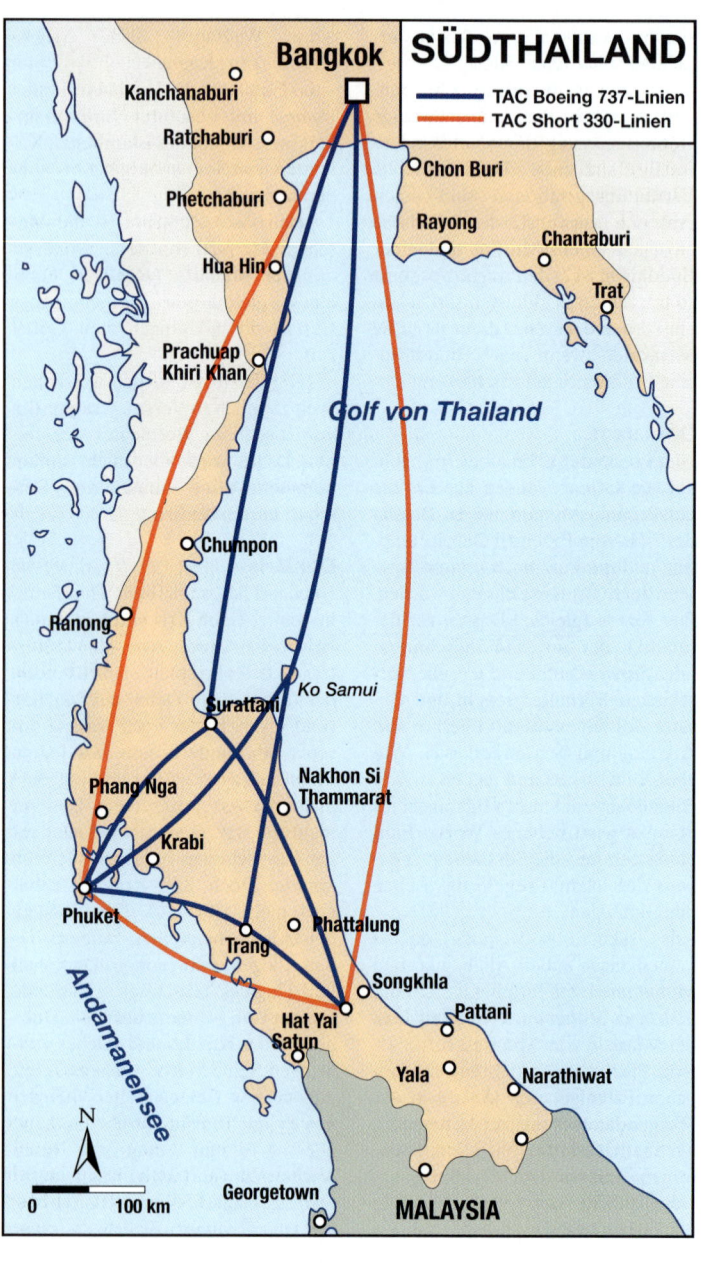

er nur so stark wie jener, war quasi sein ideelles anderes Ich.

Dem ganzen lag der Glaube an psychometrische Eigenschaften der Materie zugrunde (Transsubstantation), d.h., an die Möglichkeit ihrer Beeindruckung mit gewissen psychischen Qualitäten durch bewußte Konzentration. »Der Geist ist der Vorläufer aller Dinge«, ist schon in den frühesten hinduistischen und buddhistischen Schriften zu lesen. Nimmt man den Geist nicht bloß als ein Produkt chemischer Reaktionen, sondern als das primäre Gestaltungselement des Lebens, dann kommt uns dieser Glaube schon viel weniger lächerlich vor. – Zumal den Christen unter uns, die ja die Idee der Transsubstantation als Grundlage der Eucharistie und aller Konsekrationsriten durchaus anerkennen.

Der älteste noch erhaltene Kris stammt aus dem Jahr 1342, aber wie die Wissenschaft heute glaubt, war er schon seit der frühen Bronzezeit in ganz Südostasien bekannt. Sein charakteristisches Merkmal ist, daß Klinge und Griff aus einem einzigen Stück Metall geschmiedet sind. Dabei kann die 30 bis 40 cm lange (Damaszener-)Klinge entweder gerade oder schlangenförmig gebogen sein – dann immer mit einer ungeraden Zahl an Wellen versehen. Diese Formen gehen zurück auf die Gestalt der mythischen indischen Schlange, der *Naga,* die entweder gerade abgebildet wird (Zustand der Meditation) oder gewellt (im Zustand der Bewegung). Der Schmied galt als Magier, der vor und während der Arbeit besondere Rituale ausführen mußte, seine Werkstatt wurde als ein »Ort der Macht« angesehen. Schmiedemeister gibt es auch heute noch an der malaysischen Ostküste, aber wie dem Kris nur noch wenig Bedeutung beikommt, so auch den Schmieden, die sich mehr und mehr darauf spezialisiert haben, Dolche für den Touristenmarkt zu produzieren. Lediglich auf Hochzeiten und bei bestimmten wichtigen Zeremonien spielt der Kris im tiefen Süden von Thailand heute noch eine symbolische Rolle.

Richtung Süden

Sind Peripherien von Großstädten schon selten einladend, so erst recht die von Megastädten: Auch an der Ausfahrt von Bangkok nach Süden gibt es Häßliches in Fülle. Kilometer um Kilometer müht sich der Bus durch ein Gewürfel von schmuddeligen Häuserzeilen und slumähnlichen Randbauten. Dann, endlich, führt der gut ausgebaute und teils mehrspurige Highway hinein in die von Kanälen und Mangrovensümpfen durchzogene Tiefebene an der Grenze zwischen dem Zentralland und dem Süden. Doch auch dieser Abschnitt bietet landschaftlich nichts Aufregendes, eher Störendes, denn über der sumpfigen, mit unschönen Streusiedlungen sowie kilometerlangen Salzfeldern bestandenen Weite liegt ein Geruch nach Brackwasser und brennendem Wohlstandsmüll.

Ganz langsam aber, unmerklich, wird Veränderung offenbar, wird größer der Abstand von Wellblechsiedlung zu Wellblechsiedlung und grüner, immer grüner das zunehmend von sanft reliefierten Hügeln geprägte Land, das nach zwei Fahrstunden plötzlich bewaldete Felsen kennt. Die Hauptstraße führt in einem Bogen um die Höhenzüge herum, auf denen sich die Silhouetten verspielter Tempel gegen den Himmel abzeichnen, der hier, rund 160 km südlich von Bangkok, wieder klar und blau erscheint. Auf der gegenüberliegenden Seite, längs dem Ufer des Phetburi River, breitet sich die gleichnamige Provinzhauptstadt aus.

Kaeng-Krachan-Nationalpark – Des Südens »urigster« Urwald

Es handelt sich hier um den mit 2500 qkm größten zusammenhängenden Regenwald des Landes, bewohnt lediglich von einer Handvoll Karen-Tribes. Eine Pflanzenwelt in ihrer üppigsten Ausprägung harrt der Entdeckung, ebenso die Fauna: einige hundert wild lebende Elefanten etwa, Tiger, Leoparden, Krokodile, bellende Rehe und Riesenleguane. Und selbst das nahezu ausgestorbene Sumatra-Nashorn soll hier noch vertreten sein.

Pfade gibt's, quer durchs Dschungelspektrum; ebenso qualifizierte Führer, ohne deren Hilfe die landschaftlichen Highlights nicht zu finden sind. Lediglich einen der größten und vielleicht lieblichsten Seen Thailands kann man auch allein entdecken. Badeurlaub einmal anders – Unterkunft in Bungalows mit Seeblick.

Anreise/Ankunft/Information

■ Da der Park südwestlich von Bangkok gelegen ist, bestehen **Direktverbindungen** von allen Städten des Südens sowie natürlich von Bangkok. Aussteigen in Ta Yang, ein paar km südlich von Petchaburi (Petburi), wo ein Straßenschild auf den Park und den See hinweist.

■ An der Abbiegung nach **Ta Yang** auf einen der etwa stündlich verkehrenden Truck-Songthaews warten (8 bis 15 Uhr), die bis an den Park-Eingang fahren (20 Bt, 45 Minuten).

■ Weiter mit dem **Mopedtaxi** für 20 Bt direkt zum Hauptquartier des Parks, das etwa 3 km entfernt an der Seeuferstraße liegt.

■ Im **Headquarter** Info-Wand mit Parkkarte 1 : 50 000 sowie eine Diawand mit Dschungelfotos.

Der Chief-Manager des Parks spricht ausreichend englisch; er ist für Infos, Unterkunftsvergabe und Treks zuständig.

Unterkunft/Essen und Trinken

■ **Bungalows** alle mit Seeblick, in den Preislagen von 350 bis 1000 Bt. Außerdem stehen mehrere Zelte zur Verfügung, die, selbst aufgebaut, für 50 Bt/Nacht zu haben sind; auch eigene Zelte dürfen aufgebaut werden.

■ **Kaeng Krachan Resort** (Tel. 513 32 38), »Floating« Bungalows der komfortabelsten Art, von 850 Bt aufwärts. An den Wochenenden sind die schwimmenden Häuser von Ausflüglern aus Bangkok »geblockt«, unter der Woche herrscht gähnende Leere, und zäh verhandelnde Touristen können einen Discount herausschlagen.

■ Unterhalb des Headquarters ein **Restaurant** am See, das auch als Shop fungiert. Hier bei knapper Kasse auch kostenloses Übernachten auf dem Bambusboden.

Kaen-Krachan-Nationalpark

Trek-Organisation

Der Chief-Manager des Parks wird erstmal versuchen, einen abzuwimmeln: zu gefährlich für Touristen, wilde Tiere, kein Guide zur Verfügung ...! Hartnäckigkeit wird mit Erfolg belohnt. Generell sind Treks bis zu 4 Wochen und länger möglich, aber da es zwar Führer, doch keine Träger gibt, ist es ratsam, nicht länger als eine Woche einzuplanen.

■ **Was mitnehmen?** Topf, Gewürze, Reis etc. nimmt deine Begleitmannschaft sowieso mit. Wir hatten, karg, aber leicht und billig, pro Tag und Person 1 Sardinendose sowie einige Kekse für den süßen Zahn. Grundnahrungsmittel bekommst du im o.g. Restaurant/Shop.

Decken gibt's im Headquarter. Es lohnt sich, ein großes Regencape mitzunehmen, das aufgeklappt eine Plane von gut 2 mal 2 Meter ergibt: optimal als Liegefläche oder als Regendach sowie als Regenschutz. Erhältlich in jeder Stadt für ca. 100 Bt. Nicht schlecht, aber nicht unbedingt erforderlich, ist eine Schaumstoffmatte. Sinnvoll auch ein Allzweck-Messer und die Wasserflasche.

Moskito-Coils oder ähnliches ist unsinnig, weil es im Dschungel, unglaublich aber wahr, zu allen Jahreszeiten so gut wie keine Mücken gibt. Gegen Ameisen, winzige Flöhe und andere Krabbeltiere hilft hier am allerbesten Autan. Jod, Notverbandszeug, Wasserdesinfektionstabletten sowie Tiger-Balsam sollten obligatorisch sein.

■ **Was das kostet?** Von Lebensmitteln und Ausrüstung abgesehen (wir gaben für 5 Tage etwa 150 Bt aus für 2 Personen) erst mal 600 Bt für An- und Abfahrt mit einem Pritschenwagen: Das Trekking-Gebiet beginnt etwa 3 Fahrstunden östlich vom Headquarter. Für Guide und Sicherheitsmann je 150 Bt/Tag. Da das wenig ist, sollte man sich nach dem Trek erkenntlich zeigen und ruhig nochmal was locker machen (aber so, daß es der Chief Manager nicht sieht, sonst wandert das »Trinkgeld« in seine Hände).

Trekbeschreibung

Hier jetzt ein von uns begangener 5-Tages-Trek.

■ **1. Tag:** Ca. 3 Stunden mit Pick-Up bis zur Parkgrenze. Ab hier relativ leichtes Gehen entlang eines kleinen Flusses (Kaskaden, kleinere Wasserfälle, lichter Dschungel). Körperliche Kraftakte waren nur zweimal erforderlich, beim Hochkraxeln lehmiger Steilhänge. In Sachen Fauna sahen wir frische Elefanten- und Rehspuren, ein kleineres Krokodil, Bäume voller Affen, Tausende von Schmetterlingen sowie die Reste einer Tiermahlzeit: ca. 45 cm lange Rippenknochen, einen abgenagten Schädel. Nach etwa 3 Stunden war das Nachtcamp erreicht.

■ **2. Tag:** Aufbruch nach Sonnenaufgang. Aufstieg auf einen etwa 800 m hohen Berg, nicht übermäßig anstrengend aber schweißtreibend. Zuvor die Wasserflasche füllen und sparsam damit umgehen.

Auf dem Bergrücken geschah, womit man stets rechnen muß, wogegen auch der beste Führer nicht gefeit ist: Wir verloren den Weg (Elefanten trampeln die Pfade um). Also ohne Weg – sechs Stunden lang durchs Dickicht kriechen, durchs Bambusgehölz, Steilhänge hinunter, durch Lehm, morastige Wasserstellen, entlang kleiner Bäche.

Dann fanden wir den Weg wie-

Entlang der Südchina-See

der, erreichten gegen 6 Uhr abends das nächste Camp. Gesehen hatten wir an diesem Tag wieder Elefantenspuren sowie frischen Riesenkot, Lagerplätze im Bambusdickicht; mehrere Adler mit etwa 2,5 m Spannweite, dreimal frische Tigerspuren.

■ **3. Tag:** Auf gut sichtbarem Weg erreichten wir schon nach rund 4 bis 5 Stunden das Ziel des Tages und einen der landschaftlichen Highligts des Parkes – den *Tothip*-Wasserfall, der sich von etwa 100 m Höhe über 15 Katarakte schäumend in ein kesselartiges Waldtal mit Bassin ergießt. Eine Kletterpartie entlang der rechten Fallseite führt in etwa 30 Minuten zum oberen Flußlauf (Aussicht und Tierbeobachtungen). Lohnenswert ein kleiner Abstecher (ca. 1 Std.) zum Phetburi-River, einem majestätischen Urwaldfluß.

■ **4. Tag:** Zum Frühstück gab's Ochsenfrösche, die wir am Abend zuvor nach einem Regenschauer mit der Hand gefangen hatten. Nach Entfernen der Innereien wurden die kompletten Tiere mit dem Haumesser kleingehackt; dazu Knoblauch, Chili, frisch gepreßten Limonensaft, Zwiebeln und Öl. 20 Minuten dünsten, Reis dazugegeben – und fertig war der Currie; ungewohnt aber köstlich, nur die kleinen Knochensplitter verdarben ein wenig den Genuß.

Danach etwa 3 Stunden lang auf gut sichtbarem Weg – bis ans Ende eines schmalen Bachtales. Aufstieg über weglose Steilhänge für etwa 8 Stunden bis zum Gipfel des höchsten Parkberges, zum rund 1200 m hohen Plateauberg *Phanoen Thung* mit Fernsicht bis zur etwa 60 km entfernten Burmagrenze.

Und in Sachen Wildlife hat der Tag auch mehr als genug geboten: Der Führer, der etwa 50 m vor uns ging, stand plötzlich vor einem aufgerichteten, etwa 1,80 m hohen Bären – ein Tier, das auch er noch nie in diesem Wald gesehen hatte: Nach sekundenlangem Anstarren suchte das zottige Tier, wohl von der »Menschenmenge« geängstigt, das Weite.

■ **5. Tag:** Sonnenaufgang über Monsunwolken, unser Berg eine Insel im weißen Meer. Abstieg auf gutem Weg für etwa 4 Stunden, dann entlang einer alten Lodging-Piste durch lichten Urwald mit Riesenbäumen und vielen wilden Orchideenarten. Nach insgesamt 8 Stunden standen wir wieder am Waldrand. Der Pickup wartete schon.

✎ »Wir (drei Deutsche und ein Thai-Guide) machten die beschriebene Tour. Dazu benötigt man jetzt nicht mehr 5, sondern 3 Tage, da die neue Dschungelstraße bis auf 2 Wegstunden an den Wasserfall heranführt. Statt vage von ›Krabbeltierchen‹ zu sprechen, sollte der Hinweis auf das Millionenheer von Blutegeln nicht fehlen. Ausdrücklich unterstreichen möchten wir den Rat, auf einem Sicherheitsmann mit Gewehr zu bestehen. Viele Tigerspuren, ein penetrant nach Raubtierzoo riechender Tigerschlafplatz direkt am Weg, ein fauchender Tiger in direkter Nähe ...« (Matthias Röder, D-Düsseldorf).

Andere Abenteuer

Ansonsten kann man mit Führer ab Headquarter einen etwa 10-tägigen Marsch (hin und zurück) auf die Gipfel des Tenasserim-Gebirges machen, bis direkt an die Burmagrenze. Ab Tothip-Wasserfall in weiteren 5 Tagen den südlich gelegenen Pranburi-River erreichen. Oder eine

Floßfahrt auf dem Phetburi-River ab Höhe Tothip-Wasserfall unternehmen (nur möglich zwischen November und Februar).

Weiterreise

Täglich mehrere Truck-Songthaews ab Headquarter bis an die Straßenkreuzung nach Ta Yang; letzte Verbindung etwa gegen 18 Uhr. Ab Ta Yang Busstop Anschluß sowohl Richtung Bangkok als auch Richtung Süden – auch gegen 20 Uhr kommt man noch gut weg.

Phetburi – »Stadt der Diamanten«

Die »Stadt der Diamanten«, was Phetburi (auch: Phetchaburi) übersetzt bedeutet, gehörte im 17. und 18. Jh. dank den im Flußbett gefundenen Edelsteinen zu den wohlhabendsten des Königreiches, nachdem sie bereits für über ein Jahrtausend und schon zu den Zeiten des Mon- und Khmer-Reiches eine der bedeutenden Stationen auf dem langen Karawanenweg von der Malaiischen Halbinsel nach Indien gewesen war. Aus jener glorreichen Zeit stammen auch die meisten der rund drei Dutzend Tempelanlagen, deren lackierte Dächer und goldschimmernde Türme dem Stadtbild eine charmante, leicht altertümliche Note verleihen. – Kunsthistorisch interessierte Besucher dürften hier ein weites Betätigungsfeld haben. Aber auch jene, die nach dem Besuch von Bangkok das Leben und Treiben in einer typischen, noch untouristischen thailändischen Kleinstadt reizt, können sich wohl fühlen.

Unterkunft

■ **Khao Wang Hotel,** 123 Ratchavithi Road, Tel. 032/42 51 67.

Gut geführtes Hotel, direkt gegenüber des Palasthügels gelegen, daher bei Touristen beliebt. Es bietet große Fan- und Aircon-Zimmer mit Bad (ab 280 Bt); die in den höheren Etagen sind am ruhigsten.

■ **Phetkasem Hotel,** 86/1 Phetkasem Road, Tel. 032/42 55 81.

Gilt als das beste Hotel der Stadt. Die günstigen Zimmer (260 Bt) sind mit Fan und Bad ausgestattet, die besseren haben Aircon (370 Bt). Am ruhigsten sind die nach hinten gelegenen.

■ In der Budgetklasse zwischen 100 und 150 Bt finden sich zahlreiche günstige **Chinesen-Hotels:** Empfehlenswert etwa das *Rathanaphakdi* beim Busbahnhof sowie das *Chom Klao* und *Nam Chai,* beide im Zentrum an der Phongsuriya Road gelegen.

Essen und Trinken

■ Bestes Essen, gut und günstig, bekommt man auf dem **Nachtmarkt** an der Phongsuriya Road sowie im großen **Foodcenter** an der Phetkasem Road am Palasthügel Khao Wang. Beliebt auch das **Khao Wang-Restaurant** im gleichnamigen Hotel (s.o.), wo abends oft Live-Musik zu hören ist.

Sehenswertes

■ Von den Tempeln einmal abgesehen, ist es insbesondere der **Khao Wang,** der »Palast auf dem Hügel«, der die Aufmerksamkeit auf sich zieht: 92 m erhebt sich der neoklassizistische Komplex über die Häuser der Stadt. König Rama IV. war es, der die gepflegte und von einem wahrhaft exotischen Park umrahmte Anlage im 19 Jh. als Sommerresidenz errichten ließ. Vom Beobachtungsturm, den der Herrscher für seine astronomischen Studien errichten ließ, genießt man einen herrlichen Blick auf die Stadt und das Land: Braune Erdwälle und silbern schimmernde Bäche teilen ein Schachbrett smaragdfarbener Reisfelder im Saum regengrüner Hügel. Südthailand als Augenweide, das Thailand der Farbprospekte – hier kann man es zum ersten Mal in Vollkommenheit genießen.

Mi bis So 9–12 und 13–16 Uhr. Eintritt 40 Bt. Hinauf kommt man per pedes oder mit der neu errichteten Seilbahn.

■ Die wunderbare Tropfsteingrotte **Khao Luang,** rund 2 km vor der Stadt in Richtung Bangkok, besteht aus einem ganzen System untereinander verbundener Höhlen. Inmitten dieser märchenhaften Umgebung aus Stalagmiten und Stalaktiten wurden zahllose Buddhastatuen aufgestellt, darunter ein liegender Buddha von 5 m Länge. Am eindrucksvollsten präsentiert sich die Hauptgrotte, in die um die Mittagszeit das Sonnenlicht durch ein Deckenloch einfällt, wodurch Figuren und Tropfsteine optisch verzerrt erscheinen.

Täglich 9–15 Uhr. Anfahrt mit einem Samlor für 20 Bt.

■ Wenn es **Tempel** sind, die man nun noch besuchen möchte, hat man dazu im eigentlichen Stadtkern ausreichend Gelegenheit. Rund 3 Stunden sind für die Tempeltour mindestens anzusetzen, und wer sie nicht zu Fuß unternehmen will, miete sich am besten einen Samlor, der für die gesamte Strecke und Besichtigungsdauer nicht mehr als 100 Bt kosten sollte.

Bemerkenswert sind folgende Tempel: *Wat Yai Suwannaram* (Fresken aus dem 17. Jh.), *Wat Ko Keo* (Fresken aus dem 18. Jh.), *Wat Phra Suang* (reich verzierte Gebäude), *Wat Mahatat* (aus dem 19. Jh., errichtet im Stil der Turmheiligtümer der Khmer-Zeit), *Wat Kamphaeng Laeng* (Stuckdekorationen, alte Mauerreste aus der Khmer-Epoche).

An-/Weiterreise

■ **Bus:** Da Phetburi an der Durchgangsstraße nach Süden liegt (Highway 4), bestehen gute Verbindungen von/nach Bangkok (alle 20 Minuten, 43 Bt im Fan-, 65 Bt im Aircon-Bus), Cha-Am/Hua Hin (alle 20 Minuten, 16 bzw. 20 Bt) sowie in alle anderen Regionen des Südens.

Der Busbahnhof für Fan-Busse liegt an der Phongsuriya Road im Zentrum.

■ **Zug:** Täglich verkehren 9 Züge auf der Strecke von/nach Bangkok sowie von/nach Suratthani/Hat Yai via Cha-Am und Hua Hin.

Ein erster Beach-Stop

Der erste reizvolle Strand unserer Route liegt 18 km südlich von Phetburi:

■ Hell und langgestreckt zieht sich der **Hat Chaosamran** am Meer dahin. Unter der Woche geht es hier ruhig bis einsam zu; an den Wochenenden kommen viele Ausflügler. Der Platz ist aber wegen seiner Moskitos verschrieen, die einst schon König Rama IV. verjagt haben, der hier einen Sommerpalast errichten wollte. Für ein paar entspannte Stunden ist der Strand dennoch zu empfehlen.

Phetburi

■ Auch wenn der 22 km weiter südlich gelegene Beach von **Cha-Am** einen saubereren, weißeren, insgesamt attraktiveren Eindruck macht; zumindest werktags, denn an den Wochenenden (sowie in den Ferien), wenn Tausende Familien aus dem nahen Bangkok den von Casuarinas gesäumten Strand bevölkern, geht es hier wie auf einem Rummelplatz zu. Mehr als einen Bade-Stopover wird man kaum einlegen wollen, auch wenn mehr und mehr Europäer hier ihren ganzen Urlaub verbringen.

Information
■ **Tourist Office,** Phetkasem Rd (Highway 4; vom Busbahnhof ca. 200 m weiter südlich Richtung Hua Hin), Tel. 032/47 15 02. Es liegen Preislisten der Hotels aus.

Unterkunft
Eine Unterkunft zu finden, kann sich nur an den Wochenenden sowie zur Ferienzeit als ein Problem erweisen, denn entlang der gesamten Uferstraße reihen sich die Hotels und Bungalowanlagen aneinander. Werktags herrscht meist gähnende Leere; dann kann man bis zu 30% Rabatt auf die (teils recht hohen) Zimmerpreise bekommen.
■ **Billig-Zimmer** bieten eigentlich nur das *Jack* sowie *Donut Guesthouse* beim Busterminal in einer Shophaus-Reihensiedlung, wo man für ein denkbar einfaches Zimmer (Gemeinschaftsbad) aber auch schon 170 Bt hinblättern muß.
■ Die **Mittelklasse** ist reich vertreten, und bei Individualtouristen beliebt ist u.a. das *Kaen Chan Hotel* an der nördlichen Strandstraße (Tel. 032/47 13 14), wo man zwischen günstigen Bungalows (ab 200 Bt) und Zimmern in vielen Variationen zwischen 250 und 1200 Bt wählen kann. Empfehlenswert auch die Motelanlage *Cha-Am Holiday Lodge* (nördliches Strandende, Tel. 032/47 15 95) sowie *Santhikam Bungalows* (nördliche Strandstraße, Tel. 032/47 13 29) mit gleichen Preisen.
■ **Komfort-/Luxusklasse:** In dieser Klasse ein vakantes Zimmer zu bekommen, ist nie ein Problem; und immer sollte man nach einem Rabatt fragen. Als die besten Häuser gelten das *Regent Hotel* (südl. Strand, Tel. 032/47 14 80), ein modernes zwölfgeschossiges Strandhotel (u.a. mit 4 Swimmingpools) mit Preisen ab 2000 Bt sowie das *Dusit Resort* (südlicher Strand, Tel. 032/52 00 09), das als eines der luxuriösesten der Küste gilt und ab 3600 Bt kostet.

An-/Weiterreise
■ Alle zwischen Bangkok und dem Süden verkehrenden **Busse** passieren auch Cha-Am, außerdem stündlich Direktbusse auf der Strecke Bangkok–Cha-Am (45 Bt, 70 Bt/Aircon); Phetburi und Hua Hin werden alle 20 Minuten angefahren (16 Bt).

Der Busbahnhof liegt direkt am Highway 4: geradeaus über die Hauptstraße, noch ca. 5 Gehminuten zum Nordstrand.
■ **Zug:** Da nur wenige Züge in Cha-Am halten, sollte man den Bus bevorzugen.

Hua Hin – Ein königlicher Badeort

Der »berühmte Badeort in Siam«, wie Hua Hin in einem Reiseführer aus den 30er Jahren bezeichnet wird,

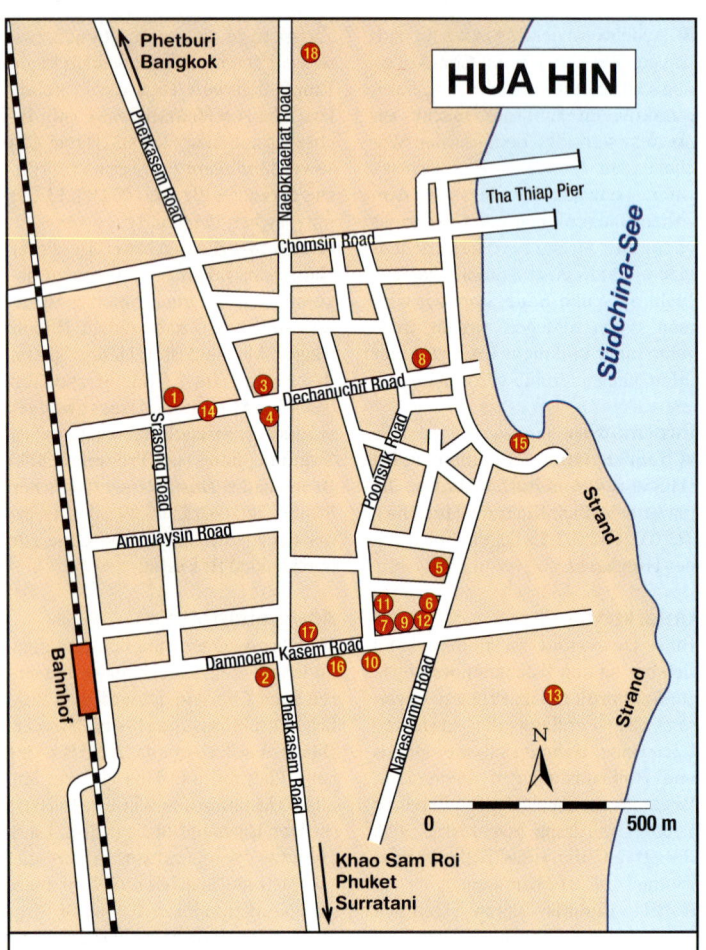

Hua Hin

hat viel von seinem alten Charme eingebüßt, seit das legendäre Railway Hotel, im Film »Killing Fields« als Hotel Le Phnom zu Weltruhm gekommen, im Betonbrei unserer Zeit unterging: Seit 1988 stochern Baukräne ohne Unterlaß im Himmel herum und durchpflügen Raupen die Erde, um neue, immer wieder neue Hotelkästen in die etwa 30 000 Einwohner große Stadt zu stellen, die seit 1917, als sich König Rama VI. hier einen Sommerpalast gönnte, den Rang eines königlichen Badeortes innehat. Heute dient der Palast König Bhumipol und seiner Familie als Residenz, und wo der König Urlaub macht, da wollen die Begüterten aus seinem Volk nicht nachstehen, deshalb auch besagter Bauboom.

Mehr und mehr mischen sich internationale (Pauschal-)Gäste unter das Thai-Volk, aber sie werden wohl nicht wiederkommen, denn der Strand ist nur mäßig attraktiv, ganz und gar nicht mit denen von z.B. Phuket oder Ko Samui zu vergleichen und zudem nicht gut zum Baden geeignet. Was einen kurzen Aufenthalt rechtfertigt, ist die gemütliche Atmosphäre, die noch ein wenig an die alten Tage erinnert, und das sind insbesondere die zahlreichen Restaurants und Eßmärkte, wo man das Leckerste vom Leckersten, was Thailand zu bieten hat, genießen kann.

Ankunft

■ **Busstop** direkt im Ortszentrum am kleinen Busbahnhof neben dem Markt; Aircon-Busse halten auf der Hauptstraße vor dem Markt.

■ Der **Bahnhof** liegt etwa 1 km außerhalb; der Weg in die Stadt ist nicht zu verfehlen.

Information

■ **Tourist Office,** in der Halle des neuen Prestige-Rathauses an der Ecke Damnernkasem Road (off Railway Station) und Phetkasem Road (Durchgangsstraße), Tel. 032/51 21 20. Täglich 9–18 Uhr. Transport- und Unterkunftverzeichnis.

Unterkunft

Guesthouses:

Die über zwei Dutzend Guesthouses der Stadt haben die günstigsten Zimmer; die meisten finden sich an der Damnernkasem Road sowie an der von dieser Straße abzweigenden und parallel zum Strand verlaufenden Naresdamri Road. Die Zimmer sind schlicht, meist nur mit einem Bett möbliert, haben Fan oder Aircon, und angeschlossen ist meist ein kleiner Aufenthaltsraum mit TV und Kühlschrank.

■ Zu empfehlen sind hier u.a. das **Europa** (158 Naresdamri Road, Tel. 032/51 32 35; Alt-Treff, Zimmer mit Bad ab 200 Bt), das **Sriosraupsin** (152 Naresdamri Road; Zimmer mit Bad und Fan zu 220 Bt in einem fünfstöckigen Haus) sowie das nebenan gelegene **Sunee** (Zimmer von 150 Bt mit Bad in einem alten Holzhaus).

■ Auf der 6 Damnernkasem Road findet man etwa das beliebte **Thai Thae Guesthouse** (Tel. 032/51 19 06): große Fan- und Aircon-Zimmer zu 200 und 350 Bt.

■ Auf der 10 Decharnuchit Road bietet sich mit gleichen Preisen das **All Nations** (Tel. 032/51 27 47) an: große Zimmer, jedes mit Balkon; jeweils 3 Zimmer teilen sich die sanitären Einrichtungen.

■ Am Ende der Decharnuchit Rd, direkt am Meer, liegt das **Seabreeze,** wo die Zimmer mit Meerblick 350 Bt kosten, die nach hinten 260 Bt. Nachteil: Bei Ebbe stinkt das Meer.

Mittelklasse-Hotels:
Von den Billig-Hotels, die überwiegend die Hauptdurchgangsstraße säumen, ist abzuraten, weil laut, dreckig, übertreuert.

■ In der Mittelklasse empfehlen sich etwa das **Hua Hin Raluk Hotel,** 16 Damnernkasem Road, Tel. 032/51 19 40.

Zweigeschossiges Haus im »Hacienda«-Stil mit etwas angegammelten Fan- und Aircon-Zimmern zu 350 Bt, neuen Aircon-Bungalows im angrenzenden Garten zu 650 Bt.

■ Sehr beliebt auch das **Jed Pee Nong Hotel,** 17 Damnernkasem Rd, Tel. 032/51 23 81.

Große Zimmer mit Fan ab 520 Bt oder Aircon ab 660 Bt, alle mit Bad; die teuersten blicken auf den kleinen hauseigenen Swimmingpool.

■ **Ban Boosarin Hotel,** 8 Ponsuk Road, Tel. 032/51 20 76.

»Mini-Deluxe-Hotel«, alle Zimmer mit Aircon, Bad, TV, Telefon, Kühlschrank, Terrasse. Kostenpunkt: von 650 Bt an aufwärts.

■ **Phananchai Hotel,** 73 Naep Khehat Road, Tel. 032/51 17 07.

Etwas außerhalb gelegen, daher relativ günstig. Alle Zimmer haben Bad, Aircon, TV und kosten zwischen 500 und 800 Bt.

Luxushotels:
■ Das günstigste Haus in dieser Klasse ist das **Sirin Hotel,** Damnernkasem Rd/Ecke Naresdamri Rd, Tel. 032/51 11 50.

Die Zimmer sind groß, sauber, komfortabel und kosten zwischen 950 und 1200 Bt.

■ Als Spitzenreiter in Sachen Stil und Komfort gilt das **Hotel Sofitel Central Hua Hin,** 1 Damnernkasem Road, Tel. 032/51 20 21. Reservierung stets empfohlen.

Das ehemalige »Railway Hotel« – die schönsten Zimmer, ab 1950 Bt, finden sich im alten viktorianischen Kolonialstil-Trakt, die luxuriösesten, ab 2700 Bt, im betongegossenen Neubau.

Essen und Trinken

Gut essen ist des Thailänders liebste Beschäftigung, und da Hua Hin noch immer in allererster Linie ein Thai-Urlaubsort ist, finden sich entsprechend viele Möglichkeiten, allerfeinste Landesküche zu kosten.

■ Am günstigsten und zünftigsten ißt man auf dem **Chatchai Night Market** an der Decharnuchit Road, wo tagsüber, aber insbesondere am Abend, an Hunderten Ständen Köstlichkeiten zwischen 10 und 30 Bt angeboten werden.

■ Berühmt ist Hua Hin für seine **Seafood-Restaurants:** Die besten finden sich am Ende der Naresdamri Road beim Pier. Vor allem das *Sang Thai,* das auf eine 50jährige Tradition blickt, sei hier empfohlen, denn die Gerichte (um 150 Bt) sind von höchster Qualität, und die Lage auf einer Pfahlbau-Terrasse über dem Meer könnte romantischer nicht sein.

■ Mehr auf **Currie-Gerichte** spezialisiert sind zahlreiche kleine Restaurants entlang der Damnernkasem Road (um 30 Bt) sowie das Gartenrestaurant *Ban Lan Shao,* an der Poonsuk Road: Gerichte um 80 Bt.

■ **Internationale Küche** ist ebenfalls reich vertreten. Man bekommt beispielsweise gute italienische Gerichte im *La Villa* (Poonsuk Road), französische und spanische im *La Bode-*

ga (Damnernkasem Road), deutsche im *Beergarden* (Naresdamri Road).

Strände

✐ »Am Golf von Siam sollte man die Warnung vor Quallen unbedingt ernst nehmen. Und nicht nur die roten Feuerquallen sind hier gefährlich, ich selbst habe von einer weißen Qualle eine ordentliche Verletzung davongetragen und ein anderer Gast aus dem Hotel trug schwere Verbrennungen davon. Wenn's passiert ist, sollte man unbedingt ärztliche Versorgung in Anspruch nehmen« Gisela Deichelmann, D-München).

■ Der **Hua-Hin-Strand** dient mehr zum Sonnenbaden als zum Baden, denn das Meer fällt gleich recht tief ab, kennt gefährliche Strömungen (Rettungswacht ist vorhanden), auch unangenehme Quallen.

■ Schöner und leerer präsentiert sich der auch zum Baden geeignete **Suan-Son-Strand,** der von schattenspendenden Nadelbäumen flankiert wird. 9 km südlich Hua Hins; Bus alle 20 Minuten ab Busbahnhof zu 4 Bt.

■ Weitere 4 km gen Süden erstreckt sich der **Khao-Tao-Strand,** der einsamste in der Region. Bus ab Hua Hin 5 Bt bis zur Abzweigung; ab dort Motorrad-Zubringer zu 5 Bt.

Ausflüge

■ Als Halbtagesausflug zu empfehlen ist ein Besuch des **Khao Takiab,** auch bekannt als *Krialas Hill,* der sich rund 5 km südlich Hua Hins steil über den Strand erhebt und mit einem malerischen Tempel bestanden ist. Hinauf führt ein Weg, Affen fordern dreist einen Obulus (Erdnüsse oder Bananen mitnehmen), und von der Höhe aus genießt man ein tolles Panorama über Land, Strand und Meer mit dem vorgelagerten Inselchen **Ko Sing Toh,** wo's gut zum Schnorcheln und Angeln sein soll; Bootstrips von Hua Hin aus werden von den Guesthouses/Hotels sowie Reisebüros organisiert: um 600 Bt.

Anfahrt: Zu Fuß entlang dem Strand in rund 2 Std. Oder mit dem Bus ab Busbahnhof (alle 20 Minuten, 5 Bt).

■ **Singtoh Island:** Dieses winzige Eiland liegt rund 1 km vor der Küste zwischen Khao Takiab Hill und Suan Son Beach und soll angeblich gut zum Schnorcheln und Angeln sein. Bootstrip von und nach Hua Hin kostet 600 Bt (Infos über die Unterkünfte), von und nach Suan Son 500 Bt.

■ **Pa La-U Wasserfall:** Der Pa La-U ist ein Doppelwasserfall, bestehend aus dem La-U-Yai- und dem La-U-Noi-Wasserfall, der sich am Fuß der *Tanao Sri Range,* rund 65 km von Hua Hin entfernt, in ein Bassin ergießt. Üppig wuchernder Dschungel, ideale Bademöglichkeiten – als Tagesabstecher zu empfehlen (zwischen Oktober/November und April).

Den Härtefreaks unter Euch möchten wir nahelegen, vom Pa La-U Wasserfall aus dem Fluß zu folgen, der im Zentrum des Tenasserim-Gebirges (Burma-Grenze) entspringt und (wie der Wasserfall auch) zum Kaeng-Krachan-Nationalpark gehört. Alleine trekken zu gehen, ist verboten, Führer vermittelt das Nationalparkamt. Schriftliche Anmeldung wird empfohlen (etwa 1 Woche vor Trekbeginn): *The Sub Forestry Office,* Kaeng Krachan Nationalpark, Pa La-U, Hua Hin, Prachuapkhirikhan 77110.

In der Nähe des Wasserfalls laden

zwei Mini-Stauseen zum Baden ein, ein Karen-Dorf ist rund 13 km entfernt, und auf halber Strecke zwischen Hua Hin und Pa La-U, bei *Ban Nongphlab,* gibt es gleich drei sehenswerte Höhlen. Alle liegen entlang einer Stichstraße, die von der Nationalstraße 3219 nach rechts abzweigt (vor der Polizeistation); zur *Dao Cave* sind's ab Hauptstraße rund 500 m, die *Lablae Cave* ist etwa 1,5 km entfernt, die *Kailon Cave* 2,5 km.

Die Anreise nach Pa La-U und auch zu den Höhlen ist zwar per Songthaew möglich (Abfahrt Srasong Road, vor Suriya Color Lab.), aber die Rückreise nach Hua Hin kann dann erst am kommenden Tag stattfinden; es gibt keine Unterkunft, du mußt das eigene Zelt mitbringen. Hin um 11.30, 13 und 15 Uhr für 20 Bt nach Ban Fa Prathan; ab dort noch 4 km zum Park-Checkpoint zu Fuß oder Motorrad-Zubringer (20 Bt); ab Sub-Forestry Office verkehrt ein Minibus zum Wasserfall für 20 Bt (hin und zurück). Ban Nongphlab (für die Höhlen) liegt am Weg, Songthaew kostet 15 Bt ab Hua Hin. Zurück fahren die Songthaews ab Ban Fa Prathan um 6.30, 8 und 9 Uhr.

Einfacher ist's mit dem Motorrad, dem Leihwagen (siehe unter »Verschiedenes«) oder dem Charter-Minibus (über die Unterkünfte), der zum Wasserfall und zurück 750 Bt kostet, zu den Höhlen rund 500 Bt.

■ Der südlich von Hua Hin an der Hauptstraße ausgeschilderte **Pranburi Dam** kann nur per Charter-Minibus (450 Bt) oder Motorrad/Leihwagen erreicht werden. Die Landschaft rings um den Stausee ist aber langweilig-flach und die Bademöglichkeiten sind auch nicht ideal (ziemlich brackiges Wasser). Dieser Abstecher, oft empfohlen, ist nicht empfehlenswert.

Verschiedenes

■ **Banken:** im Stadtzentrum an der Phetkasem Road. Mo bis Fr 8.30–15.30 Uhr.

■ **Postamt:** Damnernkasem Road. Mo bis Fr 8.30–15.30 Uhr, Sa 9–12 Uhr.

Hier auch das **Telefonamt** für nationale und internationale Gespräche. Täglich 6–22 Uhr.

■ **Motorrad-, Fahrradvermietung:** Fahrräder können über viele Guesthouses sowie Verleihstationen auf der Damnernkasem Road für 70–100 Bt pro Tag ausgeliehen werden.

Ebenso Motorräder: Die kleinen Honda Custom oder Dream kosten ab 180 Bt für den halben Tag, 250 Bt/Tag, für die Honda MTX werden 300 Bt verlangt, für schwere Maschinen ab 700 Bt.

Weiterreise

■ **Bus:** Die Normalbusse starten tagsüber (bis 16 Uhr) direkt am Busbahnhof neben dem Markt auf der Decharnuchit Rd, abends und nachts auf der Hauptstraße Phetkasem Rd, nahe Kreuzung mit Decharnuchit Rd, gegenüber oder vor der Bank of Ayudhaya. Tickets im Bus kaufen. Ab und an jedoch halten auch die Nachtbusse am Busbahnhof: deshalb dort nachfragen.

Die Aircon-Busse starten generell vor dem Büro der *Hua Hin-Pran Tour,* Decharnuchit Rd/Ecke Phetkasem Rd. Da die Busse weiter gen Süden aus Bangkok kommen und meist ausgebucht sind, ist es empfehlenswert, ein bis zwei Tage vor Abfahrt zu reservieren.

Der Normalbus von/nach Bangkok kostet 55 Bt (ca. 4 Stunden), verkehrt zwischen 5 und 16.30 Uhr alle 20 Minuten. Aircon-Busse kosten 94 Bt, Abfahrt stündlich zwischen 6 und 18 Uhr. Cha-Am und Phetburi kosten 16 Bt bzw. 20 Bt.

■ **Zug:** Zugtickets am Schalter im Bahnhof, Damnernkasem Rd. Fahrplanauskunft (auch englisch) unter Tel. 032/51 10 73. Da die Züge Richtung Süden, täglich 10 Verbindungen, in Bangkok starten, sind die guten Plätze (und Schlafabteile) meist schon belegt. Rechtzeitige Reservierung, mindestens zwei Tage zuvor, erspart Reisestreß. Die Fahrt nach Bangkok kostet 52 Bt in der 3. Klasse, 92 Bt in der 2. Klasse. Für Ko Samui und Ko Phangan nimmt man am besten den Zug um 22.20 Uhr nach Suratthani; dann man hat man sogleich Anschluß.

■ **Flug:** Seit neuestem fliegt *Bangkok Air* zweimal täglich mit 2-Propeller-Maschinen nach Bangkok: 25 Flugminuten, 950 Bt, zum Airport per Taxi für 50 Bt. Tel. 032/51 20 83.

Khao Sam Roi Yot – Ein landschaftliches Kleinod

Großartige Landschaften und faszinierende Fauna vereint, das ist es, was den besonderen Reiz dieses 130 qkm großen Nationalparks der »Dreihundert Gipfel« ausmacht, in dem die meisten Außenaufnahmen für den preisgekrönten Film »Killing Fields« gedreht wurden. Das landschaftliche Spektrum umfaßt urwüchsige, bis 600 m hohe Kalksteinfelsen ebenso wie riesige Höhlensysteme und ausgedehnte Marschlandschaften, in denen zwischen November und Februar rund 200 Zugvogelarten überwintern. Insgesamt wurden über 800 Vogelarten gezählt, und angeblich sollen hier u.a. auch noch Leoparden zu Hause sein.

Anreise

Erreichen kann man den Nationalpark von Pranburi aus, einem rund 25 km südlich Hua Hins am Highway-4 gelegenen Städtchen mit Direktverbindungen von/nach allen Städten des Südens sowie auch Bangkok: Bus ab Hua Hin 10 Bt. Ab Pranburi weiter mit einem stündlich verkehrenden Songthaew (20 Bt) nach Bang Pu, von wo man vormittags mit Pickups weiter zum Parkzentrum kommt (10 Bt).

Möglich auch als Tagesausflug von Hua Hin aus: Die Taxicharter für hin und zurück inklusive 4–5 Stunden Aufenthalt kommt auf etwa 800 Bt.

Information, Unterkunft

■ Im **Hauptquartier des Parks,** wo man auch Führer (150 Bt) für verschiedene Exkursionen mieten kann. Die Park-Bungalows, ausgelegt für Gruppen, kosten zwischen 500 und 1000 Bt; Handeln ist möglich. 2-Personen-Zelte kann man für 50 Bt die Nacht ausleihen, ein eigenes Zelt aufzustellen kostet 10 Bt. – Mücken-Mittel nicht vergessen: In den Morgen- und Abendstunden können die Moskitos eine Plage sein.

■ Unterkunft außerdem **in Pranburi** im *Pransiri Hotel* (283 Phetchkasem Road, Tel. 032/62 10 61; 200 Bt) sowie im luxuriösen *Pranburi Beach Resort* (9 Parknampran Beach, Tel. 032/62 17 01), einer einsam an einem herrlichen Strand gelegenen Luxusanlage mit Zimmern/Bungalows ab 1500 Bt.

Ausflüge

■ Zu den meistbesuchten Highlights zählt die **Phraya-Nakhon-Höhle,** wohin ein direkt hinter dem Nationalpark-Center beginnender Pfad innerhalb einer halben Stunde führt: Es geht einen aussichtsreichen Plateauberg hinauf, in einer senkrecht nach unten führenden Grotte hinab und durch mehrere Felstore in eine große, nach oben hin offene Tropfsteinhöhle mit Sinterterrassen und einem kleinen Tempel in der Mitte. Rund 3 Stunden an Zeit sollte man für diese Tour schon einplanen; Führer und auch Taschenlampe sind unnötig, da der Weg nicht zu verfehlen ist.

■ Ein Erlebnis ist der Besuch der **Sai-Höhle** mit ihrem monumental kuppelartigen Gewölbe, von dem bis zu 15 m lange Stalaktiten herabhängen. Durch zwei Schächte fällt ausreichend Licht ein (Taschenlampe unnötig).

Es gibt gleich mehrere Wege zur Höhle. Informationen sind erhältlich im Park-Zentrum, auch über andere mögliche Wanderungen sowie Berg- und Bootstouren, die man von hier aus unternehmen kann.

■ Unvergeßlich die Fahrt durch den **Khao-Daeng-Kanal** in den frühen Morgen- oder Abendstunden, um der exotischen Vogelwelt des Parks nahe zu kommen.

Prachuap Khiri Khan – Am Fuße des »Spiegelberges«

Die Geschichte dieser Stadt, Metropole der gleichnamigen Provinz und von den Einwohnern kurz *Prachuap* genannt, begann am 18. August 1868 mit der Ankunft von König Mongkut und seinen Gästen, die sich einfanden, um eine von seiner Hoheit selbst vorausgesagte Sonnenfinsternis zu beobachten. Die Finsternis kam, ein paar Tage später zog die illustre Schar wieder gen Bangkok, und Prachuap, nur als Provisorium errichtet, wurde abgerissen. Banditen zogen ein, aus Thailand und dem nahen Burma, und sie hielten den Schlupfwinkel bis in die 30er Jahre unseres Jahrhunderts. Erst zu diesem Zeitpunkt begann sich hier eine richtige Siedlung zu bilden; heute, weil von wuchtigen Felsen gegen den Monsun geschützt, eines der wichtigsten Fischereizentren des Landes.

Touristische Attraktion ist der **Khao Chong Krajok,** der »Spiegelberg«, je nach Lichtverhältnissen schimmert er wirklich wie ein Spiegel, auf dessen Gipfel, erreichbar über rund 400 Stufen, ein kleiner Tempel angelegt ist. Wer die Stufenhürde nimmt, auch mit den zahlreichen begleitenden und Bananenhungrigen Affen klarkommt, blickt bis nach Burma hinüber.

Strände gibt es auch, aber direkt bei der Stadt sind sie schlickig und verschmutzt. Eine kleine Nachbarbucht aber, **Ao Noi,** wurde zumindest in einem Reisemagazin zum »Paradies« erklärt. In der Tat präsentiert sich die von Felsen begrenzte Feinsandbucht wie dem Bilderbuch entsprungen, das Wasser ist kristallklar sauber.

Um die Idylle perfekt zu machen, gibt's gar eine gute Bungalowanlage – die *Ao Noi Beach Bungalows* (Tel. 01/941 76 35). Billig sind sie nicht, die Steinbungalows, aber die Ausstattung ist dem Preis angemessen, und der Preis von 650 Bt für zwei Personen beinhaltet obendrein ein opulentes Frühstück. Die Anlage gehört einem Deutschen namens Lothar Deutsch, Entwicklungshelfer: Im Garten laufen Hühner herum, ein paar Schafe, Hund und Katze, das Essen ist prächtig, wie auch Stern-Reporter Michael Dietrich in einer Reportage zu berichten wußte. Auch Vermietung von Fahr- und Motorrädern sowie Surfbrettern.

■ **An-/Weiterreise:** denkbar einfach, denn alle Busse und Züge auf dem Weg von Bangkok nach Süden und umgekehrt stoppen in Prachuap. Weiter per Motorrad-Taxi zu 30 Bt.

Richtung Chumpon

Südlich Prachuap kommen mehr und mehr Kautschukplantagen ins Bild und sieht man vielen Thais schon an, daß sie ethnische Malaien sind. Die Strecke, mehr als 170 km lang, führt durch touristisches Niemandsland: Wer die Hauptstraße verläßt, kann sich noch ein wenig in dem Gefühl sonnen, Pionier zu sein. Zahlreiche (Strand-)Gründe gäbe es zum Abbiegen, und eines Tages wird das Tourismus-Ministerium in Bangkok bestimmt auch diesen Landesteil zur Devisenbeschaffung heranziehen. Aber bis das soweit ist, bleiben hier die Fischer und Bauern unter sich, denn das Straßennetz ist schlecht, schlechter noch das öffentliche Transportsystem, und so sind all die schönen Sandbuchten denen vorbehalten, die über ein eigenes Fahrzeug verfügen.

■ Am einfachsten erreichbar sind noch die Strände südlich des Kleinstädtchens **Bang Saphan** (80 km südlich Prachuaps; Bahnhof; 10 km östlich der Hauptstraße, ab dort Mini-Bus-Zubringer), das soeben begonnen hat, sich bei Thai-Touristen einen guten Namen zu machen und über mehrere Resorts verfügt (etwa *Haad Somboon, Bang Saphan, Sarika Villa*); die Preise für Zimmer und Bungalows liegen weit unter dem Normalmaß; schon für durchschnittlich 250 Bt bekommt man einen guten Gegenwert.

Auf den folgenden 80 km gen Süden verläuft die Hauptstraße im Landesinneren; sie erlaubt keine Sicht aufs Meer, das auch in diesem Abschnitt von teils berückend schönen Stränden gesäumt wird. Infrastruktur gibt es keine.

■ Das ändert sich erst etwa 18 km nördlich von Chumpon, wo sich entlang des H-3180, der vom Highway 4 abzweigt, eine der landschaftlich schönsten und vor allem auch unberührten Strandregionen, die Thailand zu bieten hat, erstreckt. Als Juwel in der langen Kette trefflicher Sandbuchten gilt die felsgerahmte und mit feinem Weißsand gefüllte Bucht von **Tung Wua Laen**, die auch in der Monsunzeit zum gefahrlosen Baden einlädt. Voraus reckt sich die sogenannte Krokodilinsel aus dem Meer; weiter draußen liegen die Eilande *Ko Thalu* und *Ko Ngam*: Die Tauchgründe dazwischen gehören laut dem amerikanischen »Diver«-

267

Magazin mit zu den besten überhaupt. So versteht sich die einzige Bungalowanlage am Strand auch als Tauchbasis, die Ausrüstung ist bestens gewartet, man kann hier Tauchzertifikate (4-Tageskurs zu 6500 Bt) erwerben, an organisierten Exkursionen teilnehmen, aber auch Ausrüstungen ausleihen (1200 Bt pro Tag) und Flaschen auffüllen lassen (80 Bt): *Chumpon Cabana Resort,* Tel. 077/50 19 90. Über 100 Bungalows der gehobenen und ästhetischen Art stehen zur Verfügung, die Preise sind mit 600 bis über 1000 Bt hoch, aber adäquat.

Mit öffentlichen Verkehrsmitteln erreicht man dieses Kleinod am einfachsten von Chumpon aus: Songthaew zu 20 Bt, Motorrad-Taxi zu 50 Bt.

Stopover Chumpon

Chumpon, Provinzhauptstadt und »Tor zum Süden«, genannt auch der »Fruchtkorb« Thailands, liegt rund 500 km südlich Bangkoks an der Schmalstelle des »Rüssels«, den das Land hier bildet. Burma ist nur rund 30 km entfernt, und dementsprechend rege ist der Schmuggelverkehr, der der Stadt z.Zt. mehr einbringt als der Fremdenverkehr. Aber das soll und wird sich ändern: Die Verwaltung plant die touristische Vermarktung, denn in der Tat gibt es im Umfeld der selbst unattraktiven Ortschaft allerhand zum Vermarkten: über 220 teils atemberaubend schöne Küstenkilometer, mehr als 40 vorgelagerte Trauminselchen, hervorragende Tauchreviere. Auch die verkehrstechnischen Voraussetzungen sind ideal – hier stößt die von der Westküste kommende Straße mit der Ostküstenstraße zusammen; Bahnhof. Lange wird es wohl nicht mehr dauern, bis der Run einsetzen wird, zumal es nun auch eine Expreßboot-Verbindung mit Ko Tao gibt, mithin mit Ko Phangan und Ko Samui.

Eine traurige Berühmtheit im In- und Ausland erlangte die Stadt am 4. November 1989, als hier der Taifun »Gay« ohne Vorwarnung aus der Südchinasee hereinbrach und innerhalb weniger Stunden über 80% der landwirtschaftlichen Nutzfläche zerstörte, über 2000 Menschen den Tod brachte sowie Stadt und Provinz für mehrere Tage vom Rest Thailands abschnitt. Auch heute noch sind viele Gebäude nur notdürftig repariert, gleichen Teile des Gebietes einer Mondlandschaft.

Unterkunft

Die Umgebung der Stadt ist sehenswert, die Stadt selbst ist es nicht, deshalb hier nur ein paar Stopover-Quartiere:

■ Den allerbesten Gegenwert bekommt man hier im **Chumpon Guesthouse** an der 73 Krom Luang Chumpon Road, Tel. 077/50 12 42; kein Problem, hier auch spät nachts unterzukommen, die Zimmer sind gut und günstig (230 Bt), und die Besitzer vermieten auch Motorräder und organisieren Entdeckungstrips ins Umland, Bootsfahrten, Tour-Exkursionen und vieles andere mehr. – *Der* Tip in Chumpon.

■ Nahe Busbahnhof und Bahnhof bietet sich das relativ neue **Tha Thapao Hotel** (Tha Thapao Road, Tel. 077/51 14 79) an, mit korrekten Fan- und AC-Zimmern (600 Bt) sowie thai-typischem Nachtclub.

■ Auf der **Saladaeng Road,** der Parallelstraße zur Tha Thapao, reihen sich gleich über 10 preislich günstige Herbergen aneinander: Die Zimmerpreise liegen einheitlich bei 250 Bt.

Strände/Inseln

■ Vom rund 12 km entfernten Hafen Paknam (Songthaew zu 20 Bt) bieten sich Bootstouren zu zahlreichen vorgelagerten **Inseln** an: zum Beispiel nach *Ko Matra* (ca. 40 Minuten, ideal zum Zelten und Schnorcheln), nach *Ko Rat* (ca. 1 Std, bekannt für seine marine Flora und Fauna), nach *Ko Thang Lang* (ca. 50 Minuten, mehrere gute Strände, Zeltmöglichkeiten). Preise je nach Verhandlungsgeschick und Passagierzahl zwischen 500 und 1000 Bt pro Boot und Tag.

■ Rund 2 km südlich des Hafens erstreckt sich der langgezogene **Paradon Beach,** der zwar zum Schwimmen nicht optimal ist, auch recht schmal, wo's aber zahlreiche Eßstände mit ausgezeichnetem Seafood gibt, dazu mehrere Bungalows und Guesthouses in allen Preisstufen.

■ 4 km weiter, ab Paradon, Paknam oder Chumpon schnell per Songthaew oder Motorrad-Taxi zu erreichen, liegt der schöne **Sai Ri Beach,** wo's an den Wochenenden von Thai-Ausflüglern wimmelt. Werktags ist dagegen kaum etwas los. Weiß und fein der Sand, klar das Meer, Baden ist optimal, und mehrere Bungalowanlagen in allen Preisklassen bieten sich für die Übernachtung an. Komfortabel und panoramareich wohnt man in den Bungalows der *Sai Ri Lodge* (Tel. 077/52 12 12): ab 800 Bt, hier werden auch Taucher-Ausrüstungen vermietet.

An-/Weiterreise

■ **Bus:** Da Chumpon an der Hauptstraße Bangkok–Südthailand liegt, kann es täglich aus Richtung Nord oder Süd von praktisch allen Städten zwischen Bangkok und der Malaysia-Grenze erreicht werden.

Ab Busbahnhof nahe Bahnhof am Stadtrand sind es nur ein paar hundert Meter (Songthaew 5 Bt) zum Markt mit Lokalbus-/Songthaew-Terminal an der Paramin Manda Rd, von wo aus die Strände der Umgebung erreichbar sind.

■ **Zug:** Chumpon wird täglich von 10 Zügen aus Richtung Süden sowie Norden angefahren.

■ **Boot:** Z.Zt. verkehrt auf der Route nach/von Ko Tao einmal täglich ein Expreßboot um 8 Uhr, das 500 Bt kostet, rund 1,5 Stunden unterwegs ist. Außerdem verkehrt einmal täglich (spät nachts) ein Boot nach Ko Tao, das 6 Stunden unterwegs ist und 200 Bt kostet.

Richtung Surattani

Rund 200 km sind es von Chumpon über den Highway 41 bis hinunter nach Surattani, dem Absprungbrett für Ko Samui und Ko Phangan. Das Land ist flach und meist mit Plantagen bedeckt – vor einem Jahrzehnt erstreckte sich hier noch der größte Tiefland-Urwald des Landes –, die Küste ist weit, und die auch in diesem Abschnitt überaus schönen Strände können eigentlich nur von Reisenden mit eigenem Fahrzeug entdeckt werden.

■ 40 km vor Surattani passiert man den kleinen Ort **Chaya,** vor über 1000 Jahren Zentrum eines buddhi-

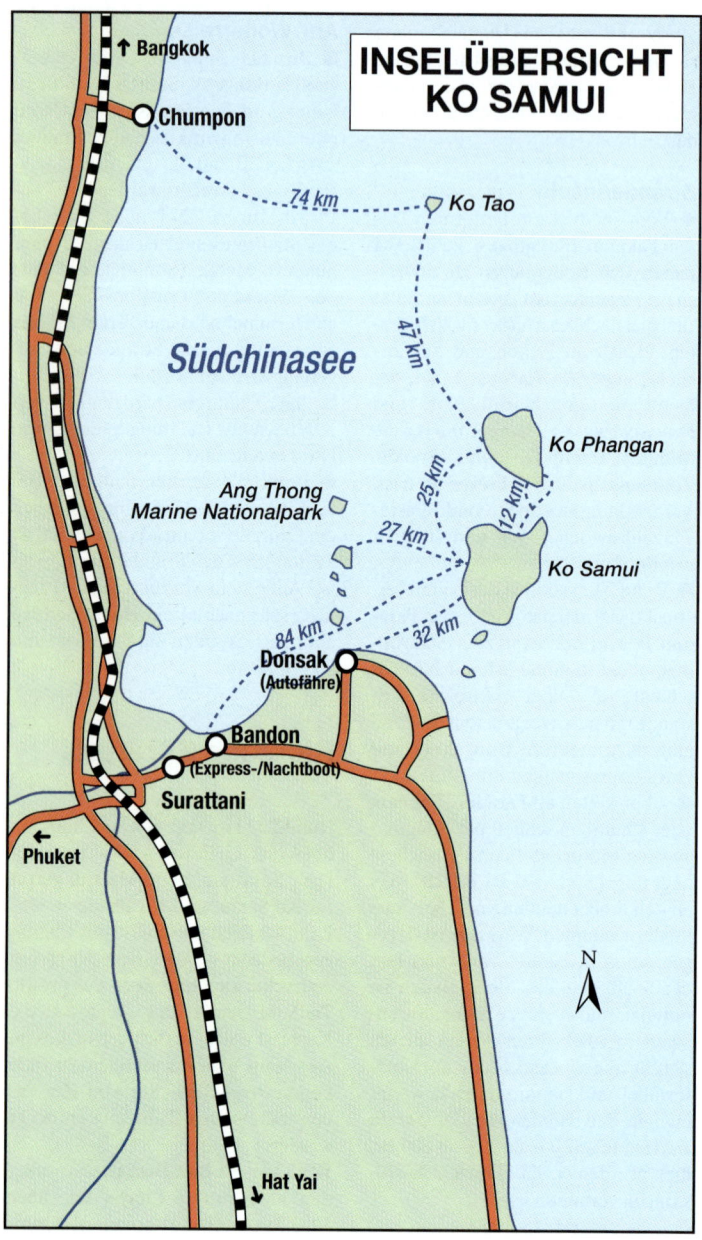

stischen Reiches. Bauliche Zeugen aus dieser Periode sind zwar nicht erhalten, aber einen anderen Grund gibt es für zahlreiche In- und Ausländer, hier einen Stopover einzulegen: das 4 km außerhalb gelegene **Wat Suan Mok,** das bekannteste Meditationskloster des Landes, vor mehr als 50 Jahren vom heute bald 90jährigen und fast als heilig verehrten Mönch *Bikku Buddhadhasa* gegründet. Jeweils am 1. eines jeden Monats beginnen hier 10tägige, kostenlose Meditationskurse auf englisch; lediglich für Unterkunft und Verpflegung wird ein bescheidener Betrag in Höhe von 100 Bt/Tag erhoben. Zwei bis drei Tage vor Kursbeginn sollte man sich einfinden, und die meisten Interessenten verlassen die spartanisch eingerichtete Stätte schon wieder zwei, drei Tage nach Kursbeginn: Es herrscht Sprech-, Rauch-, Alkohol-, Lese- und Schreibverbot; Tiere, selbst die lästigen kleinen, dürfen nicht getötet werden – und das ist den meisten Besuchern doch ganz einfach zuviel.

Ko Samui – Kokospalmen und Traumstrände

Musterfotos von Ko Samui zieren die Farbumschläge unzähliger Thailand-Prospekte, denn diese Insel gilt als die Strand-Sensation Südostasiens. Sogenannte Globetrotter aus westlichen Landen waren es, die auf ihrer Suche nach einem Ort ohne Fehl und Tadel Ko Samui entdeckten. Und damit das Paradies, das zu finden sie sich aufgemacht hatten. Anfang der 80er Jahre schon war der »Geheimtip« in aller Munde, es folgten bald auch die Touristen, und heute sind es schon weit über eine halbe Million Besucher jährlich, die den Weg auf dieses tropische Eiland finden. Und ob sie nun trunken sind von Singha-Bier und Strandleben, von Billig-Preisen wie im Schlaraffenland, einem überschäumenden Nachtleben oder von Menschen, Landschaft und Natur – noch alle sind sich einig darin, daß Ko Samui ein einzigartiges Fleckchen Erde ist.

250 qkm machen die durchschnittlich 14 km breite und 20 km lange Insel zur drittgrößten des Königreiches. Die mit den meisten Stränden ist sie ohne Frage, die mit den meisten Kokospalmen obendrein, denn mehrere Millionen Palmen sind, neben der Fischerei, die solide Lebensgrundlage der rund 35 000 *chao samui,* die auf dem rund 30 km entfernten Festland als eine besonders lockere und lustige Gattung Mensch bekannt sind. Nur ein Drittel der Fläche jedoch wird genutzt, denn das Inselinnere ist unwegsam und besteht aus einem bis über 600 m hohen, mit Dschungel bewachsenen Gebirge. – Superlativ auf Superlativ, und wer einmal dieses Eiland, das den Traumvorstellungen von einer Südseeinsel nicht unähnlich ist, besucht hat, kann dieser Auflistung noch viele weitere hinzufügen und wird – auch das sei nicht verschwiegen – nun verwöhnt sein und vielleicht so manches andere Urlaubsparadies ein wenig fade und langweilig finden.

Anreise – über Surattani

Bangkok Airways fliegt direkt nach Ko Samui. Einmal täglich gibt's ab

Ko Samui

Bangkok auch einen Aircon-Bus, der bis zur Inselhauptstadt Nathon durchfährt. Ansonsten muß man zuerst zum Festlandhafen Surattani, oder einfach »Surat«.

■ **Ab Bangkok:** täglich zig Normal- und auch Aircon-Busse (meistens Nachtbusse); einmal täglich um 20 Uhr auch ein direkter Aircon-Bus nach Nathon/Ko Samui.

Außerdem kann man in Bangkok in nahezu jedem Reisebüro Aircon-Bustickets nach Surattani, aber auch nach Ko Samui direkt kaufen; gleiche Preise, aber inklusive Antransport zum Busbahnhof.

Zugverbindungen gibt es zehnmal täglich. Dauer rund 12 Stunden. Preise 107–470 Bt.

Thai Airways International fliegt die Strecke ab Bangkok zwei- bis dreimal täglich (1 Stunde) für 1710 Bt. – Weiter gibt es täglich acht Direktflüge nach Ko Samui mit Propellermaschinen (30 Sitze) der privaten *Bangkok Air* für 2080 Bt (siehe »Bangkok/Weiterreise«).

■ **Ab Südthailand:** Busverbindungen bestehen von den meisten Städten aus mehrmals täglich. Von Hat Yai, Krabi, Phuket und Ranong aus verkehren zudem Sammeltaxis.

Zugverbindungen ab Sungai Golok (Malaysia-Grenze), Butterworth (Penang/Malaysia), Hat Yai sowie Trang mehrmals täglich.

Thai Airways International fliegt einmal täglich ab Phuket (475 Bt), außerdem einmal täglich ab Trang (495 Bt) und Nakhon Si Thammarat (340 Bt). – *Bangkok Airways* bedient mehrmals täglich die Strecke ab Hat Yai und Phuket direkt nach Ko Samui.

In Surattani

Mit welchem Transportmittel auch immer man in Surattani ankommt, stets wird man von Ticket-Schleppern angesprochen und an den günstigsten Hafen gebracht – das ist o.k. und kostet nicht mehr, denn die Schlepper sind von *Songserm* angestellt, der Monopolgesellschaft, die hier alle Schiffe nach Ko Samui unterhält.

■ Kommt man per **Flugzeug,** ist es denkbar einfach: Die Thai-Limousine bringt einen für 200 Bt bis an den Expreßboot-Pier in Donsak (Fährticket inklusive). Kommt man frühmorgens an, fährt einen der Songserm-Bus zum Expreßboot (inklusive Fährticket 150 Bt).

■ **Zug:** Aus dem Bahnhof raus, nach links, ca. 200 m bis zu einem Restaurant, das schon morgens gegen 3–4 Uhr öffnet, wenn der erste Zug aus Bangkok eintrifft. Hier kriegt man gutes Frühstück und kann auf den Buszubringer zum Bootsterminal nach Ko Samui/Ko Phangan warten.

Von Surattani nach Ko Samui

■ Das **Expreßboot** nach Ko Samui verkehrt nicht mehr – wie früher üblich – von Ban Don aus, sondern vom Surattani-Pier in Tha Thon, und zwar täglich um 7.30, 12.30 (nur während der Hochsaison) und um 14 Uhr für 105 Bt. Die Überfahrt dauert rund 2 Std. Wer an Bord 20 Bt zuzahlt, kann sich in der Aircon-Kabine niederlassen.

■ Ab Surattani-Vorort Ban Don verkehrt täglich ein **Nachtboot** um 23 Uhr, Fahrzeit runde 6 Stunden, 60 Bt in der zum Schlafen engen II. Klasse, 80 Bt in der gut ventilierten I. (Oberdeck) mit Matratze; wer einen empfindlichen Magen hat, sollte die-

Entlang der Südchina-See

ses Boot, zumindest bei rauhem Wetter, lieber nicht benutzen.
■ Außerdem gibt's noch die große **Autofähre,** den englischen Kanalschiffen nicht unähnlich, die, je nach Saison, fünf- bis siebenmal täglich in Donsak ablegt, 1,5 Stunden benötigt und 60 Bt kostet. Nach Donsak wiederum gibt's einen Buszubringer (ca. 75 km), der im Fährpreis enthalten ist.

Ankunft
■ Die **Autofähren** ab Donsak legen nicht am Stadtpier an, sondern südlich davon an der Ferry Jetty des Tong Yang Beach. Der Zubringerbus ab Surattani, der auch auf die Fähre mitkommt, fährt nach **Nathon,** der Inselhauptstadt (Mini-Bus-Anschluß an alle Strände der Insel). Man kann aber auch schon hier, am Pier, den Bus verlassen und einen der wartenden Mini-Busse zum Strand nach Wahl nehmen: Lamai, Maenam und Bophut 20 Bt, Cherngmon und Chaweng 30 Bt.
■ **Expreßboote** und **Nachtboote** legen direkt vor Nathon an. Über den Steg, dann nach links entlang der Uferstraße zur Haltestelle der Pickups, die die Verbindung zu den Stränden aufrecht erhalten; Fahrpreise 15 bzw. 20 Bt.

Achtung: Die Insel ist zwar durch eine Ringstraße erschlossen, aber eine Rundfahrt ist mit öffentlichen Verkehrsmitteln nicht möglich: Die einen Mini-Busse fahren bis Chaweng, die anderen bis Lamai; zwischen beiden gibt es keine Verbindung: entweder trampen oder wieder über Nathon und umsteigen.
■ Der **Flughafen** von Ko Samui liegt nahe des Big Buddha Beach. In der »Ankunftshalle« – Palmwedeldach – gibt es einen Ticketschalter für Mini-Bus-Zubringer zu den einzelnen Stränden, 50 bis 100 Bt.

Strände/Bungalows
Mehr als zwei Dutzend erschlossene Strände von zusammen über 26 km Länge sind auf dieser Insel zu zählen – diejenigen ohne Infrastruktur nicht mitgerechnet. Das Angebot an Unterkünften umfaßt ca. 6000 Bungalows in 300 Anlagen und in allen Preisklassen zwischen 40 und 6000 Bt pro Nacht. Außer in den Monaten Dezember und Januar, wenn hier trotz der meist verregneten Monsunzeit Hochsaison herrscht (und die Preise bis zu 50% ansteigen), kommt es eigentlich nie zu Engpässen, und nur dann wird der ruhebedürftige Reisende an diesem oder jenem Strand nicht alles zum Besten vorfinden. Wem auch das nicht genügt, kann zum benachbarten Ko Phangan aufbrechen bzw. nach Ko Tao (siehe nächste Kapitel).

Alle Bungalowanlagen der Insel sind auf der überall für 35 Bt erhältlichen *Ko Samui Map* verzeichnet. Doch nun ein paar Strandportraits, vorgestellt im Uhrzeigersinn von Nathon aus, der Inselhauptstadt:

Maenam Beach
Rund 11 km beträgt die Distanz von Nathon bis zum Dörfchen Ban Maenam, beiderseits dem sich dieser 6 km lange Beach erstreckt. Die Straße verläuft ungehört im Hinterland, die Bungalowanlagen verteilen sich in lockerer Folge hinter dem goldgelben Grobkornstrand, der im Windschatten des gegenüberliegenden Ko Phangan liegt und daher zumeist mit spiegelglattem Wasser (sowie auch einer größeren Hitze als andernorts)

Oben: Auf dem Isthmus von Kra mit Burma im Hintergrund
Unten: *Der* Traumstrand überhaupt, die Chaweng Beach von Ko Samui

aufwartet. Parallel im Meer verläuft die Korallenkette eines schützenden Riffs; auch Schnorcheln ist hier angesagt, aber bei Ebbe läuft das Wasser weit zurück, und nicht überall ist dann das Baden ideal. Abschnittsweise sind auch Mücken und Strandflöhe zu beklagen, doch wenn man Ruhe sucht sowie günstig wohnen und essen will, mag man hier sein Paradies finden, auch wenn sich heute mehr und mehr komfortable Resorts zwischen die etwa 30 Bungalowanlagen dieses »Traveller«-Strandes drängen. Von West nach Ost:

■ **Home Bay** und **Phalarn Inn 33** finden sich am Westrand des Strandes in noch vollkommen ruhiger Umgebung: Bungalows in mehreren Preisklassen von 60 bis 350 Bt unter Palmen. – Sehr angenehm, äußerst beliebt.

■ Nebenan bietet sich das direkt vor einem kleinen Tempel gelegene **Naplarn** an, wo die schlichten Holzbungalows 80 und 100 Bt kosten, man vollkommene Ruhe genießen kann.

■ Am nächsten Strandabschnitt ist u.a. das **Shangrila** (Tel. 077/41 51 89) zu empfehlen, eine gepflegte Anlage mit Bungalows in mehreren Preisstufen von 130 bis 600 Bt, direkt am schönen Strand. Ganz ähnlich auch **Anong Villa** und das benachbarte **Palm Point.**

■ **Coco Palm & Pinnacle Resort,** Tel. 077/42 51 64: beste Empfehlung in diesem Teil der Beach, ganz neue Anlage mit geräumigen Rattanbungalows zu 300 Bt (Fan) und sehr großen, teils verglasten AC-Bungalows zu 300 Bt; schönes Rondell-Restaurant, herrlich auch zum draußen sitzen direkt am Strand, wo zudem ein kleiner Pool unter Palmen einlädt.

■ Östlich des Dorfes Maenam finden sich direkt nebeneinander die Anlagen **Rainbow** sowie **Rose** und **Friendly,** die alle in etwa das gleiche bieten, nämlich Bungalows der billigen, doch romantischen Art zwischen 150 und 250 Bt; insbesondere *Friendly,* wo man teils direkt am Meer wohnen kann, bietet sich hier an.

■ Es schließt sich an die beliebte Anlage **Maenam Villa** mit noch viel Platz zwischen den 200 Bt teuren Bungalows.

■ Den Abschluß bildet **Laem Sai** (Tel. 077/42 51 33) mit vielen Bungalows (alle mit Bad) zwischen 60 und 300 Bt auf einer langgestreckten, sandigen Landzunge, die rund ums Jahr ungetrübte Badefreuden garantiert; hier hat man noch viel Platz rings um die Bungalows, die Besitzer sind zuvorkommend, das Restaurant gut, und alles in allem bietet diese Anlage den besten Gegenwert an der Beach überhaupt.

Bo Phut Beach

Dieser Grobkornstrand, rund 3 km lang und windgeschützt gelegen, schließt sich direkt östlich an den Maenam Beach an, fällt stellenweise relativ steil ab, bietet aber ganzjährig gute Möglichkeiten zum Baden und Windsurfen, weshalb sich mehrere Surfschulen niedergelassen haben – vor allem am nordwestlichen Ende der weitgestreckten Bucht, an deren mittlerem Abschnitt das Dorf Ban Po Phut gelegen ist. Da aber der Palmenwaldgürtel zwischen Strand und Straße relativ schmal ist, geht es stellenweise sehr eng zu, und seit hier zahlreiche Nobelanlagen errichtet wurden, ist auch das Preisniveau spürbar in die Höhe geschossen und machen sich günstige Anlagen äußerst rar, und von den rund 30 Bungalowsiedlungen können wir nur eine empfehlen:

■ **Sandy Resort,** Tel. 077/42 53 53: Sehr gepflegte und weitläufige Anlage, alles sauber, aber auch etwas steril wirkend, und Bungalows gibt's zu 400 und 500 Bt (mit Fan) sowie 700 und 1000 Bt (Aircon); schönes Restaurant mit Bar direkt über dem Strand, angeschlossen ist auch ein Reisebüro.

Big Buddha Beach

Seinen Namen verdankt dieser etwa 1 km lange Strand einer Buddha-Statue, die östlich auf einer Halbinsel aufragt und täglich tausendfach besucht wird, weshalb von Ruhe nicht die Rede sein kann – die Straße verläuft rund 50 m landeinwärts. Bei Ostwind, der im Winterhalbjahr dominiert, zieht sich das Meer zurück und entblößt einen unschönen, schlammigen Grund, und nur bei Westwind wird man sich an diesem optisch schönen, schneeweißen Feinsandstrand erfreuen können, der dann aber bei Flut auf Handtuchbreite zusammenschrumpft.

Trotz dieser relativ wenigen »Pros« finden sich hier mittlerweile mehrere dutzend Bungalowanlagen in verschiedenen Preisklassen:

■ Im ersten Abschnitt ist der Strand am unansehnlichsten, und empfehlen kann man eigentlich erst **Number One** (Tel. 077/52 54 66; Reservierung auch in Deutschland über Tel. 0221/ 31 64 11), eine von zwei Deutschen gemanagte Anlage, deren Holzbungalows alle aufs Meer blicken und 150 und 250 Bt kosten; das Terrain ist groß und aufgelockert, hier hat man den größten Platz zum sich Ergehen.

■ Es folgen die vier Anlagen **Sunset Song, Ocean View, Sunset** und **Nipon** mit teils ansprechenden Bungalows zwischen Palmen und Blumenbeeten. Die meisten blicken aufs Meer und liegen in der günstigen Preisklasse (um 120 bis 200 Bt), auch wenn sie mehr und mehr von überteuerten Aircon-Bungalows verdrängt werden.

Am besten in dieser Klasse gefiel noch *Ocean View* (Tel. 077/42 54 39) mit properen kleinen Steinhäusern, die mit Palmwedeln gedeckt sind und direkt aufs hier recht schöne Meer blicken.

■ Das Strandende ist den Komfortreisenden vorbehalten, denn in der **Nara Lodge** (Tel. 077/42 13 64; Stein-Reihenhäuser in einem ummauerten Garten) sowie im angrenzenden **Farn Bay** (Tel. 077/28 63 94; Strandhotel, meist Pauschalurlauber) bezahlt man ab 1600 Bt die Nacht.

Cherngmon Beach

Ganz und gar traumhaft in Sachen Optik präsentiert sich dieser blütenweiße Feinsandstrand entlang einer perfekt geformten Halbmondbucht, die auf der einen Seite in Felsküste übergeht und im Westen auf ein vorgelagertes Inselchen blickt. Palmen und teils riesige Casuarinas bilden seinen Saum, und zu jeder Jahreszeit ist hier das Wasser ruhig und seicht, fällt erst weiter draußen, wo ein schützendes Korallenriff verläuft, tiefer ab. Ein Paradies, nicht nur für Kinder, und doch nicht frei von Schatten, denn eine internationale Hotelgruppe hat im allerschönsten Abschnitt eine über 300 Gäste fassende Luxusanlage an den Strand gesetzt: Der mehrgeschossige Betonbau harmoniert weder mit den üblichen Bungalows der weiteren acht Anlagen noch mit den zu Luxussuiten umgebauten Teakholz-Booten, die früher auf dem Chao Phraya River fuhren und nun den Garten schmücken.

■ Am nördlichen Buchtende, in einem dichten Palmenhain, bieten sich die Holzbungalows von **PS Villa** (Tel. 077/42 51 60) an, die sich in zwei Reihen gegenüberstehen, aber leider nicht auf den Strand blicken; für 200 Bt bekommt man hier einen außerordentlich guten Gegenwert, doch ist die Anlage sehr beliebt, daher häufig ausgebucht.

■ Ein Stück weiter südlich folgen bald die **Cherngmon Bungalows** (Tel. 077/42 53 72) mit mehreren Dutzend Holz-, Stein- sowie Betonbungalows (auch Aircon) zwischen 150 und 700 Bt und einem geschmackvollen Restaurant mit guten, wenn auch nicht preisgünstigen Gerichten.

■ Ansprechend auch das benachbarte **Chatkaeo** (Tel. 077/42 51 09) mit schönen Rattan-/Holzbungalows (ab 600 Bt, ab 900 Bt mit Aircon), das direkt ans **Boat House Samui** (Tel. 077/42 50 41) grenzt, die oben erwähnte Reisbarken-Luxusanlage, mit einem ebenfalls in Bootform angelegten Swimmingpool direkt hinter dem Strand. Hier wohnt man ab 2800 Bt die Nacht, wobei der »Billig-Tarif« nur für die 200 Zimmer im angeschlossenen Betonbau gilt. Wer unterkommen will, sollte rechtzeitig reservieren, da die Anlage oft von Reisegruppen belegt ist.

■ Bleibt am Strandende noch das **Island View,** das zwar mit einer schönen Lage beeindruckt, aber völlig heruntergekommen ist und 150 sowie 200 Bt je Gammelhütte kostet.

Chaweng Beach

Vom Cherngmon Beach aus, am Nordwestzipfel der Insel gelegen, verläuft die Küstenlinie gen Süden. Weitere kleine, aber dank Korallen nicht sonderlich badetaugliche und daher einsame Strände folgen, vereinzelte Bungalowanlagen, und dann, in der über 6 km langen, sanft geschwungenen Chaweng Bay, der exquisite Chaweng Beach – Augenweide und Musterfoto unzähliger Prospekte und Reportagen. Sein Sand ist so fein und weiß wie Puderzucker, die maßlose Fülle des Palmensaums wirkt wie kostbare Pelzverbrämung und betont die makellose Halbmondform der Bucht, in der das Wasser in allen Farbschattierungen zwischen Zarttürkis und Kobaltblau schimmert. Außer im Winter, wenn hier der Ostwind hohe Wellen schlägt, ist das Meer die Sanftheit selbst, und nur ganz allmählich senkt sich der von scharfen Korallen feine Sand in das saubere Wasser. Baden ist hier bei jedem Gezeitenstand das reinste Vergnügen, und da der Strand rund 6 km lang und zwischen 20 und 50 m breit ist, kommt nie ein Gefühl der Enge auf, auch wenn mitterweile über 100 Bungalowanlagen in allen Abstufungen zwischen billigst und sündhaft teuer um die Gunst der Gäste werben.

Drei Strandabschnitte sind zu unterscheiden:

Nordstrand:
Der Nordrand der Bucht wird durch ein Korallenriff vom Meer getrennt: Das Wasser ist hier extrem seicht, noch wärmer als üblich und ideal für Kinder geeignet, zumal es auch abends sehr ruhig zugeht. Unterkunft findet man in etwa zwei Dut-

zend Anlagen, bei denen es sich hauptsächlich um edle Resorts handelt, die zumeist von Pauschalreisenden »geblockt« werden. Dazwischen finden sich aber auch immer wieder recht günstige Bungalowsiedlungen.

■ Empfehlen können wir u.a. **ERA,** einst als Komfort-Anlage geplant, aber nun zu schlicht fürs verwöhnte Publikum, so daß die großen Steinbungalows je nach Saison für 100–150 Bt vermietet werden – was sehr günstig ist.

■ Wer's flippiger mag, wird sich im **Coconut** wohlfühlen, wo die Hütten 200 und 300 Bt kosten, ein sehr gutes Restaurant einlädt; lediglich die angeschlossene Musik-Bar kann abends als störend empfunden werden.

Strandzentrum:
Das Strandzentrum ist zweifellos der schönste Abschnitt, wird aber stark frequentiert. Abends ist es laut, und tagsüber kann der Lärm der Motorboote und Wasserscooter als außerordentlich störend empfunden werden. Rund vier Dutzend Bungalowanlagen in jeder Preiskategorie stehen zur Verfügung, wobei die Luxusklasse (ab 1500 Bt) sowie die Mittelklasse (ab 600 Bt) überproportional vertreten sind, die Budgetklasse hingegen immer seltener wird. Wer ab 600 Bt die Nacht ausgeben will, wird immer etwas Adäquates finden, weshalb hier nur ein paar Empfehlungen fürs kleinere Budget gegeben werden sollen:

■ Die billigsten Bungalows bietet **Cheap Charlie,** wo man nur 150 Bt für schlichte, aber atmosphärische Hüttchen bezahlt.

■ Beliebt ist auch **Thai Restaurant Bungalow,** der Freak-Treff an der Beach, mit Holzhäusern zwischen 80 und 100 Bt, Beach-Parties und Reggae-Bar; aber zwischen den Bungalows sieht es mitunter wie auf einem Müllplatz aus.

■ Die **Seaside Bungalows** bieten für 200–300 Bt einen guten Gegenwert. Doch am besten gefällt **Long Beach** (Tel. 077/42 23 72) mit großen Holzbungalows auf einem weiträumigen Palmen-/Wiesengrundstück für 150 bis 450 Bt; die Anlage steht nun unter Schweizer Management, bietet unbedingt das Beste in ihrer Klasse an der Beach, ist aber zumeist für viele Wochen ausgebucht.

■ Ein Stückchen weiter empfehlen sich **Charlie** sowie **Viking** und **IKK,** eine aus mehreren Anlagen bestehende Bungalowsiedlung unter einem Management, wo man zu 80 Bt (romantische Hütte mit Bett und sonst nichts), 100 sowie 150 Bt (mit Bad) unterkommt. Treff der Budgetreisenden, und am besten gefiel uns IKK, wo's die romantischsten Hütten hat (3 Stück auch gleich am Strand), außerdem ein schönes Restaurant.

Südstrand:
Bleibt der durch ein kleines Kap vom Zentralstrand getrennte und mit abgeschliffenen Felsen gespickte, daher malerische Südstrand, auch als *Chaweng Noi* bekannt. Im Winter herrschen hier gefährliche Strömungen, und weil der Strand nur wenige hundert Meter lang, aber von rund einem Dutzend Bungalowanlagen nahtlos gesäumt ist, geht es immer relativ eng zu.

Noch vor wenigen Jahren wohnte man hier am billigsten, doch seit das Imperial-Hotel errichtet wurde, hat

Entlang der Südchina-See

sich der Trend umgekehrt, und heute gibt es nur noch eine Anlage, die als preiswert zu bezeichnen ist:

■ **Chaweng Noi,** Bungalows zu 60 bis 120 Bt, aber die stehen hinter Stacheldraht direkt am Strand.

■ Noch leidlich günstig, aber eng auf eng, wohnt man im **First Bungalow** (Tel. 077/42 24 44; Hütten von 350 bis 1200 Bt), einst die erste Anlage am ganzen Strand.

■ Spitzenreiter in Sachen Luxus sowie Preis sind das **Imperial Samui** (Tel. 077/42 20 20) und das **Victorian Resort** (Tel. 077/28 69 43), wo man zwischen 2800 und 6700 Bt die Nacht bezahlt, aber dafür auch wirklich einen angemessenen Gegenwert erhält.

Lamai Beach

Dieser Strand, der die Lamai Bay auf rund 5 km Länge säumt, entspricht etwa Torremolinos an der Costa del Sol: Zentrum des Nightlife, »Jubel und Trubel« bis in die frühen Morgenstunden, deshalb für Ruhesuchende nicht gerade zu empfehlen. Auch zeigt sich der teils grobkörnige Sand nicht durchweg sauber, bei Flut schrumpft der durch ein Felsenriff zweigeteilte Strand arg zusammen, und dank der über 2000 Bungalows herrscht Enge am Strand und lichten Palmengürtel.

Am Strandzentrum schießen immer neue Bungalowanlagen aus dem Boden; andere wechseln ständig den Besitzer, so daß man hier (mit zwei Ausnahmen) kaum eine Unterkunftsempfehlung geben kann. Das fällt unter »selbst entdecken«, wohingegen für die teils noch ruhigen und auch preislich akzeptablen »Außenbezirke« sicher ein paar Tips gut zu gebrauchen sind:

Nordstrand:

Am Nordstrand von Lamai und da, wo ein palmenbestandenes Felskap ins Meer ragt, wohnt man ruhig, idyllisch und kann eine herrliche Aussicht aufs Meer und die weiter entfernten Strände genießen.

■ Empfehlenswert hier u.a. **Bayview Villa** mit 28 kleinen Holzhäuschen, die inklusive Bad/WC und Fan nur 80 Bt kosten; angeschlossen ein einfaches Restaurant am Hang, von dem aus man einen schönen Blick über den Lamai-Strand genießen kann.

■ Ganz in der Nähe liegt **Comfort** mit günstigeren Preisen (100 bis 400 Bt), aber ohne die besagte Aussicht.

■ Besten Gegenwert bietet hier die Hanganlage **Royal Blue Lagoon** (Tel. 07742 41 95) mit edlem Restaurant, Pool sowie Bar nebst tiptoppen Rattan-Bungalows, die mit Fan sowie Bad/WC ausgestattet sind und 300 Bt kosten.

■ Ein Stückchen weiter südlich geht das Kap in den eigentlichen Lamai-Strand über, der aber hier ziemlich unattraktiv und auch kaum zum Baden geeignet ist, weil das Meer sehr flach ist. Entsprechend billig kann wohnen, z.B. im **My Friend** (60 bis 100 Bt), **Lamai Villa** (120 bis 150 Bt), **Marine Park** (50 bis 100 Bt), wer einige Abstriche in Sachen Sauberkeit und Schönheit der Hütten macht.

■ Wesentlich ansprechender schon sind die Komfort-Bungalows von **Rose Garden** (Tel. 077/42 44 10), die's in allen Abstufungen zwischen 180 und 650 Bt (Aircon) gibt.

Strandzentrum:

■ Am Strandzentrum, aber nicht mitten im, sondern vielmehr hoch über dem Trubel, wohnt man im **Var-**

inda Resort in netten, billigen (100 bis 150 Bt) Holz- sowie Steinbungalows (mit Bad/Fan/Balkon) am Hang (teils phantastisches Panorama auf das Meer).

■ Zu Füßen dieser Anlage liegt das seit Jahren beliebte **Nice Resort** (Tel. 077/42 44 32) mit Fan-Bungalows zu 250 Bt, Aircon-Bungalows bis 950 Bt.

Südstrand:

■ Am Südrand schließlich möchten wir das noch aus der »guten alten Zeit« stammende **Rocky** (Tel. 077/42 43 26) empfehlen, mit Bungalows zu 150, 250, 400, 500 sowie 800 Bt, teils in hausgroße Felsen integriert, teils direkt am Strand gelegen. Angeschlossen ein kleiner Swimming Pool.

■ Ruhiger noch wohnt man in den Großraumbungalows des **Swiss Chalet** (Tel. 077/42 43 21), unter Schweizer Leitung stehend: großes Wiesenareal mit Palmenschatten, darauf wenige, aber unbedingt empfehlenswerte Holzbungalows zu 300 Bt sowie solchen aus Stein, die teils direkt am Meer liegen und 500 Bt kosten.

■ Folgt man der Straße vom Swiss Chalet aus weiter, ist bald darauf nach links zu **Cosy Bungalow** ausgeschildert: Die Anlage erstreckt sich in einem riesigen Palmenterrain direkt hinter dem flachen, aber nur bei Flut badetauglichen Strand. Die Bungalows sind teils sehr groß, alle aus Holz, recht gemütlich und kosten lediglich 100 Bt sowie 150 Bt (große Familien-Bungalows).

Strand-Alternativen
Coral Cove:

Strand-Alternativen zu den großen Hauptbeaches finden sich auf Ko Samui zuhauf, an erster Stelle Coral Cove, ein 3 km langer Küstenabschnitt zwischen Chaweng und Lamai. Hier steigt die Insel steil aus dem Meer auf, doch hier und da hat die Felsküste kleine Sandbuchten ausgespart. Zum Baden ist's nur suboptimal, zum Schnorcheln hingegen ideal, und da die Bungalows der rund ein Dutzend Anlagen alle erhöht am Hang liegen, kann man meist auch eine schöne Aussicht aufs Meer genießen.

■ Allergrößter Beliebtheit erfreuen sich die Anlagen **Coral Cove Resort** (Tel. 077/42 21 26; Holzbungalows zu 150 und 300 Bt, letztere am Strand, erstere am Hang), **Coral Cove Chalet** (Tel. 077/42 22 60; angrenzend, sehr edle Steinbungalows, alle mit Bad/WC, Aircon, TV, Kühlschrank ausgestattet, die 1200 Bt kosten; angeschlossen ein herrlicher Pool mit Meerblick sowie ein toll mit Holz dekoriertes Restaurant) und **Hi Coral Cove** (toll gelegene Hütten am Steilhang, unten kleiner Beach, felsgesäumt; 400 Bt).

■ Ein Stückchen weiter, ganz oben auf dem Steilhang und da, wo die Panoramen unbedingt am schönsten sind, liegt **Beverly Hill** (Tel. 077/42 22 32) mit Fan-Bungalows zu 300 Bt, AC-Steinhäusern zu 600 und 800 Bt; angeschlossen ein Panoramarestaurant, aber einen Strand gibt es hier nicht.

Thong Ta Khien:

Am Südende von Coral Cove steigt die Straße steil zu einem Mini-Paß an. Wo sie wieder das Meer berührt, erstreckt sich die etwa 400 m lange Feinsandbucht Thong Ta Khien, in Felsen gefaßt und mit mehreren Komfortanlagen hintendran.

■ Recht angenehm wohnt es sich im **Golden Cliff Resort** (Tel. 077/42 24

09) mit Hang-Bungalows, die eine tolle Aussicht bieten und 450 Bt kosten (Fan) bzw. 800 Bt (Aircon); zum Strand muß man allerdings die Straße queren, den Hang hinuntersteigen.

■ Direkt am Beach ist nur der **Samui Silver Beach Resort** (Tel. 077/42 24 78) erschwinglich, wo die Steinbungalows, teils am Meer, teils hintendran, zwischen 600 und 700 Bt kosten (alle mit AC).

Pungka Bay:
Gen Südwesten, der Sonnenuntergangsseite, erstreckt sich die isolierte Pungka Bay, die von Felsskulpturen und Mangrovendickicht begrenzt wird, vorgelagerte Inselchen kennt, aber selbst bei Flut nur maximal hüfttiefes Wasser.

■ Die schönsten Hütten weit und breit vermietet **Pearl Bay** (Tel. 077/42 31 10) am Hang über der Bucht gelegen: ob für 100 oder 200 Bt, alle bieten einen großen Balkon und eben eine eindrucksvolle Aussicht.

■ Etwas billiger (60 und 100 Bt) wohnt man in den angrenzenden **Seagull Bungalows** (Tel. 077/42 30 91) in urigen und perfekt in die Landschaft integrierten Hütten. Nur als Ausweichquartiere seien *Emerald Cove* (100 bis 200 Bt) und *Gem's* (100 Bt) empfohlen, denn die Bungalows sehen ziemlich lieblos aus und bieten keine Aussicht.

Tong Yang Bay:
Bleibt – um nicht alle Strandalternativen zu verraten, auch noch »Geheimtips« zu belassen – die an der Westküste der Insel befindliche Tong Yang Bay, nahe dem Anleger der Autofähre. Die Strände sind nicht mit denen an der Nord-/Ostküste zu vergleichen, weil schmal und »wild«, also naturbelassen, aber dafür kann man allabendlich das »Schauspiel Sonnenuntergang« in Vollkommenheit und Einsamkeit genießen und kann auch baden, wenn das im Winter am Chaweng- und Lamai-Strand wegen hoher Wellen unmöglich ist.

■ Die besten Noten gehören dem weitläufigen **Coco Cabana Beach Club** (Tel. 077/42 31 74) mit großen Fan-Bungalows zu 300 Bt auf einem riesigen Wiesen-Areal unter Palmen am Meer.

Ausflüge

■ Ko Samui bietet Strände satt, aber sonst nicht viel, und das schönste, was man unternehmen kann (und zumindest ein Mal auch unternehmen sollte), ist eine **Rundfahrt** um die Insel, wozu man sich am besten eine der überall käuflichen Ko-Samui-Straßenkarten zulegen sollte, auf der noch der kleinste Weg, der verstecktste Strand sowie alle »Sehenswürdigkeiten« (u.a. zwei mittelprächtige Wasserfälle) eingezeichnet sind.

Da die öffentlichen Mini-Busse, die die Strände mit Nathon verbinden, die Insel nicht umrunden, muß man schon ein Fahrzeug ausleihen, und es ist eine Frage des persönlichen Geschmacks, ob ein Fahrrad bevorzugt wird (so gut wie keine Steigungen, viel Palmenschatten) oder ein Motorrad. Auch Mietwagen sind beliebt, aber ungeeignet, denn die Insel ist klein, Parkplätze entlang der Straße mitunter rar, und viele einsame Strände kann man so nicht erreichen.

■ Ebenfalls nicht säumen darf man einen Ausflug in den aus rund vier Dutzend Inseln und Inselchen bestehenden **Nationalpark Ang Thon Ma-**

Chaweng-Beach auf Ko Samui

rine, der sich 40 km nordwestlich Ko Samuis in die Südchina-See spannt. Hin kommt man nur organisiert: Viele Reiseveranstalter (auch an allen Stränden) bieten den Bootstrip als Tagestour an (Buchung über nahezu jede Bungalowanlage; 300 Bt für den Tagesausflug inkl. Lunch), und üblicherweise werden zwei Inseln angesteuert: die erste, *Thale Noi*, gefällt durch ihren türkisfarbenen und glasklaren Salzwassersee, der an einen Kratersee erinnert und ideal zum Schnorcheln taugt. Danach wird *Ko Wua Talap* angesteuert, die Hauptinsel mit dem Nationalpark-Zentrum – hier kann man in Bungalows übernachten (500 Bt), Zelte ausleihen/aufschlagen sowie einfaches Essen bekommen –, einem Strand und vor allem einem Aussichtsberg, den *Utthayan Hill*. Der Aufstieg dauert etwa 30 Minuten; das Panorama über den Archipel ist von beeindruckender Schönheit. Feste Schuhe nicht vergessen.

■ **Tauchen:** Die Tauch- und auch Schnorchelsaison auf Ko Samui umfaßt die Monate von Februar bis November, aber mit den marinen Märchenwelten vor Phuket, Krabi oder Ko Phee Phee beispielsweise sind die hier vorgelagerten Riffe nicht zu vergleichen. Zum Schnorcheln ist's prächtig – insbesondere im Bereich von Coral Cove und der kleinen, Chaweng vorgelagerten Insel –, zum Tauchen-Lernen auch, aber für Exkursionen bieten sich andere Reviere an: die vor Ko Phangan sowie Ko Tao, dem Ang-Thong-Marine-Nationalpark und anderen kleinen Archipelen in der Südchina-See. Zahlreiche organisierte, ein- bis mehrtägige Tauchtouren führen in diese Gebiete, und alle Tauchbasen (an jedem Strand finden sich gleich mehrere) bieten diese Ausflüge an.

Fünftägige Tauchkurse mit internationalem Zertifikat kosten etwa 6000 Bt, Einführungs-Tauchkurse für Anfänger liegen bei 2000 Bt, ein Tauchgang ist für rund 500 Bt zu bekommen.

Magic Mushrooms – magische Pilze

1989 wurde der Genuß von Magic Mushrooms in Thailand unter Strafe gestellt. Das hindert freilich weder die Sammler am Verkauf noch die Touristen am Konsum, macht die Sache aber noch risikoreicher und teurer. Ein paar Informationen zur Warnung:

Diese Pilze, bei vielen Naturvölkern auf der ganzen Welt bekannt, enthalten den Wirkstoff *Psilocybin* (etwa 0,3% des Pilzgewichtes), den Albert Hofmann (»Vater« des LSD) wohl als erster chemisch nachweisen konnte. Dabei handelt es sich um ein *Indolalkaloid*, dem *Serotonin* nah verwandt, dem menschlichen Überträgerstoff für »nervöse Impulse«, das etwa 30mal stärker als Meskalin ist, schon in Dosen von 6 bis 20 Milligramm (!) tiefgreifende psychische Veränderungen hervorruft, aber nicht süchtig macht (vgl. Hans Leuenberger, Im Rausch der Drogen, München 1981, insbesondere S. 67 ff.).

Wie umfangreiche Tests in Basel ergaben, zeigen sich etwa folgende Symptome nach 15 bis 60 Minuten (Abklingen nach 3 bis 6 Stunden): Senkung der Pulsfrequenz um 20 Schläge, steigender Blutdruck, langsame Atmung, Pupillenerweiterung, wellenförmiges Auftreten von Schwindel, Speichelfluß, Schwitzen,

Sprachprobleme. Psychisch die als angenehm empfundene Loslösung von der Umwelt, Entspannung, verstärkte Intensität jeglicher Erlebnisse (auch Farben), Kontaktschwund. Außerdem wurde festgestellt, daß dieser sehr wohlige Zustand nur durch eine äußerst dünne Wand von extremen Angstgefühlen getrennt ist.

Beurteilung: »Schockerlebnisse können das seelische Gleichgewicht gefährden (...) Wer den Alleingang mit Psilocybin wählt, muß wissen, daß er einem Kletterer gleicht, der unangeseilt eine senkrechte Felswand zu bezwingen sucht. Mancher der Kletterer ohne Seilschaft lächelt über diese Warnung, manchmal in intellektuellem Hochmut, manchmal aus intellektueller Beschränkung...« (Hans Leuenberger, a.a.O., S. 78 f.).

Verschiedenes

Von allen Stränden mehrmals täglich Mini-Bus-Verbindungen direkt nach Nathon, der Insel-»Hauptstadt«, bestehend aus Uferstraße, zwei Parallelstraßen und drei Stichstraßen.

■ **Bargeld,** Travellerschecks sowie Euroschecks tauschen die täglich geöffnete Siam City-Bank (8.30–20 Uhr) und die *Thai Farmers Bank,* die beide am Chaweng- sowie Lamai-Strand Niederlassungen haben und Bargeld auch auf Kreditkarten herausrücken.

■ **Post** mit Poste-Restante-Schalter. Mo bis Fr 8.30–15.30 Uhr. 1 Bt pro Brief, sehr sicher.

Telex- und Telegramm-Aufgabe bis 16.30 Uhr. Das **Telefonamt** hat täglich bis 22 Uhr geöffnet. Gute Verbindung, normale Preise.

Internationale Gespräche sind auch von den meisten Anlagen am Chaweng- und Lamai-Strand aus möglich – allerdings mit bis zu 200%igen Aufschlägen.

■ Alle **Ärzte** in Ko Samui arbeiten tagsüber im Hospital: Sprechstunde Mo bis Sa 7–8 und 17–19 Uhr. Pro Behandlung 200–300 Bt. – **Krankenhaus:** Mo bis Fr 8.30–12 Uhr und 13.30–16.30 Uhr. Pro Behandlung 100 Bt.

Anfahrt: aus Richtung Chaweng bis Nathon, hier in den Mini-Bus nach Lamai und bis zum Hospital bringen lassen (5 Bt).

■ **Tourist Police:** Hauptrevier in Nathon im Polizeigebäude an der Ausfallstraße Richtung Norden (Tel. 077/42 12 81), Zweigstellen am Chaweng- sowie Lamai-Strand.

■ **Visum-Verlängerung** im Immigration-Office neben der Polizeistation: Mo bis Fr 8.30–12 und 13–16 Uhr. Mitbringen: 2 Paßfotos sowie Kopien der Hauptseite des Passes und der Visa-/Einreisestempel-Seite.

■ **Transport:** An öffentlichen Verkehrsmitteln stehen die Pick-Ups zur Verfügung, die zwischen Nathon und den einzelnen Stränden verkehren. Wer mobiler sein will, kann ein Mountain Bike, Motorrad oder Auto mieten, und all diese Leihfahrzeuge sind in Nathon in aller Regel günstiger zu bekommen als an den Stränden, wo die Konkurrenz nicht so groß ist.

Honda Dream, die beliebtesten Motorräder (4 Gang-Halbautomatik), kosten etwa 150–180 Bt/Tag, Geländemaschinen sind ab 200 Bt zu haben, Shopper (meist 500er Honda, Yamaha) kosten ab 600 Bt, Jeeps sind für 700–1000 Bt (inkl. Versicherung) zu haben, und Mountain Bikes schließlich sind mit 100–150 Bt fast so teuer wie Motorräder.

Entlang der Südchina-See

Weiterreise

Wo immer man hin will, egal mit welchem Transportmittel: Alle erforderlichen Tickets kann man in einem der zahlreichen Reisebüros in Nathon sowie am Chaweng- oder Lamai-Strand buchen (oder *reconfirmen*). Auch internationale Flüge werden angeboten (ab Bangkok), aber man muß wissen, daß solche Tickets, hier gekauft, gut und gerne 1500 Bt teurer sind als in der Landeshauptstadt.

■ Uneingeschränkt empfehlen können wir das **Songserm Travel Center** (Nathon, Uferstraße nahe Pier, Tel. 077/42 12 28), offizieller Agent von Thai Airways International sowie der State Railway of Thailand, außerdem zuständig für alle Bus- sowie Fährtickets und auch Ausflüge.

...nach Surattani:

■ **Expreßboot** täglich um 7.15, 12 (nur während der Hochsaison) und 14.30 Uhr zu 105 Bt, Fahrzeit 2–2,5 Stunden.

■ **Nachtboot** (60 Bt oder 80 Bt) täglich um 21 Uhr, an Surattani gegen 3 Uhr nachts.

■ **Autofähre** täglich fünf bis siebenmal zu 60 Bt inklusive Bustransfer bis zur Fähre und vom Anlegepier in Donsak bis Surattani.

Für diese Tickets benötigt man keine Reservierung; es reicht, etwa 1/2 Std. vor Abfahrt in Nathon zu sein, für die Autofähre etwa 1 Std. vorher.

...nach Bangkok:

■ Täglich **Direktverbindung** ab Nathon um 14.30 Uhr per Normalbus (180 Bt) sowie um 13.30 und 15.30 Uhr per Aircon-Bus zu 330 Bt sowie VIP-Bus zu 470 Bt.

■ **Ab Surattani** täglich Normalbusse für 125 Bt um 7 und 17 Uhr, Ankunft ca. 11 Stunden später. Mehrere Aircon-Busse außerdem um 20 Uhr zu 285 Bt.

■ Oder in Surattani auf die **Bahn** umsteigen: 10 Mal täglich für 104–470 Bt.

■ **Flug** mit *Bangkok Airways* direkt ab Ko Samui (Big Buddha Airport) achtmal täglich für 2080 Bt; Mini-Bus-Zubringer von allen Touristenstränden. Da diese Airline mitunter unpünktlich ist, sollte man genügend Zeit einplanen, also z.B. nicht auf den »letzten Drücker« nach Bangkok fliegen, um einen Anschlußflug zu erwischen. Auch sollte man möglichst nicht den letzten Flug nehmen, der, falls nicht ausgebucht, schon mal storniert wird.

Oder mit *Thai Airways International* ab Surattani mindestens drei Direktflüge täglich zu 1710 Bt; die Limousine zum Airport kostet inklusive Fährticket 150 Bt.

...nach Hat Yai:

■ **Ab Ko Samui** tgl. um 7.30 und 15 Uhr mit Mini-Bus für 250 Bt (7 Std.).

■ **Ab Surattani** täglich mit Normalbus um 11 Uhr (an 15.30) für 86 Bt; mit dem Aircon-Bus um 5.30 und 16 Uhr zu 155 Bt.

■ Oder in Surattani auf die **Bahn** umsteigen. Abfahrt jedoch zu ungünstigen Zeiten (nachts).

■ **Flug** ab Surattani mit *Thai Airways International* via Phuket (1450 Bt) sowie täglich ab Ko Samui via Phuket mit *Bangkok Airways*.

...nach Malaysia/Singapore:

■ Ein Mini-Bus nach **Penang** verkehrt ab Ko Samui täglich um 7.30 Uhr für 450 Bt, Ankunft gegen 18 Uhr.

Oben: Palmen- und Bungalows-Phalanx an der Bottle Beach von Ko Phangan
Unten: Am Tong Nai Paan Noi-Beach von Ko Phangan

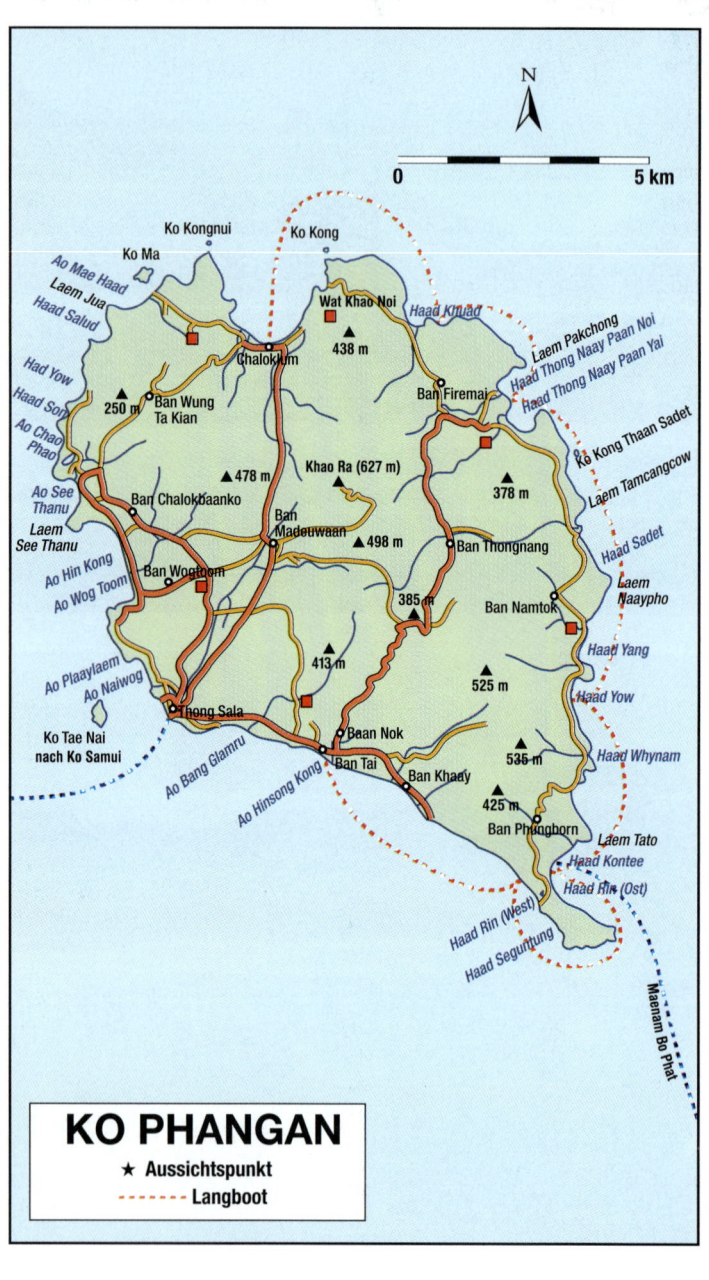

Ko Samui/Ko Phangan

■ Mini-Bus-Transfer von Ko Samui nach Hat Yai, dort umsteigen in den Aircon-Bus nach **Singapore;** 690 Bt, Ankunft rund 24 Std. später.
■ Oder in Surattani die **Bahn** nehmen, die nachts um 2.04 Uhr aus Bangkok kommt und bis Butterworth/Penang fährt 368 Bt in der 2. Klasse); Anschluß nach Kuala Lumpur und Singapore 2 Stunden später.

Wer zur Ostküste von Malaysia will, muß den Zug nach Sungai Golok zur Grenze nehmen: täglich um 23.38 und 0.40 Uhr.

...nach Khao Lak/Khao Sok/Phuket:
■ Täglich ab Ko Samui ein **Mini-Bus** um 7.30 Uhr für 250 Bt, Fahrzeit inklusive Fähre rund 7 Stunden bis Khao Lak, 8 bis Phuket.
■ Ab Surattani täglich 8 **Normalbusse** zwischen 6 und 13 Uhr für 77/112 Bt, Fahrzeit 5/6 Stunden, Abfahrt zu jeder vollen Stunde. Außerdem zahlreiche Boot-/Bus-Arrangements von Ko Samui in Richtung Phuket (Aircon-Bus), die um 280 Bt kosten.
■ Mit dem **Flugzeug** von *Bangkok Airways* einmal täglich nach Phuket für 1210 Bt.

...nach Krabi/Ko Phee Phee:
■ Verbindung möglich **via Phuket,** dort in den Bus umsteigen (siehe Phuket).
■ Oder **direkt ab Surattani:** zwölfmal täglich, 5.30 bis 16.30 Uhr, 45 Bt, ca. 4 Stunden. Mit dem ersten Bus hat man noch am gleichen Tag in Krabi eine Bootsverbindung nach Ko Phee Phee (um 9 Uhr).
■ Ab **Ko Samui direkt** per Aircon-Bus um 7.30 (und 12 Uhr) zu 230 Bt, rund 6 Stunden.

...nach Ko Phangan:
■ **Ab Nathon** täglich ein Expreßboot um 9 Uhr, 10.50 und 16.30 Uhr nach Ban Thong Sala, der Inselhauptstadt. Ankunft 35 Minuten später, 60 Bt.
■ **Ab Ban Bo Phut** (östlich an Bo Phut-Beach grenzend) außerdem mindestens einmal täglich (außer bei Sturm) um 9.30 Uhr ein Bootszubringer zum Haad Rin Beach, an der Südostküste, ebenfalls 55 Bt. Während der Saison gibt's eine weitere Verbindung um 15.30 Uhr ab Bo Phut, außerdem sporadischen Pendelverkehr zwischen Big Buddha-Beach und Haad Rin sowie Maenam und Haad Rin.

Ko Phangan – Ein Stück von gestern

Die Globetrotter-Tage des alten Ko Samui sind längst vergangen. Wer nostalgisch ihre Spuren sucht, mag einen Hauch davon auf Ko Phangan, der Nachbarinsel, finden. In ca. 50 Bootsminuten von Ko Samui aus nordwärts geht man nach 12 km an Land dieses 190 qkm großen Eilandes, das lediglich von rund 8000 Menschen bewohnt wird. Besucher sind willkommen, sogar eine ausgezeichnete, wenn auch nicht aufgeblähte Infrastruktur ist vorhanden, doch am Massentourismus regt sich bisher kaum Interesse, wie ihrerseits auch die Reisekonzerne Zurückhaltung zeigen, da sich die stark gebirgige und urwaldreiche Insel einer Erschließung durch Straßen bislang erfolgreich widersetzt hat. So wird die Insel, die auf den Besucher zudem nicht paradiesisch-einschmeichelnd, sondern eher schon wild und ungezähmt wirkt, wohl noch für eine Weile ruhig und den Individualtouristen vorbehalten bleiben.

Auch diese Insel ist, wie Ko Samui, mit Stränden überreich gesegnet: Addiert man die Länge aller 15 Hauptstrände zusammen, ergibt sich die imposante Zahl von rund 18 km, an denen sich etwa 100 Anlagen mit zusammen ca. 2000 Bungalows verteilen. Unten deshalb die Strandportraits, vorgestellt im Gegenuhrzeigersinn von Thong Sala, der Inselhauptstadt, aus.

Anreise, Ankunft
■ **Nach Ban Thong Sala,** der Inselhauptstadt, verkehrt allabendlich um 21 Uhr ein Nachtboot ab Surattani zu 70 Bt (II. Klasse) und 90 Bt (I. Klasse), Ankunft gegen 5 Uhr morgens.

Täglich um 9 Uhr legt in Donsak die Autofähre nach Thong Sala ab; 2,5 Stunden, 60 Bt, Zubringerbus ab Surattani um 7.30 Uhr zu 35 Bt.

Schliesslich verkehren Expreßboote ab Surattani um 8 Uhr sowie 13.30 Uhr (via Ko Samui) für 165 Bt; um 10.30 und 16.30 Uhr verkehrt zudem ein Expreßboot von Ko Samui aus (60 Bt).

Bei Bootsankunft hat's stets viele Mini-Busse zu allen Bungalowzielen der Insel (Ausnahme Haad Rin Beach); je nach Entfernung von 20 Bt (Südküste) über 40 Bt (Westküste) bis 60 Bt (Nordküste). Für Laem Thong per Mini-Bus oder Motorrad-Taxi (30 Bt) bis Ban Thai, zum Haad Rin Beach kann man entweder den Bootszubringer nehmen (50 Bt) oder fährt bis Ban Thai und läuft ab hier dem Strand entlang (rund 1–2 Std.) bzw. nimmt den sporadisch ab Thong Sala verkehrenden Jeep für 50 Bt – die Route verläuft teils am Strand entlang, teils im Wasser.

■ **Nach Haad Rin direkt** zweimal täglich, wenn die See ruhig ist, Bootszubringer ab Bo Phut/Ko Samui sowie ab Big-Buddha- und auch Maen-am-Strand. Ab Haad Rin Bootsanschluß zu den Stränden an der Ostküste (z.B. Thong Naay Paan) sowie nach Ko Tao.

Thong Sala Beach
Östlich von Thong Sala, auf etwa 4 km Länge, erstreckt sich ein unansehnlicher grauer Strand entlang der stark gezeitenabhängigen Küste. Zum Baden ist's ungeeignet, und auch wohnen kann man wahrhaftig angenehmer als hier, wo man trotzdem Quartier beziehen sollte, will man die Frühfähre nach Ko Samui bzw. zum Festland nehmen.

■ Die Bungalowanlagen konzentrieren sich im ersten Strandabschnitt, rund 1 km lang, sind von Thong Sala aus gut zu Fuß erreichbar und bieten alle in etwa das gleiche, nämlich schlichte Holz- oder Bambushütten im lichten Palmenhain zu 80 bis 150 Bt. Ganz gut gefiel uns das **Moonlight;** beliebt sind auch **Wind Chime, Halfmoon** und **Coco Club.** Wer Komfort sucht, sollte im **Chokana Resort** (Tel. 01 725 03 50) absteigen, wo es Bungalows in mehreren Preisklassen zwischen 200 und 700 Bt gibt.

Laem Thong
(auch: *Ban Khai Beaches*)
Östlich von Thong Sala endet die Straße nach 6 km im Ort Ban Khai. Zwischen hier sowie dem rund 4 km entfernten Südostkap der Insel, nördlich dem sich der Haad-Rin-

Am Tong Nai Paan Noi-Beach von Ko Phangan

Entlang der Südchina-See

Strand erstreckt, finden sich zahlreiche kleine Sandbuchten zu Füßen einer mit Urwald bewachsenen Felsküste. Das sieht idyllisch aus, aber nur bei Flut, denn zur Ebbe zieht sich das Meer weit zurück und hinterläßt einen breiten Schlamm- und Korallengürtel. Teils wildromantisch gelegene Hütten dienen zum Wohnen: Hier lebt man einsam, auch meist ohne Strom und ein wenig freakig zu 60 und 120 Bt.

■ **Lee's Garden** liegt direkt bei Ban Khai (und bietet auch schon bessere Hütten zu 180 Bt mit Fan) an einem ziemlich dreckigen Grobstrand. Sehr gut gefiel uns **Golden Beach,** die nächste Anlage, mit einem Panoramarestaurant auf den Klippen und urigen Hang-Bungalows.

■ Es folgt, an zwei Mini-Sandbuchten, **Thong Yang,** mit pittoresken Bungalows am Strand sowie Hang, ein Stückchen weiter **Boon's Café** – bis hierher verkehrt das Motorrad-Taxi ab Ban Thong Sala – hinter einem mit Palmen und Dschungel bestandenen Strand. Hier wohnen auffallend viele Langzeit-Reisende; die Atmosphäre ist entspannt und familiär.

■ Noch weiter östlich wird die Küste zunehmend felsiger und wilder, und bis zum Haad Rin Beach, rund 2 km entfernt, wird der Platz zwischen den Bungalowanlagen größer. Empfehlenswert in diesem Abschnitt sind insbesondere **Bangson** (Panoramarestaurant am Meer sowie große Hanghütten) und **Blue Hill** (freakige »Lianenhütten« am Hang über einem Sandstrand; hier gibt es Strom, die Hütten zu 150 Bt sind mit Fan ausgestattet).

Haad Rin

Folgt man dem Laem Thong-Strand zu Fuß gen Westen oder nimmt ab Thong Sala (wenn nicht ab Bo Phut/Ko Samui) ein Boot dorthin, erreicht man die nach Nordosten blickende und von hohen Felsen begrenzte Haad Rin Beach, die ihrer Optik und ihres feinen Sandes wegen so beliebt ist, wie Chaweng auf Ko Samui. Im Palmengürtel dahinter wird hemmungslos gebaut: Mehrere Dutzend Anlagen nebst vielen Restaurants, Shops und Reisebüros sind schon vor Ort, und da der Strand nur rund 500 m Länge mißt (plus rund 1 km am südlich angrenzenden, aber unschönen Haad Rin-Weststrand), geht es teils arg eng zu. Im Winter übrigens ist hier das Baden aufgrund hoher Wellen meist unmöglich, und ganzjährig können einen die Sandflöhe und Mücken, für die Haad Rin ebenfalls berühmt ist, zur Weißglut treiben.

Eine traurige Berühmtheit erlangten die *Full Moon Parties* von Haad Rin, die so populär sind, daß es dann Boots- und Pickup-Zubringer von allen anderen Stränden gibt. In Vergangenheit kam es mehrmals zu exzessivem Drogen-Mißbrauch sowie zu regelrechten Strand-Orgien, die Bangkok Post berichtete mehrmals groß über die Gelage, und in der Folge blieb der Polizei nichts anderes übrig, als die »Festlichkeiten« zu überwachen.

Wer Ruhe sucht, ist an diesem Strand definitiv fehl am Platz!

Haad-Rin-Weststrand:
Am nach Süden, gegen Ko Samui blickenden Haad-Rin-Weststrand (auch: *Haad Rin Noi*), einer Verlängerung des oben beschriebenen

Ko Phangan

Laem Thong, stehen sich rund zwei Dutzend Bungalowanlagen eng an eng. Die hygienischen Verhältnisse lassen teils einiges zu wünschen übrig, der Strand ist unansehnlich, und empfehlen können wir hier eigentlich nur die ganz im Osten gelegenen Siedlungen.

■ Angenehm wohnt man im **Sea Breeze** (Tel. 01 725 00 16) in panoramareichen Hang-Bungalows zwischen 250 und 500 Bt sowie im angrenzenden und dem gleichen Besitzer gehörenden **Sun Cliff** (Bungalows zu 100 bis 250 Bt).

■ Ein Stückchen weiter, direkt am Felskap, gefällt das **Light House** (Tel. 01 723 08 80) mit Hanghütten zwischen 80 und 800 Bt.

Haad-Rin-Hauptstrand:
■ Im **Paradise** am Südrand wohnt man in arg vergammelten Hütten ab 200 Bt.

■ Zu empfehlen sind das **Haad Rin Resort** (Tel. 01 725 06 09) sowie das **Phangan Bay Shore Resort** (Tel. 01 725 04 30) mit Bungalows in Abstufungen zwischen 100 und 900 Bt.

■ Am nördlichen Strandende lädt **Thommy's Resort** mit schlichten Bungalows zu 100–180 Bt ein. Nördlich, wo der Strand in Klippen übergeht, stehen die urigen Stelzenbungalows von **Serenity** (200 Bt) am Hang bzw. sind in die Felsen integriert: Die Aussicht auf Strand und Meer ist traumhaft – nur mit dem Müll wird hier oft etwas zu locker umgegangen.

■ Folgt man dem Klippenweg ab Serenity um das Felskap herum, erreicht man nach etwa 20 Minuten eine mit Palmen bestandene Mini-Bucht mit Namen *Haad Kontee,* wo in den ruhigen Hütten des **Bovie Resort** (50 sowie 70 Bt) gewohnt werden kann.

Than Sadet

Zwischen Haad Rin (s.o.) und Thong Naay Paan (s.u.) reicht der Urwald bis an die hier äußerst klippenreiche und größtenteils nichtzugängliche Westküste heran, und nur ganz vereinzelt öffnen sich kleine verschwiegene Sandbuchten in dieser touristisch noch kaum entwickelten Inselregion. Die schönste dieser Buchten trägt den Namen Than Sadet, sie wird durch den gleichnamigen Fluß (oberhalb der Than-Sadet-Wasserfall, eine nur zur Regenzeit besuchenswerte Fallstufe im Urwald) in zwei Hälften geteilt, und während der südliche Abschnitt einsam und naturbelassen ist, erstreckt sich im nördlichen Teil ein kleines Fischerdorf, in das mehrere Bungalowanlagen integriert sind.

Auch hierhin kann man per Motorrad-Taxi, Pick-Up-Zubringer sowie Boot kommen (s.u. unter »Thaong Naay Paan«), und wer absolut seine Ruhe haben will, ist hier richtig.

■ Am südlichen, Haad Rin zugewandten Strandabschnitt, eigentlich *Ao Thong* geheißen, erstreckt sich der **Jimmy Resort** hinter einer ca. 50 m messenden Sandbucht mit teils sehr großen, ansprechenden Holzhäusern am angrenzenden Steilhang. Für 100 Bt sowie 150 Bt sind sie zu haben (was maßlos billig ist), und nur das dazugehörige Restaurant, ein offener »Eternitdach-Schuppen« paßt nicht so recht ins Bild.

■ Angrenzend dann **Than Wung Thong** mit Holzhütten, die teils in die riesigen Küstenfelsen integriert sind, teils oben drauf in toller Panorama-Lage stehen und 50 Bt bzw. 100 Bt (mit Bad) kosten.

Entlang der Südchina-See

■ Weiter nördlich erstreckt sich der Fluß (Bambusbrücke), und angrenzend dann das Dorf, das die palmenbestandene Bucht säumt; hier finden sich gleich 5 Bungalowanlagen, die alle einfache Unterkunft für 50 Bt sowie 100 Bt (mit Bad) bieten und meist namenlos sind. Am schönsten wohnt man fraglos am Nordrand, wo sich ein Dutzend Pfahlbau-Bungalows den steilen Hang hinaufziehen (50 sowie 130 Bt).

Thong Naay Paan

Man muß nicht aus der Branche kommen, um dieser kesselförmigen Doppelbucht im Nordosten der Insel einen Touristenboom à la Chaweng-Beach vorherzusagen. Die beiden schneeweißen Feinsandstrände (je ca. 1 km lang) im Palmensaum, von Klippen und Dschungelhügeln begrenzt, würden sich in jedem Südsee-Bildband vortrefflich machen. Zum Schwimmen und Schnorcheln ist's ideal, selbst in der Monsunzeit (dann im nördlichen Strandabschnitt). Der einzige Haken (bzw. Vorteil – wie man's sieht) an diesem Urlaubsparadies ist seine Lage im insularen »Niemandsland«.

12 km sind's von Ban Tai an der Südküste. Aber die Piste ist nur an ihren Kurven, Steigungs- und Gefällstrecken sowie Schlammlöchern zu ermessen, führt stellenweise durch primären Urwald und ist für Crossbike- aber auch Naturfreaks *die* Traumstraße in diesem Teil Thailands. Zu Fuß kann man die Strecke in etwa 4 Stunden schaffen; wir benötigten 2 Stunden mit einer Honda-MTX und trafen Touristen, die sich von Thong Sala per Motorrad-Taxi hochbringen ließen (130 Bt) und dabei einen halben Tag unterwegs waren. In der Saison (April bis September) vekehrt ab Thong Sala ein Jeeptaxi, das rund 4 Stunden benötigt und 60 Bt pro Person kostet. Unbeschwerlicher ist auf alle Fälle die Anfahrt per Boot, das (ebenfalls nur in der Saison und nur bei ruhigem Meer) drei- bis fünfmal täglich (um 12 Uhr, 60 Bt) ab Haad Rin verkehrt sowie zweimal täglich (12 und 16 Uhr, 40 Bt) ab Chaloklum im Norden der Insel (siehe zu »Maehaad-Beach«); während der Hochsaison verkehrt es außerdem mindestens einmal täglich von Ko Samui/Meanam aus für 120 Bt.

Thong Naay Paan Yai:
Die Bucht wird durch einen Hügel in zwei Teile getrennt: Der südliche Strand, rund 1,5 km lang, heißt Thong Naay Paan Yai. Hier, wo sich auch ein winziges Fischerdorf zwischen Palmen erstreckt, finden sich die meisten Bungalow-Siedlungen:

■ Am südlichen Strandende liegen die 25 Holz-/Rattan-Bungalows (80 Bt) sowie sechseckigen Steinhäuser (200 Bt) von **Nice,** die einen guten Gegenwert bieten; angeschlossen ein nettes Restaurant, wo es sich auch draußen, direkt an der Beach, herrlich sitzen lässt.

■ Angrenzend dann **Pen's,** mit einem halben Dutzend teils recht großen Holzbungalows zu 60 und 80 Bt (ohne Bad), 100 Bt (mit Bad/WC) sowie 200 Bt (Steinhäuser).

■ Es schließt sich der **Pinguin Resort** an mit rund 35 Hütten (100 und 150 Bt) in verschiedenen Stilrichtungen auf einer großen lichten Wiese; 6 Hütten liegen direkt am Strand.

■ Es folgt **Dreamland** (angegammelte Huts zu 60 und 100 Bt), dahinter lädt die **Chai Bar** mit Motorrad-

Ko Phangan

Verleih ein, und am Strandende steigen die tollen Bungalows von **White Wind** den steilen Urwald-Hang hinauf; hier wohnt man, in hellen, sauberen Holzhäusern mit großen Veranden, teils bis 50 m hoch über dem Strand, genießt ein wunderschönes Panorama sowie absolute Ruhe; angeschlossen ein sehr empfehlenswertes Restaurant, und die Bungalowpreise sind mit 150 Bt absolut unschlagbar.

Thong Naay Paan Noi:
Nördlich schließt sich der etwa 1 km lange Thong Naay Paan Noi an, der recht eigentlich der schönere der beiden Stränden ist und eine wunderschöne Bucht beschreibt, die sich zwischen zwei Felsnasen schmiegt. Im Inselinnern erhebt sich der Urwald, zum Baden ist es absolut ideal, wie man, bei den Felsbegrenzungen, auch herrlich schnorcheln kann.

■ Vom Hauptstrand aus führt ein bei *White Wind* beginnender Pfad hinüber (ca. 10 Min.), auch per Jeep sowie Boot ist der Strand erreichbar, und auf dem Felskap zwischen den beiden Beaches liegt die unnachahmlich schöne Anlage des **Panviman Resort** (Tel. Tel. 077/37 70 48). Die großen Steinbungalows sind mit Fan oder Aircon ausgestattet, mit roten Dachziegeln gedeckt, sehr komfortabel eingerichtet und mit großen Veranden versehen; sie sind ihre 600 sowie 900 Bt unbedingt wert, gelten als das Beste auf der Insel überhaupt, wie auch das riesige Rund-Restaurant dank des Panoramas sehr gefallen kann.

■ Unterhalb, direkt am Strand und vor einer kleinen Lagune, stehen die äußerst eng gesetzten Bambushütten von **Starhut I,** die teils direkt auf den Sand gestellt, mit Bad/WC eingerichtet sind und 200 Bt kosten.

■ Dahinter erstreckt sich das freakige **Bio's Guest House,** wo man zwar abends recht romantisch sitzen und essen kann, jedoch kaum wohnen möchte (sehr schmutzig, stinkig).

■ In der Strandmitte etwa liegen die Rattanhütten von **Starhut II,** wieder arg eng gesetzt und für 200 Bt zu haben; sehr empfehlenswert ist hier das Restaurant, in dem man den besten Fisch an der Beach bekommt.

■ Am Nordende dann stehen die Holzbungalows des **Thong Tapan Resort** am Strand unter Palmen sowie insbesondere am Felshang unter Urwaldbäumen. Hier wohnt man ruhig und höchst romantisch, die einfachen Häuschen gibt es zu 100 Bt sowie 150 Bt (mit Bad/WC), und das Restaurant, im mexikanischen Stil gehalten, ist das gemütlichste am Strand.

Bottle Beach

Im Norden, von Thong Naay Paan über einen Fußweg zu erreichen, schließt sich der rund 500 m lange Bottle Beach an, der ebenfalls von bestechender Schönheit ist, optimale Bademöglichkeiten bietet, aber – wie es zumindest gerüchteweise heißt – auch von Malaria übertragenden Mücken bewohnt sein soll. Ruhig ist es jedenfalls. Hin kommt man ab Chalok Lam, der »Hauptstadt des Nordens«, wohin Mini-Busse ab Thong Sala fahren, mit einem mehrmals täglich verkehrenden Zubringerboot für 30 Bt, auch von Thong Naay Paan sowie Haad Rin (und Maenam/Ko Samui) verkehren Boote.

■ Am Westrand des Strandes liegen die Holz- und Flechtwerk-Hütten von **Bottle Beach** unter Palmen, und

Entlang der Südchina-See

kosten die strandnahen Hütten 100 Bt, so die inseleinwärts nahe der Lagune gelegenen 50 Bt; das Beach-Restaurant ist gut und günstig.

■ Angrenzend die mehrere Dutzend Bungalows umfassende Anlage **B.B. Bungalows,** die auch Stein-Häuser bietet (300 und 400 Bt) sowie kleine und große Holz-/Rattan-Huts zu 60–200 Bt.

■ Die am Ostrand gelegene Anlage mit in die Klippen integrierten Hütten ist leider nicht mehr bewirtschaftet.

Meahaad Beach

Im Nordwesten der Insel findet sich der etwa 600 m lange Maehaad Beach, der aber mit seinem grobkörnigen Sand und einem tief abfallenden Meer nicht mit anderen Stränden konkurrieren kann, daher auch ziemlich im touristischen Abseits liegt. Hin kommt man ab Thong Sala mit einem Mini-Bus (40 Bt).

■ Billigst wohnt man in den Mini-Hütten von **Meahaad Bungalow** (70 Bt) sowie im **Meahaad Bay Resort** (50 und 150 Bt). Am beliebtesten ist **Island View Cabana** mit einfachen Hütten zu 80 Bt, besseren Bungalows zu 250 Bt.

Westküste

Entlang der felsigen Westküste (von Thong Sala aus per Mini-Bus erreichbar) finden sich insgesamt sechs Buchten mit touristischer Infrastruktur, aber viele der Bungalowanlagen scheinen auf Sand gebaut – sprich: gar so viele Gäste wollen nicht kommen, da hier das Baden in der Regel nicht optimal ist, oft hoher Seegang herrscht und Moskitos und Strandflöhe einem den Aufenthalt vermiesen können.

Verschiedenes

Von den meisten Bungalowanlagen fährt morgens ein Mini-Bus und/ oder Boots- oder Moped-Zubringerdienst in die Inselhauptstadt Thong Sala, bestehend aus Hauptstraße und ein paar Stichstraßen.

■ **Postamt:** GPO, Poste Restante, Ko Phangan, Surattani. Mo bis Fr 8.30–16.30 Uhr, Sa 8.30–12 Uhr.

■ Neu ist die **Bank,** die von Mo bis Fr zu den üblichen Zeiten geöffnet hat und normale Wechselkurse bietet.

■ **Ansonsten** gibt es noch eine Apotheke, ein paar Läden, Restaurants sowie mehrere Büros für Bus-, Zug- und Flug-Reservierungen, Telefongespräche (auch international). Für gesundheitliche Probleme und die Verlängerung von Visa ist Ko Samui zuständig.

■ **Meditation:** Im *Wat Ko Tahm* von Ko Phangan werden allmonatlich 10tägige Meditationskurse angeboten, die 1000 Bt kosten (Unkostenbeitrag für Unterkunft und Essen); außerdem stehen 20tägige Meditationskurse für Fortgeschrittene auf dem Programm (2000 Bt), und Lehrer sind *Steve* sowie *Rosemary Meissmann*, die auf Englisch unterrichten. – Handzettel über diese Kurse liegen in den meisten Anlagen aus.

■ **Ausflüge:** Wie schon auf Ko Samui, so auch hier: Viel kann man, von Strand-Entdeckungen mal abgesehen, landfest nicht unternehmen, und auch eine Inselumrundung ist z.Zt. zumindest fahrend noch nicht möglich, da der extrem gebirgige und an Primärwald reiche Osten und Norden der Insel bislang noch jedes Straßenbauvorhaben scheitern ließen. Es existiert eine Piste, aber sie zu fahren, ist nur Cross-Cracks zu empfehlen, wie hier nahezu alle Straßen in ziemlich schlechter Verfassung sind.

■ **Motorradvermietung** in mehreren Shops entlang der Hauptstraße sowie in vielen Bungalowanlagen an den beschriebenen Stränden. 90 ccm-Motorräder kosten um 180 Bt/Tag, bringen aber nicht viel auf den stellenweise schlimmen Pisten. Empfehlenswerter sind die geländetauglichen Honda-MTX, die man für 180 bis 250 Bt mieten kann.

Weiterreise

Alle Tickets, auch für Bus, Eisenbahn und Flugzeug, kann man bei *Songserm* buchen und auch reservieren; siehe auch unter Ko Samui zu »Weiterreise«: Thong Sala, Hauptstraße, Tel. 077/37 70 46.

■ **Ko Samui:** Expreßboot ab Thong Sala um 6.15 Uhr sowie 11.30 und 13 Uhr zu 60 Bt. Wer weit abseits wohnt und das Frühboot nehmen will, muß schon am Abend zuvor nach Thong Sala anreisen.

Ab Haad Rin täglich Fährverbindungen nach Bo Phut um 9 und 14.30 Uhr (60 Bt), in der Saison sporadisch auch nach Big Buddha sowie zum Maenam Beach. Letzterer Strand wird während der Saison auch ab Thong Naay Paan angefahren.

■ **Zum Festland:** geht tagsüber nur via Ko Samui; mit der Frühfähre Direktanschluß nach Surattani. Bucht man gleich beide Strecken, kostet's insgesamt nur 145 Bt. Verbindungen ab Ko Samui sowie Surattani siehe dort.

Nachts kann man das Boot direkt nach Surattani nehmen: ab 21 Uhr, an 3 Uhr morgens, 70 Bt in der II., 90 Bt in der I. Klasse. Tagsüber verkehrt die Autofähre um 13 Uhr für 60 Bt.

■ **Ko Tao:** täglich, falls das Meer ruhig ist, per Boot ab Haad Rin Beach (3 Stunden) sowie ab Thong Sala (150 Bt pro Person). Außerdem zweimal täglich ein von Ko Samui kommendes Express-Boot für 400 Bt, das um 9 sowie 12 Uhr verkehrt.

Ko Tao – Refugium im Abseits

Fischerboote treiben Kokosnußschalen gleich auf dem gescheckten Malachit des flachen Küstenwassers, Sandstreifen leuchten zwischen Korallenfelsen, und grüne Hänge säumen palmenbestandene Strände im Süden und Westen des wegen seiner Form »Schildkröteninsel« geheißenen Eilandes. Nicht mehr als 7 km ist es lang, nur 3 km in der Breite, trägt aber dennoch fast 400 m hohe Berge und mehr als 7 km feine Strände, an denen in mittlerweile über 1200 Bungalows zu Spitzenzeiten (Dez.–Febr.) schon fast viermal mehr Touristen wohnen als es Insulaner gibt (rund 600). Wo noch vor 3 Jahren nichts als Billig-Anlagen standen, reihen sich jetzt komfortable Resorts nebeneinander, und das Robinson-Feeling, das man hier gestern noch haben konnte, ist endgültig dahin.

Dennoch kann ein Besuch dieses rund 60 km von Ko Samui, 40 km von Ko Phangan und 75 km von Chumpon entfernten Inselchens noch immer empfohlen werden, denn herrlich ist's, den Trampelpfaden, die hier die Straße ersetzen, durchs Innere zu folgen, und herrlich auch sind vor allem die Tauchtrips, die sich hier anbieten: Die Korallenriffe vor Ko Tao sind von solcher Pracht, daß von Ko

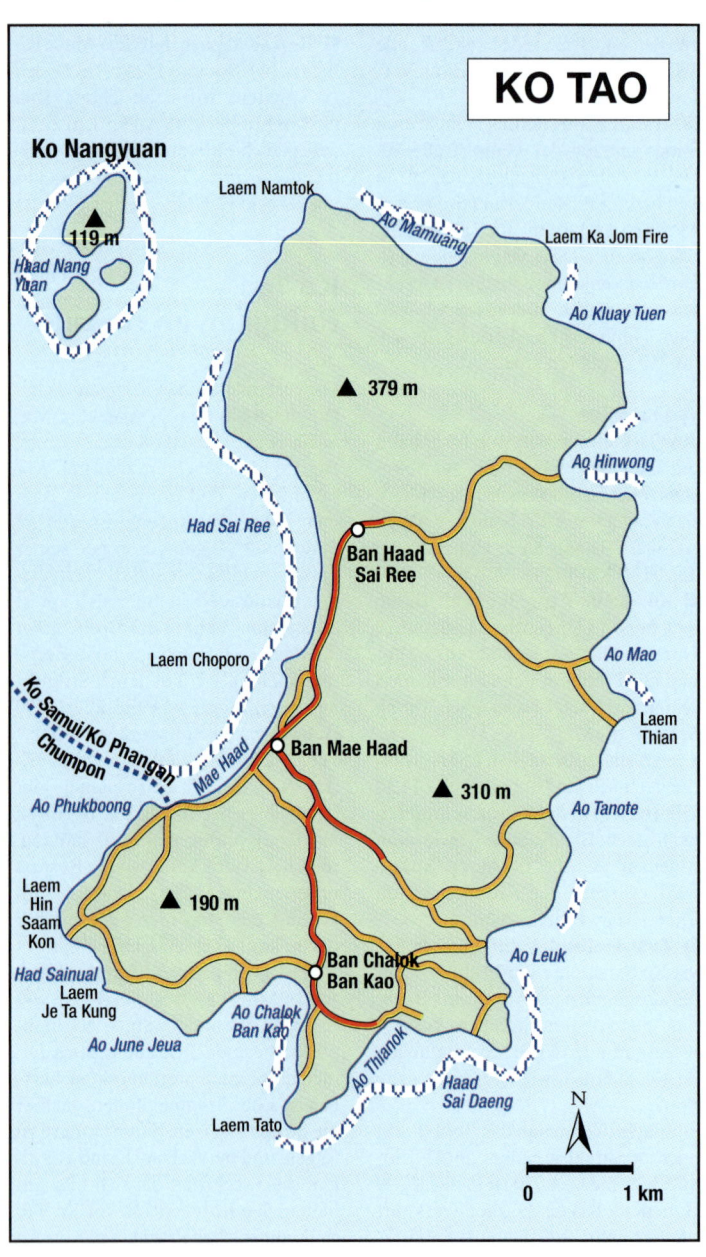

Ko Tao

Samui aus Tauchexkursionen bis hierher führen.

Anreise/Ankunft/Weiterreise

■ **Anfahrt** täglich (nur bei gutem Wetter) ab Haad Rin-Strand sowie ab Thong Sala auf Ko Phangan (ca. 3 Std. 150 Bt) sowie täglich ab Nathon/Ko Samui (5 Std. 200 Bt). Außerdem täglich ab Chumpon (6 Std. 200 Bt), von wo aus auch ein Speedboat verkehrt, das nur knapp 2 Stunden unterwegs ist und 400 Bt kostet.

■ **Ankunft** am Maehaad-Strand mit Inselhauptdorf und mehreren Bungalowanlagen; ab hier sind alle anderen Strände/Kolonien per Motorrad-Taxi oder zu Fuß erreichbar (s. Karte); außerdem verkehren nach Ankunft der Boote stets Longtailboats zu den Stränden und dem vorgelagerten Inselchen Ko Nang Yuan (s.u.).

■ **Weiterreise:** täglich gegen 11 Uhr nach Haad Rin und Thong Sala auf Ko Phangan für 150 Bt sowie um 9 und 14.30 Uhr mit dem Express-Boot via Ko Phangan nach Ko Samui für 450 Bt.; außerdem während der Saison täglich ein Boot nach Chumpon sowie auch ein Speedboot (Preise s.o.).

Strände/Bungalows

■ Der **Maehaad Beach** mit dem Boots-Anlegesteg und dem Hauptdorf dahinter (mit Polizeistation, einige Restaurants, Wechselstuben und zwei Tauchclubs) präsentiert sich zwar optisch wunderschön, aber wohnen wollen hier die meisten Besucher nicht, denn nach Ko Tao fährt man der Einsamkeit wegen.

■ Der nächstsüdliche Strand, der **Haad Sainual**, ist ab Maehaad zu Fuß in rund 45 Minuten zu erreichen, teils sehr beschwerlich, oder per Bootszubringer. Er erfreut sich zunehmender Beliebtheit.

Unterkunft hier u.a. im *Sai Thong* für 80 Bt und 150 Bt (mit Bad/WC) oder im *Char* zu gleichen Preisen.

■ Ein Stückchen weiter und ab Ban Maehaad auch per Motorrad-Taxi oder zu Fuß in etwa 30 Minuten erreichbar, erstreckt sich der wunderschöne, aber stark gezeitenabhängige **Ao Chalok Ban Kao** mit gleich zwei feinsandigen Stränden.

Wohnen hier z.B. im *Tato Lagoon* zu 80 oder 200 Bt, im *View Point* auf einem Kapfelsen, wo die besseren Bungalows zu 250 Bt zu empfehlen sind. Einen guten Gegenwert bietet das *Nang Nuan*, wo die Bungalows 250–500 Bt kosten. Hier steht auch die z.Zt. beste Anlage der Insel, die *Ko Tao Cottages* (Tel. 01/725 07 51), deren Komfortbungalows mit Fan zwischen 600 und 900 Bt kosten.

■ Ums Kap herum gen Osten erreicht man den zum Baden kaum geeigneten, aber optisch ansprechenden und einsamen **Ao Thianok**, wo sich die 21 Hütten von *Rocky* anbieten (80–300 Bt), die teils den säumenden Felsen aufsitzen.

■ 1,5 km weiter erstreckt sich der **Haad Sai Daeng** mit bislang ebenfalls erst einer Anlage, den *Kiet Bungalows* (120 und 200 Bt).

Die vorgelagerte Insel Shark Island gilt als ausgezeichnetes Schnorchel- und Tauchrevier.

■ Die übernächste Bucht heißt **Ao Tanote** und ist zu Fuß nur schwer erreichbar; Bootszubringer ab Hauptdorf der Insel. Unterkunft hier im *Tanote Bay Resort* ab 100 Bt sowie im *Diamond's* für 80 Bt.

■ Ab Ao Tanote über einen mühseligen Trampelpfad, ab Ban Maehaad über einen landschaftlich schönen

Entlang der Südchina-See

Fußweg in etwa 3 Stunden oder per Zubringerboot erreicht man den herrlichen **Laem Thian Beach,** der direkt nach Osten blickt sowie feinen Sand und ideale Bade- und Schnorchelmöglichkeiten bietet. Unterkunft hier bislang nur in den 15 Hangbungalows von *Laem Thian,* die 50 und 80 Bt kosten.

■ Die Ko Tao nordwestlich vorgelagerte Dreierinsel **Ko Nang Yuang** ist laut Prospekt »the only place with three joined beaches in the world«. Ob das nun stimmt oder nicht – der Anblick der Inseln, die durch drei Sandstrände miteinander verbunden sind, ist umwerfend schön. Da die Inseln zudem von einem Korallenriff-Ring umgeben sind und die Reviere sich unter den Tauchern herumgesprochen haben, kommen entsprechend viele Tauchgruppen hierher, weshalb es tagsüber auch meist ziemlich laut an den Stränden ist, ebenso in der einzigen Anlage am Platz, den *Nang Yuan Bungalows* mit insgesamt nun schon rund 80 Hütten, die von 280–900 Bt kosten.

Tauchen auf Ko Tao

Die Tauchreviere vor Ko Tao gehören zusammen mit denen der Similand Island nördlich Phuket und denen vor Ko Lanta südlich Krabi zu den besten des ganzen Landes, und außer zwischen Sept./Oktober sowie Dez./Januar, während der Regenzeit, beträgt hier die Sicht bis über 30 m. Tauchsaison herrscht somit fast das ganze Jahr über, täglich führen von Ko Samui aus mehrere Tauchexkursionen hierher, wo u.a. auch Schildkröten, Wale und sogar Walhaie beobachtet werden können.

Tauchschulen finden sich insgesamt schon ein rundes Dutzend auf Ko Tao, die meisten finden sich am Strand des Insel-Hauptdorfes, und Informationen über die Angebote liegen in den meisten Bungalowanlagen aus. Es werden Tauchkurse durchgeführt (mit Zertifikat rund 6000 Bt, 5 Tage) und natürlich kann man auch Ausrüstungen ausleihen, was alles inkl. um 500 Bt je Tauchgang kostet; ansonsten sind Tauchexkursionen auf dem Programm, und da die Tauchlehrer zumeist aus europäischen Landen kommen, wird sowohl auf Englisch und Französisch als auch auf Deutsch unterrichtet.

Beach-Genuß pur auf Ko Tao

Am Indischen Ozean

Über den Isthmus von Kra

Vor Chumpon, etwa 490 km südlich von Bangkok, erreicht der Highway 4 eine bedeutende Kreuzung: Hier biegt der Highway 41 nach Süden, Richtung Surattani ab, während die eigentliche Hauptstraße jetzt die Ostküste verläßt, um den Isthmus von Kra, wie die Malaiische Halbinsel in ihrem mittleren, schmalsten Abschnitt genannt wird, gen Westen Richtung Ranong zu queren, bevor sie sich entlang der zum Indischen Ozean gehörigen Andamanen-See tief in den Süden bis nach Krabi, Trang und zur Malaysia-Grenze fortsetzt.

Diese Strecke führt durch eine wesentlich eindrucksvollere Landschaft als die entlang des flachen Küstenstreifens. Schon bald hinter der Abzweigung wird es romantisch. Die Straße »zickzackt« in das zunehmend gebirgiger und wilder werdende, nur noch spärlich besiedelte Grenzland zu Burma hinein, und bald befindet man sich mitten im Dschungel, der hier, wo die höchsten Niederschläge von ganz Thailand verzeichnet werden, eine wahrhaft »grüne Hölle« bildet. Insbesondere nach Regenfällen sowie im Morgengrauen dröhnt und tropft der Wald vor Feuchtigkeit; Wasserschleier wehen, steigen auf wie Dampf aus heißer Vegetation, und scheint dann die Sonne hinein, tanzen die Kaskaden in allen Regenbogenfarben.

In dieser Gegend, der am dünnsten besiedelten von Thailand, leben die wenigen Bauern noch in paradiesischer Unabhängigkeit: Sie verdienen sich ein Zubrot durch Schmuggelgeschäfte mit dem nahen Burma, aus dem noch in den 80er Jahren Banditen herüberkamen, welche die Straße unsicher machten, indem sie Busse überfielen und ausraubten.

Grenzstadt Ranong

Heute ist die Verbindungsstraße zwischen der Südchina-See und dem Indischen Ozean sicher, und lange wird es wohl auch nicht mehr dauern, bis man von Ranong aus – der nach 115 km erreichten Hauptstadt der nördlichsten der Provinzen, die zum Indischen Ozean hin liegen – auch als Tourist ins »Märchenland Burma« einreisen kann. Die vor 250 Jahren von Chinesen gegründete Stadt hat über den direkt nördlich angrenzenden *Victoria Point,* den südlichsten Punkt des Nachbarlandes, einen blühenden Handel mit Burma, und die ersten geführten Touristengruppen durften von hier aus bereits 1994 in die inselreichen burmesischen Gewässer reisen.

Sollte sich Burma wirklich öffnen, wird Ranong, das seinen Wohlstand bisher der Fischerei und dem Zinnabbau verdankt, in Zukunft ein bedeutendes Ziel auch für Urlauber sein. Zur Zeit liegt es noch im Abseits, obwohl die Stadt, eingebettet zwischen satt bewachsene, steil ansteigende Hügel, eine eindrucksvolle Umgebung mit vielen landschaftlichen Höhepunkten zu bieten hat:

Am Indischen Ozean

67% der Provinz bestehen aus Bergland, über 80% sind mit primärem Regenwald bewachsen, Wasserfälle und Höhlen gibt es zuhauf.

Sehenswertes

■ Die Stadt selbst, 17 000 Einwohner groß, hat eher wenig zu bieten, und auch ihre einzige Attraktion, die 70° C heißen, schwefelhaltigen **Thermalquellen,** machen optisch nicht soviel her. Die Mineralquelle entspringt am Fuße eines Berges im *Wat Thapotharam*. Wer ein Bad im auf 42°C abgekühlten Wasser nehmen will, kann das im Luxushotel *Jasom Thara*, wo mehrere Badepools eingerichtet sind, für deren Benutzung 50 Bt zu zahlen sind.

■ Von den zahlreichen **Wasserfällen,** die es rings um Ranong zu besuchen gibt, seien hier nur erwähnt der *Naam Tok Ngao* (12 km südlich, zu erreichen mit Songthaew von der lokalen Busstation im Zentrum für 10 Bt) sowie der *Naam Tok Bunyaban* (15 km nördlich am Highway 4, Songthaew Richtung Kraburi für 15 Bt). Der erste Wasserfall, der in zahlreichen Kaskaden einen Berg hinunterstürzt, ist der eindrucksvollere, wohingegen der Bunyaban-Wasserfall (hier auch Raststätte mit Restaurant) wegen seiner felsigen und urwaldreichen Umgebung gefällt, die sich gut für Wanderungen geeignet.

■ Für einen reizvollen **Ausblick auf Burma** sollte man ein Songthaew (10 Bt) zum 12 km westlich Ranongs gelegenen *Jansom Thara Beach* nehmen. Der Strand, mit einem luxuriösen Resort versehen, ist zwar verschlickt und nicht der Rede wert, bietet aber, insbesondere bei Sonnenuntergang, einen herrlichen Ausblick über das Meer auf das nahe Burma mit der Insel *Pulo Ru* und der Stadt *Kawthaung.*

Unterkunft

Die meisten Hotels der Stadt finden sich entlang der lauten Hauptstraße Ruang Rat Road, weshalb man stets zusehen sollte, ein Zimmer nach hinten zu bekommen.

■ **Rattanasin Hotel,** 226 Ruang Rat Road, Tel. 077/81 12 42.

Billigstes Hotel der Stadt, dient auch als Stundenhotel, aber die Fan-Zimmer (150 Bt) sind sauber und korrekt.

■ Wesentlich angenehmer wohnt man im **Asia Hotel,** 39/9 Ruang Rat Road, Tel. 077/81 11 13.

Große Fan-Zimmer mit Bad 200 Bt, mit Aircon 350 Bt.

■ **Ranong Inn,** 29/9 Ruang Rat Rd, Tel. 077/82 27 77.

Liegt am südlichen Stadtrand, verfügt über einen kleinen Swimmingpool sowie ein Restaurant (am Abend Live-Musik) und bietet Komfortzimmer zu 250 Bt (Fan) sowie 420 Bt (Aircon).

■ Bestes Hotel der Stadt ist das **Jansom Thara,** 2/10 Phetkasem Road, Tel. 077/81 15 11.

Außerhalb am Highway 4 gelegen. Die 650–4500 Bt teuren Zimmer sind luxuriös eingerichtet; mit zum Haus gehören Swimmingpool, Fitneß-Zentrum, Restaurant und Bar sowie eben die über Rohre von den Thermalquellen gespeisten Bäder, in denen man sich, nach Geschlechtern getrennt, im heißen Wasser erhitzen kann.

■ Wer außerhalb wohnen will, kann das im **Jansom Thara Resort** (Tel. 077/82 16 11) am Jansom Thara Beach (s.o.) in schicken Bungalows zu 1200 Bt, von denen aus man eine schöne Aussicht auf Burma genießt; dazu gehört ein Swimmingpool.

■ Unvergleichlich viel schöner als in der Stadt wohnt man auf der rund 20 km weit vorgelagerten Insel **Ko Chang** nahe der Burma-Grenze, auf der nur wenige Menschen leben, es weder Strom noch Straßen gibt, dafür aber Urwald satt und vor allem auch traumhafte Sandstrände. Hin kommt man mit einem morgens verkehrenden Markt-Longtailboot für 150 Bt, und Unterkunft findet man in mittlerweile schon 2 Anlagen, von denen der *Cashewnut Resort* in einer Plantage am langen Strand mit schlichten Hütten zu 80 Bt am besten gefällt.

Essen und Trinken

Essen kann man in Ranong Gerichte sowohl der thailändischen als auch der burmesischen sowie der chinesischen Küche. Am billigsten ißt man auf dem großen Markt an der Ruang Rak Road, wo den ganzen Tag über und auch abends zahlreiche Eßstände bereitstehen. Traditionelle chinesische Restaurants (Hokkien-Küche) finden sich zuhauf an der Ruang Rak Road. Das *Sombum*, gegenüber dem Rattanasin Hotel, 226 Ruang Rat Road, gilt als bestes Seafood-Restaurant der Stadt.

An-/Weiterreise

Der Busbahnhof liegt etwas außerhalb der Stadt, nahe Jansom Thara-Hotel.

Zahlreiche Verbindungen in Richtung Bangkok zu 140 Bt (Fan-Bus) bzw. 260 Bt (Aircon) bzw. 390 Bt (VIP) via Chumpon und Hua Hin. Außerdem ist Ranong mit Surattani (70 Bt im Fan-Bus, 100 Bt im Sammeltaxi), mit Phuket (76 Bt im Fan-Bus, 200 Bt im Aircon-Bus, 180 Bt im Sammeltaxi) und Phang-Nga (70 Bt im Fan-Bus) verbunden.

Laem-Son-Nationalpark

Die Fahrt entlang dem Highway 4 von Ranong gen Süden führt durch eine wunderschöne, stark reliefierte Hügellandschaft, die teils mit Urwald, teils mit sattgrünem Gras bedeckt ist und Richtung Küste in ausgedehnte Mangrovenwälder übergeht. Diese gehören größtenteils zum Laem Son-Nationalpark, der sich auf über 50 km entlang dem Meer hinzieht. Er umfaßt 315 qkm Fläche sowie rund zwei Dutzend vorgelagerte Inseln und ist für seinen Reichtum an Vögeln, Reptilien und auch Affen bekannt: Hier leben u.a. Krabben-fressende Makaken. Touristen verirren sich nur selten in den Nationalpark.

Anreise

Die Einfahrt zum Park zweigt 58 km südlich Ranongs beim Kilometerstein 657,5 von der Hauptstraße ab (vom Busfahrer hier absetzen lassen). Von hier aus verkehren mehrmals täglich Pickups auf der rund 10 km langen Strecke zum Dorf Laem Son (20 Bt), auch Trampen ist gut möglich, doch bis zum noch 2 km entfernten Park-Zentrum wird man wahrscheinlich laufen müssen.

Unterkunft

■ Übernachten kann man in den **Park-Bungalows**, die für Gruppen ausgelegt und daher teuer sind: ab 500 Bt. Aber außer an den Wochenenden, wenn viele Thai anreisen, wird man, sofern man handelt, kaum mehr als 250 Bt bezahlen müssen. Außerdem kann man Zwei-Personen-Zelte ausleihen (50 Bt) oder das eigene Zelt aufstellen (5 Bt).

■ Direkt vor dem Park-Eingang liegt zudem die **Komain-Villa**-Bungalowanlage mit schlichten Häuschen zu 200 Bt und einem guten Restaurant.

Ausflüge

■ Der **Hat-Bang-Ben-**Strand beim Park-Zentrum bietet sich an für ausgedehnte Wanderungen entlang der menschenleeren Küste. Dank einer vorgelagerten Sandbank soll hier Schwimmen das ganze Jahr über gefahrlos möglich sein. Bei Ebbe kann man zu einem kleinen, vorgelagerten Inselchen hinüberwaten, und zu weiter draußen gelegenen Eilanden lohnen Bootstrips, die die Park-Ranger organisieren können. Ein Tagesausflug kostet, je nach Verhandlungsgeschick, zwischen 500 und 1000 Bt je Boot. Wer eine Robinson-Ader hat, kann sich auch auf einer Insel absetzen und nach ein paar Tagen wieder abholen lassen.

■ Sehr schön ist die Insel **Ko Kam Nui,** die einen guten Strand bietet und zahlreiche Campingwiesen, auch über Trinkwasser verfügt. Baden und Schnorcheln ist hier ideal.

■ Gleiches gilt für **Ko Kam Tok,** nur 200 m von **Ko Kam Yai** entfernt.

Surin Islands Nationalpark

Dieser Nationalpark, 1981 eingerichtet, umfaßt die fünf Inseln des kleinen, der Küste etwa 40 km weit vorgelagerten Surin-Archipels, der für phantastische Tauch- und Schnorchelreviere bekannt ist und deshalb von verschiedenen Tauchclubs von Phuket aus angefahren wird.

Auf *Ko Surin Neua,* der nördlichen der beiden großen Hauptinseln, leben mehrere Familien der *Chao Le,* oft auch als »Seezigeuner« bezeichnet, welche polynesischen Ursprungs sind. Sie waren einst seefahrende Nomaden, doch sie bestreiten heute einen ärmlichen Lebensunterhalt als Fischer und Perlentaucher, wozu sie sich schwere Steine an die Hüften binden und durch einen nach oben reichenden Schlauch atmen. Die meisten Chao Le sind weder Buddhisten noch Muslime, sondern hängen ihrem uralten animistischen Glauben an: Ihr größtes Fest findet zu Vollmond im März statt. Dann ist der Besuch dieser Insel verboten.

Anreise

■ Ausgangspunkt für die Bootsfahrt zu den Inseln ist das rund 70 km südlich von Ranong gelegene **Khuraburi** bzw. der 8 km nördlich (km 727) gelegene Fischereihafen dieses Städtchens (ausgeschildert mit »Thungnangdam«), wo sich, am Pier, auch das Büro des Nationalparks befindet. Die freundlichen Angestellten helfen, ein Boot zu chartern (das aber rund 2000 Bt für die Hin- und Rückfahrt sowie einen mehrstündigen Aufenthalt kostet) bzw. sagen einem, wann die nächste Reisegruppe übersetzen will – meist an Wochenenden; dann kann man für 500 Bt pro Person mitfahren.

■ Ein anderer Pier, um Boote zu mieten, ist der **Phae Pla Chumphon** beim Dorf *Ban Hin Lat,* wohin bei

Kilometerstein 110, direkt vor der Abbiegung nach Khuraburi, ein Weg abzweigt.

■ Zwischen Dezember und März verkehrt außerdem auf der Strecke **von Phuket** aus mehrmals wöchentlich ein Songserm-Expreß-Ausflugsboot, das rund 3 Stunden je Weg benötigt, hin und zurück 1500 Bt kostet.

Unterkunft

■ Das **Parkamt** befindet sich auf der nördlichen Insel *Ko Surin Neua*, und hier stehen auch vier Bungalows (100 Bt/Person, 60 Bt im Schlafsaal) sowie ein Restaurant zur Verfügung. Zelte kann man ebenfalls mieten (60 Bt) bzw. das eigene Zelt aufschlagen (5 Bt).

■ Wenn man in Khuraburi übernachten muß, bietet sich das einfache, aber saubere **Pad Nob Guesthouse** an: im Zentrum an dem Highway 4, Zimmer zu 150 Bt.

Khao-Sok Nationalpark

Südlich von Khuraburi wird die Landschaft immer spektakulärer, da gebirgiger und teils dicht mit Urwald bedeckt. Erst kurz vor Takua Pa, einer nichtssagenden Zinn-Stadt (siehe auch zu »Khao Lak«) 134 km nördlich von Phuket, flacht das Land wieder ab. Hier muß man sich entscheiden, ob man weiter nach Süden oder ins Landesinnere vorstoßen möchte. Zumindest einen kleinen Abstecher dorthin möchten wir jedem Freund atemberaubend schöner Berg- und Dschungellandschaft ans Herz legen.

Wer mit dem eigenen Fahrzeug anreist, biegt zu diesem Zweck 4 km nördlich Takua Pa nach links auf den nach Surattani ausgeschilderten H-401 ab. Diese Straße ist eine der Traumstraßen Thailands: Sie schlängelt sich bergauf, bergab um wolkenverhangene Kalksteinmassive herum. Schließlich, nach rund 30 km, geht es einen steilen Paß hinauf, und von der luftigen Höhe genießt man ein fesselndes Panorama auf einen weiten, felsgesäumten Urwaldkessel, in dem auch der Khao Sok-Nationalpark ausgewiesen wurde. Auf der anderen Paßseite zweigt eine ausgeschilderte Straße in das noch 4 km entfernte Schutzgebiet ab, das eine Fläche von insgesamt rund 640 qkm umfaßt.

Anreise

Wer mit öffentlichen Verkehrsmitteln reist, steigt in Takua Pa in den Bus Richtung Surattani um (stündlich; 15 Bt). Von Surattani aus nimmt man einen Bus Richtung Takua Pa bzw. Phuket. Sagt man dem Fahrer, daß man nach »Khao Sok« will, setzt er einen an der Abzweigung ab, wo stets ein paar Motorradfahrer warten, um in den Park zu fahren (10 Bt).

Unterkunft

■ Das **Nationalpark-Amt** vermietet Zelte (60 Bt), aber wesentlich schöner als dort wohnt man in den Bungalowanlagen, die alle von der Zufahrtstraße zum Park aus erreichbar sind.

■ Die erste Anlage, die passiert wird, ist das **Khao Sok Rainforest Resort** (Tel. 01/464 43 62; hinter der Brücke über den Fluß links), wo man in einzeln stehenden Rattan-Bungalows mit großer Veranda und gemütlicher Einrichtung (sogar Gardinen sind hier aufgehängt) malerisch am Urwaldrand mit Blick auf den Fluß wohnt. – Für 300 Bt ein außerordentlich guter Gegenwert.

■ Ein Stückchen weiter geht es rechts ab zum ausgeschilderten **Bamboo House:** Auf einer mit Obstbäumen bewachsenen Wiese sowie am Ufer des Flusses verteilen sich zahlreiche idyllische Bambus-Bungalows, die zwischen 120 und 250 Bt kosten. Ein Restaurant ist vorhanden; für 70 Bt gibt's abends ein großes Menü.

■ Folgt man dem Weg, der zum Bamboo House führt, ein paar hundert Meter weiter bis an sein Ende, so erreicht man **Junglehouse,** das direkt vor einer Kalksteinwand, an der entlang der Fluß verläuft, auf einer großen Obstbaumwiese gelegen ist. Früher *der* Tip, aber seit die Anlage ein ausländisches Management hat, sind die Preise völlig überzogen.

■ Wesentlich besser gefällt **Art's Riverview Jungle Lodge,** die dem sympathischen *Art* gehört, der früher das o.g. Junglehouse leitete. Hier wohnt man in sehr schönen und gut ausgestatteten Holzbungalows, teils im Urwald verteilt, doch *der* Tip lautet: *tree top,* also Baumhaus. Gleich mehrere solcher Häuschen sind in den Urwaldbäumen am Flußufer errichtet worden, und wer dort eine Nacht verbringt, wird das sein Lebtag nicht mehr vergessen. Die Preise liegen bei 300 Bt, was unbedingt adäquat ist, und im angeschlossenen Restaurant gibt's feste Menüs (70 Bt) sowie auch eine begrenzte Anzahl à-la-carte-Gerichte.

■ Bleiben die **Tree Top River Huts** links vom Eingang zum Park, die teils am Fluß stehen, teils ebenfalls in den Bäumen »hängen« und 150–300 Bt kosten.

Ausflüge in den Park

Geprägt wird die Park-Landschaft von gigantischen, mit Urwald bewachsenen, von Flüssen umspülten sowie von unzähligen Höhlen durchbohrten Kalksteinmassiven. Schöne Wanderwege führen zu den eindrucksvollsten Ecken; auch Bambusfloß-Touren sowie Höhlen-Exkursionen und Dschungeltrekkings werden organisiert. In den Bungalowanlagen kann man diesbezügliche Informationen bekommen, auch Führer sowie einfache Karten, an denen man sich leidlich orientieren kann. Bessere Informationen sind erhältlich im Nationalpark-Amt, wo auf einer Karte alle Wege eingezeichnet sind, von denen die meisten, ausgeschildert, auch gleich dort beginnen.

Wer übrigens dabei erwischt wird, daß er die Wanderwege (es gibt über 10 ausgeschilderte und markierte) mit dem Motorrad abfährt, muß mit mehreren tausend Baht Strafe rechnen!

Ausflüge ins Umland

■ Sehr lohnenswert ist ab Khao Sok auch ein Abstecher Richtung Osten (Richtung Surattani) zum rund 40 km entfernten **Chiew Laan**-Stausee, einer der größten von Thailand und völlig in primären Regenwald gebettet. Dort wo man den 12 km abseits des Highway 401 gelegenen See erreicht – der nicht von öffentlichen Verkehrsmitteln angefahren wird; abzweigen bei km 58,2 –, befindet sich eine Bungalowanlage (600 Bt); hier kann man Boote für eine Seerundfahrt chartern: 2 Stunden kosten rund 750 Bt.

Etwa auf halbem Weg zum Stausee passiert man, direkt nach Überqueren einer Brücke, das rechts vom Highway 401 gelegene **Wat Thamwaran**, einen Tempel, hinter dem sich mehrere Höhlen öffnen, die nach wenigen Metern an einen Fluß führen. Hier läßt es sich herrlich rasten und auch baden, aber wer den Sprung ins Wasser wagen will, muß wissen, daß es von Tausenden Fischen belebt wird, die von Tempelbesuchern gefüttert werden und sich einen Spaß daraus machen, Schwimmer »anzulutschen« und gelegentlich zu zwikken.

Khao Lak – Einsamkeit und jede Menge Strand

Biegt man in Takua Pa nicht auf den Highway 401 ab, sondern folgt der Hauptstraße geradeaus weiter Richtung Phuket und Phang-Nga, sind es noch 30 km, bis man das jüngste Urlaubsparadies Thailands erreicht, das nur mit ein paar Hinweisschildern zu Bungalowanlagen auf sich aufmerksam macht. Der Strand ist zwischen 10 und 30 m breit, über 20 km lang und gelegentlich von Felsen unterbrochen, der Sand goldgelb, fein bis mittel-körnig. Den Strand säumen riesige Casuarinas und Palmen und im Hinterland öffnen sich zahlreiche Seen – Relikte aus der Zeit, als hier Zinn geschürft wurde. Ein parallel zur Küste verlaufender Gebirgszug ist dicht mit Urwald bestanden.

Bars, Discos und Shops gibt es nicht. Wer hier Urlaub machen will, muß ein Freund von Ruhe und Einsamkeit sein.

Anreise/Ankunft

■ Alle **Busse und Sammeltaxis,** die zwischen Surattani/Ko Samui und Phuket verkehren, passieren Khao Lak. Ebenso die Aircon- und Normalbusse, die die Strecke Bangkok–Ranong–Phuket bedienen. Wer aus Richtung Krabi oder Hat Yai anreist, steigt in Khok Kloi, kurz vor der Brücke nach Phuket, aus und nimmt den Anschlußbus bzw. -Songthaew Richtung Takua Pa.

■ **Zug:** Nächste Eisenbahnstation ist Surattani, von wo täglich Busse/Sammeltaxis nach Phuket/Takua Pa verkehren.

■ **Flug:** Der *Phuket International Airport* ist rund 80 km entfernt. Taxi nach Khao Lak für 800 Bt; keine 40 Bt kostet es, wenn man sich per Motorrad-Taxi an die Hauptstraße bringen läßt und hier auf einen nach links, Richtung Takua Pa oder Surattani verkehrenden Bus wartet.

■ **Ankunft:** Nennt man dem Busfahrer »Khao Lak« als Ziel, setzt er einen vor einem kleinen Supermarkt ab, neben dem eine Stichstraße zum ungefähr 5 Gehminuten entfernten Hauptstrand führt.

Unterkunft

■ Die erste so erreichte Bungalow-Anlage, ist das **Nang Thong Bay Resort** (Tel. 01 723 11 81) mit Bungalows in allen Preisklassen zwischen 150 und 600 Bt. Die billigen Häuser liegen etwa 100 m vom Strand entfernt, sind mit einem Kachelbad ausgestattet (und würden überall sonst mindestens 300 Bt kosten); die zu 250 Bt finden sich auf einer großen, mit Palmen bestandenen und von einem Bach durchflossenen Wiese hinter dem Strand, der von mehreren versetzt stehenden Komfort-Bungalows

Nang Thong Bay Resort in Khao Lak

gesäumt wird. Alle Hütten, auch die günstigen, werden täglich gereinigt, die ganze Anlage ist außerordentlich gepflegt, und im großen Strandrestaurant werden gute Gerichte zu günstigen Preisen serviert; die Speisekarte ist auch auf deutsch geschrieben, und wen wundert es da, daß hier nahezu nur Deutsche unterkommen, darunter auch von Jahr zu Jahr mehr Rentner, die hier den Winter verbringen.

■ Direkt südlich schließt sich das **Garden Beach Resort** an (Tel. 01 723 11 79), eine Anlage der Mittelklasse mit verschieden großen, weißen, aber etwas steril wirkenden Bungalows (500 Bt) auf einer palmgesäumten Wiese, an einem kleinen See sowie entlang dem Strand.

■ Wiederum daneben liegen die **Khao Lak Bungalows** (auch: *Noi & Gert Bungalows*), Tel. 01 723 11 97, die dem Deutschen Gert und seiner Frau Noi gehören. Das Restaurant liegt direkt am Meer, ist eine bauliche Rarität und überaus edel anzuschauen, wie auch die fünf großen Luxusbungalows (zu 650 Bt) im feinsten Thai-Stil errichtet sind und über eine kleine Lagune hinweg direkt aufs Meer blicken. Gegenüber hat Gert nun mehrere todschicke Apartments angebaut, architektonisch wie auch von der Einrichtung her außerordentlich ansprechend, und auch diese stehen in der Regel zur Vermietung.

Ansonsten plante Gert z.Zt. der Recherchen, etwas weiter nördlich, Richtung Takua Pa, eine Anlage für Budget-Reisende an den Strand zu setzen, und wenn nichts dazwischengekommen ist, sollte diese, mit lauschigen Hütten zu 100 Bt, nun fertiggestellt sein.

Wer eine aktive Ader hat, wird hier alles zum Besten finden: Für Gleitschirmflieger steht am Strand eine Motorwinde parat, und Gert organisiert (auch mehrtägige) unvergeßliche Kanutouren auf dem Chiew Laan-Stausee (s.o.), führt Exkursionen zu kaum erforschten Höhlensystemen durch und bietet mehrtägige Fahrten auf seinem umgebauten Fischkutter zu den Similand-Inseln an (s.u.) sowie, im Sommer, durch die Phang-Nga Bay.

Ausflüge
Die ganze Region um Khao Lak ist reich an Natur-Sehenswürdigkeiten, und in den Bungalowanlagen kann man sich informieren. Dies auch im Khao Lak-Restaurant, an der Hauptstraße (direkt rechts) zu finden, das ebenfalls von einem Deutschen geleitet wird, der ebenfalls u.a. Bootsfahrten zu den Similand-Inseln organisiert.

Weiterreise
■ **Bus:** Bushaltestelle an der Hauptstraße. Etwa im Stundentakt bestehen Verbindungen in Richtung Phuket sowie nach Surattani, auch für Khao-Sok-Nationalpark und Ranong; in den Abendstunden zwischen 17 und 21 Uhr kommen die Busse Richtung Bangkok vorbei.

Für Phang-Nga, Krabi, Hat Yai etc. nimmt man einen beliebigen nach Süden verkehrenden Bus und steigt in Khok Kloi um.

■ **Flug:** Ab *Phuket International Airport* Flugverbindungen nach Surattani, Ko Samui, Bangkok, Hat Yai, Penang und Singapore. Tickets können über die Bungalowanlagen reserviert werden.

Similan Islands Nationalpark

Die neun Inseln des rund 40 km vor Khao Lak in der Andamanen-See gelegenen Similan-Archipels sind allesamt unbewohnt und wurden wegen ihrer intakten, noch nicht von der Dynamitfischerei zerstörten Unterwasserwelt im Jahre 1984 unter Schutz gestellt. Heute gelten sie, zusammen mit dem Surin-Archipel und Ko Phee Phee, als die besten Tauchreviere des Südens und genießen den Ruf, daß dort Delphine und Wale zu beobachten sein sollen. Letzteres zumindest möchten wir bezweifeln, denn die Unterwasserfauna hat wegen schießwütige Taucher längst einen irreparablen Schaden genommen.

Wie auch immer, allein für die Erkundung der Korallenriffe lohnt die Anreise, denn das Wasser ist außerordentlich klar und erlaubt eine Sicht bis in 30 m Tiefe. Da die Korallenstöcke schon bei etwa 2–3 m Tiefe beginnen, kommen hier nicht nur Gerätetaucher, sondern auch die Schnorchler voll auf ihre Kosten. Selbst wer landfest bleiben möchte, kann den Aufenthalt genießen, denn der Sandstrand, insbesondere auf *Ko Ba Ngu* – auch bekannt als Insel Nr. 8: alle Inseln sind durchnumeriert –, der von allen Ausflugsbooten angefahren wird, könnte schöner nicht sein.

Anreise

Zwischen November/Dezember und März/April, der Tauchsaison, verkehren täglich mehrere Schnellboote ab Phuket, die inkl. Verpflegung und Schnorchelausrüstung sowie einem 3-stündigen Insel-Aufenthalt etwa 2000 Bt kosten; angeboten werden die Fahrten in allen Reisebüros und den meisten Hotels. Auch mehrtägige Touren werden organisiert, Übernachtung dann in Zelten oder auf dem Boot; außerdem reine, einwöchige Tauchfahrten, bei denen auch Nicht-Taucher mitfahren dürfen (von allen Tauchbasen auf Phuket, siehe dort).

Auch von Khao Lak aus (siehe dort) kann man den Archipel erreichen, was wesentlich billiger kommt als von Phuket aus, das rund 90 km entfernt ist.

Unterkunft

Wer hier übernachten will, fährt nicht mit seinem Ausflugsboot wieder zurück, sondern nimmt das nächste oder übernächste. Auf *Ko Miang* (Insel Nr. 4) stehen ein paar einfache und übertreuerte Reihen-Bungalows für 500 Bt sowie Zelte für dreiste 150 Bt, ohne Decke und Matratze, zur Verfügung; hier auch Toiletten und ein Restaurant. Hier sowie auf *Ko Ba Ngu* (Insel Nr. 8) und *Ko Similan* (Insel Nr. 7) darf man auch sein eigenes Zelt für 5 Bt aufstellen.

Da das Essen im o.g. Restaurant miserabel und teuer ist, sollte man Lebensmittel mitbringen.

Phuket – Superlativ der Andamanen-Küste

862 km Straßenkilometer, oder rund eine Flugstunde, sind es von Bangkok bis Phuket, der mit 539 qkm Fläche größten Insel des Königreiches. Sie ist im Durchschnitt 15 km

311

Der Karong Beach von Phuket

breit, dabei 50 km lang, stark hügelig bis gebirgig – Phuket leitet sich vom malaiischen *bukit* ab und bedeutet »Hügel« – und, insbesondere auf der Westseite, mit kleinen und großen Buchten sowie Sandstränden reich gesegnet. Mit dem Festland ist sie durch die 660 m lange Sarasin-Brücke verbunden, mit Bangkok, Ko Samui, Hat Yai, Malaysia, Singapore und Europa durch einen internationalen Flughafen.

Verwaltungstechnisch besitzt die Insel mit der im Südosten gelegenen und in touristischer Hinsicht uninteressanten Hauptstadt Phuket Town, in der 60 000 der 180 000 Einwohner Phukets leben, den Status einer eigenständigen Provinz. Schon lange bevor der Tourismus für Wohlstand sorgte, war Phuket dank seiner Zinnminen, die rund 25% der gesamten Inselfläche einnehmen, und der Kautschukplantagen, dem Fischfang und der Perlenzucht eine der reichsten Provinzen des Landes. Heute ist hier das durchschnittliche Pro-Kopf-Einkommen mehr als doppelt so hoch wie im Rest des Königreiches, was primär dem Tourismus, Hauptdevisenquelle der Insel, zu verdanken ist: In den 70er Jahren wurde die Prospekt-»Perle der Andamanen-See« von den sogenannten Globetrottern »entdeckt«: Wurden 1982 mal gerade 40 000 Besucher registriert, so waren es 1989 bereits 250 000; 1991 wurde mit über 1 Mill. Besucher die »Schallmauer« durchbrochen, 1995 zählte man gar 2 Mio. Touristen, die in über 15 000 Hotelzimmern Unterkunft nahmen. Weitere 20 000 Zimmer sind in Planung; höher, immer höher recken sich die Betontürme der Hotels in den Himmel, denn auch die Grundstückspreise gehören hier mit zu den höchsten Thailands (und Südostasiens). Die Zimmerpreise stehen dem um nichts nach, und wer nicht pauschal anreist, was über 90% aller Besucher tun, kann hier innerhalb weniger Tage mehr ausgeben als im Rest des Südens innerhalb mehrerer Wochen. Phuket ist, auch nach europäischen Maßstäben, längst kein Billig-Ziel mehr und vereint mit seinen zwar schönen, aber arg zugebauten Stränden mittlerweile eigentlich all das, was man sich unter einem »Tropenparadies«, wie es die Prospekte versprechen, *nicht* vorstellt.

Anreise/Ankunft

■ Von allen Städten in Südthailand, sowie von Bangkok, gibt es zahlreiche **Busverbindungen** täglich. Außerdem **Sammeltaxi-**Transport ab Ko Samui, Krabi, Hat Yai und Butterworth/Penang. Ans Schienennetz ist die Insel nicht angeschlossen.

Der Busbahnhof liegt etwa 1 km außerhalb des Stadtzentrums. Weiter per Tuk Tuks (Mini-Taxi) für 5 Bt zum Songthaew-Stand an der Ranong Rd, neben dem Markt. Ab hier täglich bis gegen 17 Uhr zahlreiche Verbindungen. Die kosten zum Kata- und Karon-Beach 10 Bt, nach Patong ebenfalls 10 Bt sowie nach Nai Harn 20 Bt.

Läßt man sich ab Busbahnhof oder Phuket-Stadt direkt bis an den Strand fahren, z.B. wenn man nach 17 Uhr ankommt, kostet das pro Wagen gut 150 Bt, je nach Uhrzeit.

■ **Flug:** *Thai Airways International* fliegt mindestens achtmal täglich ab Bangkok, einmal täglich ab Surattani, zwei- bis dreimal täglich ab Hat Yai, zweimal wöchentlich ab Penang/Malaysia sowie täglich ab Singapore.

Bangkok Air bedient mehrmals täglich die Route von Ko Samui aus.

Vom ca. 35 km nördlich Phuket-Town gelegenen *International Airport* (Bankschalter, auch Kreditkarten; Post- und Telefonamt) per Thai-Bus (50 Bt) zu o.g. Songthaew-Stand. Ein Taxi in die Stadt kostet 400 Bt, an die Strände um 500 Bt, doch verkehren auch Airport-Minibusse, die für 100 Bt an die Touristenstrände fahren. Im Airport außerdem zwei Mietwagen-Agenturen. Wer Geld sparen will, nimmt ein Motorrad-Taxi (30 Bt) von der Airport-Einfahrt an die Hauptstraße und wartet hier auf einen nach rechts verkehrenden Songthaew (10 Bt) oder Bus.

■ Per **Schiff** wird Phuket ein- bis mehrmals täglich von Ko Phee Phee aus angesteuert.

Strände/Bungalows

Phuket ist zwar auf allen Seiten mit Stränden reich gesegnet, aber entlang der Ostküste sind sie denkbar unattraktiv, da dort der Sand meist grob und arg verschmutzt, das Meer flach und schlickig ist, so daß man, wenn überhaupt, nur bei Flut baden kann.

Ganz anders hingegen präsentieren sich die Strände entlang der dem offenen Meer zugewandten Westseite. Ihnen verdankt Phuket seine werbewirksamen Übernamen: In aller Regel bieten sie feinen, weißen Sand vor einem türkisfarbenen klaren Meer; außerdem Bungalowsiedlungen und zunehmend Hotels der Luxusklasse sowie zahlreiche Restaurants, Bars, Pubs und Nachtclubs, Einkaufsarkaden, Fitneß-Zentren, Boutiquen und was sonst zu Ferienzentren internationalen Zuschnitts mit dazu gehört.

Im folgenden beschreiben wir die Strände entlang der Westküste von Süd nach Nord. Wir möchten an dieser Stelle darauf hinweisen, daß hier das Baden, besonders bei stärkerem Wellengang, wie zwischen Mai und November üblich, wegen möglicher Strömungen nicht ganz ungefährlich ist. Jedes Jahr sind zahlreiche Todesopfer zu beklagen, und wenn man schon bei Brandung hinaus will – die Surf- und Bodysurf-Bedingungen sind optimal –, dann nur als geübter Schwimmer und nie ohne Schwimmflossen!

	J	F	M	A	M	J	J	A	S	O	N	D
Temperatur °C	28	28	29	30	29	28	28	28	27	27	28	28
Sonnenstunden	8	8	8	7	6	5	5	5	5	5	6	8
Regen in mm	30	21	49	121	319	250	261	272	399	309	178	59
Regentage	4	3	5	10	21	19	19	19	23	22	18	8

Nai Harn Beach

Dieser etwa 1 km lange und 20–50 m breite Strand liegt in einer sanft geschwungenen Bucht, die beidseitig von Klippen begrenzt wird und auf vorgelagerte Inselchen blickt. Der Sand ist makellos, die Optik könnte schöner nicht sein, und der Strand ist zu keiner Jahreszeit überlaufen, daher auch einer der ruhigsten der Insel. Doch wie jedes Paradies seine Schatten hat, so auch dieses: Die Strömungen in der Bucht können lebensgefährlich sein, und nur zwischen November und März ist hier Baden und Schnorcheln zumeist gefahrlos möglich.

■ Bungalowanlagen für das kleine Budget finden sich hier keine mehr. Am preisgünstigsten wohnt es sich noch in **Ao Saen,** nördlich des »Phuket Yacht Clubs«, an einer kleinen Sandbucht mit Blick auf den eigentlichen Hauptstrand; die Bungalows gefallen und kosten 250 bzw. 500 Bt, in der Hochsaison mehr.

■ Nördlich angrenzend das optisch ansprechende **Jungle Beach Resort,** Tel. 076/38 11 08, mit komfortablen Fan-Bungalows zu 1100 Bt und solchen mit Aircon zu 4200 Bt.

■ Am eigentlichen Nai-Harn-Strand dominiert der **Phuket Yacht Club,** Tel. 076/38 11 56, eine im Terrassenstil errichtete Jet-Set-Anlage mit Preisen von 6500 bis 19 000 Bt für ein Zimmer.

Kata Beaches

An diesem 2 km langen, durch eine Felszunge zweigeteilten Strand begann vor nunmehr rund 20 Jahren die touristische Entwicklung Phukets, denn hier war es, wo die »Globetrotter« ihr Strand-Paradies fanden. Heute freilich mag man das kaum noch glauben, denn riesige Hotelanlagen säumen die Bucht. Dem *Club Med* gehört gleich die Hälfte des im Norden gelegenen Strandes; wo noch Platz blieb, etablierten sich Discos und Videobars. Es ist laut, »gewerbetreibende« Thailänderinnen haben Hochkonjunktur, und das Preisniveau hat sich dem des französischen Urlaubsclubs angeglichen, ist also enorm hoch. Der Nordstrand ist gut zum Baden geeignet, Schnorchler finden rings um die vorgelagerte Insel Ko Pu gute Bedingungen, und am Südstrand, wo oft hoher Wellengang herrscht, läßt es sich gut surfen und bodysurfen.

■ **Kata Noi** (Südstrand): Einigermaßen erschwinglich ist eigentlich nur *Kata Noi Rivera* (Tel. 076/33 07 26) mit Fan-Bungalows ab 500 Bt. – Adrette Zimmer mit Aircon bietet *The Mansion* (Tel. 076/33 05 65) für 800 Bt. – Im *Kata Thani* (Tel. 076/33 04 17), einer monströsen Luxusanlage, bezahlt man zwischen 2600 und 12 800 Bt.

■ **Kata Yai** (Nordstrand): Der *Club Med* (Tel. 076/33 04 55) bietet auf exotisch getrimmte Bungalows ab 3500 Bt. – Im *Marina Cottage* (Tel. 076/33 05 16) zahlt man zwischen 1400 Bt (Fan-Zimmer) und 2100 Bt (Aircon-Zimmer). – Nur im *Friendship* (Tel. 076/33 04 99) kann man auch »schon« für 500 Bt wohnen.

Karon Beach

Von Kata aus führt die Uferstraße zum direkt nördlich angrenzenden Karon-Beach, mit rund 4 km der längste erschlossene Strand der Insel und, zusammen mit dem nördlich angrenzenden Patong, auch mit Abstand der am meisten zugebaute. Über 30 Baustellen waren hier 1996 zu zählen, und wurde bislang noch eine niedrige Bauweise bevorzugt, so werden jetzt größtenteils Betonhotels à la Torremolinos direkt hinter der Strandpromenade hochgezogen. Über 5000 Zimmer sollen innerhalb der nächsten Jahre zu den bestehenden hinzukommen, und spätestens dann dürfte der weiße Breitstrand der »dichteste« von Thailand sein.

■ In der **Budgetklasse** gibt es nur (noch!) das *Tropicana* (Tel. 076/33 04 08) mit großen Hang-Bungalows ab 300 Bt sowie das *Happy Hut* mit angegammelten Hütten zwischen 150 und 250 Bt. Während der Saison können sich die Preise verdoppeln.

■ Die **Mittelklasse** mit Bungalow-/Zimmerpreisen zwischen 800 und 1500 Bt ist gut vertreten. Beliebt sind u.a. das *Karon Silver Resort* (Tel. 076/33 09 73) sowie der *Phuket Golden Sand Inn* (Tel. 076/39 64 93).

Am Indischen Ozean

■ Die größte Auswahl verzeichnet die **Topklasse:** Wer zwischen 3000 und 35 000 Bt pro Nacht loswerden will, hat hier reichlich Gelegenheit, etwa im *Thavorn Palm Beach* (Tel. 076/38 10 34; 3000–17 000 Bt), im *Phuket Arcadia* (Tel. 076/38 10 38; 4000–16 000 Bt), wenn nicht gar im *Karon Royal* (Tel. 076/38 11 39), wo man zwischen 6000 und 34 000 Bt locker machen muß.

Patong Beach

Mehr als 100 Unterkünfte, bis zu 26 Stockwerke hoch, bieten mittlerweile über 8000 Zimmer zwischen 500 und 20 000 Bt für die Nacht: Patong, noch 1975 ein winziges Fischerdorf, ist mit Bodenpreisen um 1500 DM pro qkm der teuerste Ort Thailands, gleichzeitig größtes Mekka der Pauschalurlauber und wird von den Thai mit Seitenblick auf die über 400 Bars und Clubs, in denen rund 3000 Prostituierte als Hostessen beschäftigt sind, auch als »Klein Pattaya« bezeichnet. Aber dieser Vergleich hinkt, denn während Pattaya an »Attraktionen« eigentlich nur nächtliche Vergnügungen der einseitigen Art zu bieten hat, offeriert Patong Unterhaltung für jeden Geschmack und verfügt eben auch über einen Strand, der, sieht man von seiner Fülle ab, schlicht als wunderschön zu bezeichnen ist und sich auf rund 3 km am verführerisch kolorierten Meer entlangzieht. Das ist wie geschaffen zum Baden, Plantschen und Schnorcheln, und das Wassersportangebot konkurrenzlos.

■ **Unterkunft:** Da es völlig unmöglich ist, aus dem riesigen Hotelangebot empfehlenswerte Quartiere herauszusuchen, sei nachfolgend nur der Hinweis gegeben, daß sich entlang der parallel zum Strand jenseits der Bungalowblocks verlaufenden *Rat Uthit Road* mehrere Herbergen finden, die Zimmer unter 500 Bt vermieten – was hier als spottbillig gilt.

Weitere Strände

■ Bei der **Relax Bay** handelt es sich um ein zwischen Karon und Patong gelegenes, traumhaft schönes Stück Fels- und Sandküste, das freilich viel von seinem Reiz verloren hat, seit hier die riesigen Wohnburgen der *Emerald*- und *Le-Meridien*-Hotels (Zimmer ab 4000 Bt) hochgezogen wurden, die zusammen nahezu 1500 Betten anbieten. Auch ist der Strand nicht mehr frei zugänglich und gehen die Abwässer, wie es heißt, direkt ins Meer.

■ 5 km nördlich von Patong, vorbei an mehreren kleinen und teils sogar noch naturbelassenen Badebuchten, erreicht man entlang der Küstenstraße den ruhigen, da optisch nicht so ansprechenden, weil ziemlich kahlen **Kamala Beach.** Unterkunft in Privathäusern (zahlreiche Hinweisschilder, die Preise variieren zwischen 3000 Bt und 20 000 Bt pro Monat) oder im *Phuket Kamala Resort* (Tel. 076/21 29 01) für 1700 bis 2900 Bt pro Nacht.

■ 1,5 km weiter nördlich erreicht man bald einen links der Küstenstraße gelegenen Polizeiposten, neben dem ein steiler Pfad zum vielleicht schönsten Strand der Insel führt: zum nur 100 m langen **Laem Singh,** der weißen Sand, Ruhe und gute Bademöglichkeiten satt bietet, aber, da zu kurz, keine Unterkünfte.

■ Wieder ein Stückchen weiter nördlich öffnet sich die leicht gewölbte Bucht von **Surin** und **Pansea Beach.** Beide werden, wo der Öffentlichkeit zugänglich, hauptsächlich von picknickenden Thai--Touristen frequentiert. Das Baden gilt hier das ganze Jahr über wegen extremer Strömungsverhältnisse als zu gefährlich. Unterkunft nur in zwei Luxusanlagen, die zu den teuersten, aber auch ansprechendsten der Insel zählen. Das *Pansea,* Tel. 076/31 12 49, bietet 110 Bungalows entlang eines Privatstrandes, je 11 400 Bt. – Das *Amanpuri,* Tel. 076/31 13 94, eine der edelsten Strandadressen in Asien, kostet 17 500 Bt.

■ Bleibt abschließend der **Nai Yang Beach,** dessen nördlicher Teil zum Nationalpark erklärt worden ist. Dieser Langstrand, rund 30 km nördlich von Phuket Town und direkt beim Flughafen gelegen, wird von uralten Casuarinas gesäumt und bietet, bis zu 80 m breit, teils eine wunderschöne Optik. Gar so viele Touristen wollen dennoch nicht kommen, denn das Meer ist extrem gezeitenabhängig – man kann kaum baden –, teils auch schlickig. Hinter dem Strand ist eine regelrechte kleine Bretterbuden-Siedlung mit Restaurants, Bars und Shops entstanden, in dem sich die Gäste des einzigen Hotels am Platz abends ihre Langeweile vertreiben.

Unterkunft außerhalb der Ferien-Luxushotels hier nur in den Bungalows des *Nai Yang Beach National Park* zu 500 Bt; den Preis kann man meist auf 250 Bt herunterhandeln, denn die Bungalows sind für Gruppen ausgelegt. Die Häuser liegen schön im Baumschatten nahe dem Strand, und wer abends per Flugzeug auf Phuket ankommt oder am nächsten Morgen früh per Flieger weiterreist, sollte erwägen, dann hier zu wohnen, von wo aus es nur rund 2 km bis zum Flughafen sind. Angeschlossen ein Restaurant, das einfach ausgestattet ist, aber desto bessere und vor allem auch authentische Thai-Gerichte serviert.

Transport

Songthaew und Tuk-Tuk: siehe unter »Ankunft«.

■ **Miet-Motorräder,** meist 125er-Honda-MTX, kosten an den Stränden im Durchschnitt 180 Bt bis 200 Bt. Die halbautomatischen Customs mit 70 oder 90 ccm gibt's zu 120 bis 150 Bt. In Phuket Town sind die Motorräder gut 20% billiger als an den Stränden.

■ **Jeeps und Beach-Buggies** kosten ab 600 Bt pro Tag. Sicherer ist es, in Phuket-Town inkl. Versicherung für 1000 Bt/Tag zu mieten – so ein Jeep kostet hier etwa 60 000 DM –, was bei drei oder vier Mitfahrern immer noch recht günstig ist. Zu bedenken ist, daß diese Fahrzeuge gut 20 bis 25 Liter auf 100 km schlucken.

Phuket für Wassersportler

■ Wenn man von Ko Samui und Pattaya absieht, ist Phuket heute *das* Wassersportzentrum Thailands: kein Strand ohne eine entsprechende Infrastruktur. **Windsurfbretter** können überall ausgeliehen werden, desgleichen auch **Surfbretter** und »Wellenschlitten« (zum Drauflegen). Ebenso werden **Wasserski** und **Gleitschirmfliegen** angeboten, und die Störenfriede Numero 1, die **Wasserscooter,** sieht und hört man vor jedem Strand auf und ab rasen. Auch **Yachtcharter,** mit und ohne Skipper, ist ein Begriff (etwa über *Thai Yachting,* Tel. 076/34 11 53).

Mittlerweile werden sogar **Seekajak-Touren** in die Phang-Nga-Bay angeboten, so vom *Phuket Sea Canoe Center* (Tel. 076/21 22 52). Prospekte liegen in den meisten Hotels und Reisebüros aus. Führer werden gestellt, aber diese Touren sind unverschämt teuer: 3000 Bt werden für eine Tagestour verlangt, 13 000 Bt gar für eine solche, die drei Tage währt, und wesentlich billiger kommt es, so eine Tour in Krabi (siehe dort unter »Aktivitäten«) mitzumachen.

■ Aber in der Hauptsache dreht sich alles ums **Tauchen,** auch wenn die wirklichen Tauchreviere nicht direkt vor Phuket liegen, sondern vor den Inseln Ko Phee Phee, Ko Yao Yai und den Similan- sowie Surin-Inseln, in der Bucht von Phang-Nga. Doch alles erforderliche Material selbst gibt es, von Ko Phee Phee abgesehen, nur auf Phuket, wo auch Tauchkurse, meist mit *PADI*- oder *NAUI*-Zertifikat, abgehalten und wo während der Saison, von November bis März, ein- bis 14-tägige Tauchexkursionen durchgeführt werden.

Hier die Angebote der führenden Tauchschulen und Verleihstationen; insgesamt gibt es rund zwei Dutzend:
– **Marina Divers,** International Diving Center, Marina Cottage, 120/2 Kata-Karon-Beach, Tel. 076/33 06 25. Unter schweizerischer Leitung mit deutschsprachigen Instruktoren, mit bestem und gepflegtem Material. Der eintägige Schnupperkurs für Tiefsee-Debütanten kostet 1600 Bt, ein 4-tägiger Kurs mit Schein ist für 7500 Bt zu haben, ein *Rescue Diver Course* für 7000 Bt.

Tauchexkursionen (Material nur, wenn man einen Tauchschein hat) zu Sharkpoint und Ko Doc Mai für 1150 Bt alles inkl., nach Ko Phee Phee für 1450 Bt, nach Ko Racha für 1150 Bt; außerdem mehrere kleine Tagestrips zu 500 Bt. Nicht-Taucher können an den Ausflügen ebenfalls teilnehmen, zahlen rund die Hälfte.

Materialverleih (nur bei Scheinvorlage) je Tag kostet etwa 120 Bt je Flasche, 60 Bt je Flaschenfüllung, 130 Bt für Lungenautomaten, 60 Bt für Tragegestell, 130 Bt für Tarierweste, 50 Bt für Bleigürtel.
– **Santana Divers,** neben Kata Guesthouse an der Straße zwischen Kata und Karon, Tel. 076/33 05 98. Deutsche Tauchbasis, deutsches Personal, gepflegtes Material. Die Preise für Tauchkurse sind ähnlich denen von »Marina Divers«. Tagestrips mit je zwei Tauchgängen kosten 750 Bt (Westküste, jeden Montag) oder 1000 Bt inkl. Lunch (Ko Raja, Shark Point; dienstags und samstags); Nicht-Taucher zahlen 250 Bt. Eine 2-Tages-Tour nach Ko Phee Phee (mit 18 m Stahlyacht) kostet bei zwei Tauchgängen pro Tag 1000 Bt/Tag; Nicht-Taucher zahlen die Hälfte. Außerdem 4-Tages-Touren zu den Similan-Inseln, 2000 Bt/Tag für Vollpension – auf einer 19 m Segelyacht – sowie 2 Tauchgänge je Tag. Ko Surin und Similan-Inseln, 5 Tage inkl. Vollpension etc., ebenfalls 2000 Bt/Tag.
– **Siam Diving Center,** Karon Beach, an der Straße zwischen Kata und Karon, Tel. 076/33 09 36. Ziemlich identische Angebote wie »Santana« und »Marina«: Einführungskurs 1650 Bt, Tauchkurs 7500 Bt, Tagestrips zu 500 Bt (Ko Pu), 1150 Bt (Shark Point, Ko Raja), 1600 Bt (Ko Phee Phee). Mehrtägige Touren (mit Stahlyacht) nach Ko Phee Phee 1600 Bt/Tag, zu den Similan-Inseln 2250 Bt/Tag.

Verschiedenes

■ **Tourist Office** in Phuket Town, Phuket Rd, Tel. 076/21 22 13. Täglich

8.30–16.30 Uhr. Merkblätter und Preislisten, Prospekte und Kartenskizzen zu Phuket und Phang-Nga. Eine einfache Karte von Phuket mit Stadt kostet 10 Bt, eine bessere 20 Bt.

■ Unter gleicher Adresse zu erreichen die **Tourist Police,** ebenfalls nur bis 16.30 Uhr geöffnet (danach ist die reguläre Polizei zuständig: Tel. 076/21 20 46). Weiterer Posten der Touristenpolizei in Patong (Strandstraße).

■ **Immigration Office,** South Phuket Rd/Südende. Mo bis Fr 8.30–12 und 13–16.30 Uhr.

■ **Post** mit Poste Restante-Schalter an der Suthat Road, einer Parallelstraße der Phuket Road; Mo bis Fr 8.30–12 und 13–16.30 Uhr, Sa, So 9–12 Uhr.

■ **Telefonamt** für internationale Verbindungen: Telephone Center, Phang-Na Road, nahe Pearl Hotel; Inlandsgespräche von den blauen Telefonzellen davor. Täglich rund um die Uhr geöffnet.

■ **Geldwechsel** in Phuket Town überall bis 18 Uhr. Auch an den Stränden zahlreiche Wechselstuben; zusätzlich klappern mobile Money Changer die Strände ab.

■ Das etwas außerhalb gelegene **Phuket International Hospital** gilt als eines der besten und modernsten von ganz Südostasien. Weitere Hinweise hierzu im allgemeinen Teil unter »Medizinische Versorgung«).

Weiterreise

Es existieren ausgezeichnete Verbindungen zu den meisten Städten im Süden Thailands sowie nach Ko Phee Phee, Bangkok, Malaysia und Singapore, und bestes Reisebüro für alle Transportmittel ist auch hier wieder *Songserm* an der 51–53 Satun Road, Tel. 076/22 25 70.

■ **Flug:** Der *Phuket International Airport* (Tel. 076/32 72 30) liegt rund 35 km nördlich von Phuket Town; ab Thai-Office Zubringerdienst für 70 Bt, Taxi kostet um 400 Bt. Alternativ kann man auch einen x-beliebigen Bus nehmen, der die Insel verläßt, etwa nach Takua Pa, Krabi, Phangna etc., und sich an der (ausgeschilderten) Abzweigung zum Flughafen absetzen lassen; weiter per Motorrad-Taxi für 20 Bt.

Thai Airways International, 78 Ranong Road, Tel. 076/21 11 95, fliegt mindestens achtmal täglich nach Bangkok (2050 Bt), zwei- bis dreimal täglich nach Hat Yai (780 Bt), einmal täglich nach Surattani (475 Bt), zweimal wöchentlich nach Penang/Malaysia (1400 Bt) und täglich nach Singapore (4200 Bt) sowie neuerdings auch nach Hongkong (8200 Bt).

Bangkok Airways fliegt täglich die Strecke nach Ko Samui für 1210 Bt. Zu buchen sind die Tickets in den Reisebüros der Stadt oder bei der Airline direkt an der 158/2 Yaowaraj Road, Tel. 076/22 50 33.

Malaysian Airline (Tung Ka Rd, Tel. 076/21 37 49) fliegt einmal wöchentlich (Fr) für 950 Bt nach Langkawi/Malaysia.

■ Weitere **Airlines,** die von Phuket aus für internationale Flüge zuständig sind, sind *LTU* (wöchentlich Direktflüge nach München und Düsseldorf; am Airport, Tel. 076/32 74 32), *Silk Air* (insbesondere Flüge nach Singapore; 95/20 Montri Road, Tel. 076/21 38 91), *China Airlines* (59 Bangkok Road, Tel. 076/22 39 39) sowie *Dragon Air* (37 Montri Road, Tel. 076/21 73 00).

■ **Bus:** *Phuket Bus Terminal,* Ranong Rd, rund 1 km außerhalb gelegen, zuständig für Normal- und Aircon-Busse; hin im Tuk Tuk für 5 Bt. Am Bahnhof ein englischsprachiger Informationsdienst, Tel. 076/21 14 80. Die Aircon-Tickets kann man in jedem Reisebüro der Stadt sowie an den meisten Stränden buchen; dann Abholdienst ab Unterkunft.

Die Hauptverbindungen: täglich mehrere Normal- und Aircon- sowie VIP-Busse nach Bangkok (12 Stunden, 220 bzw. 380 bzw. 570 Bt), Hat Yai (8 Stunden, 122/202/250 Bt), Krabi (4 Stunden, 47 bzw. 84 Bt), Surattani (77/112/180 Bt), Ko Samui (193/305 Bt), Phang-Nga (26 Bt), Ranong (76 bzw. 137 Bt); nur Normalbusse verkehren nach Takua Pa (via Khao Lak, dahin 3 Stunden, 38 Bt).

■ **Sammeltaxi:** Abfahrtsort ist der Coffee Shop nahe dem Pearl Cinema an der Phangna Road, Tel. 21 31 26. Es bestehen Verbindungen (6 bis 17 Uhr) nach Surattani (4 Stunden, 150 Bt), Krabi (2 Stunden, 120 Bt) und Hat Yai (6 Stunden, 250 Bt).

■ **Boot:** Während der Saison, von Oktober bis April, verkehren täglich mindestens 5 Boote nach Ko Phee Phee; in der Regenzeit (außer bei Sturm) fährt mindestens 1 Boot täglich. Der Preis bewegt sich je nach Gesellschaft zwischen 250 und 350 Bt. Fahrtdauer zwischen 1,5 und 4 Stunden, Tickets über die Reisebüros.

Phang-Nga

Der ganze Ort, nur 9000 Einwohner groß, scheint lediglich aus einer einzigen Straße zu bestehen, der langen Phetkasem Road. Eingerahmt von mehreren Dutzend dicht bewaldeter Kalksteinfelsen, erweckt Phang-Nga den Eindruck, als liege es in einem Gebirgstal. Insbesondere bei Sonnenauf- und -untergang bekommt man hier herrliche Bilder zu sehen, und so eignet sich Phang-Nga durchaus für einen Stopover auf dem Weg nach Süden, zumal sich von hier aus reizvolle Ausflüge unternehmen lassen, nicht zuletzt auch den in die unvergeßlich schöne Welt der Bucht von Phang-Nga (s.u.).

An-/Weiterreise

Per Bus ist Phang-Nga mit allen größeren Orten des Südens sowie mit Bangkok verbunden: mehrmals täglich angefahren werden Bangkok (202 Bt im Fan-Bus, 348 Bt im Aircon-Bus, 525 Bt im VIP-Bus), Surattani (66 Bt), Phuket (alle 30 Minuten, 26 Bt) und Krabi via Ao Luk (alle 30 Minuten, 24 Bt).

Wer Richtung Ranong will (z.B. nach Khao Lak), muß von Phang-Nga aus erst einmal zum Kreuzungspunkt Khok Khloi fahren (8 Bt), von wo aus stündlich Anschluß nach Norden besteht.

Unterkunft

Entlang der Hauptstraße Phetkasem Road finden sich alle Hotels der Stadt, wobei die billigen im Zentrum und die besseren außerhalb liegen.

■ In der günstigen Kategorie ist u.a. zu empfehlen das **Muang Thong,** 128 Phetkasem Road, Tel. 076/41 21 32.

Mit sauberen und vor allem auch ruhigen Fan-Zimmern zu 150 Bt und Aircon-Zimmern zu 300 Bt.

■ Beliebt ist auch das **Lak Muang Hotel,** 1/2 Phetkasem Road, Tel. 076/41 11 25.

Am Stadtrand Richtung Krabi, wo die einfachen Fan-Zimmer 150 Bt, die mit Aircon 250 Bt kosten.

■ Soll es etwas Besseres sein, empfehlen sich das **New Lak Muang II** (540 Phetkasem Road, Tel. 076/41 15 00) am Stadtrand Richtung Phuket (Fan-Zimmer 450 Bt, mit Aircon 550 Bt) sowie das etwas teurere **Phangnga Valley Resort**, 5/5 Phetkasem Rd, Tel. 076/41 22 01, an der Straße Richtung Phuket, mit Swimmingpool).

Sehenswertes

■ Die bedeutendste Sehenswürdigkeit des Ortes – eine komplette Auflistung ist im Tourist Office erhältlich; siehe unten – liegt etwa 3 km südlich des Stadtzentrums: der **Somdet Phrasi Nakharin-Park,** benannt nach und eröffnet von der Mutter des jetzigen Königs Bhumipol. Die Anlage, rings um markante Kalksteinfelsen errichtet, umfaßt mehrere Höhlensysteme, durch die, leider mit arg viel Beton, Pfade hindurchgebaut wurden. Am bekanntesten ist die *Tham Russi,* die »Höhle des Eremiten«, vor der die Statue eines an Indien erinnernden Eremiten verehrt wird.

Anfahrt: per Songthaew ab dem Terminal am Markt (Phetkasem Rd), als Fahrziel gebe man »Tham Russi« an. Wer mit eigenem Fahrzeug anreist, achte auf den Kilometerstein 36,2.

■ 13 km südlich von Phang-Nga, an der Strecke aus Richtung Khok Kloi/ Phuket, verläuft die **Khua Sawan-Höhle** in einem mit Urwald bewachsenen Kalksteinfels; sie ist mit zahlreichen sitzenden, stehenden und liegenden Buddhas ausgeschmückt. Der Anblick der Statuen zwischen Tropfsteinen und kristallen funkelnden Wänden ist schlicht märchenhaft, zumal durch eine Felsöffnung ein geradezu mystisches Licht in die Grotte fällt und im Plätschern unterirdisch verlaufender Bäche, im steten Tropfen des Wassers, das leise Gemurmel betender Pilger zu hören ist. Krönender Abschluß des Ausfluges ist das Panorama auf die urwaldreiche Kalksteinlandschaft, das man vom Ende einer ins Freie führenden Treppe genießen kann.

Anfahrt: per Songthaew oder Bus ab Phang-Nga Richtung Khok Kloi bzw. ab Khok Kloi Richtung Phang-Nga (Fahrziel: »Tham Khua Sawan«); von der Abbiegung sind es noch ca. 10 Gehminuten. Selbstfahrer finden die Abzweigung bei km 29,7.

Phang-Nga Bay – Eine amphibische Landschaft ohnegleichen

Die weltberühmte Bucht von Phang-Nga, in zahllosen Reportagen gewürdigt, gilt als Inbegriff tropischer Landschaftsmajestät. Sie spannt sich als ein über 400 qkm großer Kessel nordöstlich von Phuket in die Andamanen-See. Blaue und regengrüne Berge, bis über 600 m hoch, bilden den Saum, Wolken umhangene Gipfel schauen herein, und aus dem irisierend grünblauen, weil flachen Meer ragen Aberhunderte von der Erosion zerfressene und mit Stalaktiten behangene Kalksteinfelsen wie Skulpturen auf. Mal bilden sie mächtige Inseln, mal der Schwerkraft spottende Monolithen, mal kleine Hügel, mal Türme, 300 m hoch und mehr, die sich in allen Abstufungen von Grün und Grau gegen den Vorhang des Himmels abheben. Jede Insel hat ihren eigenen Charakter, aber ihn mit Worten wirklich zu zeichnen ist unmöglich, denn als Bild und Ereignis zugleich entzieht er sich jedem verbalen Fassen. Man kann sie nur erleben, diese steinernen Denkmäler früherer Erdzeitalter, muß sich darum mit dem Boot durch die Landschaft bewegen, die ihre Kulisse u.a. für Szenen des James Bond-Films »The Man with the Golden Gun« hergab.

Routenverlauf

Unternehmen kann man so eine Bootsfahrt organisiert ab Phuket oder individuell mit einem gecharterten Boot: das Programm ist das gleiche, aber die Atmosphäre unterscheidet, wie auch der Preis.

■ Die Fahrt mit den extrem flachbodigen Longtail-Booten verläuft zunächst durch ausgedehnte **Mangrovensümpfe,** aus deren Dickicht das Kreischen und Fiepen von Vögeln und Insekten dringt. Nach dem Verlassen dieser »grünen Hölle« passiert man zahlreiche bizarr geformte Inseln, deren Namen von ihrer Form bestimmt werden: Da gibt es die »Insel des kleinen Hundes« ebenso wie die »Eierinsel«, die »Zimmerinsel«, die »Kröteninsel« und so fort. Durch einen natürlichen Tunnel von gewaltigen Dimensionen geht es mitten durch eine der Inseln hindurch, hinter der sich die eigentliche Bucht und damit der Blick auf das beeindruckende Panorama öffnet.

■ Erstes Etappenziel ist **Ko Panyi,** ein 400 Seelen zählendes Stelzendorf zu Füßen der 300 m hohen, gleichnamigen Insel. Die Bewohner, allesamt Muslims, partizipieren am Tourismus: Viele Souvenirshops prägen den Ort, der an der Wasserfront aus Seafood-Restaurants besteht. Dort kehrt man üblicherweise ein, zahlt für ein Essen das Fünffache des normalen Preises, bevor es zur berühmten »James Bond Island« weitergeht.

■ **Kho Phingan,** einst Kulisse für den oben erwähnten Film. Zum Abschluß werden noch der »Malberg« **Kho Khian,** mit 4000 Jahre alten Felsmalereien, und eine Höhle besucht, bevor es wieder zum Ausgangspunkt zurück geht.

■ **Individuell:** Morgens mit dem Frühbus um 6.20 oder 7 Uhr Richtung Phang-Nga fahren (26 Bt, 2,5 Stunden, 25 km). Nahe Khok Kloi, der ersten Stadt auf dem Festland, ca. 17 km vor Phang-Nga-City, zweigt in der Ortschaft *Takua Thung* rechts der Weg zum Pier *Tha Ka Som* ab. Von dort gehen die meisten Longtailboats ab. Pro Boot kostet es für die rund 4 Stunden währende Schleife 400 Bt nach kräftigem Handeln oder 150 Bt je Person, je nach Teilnehmerzahl. Ein Dutzend Fahrgäste haben Platz, und es zahlt sich aus, ein Boot mit Sonnendach zu nehmen.

Ein weiterer Pier, von dem die Longtailboats ablegen, ist der Custom Pier, genannt *Tha Dan*, vor dem teuren Phang-Nga Resort-Hotel gelegen: ca. 4 km rechts der Hauptstraße, Abzweigung 8 km nördlich Phang-Nga-City.

Wer von Süden her anreist, fährt bis Phang-Nga und steigt am Busbahnhof in einen Mini-Bus zum Pier nach Wahl.

■ **Organisiert** geht's über die Bungalowdörfer sowie die Reisebüros auf Phuket, für 500–800 Bt. Der Preis schließt die Anreise vom jeweiligen Strand, wo man bucht, ein; inbegriffen ist auch ein Seafood-Mittagessen im Pfahlbau-Dorf Panyi.

Auf Seitenwegen nach Thaput

■ Zwei Wege führen von Phang-Nga in den Süden Richtung Ao Luk/Krabi: und zwar zum einen der schon vor Phang-Nga abzweigende H-4152, neu erbaut und verkehrsreich, zum anderen der **Highway-4**, der 9 km länger ist und im Abschnitt bis zum Örtchen Thaput, nach rund 30 km, wo beide Straßen wieder aufeinandertreffen, kaum noch frequentiert wird. Ihn sollte man bevorzugen, denn nach dem Passieren der Abzweigung zum H-4090 windet er sich in unzähligen steilen Kurven ins Bergland und führt bald mitten in den Dschungel hinein. Die Wipfel von uralten Riesenbäumen treffen sich in der Höhe, Lianen hängen von den Zweigen, Farne, Bambusse, Lilien und Philodendren wuchern. Und immer gewährt das Grün imposante Ausblicke auf steile Urwald-Berge, tief eingeschnittene Schluchten und die mit Kalksteinfelsen gespickte Ebene von Phang-Nga.

■ Dann wird ein Paß erreicht, und auf der Talfahrt passiert man nach mehreren Kilometern links der Straße **Wat Kiriwong**. Diese Einsiedelei ist berühmt für ihre der Meditation hingegebenen Mönche. Wer den nur durch eine natürliche Höhle erreichbaren Klosterbereich betritt – ein wiesengrüner Kessel, von senkrechten Kalksteinwänden umschnürt –, versteht von allein, warum hier die »Versenkung« eine derart große Rolle spielt: Der Ort hat eine spürbar friedliche Ausstrahlung, vermittelt eine nahezu mystische Stimmung.

■ Nach weiteren 9 km ist der Marktort **Thaput** an der Kreuzung des H-4 mit dem H-4152 erreicht. Von hier aus zieht sich die Straße als ein schnurgerades Band für rund 20 km bis Ao Luk hin.

Mit öffentlichen Verkehrsmitteln läßt sich diese Strecke nur mit viel Zeitaufwand bewältigen, denn die meisten Busse und Songthaews ab Phang-Nga verkehren auf dem neuen H-4152 direkt nach Thaput.

Rings um Ao Luk

■ Das erste, was man von Ao Luk zu sehen bekommt, ist ein planloses Sammelsurium von schäbigen Fertigbeton-Schachteln neben Hütten aus Wellblech, und automatisch drängt sich einem die Frage auf, wie man so viel Häßliches in eine solch dramatische, weil ebenfalls reich mit Kalksteinfelsen gesegnete Landschaft setzen kann. Dann wird das Ortszentrum von **Ao Luk Junction** und damit eine große Kreuzung erreicht.

■ Geradeaus weiter geht's nach Krabi, rechts ab hingegen (H-4039) zum **Thanboke Khoranee National/Botanical-Park,** *der* Sehenswürdigkeit von Ao Luk. So zweigt man ab und erreicht nach rund 2 km den links der Straße gelegenen Park: ein »Phantasialand« aus Grotten, Wasserfällen, Teichen, Dschungel und wild verwitterten Kalksteinmassiven. Spazierwege und Brücken erlauben vom Park-Zentrum aus – hier eine Infokarte mit allen Sehenswürdigkeiten der Region – den Zugang zum Parkgelände. Auch wenn der Einstieg nicht sehr ansprechend ist (Wellblech- und Stacheldrahtzäune), sollte man sich einen Spaziergang

Am Indischen Ozean

über das schattenreiche Terrain gönnen, auch Badezeug mitnehmen, denn u.a. kann man hier von idyllischen Badebassins aus in Tropfsteingrotten von überwältigender Schönheit hineinschwimmen.

Von Ao Luk Junction verkehren ständig Songthaews auf dem H-4039 zum Park.

Unterkunft

Nur zwei Herbergen stehen in Ao Luk zur Verfügung; beide miserabel.

■ Das **Waterfall Inn,** direkt beim Nationalpark, bietet indiskutable Zimmer für 250 Bt, vergammelte Reihenbungalows zu 400 Bt und etwas bessere mit Aircon zu 600 Bt. Lediglich das Restaurant, das sich bei Thai großer Beliebtheit erfreut, kann empfohlen werden, auch wenn die Gerichte ebenfalls überteuert sind.

■ Die Alternative heißt **Ao Luk Bungalow** und liegt kurz vor der Abzweigung zum Nationalpark, links der H-4039, vor einer Felswand. Bungalows mit Bad ausgestattet, aber teils verlaust, Kostenpunkt 250 Bt.

Ausflüge

■ Folgt man dem H-4039 weiter, erreicht man nach rund 3,5 km eine Abzweigung nach rechts (links liegt ein kleiner Laden), die nach weiteren 2 km zu einem kleinen Hafen führt, wo man Boote für eine Fahrt zur **Tham Hua Khalok** chartern kann. 15 panoramareiche Minuten sind es bis zu dieser, wegen ihrer 3000 jährigen Felszeichnungen berühmten Höhle, von wo es nur noch ein kurzes Stück zur **Tham-Lod-Höhle** ist, in deren wunderbares Tropfsteingewölbe man bei Flut hineinfahren kann. Rund 2 Stunden muß man für diesen Bootsausflug mindestens ansetzen; die Charter für ein Longtail-Boot liegt bei ungefähr 250–300 Bt.

Ko Yao Noi und Ko Yao Yai

Noch zahlreiche andere Höhlen sind im weiteren Verlauf des in Ao Luk Junction beginnenden H-4039 zu erkunden; Informationen im o.g. Park-Hauptquartier. Vom Ende der Straße aus, in Laem Sak, kann man das täglich um 12 Uhr für 30 Bt nach Ko Yao Noi verkehrende Linienboot nehmen. Diese Insel sowie das sich südlich anschließende Eiland Ko Yao Yai gilt es, im Sinne des Wortes, noch zu entdecken, denn beide sind dicht mit primärer Vegetation bedeckt, bieten traumhafte Strände, keinerlei größere Ortschaften und werden lediglich von Motorradpisten erschlossen. Gen Westen blicken sie auf Phuket, gen Osten auf die Krabi-Küste; dieser Lage im Schatten zwischen den beiden großen Touristenzentren ist es wohl zu verdanken, daß sich die beiden Paradiese bislang noch unberührt präsentieren. In wenigen Jahren schon wird es auch hier boomen, denn schon sind die meisten Strandgrundstücke in Händen von Spekulanten, sind die ersten Bungalowanlagen erstellt.

■ **Unterkunft:** Als eine erste Anlaufstelle für die Entdeckung der Insel bietet sich auf Ko Yao Noi das *Long Beach Village* an, dessen 50 Bungalows zwischen 450 Bt (mit Fan) und 1400 Bt (mit Aircon) kosten. Günstiger ist das etwas weiter südlich gelegene *Sabai Corner,* wo man in Palmwedel-Bungalows für 200 Bt unterkommen kann.

■ **Mountain-Bike-Touren** über die Inselwelt bietet *Gift* von den *Gift's Bungalows* in Krabi an (siehe dort unter »Aktivitäten«).

Oben: Der Railay Beach von Krabi
Unten: Mit dem Longtail-Boot in der faszinierenden Welt des Ko Hong-Archipels vor Krabi

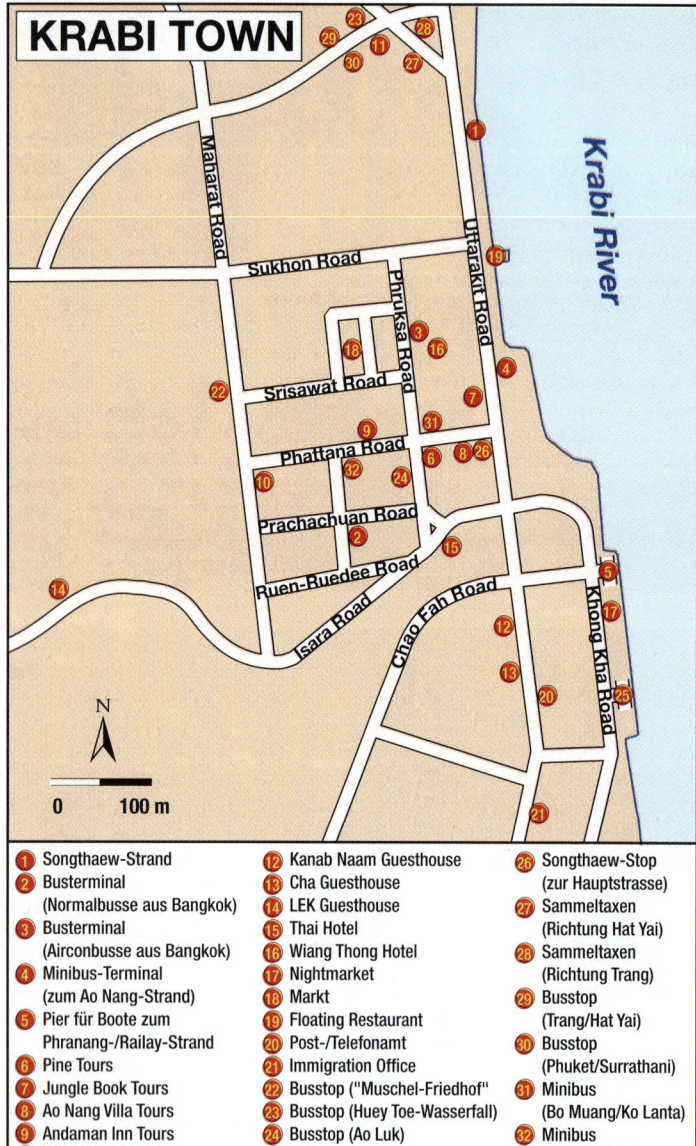

Krabi – Das Paradies hat einen neuen Namen

Bizarr geformte Berge gelten im allgemeinen als schöne Berge, und diejenigen, die man in der 4600 qkm großen Krabi-Provinz zu sehen bekommt, sind bizarrer, als man sich vorstellen kann. Aber auch Urwälder und Mangrovensümpfe, Schluchten, Wasserfälle und Seen, heiße Quellen sowie Höhlenlabyrinthe und Meditationsklöster sind in dieser Natur-verwöhnten Region zu finden, die den größten Waldbestand von Thailand hat (über 60% der gesamten Landfläche), relativ dünn besiedelt ist (unter 50 Einw./qkm) sowie mit 160 km Küstenlinie und mehr als 80 vorgelagerten kleinen und größeren Inseln aufwartet. Gleich mehrere Dutzend Strände verlocken laut Prospekt mit dem weißesten Sand von ganz Südostasien, und ob man nun nichts als Faulenzen im Sinn oder eine aktive Ader hat, ob es allerhöchster Luxus ist, den man sucht, oder Palmwedel-Romantik: Krabi kann alle Ansprüche erfüllen.

Daß soviel Pracht und Schönheit auf einem Fleck zwangsläufig Scharen von Besuchern anzieht, ist klar: Krabi, erst 1987 aus dem Dornröschenschlaf erwacht, boomt, ist längst auch pauschal erreichbar, hat aber dennoch nichts mit Phuket gemeinsam, wo die Hotelbauten wild ins Kraut schießen. Die Provinz hat sich ihre urwüchsige Atmosphäre größtenteils erhalten können. Mögen die Tourismusplaner, die hier zukünftig mehrere große Ferienzentren errichten wollen, dieser natürlichen Schönheit gnädig sein.

Krabi Town

Hauptstadt der Provinz ist Krabi Town, die, touristisch gesehen, nur als Sprungbrett zu den Stränden sowie nach Ko Phee Phee und anderen Inseln interessant ist. Außer einem lebhaften Morgenmarkt und einem an kulinarischen Leckereien reichen Nachtmarkt gibt es keine Sehenswürdigkeit von Rang.

Anreise

■ **Bus:** Busverbindungen bestehen u.a. mehrmals täglich ab Bangkok (Nachtbusse, mit Fan oder Aircon) sowie ab Surattani, Phuket, Phang-Nga, Hat Yai, Trang, Ao Luk und Ban Hua Hin (Ko Lanta).

■ Ab Penang/Malaysia, Hat Yai, Phuket, Trang und Surattani verkehren außerdem **Sammeltaxis.**

■ **Flug:** Ans Flugnetz ist Krabi nicht angeschlossen; es kursieren aber Gerüchte, doch dies schon seit Jahren, daß *Bangkok Airways* demnächst Routen ab Bangkok, Phuket, Hat Yai und Ko Samui aufnimmt. Vom Phuket Airport aus verkehren Minibus-Zubringer für 250 Bt nach Krabi.

■ **Zug:** Der nächstgelegene Bahnhof befindet sich in Trang, rund 130 km südlich; dahin gibt es Anschluß aus Richtung Bangkok sowie Butterworth/Penang via Hat Yai und Sungai Golok via Hat Yai. Für die Strecke Bangkok–Krabi kann man auch ein kombiniertes Bahn-/Busticket kaufen: per Bahn bis Surathani, umsteigen in den wartenden Bus nach Krabi.

■ **Boot:** Ab Ko Phee Phee verkehren in der Saison, von November bis April, mehrere Boote täglich, ansonsten eines pro Tag. Ab Ko Lanta verkehrt ebenfalls ein- bis zweimal täglich ein Boot.

Am Indischen Ozean

Ankunft

■ Die meisten **Busse** sowie alle **Sammeltaxis** stoppen an der Kreuzung, vom Krabi-Stadtzentrum etwa 2 km entfernt; hier stets viele Mini-Taxis (bis 21 Uhr) für 5 Bt. Endstation nahe Mini-Bus-Stop und Pier zu den Stränden, direkt im Ortskern.

■ **Direktbusse** (alle aus Bangkok) stoppen entweder vor dem Morgenmarkt oder auf der Prachachoen Rd, nur wenige Gehminuten von der Mini-Bus-Station entfernt.

■ **Bootsanleger** direkt im Stadtzentrum.

Unterkunft

Es gibt mittlerweile über zwei Dutzend preislich günstige Guesthouses nebst einem guten Dutzend relativ teurer Hotels, und jährlich werden es mehr. Empfehlenswert sind u.a.:

■ **Kitti Suk** (Tel. 075/61 10 87), direkt an der Kreuzung des Highway 4 mit der Utrakit Road gelegen, wo die Überlandbusse stoppen. Ideal, wenn man nach 21 Uhr ankommt oder mit einem Nachtbus weiterreisen will; Fan-Zimmer kosten 150 Bt, mit Aircon 220 Bt.

■ Auf der Utrakit Road finden sich im Bereich des Postamtes gleich mehr als 6 Guesthouses: Das **Kanab Naam Guesthouse** (Tel. 076/61 25 52) und das benachbarte **Cha Guesthouse** (Tel. 076/61 11 41), zwei ältere Holzhäuser mit je einem kleinen Restaurant, bieten einfache, aber mit 40 bis 100 Bt auch billige Fan-Zimmer.

■ Besser wohnt man z.B. im nur ein paar Meter entfernten **Grand Tower Guesthouse** (Tel. 076/61 17 41), wo die Zimmer mindestens doppelt so groß, teils mit WC/Dusche ausgestattet sind und von 80 über 120 und 180 bis 220 Bt kosten.

■ Ruhiger wohnt man außerhalb der verkehrsreichen Utrakit Road; etwa im bei Rucksackreisenden beliebten, weil spottbilligen **V.S. Guesthouse,** 100 Isara Road, Tel. 076/61 25 16, wo die Zimmer nur 50 Bt kosten, man kostenlos ein Fahrrad ausleihen kann; Besitzer ist übrigens ein Polizist.

■ Wird mehr Komfort gewünscht, bietet sich das unter Leitung eines Dänen stehende **Café Europa** an (Soi Ruamjit/Maharat Road, Tel. 075/62 04 07), das mit Restaurant, schönem Dachgarten sowie sauberen Zimmern besticht, die 120 und 200 Bt kosten.

■ Die **Hotels** von Krabi sind alle übertreuert: Zimmer, die 1996 600 Bt kosteten, waren noch 1994 für 300 Bt zu bekommen. Wenn es dennoch sein soll, dann am besten ins **Thai Hotel** (7 Isara Road, Tel. 076/61 11 22), einem modernen Haus mit Restaurant, Bar, Fahrstuhl und großen Fan- sowie Aircon-Zimmern (260 und 640 Bt), die, wenn in den oberen Etagen gelegen, einen schönen Ausblick über die Stadt gewähren.

Essen und Trinken

■ Entlang der **Utrakit Road** im Stadtzentrum finden sich zahlreiche Restaurants, die europäische Gerichte, Milkshakes, Fruchtsäfte und Eiscreme zu günstigen Preisen anbieten.

■ Romantisch ißt man thailändische Gerichte im **Rean Pare,** einem großen Floating-Restaurant, das auf Pfählen im Krabi River verankert und mit der Utrakit Road per Steg verbunden ist.

■ Thai-Gerichte vom Feinsten, insbesondere Curries in vielen Variationen sowie natürlich Seafood, bietet der **Night Market** an der Isara Road

Krabi

vor dem Boots-Pier, auf dem auch tagsüber stets ein paar Stände geöffnet haben.

Verschiedenes

■ **Banken** an der Utrakit Rd; Mo bis Fr 9–15.30 Uhr. Hier genügend eintauschen, denn an den Stränden gelten schlechte Kurse.

■ **Post** mit **Telefonamt** auch für internationale Gespräche auf dem kleinen Stadthügel an der Utrakit Rd oberhalb Anleger. Mo bis Fr 8.30–16.30 Uhr, Sa 9–12 Uhr; das Telefonamt ist täglich bis 22 Uhr geöffnet.

Außerdem viele private *Long Distance Call Services* (auch international); meist den Guesthouses und Reisebüros angeschlossen. Von den Stränden Ao Nang und Phranang aus ebenfalls internationale Gespräche (Funktelefon).

■ **Immigration Office** an der Utrakit Rd, etwa 300 m oberhalb vom Postamt. Mo bis Fr 8.30–16 Uhr.

■ **Motorrad- und Jeepverleih** über die meisten Guesthouses und Reisebüros zu 150 Bt (Custom) bis 200 Bt (Honda MTX), ab 1000 Bt für einen Willy-Jeep; auch für halbe Tage. Am Ao-Nang-Strand ebenfalls Motorradverleih.

Zu den Stränden

■ **Ao Nang Beach:** Pickup-Zubringer alle 30 Minuten zwischen 7 und 17.30 Uhr für 20 Bt ab Haltestelle (siehe Stadtplan). Nach 17.30 Uhr muß man ein Fahrzeug chartern, was etwa 250 Bt kostet.

■ **Ao Railay** und **Ao Phranang:** Diese Strände sind über Land nicht zu erreichen, sondern nur per Boot ab Krabi oder Ao Nang. In Krabi starten die Longtail-Boote direkt am Fluß an der Utrakit Road, neben dem Floating Restaurant (siehe Karte), wenn drei bis vier Passagiere beisammen sind. Der Trip dauert rund 45 Minuten, kostet 40 Bt; ein Charterboot kostet zwischen 200 und 300 Bt. Zuerst wird der Phranang-Strand angefahren, danach der (ab Phranang auch zu Fuß erreichbare) Railay-Weststrand; bei schlechtem Wetter wird der Railay-Oststrand angefahren; ab dort sind alle anderen zu Fuß erreichbar.

Am Ao-Nang-Strand liegen stets viele Longtailboote, die für 100 Bt je Boot und Strecke gechartert werden können; reguläre Boote kosten 20 Bt/Person und verkehren ab 2–3 Fahrgästen.

■ Nach **Ko Siboya,** einer der schönsten »Robinson-Inseln« des Südens, verkehrt täglich gegen 12–14 Uhr ein reguläres Boot von *Tschong-Bungalow*, das 100 Bt kostet und direkt unterhalb des kleinen Tourist Office-Kiosks an der Utrakit Road ablegt; Anmeldung über *Pine Tours* (Tel. 075/61 21 92, 20 Isara Road, gegenüber Thai Hotel) bzw. über die Anlage direkt (Tel. 01/723 04 15).

Ansonsten muß man ein Longtail-Boot chartern (am Anlegesteg), und wenn man auf 500 Bt für das Boot runterhandeln kann, ist es gut; wer mehrere Tage auf der Insel bleibt, bekommt das Geld zurück.

■ **Weitere Strände:** Eine Karte der Krabi-Provinz listet mehr als ein Dutzend einsam gelegene, aber mit Infrastruktur ausgestattete Strände auf. Wenn es absolute Ruhe ist, die lockt, dann sollte man die Buchungsbüros in Krabi-Stadt aufsuchen, wo man nähere Informationen zu den Stränden und ihre Bungalowanlagen bekommen kann; es hängen auch Fo-

tos aus: Für *Pine Bungalow* ist *Pine Tours* zuständig fürs *Coconut Home* und andere Anlagen muß man sich an *Jungle Book Tour* (141 Utrakit Road, Tel. 075/61 11 48) wenden.

Ao-Nang-Strand

Der Hauptstrand von Krabi, etwa 30 Busminuten von der Stadt entfernt, ist auf drei Seiten von dschungelbewachsenen Felsen begrenzt. Er kommt zwar optisch den gängigen Klischees vom Traumstrand ziemlich nahe, kann aber, auf den zweiten Blick, kaum als Ferienziel überzeugen. Es ist zuviel gebaut worden in den letzten Jahren, es herrscht zu viel Verkehr auf der direkt an den Strand grenzenden Straße, und auch der Strand selbst, grobkörnig und recht steil abfallend, macht weniger her, als die bunten Prospekte versprechen. Jedoch sollte man wissen, daß bei Sonnenuntergang, wenn der Himmel in überschwenglichem Orange erstrahlt, während die Berge und das Meer eine Komposition aus Rot und violetten Schatten bilden, die Eindrücke durchaus paradiesisch sind.

Und noch eines sollte man wissen: Am linken Strandende erhebt sich ein Felskap, und schwimmt man herum (bei Ebbe auch laufen) oder nimmt den etwa 10 Min. in Anspruch nehmenden Klippenweg, steht man staunend vor dem langen **Phaiplong Beach,** der mit weißem Feinsand besticht, auf drei Seiten in bis über 200 m hoch aufragende Kalksteinmassive gefaßt ist, einen Palmen-/Urwald-Saum bietet und als einer der schönsten Strände des Südens überhaupt gilt. – Noch, muß man aber sagen, denn die Oriental-Hotel-Kette hat ihn aufgekauft und spielt mit dem Gedanken, hier, wo bislang keine einzige Unterkunft stört, ein 6-Sterne-Hotel hinzusetzen. Doch dafür muß erst einmal ein Tunnel durch den Fels gesprengt werden, woran der Plan bisher und Gott-sei-Dank auch scheiterte.

Unterkunft – Budgetklasse:
Entlang der neuen Zufahrtstraße verteilen sich zahlreiche Bungalowanlagen dieser Kategorie, aber außerhalb der Hochsaison, wenn alle Strand-Anlagen ausgebucht sind, will dort kaum jemand wohnen.

■ Ganz gut gefielen uns die **Green Park Bungalows** (Tel. 01 722 01 02), die direkt an der Kreuzung mit der Strandstraße etwas erhöht auf einem Hügel liegen (luftig!), teils schöne Aussicht haben und 80 Bt bis 190 Bt (mit Bad) kosten; angeschlossen ein nettes Restaurant.

■ Top in dieser Region ist **Yaya Bungalow** nahe der Uferstraße, wo, vom Grün eines Waldes beschattet, in schönen großen Holzbungalows der angenehmen Art übernachtet werden kann. Die Preise für das Gebotene sind höchst günstig (ab 250 Bt), und angeschlossen ist ein kleines, aber billiges Restaurant.

■ Entlang der Strandstraße liegen die günstigen Anlagen alle eng beieinander. Bis auf eine Ausnahme handelt es sich um vergammelte Hütten, denn niemand will mehr investieren, da Jahr für Jahr neue Shopping-Zentren und Apartment-Häuser sowie Hotels anstelle der Budget-Unterkünfte entstehen.

Die Ausnahme: **Gift's** (Tel. 01 723 11 28), errichtet von jenem berühmten *Mr. Gift Rugmak,* der 1986 die erste aller Anlagen in der gesamten Krabi-Region errichtete. Die Bungalows sind gemütlich eingerichtet, haben Bad/WC sowie Fan, eine große Veranda und liegen wunderschön in einem üppig mit Blumen bepflanzten Palmenhain. Die Preise liegen zwischen 250 und 350 Bt (was an der Ao Nang sehr preiswert ist) und sind in dieser Klasse nicht zu schlagen, weshalb die Nachfrage auch entsprechend ist: Wer hier unterkommen will, sollte zwischen November und März unbedingt 2–3 Tage zuvor eine (telefonische) Reservierung vornehmen.

Da Mr. Gift auch ein exzellenter Koch ist und seine Frau Jam die beste Bäckerin am Strand, ist das urgemütliche Restaurant das beste weit und breit (bessere Thai-Curries gibt es hier nirgends, wie auch die Fisch- und Seafood-Gerichte weithin bekannt sind) – und *die* Infobörse obendrein, denn Mr. Gift, Leiter auch des lokalen Touristenbüros, kennt die Region wie seine Westentasche und organisiert Ausflüge zu vorgelagerten Inseln und in die Mangrovenwälder (siehe unter »Ausflüge«) sowie zu seinem traumhaft gelegenen Botanischen Garten (einem Refugium für Natur-Freaks), in dem man demnächst auch wohnen kann.

Unterkunft – Mittel-/Komfortklasse:
Die Auswahl ist groß, die Preise sind hoch, und während der Saison, von Dezember bis März, kann es mitunter schwierig werden, einen freien Bungalow zu bekommen, weshalb man dann stets ein paar Tage vor Ankunft (telefonisch) reservieren sollte.

■ Direkt am nördlichen Strandbeginn stehen in erhöhter Lage in einem exotischen Palmenhain die 45 Luxusbungalows des **Krabi Resort** (Tel. 075/61 21 60), das um ein zweigeschossiges Hotel sowie einen phantastischen Swimmingpool erweitert wurde und heute als beste Adresse am Strand gilt. Die Preise sind mit 1800 Bt bis 4200 Bt hoch, aber nicht überzogen.

■ Beim **Phranang Inn** (Tel. 075/61 21 73) handelt es sich um ein geschmackvolles, zweigeschossiges Hotel direkt an der Strandstraße, das im reich dekorierten Inneren besser gefällt als von außen; angeschlossen ein kleiner Pool. Die 51 Aircon-Zimmer kosten von 1400 Bt an aufwärts.

■ Ein Stückchen weiter breitet sich der jährlich größer werdende Hotel-/Bungalow-Komplex der **Ao Nang Villa** (Tel. 01/723 04 82) aus. Die Anlage kann von ihrer Optik her zwar gefallen, hingegen kaum mit dem Krabi Resort konkurrieren, das wesentlich mehr Stil und Luxus für gleiches Geld bietet. Kommt man hier in der Nebensaison noch für 850 Bt unter, so sonst nur zwischen 1400 und 2200 Bt.

■ Als Alternative zu all diesen relativ teuren Anlagen bietet sich das **Peace Laguna Resort** an (Tel. 075/61 19 72), das sich hinter »Ao Nang Villa« auf einem weitläufigen Wiesenterrain rings um einen künstlichen Mini-See erstreckt und schicke Bungalows zwischen 550 Bt (mit Fan) und 1300 Bt (mit Aircon) vermietet.

Phranang-/Railay-Strand

■ Nur rund 20 Minuten währt die Bootsfahrt vom Ao-Nang-Strand zur Phra Nang Bay. Die Fahrt führt vorbei an einer Urweltlandschaft aus grünen Dschungelbergen. Hier stehen lauter Kathedralen, riesige Skulpturen aus Türmen, Spitzen, Buckeln und Fingern, Gestaltgewordenes aus Kalkstein, von Höhlenlabyrinthen durchbohrt, von Vögeln und Fledermäusen belebt, mit Urwald bewachsen und von einem vielfarbig grünen und blauen Meer umkränzt. Diese Fahrt ist fraglos ein Höhepunkt, doch auch die Ankunft in der seichten Bucht am rund 700 m langen **Railay West-Strand** ist überwältigend, denn jenseits der makellos schneeweißen, von Felsen gerahmten Sandfläche erstrecken sich im Schatten lichter Pinienhaine romantische Bungalowanlagen bis an den Fuß eines wild zerklüfteten Gebirgsrückens.

■ Südlich angrenzend öffnet sich ein exotischster Beach, der zwischen 10 und 30 m breite, etwa 200 m lange **Phranang-Strand**. Er blickt auf zwei vorgelagerte Felsfinger, auf einen Palmensaum im Rücken und wird im südlichen Abschnitt, wo ein nahezu 100 m hoher Kalksteingipfel aufragt, von riesigen Stalaktiten überschattet, unter denen sich das schwarze Grottentor der Phranang Cave öffnet.

■ Von hier, ebenso vom Railay West-Strand, ist es nur ein kurzes Stück bis zum gen Nordosten ausgerichteten **Railay Ost-Strand**, der mit Mangroven bestanden und kaum zum Baden geeignet ist, aber mehrere wunderschön am angrenzenden Hang gelegene Bungalowanlagen hat, die teils eine grandiose Aussicht bieten.

Unterkunft – Railay West-Strand:
Die größten Schatten, die über diesen wirklich traumhaft schönen Strand fallen, werden von den rund sechs Bungalowanlagen geworfen: Alle sind viel zu groß ausgelegt, in allen stehen die Hütten eng auf eng, und manch einer kommt sich hier wie in einem Refugee-Camp vor. Mit der Hygiene steht es auch nicht gerade zum Besten, mal stinkt es penetrant nach Unrat, mal nach brennendem Müll, und wer den Strand noch von früher kennt, kann eigentlich nur schlicht schockiert sein angesichts der noch immer fortschreitenden Zerstörung dieser hier so wunderschönen Natur.

Die Preise sind zudem überhöht, unter 250 Bt bekommt man keine Hütte, und 350–500 Bt muß schon ansetzen, wer auch nur einigermaßen wohnen will: so im **Railay Village** und **Railay Bay** wie auch im **Sunset Beach**, die alle nahtlos ineinander übergehen und sich eigentlich nur durch die Namen voneinander unterscheiden.

Nur wer solvent ist, kann hier dem Schmuddel entkommen, denn die linke Strandhälfte ist in Besitz der von Bangkok gemanagten **Langka-Deng**-Anlage, deren außerordentlich stilvolle Thai-Häuser in Privatbesitz vermögender Ausländer sind und immer dann vermietet werden, wenn die Eigentümer nicht vor Ort sind. Unter 1200 Bt pro Tag (im Mittel um 2000 Bt) kommt man hier aber nicht unter, und wer interessiert ist, kann im kleinen Office hinter dem Strand nach einem vakanten Haus fragen.

Nördlich an diese Anlage geht der Strand in ein Felskap über, und läuft man herum (nur bei Ebbe möglich) bzw. schwimmt oder nimmt ein Boot, ist schnell der Ton Sai Beach erreicht, eine noch ganz und gar naturbelassene Traumbucht, ca. 600 m lang, an der sich bislang nur eine einzige Anlage findet: **Tonsai Bungalow** nämlich, eine direkt ans Felskap angeschmiegte Anlage mit simplen Rattan- und Palmwedel-Bungalows zu 150 Bt sowie einem netten Strand-Restaurant. Da die angrenzenden Felsen bei Kletterern aus der ganzen Welt bekannt sind, nächtigen hier zumeist nur am Klettern interessierte Reisende.

Unterkunft – Phranang-Strand:
■ Hier, im schönsten Abschnitt der gesamten Krabi-Region, wo vor rund 12 Jahren mit den legendären *Gift Bungalows* der Tourismus seinen Anfang nahm, erstreckt sich heute der Luxus-Resort **Dusit Rayavadee** mit zweigeschossigen Pavillon-Bungalows (unten Wohnzimmer/Bad, oben Schlafzimmer), die locker über das auf tropisch-exotisch getrimmte Palmenterrain verteilt, stilvoll und elegant mit Edelholzmobiliar ausgestattet sind und nicht weniger als sage und schreibe umgerechnet rund 900 DM (!) pro Nacht kosten.

Auch pauschal wird das Hotel in Prospekten mehrerer Reiseveranstalter bereits angeboten (die Preise sind dann wesentlich günstiger), aber im großen und ganzen bleibt der Komplex der High Society vorbehalten, und niemand anders als der König selbst sowie der König von Brunei, Prinzessin Diana etc. haben hier schon Urlaub gemacht.

Unterkunft – Railay Ost-Strand:
■ Direkt an den Strand und die Dusit-Thani-Luxusanlage grenzt **Sunrise:** mit großen Bungalows, die inkl. Bad/WC zwischen 400 und 500 Bt kosten.
■ Ein Stück weiter ist bald **Yaya** erreicht, eine urige Anlage mit einem monströs großen Restaurant und mit Zimmern sowohl in einem zweigeschossigen Reihen-Steinhaus als auch in sechsstöckigen Bambus-Türmen, die von außen aber wesentlich besser gefallen als von innen. Auch hier muß man ab 300 Bt pro Nacht hinblättern.
■ Die anderen Anlagen direkt am Strand sahen etwas verwahrlost aus, dafür die von **View Pont** am angrenzenden Hang umso gepflegter. Das Terrain wurde mit Wiese bepflanzt, terrassiert und bietet nicht nur ein grandioses Panorama, sondern ebenfalls geschmackvolle Stein-Bungalows der komfortablen Art, die zwischen 550 und 1500 Bt kosten.
■ Die nebenan gelegene **Diamond Cave** war zum Zeitpunkt der Recherchen heruntergekommen: einfachste Hütten zu 50 Bt in einem Kautschukwald.

Aktivitäten

■ Mit dem **Kanu** ruhig auf einem Urwaldfluß bei Krabi dahinzugleiten, ist für viele eines der beeindruckendsten Erlebnisse einer Thailand-Reise überhaupt. Anderen wiederum verschafft das **Kajak**-Fahren im Schatten der monumentalen Kalksteinfelsen und bizarren Archipele die größtmögliche Urlaubslust, und wenn es eine Region in Thailand gibt, die man einfach vom Wasser aus kennenlernen sollte, dann ist es diese. Entsprechende Gefährte zu finden, ist heute kein Problem mehr, und allein am Ao-Nang-Strand schon sind ein rundes Dutzend Verleihstationen für Kajaks zu finden. Angeboten werden 1er und 2er aus Fiberglas sowie auch Plastik, auch aufblasbare Kajaks sind zu finden, und die gepflegtesten Kajaks bietet hier *Gift* von den bereits oben mehrfach erwähnten *Gift's Bungalows*.

Krabi

Die Preise liegen bei 550 Bt für einen Tag, und eine der empfehlenswertesten Touren führt von Ao Nang via Phaiplong und der Felsküste nach Phranang; da man unterwegs an herrlichen Tauchgründen vorbeifährt, sollte man Schnorchelausrüstung mitnehmen.

■ »Touch the Magic of Nature« ist Motto von **Krabi Canoe,** einer unter Leitung von *Gift Rugmak* stehenden Organisation, die phantastische Kanu- bzw. eigentlich Kajaktouren im Umland von Krabi anbietet. Die Guides sind versiert und sprechen fließend Englisch, können einem jede Frage die Natur betreffend beantworten, und auf dem Programm stehen u.a. »Coastline Sunset« (4-stündige Tour entlang der Küste; 500 Bt), »Canyon River Cruise« (ganztägige Paddeltour über einen in 200 m hoch aufragende Felswände eingefaßten Urwaldfluß; 1000 Bt) sowie »Ko Hong Adventure« (2-tägiger Trip zum und rings um das Ko Hong Archipel; 1700 Bt), aber wer spezielle Wünsche hat, z.B. in die Phang Nga Bay paddeln möchte, kann hier auch spezielle Arrangements buchen: über *Gift Bungalow* (Tel. 01/723 11 28), wo auch mehrere Fotoalben ausliegen, anhand derer man sich ein Bild von den einzelnen Touren machen kann.

■ Auch **Mountain Bike Touren** sollen ab Ende 1996 bei *Gift* auf dem Programm stehen, und Guide wird sein *Stefan*, ein junger Deutscher mit Wohnsitz auf Ko Yao, der die Fuß- und Bikewege von Ko Yao Noi und Ko Yao Yai wie kaum ein anderer kennt, dabei fließend Thai spricht. – Geplant sind mehrtägige Touren auf hochwertigen amerikanischen MTBs, und wieder gilt, daß wer spezielle Routenwünsche hat, auch entsprechende Arrangements buchen kann.

■ Bleibt letztlich zu erwähnen, daß Krabi als eines der Top-Reviere in Asien zum **Klettern** gilt, und in Frage kommen hier insbesondere die Steilwände im Bereich des Phaiplong- sowie Phranang- und Railay-Strandes bzw. des nördlich an den Railay angrenzenden Ton Sai Beaches, wo sich auch eine Bungalowanlage findet, die vorwiegend von Kletterern frequentiert wird. Hier werden Kurse durchgeführt, auch Kletter-Exkursionen stehen auf den Programmen der zahlreichen Veranstalter, deren Prospekte in den meisten Bungalowanlagen ausliegen.

Ausflüge

Ausflüge zu den Krabi vorgelagerten Inseln werden im Abschnitt »Insel-Hopping in der Andamanen-See« näher beschrieben.

Überall an den Stränden und in der Stadt wird die Karte *Guide Map of Krabi* angeboten (35 Bt), die sich zulegen sollte, wer die Naturhöhepunkte der Krabi-Provinz entdecken will: Alle Highlights (und vor allem auch alle Nebenstraßen, die dorthin führen) sind verzeichnet; auch Ko Phee Phee, Ko Lanta und andere Inseln werden exakt dargestellt.

■ Der **Phranang-Strand,** oben näher beschrieben, gilt vielen als einer der schönsten, und wer nicht dort bzw. an den Railay Beaches wohnt, sollte zumindest einen Ausflug dahin unternehmen; um im seichten Uferwasser zu baden, im Bereich der vorgelagerten Felsinseln zu schnorcheln, um die direkt am Strand klaffende *Phranang Cave* zu besuchen – mit Opfergaben und vielen Phallus-

Urwald Beach auf Ko Jum (bei Krabi)

symbolen geschmücktes Heiligtum einer »Fruchtbarkeitsgöttin«, der sowohl Buddhisten als auch Muslims huldigen – und dazu die hinter den Diamond Bungalows (s.o.) gelegene *Diamond Cave,* die beleuchtet und durch betonierte Wege erschlossen ist und phantastische Tropfsteinformationen kennt.

Auch die hoch oben über der Phranang Cave gelegene *Phranang Lagoon,* ein kraterähnliches Loch, das bis auf Meeresniveau hinabreicht und von Meerwasser gespeist wird, darf man sich nicht entgehen lassen: Der Aufstieg (ca. 30 Minuten) beginnt, vom Strand aus gesehen, auf der rechten Seite der Dusit-Bungalowanlage, etwa auf halbem Weg zwischen der Höhle und den Sunrise-Bungalows. Oben empfängt ein regelrechter Urwald mit Riesenbäumen; ein links abzweigender Pfad führt zum *Mountain Viewpoint,* fast 100 m über dem Railay-Oststrand gelegen und für wahrhaft extraordinäre Ausblicke gut.

Anfahrt: am billigsten mit den ständig von der Ao Nang Beach hin und her pendelnden Langbooten. Der Phranang Beach wird auch organisiert angefahren, aber die Aufenthaltsdauer dort ist zu knapp bemessen, da stets noch Ko Bodha sowie der »Muschelfriedhof« (siehe unten) mit auf dem Programm stehen, alles zusammen für 400 Bt.

■ Mit Hilfe der o.g. Krabi-Karte kann man den **Fossil Shell Beach**, jenen »Muschelfriedhof«, über den H-4204 mit eigenem Fahrzeug problemlos erreichen; in der Saison verkehren ab Krabi Town sowie Ao Nang auch Mini-Busse zu 15 Bt. Er liegt nur ein paar Kilometer vom Ao-Nang-Beach entfernt und ist wegen seiner 75 Millionen Jahre alten, versteinerten Schneckenmuscheln bekannt, die hier eine ganze Felsbank bilden. Für geologisch nicht interessierte Reisenden macht diese Sehenswürdigkeit aber weniger her, auch wenn es nur insgesamt drei solcher Plätze auf der Erde geben soll.

■ *Gift Rugmak* (siehe unter »Ao Nang«) führt interessierte Besucher auf einer mehrstündigen Bootstour durch die ausgedehnten **Mangrovenwälder** von Krabi. Sie werden von unzähligen Kanälen durchzogen, dienen zahlreichen Vogelarten zum Nisten und Brüten und gelten heute als gefährdet, weil u.a. ihr Holz für Holzkohlegewinnung benötigt wird. Gift, ein engagierter Naturschützer und Ökologe, kann einem alle Fragen zu Flora und Fauna ebenso wie zur Umweltzerstörung erschöpfend beantworten und hält auch zahlreiche Reportagen und wissenschaftliche Arbeiten dazu bereit.

■ Mehrere hundert Höhlensysteme sind in der Krabi-Provinz gezählt worden: Manche sind viele Kilometer lang, und die meisten harren noch heute einer Erforschung. Freunde von **Höhlenexkursionen,** finden ein riesiges Betätigungsfeld vor.

■ **Wat Tham Sua:** Bei dem »Tigerhöhlen-Kloster«, von Krabi Town aus rund 5 km entfernt, handelt es sich um eines der berühmten Meditationsklöster aus Thailand. Gelehrt wird nach der analytisch-nüchternen Methode *Vipassana* (»Meditation der Einsicht«). Viele der hier ständig lebenden Mönche und Nonnen, zusammen etwa 250, sprechen Englisch und können alle Fragen beantworten. Aber auch wer damit »nichts am Hut hat«, sollte den Besuch einschieben, denn nicht nur die Hauptgrotte

Im Nebelwald des Phanom-Benja-Nationalpark

mit vielen Buddha-Statuen ist beeindruckend, sondern mehr noch sind es die Naturhöhepunkte, die man von hier aus erreichen kann: etwa einen kleinen, aber wunderschönen Wasserfall, von dem aus eine 2000 Stufen zählende Treppe auf einen 300 m hohen Kalksteingipfel führt, wo ein Fußabdruck Buddhas, vor allem aber ein umwerfendes Rundum-Panorama zu bestaunen sind. Eine andere Treppe führt in eine kraterähnliche Schlucht hinab, in der die Mönche und Nonnen wohnen und von wo aus sich ein Pfad durch den primären Urwald schlängelt.

Erreichen kann man den Tempel per Songthaew von Krabi aus für 15 Bt. Wer mit dem eigenen Fahrzeug unterwegs ist, fährt von Krabi auf den Highway 4, biegt rechts ab Richtung Trang und nimmt die zweite Straße nach links.

■ Rund 25 km nördlich von Krabi Town, am Fuße des 1350 m hohen Dschungelberges *Khao Phanom*, erstreckt sich der **Phanom-Benja-Nationalpark**, als dessen Highlight der Wasserfall **Huay To** gilt. Über drei Fallstufen stürzen die glasklaren Wasser des Flusses hinab, der später als *Krabi River* Krabi Town durchfließt. Weil sich zu Füßen einer jeden Kaskade große, natürliche Felsbassins gebildet haben, läßt es sich hier herrlich baden und relaxen. Ein Fußweg führt von Fallstufe zu Fallstufe, riesige glatte Felsbrocken im Urwaldsaum laden zum Picknick ein, und wer eine aktive Ader hat, kann über ausgeschilderte Pfade stundenlang durch das große Grün wandern.

Öffentliche Verkehrsmittel verkehren nicht. Ab Krabi auf den Highway 4, hier rechts, über den Fluß und die nächste Straße links, geradeaus bis zum Park-Hauptquartier mit kleinem Restaurant, mehreren Bungalows (ab 500 Bt), einem Zeltplatz (Zelt muß man mitbringen) sowie einem Info-Pavillon.

■ **Khao-Pra-Baang-Kraam-Nationalpark:** Dieses Schutzgebiet, rund 70 km südöstlich Krabis nahe dem Ort Khlong Tom gelegen, ist berühmt für seine heißen Quellen und den **Thung Tieo Pond,** einem aus mehreren großen, natürlichen Felsbecken bestehenden Badepool im Urwaldsaum, der von mineralhaltigem, heißem Wasser gespeist wird und in allen Farbschattierungen zwischen Zartgrün und Hellblau schimmert. Dem Ort wird eine mystische Ausstrahlung nachgesagt, mehrere Schreine sind den Urwaldgeistern geweiht, und wer hier je alleine ein paar Stunden, geschweige denn eine Nacht (gute Camping-Möglichkeiten) verbracht hat, der versteht, was die Thai damit sagen wollen.

Mit öffentlichen Verkehrsmitteln ist der Park nicht zu erreichen; man benötigt ein eigenes Fahrzeug, am besten ein Motorrad. Anfahrt: in Krabi auf den Highway 4, nach rechts Richtung Trang abbiegen und ca. 35 km geradeaus bis zum Ort Khlong Tom, wo es, neben einem Restaurant, links abgeht, evtl. nach »Thung Tieo« fragen. Der Weg wird bald zur Piste und führt durch gestern noch von Tiefland-Regenwald bedecktes, nun frisch gerodetes und für Kautschukplantagen vorgesehenes Land bis zum etwa noch 15 km entfernten See, nahe dem auch das Nationalpark-Amt zu finden ist. Dort, in kleinen Hütten am Urwaldrand, kann man auch übernachten.

Der Huay-To-Wasserfall bei Krabi

Krabi

Weiterreise

Tickets für Aircon-Busse und Boote nach Ko Phee Phee können auch am Phranang-, Railay- und Ao-Nang-Strand erstanden werden, außerdem natürlich in den zig Reisebüros von Krabi Town, wo man auch internationale Flugtickets kaufen bzw. reconfirmen kann.

Bestes Reisebüro auch hier wieder *Songserm* (38 Kok Kaa Road, Tel. 075/61 26 65), wo alle Tickets für Bus, Zug, Flugzeug und Boot gemacht werden können.

■ **Schnellboot:** Ab *Chao Fah Pier* am Krabi River verkehren während der Saison (Oktober bis März/April) drei bis fünf Boote täglich nach Ko Phee Phee; die Fahrzeit beträgt 2 bis 3 Stunden, je nach Boot, und die Preise differieren zwischen 150 und 250 Bt. In den restlichen Monaten verkehrt täglich nur 1 Boot um 9 Uhr.

Ab Ao-Nang-Strand verkehren während der Saison täglich 2 Boote (8 und 9 Uhr); 2 Stunden, 150 Bt. Auch Tagestouren nach Ko Phee Phee werden angeboten (zwischen 550 und 1200 Bt, je Gesellschaft), und Charterboote kosten um 1000 Bt je Strecke.

Nach Ko Lanta/Ko Jum: täglich um 13 Uhr ein Schnellboot ab Pier in Krabi zu 150 Bt nach Ko Lanta via Ko Jum (60 Bt); 2 Stunden. Zwischen Nov. und März/April außerdem ein Boot um 10.30 Uhr ab Krabi.

■ **Nach Ko Siboya,** einer der letzten »Robinson«-Paradiese des Südens (s.u.), verkehrt täglich ab Krabi-Pier an der Utrakit Road neben dem Kiosk des Tourist Office ein großes Longtail-Boot zwischen 12 und 14 Uhr; die Überfahrt dauert 2 Stunden, der Preis beträgt 100 Bt, und da die Abfahrzeiten nicht fix sind, sollte man sich unbedingt zuvor anmelden: über *Tschong Bungalow* (auch: *Si Bo Ya Bungalow*) auf Siboya direkt (Tel. 01/723 04 15) oder über *Pine Tour* in Krabi City (20 Isara Road, gegenüber Thai Hotel, Tel. 075/61 21 92).

Ansonsten bleiben die Charter-Longtail-Boote, die für die Strecke zwischen 500 und 600 Bt verlangen.

■ **Bus:** täglich viele Normal, Aircon sowie VIP-Busse in Richtung Bangkok (12 Stunden, 193/347/540 Bt) ab Prachachoen Road, Krabi Town.

Alle anderen Busse starten nicht in der Stadt selbst, sondern an der Hauptstraße in Ban Talad Kao, 3 km außerhalb; Songthaew-Zubringer zwischen 6 und 21 Uhr alle 3 Minuten (5 Bt) ab Utrakit Road. Stündlich nach Phuket via Phangnga, nach Surattani, nach Hat Yai via Trang und Phattalung. Auch Penang (350 Bt) sowie Kuala Lumpur (450 Bt) und Singapore (580 Bt) werden von Bussen bedient.

■ **Aircon-Mini-Busse:** Tickets und Infos in den Reisebüros. Es gibt Verbindungen nach Phuket (150 Bt), Surattani (150 Bt), Penang (400 Bt) und Hat Yai (150 Bt). Nach Hat Yai außerdem Sammeltaxis ab Utrakit Road, nahe Ecke Hauptstraße (Ban Talad Kao), die losfahren, wenn 6 Personen beisammen sind (100 Bt).

■ **Flug:** Krabi ist, entgegen anderslautender Gerüchte, noch nicht ans Flugnetz angeschlossen, aber das soll sich angeblich bald ändern: »Bangkok Airways«, Informationen über die Reisebüros.

Offizieller Ticketagent für »Thai Airways International« ist das *Krabi Resort*-Buchungsbüro, 53 Phattana Road, Tel. 076/61 13 89; nächster Flughafen Phuket.

Am Indischen Ozean

■ **Zug:** Nächstgelegener Bahnhof in Trang, rund 130 km südlich. Ab dort Anschluß Richtung Bangkok sowie Hat Yai, Sungai Golok, Butterworth/Penang. Ticketagent ist *Songserm Travel* an der Utrakit Road (siehe Stadtplan).

■ **Per Yacht nach Süden:** Krabi ist Treff vieler Yachties auf dem Weg nach Malaysia, und während der Saison verdienen sich viele Skipper ein Zubrot damit, Touristen gegen klingende Münze hinunter nach Penang/Malaysia zu schaukeln. Angelegt wird unterwegs u.a. auf Ko Lanta sowie im Terutao-Archipel und auf Pulau Langkawi (Malaysia), und im *Gift Bungalow* an der Ao Nang hängen zwischen November und April stets entsprechende Infoblätter der einzelnen Segelyachten aus.

Die Preise sind höchst unterschiedlich, aber um 70 US$ pro Tag und Person muß man inkl. Vollpension schon ansetzen für den rund 5 bis 7 Tage währenden Trip nach Malaysia.

Stopover Hat Yai

Hat Yai (auch *Haad Yai*), mit 150 000 Einwohnern Thailands drittgrößte Stadt nach Bangkok und Chiang Mai, wurde Anfang unseres Jahrhunderts von weitsichtigen Chinesen gegründet, die ahnten, daß sich durch den Bau der internationalen Eisenbahnlinie nach Malaysia hier bald so manches einträgliche Geschäft tätigen lassen würde: Schon in kürzester Zeit avancierte die Stadt zum Wirtschafts- und Verkehrszentrum des Südens, was sie bis heute geblieben ist. Im Stadtkern reihen sich zahlreiche Kaufhäuser aneinander, denn bei Thai gilt der Ort als Shopping-Paradies, während er den Malaysiern, von denen Jahr für Jahr über 500 000 die rund 60 km entfernte Grenze hierher überqueren, ein Paradiesgarten für Alkohol und käufliche Liebe ist. – Den muslimischen Nachbarn verdankt die Stadt den größten Alkoholkonsum landesweit sowie ihren Ruf als »Sündenbabel des Südens«: Rund 14 000 Prostituierte – das sind fast 10% der städtischen Gesamtbevölkerung – sind rund um die Uhr damit beschäftigt, ihren Kunden all jene Freuden zu verschaffen, die in Malaysia verboten sind.

Die weitflächige und von Hochhäusern geprägte Stadt vereint eigentlich alles, was man sich nicht unter Thailand vorstellt, und in touristischer Hinsicht ist sie ausschließlich als Verkehrsknotenpunkt von Interesse. Deshalb nachfolgend nur die allerwichtigsten Informationen:

Unterkunft

■ **Guesthouses:** Diese Unterkünfte sind teils teurer als einfache Hotels, verstehen sich aber als »Traveller«-Treffs, weshalb von vielen Reisenden bevorzugt.

Die Traveller-Treffs in der Stadt sind das *Cathay Guesthouse* (Ecke Niphat Uthit 2 und Thamnoonwithi Road, Tel. 074/24 38 15) sowie das direkt am Lokalbus-Terminal gelegene *Sorasilp Guesthouse* (251 Phetkasem Road, Tel. 074/23 26 35); beide bieten einfache, aber saubere Zimmer mit Dusche/WC zu 150 bis 230 Bt.

Am Busbahnhof bietet sich das *New City Guesthouse* an der 8 Chaiyakul-U-Tit 2 (Tel. 074/24 47 38) mit korrekten Zimmern zu 200 Bt an, wohingegen sich am Bahnhof das

Hat Yai

Laddha Guesthouse (13 Thamnoonwithi Rd, Tel. 074/22 02 33) nebst dem benachbarten **Loise Guesthouse** (Tel. 074/22 09 66) empfehlen; korrekte Zimmer zwischen 180 und 350 Bt (Aircon).

■ **Billig-Hotels:** Beliebt in dieser Kategorie sind u.a. das *Mandarin Hotel* (62 Niphat Uthit 1, Tel. 074/24 34 38), das *Savoy Hotel* (76 Niphat Uthit 2, Tel. 074/23 35 46) und das *Grand Hotel* (257 Thamnoonwithi Road, Tel. 074/23 36 69), die alle einfache und etwas angegammelte Zimmer mit Fan sowie Dusche/WC ab 180 Bt bieten.

■ **Mittelklasse:** Im *Laem Thong,* 44 Thamnoonwithi Road, Tel. 074/23 34 13, kann man, je nach Komfortstufe, für ein Aircon-Zimmer bis 750 Bt bezahlen. – Im *Indra,* 94 Thamnoonwithi Road, Tel. 074/24 32 77, einem modernen Hotel mit allen Annehmlichkeiten, kosten die Komfortzimmer zwischen 630 und 1450 Bt; angeschlossen ein rund um die Uhr geöffnetes Foodcenter.

Verschiedenes

■ **Tourist Office,** 1/1 Soi 2 Niphat Uthit 3 Road, Tel. 074/24 37 47. Viele informative Unterlagen über den tiefen Süden.

■ **Tourist Police,** gleiche Adresse und Telefonnummer.

■ **Geldwechsel** in einer der zahlreichen Banken auf der Niphat Uthit 1 und 2 Road; viele Wechselschalter sind bis 20 Uhr geöffnet. Ansonsten in den besseren Hotels der Stadt, wo freilich der Kurs bis zu 10% schlechter ist.

■ Viele moderne **Kinos,** wo man in einem separaten Raum den Film auf englisch hören kann; meist Sex & Crime. Etwa das *Coliseum* auf der Pratchathipat Road, das *Haadyai Rama* auf der Phetkasem Road sowie das *Siam* auf der gleichen Straße.

■ Wer samstags in der Stadt weilt: 14 bis 17 Uhr **Thai-Boxen** im »Television-Stadion«; Eintritt 5 Bt.

Weiterreise

■ **Flug:** *Thai Airways International,* 166/4 Niphat Uthit 2 Road, Tel. 074/23 12 72. Der Airport (Tel. 074/24 64 87) liegt 12 km außerhalb, *Thai* unterhält einen Zubringerdienst (50 Bt), ein Songthaew ab Niphat Uthit 2 Road kostet 30 Bt.

Flüge zwei- bis dreimal täglich nach Phuket (780 Bt), fünf- bis sechsmal täglich nach Bangkok (2280 Bt), täglich nach Surattani (1450 Bt); außerdem nach Kuala Lumpur (2100 Bt), Penang (1025 Bt) und Singapore (4050 Bt).

Bangkok Airways fliegt (laut Timetable) mindestens einmal täglich direkt nach Ko Samui; diese Verbindung ist aber recht unsicher, da oft Flüge abgesagt werden. Tickets in den zahlreichen Reisebüros der Stadt; genaue Flugzeiten und Preise standen zum Zeitpunkt der Recherche nicht fest.

■ **Zug:** Täglich fünf Züge (mit allen Klassen, Schlafwagen) in Richtung Bangkok (149 bis 460 Bt) via Surattani (Ko Samui) und Hua Hin, zwei nach Sungai Golok (62 bis 144 Bt), der Grenzstadt nach Malaysia/Ostküste, sowie einen *International Express* via Padang Besar (Grenzort) nach Butterworth/Penang (120 Bt in der 2. Klasse) mit Anschluß nach Kuala Lumpur (366 bis 798 Bt) und Singapore (605 bis 1410 Bt).

■ **Bus:** Aircon-Busse (alle Destinationen) starten am neuen Terminal im Norden der Stadt, an der Verlän-

Coconut-Boy auf Ko Samui

gerung der Niphat Uthit 1 Road. Bustickets in den zahlreichen Reisebüros, etwa im Cathay Guesthouse; Mini-Bustransfer zum Busbahnhof.

Verbindungen bestehen mehrmals täglich nach Bangkok (15 Stunden, 420/630 Bt), Surattani (5 Stunden, 155 Bt), Phuket (8 Stunden, 154 Bt), Krabi (5 Stunden, 132 Bt); außerdem nach Butterworth/Penang (5 Stunden, 200 Bt), Kuala Lumpur (12 Stunden, 380 Bt), Singapore (20 Stunden, 450 Bt).

Die Normalbusse starten am Markt an der Montri Road. U.a. Verbindungen nach Bangkok (240 Bt), Surattani (86 Bt), Phuket (122 Bt), Krabi (91 Bt), Satun (2 Stunden, 38 Bt); außerdem nach Padang Besar (Malaysia-Grenze/Westküste, 1 Stunde, 18 Bt), Sungai Golok (Malaysia-Grenze/Ostküste, 4 Stunden, 77 Bt).

■ **Sammeltaxi:** Es gibt keinen zentralen Taxistand; die Fahrzeuge, oft amerikanische Großraumlimousinen, starten von verschiedenen Plätzen aus zwischen 7 und 17 Uhr, aber erst dann, wenn sie voll sind (6 Passagiere). Da sich die Lokalitäten häufig ändern, fragt man am besten im Hotel/Reisebüro nach dem genauen Abfahrtsort. Es bestehen Verbindungen nach Surattani (150 Bt), Krabi (150 Bt), Phuket (250 Bt), Satun (1,5 Stunden, 50 Bt); außerdem nach Padang Besar (35 Bt), Sungai Golok (120 Bt) und Butterworth/Penang (220 Bt).

Visabeschaffung

■ Wer nur eben über die Grenze springen will, um mit einem **Re-Entry-Visum** (siehe Einreisebestimmungen) weitere 2 Monate abzuholen, kann ab Hat Yai entweder das Kollektiv-Taxi zum Grenzort Padang Besar nehmen oder muß für rund 400 Bt hin und zurück ein Taxi mieten, falls kein eigenes Fahrzeug zur Verfügung steht (auf Thai-Seite parken). Zu beachten ist, daß die Grenze um 17 Uhr schließt, man adrett gekleidet sein sollte und daß die Grenzbeamten oft einen Nachweis über genügend Geld und/oder das Rückflugticket verlangen.

Nach dem Auschecken am Thai-Posten muß man einen etwa 1 km breiten Gürtel Niemandsland durchqueren (Moped-Transfer 20 Bt), passiert dann ein riesiges und edel aufgemachtes Duty-free-Kaufhaus, bevor die Malaysia-Grenze erreicht ist. Dort das Einreiseformular ausfüllen, Einreisestempel abholen, durch den Zoll und sodann kehrtmarsch den Ausreisestempel holen, durch den Zoll und wieder hinüber nach Thailand, wo das Grenzprozedere mit dem Ausfüllen des Einreiseformulars weitergeht. Zeitaufwand mindestens 1 Std.

■ Wer ein **neues Visum** benötigt, muß sich schon nach **Penang** bemühen (siehe Stopover-Kapitel), wo das nächstgelegene Thai-Konsulat zu finden ist. Wie man ab Hat Yai oder anderen Orten in Südthailand dorthin kommt, ist jeweils unter den Abschnitten »Weiterreise« nachzulesen.

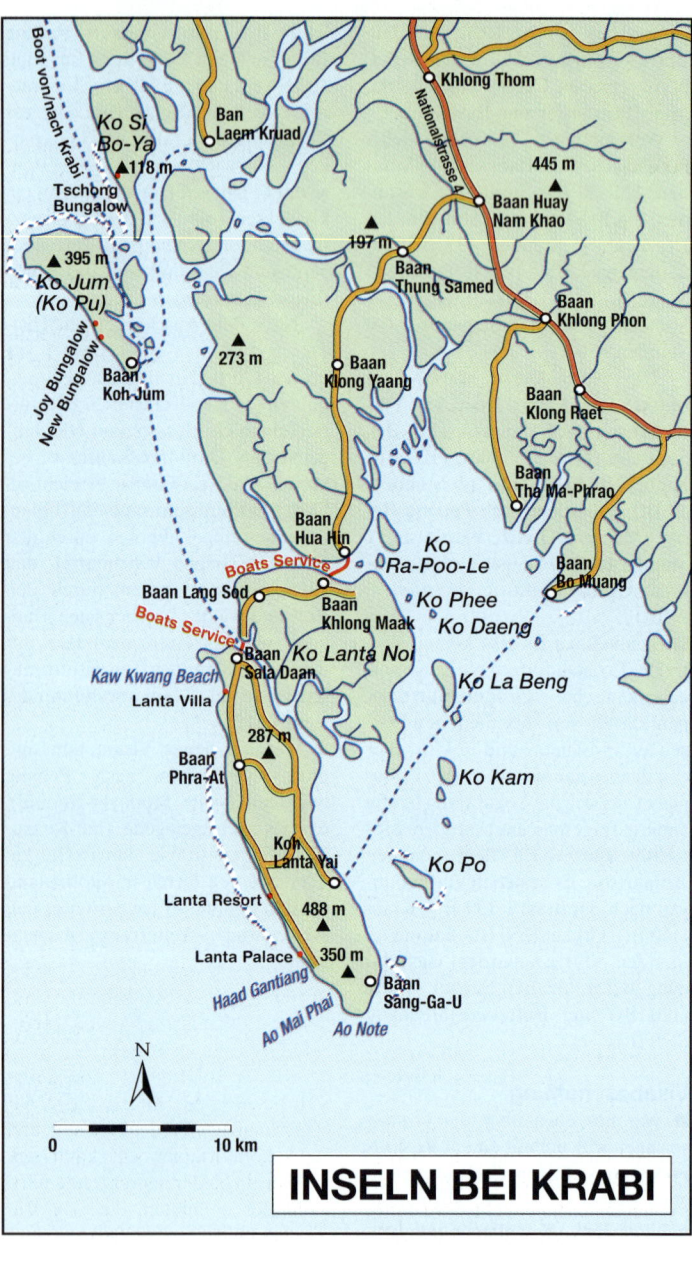

Insel-Hopping in der Andamanen-See

Robinson-Inseln vor Krabi

Ko Si Bo-Ya

Rund 20 km südwestlich von Krabi und an jener Stelle, wo ein regelrechter Archipel aus zahlreichen kleinen und größeren Inseln die riesige Krabi Bay zur offenen Andamanen-See hin begrenzt, erstreckt sich diese etwa 10 km lange und 2–3 km breite Insel, die von wesentlich mehr Affen denn Menschen besiedelt wird. Straßen gibt es keine, nur Fuß- und Mopedwege ziehen sich durchs große Grün von Kautschukplantagen und Urwald-Hainen hindurch von Fischerdorf zu Fischerdorf, und der wirklich kilometerlange, von Kokospalmen, Casuarinas und Urwaldbäumen gesäumte sowie oft mit großen Mangrovenbäumen bestandene Strand dieser Insel eignet sich vorzüglich für stundenlange Wanderungen. Nur zum Baden ist er, zumindest auf den ersten Blick, nicht gar so optimal, da hier Korallenriffe und Muschelbänke oft bis ans Ufer reichen, das extrem seicht ist. Wer aber sucht, kann zahlreiche reine Sand-Abschnitte ohne Korallen etc. finden, und ansonsten bietet sich im Bereich der einzigen Bungalowanlage eine draußen in der Bay verankerte Badeplattform an, zu der man, in großen Gummiringen sitzend, hinüberpaddeln kann.

Schönere Sunsets als von hier aus genießt man nirgends, die Atmosphäre ist nahezu welt-entrückt, und wer absolute Ruhe sucht, entspannte Tage fernab vom Trubel, der wird in Südthailand keine empfehlenswertere Insel finden als diese, die dank ihrer nur suboptimalen Strände bislang eben vom Tourismus noch völlig verschont blieb und unter den letzten »Freaks«, die heute noch unterwegs sind, als »Geheimtip« gehandelt wird.

■ Nur eine Anlage steht zur Verfügung, wie gesagt, doch diese – die **Si Bo Ya Bungalow** (auch: *Tschong Bungalow*) – erstreckt sich direkt da, wo der Strand am schönsten, die Optik am idyllischsten ist, und wird eben geleitet von jenem *Tschong*, der vor 12 Jahren zusammen mit *Gift* die erste Bungalowanlage in der Krabi-Provinz überhaupt gründete. Mit »ungemein liebenswert« ist Tschong nur unzureichend beschrieben, so sehr bemüht er sich um das Wohlergehen seiner Gäste, und weil er sowie seine Frau auch wahre Spitzenköche sind, kann man hier zudem auch das beste Thai-Essen genießen, was man unseres Erachtens in einer Bungalowanlage überhaupt nur bekommen kann. Die ungemein romantischen und luftigen Bungalows aus Palmwedeln sind locker auf einer riesigen Wiese verteilt, rings umher blühen exotische Pflanzen, und auf einer angrenzenden Wiese sind ein Badminton- sowie Volleyball-Feld angelegt, auf denen allabendlich kleine Turniere ausgetragen werden.

Die Preise für die Bungalows (mit Bad/WC, Moskitonetz) sind mit 100 Bt außerordentlich günstig, und wer's komfortabler will, kann sich auch in einem der angrenzenden Privathäuser einmieten, die sich Europäer, Freunde von Tschong, hier

Sunset-Stimmung auf Ko Si Bo Ya (bei Krabi)

Robinson-Inseln vor Krabi

errichtet haben. Das Angebot reicht von einem Strandhaus zu 300 Bt über edle Pfahlbauhäuser am Hang (600 und 800 Bt) bis hin zu einer regelrechten kleinen Thai-Villa (1200 Bt).

Abschließend noch einmal der Hinweis, daß diese Anlage wirklich nur für diejenigen geeignet ist, denen der Sinn auf Ruhe-total steht, die nur sekundär am Baden interessiert sind, und die eben auch länger als nur 1 oder 2 Tage bleiben wollen! – Familien mit Kindern übrigens werden hier nahezu stets andere Familien finden.

■ **Anreise:** Ab Krabi-Pier an der Utrakit Road neben dem Kiosk des Tourist Office verkehrt täglich ein großes Longtail-Boot zwischen 12 und 14 Uhr; die Überfahrt dauert 2 Stunden, der Preis beträgt 100 Bt, und da die Abfahrzeiten nicht fix sind, sollte man sich unbedingt zuvor anmelden: über die Bungalow-Anlage direkt (Tel. 01/723 04 15) oder über *Pine Tour* in Krabi City (20 Isara Road, gegenüber Thai Hotel, Tel. 075/61 21 92).

Ansonsten bleiben die Charter-Longtail-Boote, die für die Strecke zwischen 500 und 600 Bt verlangen.

Ko Bodha, Ko Thab, Ko Huan Khwaan

An dem Bootsausflug zu diesen drei, der Ao Nang rund 8 km weit vorgelagerten, unbewohnten Inseln führt unserer Meinung nach kein Weg vorbei, zumindest nicht für Schnorchler, denn die zwischen den Eilanden gelegenen Korallenriffe sind von herausragender Schönheit; auch die (zum *Mu-Ko-Phee-Phee-Nationalpark* gehörigen) Inseln selbst, teils mit herrlichen Stränden, zusammen rund 2 qkm groß, finden Gefallen.

Organisierte Touren kosten rund 300 Bt (6 Stunden) ab Ao Nang; ein Charterboot für die gleiche Zeit kommt auf ca. 700 Bt und bietet gut 6 Personen Platz.

Ko Hong-Archipel

Noch eine andere Bootsfahrt sollte man nicht verpassen, nämlich die zum (ebenfalls zum o.g. Nationalpark gehörigen) Ko Hong-Archipel, nördlich Krabis auf halber Strecke zwischen dem Festland und den Inseln Ko Yao Yai und Ko Yao Noi gelegen und aus rund einem Dutzend kleiner Trauminseln bestehend. Die schönste, Ko Hong, hat u.a. einen auf drei Seiten von Kalkstein-Steilwänden begrenzten Strand, an dem auch ein kleines Restaurant zu finden ist, obendrein famose Korallenriffe und eine reiche Unterwasserfauna. Die anderen Inseln gefallen durch ihre bizarren Kalksteinformationen – die sind mindestens so beeindruckend, wie man sie von der Phang-Nga-Bay her kennt –, ihre Traumstrände und Tauchreviere.

■ **Anreise:** Diese Tour wird vom Ao-Nang-Beach aus nur selten angeboten; lediglich *Gift Rugmak* (siehe »Krabi/Ao Nang/Ausflüge«) hat sie im Programm (500 Bt).

»Robinsons« übrigens können erwägen, ein Zelt nach Ko Hong mitzunehmen, für ein paar Tage dort zu bleiben und später mit einem Ausflugsboot wieder zurück zu fahren. Essen und Trinken während der Saison im Restaurant; sonst ist Verpflegung und Trinkwasser ebenfalls mitzubringen.

Ko Jum (auch: *Ko Pu*)

Dem Südzipfel von Ko Si Bo-Ya nur wenige hundert Meter vorgelagert,

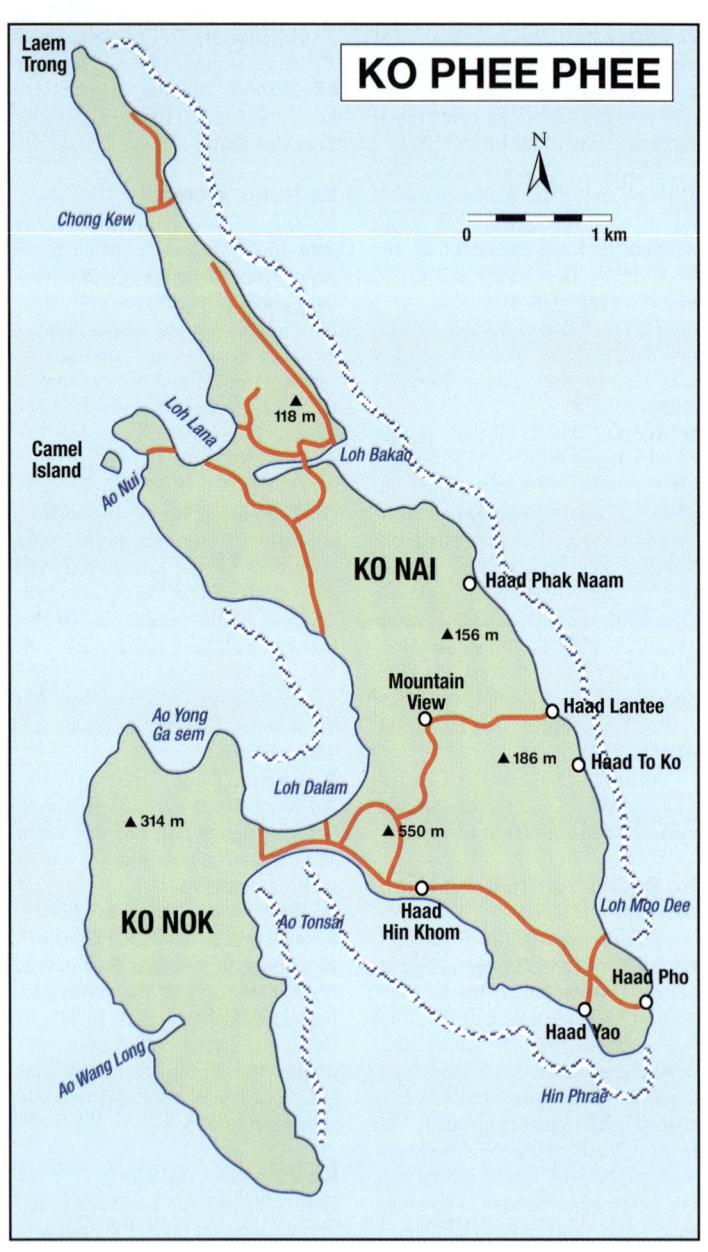

erstreckt sich die rund 30 qkm große und dabei im Norden bis zu 400 m hoch aufragende, im Süden aber eher flache Insel Ko Jum. Sie trägt nur wenige kleine Dörfer, bewohnt von etwa 500 Menschen, die im Fischfang sowie der Kautschuk- und Kopra-Produktion ein Auskommen haben. Auch hier gibt es keine Straßen, nur Pfade, und wer ein Freund von Einsamkeit ist, von ausgedehnten Wanderungen durch Kautschuk- und Palmenplantagen und entlang von Stränden, an denen teilweise der Urwald leckt, der wird sich hier wohl fühlen. Baden kann man auch, rings ums Nord- sowie Südkap ziehen sich reiche Korallenriffe.

■ **Anreise:** Das Boot, das auf der Strecke Krabi–Ko Lanta–Krabi verkehrt, legt bei Nachfrage an der Westseite vor den beiden Bungalow-Anlagen an (60 Bt), wo man dann in Longtail-Boote umsteigt.

■ **Unterkunft:** Zwei Bungalowanlagen gibt es zur Zeit, beide liegen direkt nebeneinander an einem gut zum Baden geeigneten Langstrand, der gen Süden in eine mit Klippen gespickte Küste übergeht, sich gen Norden aber für mehrere Kilometer erstreckt. *New Bungalow* bietet kleine und große Rattan- sowie Holz-Bungalows zu 100–300 Bt, die aber nicht am Strand stehen, sondern sich hinter dem Restaurant aneinanderreihen und arg eng gesetzt sind. Ansonsten gibt es zwei Baumhäuser hoch über dem Strand zu 150 Bt, und diese können auch unbedingt empfohlen werden; das Essen ist so la la, und die chinesischen Besitzer sind nicht jedermanns Sache.

Gleich daneben liegt *Joy Bungalow* (Tel. 01/01/723 05 02) mit einem guten Restaurant und vielen einfachen, teils verwohnten Hütten zu 100 Bt, tiptoppen Baumhäusern zu 150 Bt sowie auch großen und komfortablen Stein-/Holzhäusern, welche mit Bad/WC ausgestattet sind und 400 Bt kosten.

Ko Phee Phee – Welche Farbe hat das Meer?

Nun treibt man, dem Diktator Schwerkraft entronnen, einem Vogel gleich auf der Wasseroberfläche dahin, späht durchs Glas einer Tauchermaske in die transparente Tiefe und kann kaum glauben, was man sieht, dort unten, wo Heerscharen leuchtend gefärbter Meerespflanzen im Atemtakt des Wassers hin und her wogen, Dutzende Arten exotischer Fische wie bunte Wimpel herumflattern. Orange, Indigo und Scharlach, Purpur, Violett und Gold fallen durcheinander wie die Glassplitter eines Kaleidoskops; Röhrenwürmer entfalten gefiederte Spiralen, Gebilde gleich Tellern, Blumen, Pilzen oder menschlichen Gehirnen werden belebt von den erstarrten Feuerwerkssternen der Seeigel, von gelben Bohrschwämmen, Grünalgen, Kolonien schaffenden Blumentieren, Myriaden anderer bizarrer Geschöpfe, deren Lebensraum die ausgedehnten Korallenriffe sind, die Ko Phee Phee zu Weltruhm verholfen haben.

Löst man sich endlich von diesem wunderbaren Wechselspiel, reißt sich los von den marinen Formen und Farben, die sich ständig, lautlos, unmerklich fast verändern, verschieben, taucht man also auf, bleibt dem Auge dennoch wenig Rast. Von der

Insel-Hopping in der Andamanen-See

Meeresoberfläche aus kann dem stufenlos heller werdenden Blau der See bis zum blendenden Weiß des palmverbrämten Tonsai-Strandes gefolgt werden, dessen makelloses Halbrund zwei Gebirgsrücken verbindet. Der eine, bis 550 m hoch, ist der Kultur unterworfen, der andere, über 300 m messend, türmt sich als urwaldgrüner Steilhang gen Himmel.

Nur die vielen Boote stören in der Bucht, auch der Lärm der Stromgeneratoren und all die Touristen, von denen jährlich fast schon 400 000 kommen, um die »siebtschönste Insel der Welt«, wie es der Prospekt verheißt, zu besuchen. Das sind zu viele, für die 300 ständigen Inselbewohner ebenso wie für die Insel, die nur 20 qkm Fläche besitzt, nur wenig Grundwasser und keinen Müllplatz, und deren Hauptattraktion, die Riffe, von Jahr zu Jahr mehr zerstört werden. – Es geht bergab mit Ko Phee Phee; das darf hier nicht verschwiegen werden.

An-/Weiterreise/Ankunft

■ **In der Saison** (Oktober bis April) verkehren täglich zahlreiche Boote von/nach Phuket (1,5 bis 3 Stunden, 250 bis 400 Bt, je nach Gesellschaft), von/nach Krabi Town (2 bis 3 Stunden, 150–250 Bt) sowie von/nach Ao Nang-Strand/Krabi (2 Stunden, 150 Bt) und Ko Lanta Yai (1,5 Stunden, 150 Bt).

■ **Zwischen Mai und September** kann man schnell mal für ein paar Tage auf Ko Phee Phee festsitzen: Bei Schlechtwetter verkehren keine Boote. Sonst täglich um 9 Uhr nach Krabi sowie um 13 Uhr nach Phuket; gleiche Preise wie in der Saison.

■ **Verschiedenes:** Auf Ko Phee Phee gibt es mittlerweile eine Bank (normale Wechselkurse), ein Postamt (auch Auslands-Telefonate), mehrere Tauchstationen (Preise wie Phuket, s. dort) und Reisebüros (Ticketbuchung für Bus, Bahn, Flugzeug).

Strände/Bungalows

Der Anlegesteg für alle Boote befindet sich beim Inseldorf, direkt am Rand der Tonsai Bay. Transportmittel gibt es keine auf der Insel; der Verkehr wird zu Fuß und mit Longtailbooten abgewickelt. Während der Saison tut man gut daran, das Boot so schnell wie möglich zu verlassen, sich auf den nächstbesten leerstehenden Bungalow zu stürzen und sich erst dann andere Strände und Anlagen anzuschauen – sonst kann es passieren, daß man die erste Nacht am Strand verbringen muß, was ohne Mückenschutz die reine Hölle ist!

Tonsai Bay

Knapp 1 km lang, von dschungelbestandenen Kalksteinfelsen flankiert und palmengesäumt – der Vorzeigestrand der Insel. Vom Schiff aus betrachtet, könnte er durchaus irgendwo in der Südsee zu finden sein. Werbeklischee und Wahrheit scheinen durch keine Kluft getrennt, doch geht man an Land, findet man sich in einem häßlichen Shopping-Dorf wieder, das mit dem »ursprünglichen Fischerdorf« der Prospekte nichts mehr gemeinsam hat. An den Touristenort schließt sich eine Uferpromenade an, wahre Menschenmassen, meist Japaner auf einem Tagesausflug, spazieren strandauf, strandab, Gartenrestaurants laden ein – und das Südsee-Feeling ist dahin. Dafür sorgen auch die knatternden Boote, die ständig in der Bucht an- und ab-

Oben: Ko Phee Phee vom View Point aus
Unten: An der paradiesischen Tongsai Bay von Ko Phee Phee

Insel-Hopping in der Andamanen-See

legen. Nur unter Wasser präsentiert sich noch alles so, wie man es sich vielleicht vorgestellt hat.

Drei Bungalowanlagen stehen zur Verfügung, aber wer dort wohnen will, muß eine gut gefüllte Geldbörse mitbringen und am besten auch Ohropax.

■ Direkt hinter dem Dorf liegen die Stein-Bungalows der **Chao Ko Phee Phee Lodge,** Tel. 075/21 50 14. Ab 750 Bt.

■ In der Mitte des Strandes breitet sich die Luxusanlage **Phee Phee Cabana** aus, Tel. 075/61 14 96. Mit schicken Aircon-Bungalows (ab 950 Bt) unter Palmen.

■ Und am anderen Buchtende erstreckt sich **Phee Phee Ton Sai** (Tel. 075/61 14 96) mit 50 Aircon-Bungalows zu 1800 Bt und mehr.

Haad Hin Khom

Der Küstenabschnitt südöstlich des Inseldorfes heißt Haad Hin Khom und wird aus Felsen und vereinzelten winzigen Sandbuchten gebildet. So weitläufig der Tonsai-Strand ist, so eng präsentiert dieser »Strand«, etwa ebenfalls 1 km lang. Laut ist es auch, und einziger Vorteil bleibt der schöne Blick, den man von hier aus auf die Tonsai Bay genießen kann.

■ Die erste Anlage rechts vom Bootspier ist das **Phee Phee Don Resort** mit eng stehenden Bungalows ab dreisten 500 Bt.

■ Landeinwärts schließt sich **Gipsy I & II** (Tel. 01/723 06 74) mit netten, recht ruhig gelegenen, teils denkbar schlichten Fan-Bungalows zu 250–400 Bt an.

■ Es folgt **Phee Phee Andaman** (Tel. 01/723 10 73) mit seinen 82 Bambus-Bungalows zu 350 bis 500 Bt, wohl je nach Laune.

■ Den Abschluß bildet das **Bay View Resort** (Tel. 01/723 11 34) mit Luxushütten ab 750 Bt.

Haad Yao

Weiter gen Süden geht der Haad Hin Khom jenseits einer Felsnase in den Haad Yao über (Longtailboot-Zubringer ab Tonsai Bay zu 20 Bt), aus gegebenem Anlaß auch als *Long Beach* bekannt. Der Strand ist schmal, teilweise mit Steinen und scharfen Korallen durchsetzt und fällt recht steil ins Meer ab, das hier dank eines vorgelagerten Korallenriffs, insbesondere im Bereich des Südkaps, sehr gute Schnorchelmöglichkeiten bietet. Zur anderen Inselseite, zur Bucht von *Loh Moodee,* sind es nur etwa 600 m, und dies ist der einzige Strand auf Ko Phee Phee, wo bisher noch keine Bungalowanlage entstanden ist.

■ Die Schmuddel-Bungalows des **Viking Village** (150 und 300 Bt) liegen auf einem baumlosen Felskap, das auf die 120 Häuschen von **Phee Phee Paradise Pearl** (Tel. 01/723 04 84) blickt, die mit 500 Bt maßlos überteuert sind; sehr beliebt bei Thai-Wochenend-Touristen.

■ **Long Beach** schließt sich an, ist günstig (150 Bt), daher nahezu stets ausgebucht, auch wenn das Essen im Restaurant eine Zumutung ist und die ganze Anlage einen schlicht »siffigen« Eindruck macht.

Loh Dalam

Geht man von der Tonsai Bay aus nicht gen Südosten, sondern nach Norden, also vom Strand aus inseleinwärts, so erreicht man schon nach 100 m die ebenfalls palmverbrämte Bucht von Loh Dalam. Herrscht gerade Flut, wird man von dem Anblick

Ko Phee Phee

begeistert sein, während man sich bei Ebbe, wenn das Meer weit zurückläuft und seinen schlickigen Boden freilegt, eher abwenden wird.

■ Zur Auswahl stehen die 40 komfortablen, empfehlenswerten Bungalows des **Phee Phee Charlie Beach Resort** (Tel. 01/723 04 95) zu 800 Bt sowie die des angrenzenden **Phee Phee Pavillon Resort** (Tel. 075/62 06 33), die zwischen 900 und 1800 Bt kosten.

■ Ein Stück weiter inseleinwärts liegen rechts am Hang die aussichtsreichen Bungalows (500 und 800 Bt) von **Phee Phee View Point** (Tel. 01/723 04 83) in ruhiger und schöner Umgebung.

Strände an der Ostseite

Auf der Ostseite der Insel liegen die Strände *Loh Bakao* sowie *Luxus Beach*, die fest in Händen mehrerer Luxusanlagen sind, aber die Schönheit, für die Phee Phee berühmt ist, weitestgehend vermissen lassen.

■ Am Loh Bakao gibt es nur **Phee Phee Island Village** (Tel. 01/723 02 04) mit 80 Komfort-Bungalows in einem riesigen Palmenhain; das Wassersportangebot ist umfassend, und die Preise zwischen 900 und 1950 Bt sind durchaus angemessen.

■ Am Luxus Beach, der Name ist trefflich gewählt, wohnt man entweder im **Phee Phee Coral Resort** in Aircon-Holzhäusern ab 1200 Bt oder im **Phee Phee International Resort** (Tel. 075/21 42 97), der feinsten und teuersten Adresse der ganzen Insel: 120 Bungalows von 1500 bis 9000 Bt.

Ausflüge

■ Einen Ausflug zu den zwei **Mountain View Points**, beide rund 100 m über dem Meer gelegen und in ca. 20 Gehminuten ab dem Inseldorf zu erklimmen, muß man einfach unternommen haben. Der östliche ist über einen breiten Weg ab dem Bootspier zu erreichen und bietet sich insbesondere morgens zwischen 8 und 10 Uhr an, wenn die Doppelinsel, die nur aus der Vogelperspektive in ihrer ganzen Schönheit zu erfassen ist, vom Licht der frühen Sonne angestrahlt wird. Zum anderen Aussichtspunkt führt ein schmaler, teils mit Seilen gesicherter Pfad. Von dort aus kann man zur Zeit des Sonnenunterganges ein phantastisches Panorama genießen.

■ Eine **Bootsfahrt rings um Phee Phee** gehört ebenfalls zu den unvergeßlichen Erlebnissen eines Inselaufenthaltes, organisiert von den Reisebüros und auch den Bungalowanlagen. Das kostet rund 250 Bt (Schnorchelausrüstung inkl.), während man für ein Charterboot rund 800 Bt bezahlen muß (Platz für ca. 6–8 Passagiere). Es geht einmal um die Insel herum, an verschiedenen Stränden sowie über Korallenriffs werden kleine Stops eingelegt, und üblicherweise beinhaltet die Fahrt auch einen Abstecher zu den rund 6 km nördlich gelegenen Eilanden *Ko Yung* und *Ko Mai Phai*, wo ein herrlicher Sandstrand nebst Unterwasserrevieren lockt.

Phee Phee Lay

Die Phee-Phee-Inselgruppe besteht, außer der oben vorgestellten Hauptinsel, eigentlich *Phee Phee Don* geheißen, auch noch aus der 5 km südlich gelegenen Insel Phee Phee Lay, deren wildes, felsiges Terrain eine Besiedlung bislang vereiteln konnte. Steil aufragende Felsen, schneeweiße Strände und verführerisch schim-

mernde Lagunen prägen ihr Landschaftsbild. Bootsfahrten werden regelmäßig von der Tonsai-Bucht aus für 250 Bt angeboten. Wer solch organisierte Touren (rund 5 Stunden Dauer) nicht mag, muß ein Boot chartern, was etwa auf 800 Bt kommt bzw. auf 1000–1200 Bt, will man den ganzen Tag über weg bleiben. Es lohnt sich in jedem Fall, denn bei den organisierten Touren ist die Aufenthaltsdauer je Highlight viel zu kurz bemessen; Schnorchelausrüstung nicht vergessen.

■ Angefahren werden üblicherweise die traumhafte **Maya Bay**, eine der schönsten Lagunen Thailands, mit unglaublich vielseitigen Korallenriffs, die südlich angrenzende Mini-Insel **Ko Maa Yaa Noi**, ebenfalls zum Schnorcheln ideal, die **Phee Lay Bay**, die fjordartig eingeschnittene Bucht, Motiv unzähliger Postkarten, sowie die **Viking Cave,** eine Höhle von gigantischem Ausmaß. Sie ist ungemein reich an Tropfsteinformationen sowie großen Kalksteinplateaus und zudem berühmt für ihre Felszeichnungen, die chinesische Dschunken und portugiesische Galeeren zeigen und nicht, wie der Name vermuten ließe, Wikinger-Schiffe.

■ Eine weit größere Berühmtheit aber erlangte die Höhle wegen ihrer **Schwalbennester**, von denen hier jährlich über 200 kg »geerntet« werden. Diese Nester gelten den Chinesen seit alters her als Delikatesse, weshalb die Höhle schon vor über 1000 Jahren zumindest in Kreisen chinesischer Feinschmecker bekannt war. »Produzenten« der angeblich potenzfördernden und lebensverlängernden »Leckerei«, sind Hunderttausende von Salanganen – Stachelschwanzsegler, fälschlich auch als »Schwalben« bezeichnet –, denen zur Brutzeit die Speicheldrüsen stark anschwellen, so daß sie große Mengen Schleim absondern. Der verhärtet sich an der Luft und wird von den Salanganen zusammen mit Pflanzenresten und auch Federn zum eigentlichen Nest verarbeitet. Zweimal im Jahr, für je drei Monate, ist Sammelzeit: Dann klettern Insulaner vom Stamme der *Chao Le* (siehe dort), der sogenannten Seezigeuner, an wackeligen Bambusstangen in die Höhe, um die begehrten Nester abzuschaben, für die vom Endverbraucher bis über 2000 US$ je Kilo bezahlt werden müssen.

Ko Lanta – Ein »Geheimtip« in Gefahr

Als Ko Lanta Yai im Jahre 1989 in einem bekannten deutschen Reise-Magazin als ein »Geheimtip« angepriesen wurde, war klar, daß über kurz oder lang der Boom einsetzen müßte, denn auch Krabi, kurz zuvor von einer deutschen Reise-Zeitschrift »exklusiv« vorgestellt, konnte sich plötzlich vor Touristen kaum noch retten. Überall an den Stränden der rund 25 km langen und durchschnittlich 5 km breiten, dabei bis 500 m hohen Insel wurden Bungalowsiedlungen aus dem Boden gestampft, viele nur als Spekulationsobjekte: Gab es 1989 nur eine Anlage, so waren es schon 1990 über ein Dutzend. 1996 zählten wir rund vier Dutzend, an vielen weiteren wurde gebaut, und mehr und mehr der rund 20 000 Inseleinwohner – darunter rund 10% ethnische Chinesen und über 50% ethnische Malaien – setzen

Markt in Ban Saladan auf Ko Lanta

Ko Lanta Yai

jetzt auf den Tourismus. Gerade noch rechtzeitig stellte Bangkok die besonders schöne Südspitze der (noch) größtenteils bewaldeten Insel mitsamt den umliegenden Gewässern und 15 kleineren Eilanden unter Naturschutz.

An-/Weiterreise/Ankunft

■ **Von/nach Krabi:** In der Saison zwischen Oktober und April verkehren zwischen Krabi und dem am Nordzipfel von Ko Lanta Yai gelegenen Hafenort *Ban Saladan* täglich zwei Expreßboote: ab Krabi um 10.30 sowie 13 Uhr, ab Ban Saladan um 8 Uhr sowie 10 Uhr (2 Stunden Fahrzeit, 150 Bt); außerhalb der Saison verkehrt nur das Boot von Krabi um 13 Uhr, das morgens um 8 Uhr retour fährt.

Alternativ dazu kann man den zwischen 10 und 14 Uhr stündlich ab Krabi nach *Ban Hua Hin* verkehrenden Bus nehmen (siehe Krabi-Stadtplan), der 30 Bt kostet (2 Stunden Fahrzeit). Ab Hua Hin dann, am Ende des H-4206 gelegen, starten regelmäßig Longtailboote zur nur 1 km weit vorgelagerten Insel Ko Lanta Noi (20 Bt, Bootscharter 50 Bt), von wo aus man mit Motorrad- oder Pickup-Taxis zum 8 km entfernten Pier nach Ko Lanta Yai gelangt (30 Bt); das Übersetzen nach Ban Saladan nimmt nur wenige Minuten in Anspruch und kostet 5 Bt. In umgekehrte Richtung verkehrt der Bus stündlich zwischen 11 und 15 Uhr von Ban Hua Hin nach Krabi.

Ansonsten kann man von Krabi aus auch den täglich um 10.30 nach *Bo Muang* (am Ende des H-4042) verkehrenden Mini-Bus nehmen (40 Bt, 2 Stunden; siehe Krabi-Stadtplan), von wo aus man täglich um 13 Uhr Bootsanschluß zum *Ban Ko Lanta* auf der Südostseite der Insel hat (1 Stunde, 30 Bt). Von Ban Ko Lanta nach Bo Muang verkehrt das Boot täglich um 7 Uhr, Busanschluß nach Krabi.

■ **Von/nach Ko Phee Phee:** Während der Saison verkehrt täglich ein Boot zwischen der Tonsai Bay und Ban Saladan; ab Tonsai um 14.30 Uhr, ab Ban Saladan 8 Uhr (1,5 Stunden, 150 Bt).

■ **Aus/in Richtung Süden:** Wiederum ist Ausgangspunkt *Bo Muang* (s.o.), rund 13 km vom Highway 4 entfernt, wohin täglich um 9.30 Uhr ab Trang (siehe dort) ein Bus verkehrt (40 Bt, 2 Stunden). Zurück fährt der Bus nach Ankunft des Bootes von *Ban Ko Lanta*, und von Trang aus bestehen Anschlußmöglichkeiten auch in den tiefen Süden von Thailand.

■ **Von/nach Ko Hai** (siehe unter »Trang«): Reguläre Boote gibt es nicht, aber per Charter-Longtailboot kann man von Ko Hai in rund 1,5 Stunden die Waterfall Bay erreichen; kostet rund 600–700 Bt, ist aber nur bei ruhiger See zu empfehlen.

■ **Transport auf Ko Lanta:** Ob man nun in Ban Saladan ankommt oder in Ban Ko Lanta, stets warten am Pier Motorrad- und Pickup-Taxis, die einen zum Strand nach Wahl bringen (zwischen 15 und 60 Bt, je Entfernung). Am Ban-Saladan-Pier befindet sich zudem ein Reisebüro mit Touristen-Information.

Strände/Bungalows

Die Strände auf Ko Lanta Yai, oft einfach als *Ko Lanta* bezeichnet, befinden sich alle entlang der Westküste. Sie halten (bis auf wenige Ausnahmen) von der Optik her keinem

Insel-Hopping in der Andamanen-See

Vergleich mit denen von Krabi, Ko Phee Phee oder Ko Samui stand: Zum einen fehlen die spektakulären Kalksteinformationen, zum anderen sind hier Palmen eine Rarität – man kann sagen, daß die Strände zwar schön, aber eben nicht von solch »üppiger Tropen-Schönheit« sind. Freizeitangebote gibt es ebenfalls nicht, oft auch noch keine Elektrizität, und in vielen Anlagen knattern abends Stromgeneratoren. Wer jedoch seine Ruhe haben will, wird sie zur Genüge finden. –

Nicht jedoch über Weihnachten und den Jahreswechsel, wenn scheinbar alles, was reist, hier eine Bleibe sucht: dann ist oft noch selbst das letzte »Loch« belegt, und uns selbst wiederfuhr es, daß wir zu dieser Zeit nach 3 Nächten am Strand und keiner Aussicht auf Unterkunft gefrustet abreisten, um dann im Februar, als die Anlagen höchstens noch zur Hälfte belegt waren, wiederzukommen.

Bei Ankunft eines von Krabi oder Ko Phee Phee kommenden Bootes wimmelt der Pier des pittoresken Pfahlbaudorfes Ban Saladan von zu den jeweiligen Bungalowanlagen gehörigen Pickups; man braucht also nur zu sagen, wohin man will, sich dann auf die Pritsche des entsprechenden Fahrzeuges setzen und hoffen, daß es auf der folgenden Fahrt nicht viel Gegenverkehr gibt oder vorweg fahrende Pick Ups: anstatt einer Asphaltstraße gibt es nur eine maßlos staubige Rote-Erde-Piste, und ihr könnt euch ausmalen, wie ihr schon nach wenigen Kilometern aussseht ...

■ **Kaw Kwang Beach:** Dieser Strand befindet sich nur rund 2 km außerhalb Ban Saladans, am weit ins Meer reichenden Nordwestzipfel der Insel. Er besteht aus einem flachen nördlichen und einem gut zum Baden geeigneten südlichen Abschnitt, der zudem von einem Palmenhain begrenzt wird, sich daher viel idyllischer präsentiert.

Am Nordstrand, teils durch Mangroven begrenzt, liegen die 30 Bungalows von *Deer Neck,* die 100 Bt und 300 Bt (dann mit Dusche/WC) kosten. – Das *Kaw Kwang Beach Resort* befindet sich am Südstrand: Hier stehen die Bungalows teils direkt unter Palmen am Meer (alle mit Bad/WC, ab 250 Bt), teils auf einem luftigen Hügel (Gemeinschaftsbad, 80 Bt); angeschlossen ein großes Restaurant sowie eine Strand-Bar.

■ Direkt südlich erstreckt sich die rund 2 km lange **Klong Dao Bay**, die nur abschnittsweise zum Baden geeignet ist und einen mit Muscheln und Korallensplittern durchsetzten, von Casuarinas gesäumten Strand hat.

Von den rund ein Dutzend Anlagen empfehlen sich u.a. *Golden Bay Resort,* ganz am Nordrand an einem extrem flachen Strandabschnitt, *Lanta Bungalow,* in der Strandmitte, und *Lanta Garden Bungalow,* am teilweise felsigen Südrand, die alle einfache Bungalows zu 50 und 80 Bt bieten sowie bessere (mit Bad/WC) zu 200 bis 300 Bt.

Einen gewissen Komfort bieten *Lanta Villa,* Funktelefon 075/62 06 29, mit 40 Bungalows ab 300 Bt, *Lanta Royal Resort,* Tel. 01/723 08 76, mit über 60 teils eng stehenden Bungalows zu 600 Bt und insbeondere *Lanta Island Resort* (Tel. 075/62 15 24) mit zwar teils recht eng, aber direkt hinter dem Strand stehenden Stein-/Flechtwerk-Bungalows, die 300 Bt

Ko Lanta Yai

(Fan) und 600 Bt (Aircon) kosten und wohl den besten Gegenwert bieten.

■ **Ao Phra Ae:** An diesem Strand, rund 3 km lang, feinsandig, teils von Palmen gesäumt und optisch ansprechend, finden sich zur Zeit erst zwei Anlagen: *Lanta Palm Beach* (Nordrand) bietet einfache Bambushütten (100 Bt) und etwas besser ausgestattete Steinhäuschen (200 Bt). – Es folgen die spartanisch einfachen, aber auch nur 50 bis 80 Bt teuren Hütten von *Sea Gipsy*.

■ **Relax Bay Tropicana:** Am äußeren Südrand von Ao Phrae Ae – südlich eines Felsabschnitts, dort wo der Strand am schönsten ist, weil palmengesäumt, breit und feinsandig – ziehen sich die ansprechenden Holz-/Bambus-Bungalows von *Relax Bay Tropicana* (Tel. 01/722 00 89) einen üppig bewachsenen Hang hinauf. Auf Pfählen errichtet, bieten sie außer einem urigen Open-Air-Badezimmer große Terrassen, viel Gemütlichkeit nebst Panorama für 700 Bt, ein gerechtfertigter Preis. Im Restaurant werden Gerichte der europäischen, chinesischen und thailändischen Küche serviert, und von der Bar aus, hoch oben auf den Felsen, genießt man eine phantastische Aussicht, nicht zuletzt auf den Sonnenuntergang. Auch eine Tauchschule, unter deutscher Leitung, ist hier zu finden (siehe unter »Tauchen«), ein dem Strand 150 m weit vorgelagertes Korallenriff verspricht Schnorchelfreuden, zahlreiche Ausflüge werden organisiert, zur Zeit die beste Anlage auf der Insel.

■ Südlich der »Relax Bay Tropicana« wird der Abstand zwischen den Bungalowanlagen deutlich größer, und so mancher Strand präsentiert sich praktisch menschenleer. Der **Khlong Khong Beach,** beim gleichnamigen Dorf, ist steinig, bei Ebbe nicht zum Baden geeignet, und beste Unterkunft ist hier *Lanta Coral Beach Bungalow* mit schönen Holz-/Bambushütten, die mit Bad/WC ausgestattet sind und 250 sowie 300 Bt kosten.

■ **Khlong Nin,** der nächstsüdliche Strand, erfreut sich bei ruhesuchenden Sonnenanbetern und Schnorchlern großer Beliebtheit. Auf 1 km Länge gibt es hier nur zwei Anlagen hinter dem feinsandigen Strand, doch in beiden stehen die Bungalows maßlos eng nebeneinander: *Lanta Paradise* (Tel. 01/723 05 30) hat nun mittlerweile schon über 50 Hütten in allen Abstufungen zwischen 150 und 550 Bt (einige auch direkt am Strand), wohingegen *Miami* einfache Hütten vermietet, die mal 100 Bt kosten, mal auch 200 Bt.

■ Rund 1 km weiter, unterwegs ein paar schöne, aber keine Infrastruktur bietenden Strände, führt die Straße an den **Dream Team Bungalows** vorbei, die hübsch in die Steilfelsen integriert sind, tolle Panoramen bieten und zwischen 150 sowie 450 Bt kosten und von exotischen Pflanzen umgeben sind; auch das Restaurant ist empfehlenswert.

■ Rund 5 km weiter öffnet sich der etwa 1 km lange Strand von **Ao Kantiang,** der sich malerisch zwischen zwei Felskaps erstreckt und von mehreren muslimischen Fischerfamilien bewohnt wird. Bei Ebbe allerdings ist Baden unmöglich, und die 25 Bungalows von *Sea Sun* (150 Bt), der bislang einzigen Anlage, waren zum Zeitpunkt der Recherche arg verwahrlost (Stein- und Eternit-Buden); lediglich der bislang einzige

Insel-Hopping in der Andamanen-See

Hang-Bungalow, neu erstellt, kann hier unbedingt gefallen (350 Bt).

■ 2,5 km südlich von Sea Sun wird die Piste noch extremer und führt zur **Waterfall Bay,** einer ca. 500 m langen Sandbucht, felsgefaßt und waldgesäumt. Landeinwärts steigt die Insel steil an, hinter der Bucht erstreckt sich eine Wiese mit Palmenhain, und hier auch liegt die einzige Bungalowanlage – der *Waterfall Bay Resort.* Die Bungalows – manche zweigeschossig und ausgelegt für Familien – sind sehr groß und komfortabel eingerichtet, aus Holz erstellt, einfach wunderschön, und stehen in mehreren weit auseinandergezogenen Reihen hinter dem Strand. Das Restaurant mit Seeblick ist gemütlich, doch das Essen schlicht ein »Fraß«. Dies der erste Schatten. Der zweite wird von den Besitzern selbst geworfen, die sich zwar bemühen, so viele Gäste wie möglich heranzuschleppen (oft viel mehr als die Anlage fassen kann ...), sich dann aber kaum noch um das Geschäft kümmern, so daß alles an den Angestellten hängenbleibt, die zudem kein Wort Englisch verstehen. – Dies zur Warnung, denn so herrlich der Platz sich auch präsentiert, so gefrustet sind alle Gäste, die es hier kaum länger als ein, zwei Tage aushalten.

■ Das ist freilich schade, denn folgt man der Motorrad-Piste noch ca. 500 m weiter, steht man vor der weit geschwungenen **Ao Mai Phai,** die bereits zum Nationalpark gehört und sich als rund 3 km lange Halbmondbucht ganz und gar idyllisch präsentiert: schneeweiß und breit der Strand, beidseits in Felsklippen gefaßt; landeinwärts schließt sich das dichte Grün eines primären Urwalds an, der schließlich steil zu den Bergen des Inselinnern ansteigt. Bungalow-Anlagen oder sonstige Infrastruktur gibt es keine, ein reiner »Robinson«-Strand also, und wer ein Zelt hat oder sich aus Treibholz einen Unterstand baut, kann hier wahrhaft paradiesische Tage verbringen (Wasser ist zu finden, sollte aber gefiltert oder abgekocht werden).

■ Am Südrand des Strandes, und dort, wo der Sand in die Felsen übergeht, beginnt übrigens ein ausgeschilderter Fußweg. Wer ihm folgt, steigt bald durch Wald auf, erreicht dann ein Grasland, durch das nach ingesamt etwa 1 Std. das Hauptquartier des Nationalparks am Südkap erreicht ist. Gleich daneben steht der Leuchtturm von Ko Lanta, gen Süden fällt der Blick über zahlreiche Inseln aufs Meer, und dieser Spaziergang ist schlicht wunderschön, unbedingt zu empfehlen.

Ausflüge

■ **Inseltour:** In den meisten Bungalowanlagen kann man mittlerweile Motorräder mieten (200 bis 250 Bt pro Tag), vereinzelt sind auch schon Mountain Bikes auf Leihbasis zu bekommen (100 bis 150 Bt pro Tag), Autos hingegen nicht. Will man einmal etwas anderes unternehmen, als nur am Strand herumzuliegen oder zu schnorcheln, dann bietet es sich an, das Pistennetz der Insel, zusammen nur rund 50 km lang, zu befahren. Besondere Sehenswürdigkeiten gibt es keine, aber da die Insel noch zu rund 67% bewaldet ist, teils auch stark hügelig bis gebirgig, gestaltet sich die Fahrt dennoch reizvoll (und natürlich maßlos staubig).

■ Von den meisten Bungalowanlagen aus werden **Bootstouren** zu vorgelagerten Inseln und zu schönen

Schnorchelrevieren organisiert (um 250 Bt). Will man ein Longtailboot für eine Tagestour chartern, muß man ungefähr 1000 Bt bezahlen. Auch zu den südlich Ko Lanta gelegenen Inselgruppen werden Bootstouren organisiert (zwischen 450 und 600 Bt), und im Waterfall Bay Resort (s.o.) wird zumindest ein Urwald-Trek angeboten (ob er freilich auch wirklich durchgeführt wird, sei dahingestellt).

Tauchen

Der Westküste von Ko Lanta Yai im mittleren Abschnitt vorgelagert befindet sich eines der letzten noch relativ unbekannten Unterwasserparadiese der Andamanen-See: Gorgonien, Weichkorallen sowie riesige Fächerkorallen sind hier in schier unendlicher Farben- und Formenpracht allgegenwärtig. Dazwischen tummelt sich die ganze Palette bunter, tropischer Fische; nicht selten sind Begegnungen mit Leopardenhaien, Mantas, und mit etwas Glück trifft man sogar auf den König der Meere: den bis zu 18 m langen Walhai, einen Planktonfresser. Weitere marine Sehenswürdigkeiten sind Unterwasserhöhlen, die sich in ihrem Inneren zu gewaltigen Tropfsteindomen erweitern. Auch ein Wrack aus dem II. Weltkrieg liegt hier auf Grund, das 1992 zum ersten Mal betaucht wurde.
■ Beste Tauchbasis auf der Insel ist die unter Leitung von *Christian Mietz* stehende **Ko Lanta Tauchschule**, an der »Relax Bay Tropicana« (s.o.) sowie auch in Ban Saladan am Pier zu finden. Christian, Unterwasserfotograf, Sachbuchautor, Tauchlehrer und Leiter zahlreicher Tauch-Expeditionen, kennt nicht nur die Lokalitäten aller Highlights, sondern auch die Reviere mehrerer Walhaie. Für meeresbiologisch Interessierte hält er umfangreiches Informationsmaterial bereit und führt ausgedehnte Exkursionen durch. Auch das Tauchen kann man hier erlernen; die Ausbildung findet nach den internationalen Richtlinien von *PADI, NAIU, DIWA* und *CMAS* statt, und Kurse werden bis hin zum Tauchlehrerschein angeboten.

Während der Saison, von Dezember bis März, ist rechtzeitige Reservierung zu empfehlen; entweder über »Relax Bay Tropicana« oder über Christians Tauch-Reisebüro in Deutschland: Zwilling-Reisen, Südliche Münchner Str. 46 a, Grünwald, Tel. 089/641 5125, Fax 089/641 5131.

Trauminseln vor Trang

Stopover Trang

Trang, zwischen Krabi und Hat Yai am Highway 4 gelegen, ist eine rund 50 000 Einwohner große Provinzhauptstadt, die durch die Kautschukproduktion zu Wohlstand gekommen ist und Touristen nur als Absprungbrett zu den der Küste vorgelagerten Inseln dient. Die am Festland gelegenen Strände dieser Provinz, für die neuerdings in vielen Prospekten und Handzetteln geworben wird, sind allesamt zum Baden untauglich, da viel zu flach. Sie eignen sich lediglich für Strandspaziergänge sowie Wattwanderungen und werden hauptsächlich von Thai-Wochenendausflüglern frequentiert.

■ **An-/Weiterreise:** *Thai Airways International*, 199 Wisetkul Road, Tel. 075/21 80 66, bedient die Flugrouten von und nach Phuket (435 Bt), Surattani (495 Bt), Nakhon Si Thammarat (500 Bt) und Bangkok (2050 Bt). Ist auch für den Flughafenzubringer (30 Bt) zuständig.

Per Zug ist Trang zweimal täglich mit Bangkok verbunden (165 Bt in der III., 312 Bt in der II., 565 Bt in der I. Klasse); wer nach Süden weiterreisen will, muß erst zur rund 80 km entfernten Thung Son Junction. Der Bahnhof befindet sich im Stadtzentrum.

Der zentrale Busbahnhof befindet sich wenige Meter vom Bahnhof entfernt. U.a. bestehen mehrmals täglich Verbindungen von/nach Bangkok (203 Bt Fan, 376 Bt Aircon, 575 Bt VIP), Krabi (35 Bt), Phang-Nga (56 Bt), Phuket (78 Bt Fan, 140 Bt Aircon), Surattani (62 Bt), Hat Yai (40 Bt), Satun (38 Bt).

Sammeltaxis verkehren u.a. ab Busbahnhof auf den Strecken von/nach Krabi (60 Bt), Phang-Nga (100 Bt), Phuket (120 Bt), Surattani (100 Bt), Satun (50 Bt), Hat Yai (60 Bt).

■ **Ankunft:** Eine privates Tourist Office befindet sich direkt vor dem Bahnhof. Hier sollte man sich über den neuesten Stand der Dinge auf den Trang vorgelagerten Inseln informieren; viele Prospekte erlauben das Setzen von Präferenzen. Ebenfalls gute Infos, dazu Berge an Farbprospekten zu allen Inseln, aber auch zu vielen Wasserfällen der Provinz, bekommt man bei *Trang Travel,* gegenüber dem Thumrin Hotel und direkt beim Bahnhof/Busbahnhof gelegen.

Anschließend bietet es sich an, gleich die Weiterreise in Richtung der Inseln anzutreten, denn die Stadt ist laut und hat nichts zu bieten.

■ **Unterkunft:** Zahlreiche Herbergen finden sich an der großen Hauptstraße von Trang, der Phra Rama IV Road, die direkt vom Bahnhof aus gen Süden verläuft, aber im nördlichen Abschnitt auch als Sathani Road ausgewiesen ist. Gut und günstig wohnt man nahe dem Bahnhof im *Watthana* (127 Phra Ram, Tel. 075/21 81 84), wo die Fan-Zimmer 180 Bt, die mit Aircon 350 Bt kosten. – Das *Ko Teng*, ein paar Meter weiter (77 Phra Ram, Tel. 075/21 86 22), ist mit Preisen von 170 Bt und 330 Bt (Aircon) unschlagbar und dementsprechend beliebt. – Bestes Hotel der Stadt ist das zehngeschossige und ruhige, weil schallisolierte, *Thammarin,* an der Sathani Road beim Bahnhof (Tel. 075/21 10 11), wo die Aircon-Zimmer ab 800 Bt kosten, man aber problemlos bis auf 600 Bt heruntehandeln kann.

Ko Ngai (auch: Ko Hai)

Diese Insel in Dreiecksform, nur 4,8 qkm groß und doch bis 200 m hoch, ist überwiegend mit tropischer Vegetation bewachsen, ringsum von herrlichen Korallenriffs umgeben und bietet an ihrer Ostseite einen puderzuckerfeinen und palmengesäumten Sandstrand von fast 2 km Länge, der allerdings bei Ebbe nur bedingt zum Schwimmen geeignet ist.

■ **Anreise:** Während der Saison verkehren täglich ein bis zwei Boote (100 Bt) ab dem Pier in *Paak Meng,* rund 45 km von Trang entfernt und von dort aus etwa stündlich per Mini-Bus via dem Örtchen *Sikao* zu erreichen (30 Bt); Abfahrt in Trang am Mini-Bus-Terminal vor dem Markt.

Ausserdem kann man per Charterboot für 600–700 Bt innerhalb von rund 1,5 Std. von Süd-Ko Lanta aus anreisen; in den Bungalow-Anlagen nachfragen, in den kleinen Dörfern.

Trauminseln vor Trang/Terutao-Nationalpark

■ **Unterkunft:** Zwei Bungalowanlagen stehen zur Verfügung, alle an der Ostküste. In der Strandmitte bietet sich *Ko Hai Villa* an: Fan-Bungalows zu 300 und 500 Bt. Reservierung über Trang, Tel. 075/21 04 96. – Im Süden, an einer eigenen Sandbucht, liegt das *Ko Hai Resort,* das aber unverschämt teuer für das Gebotene ist: große Bungalows ab 1200 Bt. Reservierung über Trang, Tel. 075/21 10 45.

Ko Muk

Die »Perleninsel« liegt rund 10 km südöstlich von Ko Ngai und ist dem Festland ca. 5 km weit vorgelagert, dabei dschungelbedeckt und reich an versteckten, kleinen Sandbuchten. Der schönste Strand, *Haad Sai Yao,* befindet sich auf der Ostseite. Nahe dem Nordkap der Insel lohnt ein Besuch der *Tham Morakot,* einer Höhle, die bei Ebbe mit einem Boot zu einem traumhaften Lagunenstrand durchfahren werden kann.

■ **Anreise:** per Charterboot ab *Pak Meng* (etwa 300 Bt, s.o.) oder ab *Ko Ngai* (ca. 350–500 Bt). Reguläre Boote verkehren ab dem Pier in *Kantang* (Mini-Bus ab Bahnhof in Trang zu 15 Bt bis Kantang, dort Mini-Bus für 30 Bt zum Pier chartern) zu 20 Bt; Charter ca. 300 Bt.

■ **Unterkunft** bislang nur im *Ko Muk Resort* (Reservierung in Trang über Tel. 075/21 94 99) in schlichten Bambushütten ohne Bad (150 Bt) oder mit Bad (300 Bt). Der direkt vorgelagerte Strand ist nur bei Flut zum Schwimmen geeignet.

Ko Kradang

Diese Insel, rund 10 km weiter draußen im Meer gelegen, ist zum größten Teil von Kokospalmen- und Kautschukplantagen bedeckt. Sie lockt auch mit feinsandigen Stränden, doch mehr mit den vorgelagerten Korallenriffs, die zu den schönsten der 47 Inseln der Trang-Provinz zählen.

■ **Anreise:** ab *Kantang* für 130 Bt pro Person im regulären Boot (Charterboot um 500 Bt); ab *Ko Muk* kostet ein Charterboot etwa 300 Bt, ab *Ko Ngai* muß man mit 700 Bt rechnen.

■ **Unterkunft** gibt es nur im *Kradang Island Resort,* insgesamt 44 Bungalows, die mit 800 Bt aber überteuert sind. Reservierung in Trang im *Kradang Office,* 25 Sathani Road, Tel. 075/21 13 67.

Terutao-Nationalpark – Refugium im tiefen Süden

Zwischen 25 und 80 km vom Festland entfernt, an jener Stelle, wo die zwischen Malaysia und Sumatra verlaufende *Straße von Malakka* in den Indischen Ozean übergeht, erstreckt sich der 51 Inseln und über 1400 qkm Andamanen-See umfassende Terutao-Archipel (auch: Tarutao). Gen Süden, an der schmalsten Stelle nur 8 km entfernt, schließt sich der 99 Inseln zählende und bereits zu Malaysia gehörende Archipel von *Pulau Langkawi* an, mit dem die thailändische Inselgruppe von ihrer Genese her eng verwandt ist.

So manches Eiland ist nichts als die Spitze eines aus der Andamanen-See hervorgewachsenen Korallenriffs, während die größte Insel, *Ko Terutao,* immerhin 150 qkm groß und mehr als 700 m hoch ist. Die meisten Inseln sind unbewohnt; insgesamt le-

Insel-Hopping in der Andamanen-See

ben hier nur ein paar hundert Menschen, und es ist noch gar nicht so lange her, daß der Archipel Seeräubern und Schmugglern als Schlupfwinkel diente, die von hier aus die Straße von Malakka unsicher machten. Im Jahre 1946 kam es zwischen einem Kommando der Royal British Navy und den Piraten zu einer regelrechten kleinen Seeschlacht. Noch 1974, als die gesamte Inselgruppe, die seit 1937 auch als Strafgefangenenlager gedient hatte, durch einen königlichen Erlaß zum ersten Meeres-Nationalpark Thailands erklärt wurde, soll es hier diverse Piraten-Stützpunkte gegeben haben.

Die Inselwelt umfaßt imposante Wasserfälle, monumentale Höhlensysteme, Hunderte von unberührten Sandstränden, Mangrovensümpfe sowie mit tropischem Regenwald bedeckte Berge nebst einer ungemein reichen, nur hier vorkommenden Flora sowie Fauna. Einem Naturliebhaber wird es zu keinem Zeitpunkt langweilig werden, doch wer Strandleben à la Ko Samui oder Phuket sucht, und sei es auch nur ganz wenig davon, wird enttäuscht sein: Es ist absolut nichts los und auch die Unterkünfte entsprechen nicht den romantischen Klischees, die man im allgemeinen von einer »Schatzinsel« hat. Außerdem setzt das Reisen in dieser unberührten Inselwelt relativ viel Zeit, Geduld und auch Geld voraus. Das muß man wissen, denn seit ein deutsches Reisemagazin den Archipel als Nonplusultra in Südthailand anpries, reisen immer wieder Touristen an, deren Vorstellungen mit der Realität nicht viel gemeinsam haben.

Wichtig: Wegen der exponierten Lage des Terutao-Archipels können die Inseln nur während weniger Monate im Winterhalbjahr besucht werden. Nur dann verkehren regelmäßige Bootszubringer. Offiziell ist der Nationalpark zwischen November und Mai geöffnet, aber bis Mitte Dezember und ab April kann das Meer sehr rauh sein, so daß als beste Besuchszeit Mitte/Ende Dezember bis Ende März gilt.

Stopover Ban Pakbara

Der kleine, hauptsächlich von malaysischen Muslims bewohnte Fischerort Ban Pakbara liegt 65 km nördlich von Satun auf etwa halber Strecke zwischen Trang und der Malaysia-Grenze. Er ist, weil nur 22 km von Ko Terutao, der Hauptinsel, entfernt, Ausgangspunkt für die Überfahrt auf den Archipel. So hat sich hier eine gewisse touristische Infrastruktur gebildet, doch der Ort selbst macht nicht viel her: Die Strände sind unansehnlich und schmutzig, und das Beste, was man nach der Ankunft machen kann, ist die Weiterreise.

■ **Anreise:** Kommt man aus Richtung Bangkok, Surattani, Phuket, Phang-Nga, Krabi oder Trang, muß man einen Bus Richtung **Satun** nehmen und in **La-Nga** aussteigen, von wo aus Mini-Busse für 10 Bt in regelmäßigen Abständen nach Ban Pakbara verkehren. Von Trang aus kann man auch das Sammeltaxi Richtung Satun bis La-Ngu nehmen (40 Bt).

Während der Saison werden in den Reisebüros von Krabi Bus-Boot-Kombitickets verkauft: mit dem AC-Bus nach Ban Pakbara und gleich weiter nach Ko Terutao (300 Bt).

Von Satun aus nimmt man das Sammeltaxi (20 Bt) oder den Bus nach La-Ngu (12 Bt); von Hat Yai aus verkehrt einmal täglich (7.30 Uhr) ein Direktbus nach Ban Pakbara (30

Urwald-Strand im Terutao-Archipel

Insel-Hopping in der Andamanen-See

Bt); ansonsten von Hat Yai den Bus Richtung Satun nehmen und in *Chalung* aussteigen (19 Bt), umsteigen in den Bus nach La-Ngu (10 Bt), ab hier weiter mit Mini-Bus. Mehrmals täglich verkehren auch Sammeltaxis zwischen Hat Yai und La-Ngu (50 Bt). Chartert man ein Sammeltaxi für die Strecke Hat Yai–Ban Pakbara, muß man rund 350 Bt bezahlen.

■ **Unterkunft:** Auf beiden Seiten der Strandstraße von **Ban Pakbara** finden sich mehrere Unterkünfte, von denen die meisten Zimmer/Bungalows mit Bad/WC und Fan haben, aber kein Moskitonetz (selbst mitbringen oder zumindest Anti-Mückenmittel nicht vergessen). Alle sind leidlich sauber und kosten um 150 bis 250 Bt die Nacht. Beliebt sind u.a. *Jomsai* (ca. 600 m vom Hafen entfernt, einfache Bungalows), *Marena* (schöne Bungalowanlage, ca. 1 km vom Hafen), *Suanson* (Zimmer, rund 1,5 km vom Hafen), das angrenzende *Ban Pakbara Guesthouse* und das *Andrew House* (Privatzimmer, auch Schlafsaal, billigst; ca. 700 m vom Hafen).

■ Recht schön kann man auf dem vorgelagerten Inselchen **Ko Bor Jet Luk** wohnen, wo sich das *Pak Nam Resort* (Reservierung über Tel. 074/78 11 29) anbietet: einfache Palmwedelhütten zu 250 Bt hinter dem schönen, aber nur bedingt badetauglichen Strand. Hin zur Insel per Longtailboot ab Pier in Ban Pakbara für 10 Bt.

■ **Weiterreise in den Terutao-Nationalpark:** Von Ban Pakbara aus werden nur die Inseln Ko Terutao (Hauptinsel) sowie Ko Adang angefahren. Der Bootspier liegt direkt neben dem National Park Office im Hafen (hier auch Informationen über den Nationalpark; Tel. 074/71 12 85): Während der Saison verkehrt täglich ein Boot nach **Ko Terutao** um 10.30 sowie 15 Uhr; an den Wochenenden, wenn viele Thai-Ausflügler anreisen, fahren die Boote häufiger. Die Fahrt dauert rund 1–2 Stunden, je nach Boot, und kostet 200 Bt für hin und zurück. Die Rückfahrt erfolgt üblicherweise zwischen 8 und 10 Uhr sowie gegen 14 Uhr. Auch Bootscharter ist möglich; die Angestellten des Nationalpark-Amtes können einem behilflich sein, aber unter 800 bis 1000 Bt wird kein Skipper bereit sein, sein Boot herzugeben.

■ Di, Do und Sa fährt das Fährboot von Ko Terutao aus weiter nach **Ko Adang,** was dann ab Pakbara 280 Bt je Strecke kostet.

■ **Direktverbindungen nach Ko Terutao** bestehen nur von Krabi aus (Bus-Boot-Kombiticket via Ban Pakbara) für 300 Bt; Tickets in den Reisebüros der Stadt sowie am Ao Nang-Strand.

■ Wichtig: Das **Essen im Nationalpark** ist miserabel und einseitig (meist nur Fried Rice). Kaufen kann man auf den Inseln (außer Mekong) auch nicht viel, und so ist es keine schlechte Idee, sich zur Ergänzung der Kost etwas aus Ban Pakbara mitzunehmen.

Ko Bulon Leh:

20 km westlich von Ban Pakbara erstreckt sich der mehrere Inseln umfassende Bulon-Archipel, dessen Hauptinsel Ko Bulon Leh eine Art »Ko Terutao im Taschenformat« ist. Die Strände sind wunderschön, die vorgelagerten Korallenriffe eine Entdeckung wert, und mehr und mehr Bungalow-Anlagen sind hier

Terutao-Nationalpark

innerhalb der letzten Jahre an der Ostküste entstanden. – Wer seine Ruhe haben will, ist hier richtig.

■ **Unterkunft:** Empfehlenswert sind u.a. der *Pansand Resort* (Reservierung über Trang, Tel. 075/21 80 35) mit ansprechenden Komfort- sowie auch mehreren Luxus-Bungalows zu 250 und 750 Bt am Hang über dem Strand; auch Zelte werden vermietet (80 Bt), der denkbar einfache und billige *Bulon Resort* (sehr simple Hüttchen und ein paar Langhaus-Zimmer zu 120 Bt) sowie der *Panka Resort*, der hübsche Bungalows mit Bad/WC bietet, die für 200 Bt zu haben sind und wohl den besten Gegenwert bieten; hier werden auch Boots- und Schnorcheltouren organisiert.

■ **Anfahrt:** Mit dem täglich gegen 14 Uhr verkehrenden Marktboot für 80 Bt; Bootcharter kostet ab Ban Pakbara um 800 Bt. Die Angestellten vom (privaten) Tourist Office im Hafen von Ban Pakbara können einem bei der Bootsuche behilflich sein.

Ko Terutao

Diese rund 20 km lange, durchschnittlich 8 km breite und von Urwaldbergen geprägte Insel ist mit 151 qkm Fläche die größte des Archipels – zum Vergleich: Ko Samui, die drittgrößte Insel Thailands ist 247 qkm groß. Sie wird nur von wenigen Parkrangern bewohnt und präsentiert sich mit ihren menschenleeren Stränden eigentlich genau so, wie man sich eine »Schatzinsel« à la Robinson im allgemeinen vorstellt. Hier befindet sich das Hauptquartier für den Nationalpark. Über ein System von Pfaden kann man tage-, ja, wochenlang auf Inselentdeckung gehen, dabei seltene Tiere, insbesondere Vögel, beobachten. Die Insel gilt als ein letztes Refugium für den berühmten *Hornbill*. Und die Unterwasserwelt lockt mit einer einmaligen, intakten Flora und Fauna.

■ Das Nationalparkamt mit Infocenter, Bungalows, Restaurant und Zeltplatz befindet sich im Nordwesten der Insel, an der *Ao Phante Malakka*. Zumindest einmal sollte man von hier aus den direkt angrenzenden Aussichtshügel **To Pu Hill** besteigen (ca. 30 Minuten), von dem aus, vor allem bei Sonnenuntergang, ein tolles Panorama auf Meer, Archipel und Festland genoßen werden kann.

■ Der herrliche **Strand** ist wie geschaffen zum Baden und Wandern, und entlang der Küstenlinie lassen sich zahlreiche weitere Strände zu Fuß erreichen, so etwa **Ao Jak** und **Ao San**, wo sich auch die schönsten Campgründe auf der Insel auftun.

■ Ein anderer Weg führt vom Nationalparkamt aus quer über die Insel bis zur Südspitze **Ao Talo Udang** hinunter. Auf der rund 23 km langen Strecke passiert man u.a. den sehenswerten Wasserfall **Than Nak That**, ca. 10 km vom Parkamt entfernt, bevor man **Aoi Thalo Wao** erreicht, eine Bucht, wo man die Ruinen eines ehemaligen Gefängnisses sieht, in dem zwischen 1937 und 1950 politische Häftlinge eingekerkert waren. Hier läßt es sich gut zelten, und am Südende des Weges, an der **Ao Talo Udang**, finden sich ein Außenposten des Nationalparks sowie ein paar einfache Hütten für die Nacht nebst Campground.

■ Nicht missen sollte man auch eine Longtailbootsfahrt ab Park-Hauptquartier bis zur Mündung des **Khlong Pante Malakka**, des längsten

369

Flusses der Insel, der sich, wie Geologen festgestellt haben, seinen Weg über etliche Kilometer durch Höhlen bahnt, bevor er bei der **Tham Jara-Khe**, der »Krokodilgrotte«, wieder ins Freie tritt. Früher soll es hier von Krokodilen gewimmelt haben, aber diese Zeiten sind vorbei. Jetzt kann man bei Ebbe gefahrlos über Plankenwege in die wunderschöne Tropfsteinhöhle vordringen, die, wie es heißt, noch nie in ihrer gesamten Länge erforscht wurde (Taschenlampe mitbringen!). Boote kosten 25 Bt pro Person; ein Charterboot kostet rund 200 Bt für den Ausflug.

■ **Unterkunft:** Beim Nationalparkamt an der Ao Panthe Malakka stehen zahlreiche Zimmer/Bungalows zur Verfügung, doch zwischen Dezember und Februar/März ist es dennoch sinnvoll, eine telefonische Zimmerreservierung vorzunehmen: entweder über die *National Park Division* in Bangkok, Tel. 02/579 05 29, oder über das Parkamt in Ban Pakbara, Tel. 074/78 12 85, bzw. das Parkamt auf Ko Terutao (Tel. 074/71 13 83). Die Zimmer kosten 400 Bt, die *Tabag-Bungalows* 800 Bt. Im übrigen stehen die *Taboon Bungalows* (2 Schlafzimmer, Bad/WC; bis zu 6 Pers.) für 600 Bt zu Verfügung nebst den nicht gerade sauberen Langhauszimmern für 280 Bt (4 Pers.).

Wenn schon billig, dann lieber ein Zelt mieten, was hier 60 Bt für zwei Personen kostet (Decke, Unterlage etc. gibt es nicht); stellt man das eigene Zelt auf, sind 10 Bt zu berappen.

Ko Adang

Alle anderen größeren Inseln des Nationalparks liegen zwischen 40 und 60 km westlich von Ko Terutao. Ko Adang ist mit rund 30 qkm Fläche die zweitgrößte des Archipels. Auch hier finden sich prächtige Strände sowie Korallenriffe, aber das Inselinnere, stark gebirgig und mit Urwald bewachsen, ist weglos.

■ **Anfahrt:** Di, Do und Sa von Ban Pakbara aus via Ko Terutao. Das Boot verläßt den Pier beim Nationalpark-Zentrum jeweils mittags, legt vor *Ko Kai* und *Ko Yang* (25 km entfernt) üblicherweise einen Schnorchelstop ein und kostet 180 Bt pro Person ab Terutao.

■ **Unterkunft** auf Ko Adang findet man beim Posten des Nationalparks in Bambus-Langhauszimmern zu 70 Bt. Ein Restaurant ist vorhanden, aber die Auswahl ist noch geringer als auf Ko Terutao.

Lo Lipe

Dem Südkap von Ko Adang knapp 1 km vorgelagert liegt die Insel Ko Lipe, auf der, obwohl nur 4 qkm groß, mehrere hundert Menschen leben: *Chao Le* (siehe dort), auf malaiisch *orang laut* geheißen (»Meermenschen«). Im Bereich der Südküste findet sich ein schönes Korallenriff, auch mehrere kleine Sandbuchten, und mit ein bißchen Glück kann man mit den Chao Le, die vom Tauchen nach seltenen Muscheln und Korallen leben, mit hinaus fahren.

■ **Unterkunft:** Strände gibt es hier gleich drei Stück, und zwar den Lipe Beach im Nordosten, den Pattaya Beach im Süden sowie den West Beach im Westen. Lipe Beach ist der größte, hier auch findet sich das Insel-Hauptdorf Ban Lipe sowie gleich zwei gute Unterkünfte: Der *Lee Pae Resort* bietet pittoreske Palmwedel-/Rattanhütten mit 2 Betten, Moskitonetz sowie Bad/WC für 250 Bt, während man im *Chao Lee Resort* 180

Terutao National Park

Bt für ähnliche Hütten bezahlt, die ebenso gut, aber nicht so schön gelegen sind. Beide »Resorts« haben Ableger auch am Pattaya Beach, wo man, zwar sehr bescheiden, aber dafür auch für nur 50 Bt, wohnen kann. Z.Zt. der Recherchen war aber eine neue Anlage in Planung, die komfortable Bungalows mit Fan und Bad/WC zu 500 Bt bieten will.

■ **Anfahrt:** Von Adang aus per Longtailboot für 15 Bt pro Person (Charterboot um 100 Bt).

■ **Ausflüge/Aktivitäten:** Viel tun kann man nicht auf Ko Lipe, aber Bootstouren zu weiteren Inseln bieten sich hier an. Zuständig ist der Lee Pae Resort, wo ein Longtail-Boot auf Charterbasis rund 600 Bt kostet, auch organisierte Touren durchgeführt werden, die inkl. Mittagessen 200 Bt pro Person kosten. Lohnenswerte Ziele sind u.a. *Ko Khai* (schöne Felsformationen, deren bekannteste den Namen »Stone Arche« trägt), *Ko Hin Ngarm* (auch: *Ko Puloh*; am Strand finden sich phantastisch geformte sowie auch gefärbte Steine) sowie *Ko Rawai*, die im Inneren bis auf 500 m ansteigt, wunderschöne Strände und Korallen sowie auch einen größeren Fluß besitzt und ideal für eine ausgedehnte Robinsonade scheint; Unterkünfte gibt es keine.

Ko Adang im Terutao-Archipel

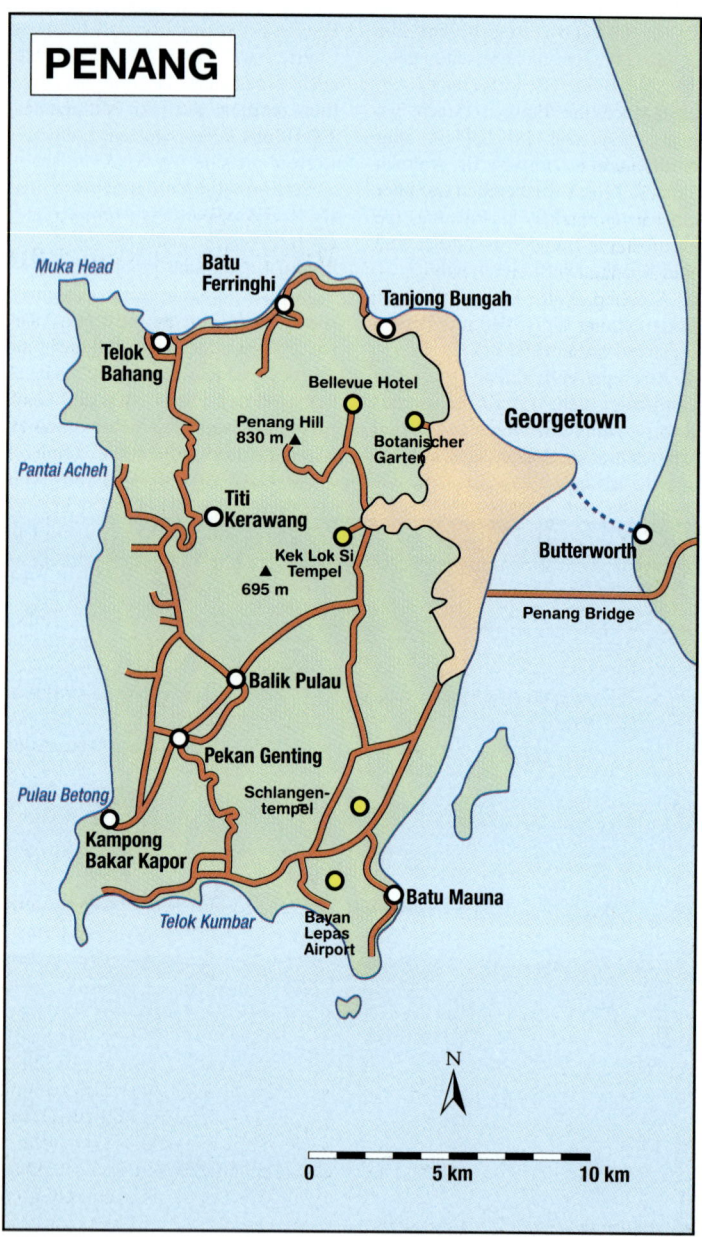

Abstecher Penang (Malaysia)

Allgemeines

■ **Einreisebestimmungen:** Für die Einreise nach Malaysia benötigen Bürger Deutschlands, der Schweiz und Österreichs für einen Aufenthalt von maximal 90 Tagen lediglich einen Reisepaß, der mindestens noch einen Monat über die Aufenthaltsdauer im Land hinaus gültig ist. Bei der Einreise wird ein Sichtvermerk mit einer Aufenthaltserlaubnis von zwei Wochen oder einem Monat in den Paß gestempelt; der Zeitraum liegt im Ermessen des Beamten. Diese Bewilligung kann in jeder größeren Stadt bei den *Immigration Departments* bis auf drei Monate kostenlos verlängert werden.

Die Grenzbeamten aller drei Länder lassen sich zuweilen das Rückreiseticket oder die Geldvorräte der Einreisenden zeigen. Lange Haare bei Männern sind, im Gegensatz zu früher, kein Problem mehr, aber stark abgerissene oder unzureichende Bekleidung, etwa knappe Shorts oder ärmellose T-Shirts sowie Badelatschen, können Gründe für eine Zurückweisung sein.

■ **Achtung Drogen:** In Malaysia steht auf Besitz von mehr als 200 g Haschisch/Gras und schon auf die kleinste Menge Heroin die Todesstrafe. Wer etwa mit einem Joint in der Tasche erwischt wird, riskiert eine Geldstrafe sowie in der Regel mindestens ein halbes Jahr Gefängnis.

■ **Uhrzeit:** 1 Stunde Zeitverschiebung, 19 Uhr Thai-Zeit ist 20 Uhr Malaysia-Zeit.

■ **Währung:** Für 1 DM bekommt man rund 1,6 M$ (Malaysia-Dollar, auch *Ringgit* genannt).

Die schönste Chinatown von Südostasien

Verlockend war es nicht, was Kapitän *Francis Light* 1786 sichtete, als er vor der 285 qkm großen Insel, 3 km von der Küste Malaysias entfernt, vor Anker ging: Dschungel, nichts als Dschungel, eine Handvoll Einwohner, die hauptsächlich von der Piraterie lebten. Doch sein Auftraggeber, die *East India Company* verlangte eine Handels- und Flottenbasis an der Straße von Malacca. *Pulau Pinang*, wie die Insel auf malaiisch heißt, lag strategisch günstig, und so zwang der englische Seefahrer den Eigentümer, den machtlosen Sultan von Kedah, im Stil der damaligen Zeit zu einem Pachtvertrag, der die Zahlung von 6000 Dollar jährlich vorsah. Die Legende geht um, Francis Light habe daraufhin mit Schiffskanonen Silbermünzen in die dichte Vegetation geschossen. Die Insulaner gingen mit ihren Buschmessern auf die Suche nach den blinkenden Geldstücken und begannen so, den Urwald zu roden.

Die Stadt **Georgetown** wurde gegründet, die Insel zur Freihandelszone erklärt, und schon ein Jahrzehnt später hatte sich Penang zum kosmopolitischen Zentrum und zur (Handels-)»Perle des Orients« gemausert. Die Zinnmogule und Kautschukbarone West-Malaysias tätigten hier ihre Geschäfte. Sie errichteten Vil-

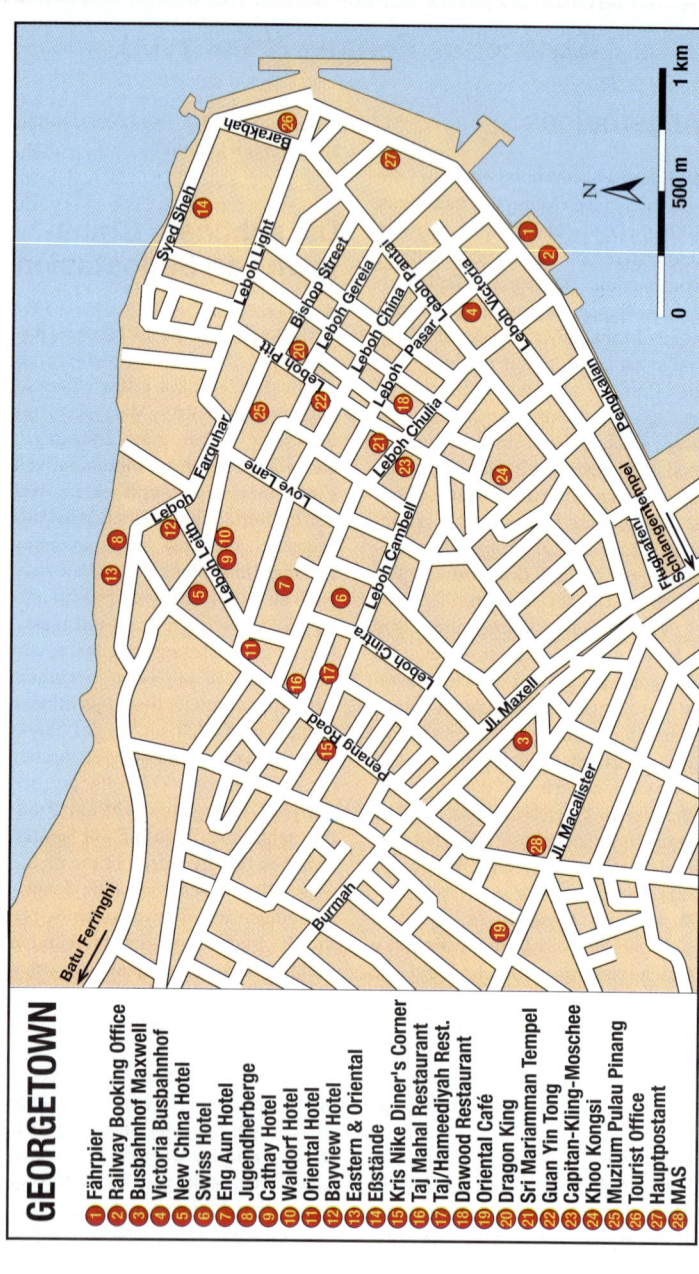

len, Paläste und weitläufige »grüne Lungen« in den Außenbezirken der erblühenden Metropole. Die Chinesen, vom Kapital herbeigelockt, siedelten sich im Zentrum an und sollten es in Kürze prägen, sowohl baulich als auch ethnisch. Bis heute sind ganze Straßenzüge von einheitlich gestalteten, mit chinesischen Schriftzeichen versehenen Fassaden gesäumt. Georgetown hat keine Chinatown, sondern ist Chinatown, und zwar die größte außerhalb Chinas! Freilich mit »Britishtown« an der Peripherie, kleinen indisch geprägten Enklaven im Zentrum, malaysischen Pfahlbausiedlungen am Ufer des Penang River und vereinzelten, wie zum Kontrast hineingesetzten »Wolkenkratzern« aus Glas und Beton.

Ihrer Vielseitigkeit verdankt die Stadt ihren herausragenden touristischen Stellenwert, ihren besonderen Charme, den sie früher, als Singapore noch das »Singapore der Schiffsjungenträume« war, mit jener Stadt gemeinsam hatte.

Die Insel selbst hat andere Reize, meist landschaftliche. Hier scheint vielerorts die Zeit stehengeblieben zu sein. Nur an den meisten Stränden nicht, früher bei Globetrottern so beliebt. Dort laden jetzt Reiseveranstalter ihre Gruppen in gigantischen Hotelburgen à la Costa del Sol ab, und den Touristen sieht man an, daß sie sich verschaukelt fühlen: Die Strände sind schmal, verschmutzt von Unrat und von Öl. Sie entsprechen ganz und gar nicht dem exotischen Prospektidyll.

Ankunft

■ **Bus/Sammeltaxi/Bahn:** Bahnhof sowie Bus- und Taxi-Terminal befindet sich nicht in Penang, sondern in Butterworth auf dem Festland, direkt an der Fährstation. 15–20 Minuten dauert die Überfahrt (retour kostenlos, hin 50 c). Die Fähren verkehren rund um die Uhr. In Georgetown stehen Trishaws und Taxis bereit. Zu Fuß zum eigentlichen Zentrum, der oberen Chulia Street, sind's ca. 20 Minuten (Trishaw 5 M$).

■ **Flug:** *Bayan Lepas Airport*, 17 km südwestlich von Georgetown; Duty free-Shop auch für ankommende Passagiere. In die Stadt per Taxi (Coupons am Ausgang) für 20 M$ oder mit dem, nach rechts abfahrenden, gelben Bus (alle 20 Minuten, 1,1 M$) von der rund 500 m entfernten Hauptstraße aus zur Endstation Maxwell Road; von dort ins Zentrum (Chulia Street) per Trishaw für maximal 5 M$ oder zu Fuß (15 Minuten).

■ **Schiff:** Die Fähren aus Medan/Sumatra sowie Langkawi steuern den Pier neben dem o.g. Fähranleger in Georgetown an.

Unterkunft

Billig-Hotels:

In Penang wimmelt es von Rucksack-Touristen. Dementsprechend ist das Angebot an billigen Chinesen-Hotels rings um das Traveller-Zentrum Chulia Street groß. Die Angebote sind ziemlich identisch, und je beliebter ein Haus, desto muffiger anscheinend das Personal. In den meisten Unterkünften wird nivelliertes Westernfood serviert.

■ **New China Hotel**, 22 Leith Street (Seitenstraße ab Chulia), Tel. 63 16 01. Der Oldtimer der Szene: alte Villa, alte Zimmer, leidlich sauber, aber wenigstens ruhig und ohne Ratten, dank einer Katzenlegion; mit Laundry Service. Alle Zimmer mit Fan;

Abstecher Penang (Malaysia)

ohne Bad 18–35 M$, mit Bad 42 M$, Bett im Schlafsaal 7 M$.
- **Swiss Hotel**, 431-F Chulia Street, Tel. 62 01 33. Die Nummer Zwei der Rucksackgilde. Unfreundliches Personal, winzige, z.T. auch größere Schlaflöcher; mit Fan, doch ohne Bad 17 M$ oder 22 M$, mit Bad 28 M$. Der Lichtblick: Das Haus ist von der Hauptstraße zurückversetzt; man kann also ohne Ohropax einschlafen. Beim Restaurant handelt es sich um eine luftige Terrasse.
- **Eng Aun**, 380 Chulia Street, Tel. 61 23 33. Korrekte Zimmer, leidlich ruhig und leidlich sauber; hauptsächlich deutschsprachiges Publikum. Bett im Schlafsaal für 8 M$, Zimmer für 22 M$.
- **Youth Hostel** (Asrama Belia), Farquhar Street, Eingang direkt neben dem E&O-Hotel, Tel. 63 05 58. Riesenladen, in dem man selbst noch ein Bett (8 M$) bekommen kann, wenn zur Saison alle Billig-Hotels belegt sind. Die Zimmer kosten 70–90 M$, Apartments 200 M$.

Mittelklasse:
- **Cathay Hotel**, 15 Leith Street, Tel. 62 62 71. Stilvolle Chinesen-Villa, zur Abwechslung mal nicht vergammelt: edle Lobby, ansprechende Großraumzimmer, viel Atmosphäre à la »gute alte Zeit«. Die Doppelzimmer mit Bad und Fan kosten 46 M$, mit Aircon 58 M$.
- **Waldorf Hotel**, 13 Leith Street (neben »Cathay«), Tel. 62 61 41. Stilloser Betonbau, steril, aber sauber und ruhig. Die Zimmer sind mit Bad und Badewanne ausgestattet und kosten 42 M$ (Fan) oder 58 M$.
- **YMCA**, 211 Jl. Macalister, Tel. 36 22 11. Etwas außerhalb nahe der Thai-Botschaft gelegen, daher wesentlich ruhiger als die Stadthotels. Saubere und angenehme Zimmer mit Bad und Fan zu 48 M$, mit Aircon zu 80 M$.

Komfort:
- **Oriental Hotel**, 105 Penang Road, Tel. 63 42 11. Zehngeschossiger Neubau mit (supergutem) nordindischem Restaurant, Lobby, Cocktail-Bar und tadellosen Komfortzimmern mit Telefon, Musik, Teppichboden, Bad und Aircon. Die Preise belaufen sich auf 90 bis 130 M$ und können ausgehandelt werden.
- **Bayview Hotel**, 25-A Lebuh Farquhar, Tel. 63 31 61. Wie in Malakka, KL und Singapore, so auch hier: Überaus elegante, zweckmäßige Zimmer mit allem Pi-Pa-Po, verhältnismäßig billig: 145–280 M$. Disco (hauptsächlich Oldies), Bar, Lobby gehören ebenso dazu wie ein Panoramarestaurant hoch oben auf dem Hotelturm.
- **Eastern & Oriental Hotel** (E&O), 10 Farquhar Street, Tel. 63 83 22. Über 100 Jahre altes Kolonialhotel, das einst zu den besten in Südostasien zählte. Restaurant, Aufenthaltsräume, Lobby, Bar und Uferpark spiegeln den alten Glanz noch wider, aber die Zimmer haben ihre besten Jahre hinter sich; sie sind schlecht gepflegt, diejenigen im neuen Flügel geradezu verwahrlost. Zimmer (im alten Trakt) von 180 bis 280 M$, mit Meerblick ab 380 M$.

Außerhalb von Georgetown:
- Es ist erst ein paar Jahre her, daß »man« nicht in Georgetown, sondern vielmehr an den nahegelegenen Stränden im Norden von Penang Quartier nahm, insbesondere am **Batu Ferringhi**. Bis Mitte der 80er

Jahre gab es dort viele gute Budget-Unterkünfte, aber dann avancierte Penang zur »Touristenperle des Orients«: Die »Hippies« wurden vertrieben, und die Pauschalreisenden zogen ein. Mittlerweile sind die Strände von internationalen Luxushotels gesäumt und das Meer ist dermassen verschmutzt, daß vom Baden abgeraten werden muß.

Zwar gibt es noch ein paar billige Chinesen-Hotels, aber die Zimmer sind übertrutet, der Gegenwert ist miserabel.

In der unteren Preisklasse gibt es nur eine Herberge, die man als akzeptabel bezeichnen kann: *Ali's Guesthouse*, am Strand nahe Holiday Inn, Tel. 81 13 16. Ein Einzelzimmer kostet 15 M$, Doppelzimmer 27 M$. Es werden auch Boottrips organisiert: etwa zum Monkey-Beach (45 M$/Person) oder zur Coral Island (280 M$ bei 8 Personen)

Ansprechend und beliebt ist auch das *Shalini Guesthouse* (Tel. 81 18 59) mit kleinen, ruhigen Zimmern zu 20 und 45 M$.

Für ein Zimmer in den Top-Hotels muß man mindestens 350 M$ pro Nacht locker machen: so etwa im *Orchid Hotel Penang*, im *Casuarina* oder *Ferringhi Beach Hotel*, wo man außerhalb der Saison 30% Rabatt heraushandeln kann. – Der Jet-Set allerdings steigt im *Mutiara* ab, in dem die Zimmer mit italienischem Marmor und Teakholz getäfelt sind und ab 500 M$ kosten.

Anfahrt nach Batu Ferringhi mit blauem Bus ab Jl. Maxwell; ein Taxi ab Airport kostet etwa 25 M$, ab Georgetown 18 M$.

■ **Bellevue – Penang Hill Hotel,** Bukit Bendera, Penang Hill, Tel. 69 95 00.

Da ist erst einmal das grandiose Panorama von rund 800 m Höhe über den gesamten Norden und Nordosten der Insel mit Georgetown – zu genießen direkt von Zimmer, Restaurant, Bar oder Terrasse aus. Dann das erfrischend kühle Klima, die riesigen Gärten und Parks, die koloniale Atmosphäre, das ausgezeichnete Essen … Das Bellevue, gegründet Ende des 18. Jh., ist das älteste und stilvollste Hotel der Insel, aber bei weitem nicht ihr teuerstes: Die mit Liebe eingerichteten und reich mit Kunst dekorierten Zimmer kosten 88 M$ (Einzelzimmer) oder 110 M$ (Doppelzimmer). Frühstück 7 M$, Lunch 15 M$, Dinner 20 M$. Da es insgesamt nur 12 Zimmer gibt, gilt es, rechtzeitig zu reservieren.

Anfahrt: Per Taxi für rund 20 M$ ab Airport oder 15 M$ ab Georgetown zur Talstation des Penang Hill. Oder per MPPP-Bus Nr. 1 ab Georgetown nach Ayer Hitam, umsteigen in Bus Nr. 8 zur Talstation. Dann auf den Gipfel des »Hausberges«: mit der im 30-Minuten-Takt von 8.15 bis 21.15 Uhr sowie Do, Sa und So bis Mitternacht verkehrenden Bergbahn für 3 M$ retour.

Essen und Trinken

Von Singapore, Hongkong und Bangkok abgesehen, gibt es keine Stadt in Südostasien, in der auf engstem Raum so viele verschiedene Küchen wie in Penang versammelt sind. Essen sei des Chinesen allerliebste Freizeitbeschäftigung, heisst es immer wieder. Und Georgetown wird hauptsächlich von Chinesen bewohnt. Dort gibt's milde kantonesische Gerichte, stark mit Chili und Knoblauch gewürzte aus der Szechuan-Küche, Eintopf- und Fischgerichte aus der Shanghai-Küche, Süß-Saures aus der Hunan-Küche, Klöße und Teigwaren, natürlich Peking-Ente sowie sparsam gewürzte Fisch- und Fleischbällchen aus der Peking-Küche und schließlich noch die Hainan-Küche, für die Chilies, Ingwer und Sojasauce typisch sind.

Auch die indische Küche hat sich auf Penang ein Zentrum geschaffen. Sie steht hier insbesondere für vegetarische Spezialitäten, etwa *thali*, *murtabak*, gefüllte Pfannkuchen, und natürlich für aromatische Curries, mit denen verschiedene Gemüse, Lamm- und Hühnerfleisch, Fische und Krabben zubereitet werden. Landesweite Berühmtheit erlangte die Insel-Spezialität *Curry Kapitan*, ein unnachahmlich gewürztes, mildes Curry-Huhn.

Auch die malaiische Küche fehlt nicht, sie ist weniger in Restaurants als vielmehr auf den Eßmärkten der Stadt zu finden. Insbesondere mit *Satay*, Fleischspießchen, *Gado Gado*, Gemüsesalat mit Erdnußsauce, und zwei weiteren Spezialitäten von Penang: *Nasi Kandar*, Reis mit Huhn, Rindfleisch, Gemüse und Fischcurry, und *Laksa*, scharf gewürzte, dicke Reisnudelsuppe mit Krabben, Sojabohnen und Fisch.

Bleibt die indonesische Küche, deren oft höllisch scharfe *Nasi Padang*-Gerichte den Touristen regelmäßig die Tränen in die Augen treiben. Nicht anders verhält es sich mit den Curries aus dem benachbarten Thailand, während die *Nyonya*-Küche, die malaiische, chinesische und indonesische Elemente vereint, auch etwas für den an Chili nicht gewöhnten Gaumen ist.

■ Ist die Zahl der Restaurants schon unübersichtlich groß, so erst recht die der **Garküchen und Eßstände**, die oft zu **Eßmärkten** zusammengefaßt sind und insbesondere abends als Nightmarkets (*Pasar Malam*) ganze Straßenzüge füllen. Hier kann man nach Herzenslust schlemmen, ohne die Reisekasse übermäßig zu belasten: Gerichte mit Fleisch, Fisch oder Meeresfrüchten kosten im Durchschnitt um 2–3 M$, für vegetarische Speisen braucht man kaum je mehr als 2 M$ auszugeben.

Viele fahrbare Küchen mit überwiegend malaiischen Gerichten sowie Seafood finden sich entlang der Esplanade, beim Fort Cornwallis; am lauschigsten zu Beginn der Nacht, wenn sich die Jugend im Gewühl in verschiedenen Sportarten übt und jeder jedem beim Flanieren zuschaut.

Der Nachtmarkt am etwas außerhalb gelegenen Gurney Drive ist auf chinesische Gerichte spezialisiert. Hier sieht man nur wenige Touristen.

Über 30 verschiedene indische Curries und mindestens ebenso viele indische Gemüsevariationen zählten wir bei *Kris Nike Diner's Corner,* einem empfehlenswerten Eßmarkt an der Penang Road vor dem Cathay Theatre. Ein paar Garküchen haben sich hier sogar auf europäische Gerichte spezialisiert: etwa Bratkartoffeln, Erbsen-/Möhreneintopf – na ja.

Weitere Eßmärkte mit chinesischen Gerichten, darunter viel Seafood, findet man im oberen Bereich der Jalan Burmah, auf der links abzweigenden Lorong Selamat. – Oder auf der Chulia Street vor dem Hon Pin Hotel, an der Ecke King Street mit Leboh Light …

■ **Indische Restaurants:** Das *Taj Mahal* an der Ecke Penang Road/Chulia Street ist so etwas wie ein Traveller-Treff. Es offeriert gute indi-

Gerorgetown

sche und bengalische Küche: (milde) Curries um 2 M$, Murtabak (2,5 M$), Dal (Linseneintopf), Roti mit Ei etc. Die Gemütlichkeit kommt in diesem recht lauten und mit Plastikstühlen möblierten Laden freilich zu kurz.

Befreundete Inder empfahlen uns die Campbell Street für günstiges, doch gutes indisches Essen. Wir fanden das *Hameediyah* (164-A Campbell Street) und das *Taj Restaurant* (166 Campbell Street) und waren begeistert. Unzählige Curries, viele Murtabak-Arten, Gemüse- und Reisgerichte zwischen 1 M$ und 4 M$.

Das *Dawood*, 63 Queen Street, ist in der Stadt für sein südindisches Essen enorm populär. Wir kosteten die vegetarische Thali-Platte (6 M$) und vergaßen schnell die ungemütliche Kantinenatmosphäre – phantastisch.

Ebenso gut schmeckte uns die Thali im *Veloo Vilas*, 22 Penang Street. Serviert wird auf Bananenblättern; man ißt mit der (rechten) Hand, statt mit Löffel und Gabel.

Wer auch mal um 15–20 M$ für ein Gericht ausgeben kann, sollte das (klimatisierte) *Kashmir Restaurant* im »Oriental Hotel« an der Penang Road, das sich auf nordindische Küche spezialisiert hat, besuchen. Chicken Tandoori etwa, mariniert und im Lehmofen gebacken, haben wir auch in Kaschmir selbst nie besser bekommen. Hier darf auch das Auge mitessen, und ab 20 Uhr gibt's Ohrenschmaus: indische Live-Musik.

■ **Chinesische Restaurants:** Wo soll man da anfangen, gibt es doch in Georgetown gleich viele hundert chinesische Restaurants? Oder sind es tausend? Unsere Empfehlung: auf Entdeckungstrip gehen, sich da hinein setzen, wo viele Chinesen sitzen, und bestellen, was von anderen Tischen angenehm herüberduftet.

Für ein typisches Dim-Sum-Frühstück empfiehlt sich das *Seaview Restaurant* an der Syed Sheh, wo schon in den frühen Morgenstunden hoch her geht. – Ebenso im *Haloman*, 43 Jl. Anson. – *Goh Huat Sen* (59 Leboh Kimberley) und *Wing Lok* (300 Penang Road) haben sich in Sachen Steamboat einen Namen gemacht. – Das *Oriental Café*, Jl. Macalister beim »Wisma Central«, hat eine unglaubliche Auswahl an Seafood-Gerichten. – Haianese Chicken Rice – billig, gut und reichlich – aßen wir im *Restoran Cho Seng*, Ecke Leboh Cintra und Campbell Street, sowie im *Sin Kuan Hiwa*, Ecke Chulia Street und Leboh Cintra. – Beliebt bei Touristen, weil billig und mit Speisekarte, sind etwa das *Hong Kong Restoran* an der Leboh Cintra oder das *Tai Tung* in der gleichen Straße.

■ **Malaiische Restaurants:** Allzu viele Malaien sind es nicht, die in Georgetown leben. Entsprechend gering ist das Angebot an einschlägigen Restaurants. Für Malai-Küche empfehlen wir die Eßmärkte der Stadt oder etwa das *Kassim* (2 Jl. Bricklin), wo man Nasi Kandar bestellen sollte. Beliebt auch das *Poshi* an der Ecke Penang Road/Leboh Light.

■ Wer **Nyonya-Küche** sucht, findet sie u.a. im *Dragon King*, 99 Leboh Bishop Ecke Leboh Pitt, wo das Personal bei der Gerichteauswahl beratend zur Seite steht.

■ **Western Food** natürlich in den meisten Billig-Unterkünften sowie in den Top-Hotels der Stadt: Im

Shangri-La Hotel etwa (Magazine Road) wird zum Dinner ein monumentales Buffet aufgebaut (à discretion für 35 M$). Das *1885 Restaurant* des E&O-Hotels ist nostalgisch eingerichtet. – Das schönste Panorama beim Essen genießt man im Restaurant des Bellevue-Hotels (Penang Hill), das zweitbeste im *Revolving Restaurant* des Bayview Hotel.

Transport

■ **Stadtbus:** Georgetown hat ein gut ausgebautes Bussystem. Die *MPPP*-Stadtbusse Nr. 1–13 starten am *Leboh Victoria Bus-Terminal*, gegenüber dem Fähranleger. Die meisten Buslinien führen in den Westen und Südwesten der Stadt; Fahrpreis maximal 80 c, je nach Länge der Strecke.

■ Für die **Inselbusse** ist die *Jalan Maxwell Bus Station* zuständig: Grüne Busse fahren nach Ayer Hitam, blaue nach Tanjong Bungah und weiter nach Batu Ferringhi und Telok Bahang. Die gelben fahren via Bukit Glugor, Schlangentempel, Bayan Lepas (Flughafen), Balik Pulau nach Telok Bahang. Eine Strecke nach Telok Bahang kostet 1 M$.

■ **Trishaws** oder (malaiisch) *Beca*, Fahrrad-Rikschas, kosten etwa 2 M$ je Kilometer; eine Stunde Sightseeing kommt auf ca. 10 M$. Der Preis muß vor Antritt der Fahrt ausgehandelt werden.

■ **Taxis** kosten offiziell 1 M$ für die ersten 1,5 km und 50 c für jede weitere halbe Meile (ca. 750 m). Dies als Anhaltspunkt, denn kaum ein Fahrer schaltet den Taxameter ein, obwohl es schon seit 1988 gesetzlich vorgeschrieben ist.

■ **Fahrräder** können in mehreren Billig-Hotels gemietet werden (ca. 5–8 M$/Tag), z.B. im »New China« und im »Eng Aun«; auch für Nicht-Gäste. Wichtig: Kettenschloß nicht vergessen – es wird viel geklaut in Georgetown.

■ **Motorräder:** Immer mehr Touristen knattern in Georgetown und auf Penang mit ihren Miet-Töffs durch die Gegend. Empfehlen möchten wir das aber nicht, denn es sind viel zu viele Diebe unterwegs. Auch abgeschlossene Gefährte sind nicht sicher, denn die meisten Langfinger haben einen Seitenschneider dabei. Eine neue 100-ccm-Maschine kostet hier mindestens 5000 M$ …

Wer es dennoch wagen will: große Auswahl und jedes Jahr neue Modelle bei *Zainab Trading*, 475 Chulia Street, Tel. 62 70 15; 70-ccm-Maschinen kosten 25 M$ (24 Stunden), 100er gibt's zu 30 M$.

■ **Mietwagen:** *Avis*, Flughafen, Tel. 83 96 33. – *Hertz*, 38 Leboh Farquhar, Tel. 37 59 14. – *National Car*, 17 Lebo Leith, Tel. 62 94 04.

Sightseeing

■ **Pitt Street** (Leboh Pitt): Auf dieser, in Südostasien wohl einzigartigen Straße sieht, riecht, hört und fühlt man, was den besonderen Reiz der Stadt ausmacht: Ihr kosmopolitischer Charakter tritt nirgendwo deutlicher, auf kleinem Raum konzentrierter hervor.

Aus dem farbenprächtigen und mit unzähligen Götterfiguren verzierten *Sri Mariamman-Tempel* rufen Trommelschläge die gläubigen Hindus zur Verehrung der Regen- und Krankheitsgöttin.

Tanzende Drachenfiguren auf geschwungenen Dächern; Öfen, in denen Papiergeld und Wunschzettel verbrannt werden; farbenfrohe Götterbilder, lächelnde Buddhas –

Georgewown

es riecht nach Räucherstäbchen und den Ausdünstungen Hunderter Gläubiger, die im *Guan Yin Tong*, dem ältesten und traditionsreichsten Buddhisten-/Taoisten-Tempel der Insel, die Göttin der Gnade verherrlichen.

Maurische Arkaden, schlanke Säulen, ein hoch aufragendes Minarett und eine gewaltige Kuppel über dem Gebetsraum prägen das Wahrzeichen Georgetowns – die von hübschen Gärten gesäumte und ockergelb leuchtende *Capitan-Kling-Moschee*.

Zur Abwechslung ein bißchen Neoklassik: *St. George the Martyr Church*, die ganz in Weiß gehaltene und ein wenig »tempel-griechisch« anmutende anglikanische Kirche, die älteste Südostasiens.

Schließlich, allerdings in einer Seitengasse zur Leboh Armenian gelegen, das *Khoo Kongsi*, das größte und schönste chinesische Clanhaus in Malaysia: prächtiger Fayenceschmuck auf dem 25 Tonnen schweren Doppeldach, von vergoldetem Gebälk getragen. Das Innere ist mit filigranen Steinmetzarbeiten, goldenen Ornamenten, geschnitzten Säulen und Szenen aus der chinesischen Mythologie ausstaffiert. Täglich 9–17, Sa 9–13 Uhr.

■ **Weitere Tempel:** *Wat Chaya Mangkalaram* an der Burmah Lane of Jl. Burmah. Ein buddhistischer Tempelbezirk mit neunstöckiger Pagode im thailändischen Stil. Mittelpunkt der Anlage ist die 33 m lange Statue des ruhenden Buddha. Anfahrt mit Bus Nr. 2 ab Victoria Station. Täglich 9–18.30 Uhr.

Gegenüber steht der 1965 angelegte burmesische *Dhammika Rama-Temple* mit kleinen Tempelchen zwischen Alleen, Blumenbeeten, Brunnen und Teichen. Täglich 9–18.30 Uhr.

Südwestlich der Jl. Burma, an der Jl. Anson, erhebt sich der 1929 eingeweihte Tempel der *Penang Buddhist Association* mit Gemälden aus Buddhas Leben sowie sechs Buddhastatuen aus weißem Marmor. Bus Nr. 4 ab Victoria Station.

■ **Muzium Pulau Pinang:** Das in der Jl. Farquhar gelegene Museumsgebäude gilt als der stilvollste Kolonialbau der Insel. Die Ausstellung ist bunt gemischt: Möbel, Waffen und Gewänder, zeitgenössisch-schlichte Batiken neben dramatischen Ölgemälden, Tuschezeichnungen; Krise, ein chinesisches Hochzeitsgemach, eine Büste von Kaiser Wilhelm II., auch ein Rolls Royce Baujahr 51. Sa bis Do 9–17 Uhr, Fr 9–12.45 und 14.45–17 Uhr. Eintritt frei.

■ **Penang Hill:** Am Fuß des 800 m hohen Hügels und oberhalb der Siedlung Ayer Hitam (Anfahrt mit Bus Nr. 1) liegt *Kek Lok Si*, auch »Pagoda der 10 000 Buddhas« genannt, eine der größten buddhistischen Anlagen in Südostasien. Die siebenstöckige Pagode – sie erinnert ein bißchen an Disney-Land – ist von Schildkröten-Teichen umgeben, beherbergt in der Tat mehrere tausend Buddhastatuen, vereint im untersten Teil chinesische, im mittleren thailändische, im oberen dann burmesische Stilelemente. Gestiftet wurde das wahrhaft exotische Bauwerk von »Mr. Tiger Balm«, dem millionenschweren Erfinder der Mentholsalbe.

Von Ayer Hitam aus geht es mit Bus Nr. 8 zur Talstation der von Schweizern erbauten Standseilbahn, die auf die Spitze des Hügels führt

Der Lok Si-Tempel, »Pagoda der 10 000 Buddhas«, in Penang/Malaysia (einfach 2 M$, retour 3 M$). Oben ist es 6–10 Grad kälter als unten; Klima und Vegetation haben gewechselt. Ein famoses Panorama ist der Lohn des »Aufstiegs«.

Absteigen kann man auch zu Fuß: Der steile, zuweilen auch glitschige Weg, der am *Botanischen Garten* endet, ist nicht zu verfehlen. Die Alternative heißt Bus Nr. 7 Richtung Georgetown. An den Wochenenden wimmelt es hier von picknickenden Städtern; und stets von Affen, denen laut Stadtratsbeschluß die Antibabypille verfüttert wird, nachdem sie sich innerhalb von wenigen Jahren auf 10 000 Artgenossen verdoppelten. Ein paar Orang Utans fristen ihr armseliges Gehege-Dasein, und wer noch nie einen Primärurwald sah, der wird vom großen und recht wild wuchernden Grün begeistert sein.

Der Eintritt in die offiziell *Waterfall Gardens* geheißene Anlage ist frei. Bus Nr. 7 bringt Sie zurück in den Dschungel der Stadt.

■ Eine **Inselumrundung** kann man mit dem Fahrrad in einem Tag unternehmen (79 km), was wohl etwas mehr als die Schaukelfahrt im Bus bringt, die insgesamt rund 7 M$ kostet und mit Wartezeiten rund 5 Std. dauert.

Der gelbe Bus Nr. 83, ab Jl. Maxwell, fährt an der gewaltigen Brücke vorbei, die Penang mit dem Festland verbindet. Danach erreicht er Kampung Sungai Kelang (14 km) mit dem *Snake Temple*. Giftige Vipern räkeln sich auf den Altären, sind angeblich vom Duft der Räucherstäbchen betäubt und schmücken für 5 M$ auch des Touristen Hals: Foto gefällig?

Der Bus passiert den Airport; am Fenster rauschen Kautschuk-, Nelken-, Pfeffer-, Bananen- und Muskatplantagen vorbei. In Balik Pulau muß man in den Bus Nr. 76 nach Telok Bahang umsteigen. Auf halber Strecke steigen viele aus: Titi Krawang und ein paar Wasserfälle liegen am Wegesrand.

In Telok Bahang wohnen Fischer – das kann man riechen. Der Strand macht nicht viel her, aber ein paar Batikfabriken (mit recht teuer verkauften Batiken) können besichtigt werden, ebenso eine Schmetterlingsfarm mit rund 3000 lebenden Exemplaren 50 verschiedener Spezies. 3 M$ Eintritt.

Die meisten Ausflügler nehmen in Telok Bahang noch ihren Lunch ein, besteigen dann den blauen Bus Richtung Georgetown und steigen in Batu Ferringhi auf ein Bad wieder aus. Der Ort besteht in der Hauptsache aus internationalen Top-Hotels; die Strände sind häßlich, voll oder verschmutzt – oder alles zugleich.

■ **Trekking in Penang** ist der (hochtrabende) Name einer Broschüre, die man kostenlos im Tourist Office (siehe unter »Verschiedenes«) abholen kann. Aufgelistet sind 6 Wanderrouten (inkl. Kartenskizzen), die durch die landschaftlich schönsten Regionen der Insel führen.

■ **Und sonst?** Den Weg zum Ziel machen, Details entdecken – in ihrer Rikscha schlafende Rikscha-Fahrer oder schattenboxende chinesische Greise am frühen Morgen; dem Morgengebet der Muslime lauschen; in enge, dunkle Gassen tauchen; sich die Zukunft aus der Hand lesen lassen; in Innenhöfe spähen, dort ein Glas Zuckerrohrsaft trinken, da einen chinesischen Medizintee. Da, noch eine Gasse. Darin vielleicht ein Fest, das aus Platzmangel vor der Haustür gefeiert wird. Soziale Idylle für westliche Augen. Georgetown von innen.

Verschiedenes

■ **Information** Tourist Office, Fort Road, Fort Cornwallis, Tel. 61 66 63. Mo bis Fr 8.30–16.30 Uhr, Sa bis 13 Uhr. Viele Broschüren, Festkalender, Stadt- und Inselkarten. Zweigstelle am Flughafen.

■ **Hauptpostamt** an der Downing Street (off Beach Street). Briefmarkenschalter Mo bis Sa 8–18 Uhr, Einschreibebriefe nur bis 17 Uhr.

Für Pakete (kein Packing Service) ist der ganz links gelegene Schalter zuständig; der Poste-Restante-Schalter ist im mittleren Gebäudeteil untergebracht und nicht durch den Haupteingang erreichbar.

■ **Telefon-/Telegrammamt:** im gleichen Gebäude, rechter Eingang, Treppe hoch; 24 Stunden geöffnet.

■ Chulia und Beach Street (auch: Leboh Pantai) sind die *Change Alley* von Penang: zahlreiche **Money Changer**, von denen einige auch abends und an den Wochenenden geöffnet haben. Gute Kurse für Bargeld, schlechte für Reiseschecks; die werden nicht immer akzeptiert. Der Kursvergleich hilft, Geld zu sparen.

■ Auch die meisten **Banken** sind an der Beach Street niedergelassen. Gut *ABN, Chartered Bank* und *Hongkong & Shanghai Banking* (akzeptiert in der Regel auch Euroschecks!). Bei den anderen Instituten muß man mit schlechten Kursen, langen Wartezeiten und hohen Bearbeitungsgebühren rechnen.

■ **Gesundheit:** zahlreiche Ärzte an der Chulia Street. Das Tourist Office empfiehlt: *General Hospital*, Jalan Residenci, Tel. 37 33 33. – *Penang Medical Centre*, 1 Jalan Pangkor, Tel. 2 07 31.

■ **Drogen:** Man wird ständig auf Gras, Opium etc. angesprochen, insbesondere von den Trishaw-Fahrern. Die meisten Dealer sind aber Spitzel. Wer sich etwas andrehen läßt, spielt mit Freiheit oder Kopf, je nach Menge!

■ **Bücher:** mehrere Secondhand-Bookshops an der oberen Chulia Street, nahe »Swiss Hotel«; Riesenauswahl an englischsprachigen Publikationen, auch viele deutsche und französische Bücher. Gut sortierter Buchladen mit Literatur über Malaysia im E&O-Hotel an der Jalan Farquhar.

■ **Tabak:** Viele Money Changer an der Beach Street verkaufen die bekannten holländischen Zigarettentabake zu 12 M$ das Päckchen.

Rückreise nach Thailand

■ **Visum** beim *Royal Thai Consulate-General*, 1 Ayer Rajah Road, Tel. 2 33 52. Werktags 9–12 und 14–16 Uhr. Abgabe von Anträgen nur vormittags, 2 Formulare, 3 Paßfotos. Das Transitvisum (30 Tage) kostet 30 M$, das Touristenvisum (2 Monate) 40 M$.

■ **Bus:** tägliche Verbindungen nach Hat Yai (25 M$), Bangkok (75 M$), Phuket und Ko Samui (40 M$). Zu buchen in den Reisebüros und Hotels.

■ **Taxi,** meistens enge Mini-Busse: mehrmals täglich nach Hat Yai (35 M$) sowie, um 5 Uhr morgens, nach Phuket und Ko Samui (55 M$). Zu buchen in Reisebüros und Hotels.

■ **Flug:** täglich mit »MAS« oder »Thai« nach Hat Yai (117 M$), Phuket (160 M$) oder Bangkok (361 M$).

Mini-Lexikon

Im folgenden werden die wichtigsten in diesem Buch verwendeten fremdsprachlichen Begriffe kurz erklärt. Weitere Ausdrücke vgl. »Aus der Speisekarte« und »Kleines Vokabular« (im allgemeinen Teil).

Animismus: Glaube an seelische Mächte (Geister)
Amphoe: Kreis oder Kreisstadt
Ao: Bucht

Ban: Dorf
Bot: heiligste Kultstätte im buddhistischen Tempel
Buri: Stadt

Chiang: Stadt
Currie: thailändisches »Nationalgericht« aus Fleisch oder Fisch in einer Sauce aus diversen Gewürzen mit Reis (und Gemüse)

Doi: Berg

Gras: auch Marihuana. Rauschdroge aus getrocknetem Kraut und Blütenständen des indischen Hanfs

Haad: Strand

Immigration Office: Einwanderungsbüro (für Visum-Verlängerungen)

Khao: Berg oder Gebirge
Khmer: austroasiatisches Volk, das vom 3. Jh. bis zum 14. Jh. Teile des heutigen Thailand beherrschte, heute Kampuchea bewohnt
Klong: Kanal
Ko: Insel

Laem: Kap

Mae: Fluß
Menam: Strom, großer Fluß
Mon: austroasiatisches Volk, das ungefähr vom 6. Jh. bis 13. Jh. Teile des heutigen Thailand beherrschte, heute Südburma bewohnt
Mondhop: Aufbewahrungshalle heiliger Schriften in einem buddhistischen Kloster
Muang: Stadt
Prang: stumpf zulaufender Turmbau, von den Turmheiligtümern der Khmer abgeleitet
Prasat: Turmbau aus der Verbindung von *Prang* und *Chedi*

Nakhon: Großstadt
Nam: Wasser oder Gewässer
Namtok: Wasserfall

Saphan: Brücke
Siam: Landesname des heutigen Thailand vor dem Zweiten Weltkrieg
Soi: Nebenstraße, Gasse
Stupa: indisch-buddhistischer Kultbau, aus dem der *Chedi* abgeleitet wurde

Tha: Schiffsanleger, Pier
Thanon: Straße

Viharn: Andachts- und Versammlungsraum in einem buddhistischen Kloster

Wai: traditionelle thailändische Begrüßungsform durch das Zusammenlegen der Handflächen in Brusthöhe
Wat: buddhistisches Kloster

Oben: Sunrise über dem Bergland des Khao Sok-Nationalparks
Unten: Trawler in Ranong

Register

Abenteuer-Trips 176
Am Indischen Ozean 301
Anand Panyarachun 44
Ananda Mahidol 42
Ancient City 121
Andamanen-See 347
Anreise 27
Antiquitäten 159
Ao Chalok Ban Kao 299
Ao Hat Sai Keaw 236
Ao Jak 369
Ao Kantiang 361
Ao Karang 237
Ao Kiu Na Nok 237
Ao Luk 323
Ao Mai Phai 362
Ao Nang Beach 329
Ao Noi 266
Ao Phai 236
Ao Phra Ae 361
Ao Phrao 238
Ao Railai und Ao Phranang 329
Ao San 369
Ao Talo Udang 369
Ao Tanote 299
Ao Thian 237
Ao Thianok 299
Ao Tibtum 236
Ao Wai 237
Ao Wong Duan 237
Ao-Nang-Strand 331
Aoi Thalo Wao 369
Arbeitselefanten 165
ASEAN-Gemeinschaft 45
Ausblick auf Burma 302
Ausreisesteuer 14
Autostop 60
Ayutthaya 121
– Karte 122

Bahn 59
Bambusfloß 192
Ban Khai Beaches 290
Ban Mae Lana 179
Ban Mai 190
Ban Na La Mai 187
Ban Nong Yao 189
Ban Pakbara 366
Ban Thong Sala 290

Bang Bao 246
Bang Pa-In 127
Bang Saphan 267
Bangkok 81
Bangkok
– Airlines 117
– Airport-Tax 118
– Ankunft - National 84
– Ankunft - International 83
– Antiquitäten 105
– Art & Antique Center 105
– Auf den Klongs 102
– Außerhalb des Stadtkerns 100
– Ausländische Restaurants 92
– Bahn 84, 115
– Bangkoks Nachtleben 106
– Banglamphoo-Gegend, Karte 393
– Bangrak Market 103
– Billigflug-Tickets 118
– Boot 96
– Botschaftsadressen/ Visabestimmungen 116
– Buddha-Statuen 104
– Bus 84, 114
– Chalerm Krung Royal Theatre 107
– Charoen Krung Road 102
– Chatuchak Market/ New Weekend Market 103
– Chinatown 101
– chinesische Medizin 106
– Department of Fine Arts 105
– Der alte Stadtkern 97
– Devotionalien 106
– Die Märkte 103
– Discos 107
– Dusit Zoo 100
– Edelsteine 105
– Essen und Trinken 90

– Filme 112
– First Class 90
– Flug - National 84
– Flugtermine 119
– Flugzeug 115
– Food Stalls 93
– für Budgetbewußte 85
– Geld 110
– Golden Mount 100
– Grand Palace 98
– Hehlermarkt 102
– Information 109
– Jim Thompson House 101
– Jim Thompson Thai Silk 104
– Karte Stadt 86/87
– Karte Umgebung 120
– Khlong Toey Market 103
– Kleidung 105
– Klimatabelle 112
– Krankheit 111
– Lak Muang 97
– Live-Musik 107
– Malaysia-Gegend, Karte 394
– Massagen 109
– Meditation 112
– Mittelklasse-Hotels 88
– Motorrad-Taxi 95
– Münzen 106
– Nationalmuseum 98
– Notrufe 110
– Oriental Hotel 103
– Orientierung 84
– Pahurat-Kleidermarkt 102
– Pak Klong Talaat 103
– Pakete 110
– Öffnungszeiten 111
– Post 110
– Pramane-Platz 97
– Pratunam Market 103
– Rattanwaren 106
– Reisebüros 118
– Royal Barges 104
– Sampeng Lane 100, 102
– Schöner wohnen 89

Register

- Sehenswertes 96
- Shopping 104
- Snake Farm 104
- Stadtbusse 95
- Suan Pakkard Pal. 101
- Sundowners 108
- Taxis 95
- Telefon/Telefax 110
- Telegramme 110
- Tha Thewes Market 103
- Thai Boxing 108
- Thai-Restaurants 91
- Thai-Seide 104
- Thai-Sprachkurse 112
- Thai-Tänze 107
- Tourist Police 109
- Transport 93
- Tuk Tuks 96
- Uhren 106
- Unterhaltung 106
- Unterkunft 84
- Verschiedenes 109
- Vimarnmek Palace 100
- Visa-Verlängerung 112
- War Arun 99
- War Po 99
- War Swing 99
- Wat Benchamabopit 100
- Wat Chakrawat 100
- Wat Indraviharn 100
- Wat Phra Kaeo 98
- Wat Suthat 99
- Wat Trimit 100
- Weiterreise – International 116
- Weiterreise – Thailand 114
- Wie in die Stadt 83
- Zeitungen/Bücher/Karten 111

Bevölkerung 45
Bier 66
Big Buddha Beach 277
Bildung 52
Billig-Flüge 27
Bo Phut Beach 276
Bo Sang 165
Bootsfahrt rings um Ko Phee Phee 355
Bootstouren 362
Bootstouren auf dem Mekong 208
Bootstrips 184
Botanischen Garten 383
Bottle Beach 295
Brücke am Kwai 133
Bücherecke 25
Buddhismus 46
Budgetplanung 19
Bulon-Archipel 368
Burma (Myanmar) 203
Bus 59

Campingausrüstung 17
Capitan-Kling-Moschee 381
Celadon-Keramik 159
Cha-Am 259
Chakri-Dynastie 44
Chanthaburi 238
Chao Phraya Chakri 41
Chao thi 49
Chatichai 43
Chaweng Beach 278
Chaya 269
Chedi 132
Chedi Phu Kao Thong 126
Cherngmon Beach 277
Chiang Dao Cave 187
Chiang Khan 226
Chiang Khong 207
Chiang Mai 149
 – Karte Stadt 148
 – Karte Umgebung 164
Chiang Rai 197
 – Karte Stadt 194
Chiang Saen 203
Chiew Laan-Stausee 306
Chulalongkorn 41
Chumpon 267
Crocodile Farm 121
Curries 66

Damnoen Saduak 131
Darwin 38
Death-Railway 142
Der Nordwesten 171
Desinfektion 22
Devisen- und Zollvorschriften 15
Dhammika Rama-Temple 381
Dharma 47
Diamond Cave 337
Diplomatische Vertretungen 74

Diplomatische Vertretungen 13
Distanztabelle 30
Doi Larng 189
Doi Suthep-Route 163
Doi Suthep-Tempel 165
Doi Thung 202
Drei-Pagoden-Paß 142
Drogen 74
Durchfall 22

Edle Achtfache Pfad 47
Eiergerichte 66
Einreisebestimmungen 13
Elefanten 38
Elefantenmeeting 223
Elektrizität 74
Erawan-Wasserfall mit Nationalpark 138
Essen 64

Fahrrad 62
Festivals 70
Flagge 33
Flaggenparade 51
Fleisch 67
Floating Market 131
Flora und Fauna 33
Floßtrip 199
Flugzeug 60
Fluß-Trips 143
Flußtrip Chiang Rai 191
Fossil Shell Beach 337
Fotografie 17
Fotografieren 74
Frau alleine 75
Früchte 67

Gebratene Gerichte 67
Gegen Schmerzen: 21
Geisterhäuschen 49
Geld 18
General Kriangsak 43
General Prem 43
Georgetown 373
 – Karte Stadt 374
Geschichtlicher Überblick 40
Gesundheit 20
Getränke 67
Globetrotter Travel Service 27
Goldenes-Dreieck 203
Guan Yin Tong 381

388

Register

Haad Hin Khom 354
Haad Rin 290, 292
Haad Sai Daeng 299
Haad Sainual 299
Haad Yao 354
Hans Hass 39
Hat Chaosamran 258
Hat Yai 342
Hat-Bang-Ben-Strand 304
Hilltribe-Trekking 167
Hilltribes 167
Himalaja 32
Höhlen 264
Höhlenexkursionen 337
Hua Hin 259
– Karte Stadt 260
Hua-Hin-Strand 263

II. Weltkrieg 42

Immigration Office 14
Impfungen 15
Information 13
Insektenstiche 21
Islam 251
Isthmus von Kra 301

Jacob Veit 51
JEATH War Museum 137
Jong Kum Lake 184
Jute 53
Juwelenkauf 239

Kaeng-Krachan-Nationalpark 254
Kai Kae 246
Kajak 334
Kamala Beach 316
Kanchanaburi 133
– Karte Stadt
Kanu 334
Karma 47
Karon Beach 315
Kata Beaches 315
Kaw Kwang Beach 360
Khao Chong Krajok, der »Spiegelberg« 266
Khao Daeng-Kanal 266
Khao Lak 307
Khao Luang 258
Khao Pra-Baang Kraam National Park 339
Khao Sam Roi Yot 265

Khao Sok National Park 305
Khao Takiab 263
Khao Wang 257
Khao-Tao-Strand 263
Khao-Yai-Nationalpark 144
Khlong Nin 361
Khmer 40
Kho Khian 322
Kho Phingan 322
Khoo Kongsi 381
Khorat-Plateau 32
Khua Sawan-Höhle 321
Khun Sa 189
Khuraburi 304
Kinder 23
Kleidung und Ausrüstung 16
Klettern 335
Klimatabelle Bangkok 112
Klimatabelle Chiang Mai 147
Klimatabelle Phuket 314
Klong Dao Bay 360
Klong Phrao 245
Klong Son 245
Klöster (Wats) 50
Ko Adang 370
Ko Ba Ngu 311
Ko Bodha 349
Ko Bulon Leh 368
Ko Chang 243, 303
– Karte 242
Ko Hong-Archipel 349
Ko Huan Khwaan 349
Ko Jum (auch: Ko Pu) 349
Ko Kam Nu 304
Ko Kam Tok 304
Ko Kradang 365
Ko Kradat 247
Ko Lanta 357
– Karte 356
Ko Lao Yai 247
Ko Maa Yaa Noi 357
Ko Mak 247
Ko Matra 269
Ko Muk 365
Ko Nang Yuang 300
Ko Ngai (auch: Ko Hai) 364
Ko Ngam 247
Ko Panyi 322
Ko Phangan 289

– Karte 288
Ko Phee Phee 351
– Karte 350
Ko Rat 269
Ko Samet 235
– Karte 234
Ko Samui 271
– Karte 272
– Karte Inselübersicht 270
Ko Si Bo-Ya 347
Ko Siboya 329
Ko Sing Toh 263
Ko Tao 297
– Karte 298
Ko Terutao 369
Ko Thab 349
Ko Thang Lang 269
Ko Wua Talap 284
Ko Yao Noi und Ko Yao Yai 324
Korallen 39
Korallenpolypen 39
Korallenriffe 311
Korat-Plateaus 219
König 44
König Bhumiphol 43
König Mongkut 41
König Prajadhipok 42
König Rama Thibodi 41
Königspalast Phuping Ratchaniwet 165
Krabi 327
– Karte Umgebung 330
– Karte Inselübersicht 346
Krabi Canoe 335
Krabi Town 327
– Karte 326
Krialas Hill 263
Kris 251
Kultur 49
Kunst 49
Kunsthandwerk der Hilltribes 159

Lächeln 69
Laem Ngop 244
Laem Singh 316
Laem Son National Park 303
Laem Thian Beach 300
Laem Thong 290
Lage und Landschaft 31

389

Register

Lamai Beach 280
Lamphun 165
Land und Bevölkerung 31
Lanna Boat Race 212
Laos 208, 224
Laos-Grenze 206
Leihwagen 61
LeserInnentips 9
Linienflüge 28
Literatur 51
Lo Lipe 370
Loei 225, 228
Loh Dalam 354
Lopburi 128
– Karte Stadt 129
Lotos 37
LTU 29
Luang Prabang 208

Mae Aw 184
Mae Hong Son 181
– Karte 180
Mae Klang Wasserfall/ Doi Inthanon 166
Mae Sa Valley 167
– Karte 168
Mae Sai 200
Mae Sariang 185
Mae Solong 193
Mae Sot 185
Mae Suai 189
Mae Taeng Dam 187
Maehaad Beach 299
Maenam Beach 274
Maenam Salween 186
Magic Mushrooms 284
Mahayana-Buddhismus 47
Malaysia 373
»Malediveninsel« vor Ko Chang 247
Mangrovenbäume 34
Mangrovenwälder 337
Massage 161
Maya Bay 357
Meahaad Beach 296
Meditation 75
Medizin 75
Mekong 31
Menam Chao Phraya 32
Minendorf Bo Rai 241
Mini-Lexikon 385
Mon 40
Motorrad 62

Mountain Bike Touren 335
Mountain View Points 355
Mountain Viewpoint 337
Mönch 70
Muräne 40
Muzium Pulau Pinang 381

Na Noi 212
Nach Ko Siboya 341
Nahverkehrsmittel 61
Nai Harn Beach 314
Nai Yang Beach 317
Nakhon Pathom 132
Nakhon Ratchasima (Korat) 219
Nam Tok Mae Surin Nationalpark 181
Nan 210
Nan Chao 40
Nan-Festival 212
National-Feiertag 72
Nationalpark Ang Thon Marine 282
Neues Visum 345
Night Market 160
Nong Khai 223
Nop-pa-kao 49
Nordthailand 147
– Karte 146
Nudelgerichte 67

Öffnungszeiten 77
Old Sukhothai 215
Opium-Dreieck (Sob Ruak) 203
Orchideenfarm 167
Ostküste 233

Pa La-U Wasserfall 263
Pa-Seua-Wasserfall 184
Pai 172
Pak Thong Chai 222
Palmen 36
Paradon Beach 269
Pasang 165
Patong Beach 316
Pattaya 233
Penang 373
– Karte 372
Penang Buddhist Association 381
Penang Hill 381
Peter Veit 51

Phaiplong Beach 331
Phang-Nga 320
Phang-Nga Bay 321
Phanom Benja National Park 339
Phee Lay Bay 357
Phee Phee Lay 355
Phetburi 257
Phimai 221
Phranang Cave 335
Phranang Lagoon 337
Phranang-/Railay-Strand 332
Phranang-Strand 333, 335
Phraya Nakhon-Höhle 266
Phu Kradung-Nationalpark 228
Phu-Kradung-Nationalpark 229
Phuket 311
– Karte 310
Pibul Songgram 42
Pitt Street 380
Ökozid 34
Plankton 39
Plastik 53
Post 76
Prachuap Khiri Khan 266
Praktisches A–Z 74
Prasat Phanomwan 222
Preisniveau 20
Pridi Banomjong 42
Prinzessinnenring 49
Prostitutions-Tourismus 54

Radio 77
Railay West-Strand 333
Ram Kamhaeng 40
Rama I 41
Rama IV 41
Rama V 41
Rama VII 42
Ramkamhaeng National Museum 217
Ranong 301
Re-Entry-Visum 345
Regenwald 33, 35
Reich von Siam 41
Reis 67
Reiseapotheke 21
Reisekrankenversicherung 21

Register

Reisezeit 15
Relax Bay 316
Riff 38
Rings um Bangkok 121
Rings um Chiang Mai 163
Robinson-Inseln vor Krabi 347
Royal Caves 203
Rückreise nach Thailand 384
Rundfahrt Chiang Mai–Pai–Mae Hong Son–Mae Sariang–Chiang Mai 171
Rundreisen 28

Sai Ri Beach 269
Sai-Höhle 266
Sai-Yok-Wasserfall und Nationalpark 140
Sam Yaek 195
Samlor 61
San Kamphaeng 165
Sangkhom 225
Santi Khiri 193
Sanya Dharmasak 43
Sarit Thanarat 43
Schlangen 35
Schlangenfarm 167
Schwalbennester 357
Sextourismus 54
Shopping 77
Si Chiangmai 225
Si Satchanalai 213, 217
Sicherheit 78
Siddharta Gautama 46
Similan Islands National Park 311
Singtoh Island 263
Somdet Phrasi Nakharin-Park 321
Soppong 177
Sport 78
Sprache und Verständigung 72
Sri Mariamman-Tempel 380
St. George the Martyr Church 381
Steinfisch 40
Stilentwicklungen 50
Suan-Son-Strand 263
Südthailand 249
– Karte 248
– Karte Strassen + Bahnen 250
Sukhothai 213
– Karte Stadt 214
Suppen 66
Surattani 269
Surin 223
Surin Islands National Park 304
Surin und Pansea Beach 316

Tachilek 203
Tak Sin 41
Tanz 51
Tauchen 300, 318, 363
Tauchschulen 300, 318, 363
Tax Clearance Certificate 14
Taxi 61
Telefon/Telefax 79
Tempeltour 258
Terutao National Park 365
Thai-Alphabet 41
Thai-Boxen 343
Thai-Küche 65
Thailand Karte Fluglinien 26
– Karte Norden Klappe vorn
– Karte Nordosten 218
– Karte Süden Klappe hinten
– Karte Strassen + Bahnen 10
Thailändische Früchte 67
Thais 40
Thale Noi 284
Tham Hua Khalok 324
Tham Jara-Khe 370
Tham Lot Cave 178
Tham Russi, die »Höhle des Eremiten 321
Tham-Lod-Höhle 324
Tham-Pla-Grotte 181
Tham-Than-Lot-Nationalpark 143
Than Sadet 293
Thanboke Khoranee National/Botanical-Park 323
Thanom Kittichakorn 43
Thaput 323
Thathon 186, 189
Theater 51
Theravada- oder Hinayana-Buddhismus 47
Thermalquellen 302
Thong Naay Paan 294
Thong Sala Beach 290
Thung Tieo Pond 339
Tierwelt 34
To Pu Hill 369
Tonsai Bay 352
Tourismus 31, 54
Trang 363
Transport 59
Trat 239
Trek 255
Trekking 176
Trekking-Ausrüstung 161
Trinken 64, 66
Trinkgelder 80
Tuk Tuk 61
Tung Wua Laen 267

Unfallversicherung 21
Unterkunft 63
Utthayan Hill 284

Verhalten im Tempel 70
Verhaltenstips 68
Verkehrsregeln 61
Vientiane 208
Viking Cave 357
Vipassana 337
Visum 13
Visumverlängerung 14
Vokabular 73

Wai 69
Wasserfall Huay To 339
Wasserfall Than Nak That 369
Wasserfälle 302
Wassersportler 317
Wat Chai Wattanaram 126
Wat Chaya Mangkalaram 381
Wat Chedi Luang 158
Wat Chiang Man 158
Wat Hin Maak Peng 225
Wat Hua Wiengtai 212
Wat Kiriwong 323
Wat Mahathat 215
Wat Na Phra Men 126

391

Register

Wat Phanang Cheng 126
Wat Phra Singh 158
Wat Phra That Chae Haeng 212
Wat Phumin 212
Wat Putthai Sawan 126
Wat Srasri 217
Wat Sri Chum 215
Wat Suan Mok 271
Wat Suantan 212
Wat Tham Mangkonthong 138
Wat Tham Sua 337
Wat Thamwaran 307
Wat Thathon 190
Wat Traphang Ngon 217
Waterfall Bay 362
Waterfall Gardens 383
Wechselkurse 19
Whisky 66
White Sand Beach 245
Wirtschaft 52
Wirtschaft und Handel 31

Yünnan/Südchina 208

Zahlen 74
Zeit 80
Zeitungen 80

Die Tower-Stadt Bangkok aus dem 26. Stock des Rembrandt-Hotels an der Sukhumvit-Road

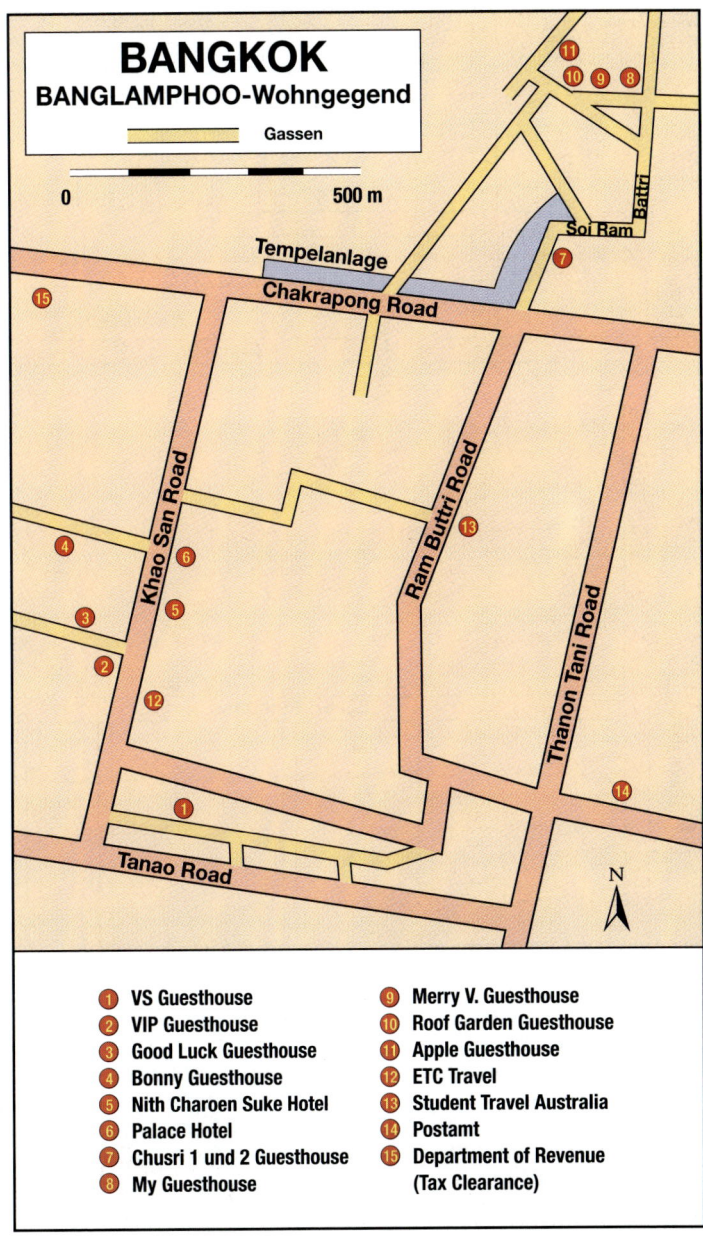

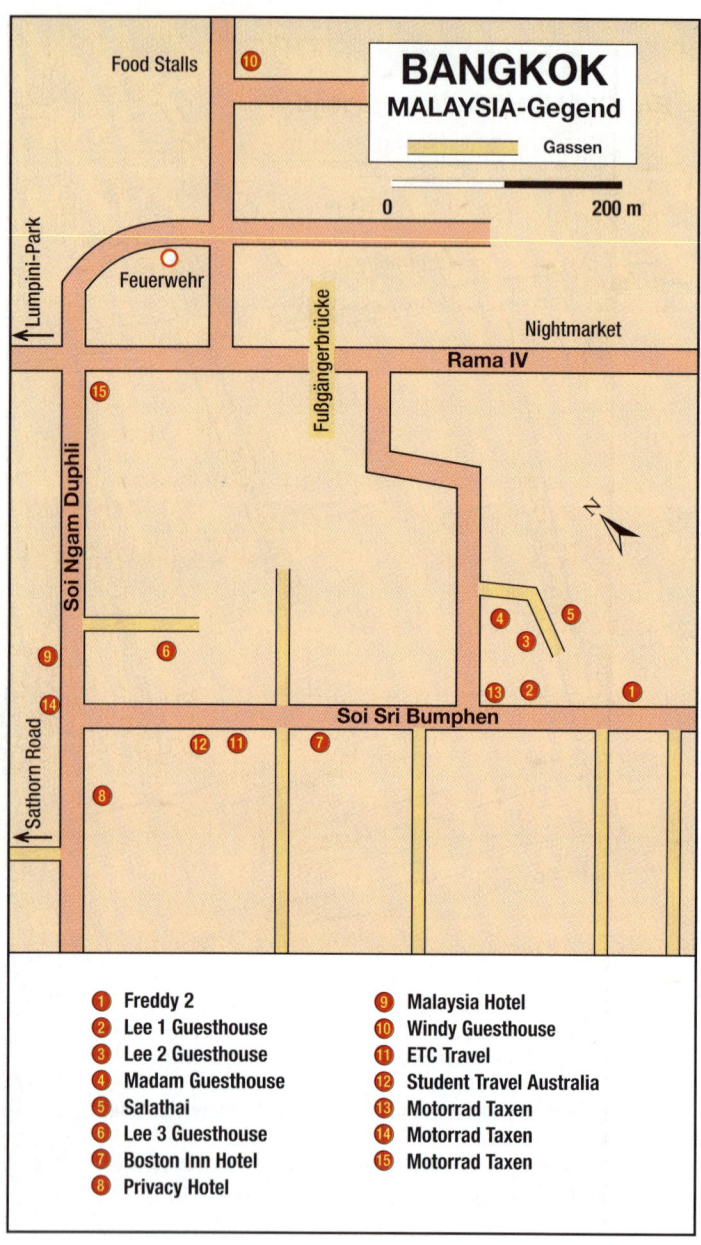

Diethelm Travel

Diethelm Travel ist eines der ältesten und grössten Reisebüros in Südostasien und ist seit mehr als 35 Jahren in Thailand aktiv. Destinationen wie River Kwai Valley, Chiangmai, Chiangrai und Phuket wurden unter aktiver Mithilfe von Diethelm Travel in der Welt bekannt gemacht. Der Pioniergeist von Diethelm Travel hat mit der Erschliessung der touristischen Attraktionen in Myanmar, Laos, Kambodscha, Vietnam und Yunnan eine lückenlose Fortsetzung gefunden. Die Eröffnung von Diethelm Reisebüros in all diesen Ländern unterstreicht die Vorherrschaft von Diethelm Travel in diesem Gebiet. Als ausgesprochener Südostasien Spezialist kann Diethelm Travel überaus zahlreiche und breitgefächerte Reiseprogramme in diesen Mekong Ländern anbieten.

Thailand
Diethelm Travel
14th floor
Kian GwanBuilding II
140/1 Wireless Road
Bangkok 10330
Tel. 255 9150 - 70
Fax (662) 256 0248 - 9
Internet Homepages:
http://www.diethelm-travel.com
http://www.asiatour.com
http://www.incentives-asia.com
e-mail: dto@dto.co.th

Kambodscha
Diethelm Travel
(Cambodia) Ltd.
House # 65,
Street 240
Phnom Penh
Tel. (855 23) 219 151
(855 23) 219 052-5
Mob (855 15) 913 194
Fax (855 23) 219 150
e-mail:
dtc@bigpond.com.kh

Siem Reap Branch
House Nr. 4, Road Nr. 6
Krum Nr. 1 Sangkat Nr. 2
Phum Taphul
Siem Reap
Tel. (855 63) 963 524
Mob (855 15) 632 888
Fax (855 63) 983 694

Laos
Diethelm Travel (Laos) Ltd.
Namphu Square
Setthathirate Road
Vientiane
Tel. (856 21) 213 833
(856 21) 215 920
Fax (856 21) 217 151
Tlx 804 4351 Dietlao LS

Luang Prabang Branch
47/2 Sisangvong Road
Luang Prabang
Tel (856 71) 212 277
(856 71) 212 032

Myanmar
Diethelm Travel Ltd.
1 Inya Road,
Kamayut Township
Yangon
Tel. (95 1) 527 110
(95 1) 527 114
(95 1) 527 117
Fax (95 1) 527 135
e-mail
dtlm@datserco.com.mm

Bagan Branch
Airport Road
No. 5 Aung Myay Tha Q.
Nyaung Oo Town
Tel. (95 6) 270 035
Fax (95 6) 270 035

Mandalay Branch
No. 5, 29th Street between
62nd & 63rd Street
Aung Dow Mu Quarter
Mandalay
Tel. (95 2) 32 140
Fax (95 2) 32 140

Inle Lake Branch
No. 86 Zawtika Street
Taunggvi
Tel. (95 81) 21 764

Vietnam
Diethelm Travel
c/o Inserimex
218 Ba Trieu Street
Hanoi
Tel. (84 4) 822 5734
(84 4) 822 6628
Fax (84 4) 822 5338
Mob (84 4) 9120 4129
e-mail:
inserhan@netnam.org.vn

Ho Chi Minh City Branch
c/o Inserimex
Intern. Business Center
1A Ma Linh Square
Ho Chi Minh City
Tel. (84 8) 829 4932
Fax (84 8) 829 4747
e-mail:
insersgn@netnam2.org.vn

Yunnan/China
Diethelm Travel
Yannan Co., Ltd.
36 Beijing Lu
Kunming
Yunnan/China

Michael Möbius, Robert Treichler

Südostasien

selbst entdecken, 576 Seiten, mit über 90 Karten und Stadtplänen sowie s/w-Bildern, Fr./DM 32.80, ÖS 240.–, ISBN 3-85862-024-6
Aus dem Inhalt: Thailand – Malaysia – Brunei – Dschungeltreks und Vulkantrips – Singapur – Indonesien – Burma – Palmenstrände – Robinsoninseln – Opium Dreieck – Bali – Lake Toba – Flußfahrten – Hotels – Restaurants – Borneo – Ko Samui – Bangkok – Budgetgerechtes Reisen – Tauchen – Kulturstädte – Beachtreffs – *Der* Service-Reiseführer seit 1979 – Tips zu Geld, Visum, An- und Weiterreise.

Aus dem Regenbogen Verlag. Erhältlich in Ihrer Buchhandlung.

Michael Möbius, Annette Ster

Malaysia / Singapur

selbst entdecken, 364 Seiten, mit 31 Karten und Stadtplänen sowie mit s/w-Bildern, Fr./DM 32.80, ÖS 240.–, ISBN 3-85862-057-2
Aus dem Inhalt: Penang – Malakka – Tioman, Perhentian und Robinson-Inseln – Entdeckungstrips im Regenwald – Taman Negara – Unterkunft und Esstips – Gunung Mulu und Mount Kinabalu – Malaiisch leichtgemacht – Flußfahrten und Dschungeltreks – Singapur – Brunei budgetgerecht – Nationalparks – unbekanntes Sabah und Sarawak – Tauchen u.v.m.

Aus dem Regenbogen Verlag. Erhältlich in Ihrer Buchhandlung.

Michael Möbius, Annette Ster

Indonesien

selbst entdecken, 416 Seiten, mit 100 vierfarbigen Karten und Bildern, französische Broschur, fadengeheftet, Fr./DM 38.–, ÖS 277.–, ISBN 3-85862-077-7

Java – Bali – Nusa Tenggara – Molukken – Sumatra – Irian Jaya – Sulawesi – Celebes – Timor – Kalimantan: Die Spezialisten Michael Möbius und Annette Ster reisen allein für diesen Titel über ein Jahr durch Indonesien. Entstanden ist dabei ein Reiseführer für Traveller, der ganz im Stil der »selbst entdecken«-Globetrotterbücher die konkreten Reisetrips absolut in den Vordergrund stellt und sich nicht um exakte Preisangaben herumdrückt – der aktuellste nützliche »Reisebegleiter« zu ganz Indonesien.

Aus dem Regenbogen Verlag. Erhältlich in Ihrer Buchhandlung.

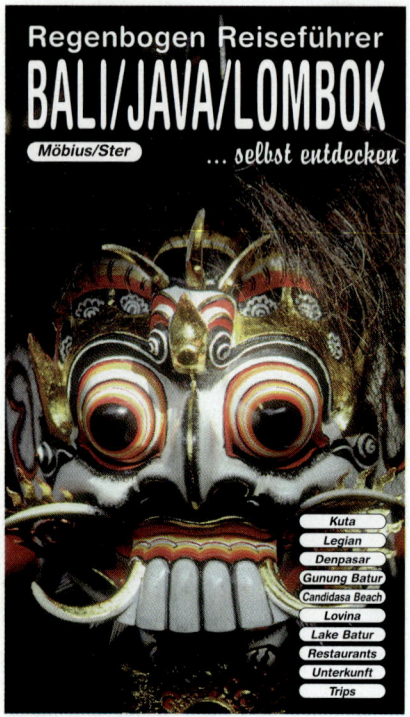

Michael Möbius, Annette Ster

Bali, Java, Lombok

selbst entdecken, 400 Seiten, mit 90 vierfarbigen Karten und Bildern, französische Broschur, fadengeheftet, Fr./DM 36.–, ÖS 263.–, ISBN 3-85862-085-8

Als das erste holländische Schiff im 16. Jahrhundert Bali erreichte, desertierte die komplette Besatzung: Die Seeleute glaubten, das Paradies gefunden zu haben. Zwei Jahre benötigte der Kapitän, um so viele seiner Männer zur Rückkehr auf das Schiff zu überreden, daß er Segel setzen und heimkehren konnte. Es müssen jene Matrosen gewesen sein, die durch ihre Schilderungen den Mythos Bali begründet haben. Immer wieder erlagen seither Menschen den Verlockungen dieser Insel. Berühmte und Unbekannte, Abenteurer und Forscher, Künstler und Aussteiger waren hier, viele sind wiedergekommen und manche auch geblieben.

Aus dem Regenbogen Verlag. Erhältlich in Ihrer Buchhandlung.